"Por fin tenemos la saga extraordinaria de los latinos en Norteamérica, contada de manera brillante y compacta. Todos los descendientes de los antiguos inmigrantes deberían leer este libro, para recordar de dónde vienen y a dónde vamos todos... juntos".
—Pete Hamill, autor de *Nieve en verano* y *A Drinking Life*

"Esta excelente historia de los latinos en Norte y Centroamérica es justa, está extremadamente bien documentada y llena de la clase de detalles que explican más que enardecen".
—*Publishers Weekly*

"Juan González nos da un amplio recuento del imperialismo puro que configuró el Nuevo Mundo y que por fin está transformando Estados Unidos. Es una historia brutal, y la experiencia de las personas atrapadas en el proceso es desgarradora. Pero González pinta un lienzo que al final resulta profundamente optimista, pues en la latinización de Estados Unidos ve la posibilidad de un renacimiento de la democracia estadounidense".
—Frances Fox Piven, coautor de *Regulating the Poor*

JUAN GONZÁLEZ

La cosecha del imperio

Juan González es el Profesor Richard D. Heffner de Comunicación y Política Pública en la Universidad de Rutgers y coanfitrión del noticiero de radio y televisión *Democracy Now!* Fue columnista del *New York Daily News* durante casi treinta años, y ha ganado en dos ocasiones el premio al periodismo George Polk. Nació en Ponce, Puerto Rico, creció en un multifamiliar en la ciudad de Nueva York, y se graduó de la Universidad de Columbia. Fue cofundador de los Young Lords en los años sesenta.

La COSECHA del IMPERIO

La COSECHA del IMPERIO

HISTORIA DE LOS LATINOS EN ESTADOS UNIDOS

EDICIÓN REVISADA

JUAN GONZÁLEZ

Traducción de Hugo López Araiza Bravo

VINTAGE ESPAÑOL

Penguin
Random House
Grupo Editorial

Título original: *Harvest of Empire*

Primera edición: octubre de 2022

Copyright © 2022, Juan González
Copyright por la traducción © 2022, Hugo López Araiza Bravo
Copyright por la edición © 2022, Penguin Random House Grupo Editorial USA, LLC
8950 SW 74th Court, Suite 2010
Miami, FL 33156

Publicado por Vintage Español,
una división de Penguin Random House Grupo Editorial USA, LLC.
Todos los derechos reservados.

Diseño de cubierta: Adaptación del diseño original
de Alicia Tatone por PRHGE

Impreso en México / *Printed in Mexico*

ISBN: 978-0-593-08155-6

22 23 24 25 26   10 9 8 7 6 5 4 3 2 1

El desdén del vecino formidable, que no la conoce, es el peligro mayor de nuestra América; y urge, porque el día de la visita está próximo, que el vecino la conozca, la conozca pronto, para que no la desdeñe. Por el respeto, luego que la conociese, sacaría de ella las manos. Se ha de tener fe en lo mejor del hombre y desconfiar de lo peor de él.

—José Martí, 10 de enero de 1891

Índice de contenido

TERCERA PARTE ❖ La cosecha

Introducción a la tercera edición

En junio de 2018, los medios revelaron que los agentes de la Patrulla Fronteriza habían detenido a cientos de niños latinos. Los tenían recluidos en jaulas de malla, en una bodega de la ciudad fronteriza de McAllen, Texas. Las perturbadoras imágenes de infantes aterrados llamando a sus papás provocaron la condena de todo el mundo. Habían aprehendido a los niños junto con sus padres, mientras intentaban entrar ilegalmente al país. Las autoridades federales decidieron encarcelar y procesar a los adultos y enviar a los pequeños a centros de detención improvisados durante varias semanas, antes de transportarlos a instalaciones de cuidado temporal por todo el país. Los funcionarios reconocieron que en abril y mayo de aquel año aprehendieron a casi 2 mil menores de edad como parte de la política de "tolerancia cero" de la administración de Trump para detener el aumento repentino de migrantes centroamericanos. La cifra de detenidos alcanzó más de 4 mil, incluyendo sesenta casos de niños cuyas familias estaban solicitando asilo al ser detenidas.[1]

---

1. Nomaan Merchant, "Hundreds of children wait in Border Patrol facility in Texas", *Associated Press,* 18 de julio de 2018, https://apnews.com/article/9794de32d39d4c6f89fbefaea3780769; Southern Poverty Law Center, "Family separation under the Trump administration–a timeline", 17 de junio de 2020, https://www.splcenter.org/news/2020/06/17/family-separation-under-trump-administration-timeline.

Durante los meses siguientes, seis niños murieron bajo custodia en todo el país, incluyendo a Jakelin Caal Maquin, de 7 años, en Nuevo México. La indignación pública empujó al presidente Trump a anular rápidamente su política, sin embargo, más de dos años después, cientos de niños seguían sin reunirse con sus padres.[2] El escándalo de la separación de familias fue el ejemplo más trágico de décadas de fracasos de los líderes políticos de Washington para diseñar una reforma integral y humana de las leyes migratorias del país. Ningún grupo se ha visto más afectado por dichos fracasos que los latinos, pues casi el 80% de los 11 millones de migrantes indocumentados estimados provienen de Latinoamérica.[3] Mientras tanto, la población latina ha seguido creciendo a un ritmo más rápido que el del resto del país. En 2020 superó los 60 millones de personas —incluso más si contamos a los casi 3 millones de habitantes de Puerto Rico—, lo que ha aumentado la presión sobre nuestros dirigentes para lograr una reforma migratoria. Desafortunadamente, la era de Trump creó más polémica que comprensión sobre el tema migratorio. Una histeria racista antiinmigrantes se propagó entre grandes sectores de la sociedad estadounidense, mientras que las políticas restrictivas contra los migrantes quedaron consagradas como política nacional oficial, y algunas persistieron incluso después de que el demócrata Joseph Biden sucediera a Trump.

Cuando se publicó este libro por primera vez, hace más de veinte años, su tema principal era que el aumento de la migración desde Latinoamérica, Asia y África hacia los países ricos del mundo solo se puede comprender —y, en última instancia,

---

2. Patricia Sulbarán Lovera, "How did six migrant children die on the US border?", *BBC News,* 23 de mayo de 2019, https://www.bbc.com/news/world-us-canada-48346228; Daniel Gonzalez, "628 parents of separated children are still missing. Here's why immigrant advocates can't find them", *USA Today,* 11 de di-ciembre de 2020.

3. Jeffrey S. Passel y D'Vera Cohn, "Mexicans decline to less than half the U.S. unauthorized population for the first time", Centro de Investigaciones Pew, 12 de junio de 2019, https://www.pewresearch.org/fact-tank/2019/06/12/us-unauthorized-immigrant-population-2017/.

resolver— reconociendo el legado de los imperios coloniales creados por Estados Unidos y otros países occidentales durante los dos siglos anteriores. En resumidas cuentas, la crisis migratoria moderna es un resultado directo de la agitación política y la desigualdad que esos imperios causaron y siguen manteniendo hasta nuestros días.

Sin embargo, a lo largo de los periodos de Obama y de Trump, los dirigentes del Congreso no lograron ponerse de acuerdo para reestructurar el sistema migratorio estadounidense. No solo no resolvieron el destino de los migrantes no autorizados en el país, sino que tampoco modernizaron los programas de trabajadores temporales obsoletos; no rediseñaron los procesos de visa permanente, ni mejoraron el trato a los solicitantes de asilo y refugiados. Llegaron a un punto muerto una y otra vez precisamente porque hay mucho en juego en una nación cada vez más multirracial. A fin de cuentas, cualquier reforma integral determinará quién pueda convertirse en ciudadano estadounidense en el siglo XXI. Reconfigurará la población electoral del país durante décadas y alterará la distribución del poder político y económico a nivel nacional y local. En vez de eso, la era de Trump fue un esfuerzo conjunto de los blancos conservadores por instituir políticas duras contra la inmigración legal y la no autorizada, incluso contra los solicitantes de asilo, junto con la macabra extensión de un muro físico con México. Trump apartó aproximadamente $15 mil millones para construir el muro durante sus cuatro años en el poder. Al contrario de lo que había prometido, México no pagó ni un centavo. Cuando Joe Biden ganó las elecciones presidenciales en 2020, solo se habían construido 350 millas de la nueva barrera de Trump, la mayoría de ellas sustituyendo muros o rejas ya existentes, y solo 650 millas presumían cualquier tipo de obstáculo en toda la frontera.[4]

---

4. Lucy Rodgers y Dominic Bailey, "Trump wall: How much has he actually built?", *BBC News,* 31 de octubre de 2020, https://www.bbc.com/news/world-us-canada-46824649; también William L. Painter y Audrey Singer, "DHS Border Barrier Funding", Servicio de Investigación del Congreso, 29 de enero de 2020, https://crsreports.congress.gov/product/pdf/R/R45888.

Unos cuantos meses después del escándalo de la separación de familias, los votantes le quitaron el control de la Cámara de Representantes al Partido Republicano y se lo entregaron a los demócratas en las elecciones intermedias de noviembre. Un resultado de esas elecciones que no se reportó mucho fue el extraordinario aumento de la participación latina, sobre todo de los jóvenes. Se estima que 11.7 millones de hispanos marcaron boletas en 2018, casi el doble que en las elecciones intermedias de 2014, y casi tantos como los que votaron en las presidenciales de 2016. Ese aumento inesperado fue uno de los factores principales que determinaron que los demócratas ganaran 41 escaños en la Cámara de Representantes aquel año. Muchos latinos jóvenes sin duda acudieron al activismo político en reacción directa a los años que Trump pasó satanizando a su comunidad. Entre los activistas políticos que surgieron aquel año se encontraba la neoyorquina Alexandria Ocasio-Cortez, una socialista demócrata puertorriqueña de 29 años que derrotó inesperadamente a uno de los demócratas más poderosos de la Cámara de Representantes en las primarias. Ocasio-Cortez (pronto apodada "AOC") se convirtió en la mujer más joven electa en el Congreso, y no tardó en capturar la atención de todo el país como la figura más carismática de los demócratas progresistas. Pero su ascenso no fue la única señal de que lxs votantes latinxs eran una fuerza política creciente. Para inicios de 2021, un récord de seis hispanos ocupaba escaños en el Senado —cuatro demócratas y dos republicanos—, y 40 en la Cámara de Representantes.[5]

---

5. Esos senadores incluían a Alex Padilla (demócrata, California), nombrado por el gobernador Gavin Newsom para llenar el escaño vacío de la vicepresidenta Kamala Harris; Ben Ray Luján (demócrata, Nuevo México), quien ganó una elección en 2018, y cuatro senadores ya electos: Bob Menendez (demócrata, Nueva Jersey); Catherine Cortez Masto (demócrata, Nevada); Ted Cruz (republicano, Texas), y Marco Rubio (republicano, Florida). Ver Katherine Schaeffer, "Racial, ethnic diversity increases yet again in the 117th Congress", Centro de Investigaciones Pew, 28 de enero de 2021, https://www.pewresearch.org/fact-tank/2021/01/28/racial-ethnic-diversity-increases-yet-again-with-the-117th-congress/.

Ante la victoria de Biden en las elecciones presidenciales, una avalancha de reportes en los medios afirmaba que las encuestas de salida y los resultados mostraban que había ocurrido un cambio notorio entre lxs votantes latinxs. Decían que ahora tenían opiniones más conservadoras y apoyaban a Trump, un discurso que atrajo bastante atención. Quienes hemos pasado décadas trazando las tendencias históricas de los votantes hispanos reconocimos de inmediato que se trataba de una tendencia falsa o, cuando menos, superficial. Veíamos un panorama muy distinto, el cual reconocía que lo principal era el aumento inédito de votantes hispanos en 2020, algo que incluso había eclipsado el salto general histórico que hubo en la participación nacional aquel año. Subrayamos, además, que lxs votantes latinxs habían sido cruciales para la victoria de Biden en varios estados disputados. Y aunque sea cierto que el porcentaje de apoyo a Trump aumentó en ciertas zonas latinas, la proporción del voto hispano se mantuvo dentro de los parámetros históricos logrados por candidatos presidenciales republicanos anteriores (ver el Capítulo 10). De hecho, la enorme atención dedicada repentinamente al voto latino, e incluso el escepticismo renovado que algunos expresaron sobre la mera existencia de una comunidad latina cohesionada, eran también un reflejo de la creciente importancia de esa comunidad en la política y la sociedad estadounidenses. No debemos perder de vista el hecho de que, aunque en 2020 casi 7 mil latinos ocupaban algún cargo de elección popular en el país (una cifra récord), seguían representando apenas el 1% de todos los funcionarios, una porción diminuta tomando en cuenta que los hispanos comprendemos el 18% de la población. En otras palabras, los mayores avances en la representación política latina están por venir.

Sin embargo, incluso en ámbitos ajenos a la política, muchos otros sucesos y tendencias significativas han marcado el desarrollo de la comunidad latina en Estados Unidos y en Latinoamérica desde la publicación de la última edición de este libro, hace ya más de una década. Esta tercera edición pretende incorporar y evaluar dichos cambios. Las primeras dos partes del libro, "Las raíces" y "Las ramas", han permanecido prácticamente intactas, pues cuentan los orígenes y la evolución de la comunidad latina desde la época colonial hasta el siglo xx. Solo hice cambios menores para corregir errores fácticos que de alguna manera se escaparon en las ediciones anteriores; y para añadir información nueva proveniente de la explosión de investigaciones sobre la experiencia latina que una nueva camada de excelentes académicos ha generado en años recientes. Sin embargo, los últimos cinco capítulos del libro, que conforman la tercera parte, "La cosecha", sí sufrieron revisiones más exhaustivas. Ahí incluyo los datos demográficos más recientes y añado nuevas narrativas que intentan subrayar lecciones importantes acerca de la evolución de la comunidad. Dada la complejidad del tema, cualquier elección de sucesos involucra necesariamente un juicio personal. En mi caso, ese juicio proviene de medio siglo inmerso en la experiencia latina, estudiándola a través de tres lentes distintas: como activista social, como periodista y como académico de su historia. Por lo tanto, las nuevas tendencias principales que subrayo en esta edición son:

◆ El ascenso de la xenofobia antiinmigrantes como la vanguardia del populismo fascista en Estados Unidos, junto con el surgimiento de la "seguridad fronteriza" y del sistema de detención de inmigrantes como un brazo nuevo del complejo carcelario-industrial racializado.

◆ El extraordinario aumento de refugiados climáticos provenientes de Centroamérica y el Caribe. Miles de personas no solo huyen de la violencia de las pandillas y de la pobreza inextricable, sino de tormentas y sequías causadas por la crisis climática.

◆ El surgimiento de Puerto Rico como un tema político recurrente a nivel nacional, desde la crisis de la deuda de 2015, pasando por la devastación del huracán María en 2017 y sus secuelas, hasta las protestas masivas en la isla en 2019, que derrocaron a un gobernador por primera vez en la historia de Estados Unidos. Esas agitaciones sucesivas desataron una disminución inédita de casi 12% en la población de Puerto

Rico en tan solo una década, pues se renovó el éxodo en masa desde la isla hacia los cincuenta estados, sobre todo hacia Florida y los estados del Sur.

♦ La creciente diversidad étnica, racial y de clase de la población migrante latina. Las detenciones de centroamericanos en la frontera sur ahora superan incluso las de mexicanos; los salvadoreños superan a los cubanoamericanos como el tercer grupo latino más grande del país, y una nueva oleada de migrantes de clase media y refugiados de países como Venezuela, Colombia y Nicaragua reaniman las tendencias conservadoras defendidas desde antaño por la comunidad de refugiados cubanos.

♦ El resurgimiento de los regímenes neoliberales de derecha en Latinoamérica, en el que los nuevos dirigentes se están apresurando a revertir los logros económicos y sociales de los gobiernos populistas de la marea rosa que ocuparon el poder durante la década anterior. Ese movimiento conservador cobró fuerza con el golpe de 2009 contra el presidente hondureño Mel Zelaya y el reinado del terror que esto desató en Honduras, sucesos que la Casa Blanca de Obama aprobó. El movimiento luego se expandió mediante golpes blandos o "guerras jurídicas" que derrocaron a presidentes progresistas en Brasil, Argentina, Bolivia, Ecuador, Perú, Uruguay y Chile. Solo Venezuela, Nicaragua y Cuba lograron sobrevivir, y México fue el único país en ir a contracorriente cuando su pueblo eligió como presidente a Andrés Manuel López Obrador, un populista de izquierda, en 2018. Sin embargo, muchos de los nuevos gobiernos quedaron manchados por corrupción persistente e implicados en el ascenso de las pandillas delictivas y el narcotráfico en sus países. Además, los programas de austeridad que impusieron solo exacerbaron la desigualdad económica entre sus ciudadanos, lo que provocó que, ante la pandemia de COVID-19, los votantes comenzaran a devolver los movimientos de izquierda al poder.

- La llegada repentina de la República Popular China como un nuevo poder económico en el escenario latinoamericano. En repetidas ocasiones, los dirigentes de China les ofrecieron sumas inéditas de dinero en apoyos y préstamos a bajos intereses a los gobiernos económicamente agobiados de la región para financiar enormes proyectos de infraestructura, casi siempre a cambio de acceso a largo plazo a materias primas vitales. La nueva presencia china les ha permitido a esos gobiernos implementar políticas más independientes de los dictámenes de Washington, con lo que se marca el fin del estatus de Latinoamérica como el patio trasero del imperio estadounidense.

- En ningún ámbito ha sido tan evidente la diversidad de la comunidad latina de Estados Unidos como en la cultura. Durante la última década ha habido una revolución en las artes encabezada por un joven puertorriqueño del barrio dominicano de Washington Heights, en Nueva York. En unos pocos años, Lin-Manuel Miranda no solo capturó innumerables elogios por su trabajo artístico, incluyendo el premio Pulitzer y una beca McArthur al genio, sino que prácticamente transformó el teatro y la música estadounidenses con sus éxitos de Broadway, *Hamilton* e *In the Heights*. Incluso inspiró nuevas estrategias para la enseñanza de historia de Estados Unidos en las escuelas públicas, y de cómo los inmigrantes y las personas de color han contribuido al desarrollo del país. Miranda y lxs demás artistas latinxs nuevxs no solo están enriqueciendo la cultura estadounidense, sino que la están reconstruyendo sobre nuevos cimientos.

Durante un cambio tan importante, incluso el término panétnico usado para los residentes estadounidenses de ascendencia latinoamericana se ha convertido en tema de debate. Durante la última década, el término "latinx" cobró popularidad entre los hispanos jóvenes, universitarios y profesionistas como una manera de romper con el género binario y ser más incluyentes con las personas LGBTQ. Sin embargo, en 2019, solo el 3% de los latinos del país reconoció que usaba el término para autonombrarse, y solo el 23% lo había escuchado siquiera.[6] Hace veinte años, en algunos círculos corría una controversia similar sobre si era más apropiado decir "hispano" o "latino". En ese entonces, expliqué en mi primera edición de este libro que creía que "los intelectuales latinos han gastado una cantidad de tiempo innecesaria debatiendo qué término [...] nos describe mejor. Ninguno es totalmente preciso, pero los dos son aceptables, y los uso de manera intercambiable". Esa sigue siendo mi opinión, por lo que en esta edición he intentado incorporar "latinx" como alternativa a "hispano" y a "latino", sobre todo al hablar de temas más contemporáneos, pero sigo considerando que "hispano" y "latino" son términos apropiados, aunque imperfectos. Además, la mayoría de los migrantes latinoamericanos prefiere identificarse según su país de origen, o en el caso de los indígenas, según su herencia nativa. Sus hijos, nietos y bisnietos nacidos y criados en Estados Unidos cada vez tendrán opiniones diferentes. A fin de cuentas, la identidad étnica, al igual que la racial, es un constructo social. Requiere una actitud dinámica y fluida, no una estática y rígida, pues cada generación es libre de reimaginar y redefinir su sitio en la sociedad, aunque las condiciones económicas y sociales reales de la comunidad siempre deberían tener prioridad sobre las etiquetas y las descripciones intelectuales.

Mientras terminaba las revisiones para esta edición, dos sucesos históricos sacudieron a Estados Unidos y al resto del mundo, y sus secuelas se sentirán durante años. El primero fue la pandemia de COVID-19 y la enorme recesión económica que provocó, seguidas por un movimiento de protesta internacional conocido como Black Lives Matter. Ese movimiento, activado por el asesinato descarado de George Floyd, un hombre negro

---

6. Luis Noe-Bustamante, Lauren Mora y Mark Hugo Lopez. "About One-in-Four U.S. Hispanics Have Heard of Latinx, but Just 3% Use It", Centro de Investigaciones Pew, Tendencias Hispanas, 11 de agosto de 2020, https://www. pewresearch.org/hispanic/2020/08/11/about-one-in-four-u-s-hispanics-have-heard-of-latinx-but-just-3-use-it/.

desarmado, a manos de un policía blanco de Minneapolis —todo filmado—, desató las manifestaciones callejeras más grandes de la historia de Estados Unidos, que eclipsaron incluso las enormes protestas por los derechos de las mujeres al inicio de la administración de Trump y las marchas por los derechos de los inmigrantes de 2006.

Tanto la pandemia como las marchas por la justicia racial subrayaron cómo las inequidades históricas de la sociedad estadounidense siguen afectando no solo a los afroamericanos, sino también a los latinos. Según los Centros para el Control de Enfermedades, durante 2020 la comunidad latina sufrió una de las peores cifras de cualquier grupo étnico o racial en el país en términos de hospitalizaciones y muertes a causa del COVID-19. Los latinos éramos 3.1 veces más propensos a quedar hospitalizados que los blancos no hispanos, y 2.3 veces más proclives a morir por el virus, índices ligeramente más altos en ambas categorías que los de los afroamericanos. Solo los nativos americanos registraron resultados más trágicos: 3.7 veces más propensos a ser hospitalizados que los blancos y 2.4 veces más proclives a morir. Además, casi tres meses después de que las autoridades sanitarias iniciaran la campaña masiva de vacunación, solo el 7.2% de los vacunados eran hispanos y solo el 6.7% eran negros.[7]

En cuanto a las muertes con armas de fuego perpetradas por la policía, un estudio exhaustivo del *Washington Post* de tales incidentes entre 2015 y 2020 reveló que sucedieron en una tasa de 37 por millón entre afroamericanos y 28 por millón entre hispanos, comparados con solo 15 por millón entre blancos no hispanos y

---

7. Centros para el Control de Enfermedades, "Risk for COVID-19 Infection, Hospitalization and Death by Race/Ethnicity", 12 de marzo de 2021, https:// www.cdc.gov/coronavirus/2019-ncov/covid-data/investigations-discovery/ hospitalization-death-by-race-ethnicity.html. Para los índices de vacunación, ver: Centros para el Control de Enfermedades, "Demographic Characteristics of People Receiving COVID-19 Vaccinations in the United States", 15 de marzo de 2021, https://covid.cdc.gov/covid-data-tracker/#vaccination-demographic.

5 por millón entre los demás grupos raciales.[8] En resumen, los negros y los latinos corríamos aproximadamente el doble de riesgo de morir a manos de la policía que los estadounidenses blancos.

Durante las últimas dos décadas, no ha dejado de sorprenderme la cantidad de completos desconocidos que me contaron cómo *La cosecha del imperio* les hizo comprender de una nueva manera la experiencia latina en Estados Unidos. El impacto del libro entre lxs estudiantes universitarixs y lxs jóvenes académicxs latinxs ha sido particularmente gratificante, dado el importante papel que tendrán esxs muchachxs para configurar el futuro del país. A fin de cuentas, son nuestra máxima esperanza de un mundo sin imperios, sin la explotación y la migración forzada de millones de personas.

MARZO DE 2021

---

8. "Fatal Force: 1,004 people have been shot and killed by police in the past year", *Washington Post,* 11 de marzo de 2021.

Introducción a la segunda edición

Se estima que entre marzo y mayo de 2006, entre 3 y 5 millones de personas, la mayoría latinas, llenaron las calles de unos 160 pueblos y ciudades en la serie más grande de protestas masivas que se había visto en el país hasta entonces.[1]

Ni siquiera durante el apogeo del movimiento obrero estadounidense, en los años treinta, ni durante la marea alta de las protestas por los derechos civiles y la oposición pública a la Guerra de Vietnam durante los años sesenta, había habido una causa común que empujara a marchar pacíficamente a una cantidad de personas tan asombrosa en localidades tan distintas. Nunca antes un grupo en los márgenes de la sociedad estadounidense había tomado por sorpresa a nuestro *establishment* político. Resultó que la noticia de las movilizaciones se había difundido sobre todo por

---

1. Introducción

Históricamente, calcular el tamaño de las muchedumbres en las marchas de protesta ha estado plagado de controversias, pues las agencias gubernamentales normalmente subreportan las cifras y los organizadores las exageran. En años recientes, muchas autoridades policiacas y gobiernos locales incluso se han abstenido de emitir estimados oficiales. El intento más sistemático por medir el tamaño de las protestas de 2006, basándose en reportajes locales de cada ciudad, concluyó que participaron entre 3.5 y 5.1 millones de personas en más de 165 ciudades. En muchas de las ciudades grandes, hubo varios eventos durante ese periodo. Ver Xóchitl Bada, Jonathan Fox, Elvia Zazueta e Ingrid García, "Database: Immigrant Rights Marches, Spring 2006", Mexico Institute: Mexican Migrant Civic and Political Participation, Woodrow Wilson International Center for Scholars, 2007.

emisoras de radio y televisión en español y por las redes sociales de los latinos jóvenes en internet, por lo que los dirigentes del gobierno y el público en general no tenían idea de lo que estaba pasando hasta que las enormes muchedumbres empezaron a aparecer de pronto en las calles.

La meta inmediata de los manifestantes era derrotar una propuesta de ley en el Congreso que instituiría nuevas sanciones penales para los inmigrantes que estuvieran en el país de forma ilegal. No solo intentaban descarrilar lo que se conoció como la "Propuesta Sensenbrenner", sino reemplazarla con una reforma integral de la política migratoria estadounidense, que incluyera una "vía a la ciudadanía" para aproximadamente 12 millones de trabajadores indocumentados que ya había en el país. Los líderes de las protestas presentaban su lucha como una demanda moral de compasión y respeto, de dignidad para los inmigrantes ilegales. Muchos adoptaron el eslogan "¡Sí se puede!", las palabras casi olvidadas que el legendario dirigente obrero mexicoamericano César Chávez había acuñado medio siglo antes para su organización United Farm Workers.

Su mensaje resonó desde las calles abarrotadas de los barrios latinos establecidos en las ciudades principales hasta decenas de colonias nuevas en pueblos y caseríos del centro del país. Los mítines que programaron se inflaron de pronto con decenas de miles de criadas, niñeras y trabajadores de mantenimiento; con jardineros y jornaleros; con garroteros y lavalozas; con meseros y botones; con matarifes curtidos y albañiles. Muchos de ellos habían llevado una existencia furtiva y silenciosa entre las sombras de la sociedad, siempre temerosos de que los detuviera un policía o un alguacil local, o de que los atraparan en una redada migratoria y los deportaran de inmediato. De pronto, esa masa humana morena y otrora dócil estaba desfilando por el centro reluciente de las ciudades a plena luz del día. Con sus cónyuges e hijos a su lado y sus bebés en carriolas, marcharon con orgullo junto con su congregación pentecostal o católica entera, con sus ministros y estandartes al frente, ondeando la bandera de Estados Unidos y la de su país natal.

Sin embargo, no solo eran aglomeraciones de indocumentados. También participaron cientos de miles de latinos que habían nacido en Estados Unidos o se habían naturalizado, o que eran residentes legales desde hacía mucho. Y a la vanguardia de prácticamente todas las protestas había cantidades sorprendentes de estudiantes de bachillerato y de universidad hispanos y nacidos en Estados Unidos, muchos de los cuales se enfrentaban al prospecto de quedar separados de sus padres inmigrantes si los deportaban.

Todos compartían la misma indignación incendiaria. Todos estaban hartos del estereotipo que imperaba en los medios dominantes, que pintaba a las hordas de latinos y trabajadores indocumentados como una nueva amenaza que arrasaría con el país.

Y aunque los latinos conformaran la abrumadora mayoría de los manifestantes, no estaban solos: también había miles de inmigrantes polacos, irlandeses, coreanos, chinos y filipinos, junto con muchos líderes obreros y religiosos blancos y negros, sus varios aliados.

Las protestas migratorias de 2006 marcaron un ejemplo poco común de un grupo marginado levantándose de pronto y obligando a la mayoría a replantearse sus nociones de derechos humanos y democráticos. Para la mayoría de los manifestantes, ese fue su primer acto de protesta social, que alteraría para siempre su manera de ver el mundo. Pues al igual que la Marcha por el Trabajo y la Libertad de 1963 en Washington definió la mentalidad de muchos afroamericanos, y las rebeliones universitarias de 1968 forjaron el pensamiento de una generación de estadounidenses blancos, estas protestas también representaron la madurez política de la minoría hispana del país.

El nuevo movimiento irrumpió en escena con una fuerza tan inesperada que de inmediato surgieron discursos en pugna en los medios comerciales. Por un lado, muchos periódicos y emisoras de televisión dominantes empezaron a producir por vez primera reportajes emotivos y empáticos sobre las vidas de los indocumentados, una perspectiva que la prensa había ignorado hasta entonces, pues preferían el estereotipo del "extranjero ilegal". Por

otro lado, los medios en español ofrecieron un discurso radicalmente distinto: de solidaridad, no de simpatía. Desde las decenas
de locutores de radio en todo el país hasta las grandes cadenas de
televisión como Univisión y Telemundo; desde los cientos de se-
manarios hispanos hasta los diarios de las grandes ciudades como
La Opinión en Los Ángeles y *El Diario-La Prensa* en Nueva
York, la prensa hispanohablante alabó y promovió abiertamente
el movimiento. Lo pintaron como una lucha heroica de los hispanoestadounidenses para ser reconocidos por fin por sus contribuciones al país.

Pero un discurso igual de poderoso surgió entre los presentadores de radio y televisión de derecha como Rush Limbaugh,
Bill O'Reilly y Lou Dobbs. Aprovechando que algunos manifestantes ondearon con orgullo la bandera de su país natal junto a la
estadounidense, intentaron atizar abiertamente la ira del público. Exigieron políticas migratorias más duras y deportaciones en
masa, y advirtieron que los latinos radicales estaban intentando
reconquistar los antiguos territorios mexicanos del Suroeste.

Para sorpresa de nadie, la discriminación contra los inmigrantes se volvió más virulenta, más constante y dirigida con cada vez
más descaro contra los hispanos. Mientras tanto, los políticos locales de todo el país se convertían en celebridades de la noche a
la mañana por aplicar mano dura contra las comunidades de inmigrantes. Entre ellos estaban Joe Arpaio, el alguacil del condado
de Maricopa, en Arizona; Lou Barletta, el alcalde de Hazleton,
Pennsylvania, y Steve Levy, el comisionado del condado de Su-
ffolk en Long Island, Nueva York. A lo largo del espectro político, muchos estadounidenses blancos y negros exigieron con
rabia que se aumentaran las deportaciones y se endurecieran las
sanciones contra las compañías que contrataran trabajadores indocumentados, y urgieron el cierre de la frontera entre México y
Estados Unidos con un muro físico y virtual a lo largo de sus dos
mil millas de extensión.

Sin embargo, los manifestantes y sus aliados fueron igual de
desafiantes. La potencia de su indignación fue tal que la Propuesta Sensenbrenner murió en el Senado. Pero lo mismo sucedió

en 2007 con una propuesta de reforma migratoria integral bipartidista, patrocinada por el senador de Massachusetts Edward Kennedy, el senador republicano John McCain y el presidente Bush.

〰〰〰

El nuevo movimiento no consiguió su objetivo principal de una reforma migratoria, pero dejó una marca profunda e inesperada en todo el país, pues su sorprendente surgimiento señaló el fin de treinta años de dominio de la política nacional por parte de los conservadores. Seis meses después de las protestas migratorias, los demócratas se apropiaron de ambas cámaras del Congreso, y una de las razones principales de ese giro fue el creciente voto latino. La cantidad de hispanos que marcaron sus boletas aquel noviembre saltó en casi un millón desde las últimas elecciones intermedias: de 4.7 millones en 2002 a 5.6 millones en 2006. Y como el Partido Republicano estaba más asociado con la Propuesta Sensenbrenner, el porcentaje de latinos que marcó boletas a favor de sus candidatos a la Cámara de Representantes cayó del 38% al 30%.[2]

Luego, en 2008, el demócrata Barack Obama, que representaba a Illinois en el Senado, tomó prestado el eslogan "¡Sí se puede!" de los trabajadores agrícolas de Chávez y del movimiento por los derechos de los inmigrantes, y triunfó en la campaña por la Casa Blanca. En gran medida, le debió su victoria histórica al abrumador apoyo que recibió de parte de los votantes latinos. Unos 9.7 millones de hispanos marcaron boletas para presidente en 2008, 2.1 millones más que en 2004. Obama recabó el 67%

---

2. Ver "The Latino Electorate: An Analysis of the 2006 Election", Cartilla Informativa del Centro Hispánico Pew, 24 de julio de 2007, https://www.pewresearch.org/hispanic/2007/07/24/the-latino-electorate-an-analysis-of-the-2006-election/; también James G. Gimpel, "Latino Voting in the 2006 Election: Realignment to the GOP Remains Distant", Center for Immigration Studies, marzo de 2007 https://www.researchgate.net/publication/237478390_Latino_Voting_in_the_2006_Election_Realignment_to_the_GOP_Remains_Distant.

de esos votos, mientras que el republicano John McCain solo recibió el 31%, una caída significativa respecto del 40% del apoyo latino que disfrutó George W. Bush para su reelección en 2004.

Los 2.1 millones de votos latinos adicionales de 2008 reflejaron un salto igual de sorprendente entre los afroamericanos y, junto con un aumento repentino de más de 300 mil asiáticoamericanos, generó el electorado más diverso en la historia del país y aseguró la victoria de nuestro primer presidente negro. Durante la euforia que siguió a la inauguración de Obama, muchas personas afirmaron que Estados Unidos había entrado a una era postracial. Sin embargo, un análisis frío de las estadísticas electorales no daba una visión de cambio tan reconfortante, al igual que el ascenso del movimiento derechista del Tea Party que sucedió poco después. A fin de cuentas, Obama solo había recibido el apoyo del 43% de los votantes blancos, mientras que John McCain había amasado el 55%. Normalmente, tal brecha entre los blancos habría significado una victoria republicana. Obama solo ganó las elecciones gracias a la enorme participación de las minorías raciales del país, y al abrumador apoyo que recibió de ellas: el 95% de los afroamericanos votó por él, al igual que el 62% de los asiáticoamericanos.[3]

El ascenso de Obama, por lo tanto, reflejó cómo estaba cambiando el electorado, y no solo en términos de mejores oportunidades para los afroamericanos. Durante la primera década del nuevo siglo, la cantidad de funcionarios hispanos por elección popular sobrepasó los 6,600. Entre 1994 y 2009, la cantidad de latinos en el Congreso aumentó casi 50% —de 17 a 25—, mientras que la cantidad de hispanos en puestos de elección popular en los gobiernos estatales subió un tercio, de 184 a 247. En cierto punto durante la última década, hubo una cantidad récord de tres latinos con escaños en el Senado: Mel Martinez (republicano,

---

3. Centro de Investigaciones Pew, "Dissecting the 2008 Electorate: The Most Diverse in the U.S. History", 30 de abril de 2009 https://www.pewresearch.org/hispanic/2009/04/30/dissecting-the-2008-electorate-most-diverse-in-us-history/.

Florida), Ken Salazar (demócrata, Colorado) y Robert Menéndez (demócrata, Nueva Jersey).[4]

Cuando redacté la primera edición de *La cosecha del imperio* a finales de los años noventa, el gobierno federal estaba en la primera etapa de construcción de un muro entre México y Estados Unidos, justo al sur de San Diego. En ese entonces señalé que esa barrera improvisada no era tan impresionante como el testimonio de inseguridad humana más grande de nuestro planeta, la Gran Muralla de 1,500 millas que los emperadores chinos pasaron siglos construyendo para mantener fuera a los hunos. Sin embargo, la versión estadounidense era un claro indicio de que la frontera entre México y Estados Unidos se había convertido en el epicentro de cambios importantes en nuestro continente: de día, un flujo constante de camiones se dirigía hacia el sur, cargando bienes hacia las fábricas recién construidas y atestadas con casi un millón de trabajadores mal pagados; por las noches, un flujo silencioso de personas se dirigía hacia el Norte en busca de los salarios estadounidenses que significarían la supervivencia de los parientes que dejaban atrás. Esos movimientos estaban generando ganancias enormes para las diminutas élites de inversionistas a ambos lados de la frontera, con condiciones sociales horrorosas en el lado mexicano.

---

4. En 2009, el conteo anual de funcionarios públicos hispanos realizado por la National Association of Latino Elected Officials (NALEO) ubicó la cifra en 5,670, lo que a primera vista indica que ha habido poco progreso desde los 5,459 funcionarios hispanos que reportaron en 1994. Pero en 2002, la NALEO dejó de incluir en su tabulación anual a los latinos electos como parte de los consejos educativos de Chicago. Esos consejos son el cuerpo local de funcionarios educativos más grande del país. De los 7,700 miembros del consejo de Chicago, aproximadamente el 14%, o unos mil, son latinos. Si se incluyen en el conteo, la cifra más precisa de funcionarios públicos hispanos actualmente supera los 6,600. Ver *2009 National Directory of Latino Elected Officials*, NALEO Education Fund, vii.

El movimiento de mano de obra hacia el Norte, que compite en tamaño con el gran movimiento hacia el oeste de los primeros colonos europeos en Norteamérica, ha causado una transformación excepcional: la latinización de Estados Unidos. Desde el final de la Segunda Guerra Mundial ha habido una inmigración sin parangón desde México, el Caribe, Centro y Sudamérica, que aumentó sobre todo a partir de los años sesenta. Entre 1960 y 2008, más de 40 millones de extranjeros se instalaron aquí, más que en cualquier otro periodo de cincuenta años en la historia del país. La mitad de esos recién llegados provenía de Latinoamérica. Sin embargo, la mayoría de los expertos no comprendían la magnitud del cambio, a pesar de una serie de reportajes hiperbólicos durante los años ochenta y noventa que se concentraban en el crecimiento demográfico de los hispanos.

La Oficina del Censo, por ejemplo, ha tenido que corregir constantemente sus proyecciones de crecimiento futuro de la población latina. Su estimado más reciente predice que la población hispana actual del país, de casi 46 millones en 2009 (sin contar a los 4 millones de residentes de Puerto Rico que son ciudadanos estadounidenses), casi se triplicará hasta alcanzar los 132 millones en 2050. En ese momento, los latinos podríamos conformar casi una tercera parte de la población total de Estados Unidos y, junto con los afroamericanos y otras minorías, sumaremos más de la mitad de los habitantes totales del país: 235 millones de 439 millones de personas.

En otras palabras, a mediados de siglo, los blancos de ascendencia europea dejarán de ser la mayoría, aunque sin duda seguirán siendo el grupo racial dominante en términos de riqueza y poder. Por lo tanto, también es posible que para finales del siglo la mayoría de la población de Estados Unidos remonte su legado étnico a Latinoamérica, no a Europa.[5]

---

5. En 1993, la Oficina del Censo predijo que para 2010 vivirían 39 millones de hispanos en Estados Unidos, 13.2% de la población total. Esa cifra, advirtieron, crecería hasta 80 millones para 2050, o el 21% de la población total proyectada. Sin embargo, justo antes del censo del 2000, la oficina aumentó su pronóstico a 98 millones de hispanos para mitad del siglo. Luego, en 2008,

Eso es asombroso si tomamos en cuenta que los latinos apenas sumábamos 9.1 millones y representábamos el 4.5% de la población en 1970. La explosión demográfica hispana ya no está confinada a la región fronteriza del Suroeste ni a un puñado de estados grandes como California, Nueva York y Florida. Se ha propagado prácticamente a todos los suburbios, pueblos y zonas rurales del país. Los restaurantes mexicanos, las bodegas y la música latina ahora forman parte integral de la vida de Estados Unidos.

Comprensiblemente, ese cambio tan rápido ha causado una profunda inseguridad entre los blancos no hispanos, e incluso entre algunos afroamericanos. Eso aplica en particular a la gran generación de los *baby boomers*, cuyos miembros crecieron durante los años cincuenta y sesenta, cuando las tasas de inmigración eran las más bajas de todo el siglo xx. En ese entonces, la población nacida en el extranjero no solo era diminuta, sino que lo generalizado de la segregación racial y la proliferación de los suburbios exclusivamente blancos significaban que tanto los estadounidenses blancos como los negros tenían pocas interacciones sociales con gente cultural o lingüísticamente diferente a ellos. En otras palabras, el país estaba dividido racialmente, pero era culturalmente homogéneo.[6]

Hoy en día, muchos de esos estadounidenses son los que expresan el mayor miedo de que la inmigración latina y la asiática alteren de forma permanente el modo de vida de este país. En los años noventa, una cantidad perturbadora de ellos empezó a creer que Estados Unidos estaba bajo el ataque de hunos modernos, de

---

señaló en un nuevo informe que la población latina había sobrepasado los 46 millones aquel año, o el 15% de todos los habitantes, lo que provocó que corrigiera sus cifras de nuevo. Ver "Hispanic Americans Today", Current Population Reports, P-23-183, U.S. Departamento de Comercio (Washington, D.C.: U.S. Government Printing Office, 1993), 2; Randolph E. Schmid, "Twice as Many Americans by 2100", Associated Press, 13 de enero de 2000; "An Older and More Diverse Nation by Midcentury", U.S. Census Bureau News, 14 de agosto de 2008.

6. Damien Cave, "The Immigration Gap: Baby Boomers Are Backing Arizona's Tough New Law While Young People Are Rejecting It", *New York Times*, 18 de mayo de 2010.

hordas de "bárbaros en las puertas" que hablaban español. Muchos comenzaron a creer que el movimiento por la educación multicultural en las escuelas y universidades públicas estaba alimentando una forma divisiva de nacionalismo étnico que trastoca las tradiciones eurocéntricas de la historia de Estados Unidos y promueve reformas "antiestadounidenses", como la educación bilingüe. Nada parece enardecer tanto a los defensores de las tradiciones anglosajonas de nuestro país como el tema del idioma. Como la cultura de un pueblo inevitablemente se expresa por medio de su lengua, el aumento en el uso de idiomas "extranjeros" de alguna manera implica el crecimiento de culturas extranjeras. Los hispanos, con razón o sin ella, ahora se consideran la vanguardia de una amenaza lingüística.

Una manifestación de inseguridad generalizada es el rápido incremento de los crímenes de odio contra los latinos. El FBI reportó un salto del 35% entre 2003 y 2006. Otros estudios sugieren que esa cuenta subreporta drásticamente el tamaño del problema, sobre todo en cuanto a latinos. En 2008, por ejemplo, el FBI reportó 7,780 incidentes de crímenes por sesgo étnico o racial. Esa cifra, compilada a partir de informes de policía locales, ha fluctuado entre 6 mil y 10 mil a lo largo de la década. Según el FBI, solo el 11.5% de los incidentes de 2008 se debían a un sesgo étnico o de nacionalidad.[7]

Pero un análisis independiente hecho en 2005 por el Buró de Estadísticas Judiciales afirmó que la cifra real de delitos por sesgo ha sido mucho mayor, con un promedio superior a los 190 mil al año durante gran parte de esta década. Aquel estudio, basado en la Encuesta Nacional de Victimización Criminal, reveló que casi el 30% de los incidentes de crímenes de odio ocurridos entre

---

7. Brentin Mock, "Immigration Backlash: Hate Crimes against Latinos Flourish", Southern Poverty Law Center, Intelligence Report, Winter 2007, no. 128, https://www.splcenter.org/fighting-hate/intelligence-report/2007/hate-crimes-against-latinos-rising-nationwide; Federal Bureau of Investigation, "FBI Releases 2008 Hate Crime Statistics", 29 de noviembre de 2009, https://archives.fbi.gov/archives/news/pressrel/press-releases/fbi-releases-2008-hate-crime-statistics.

2000 y 2003 involucró un sesgo étnico. También señaló que más de la mitad de los crímenes con sesgo nunca se reportaban a la policía. Una de las razones principales era que las víctimas indocumentadas de tales ataques eran mucho menos propensas a presentar una declaración ante la policía que los ciudadanos y los residentes legales.[8]

Al mismo tiempo, algunos gobiernos locales cada vez adoptaban más leyes contra los inmigrantes ilegales. Quizás la más controvertida fuera la que aprobó la legislatura estatal de Arizona en 2010, que autorizaba a la policía a detener e interrogar a cualquier persona de la que tuviera una "sospecha razonable" de que estuviera en el país de forma ilegal.

Sin embargo, nuestro país no es el único al que le incomoda la inmigración desde el Tercer Mundo. Desde la Segunda Guerra Mundial, el encogimiento del mundo moderno a causa del transporte aéreo y los medios de comunicación masiva, y la brecha cada vez más amplia entre los países ricos y desarrollados, y Asia, África y Latinoamérica, aquejados por la pobreza, han alimentado una inmigración inédita hacia Occidente. Invariablemente, los antiguos lazos coloniales significaron que los inmigrantes de esas regiones gravitaron hacia las metrópolis de sus antiguos amos coloniales. En Gran Bretaña, la pujante población de paquistaníes, indios y jamaiquinos ha inquietado a los blancos nativos. En Francia hay un nuevo movimiento de derecha en contra de los argelinos y tunecinos. En Alemania, los inmigrantes de Turquía, África y el sureste asiático han atraído la ira de los ciudadanos nativos.

Pero ¿cómo ocurrió la vasta explosión de la población hispana en Estados Unidos? ¿Qué fuerzas empujaron a tantos latinoamericanos a venir aquí? ¿Se trató simplemente de una aplicación laxa de la ley en la frontera y de políticas migratorias federales

---

8. Caroline Wolf Harlow, "Hate Crime Reported by Victims and Police", Departamento de Justicia de Estados Unidos, Informe Especial del Buró de Estadísticas Judiciales, noviembre de 2005, https://bjs.ojp.gov/library/publications/hate-crime-reported-victims-and-police.

equivocadas? ¿O de algo más fundamental para el desarrollo mismo de nuestro país?

El argumento principal de este libro es que el dominio político y económico de Estados Unidos sobre Latinoamérica siempre ha sido —y sigue siendo— la razón subyacente de la enorme presencia latina que hay aquí. En pocas palabras, nuestra vasta población latina es la cosecha inesperada del imperio estadounidense.

A la mayoría de nosotros nos incomoda pensar que nuestra nación es un imperio, aunque los especuladores y los bancos de inversión de Wall Street hayan demostrado una y otra vez su capacidad para destruir economías enteras al otro lado del mundo en cuestión de horas, un poder muy superior al que ejercieron el Imperio romano o el otomano. Nuestras escuelas públicas han fracasado miserablemente en este tema, pues nos han enseñado muy poco sobre las maquinaciones que acompañaron la expansión territorial de nuestro país y que ayudaron a generar nuestro dominio del mundo moderno.

Hace no mucho tiempo, Latinoamérica se pintaba como nuestro traspatio exótico, una serie de repúblicas bananeras genéricas y de países semicivilizados a los cuales los estadounidenses les gustaba ir de vacaciones, o en busca de aventuras, o para acumular tierras baratas, o para buscar fortuna. Los desgraciados gobiernos de la región se convirtieron en presas perpetuas de las intrigas de círculos rivales de banqueros e inversionistas estadounidenses, y de la diplomacia de cañonero de los presidentes de Estados Unidos. Pero ahora, los migrantes latinos, producto de esas viejas relaciones, invadimos el jardín, la cocina y la sala de Norteamérica. Inundamos sus escuelas, su ejército y hasta sus cárceles.

Por supuesto, los inmigrantes existen desde los albores de la civilización. Y las razones básicas por las que la gente se muda de una tierra a otra no han cambiado: hambre, condiciones sociales en deterioro, persecución política o religiosa, la oportunidad de mejorar su vida empezando desde cero en algún otro lugar. Sin embargo, como intento demostrar en este libro, la migración y la presencia latinas en este país difieren de las de los europeos en varios aspectos importantes.

En primer lugar, los flujos de migrantes latinos han estado directamente conectados con el crecimiento del imperio estadounidense y han respondido perfectamente a sus necesidades, ya fuera la necesidad política de estabilizar a un país vecino o de aceptar sus refugiados para lograr un objetivo de política exterior más amplio (cubanos, dominicanos, salvadoreños y nicaragüenses), o una necesidad económica, como satisfacer la demanda de mano de obra de industrias estadounidenses específicas (mexicanos, puertorriqueños y panameños).

En segundo lugar, en cuanto llegaron los latinoamericanos, no pasaron de su status de inmigrantes a un estatus de normalidad, sino a uno de casta lingüístico-racial, sobre todo a causa de cómo se han tratado los conflictos lingüísticos y raciales a lo largo de la historia de Estados Unidos y de Latinoamérica.

En tercer lugar, la mayoría de los latinoamericanos llegaron cuando Estados Unidos ya era una superpotencia mundial, cuando nuestra sociedad estaba entrando en su periodo postindustrial y cuando estaba creciendo nuestra brecha entre ricos y pobres, lo que significó que ya no existía la opción de los empleos fabriles no calificados que los inmigrantes europeos usaron para ascender a la clase media.

Pero conforme nuestras corporaciones e instituciones financieras penetraban cada vez más en Latinoamérica, alimentaron un traslado inédito de mano de obra desde el sur hacia el norte. Las políticas gubernamentales, con el objetivo de promover una mayor integración económica, solo exacerbaron la desigualdad de ingresos y riqueza entre los habitantes de ambas regiones. Eso es particularmente cierto en los países que están más a merced de Washington y Wall Street. Como resultado, nuestra economía se convirtió en un imán irresistible de mano de obra barata proveniente de las zonas más pobres de nuestro "mercado en común".

En 1990, por ejemplo, cuatro años antes de que entrara en efecto el Tratado de Libre Comercio de América del Norte (TLCAN), los estimados federales de la cantidad de inmigrantes viviendo ilegalmente en Estados Unidos variaban entre 3.4 y 5.5 millones. La mayoría de los estimados confiables actuales sitúan la cifra en unos 11 millones, y México ha sido, al menos hasta años recientes, la fuente de más de dos terceras partes de esos migrantes. Antes de que entrara en efecto el TLCAN, migraba un promedio de 350 mil mexicanos al año hacia Estados Unidos. Durante los primeros años de esa década, esa cifra aumentó hasta casi 500 mil. Sin embargo, la caída drástica en la migración que hubo tras la Gran Recesión hizo que la proporción mexicana de la población indocumentada de Estados Unidos cayera a menos de la mitad del total para 2017. De todos modos, México ostenta la dudosa distinción de ser el país que manda a la mayor cantidad de sus habitantes a trabajar al extranjero, por encima de China e India.[9]

Pero comprender las causas subyacentes de la inmigración latina es solo el comienzo. Es igual de importante reconocer las

---

9. Eduardo Zepeda, Timothy A. Wise y Kevin P. Gallagher, "Rethinking Trade Policy for Development: Lessons from Mexico under nafta", Carnegie Endowment for International Peace, diciembre de 2009, 13, http://www. carnegieendowment.org/files/nafta_trade_development.pdf. Las proyecciones de la población de indocumentados en Estados Unidos se han debatido durante años. En 2018, el Departamento de Seguridad Nacional estimó que el 1º de enero de 2015 había casi 12 millones. En 2017, el Centro de Investigaciones Pew, usando cifras del censo estadounidense y del mexicano, estimaba una cantidad inferior, de 10.5 millones, mientras que el grupo nativista Federation for Immigration Reform declara una cifra mucho mayor, de 14.5 millones, en 2019. Ver Elaine Kamarck and Christine Stenglein, "How Many Undocumented Immigrants Are in the United States and Who Are They?", Institución Brookings, 12 de noviembre de 2019, https://www.brookings. edu/policy2020/votervital/how-many-undocumented-immigrants-are-in-the-united-states-and-who-are-they/. Yo me decidí por 11 millones como un estimado imperfecto. Ver también "Illegal Aliens: Despite Data Limitations, Current Methods Provide Better Population Estimates", Oficina de Contabilidad General de Estados Unidos, 5 de agosto de 1993 (último acceso el 5 de abril de 2010, en http://www.gao.gov/products/PEMD-93-25); Brad Knickerbocker, "Illegal Immigrants: How Many Are There?", *Christian Science Monitor*, 16 de mayo de 2006; Roberto González Amador y David Brooks, "México, el mayor expulsor de migrantes del planeta, dice BM", *La Jornada*, 16 de abril de 2007. Para leer acerca de cómo ha decaído la proporción mexicana de la población indocumentada, ver Jeffrey S. Passel y D'Vera Cohn, "Mexicans Decline to Less Than Half of U.S. Unauthorized Immigrant Population for the First Time".

historias de carne y hueso que hay detrás de este fenómeno tan complejo. ¿Por qué vino cada grupo latino justo en el momento en el que vino? ¿Por qué vinieron algunos y otros no migraron en absoluto? ¿Qué encontraron los pioneros de cada grupo al llegar aquí? ¿Cómo interactuaron con los demás estadounidenses? ¿Cómo construyeron sus comunidades? ¿Por qué algunos se refugiaron en enclaves étnicos y otros no? ¿Cómo están cambiando al país y cómo se sienten al respecto los angloamericanos, tanto blancos como negros?

Este libro intenta responder muchas de esas preguntas presentando una visión histórica integral de Latinoamérica y de los latinos en Estados Unidos, cómo ambos contribuyeron al desarrollo de los ideales y la realidad estadounidenses y cómo fueron afectados por ellos. Se divide en tres secciones principales, que titulé "Las raíces", "Las ramas" y "La cosecha".

"Las raíces", compuesta por tres capítulos, traza la larga y tortuosa relación entre Latinoamérica y Estados Unidos. El primer capítulo, que cubre el periodo colonial, resume cómo Latinoamérica y Estados Unidos se convirtieron en sociedades radicalmente distintas desde el siglo XVI hasta su independencia; el segundo, cómo Estados Unidos se expandió para transformarse en imperio durante el siglo XIX conquistando y explotando territorios latinoamericanos, y el tercero, cómo nuestros dirigentes convirtieron la región del Caribe en un protectorado estadounidense durante el siglo XX. Admito que repasar quinientos años de historia del Nuevo Mundo en tres capítulos breves es una tarea sobrecogedora, por lo que tengo una advertencia: intento concentrarme en lecciones y patrones clave que he extraído de varias historias escritas por autores anglos y latinoamericanos, pensando en cómo pueden esclarecer nuestra situación actual.

La segunda sección, "Las ramas", está compuesta por seis capítulos, cada uno dedicado a uno de los principales grupos de latinos en el país. En ella combino investigaciones ajenas sobre la saga migratoria moderna con mis entrevistas de historia oral y mis pesquisas periodísticas. La historia migratoria de cada nacionalidad latina es única por el momento en el que sucedió, la clase y tipo de personas que vinieron y la manera en la que lidiaron con su nuevo entorno. Nuestras sagas son tan variadas como las de los suecos, irlandeses, alemanes, polacos e italianos que nos precedieron. Sin duda, podrían dedicarse libros enteros a cada grupo de latinos, pero decidí concentrar mis capítulos en una familia o en unos cuantos individuos que reflejaran la historia migratoria general de ese grupo, sobre todo durante sus primeros años. Intenté identificar inmigrantes que se hubieran convertido en líderes o en pioneros de la migración, y que, por lo tanto, hubieran pasado algún tiempo digiriendo conscientemente sus experiencias. La mayoría son personas que he conocido durante mis más de treinta años trabajando como periodista aquí y en México, Centroamérica y el Caribe. No se trata de los políticos étnicos que los blancos suelen buscar cuando quieren saber cómo se siente o actúa una comunidad sin esforzarse demasiado. Más bien me he concentrado en líderes de bases, en gente que claramente se ha ganado el respeto de sus pares, pero que rara vez se le entrevista o se le conoce fuera de su comunidad.

La última sección, "La cosecha", trata de los latinos en Estados Unidos en nuestros días. Comprende cinco capítulos sobre algunos de los temas más urgentes que los estadounidenses promedio suelen asociar con los latinos: política, inmigración, idioma y cultura. Añadí además un capítulo sobre una causa clave de la migración latinoamericana durante los últimos sesenta años: la política comercial estadounidense, o lo que más bien habría que llamar "globalización". Al final, hay un capítulo sobre Puerto Rico. ¿Por qué todo un capítulo? Porque, durante todo el siglo XX, esa diminuta isla caribeña fue una importante fuente de ganancias para los inversionistas estadounidenses, más que cualquier otro país del mundo. También resulta que es la última posesión colonial importante de Estados Unidos. Sin embargo, se le presta poca atención, comparada con su importancia. Eliminar el colonialismo ahí es un tema con repercusiones amplias, y no solo para los 9 millones de puertorriqueños que viven aquí y en la isla. Mientras no se descolonice Puerto Rico, la democracia estadounidense no estará completa.

Los sucesos en Latinoamérica y en Estados Unidos durante los últimos diez años han generado bastante evidencia nueva que apoya mi tesis original sobre una "cosecha del imperio". En esta edición revisada he intentado trazar esos sucesos clave. Las primeras dos secciones del libro permanecieron intactas, excepto por algunas mejoras de estilo. Sin embargo, revisé y actualicé los cinco capítulos de la sección final, "La cosecha", complementándolos con datos más recientes y con recuentos de incidentes y tendencias clave que están configurando la evolución de la comunidad latina. Entre los más notables durante la última década se encuentran:

+ La mano dura contra la inmigración ilegal perpetrada por el gobierno federal y los gobiernos locales después del 11 de septiembre, y el inédito movimiento por los derechos de los inmigrantes que esta desató.

+ La creciente influencia del electorado latino en la vida política del país, cuyo mayor símbolo quizá sea el nombramiento de la primera miembro hispana de la Corte Suprema, Sonia Sotomayor, por parte de Obama.

+ La extraordinaria batalla de cuatro años que libró Puerto Rico para sacar a la marina de Vieques, al igual que la profunda crisis económica de la isla y el problema irresuelto de su estatus.

+ El impacto desastroso de las políticas de libre comercio estadounidenses en Latinoamérica y en la inmigración hacia nuestras costas a partir del TLCAN.

+ El surgimiento de gobiernos populistas de izquierda en toda Latinoamérica y cómo ha afectado esa marea a la población latina de Estados Unidos.

Por supuesto, ningún país es tan crucial para las relaciones entre Estados Unidos y Latinoamérica, ni para establecer el control del flujo migratorio, como México. El éxodo de los trabajadores de ese país hacia el Norte se ha vuelto tan masivo que hace unos años subió al primer lugar de países que más inmigrantes legales han enviado a Estados Unidos desde que el gobierno federal empezó a llevar las estadísticas en 1820. Ya superó a Alemania, Reino Unido, Italia e Irlanda.

El TLCAN, que supuestamente fomentaría empleos nuevos en México, y por lo tanto reduciría la presión migratoria sobre los mexicanos, ha causado un mayor éxodo hacia Estados Unidos. Mientras tanto, las corporaciones estadounidenses han ampliado bastante su control del sector manufacturero, bancario y agrícola de México, y ahora dominan su comercio. Los bancos extranjeros entraron con fuerza al país tras la crisis del peso de 1994, hasta el punto en que Citigroup ahora es uno de los bancos más grandes de México, mientras que un puñado de compañías estadounidenses y de otros países controlan más del 80% de sus activos bancarios.[10]

En el campo mexicano, decenas de miles de campesinos de subsistencia fueron empujados a la ruina o al borde de ella. En vez de plantar los frijoles y el maíz que cultivaban tradicionalmente, los cárteles de drogas los incitan a sembrar marihuana y amapola. Algunos funcionarios estiman que hasta el 30% de la tierra fértil de México está dedicada a cultivos ilícitos. Gran cantidad de desempleados en ciudades fronterizas como Ciudad Juárez, Tijuana y Matamoros se han convertido en reclutas fáciles para los ejércitos privados de los cárteles de drogas. El estallido de la narcoviolencia en esas ciudades se ha convertido en una repetición espeluznante de la tragedia que abrasó Colombia durante los años ochenta.[11]

---

10. Heiner Schulz, "Foreign Banks in Mexico: New Conquistadors or Agents of Change?", Wharton Financial Institutions Center documento de trabajo no. 06-11, 22 de abril de 2006, https://papers.ssrn.com/sol3/papers.cfm?abstract_id=917149.
11. Tracy Wilkinson, "Mexico Agricultural Subsidies Are Going Astray: A Fund to Help Poor Farmers Compete with U.S. Imports Is Instead Benefiting Drug Lords' Kin and Officials", Los Angeles Times, 7 de marzo de 2010.

Este libro está dirigido a cualquier lector que desee profundizar su conocimiento sobre los hispanos y a la creciente cantidad de estudiantes, profesionistas e intelectuales latinos que quizá sepan mucho de su grupo étnico particular —chicanos, puertorriqueños o cubanos, por ejemplo—, pero muy poco de los demás.

¿Quién soy yo para asumir una labor tan ambiciosa? Yo nací en Ponce, Puerto Rico, en 1947, de padres de clase trabajadora. Mi familia me llevó a El Barrio, en Nueva York, al año siguiente, y llevo viviendo en este país desde entonces. Como periodista —y antes como activista comunitario puertorriqueño que ayudó a fundar y dirigir dos organizaciones nacionales, los Young Lords en los años sesenta y el National Congress for Puerto Rican Rights a finales de los setenta— he pasado décadas viviendo en comunidades latinas y reportando sobre ellas por todo Estados Unidos y Latinoamérica, devorando en el proceso todos los estudios o recuentos de la experiencia latina que encontraba.

En cierto punto, me cansé de que nuestra historia fuera contada, casi siempre de forma sesgada, sin pasión ni dolor, por expertos que no la habían vivido. Al pasar de los años ha habido varios esfuerzos bienintencionados dirigidos al público en general, pero demasiados caen en lo que yo llamo la "técnica de safari": están dirigidos exclusivamente a una audiencia anglo y el autor funge de guía e intérprete de los nativos que aparecen por el camino.

Mientras tanto, en décadas recientes, muchos buenos historiadores han abierto brecha en las universidades con sus investigaciones sobre la vida de los latinos en este país, y este libro no habría sido posible sin sus esfuerzos. Pero muchos de ellos se concentraban en un solo grupo, o en un ámbito particular, como la cultura o la política, o en un periodo específico de la historia. Pocos han intentado pintar un panorama más amplio, conectar el pasado con el presente, aprovechar varias disciplinas académicas, y que el proceso entero siga siendo coherente tanto para los latinos como para los anglos. Pocos intentan comprender nuestro continente como un solo Nuevo Mundo, norte y sur. Menos aún trazan el vínculo ininterrumpido entre el dominio anglo de Latinoamérica —doscientos años de transferencias enormes y cada vez mayores de riqueza desde el sur hacia el norte, que el uruguayo Eduardo Galeano nombró "las venas abiertas de América Latina"— y el flujo moderno de la gente de la región hacia Estados Unidos. La base de este libro es que uno no existiría sin el otro.

Si Latinoamérica no hubiera sido saqueada por el capital estadounidense desde su independencia, no vendrían millones de trabajadores desesperados a reclamar una parte de su riqueza, y si Estados Unidos ahora es el país más rico del mundo, se debe en parte al sudor y la sangre de los trabajadores del cobre en Chile, a los mineros de estaño en Bolivia, a los recolectores de fruta de Guatemala y Honduras, a los cortadores de caña de Cuba, a los trabajadores petroleros de Venezuela y México, a los trabajadores farmacéuticos de Puerto Rico, a los peones de los ranchos de Costa Rica y Argentina, a los caribeños que murieron construyendo el Canal de Panamá y a los panameños que le dieron mantenimiento.

La manera en que los blancos y los negros de este país afronten el aumento de la población latina determinará si nuestra nación gozará de tranquilidad interétnica durante el siglo XXI o si quedará convulsa por conflictos similares a los que desgarraron a los estados multiétnicos de Europa del Este, a la antigua Unión Soviética, y a otras regiones del mundo.

Espero que el lector no encuentre soluciones fáciles a problemas complejos en estas páginas, sino un intento honesto de encontrarle sentido a la experiencia latinoamericana y a la norteamericana. No ha sido fácil separar mi mente de mi corazón mientras escribía esta historia. A lo largo de mi vida, he conocido a demasiados latinos que sufrieron y sacrificaron mucho más de lo que cualquiera soportaría para crear algo mejor para sus hijos, pero no encontraron descanso y muy poco respeto, y terminaron, como escribió el difunto poeta Pedro Pietri, "enterrados sin calzoncillos". Cuanto más me sumergía en el historial de doscientos años de atrocidades perpetradas por nuestros estatistas, empresarios y generales en Latinoamérica, más me enfurecía, sobre todo porque esos líderes no parecían aprender nunca del pasado. Sin embargo, mi ira no está manchada de odio; proviene de la frustración de ver lo abundante que ha resultado la promesa de nuestro país para algunas personas y lo innecesariamente dolorosa que ha sido para otras, y está templada por la convicción de que el pueblo estadounidense aún se aferra a una noción básica de justicia, de que en cuanto comprende los hechos, rara vez permite que se la viole. Por eso, en parte, incluí en el libro un sinnúmero de datos desconocidos sobre los latinos.

Espero que, cuando termines de leer este libro, veas a los latinos en Estados Unidos desde otra perspectiva. Los hispanos no nos vamos a ir. La demografía y la marea de la historia señalan una mayor presencia latina a lo largo de este siglo, no una menor. Sin embargo, la nuestra no es una reconquista armada que intente expulsar a los ocupantes anglos de las tierras sagradas que solían ser nuestras. Es una lucha por la supervivencia, por la inclusión como iguales, nada más. Es una lucha basada en la creencia de que, quinientos años tras el inicio del experimento, todos somos americanos en este Nuevo Mundo, y que nuestros enemigos más peligrosos no somos nosotros, sino el gran muro de ignorancia que nos separa.

Un comentario sobre el uso del lenguaje. Creo que los intelectuales latinos han gastado una cantidad de tiempo innecesaria debatiendo qué término, "hispano" o "latino", nos describe mejor. Ninguno es totalmente preciso, pero los dos son aceptables. Al igual que los negros en este país pasaron de sentirse cómodos con "colored" a estarlo con "Negro", luego con "Black" y ahora con "African American", los latinoamericanos en Estados Unidos también tendremos nuestras etapas. Recuerdo que en los años ochenta asistí a una conferencia de periodistas mexicanos e hispanoestadounidenses en México. Una noche, el pueblito indígena en el que se celebró nos organizó una recepción. La plaza central estaba decorada con una enorme pancarta que decía: "Bienvenidos, periodistas hispano-norteamericanos". Así que a cada uno sus etiquetas.

De igual manera, todos sabemos que los habitantes de Estados Unidos nos hemos apropiado injustamente de la palabra "América" para referirnos a este país, cuando en realidad denota a todo el continente. Mientras tanto, los latinoamericanos se refieren a Estados Unidos como "Norteamérica", y a los ciudadanos estadounidenses como "norteamericanos" (mis disculpas a los canadienses). Y en las comunidades mexicoamericanas de aquí, a veces llaman "anglos" a los blancos. En este tema tampoco he respetado el purismo, pues he usado "estadounidenses", "norteamericanos" y "anglos" de forma intercambiable.

Usé "mexicoamericanos" y "chicanos" para referirme a los mexicanos nacidos y criados en Estados Unidos, y "mejicanos", "tejanos" y "californios" para hablar de los mexicanos que vivían en el país antes de que el Tratado de Guadalupe Hidalgo los convirtiera en ciudadanos estadounidenses.

Te invito a viajar conmigo para demoler algunos muros e iniciar un nuevo viaje por la historia de Estados Unidos.

PRIMERA PARTE

Las raíces

1

Conquistadores y víctimas:
Se forma la imagen de América
(1500–1800)

Y víamos en aquellas cibdades cúes y adoratorios a manera
de torres e fortalezas, y todas blanqueando, que era cosa de
admiración.

—BERNAL DÍAZ DEL CASTILLO, 1568

L a llegada de los exploradores europeos a América inició el
encuentro entre culturas más asombroso y trascendental en
la historia de la civilización. Reunió a dos partes de la raza humana que hasta entonces ignoraban la existencia la una de la otra,
con lo que se estableció la identidad básica de nuestro mundo
moderno. El escritor y crítico francés Tzvetan Todorov lo llamó
"el descubrimiento que el *yo* hace del *otro*", mientras que Adam
Smith lo etiquetó como "uno de los dos sucesos más importantes
de la historia de la humanidad".[1]

---

1. Tzvetan Todorov, *La conquista de América,* traducido por Flora Botton
Burlá, (México: Siglo XXI, 1998), 13; Adam Smith, *The Wealth of Nations*
(1776), ed. Edwin Cannan, vol. 2 (Londres: University Paperbacks, 1961),
141. (Para Smith, el otro fue el descubrimiento de un pasaje hacia la India).

De los europeos que colonizaron América, los provenientes de Inglaterra y España tuvieron el mayor impacto. Ambos trasplantaron sus culturas en amplios territorios. Ambos crearon imperios coloniales a partir de cuya abundancia Europa pudo dominar el mundo. Y los descendientes de ambos terminaron por librar guerras de independencia que reformularon los sistemas políticos de nuestro planeta.

Esa historia en común ha hecho que los latinoamericanos y los angloamericanos, al igual que los árabes y los judíos en Medio Oriente, sean parientes enfrascados en un conflicto constante, oyéndose sin entenderse. La mayoría de la gente sabe muy poco de las enormes diferencias entre la forma en la que los españoles y los ingleses colonizaron América, ni de cómo esas disparidades derivaron, tras las independencias, en países con sociedades tan radicalmente divergentes, pues, al igual que los adultos desarrollan rasgos de personalidad clave durante sus primeros años de infancia, los nuevos países americanos, sus identidades y mentalidades, sus lenguas y costumbres, se moldearon durante los siglos que pasaron en el vientre colonial.

Este primer capítulo intenta sondear cómo la cultura latinoamericana y la angloamericana se formaron desde sus inicios coloniales en el siglo XVI hasta las guerras de independencia de principios del siglo XIX. Se explorará en particular cómo cada cultura echó raíces en regiones distintas de lo que ahora es Estados Unidos.

¿Qué clase de personas eran los colonos ingleses y españoles originales, y cómo las ideas y costumbres que trajeron consigo afectaron a la América que crearon? ¿Qué legado tuvieron sus creencias religiosas, sus políticas raciales y sus relaciones económicas? ¿Cómo influyeron los sistemas coloniales de sus metrópolis en sus tradiciones políticas? ¿Qué opinaba cada colonia de los derechos individuales? ¿Cómo sus opiniones divergentes sobre la tierra, su tenencia y sus usos promovieron o retrasaron el desarrollo de sus sociedades? ¿Hasta qué punto influyeron las civilizaciones amerindias que conquistaron los europeos en la forma de vida de los colonos?

CUANDO CHOCAN DOS MUNDOS

Sigue habiendo mucho debate en torno a cuál era el tamaño de
la población nativa cuando se dio el primer contacto. Los estimados varían mucho, aunque parece casi seguro que era equivalente
o superior al de la europea. Lo más probable es que fuera de unos
60 millones de personas, aunque algunos estudiosos proponen
una cifra de hasta 110 millones.[2] La mayor cantidad de habitantes, quizás unos 25 millones, vivían en el valle de México y sus
alrededores; otros seis millones habitaban la región central de
los Andes, y el territorio al norte del río Grande quizá fuera el
hogar de otros 10 millones.[3] Esos nativos americanos tenían un
nivel de desarrollo alarmantemente desigual. Los han y los ca-
poques seguían en la Edad de Piedra: eran nómadas desnudos
que recolectaban comida en los pantanos de lo que ahora es la
costa estadounidense del golfo de México. Por otro lado, las ciudades-Estado esclavistas de los mexicas, mayas e incas rivalizaban
con la sofisticación y el esplendor de Europa. La capital mexica
de Tenochtitlan era una ajetreada metrópolis. Estaba meticulosamente diseñada y había sido construida con ingenio en el centro
de un lago, donde solo era accesible por medio de calzadas bien
resguardadas. Cuando Hernán Cortés la visitó por primera vez,
tenía unos 250 mil habitantes. (En ese entonces, la población
de Londres era de apenas cincuenta mil, y la de Sevilla, la ciudad más grande de la Corona de Castilla, difícilmente llegaba
a los cuarenta mil). Los españoles quedaron asombrados. Uno de
los capitanes de Cortés, Bernal Díaz del Castillo, dejó una vívida

---

2. William M. Denevan, *The Native Population of the Americas in 1492* (Madison: University of Wisconsin Press, 1992), xvii–xxix. También Jack Weatherford, *Indian Givers: How the Indians of the Americas Transformed the World*
(Nueva York: Fawcett Columbine, 1988), 158; Alvin Josephy, Jr., *The Indian
Heritage of America* (Boston: Houghton Mifflin, 1991), 71, y Francis Jennings, *The Invasion of America: Indians, Colonialism and the Cant of Conquest*
(Nueva York: W. W. Norton, 1976), 30.
3. Los estimados varían entre 7 y 18 millones. *Vid.* David J. Weber, *The Spanish Frontier in North America* (New Haven: Yale University Press, 1992), 28.
También Jennings, *The Invasion*, 30.

descripción de lo que él y los demás españoles presenciaron aquel primer día desde la cima del Templo Mayor:

> E víamos en aquella gran laguna tanta multitud de canoas, unas venían con bastimentos e otras que volvían con cargas y mercaderías. E víamos que cada casa de aquella gran cibdad y de todas las más cibdades que estaban pobladas en el agua, de casa a casa no se pasaba sino por unas puentes levadizas que tenían hechas de madera o en canoas. Y víamos en aquellas cibdades cúes y adoratorios a manera de torres e fortalezas, y todas blanqueando, que era cosa de admiración. [...]
>
> E entre nosotros hobo soldados que habían estado en muchas partes del mundo, e en Constantinopla e en toda Italia y Roma, y dijeron que plaza tan bien compasada y con tanto concierto y tamaña e llena de tanta gente no la habían visto.[4]

Pero los arqueólogos dicen que la civilización mexica no se comparaba en grandeza con su predecesora, la ciudad-Estado de Teotihuacan, que floreció durante varios siglos antes de colapsar misteriosamente en 700 d.C. Solo quedaron sus conmovedoras pirámides y sus intrincados murales y artefactos como indicios de su pasado esplendoroso. Los mexicas tampoco se acercaron a la sofisticación de los mayas —los griegos de América—, cuyos matemáticos y astrónomos superaron al resto del mundo antiguo y cuyos estudiosos inventaron, durante su Periodo Clásico (300 a 900 d.C.), la única escritura fonética conocida en este continente.

Más al norte, pasando el río Grande, había cientos de sociedades nativas cuando llegaron los europeos, cada una con su propia lengua y tradiciones, aunque solo la cultura pueblo de Nuevo México y la Confederación Iroquesa en el noreste se hayan acercado

---

4. Bernal Díaz del Castillo, *Historia verdadera de la conquista de la Nueva España. Aparato de variantes* (Madrid: Real Academia Española, s.f.), versión electrónica, 294-295, https://www.rae.es/sites/default/files/Aparato_de_variantes_Historia_verdadera_de_la_conquista_de_la_Nueva_Espana.pdf.

al nivel de civilización alcanzado por los habitantes de Mesoamérica y los Andes. La cultura pueblo descendía de los anasazi, un grupo incluso más grande y avanzado que floreció en lo que hoy son los estados de Colorado, Nuevo México y Arizona durante los siglos XII y XIII d.C., antes de desaparecer misteriosamente. Para cuando los primeros españoles llegaron a la región en 1540, quedaban unos 16 mil miembros de la cultura pueblo. Vivían en pequeñas ciudades de edificios de adobe de varios pisos construidas en lo alto de las mesetas; entre ellos había acomas, zuñis y hopis. Los pueblo eran una civilización pacífica y sedentaria que sobrevivía en ese páramo desolado de matorrales y promontorios cultivando en los cauces de los ríos. Practicaban una compleja religión animista que giraba en torno a su centro ceremonial, la kiva, donde enseñaban a los jóvenes que "la competitividad, la agresividad y la ambición de dirigir eran [...] ofensivas para los poderes sobrenaturales".[5]

La Confederación Iroquesa, formada cerca de 1570 por el chamán o jefe mohawk Hiawatha, fue la alianza más grande y duradera de sociedades nativas en la historia de Norteamérica. Su influencia se extendía desde la zona más apartada del Lago Superior hasta los parajes remotos de Virginia. Temidos por el resto de los indígenas, los iroqueses controlaban el enorme comercio de pieles y fueron una fuerza decisiva en la competencia entre ingleses y franceses por apropiárselo. Vivían en pueblos de hasta varios miles de habitantes, en hogares comunales protegidos por dos o tres anillos de empalizadas. La autoridad social en las cinco naciones iroquesas se daba por línea materna. Las mujeres elegían a los hombres que fungían como delegados ante el consejo de la nación, y cada nación, a su vez, elegía representantes ante el organismo rector de cincuenta miembros de la confederación, el Fuego del Consejo. Ahí se decidían por consenso todos los asuntos que afectaban a la confederación.

Los europeos que tropezaron con ese caleidoscopio de civilizaciones amerindias venían saliendo de un largo periodo de

---

5. Josephy, *The Indian Heritage*, 164.

rezago. La muerte negra había brotado en Rusia en 1350 y aso-
lado la tierra hasta dejar 25 millones de muertos. Le siguió una
implacable ola de epidemias que devastó a tal grado el continente
que su población disminuyó entre un 60% y un 75% en un solo
siglo. Quedaban tan pocos siervos para trabajar la tierra que la sociedad feudal se desintegró, el precio de la mano de obra agrícola
se disparó y surgieron nuevas clases de campesinos ricos y nobles
pobres. La repentina escasez de mano de obra impulsó la innovación tecnológica para aumentar la producción, y esa innovación,
a su vez, provocó el auge de las fábricas en las ciudades. Esa agitación social trajo consigo una nueva movilidad entre el sufrido
campesinado y, con ella, una nueva agresividad. Las rebeliones de
los pobres hambrientos contra sus señores feudales se volvieron
más frecuentes. Algunas incluso se dirigieron contra la omnipotente Iglesia Católica, cuyos obispos predicaban la piedad entre
los plebeyos mientras vivían con los privilegios de la nobleza.[6]

En el siglo xv, la peste dejó de ser tan frecuente, la población se
recuperó y el continente alcanzó una deslumbrante época de logros artísticos y científicos. Las primeras imprentas diseminaron
el nuevo conocimiento por toda la región mediante libros escritos en decenas de lenguas vernáculas, con lo que acabaron definitivamente con el monopolio del latín y con el control del saber
por parte del clero. En 1492, cuando Colón provocó el encuentro
histórico de Europa con los amerindios, los genios renacentistas
como El Bosco y Leonardo da Vinci estaban en la cima de su
fama; el maestro alemán Alberto Durero tenía 21 años; Nicolás
Maquiavelo tenía 23; el neerlandés Erasmo de Róterdam tenía
26; el inglés Tomás Moro tenía 14; Nicolás Copérnico apenas
tenía 19, y Martín Lutero era un niño de ocho años.

Las revoluciones en la producción y en el conocimiento también se reflejaron en la política. Por primera vez había monarcas
fuertes en Inglaterra y España, reyes decididos a crear naciones

---

6. Robert S. Gottfried, *The Black Death* (Nueva York: The Free Press, 1993),
133–56, ofrece un análisis provocador de cómo la peste transformó la Europa
medieval.

unificadas a partir de los señoríos que habían estado en riñas y guerras perpetuas desde la caída del Imperio romano.

Los más importantes de entre esos monarcas eran el rey Fernando de Aragón y la reina Isabel de Castilla, quienes unieron sus reinos, y en 1492 lograron expulsar a los moros del Reino de Granada, el último bastión musulmán en Europa. Durante la mayor parte de los ocho siglos anteriores, los moros habían ocupado la península ibérica, donde resistieron cruzadas feroces, aunque intermitentes, libradas por los españoles cristianos para recobrar sus tierras. Aquellas cruzadas —los españoles las llaman la Reconquista—, empujaron lentamente a los moros hacia el sur, hasta que tan solo Granada se mantuvo en manos árabes.

Irónicamente, la ocupación mora y la Reconquista prepararon a España para su papel imperial en América. La ocupación convirtió al país y a la ciudad de Córdoba en el principal centro científico y filosófico del mundo occidental, mientras que las luchas constantes forjaron un espíritu guerrero en los hidalgos, la nobleza menor española. Esos hidalgos fueron quienes más tarde nutrieron las filas de los ejércitos conquistadores en el Nuevo Mundo. Las guerras también les brindaron una práctica colonizadora de vital importancia a los reyes españoles, pues, a modo de pago, habían adoptado la práctica de conceder a sus guerreros las tierras que recuperaran en batalla. Por último, la Reconquista reforzó la convicción española de que eran los verdaderos defensores del catolicismo.

A diferencia de España, que creció de manera monolítica a lo largo de la Reconquista, Inglaterra salió de la Edad Media aquejada por conflictos internos. El más sangriento de ellos fue la Guerra de las Dos Rosas, que terminó por fin en 1485, cuando Henry Tudor, de la Casa de Lancaster, venció tras treinta años de guerra intermitente a Richard III, de la Casa de York. Henry VII se distinguió por ser el primer monarca inglés en crear un gobierno centralizado y un sistema fiscal confiable. Su éxito se debió en gran medida a la prosperidad de la agricultura inglesa, al florecimiento del nacionalismo y a sus sabias concesiones a la autonomía local. Sus súbditos creían con orgullo que les iba mejor

que a cualquier otro pueblo de Europa, y en general tenían razón,
pues Inglaterra no sufría de las fuertes divisiones de clases ni de
la hambruna y miseria que afligieron a gran parte del continente
durante el siglo XV. En el reino, por ejemplo, no existía la esclavitud, y los siervos ingleses disfrutaban de mayores libertades que
sus contrapartes europeas.[7] La *yeomanry*, pequeños campesinos
que formaban una gran clase media entre la nobleza y los siervos, fomentó la estabilidad económica y fungía de contrapeso
al poder de la aristocracia. Por su parte, el parlamento y las tradiciones de la ley común inglesa protegían mejor al ciudadano
promedio de los caprichos del rey y de sus nobles que cualquier
otro sistema político en Europa.

Esas eran las condiciones en 1497, cuando Henry, inspirado
por la noticia de los descubrimientos de Colón, envió a América al explorador John Cabot. Cabot llegó a Newfoundland y
reclamó Norteamérica para la corona inglesa, pero murió en un
viaje posterior, antes de lograr establecer una colonia. Ese fracaso,
junto con el descubrimiento de oro y plata en México y en Perú
unas décadas después, le permitió a España catapultarse hasta el
pináculo del poder mundial en el siglo XVI. Mientras tanto, los
ingleses, privados de colonias y cada vez más consumidos por los
conflictos religiosos y políticos en casa, quedaron reducidos a
darle pinchazos a la grandeza española por medio de sus piratas.

Cuando por fin se embarcaron en una labor imperialista en
el Nuevo Mundo, un siglo después, no solo llevaron consigo su
tradición de autonomía local, sino también los vestigios de sus
conflictos internos, de los cuales los más importantes fueron los
cismas y las sectas que surgieron cuando Henry VIII rompió relaciones con el papa romano y estableció la Iglesia de Inglaterra.
Una de esas sectas en particular —los puritanos— estaba destinada a dejar una gran huella en la sociedad estadounidense.

Otro conflicto "británico" que influiría bastante en el Nuevo
Mundo fue la colonización de la Irlanda católica y la represión
sangrienta que la acompañó. Con el trato despiadado que les

---

7. Geoffrey Elton, *The English* (Cambridge: Blackwell Publishers, 1995), 111.

dieron a los irlandeses, los protestantes anglonormandos sentaron las condiciones de la fuga irlandesa masiva que seguiría. Los líderes ingleses justificaron esa ocupación declarando que los irlandeses eran un pueblo bárbaro, y al hacerlo dieron luz a las nociones de superioridad anglosajona que usarían después para justificar su conquista de los nativos americanos.[8]

INFLUENCIA ESPAÑOLA TEMPRANA EN ESTADOS UNIDOS

Los libros de texto que la mayoría de nosotros leemos en la primaria han reconocido desde hace mucho que los conquistadores españoles recorrieron y reclamaron para su corona gran parte del sur y del oeste de Estados Unidos casi un siglo antes de que se fundaran las primeras colonias inglesas en Jamestown y la bahía de Massachusetts. Pero la mayoría de los historiadores angloamericanos han promovido la noción de que la presencia española desapareció rápidamente y dejó un impacto menor en la cultura estadounidense, comparada con nuestra herencia anglosajona dominante.

Sin embargo, esas primeras expediciones instalaron puestos de avanzada permanentes por toda Norteamérica, fundaron nuestras primeras ciudades, San Agustín y Santa Fe, y dieron nombre a cientos de ríos, montañas, poblaciones e incluso varios estados. Además, generaron una población hispanohablante —más precisamente, una población latina/*mestiza*— que ha existido de forma continua en ciertas regiones de Estados Unidos desde entonces. Esa herencia, y la sociedad colonial que engendró, ha sido pasada por alto con tanta frecuencia en los debates contemporáneos sobre cultura, lenguaje e inmigración que haríamos bien en revisar sus partes más destacadas.

---

8. *Ibid.*, 138–39; también Nicholas Canny, *The Ideology of English Colonization: From Ireland to America*, citado en Jennings, *The Invasion*, 46.

Juan Ponce de León fue el primer europeo en tocar lo que hoy
es suelo estadounidense. Su búsqueda infructuosa de la fuente de
la eterna juventud provocó su descubrimiento de La Florida en
1513. Volvió ocho años después, pero murió en una batalla contra los indígenas calusa antes de poder fundar un asentamiento.

Casi dos décadas después de la muerte de Ponce de León, Francisco Vásquez de Coronado y Hernando de Soto, con la imaginación estimulada por los tesoros que se había apropiado Cortés
en México, dirigieron expediciones importantes en busca de las
ciudades de oro de las leyendas. Saliendo del centro de México en
1539, Coronado y sus hombres marcharon hacia el Norte, hasta
los actuales Arizona, Nuevo México, Texas, Oklahoma y Kansas.
Plantaron la bandera española en todos lados. Para cuando la expedición volvió en 1542, los españoles ya habían descubierto el
Gran Cañón y cruzado y bautizado muchos de los grandes ríos
del continente, pero sin encontrar oro. El mismo año de la partida de Coronado, De Soto dirigió una expedición desde Cuba
que exploró gran parte de Georgia, Carolina del Sur, Alabama,
Mississippi, Arkansas y Louisiana, pero él y la mitad de sus hombres murieron sin haber encontrado tesoros.

Sin embargo, la hazaña más extraordinaria fue la de Álvar
Núñez Cabeza de Vaca, quien llegó a Florida en 1527 —quince
años antes que De Soto— como segundo al mando de Pánfilo de
Narváez, el inepto exgobernador de Cuba a quien el rey Carlos I
de España autorizó para completar la colonización de Florida.
Tras desembarcar en la costa oeste de la península, Narváez dirigió una expedición de trescientos hombres hacia el interior, cerca de la actual Tallahassee, luego cometió la tontería de perder
contacto con sus barcos y lo mataron. Sus hombres, incapaces
de resistir los constantes ataques de los indígenas, se dirigieron
hacia el oeste en balsas improvisadas, por la costa del golfo de
México.

Solo cuatro sobrevivieron el calvario, entre ellos Cabeza de
Vaca y un moro de nombre Estebanico. Pasaron los siguientes
siete años vagando por el paisaje norteamericano. Su recorrido
de seis mil millas, una de las mayores odiseas de exploración de

la historia, y el primer cruce de Norteamérica hecho por europeos, está preservado en un reporte que Cabeza de Vaca le escribió al rey de España en 1542. Al principio, las tribus costeras los separaron y esclavizaron. Golpeaban a Cabeza de Vaca tan seguido que la vida se le hizo insoportable. Después de un año en cautiverio, logró escapar y asumió una vida de comerciante entre tribus: "Dondequiera que iba me hacían buen tratamiento y me daban de comer por respeto de mis mercaderías, y lo más principal porque andando en ello yo buscaba por dónde me había de ir adelante, y entre ellos era muy conocido; holgaban mucho cuando me veían y les traía lo que habían menester, y los que no me conocían me procuraban y deseaban ver por mi fama".[9]

Sus rudimentarios conocimientos médicos le permitieron curar a algunos indígenas. A partir de entonces, las tribus lo honraron como curandero. Una vez al año, cuando las varias tribus se reunían para la cosecha anual de tunas, se reunía con sus colegas españoles, que seguían esclavizados. En una de esas reuniones, en 1533, tramó su fuga y huyeron todos por lo que hoy son los estados de Texas, Nuevo México y Arizona. Mientras viajaban, se propagó la noticia del maravilloso curandero blanco y sus compañeros, y miles de indígenas empezaron a seguirlos, en una caravana de devotos. A los cuatro hombres les tomó hasta 1534 volver a la civilización española, en el norte de México. Para entonces, Cabeza de Vaca se había transformado. Ya no consideraba que los nativos americanos fueran salvajes, porque comprendía de manera íntima su cultura y perspectiva. Por el contrario, lo que ahora lo desesperanzaba era la barbarie infligida contra ellos por los demás españoles. Su descripción de un viaje por una zona en la que los comerciantes de esclavos españoles cazaban indígenas sigue siendo una poderosa revelación de la naturaleza de la Conquista:

---

9. Álvar Núñez Cabeza de Vaca, *Naufragios* (Madrid: Biblioteca Virtual Miguel de Cervantes, s.f.), cap. XVI, http://www.cervantesvirtual.com/obra-visor/naufragios--0/html/feddcf8e-82b1-11df-acc7-002185ce6064_3.html #I_19_.

Fue cosa de que tuvimos muy gran lástima, viendo la tierra muy
fértil, y muy hermosa y muy llena de aguas y de ríos, y ver los lugares despoblados y quemados, y la gente tan flaca y enferma, huida
y escondida toda. Y como no sembraban, con tanta hambre, se
mantenían con cortezas de árboles y raíces. De esta hambre a nosotros alcanzaba parte en todo este camino, porque mal nos podían ellos proveer estando tan desventurados, que parecía que se
querían morir. Trajéronnos mantas de las que habían escondido
por los cristianos, y diéronnoslas, y aun contáronnos cómo otras
veces habían entrado los cristianos por la tierra, y habían destruido
y quemado los pueblos, y llevado la mitad de los hombres y todas
las mujeres y muchachos.[10]

EL PRECIO DE LA CONQUISTA

La devastación de la que advirtió Cabeza de Vaca aún es difícil
de comprender. Para finales del siglo XVI, apenas cien años tras el
inicio de la Conquista, no quedaban más de 2 millones de nativos
en todo el continente. En promedio, murió más de un millón de
personas al año durante ese lapso, lo que se ha llamado "el mayor genocidio de la historia humana".[11] En la isla de La Española,
que habitaban un millón de taínos en 1492, veinte años después
quedaban tan solo 46 mil.[12] Como señaló el historiador Francis
Jennings, "la tierra americana fue más una viuda que una virgen.
Los europeos no encontraron tierra silvestre aquí; más bien, aunque fuera involuntario, la convirtieron en eso".

---

10. *Ibid.*, cap. XXXII, http://www.cervantesvirtual.com/obra-visor/naufra-
gios--0/html/feddcf8e-82b1-11df-acc7-002185ce6064_4.html#I_37_.
11. Todorov, *La conquista de América*, 14.
12. Samuel M. Wilson, *Hispaniola: Caribbean Chiefdoms in the Age of Columbus* (Alabama: University of Alabama Press, 1990), 91–93, resume la
disputa sobre la población de La Española, cuyos estimados varían desde 200
mil hasta 5 millones de habitantes; también Eric Williams, *From Columbus
to Castro: The History of the Caribbean 1492–1969* (Nueva York: Vintage
Books, 1984), 33.

Si en las colonias inglesas perecieron menos nativos, solo fue porque la población amerindia en la región era menor de inicio; sin embargo, los porcentajes no fueron menos siniestros: el 90% de la población indígena desapareció medio siglo después del desembarco puritano en Plymouth Rock; los indígenas de Block Island cayeron en números de 1,500 a 51 entre 1662 y 1774; la tribu wampanoag de Martha's Vineyard pasó de tener 3 mil miembros en 1642 a 313 en 1764, y la tribu susquehannock del centro de Pennsylvania casi desaparece, tras disminuir de 6,500 habitantes en 1647 a 250 en 1698.[13]

Gran parte de ese cataclismo fue inevitable. Los indígenas sucumbieron ante la viruela, el sarampión, la tuberculosis y la peste bubónica, para las que no tenían inmunidad, al igual que los europeos habían perecido ante las mismas epidemias en siglos anteriores. Pero una cantidad sorprendente de muertes nativas fue el resultado de masacres o esclavitud directas. Si los españoles exterminaron a más personas que los británicos o los franceses, fue porque encontraron civilizaciones con una mayor población, complejidad y riqueza, sociedades que se resistieron desesperadamente a cualquier intento de subyugarlas o apropiarse de sus tierras y minerales.

El sitio de Tenochtitlan, por ejemplo, tuvo una cantidad de bajas a la que pocas batallas se acercan en la historia moderna. Durante el asedio de ochenta días que Cortés y sus aliados texcocanos impusieron a la capital mexica, perecieron 240 mil nativos.[14] En nuestros días sobreviven algunos recuentos indígenas de la batalla gracias a misioneros franciscanos como Bernardino de Sahagún o Diego Durán, quienes desde 1524 desarrollaron una ortografía latina para el náhuatl, la *lingua franca* del centro de México. Los misioneros pidieron a los indígenas que preservaran sus canciones y recuerdos trágicos de la Conquista, y varios de esos relatos, como la siguiente sección del *Códice Florentino*, describen vívidamente lo sucedido en Tenochtitlan:

---

13. Jennings, *The Conquest*, 24–27.
14. Miguel León-Portilla, *Visión de los vencidos* (México: UNAM, 1999), 132.

Luego otra vez matan gente; muchos en esta ocasión murieron. Pero se empieza la huida, con esto va a acabar la guerra. Entonces gritaban y decían:

—¡Es bastante!... ¡Salgamos!... ¡Vamos a comer hierbas!...

[...]

También fueron separados algunos varones. Los valientes y los fuertes, los de corazón viril. Y también jovenzuelos, que fueran sus servidores, los que tenían que llamar sus mandaderos. A algunos desde luego les marcaron con fuego junto a la boca. A unos en la mejilla, a otros en los labios.[15]

Menos de un cuarto de siglo tras la llegada de Colón, el genocidio indígena despertó la primera protesta por parte de un español, Fray Bartolomé de las Casas, quien había llegado a Santo Domingo como terrateniente, pero decidió convertirse en misionero dominico. Fue el primer sacerdote ordenado en América. Renunció rápidamente a sus tierras e inició una campaña contra la esclavitud de los indígenas que lo volvió famoso en toda Europa. Como parte de ella, escribió varias polémicas y defendió a los indígenas en debates públicos contra los mejores filósofos de España. Su polémica más famosa, *Brevísima relación de la destrucción de las Indias*, relata decenas de masacres perpetradas por soldados españoles, incluyendo una ordenada por el gobernador de Cuba, Pánfilo de Narváez, que De las Casas presenció. Según De las Casas, en ese incidente, un grupo de indígenas recibió a los españoles que se acercaban a su pueblo con comida y regalos, y los cristianos, "meten a cuchillo en mi presencia (sin motivo ni causa que tuviesen) más de tres mil ánimas que estaban sentados delante de nosotros, hombres y mujeres y niños".[16]

El incansable activismo de De las Casas en defensa de los amerindios resultó en la adopción de "Leyes Nuevas" en España, en 1542. Los códigos reconocían a los indígenas como súbditos

---

15. *Ibid.*, 125, 126.

16. Bartolomé de las Casas, *Brevísima relación de la destrucción de las Indias* (Medellín: Editorial Universidad de Antioquía, 2011), 39.

libres e iguales de la Corona Española, pero los encomenderos en muchas regiones se negaron a respetarlos y los mantuvieron esclavizados durante generaciones. A pesar de sus esfuerzos heroicos, De las Casas, quien llegó a ser nombrado obispo de Chiapas en lo que entonces era el Reino de Guatemala, también cometió errores importantes. En algún punto propuso esclavizar africanos para remplazar la mano de obra indígena, aunque se arrepintiera después. Además, si bien sus polémicas se encontraban entre los libros más populares de Europa y causaron un debate generalizado sobre el precio de la colonización, exageraron mucho las espeluznantes cifras del genocidio indígena, con lo que De las Casas se convirtió en la fuente involuntaria de la "leyenda negra" española que más tarde difundirían los protestantes neerlandeses y británicos: la doctrina según la cual la conquista española fue, de alguna manera, más despiadada y salvaje que la de los demás colonizadores europeos.[17]

Por supuesto, España no tenía el monopolio de la barbarie colonizadora. En 1637, los puritanos de la Colonia de la Bahía de Massachusetts concluyeron erróneamente que los pequot habían matado a dos hombres blancos, por lo que decidieron castigarlos. Ayudados por enemigos indígenas de la tribu, los ingleses atacaron la aldea pequot a orillas del río Mystic mientras sus guerreros estaban ausentes, y quemaron o mataron a tiros entre trescientas y setecientas mujeres y niños antes de quemar el lugar entero.[18] Cuarenta años después, durante la Guerra del Rey Philip, los

---

17. John A. Crow, *The Epic of Latin America* (Berkeley: University of California Press, 1992), 157–60. Sin embargo, algunos académicos modernos como Benjamin Keen han afirmado que las declaraciones de crueldad que hicieron De las Casas y otros escritores holandeses, franceses e italianos de su época eran bastante precisas y que lo que debería desmentirse es la premisa misma de una Leyenda Negra. Ver Benjamin Keen, "The Black Legend Revisited", *Hispanic American Historical Review* (1969) 49 (4), 703-719, https://read.dukeupress.edu/hahr/article/49/4/703/157405/The-Black-Legend-Revisited-Assumptions-and.
18. Josephy, *The Indian Heritage*, 302–3; Alice B. Kehoe, *North American Indians: A Comprehensive Account* (Englewood Cliffs, N.J.: Prentice Hall, 1992), 251–52.

colonos y sus mercenarios perpetraron masacres similares de mujeres y niños. Se estima que murieron dos mil indígenas en batalla y que otros mil fueron vendidos como esclavos en las Antillas y las Bahamas durante el conflicto.[19] Otro conflicto, la Guerra Anglo-Cheroqui de Carolina del Sur (1760-1761), fue tan brutal que un colono que defendía un fuerte contra los indígenas le escribió al gobernador: "Ahora tenemos el placer, señor mío, de engordar nuestros perros con sus cadáveres y presumir sus cueros cabelludos bien decorados en nuestros baluartes".[20]

Esa clase de salvajismo, que los indígenas desesperados por defender sus tierras contestaban de igual manera, se convirtió en un sello distintivo de las relaciones anglo-indígenas hasta mucho después del periodo colonial. Un ejemplo particularmente horripilante fue perpetrado por Andrew Jackson en 1814. Los colonos y especuladores de tierras de las dos Carolinas habían empezado a entrar al territorio poco después de la Guerra de Independencia. Cuando los colonos intentaron echar a los habitantes indígenas, los creek se resistieron y el ejército estadounidense, dirigido por Jackson, intervino. Durante la batalla decisiva de la guerra en Horseshoe Bend, Alabama, el 27 de marzo de 1814, los hombres de Jackson masacraron a 557 creeks, les cortaron la nariz, los desollaron, curtieron sus pieles y se hicieron riendas de recuerdo con ellas.[21]

EL PAPEL DE LA IGLESIA

Aunque todos los colonos europeos hayan justificado la conquista y genocidio de los indígenas como voluntad divina, los españoles y los ingleses ejercieron métodos de subyugación muy diferentes, lo que resultó en sociedades coloniales radicalmente distintas.

---

19. *Ibid.*, 252-53.
20. Bernard Bailyn, *The Peopling of British North America* (Nueva York: Vintage Books, 1988), 116.
21. Weatherford, *Indian Givers*, 158, y Josephy, *The Indian Heritage*, 322.

Los reyes ingleses, por ejemplo, ordenaron a sus agentes "conquistar, ocupar y tomar posesión" de las tierras de los "paganos e infieles", pero sin decir nada de las personas que los habitaban, mientras que España, bajo instrucciones del papa Alejandro VI, no solo quería apropiarse de la tierra, sino también conseguir que los idólatras "aceptaran la fe católica y se entrenaran en la buena moral". En España, tanto la Corona como la Iglesia, consideraban que la colonización y la conversión eran un esfuerzo conjunto. Cada expedición militar venía acompañada de sacerdotes para cristianizar a los nativos. Bernal Díaz del Castillo nos recuerda que a menos de un mes de desembarcar en lo que hoy es México, Cortés presidió los primeros bautizos indígenas, celebrados para veinte mujeres regaladas a los soldados españoles por los chontales de la actual costa de Tabasco: "Y luego se bautizaron, y se puso por nombre doña Marina aquella india e señora que allí nos dieron; y verdaderamente era gran cacica e hija de grandes caciques y señora de vasallos [...] estas fueron las primeras cristianas que hobo en la Nueva España; y Cortés las repartió a cada capitán la suya".[22]

Conforme procedía la conquista, los sacerdotes celebraron miles de bautizos. Antes de que se les secara el agua bendita de la frente, los soldados y colonos españoles las tomaban por concubinas. Los sacerdotes incluso celebraron algunos matrimonios entre españoles e indígenas, sobre todo entre las élites de ambos grupos, con lo que se promovió y legitimizó una nueva raza *mestiza* en América. Por ejemplo, el historiador peruano Garcilaso de la Vega, llamado El Inca, nació en 1539 de un oficial español y una princesa inca, mientras que el registro parroquial de San Agustín, Florida, revela 26 matrimonios entre españoles e indígenas a principios del siglo XVIII, en una época en la que tan solo unos cientos de nativos vivían cerca de la ciudad.[23] Sin embargo,

---

22. Díaz del Castillo, *Historia verdadera*, 112-113.
23. Kathleen Deagan, "St. Augustine and the Mission Frontier", *The Spanish Missions of Florida*, ed. Bonnie G. McEwan (Gainesville: University of Florida, 1993), 99.

la cifra extraordinaria de uniones consensuales fue mucho más importante que los matrimonios legales. Francisco de Aguirre, uno de los conquistadores de Chile, presumía que al haber engendrado más de cincuenta hijos *mestizos*, su servicio para con Dios había sido "mayor que el pecado cometido al engendrarlos".[24]

Por el contrario, las primeras colonias inglesas iniciaron como asentamientos familiares. Mantenían una separación estricta de las comunidades indígenas, a veces incluso apuntalada por leyes segregacionistas.[25] En Norteamérica, los indígenas rara vez fueron mano de obra o sirvientes de los colonos, y las relaciones sexuales extramaritales entre nativas y blancos eran raras, exceptuando a las prisioneras de guerra.

Además, los ingleses nunca consideraron importante evangelizar a los indígenas. Es cierto que la Virginia Company enumeró la labor misionera como uno de sus propósitos cuando la Corona le concedió su acta constitutiva a Jamestown, en 1607. Y nueve años después, la Corona incluso ordenó que se recabaran fondos de todas las parroquias de la Iglesia de Inglaterra para construir un colegio para los nativos. Pero la compañía nunca envió un solo misionero a Virginia y el colegio nunca se construyó. Los funcionarios simplemente desviaban el dinero para sus propios fines hasta que una investigación del fraude empujó a la Corona a revocarle la concesión a la compañía y asumir la administración directa de la colonia en 1622.[26]

De manera similar, los puritanos de Nueva Inglaterra se segregaron de los indígenas. Ni siquiera se aventuraron fuera de sus asentamientos para ganar conversos hasta que habían pasado décadas desde su llegada. En 1643, se construyeron secciones del Harvard College con el dinero recabado por la New England Company entre los anglicanos de la metrópoli. Si bien les dijeron a los donantes que usarían los fondos para educar a

---

24. Simon Collier, Thomas E. Skidmore y Harold Blakemore, *The Cambridge Encyclopedia of Latin America* (Nueva York: Cambridge University Press, 1992), 193.
25. Jennings, *The Invasion*, 111.
26. *Ibid.*, 53-56.

los indígenas, parte de estos terminaron pagando armas y municiones para los colonos.[27] La preocupación de los puritanos por las almas de los indígenas era tan ínfima que, para 1674, 55 años después de la fundación de la colonia de Plymouth, apenas había cien nativos cristianos en toda Nueva Inglaterra.[28]

En algún momento u otro, los clérigos Roger Williams, de Rhode Island; Cotton Mather, de la bahía de Massachusetts, y Samuel Purchas, de Virginia, tildaron a los nativos de diabólicos. El reverendo William Bradford, uno de los líderes originales de los *pilgrims*, insistía en que eran "crueles, bárbaros y en extremo traicioneros [...] no se conforman con matar y tomar una vida, sino que se deleitan atormentando a los hombres de la manera más sanguinaria".[29] A lo largo de la historia colonial, tan solo la colonia de Rhode Island de Williams y los cuáqueros de Pennsylvania se mostraron dispuestos a convivir en armonía con sus vecinos indígenas. A pesar de su poco aprecio por los nativos, los colonos ingleses no trataron de incorporarlos como súbditos de las colonias. Al principio, solo se apropiaban de tierras con dinero o con engaños y presionaban a otras tribus a alejarse de las costas.

Sin embargo, en las colonias españolas había muchos más nativos, y las políticas de la Iglesia Católica eran mucho más agresivas. Los líderes eclesiásticos no solo reconocieron la humanidad de los indígenas y admitieron el *mestizaje*, sino que la Iglesia desplegó un ejército de monjes franciscanos, dominicos y jesuitas, que sirvieron como la vanguardia del colonialismo español del siglo XVI. Los monjes que acudieron en bandadas a América percibían el caótico surgimiento del capitalismo en Europa como un augurio de una era de decadencia moral. Se imaginaban que los nativos americanos eran seres humanos más simples y menos corruptos, a quienes podrían convencer más fácilmente de seguir la palabra de Cristo. Así que abandonaron España para instalar

---

27. *Ibid.*, 247.
28. *Ibid.*, 251.
29. William Bradford, *Of Plymouth Plantation, 1620–1647*, ed. Samuel E. Morrison, (Nueva York: Alfred A. Knopf, 1952), 24.

sus misiones en las zonas más remotas de América, lejos de las *encomiendas* y las ciudades coloniales.

Esas misiones —la primera fue fundada por De las Casas en Venezuela, en 1520— se convirtieron en los principales puestos de avanzada de la civilización española. Muchas tenían granjas y escuelas para europeizar a los indígenas, y centros de investigación en los que los monjes se dispusieron a aprender y preservar las lenguas locales. Bastantes monjes estaban inspirados por Tomás Moro, cuya *Utopía* (1516), muy leída desde su publicación, trataba de una sociedad comunal ficticia de cristianos localizada en alguna isla americana. Uno de sus más apasionados admiradores fue Vasco de Quiroga, quien fundó una misión de treinta mil purépechas en el occidente de México y se convirtió en obispo de Michoacán. Al igual que Moro, hablaba de "restaurar la pureza perdida de la Iglesia primitiva". Ya que los indígenas carecían de concepto de dinero y de propiedad de la tierra, a los misioneros les fue fácil organizar el trabajo cooperativo e incluso viviendas comunales, como proponía Moro.

Los nativos resultaron ser menos maleables y mucho menos inocentes de lo que imaginaban los europeos, al grado de que la historia colonial temprana está plagada de historias de monjes que sufrieron muertes espeluznantes a manos de su grey. A pesar de esas tragedias, no dejaron de llegar evangelizadores y, al pasar de los años, algunas de sus misiones incluso prosperaron. Esa prosperidad enfureció a los terratenientes coloniales, quienes cada vez consideraban más que la mano de obra indígena en las misiones era competencia desleal para los productos de sus plantaciones. En 1767, la élite colonial por fin logró expulsar del Nuevo Mundo a los jesuitas, la orden monástica más independiente. En ese entonces, 2,200 jesuitas trabajaban en las colonias y más de setecientos mil indígenas vivían en sus misiones.[30]

Mucho antes de la expulsión de los jesuitas, los monjes españoles jugaron un papel crucial en la colonización de partes

---

30. Crow, *The Epic*, 192–208, hace un excelente resumen de la experiencia de los misioneros españoles.

importantes de Estados Unidos. Los más importantes fueron los franciscanos, quienes fundaron casi cuarenta misiones prósperas en Florida, Georgia y Alabama durante el siglo XVII, y otras tantas en el Sureste. San Agustín era el cuartel general de las misiones de Florida, en las que vivían unos veinte mil indígenas cristianizados.[31] Aunque la mayoría de esas misiones quedaron abandonadas, varias en el Sureste se convirtieron en ciudades prósperas: los monjes españoles se reconocen como fundadores de San Antonio, El Paso, Santa Fe, Tucson, San Diego, Los Ángeles, Monterey y San Francisco.

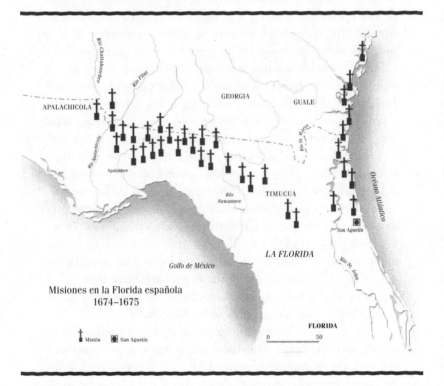

Misiones en la Florida española
1674–1675

---

31. Josephy, *The Indian Heritage*, 319-20.

Las misiones y los asentamientos de Florida dejaron una huella más grande de lo que nos imaginamos en la cultura estadounidense de la frontera. No siempre fue una influencia directa. Llegó más bien por medio de los indígenas que se quedaron al irse los misioneros y que mantuvieron algunas de las costumbres que habían aprendido de los colonos españoles. Los indígenas que comerciaban con los europeos en Pensacola en 1822 estaban "más familiarizados con el español que con el francés y el inglés", señala el historiador David Weber, y los ingleses que se asentaron en Virginia, Carolina y Georgia encontraron indígenas que ya estaban cultivando duraznos que los españoles habían llevado de Europa. Weber señala que los misioneros de Florida y Nuevo México "les enseñaron a los nativos conversos a criar animales domésticos europeos —caballos, reses, borregos, cabras, cerdos y gallinas—, a sembrar cultivos europeos —como sandía y trigo—, a plantar árboles frutales —como duraznos y granadas—, a usar herramientas de hierro —como ruedas, sierras, cinceles, garlopas, clavos y picos— y a practicar las artes y oficios que los españoles consideraban esenciales a la civilización tal como la conocían".

El conocimiento que los misioneros impartieron a los indígenas ya fuera en agricultura, lengua, costumbres o tecnología, no desapareció con la partida del último monje. Se quedó como parte de la vida indígena, de modo que cuando los anglos empezaron a colonizar el Sureste, descubrieron las "tribus civilizadas", como los creek, los cheroquis y los choctaw. Incluso algunas de las naciones más nómadas y fieras del Suroeste, como los apaches, los comanches y los kiowas, se asimilaron parcialmente a la sociedad española. Un caso inusual fue el apache Manuel González, quien se convirtió en alcalde de San José, California.[32]

Además de las misiones, la Iglesia alcanzaba todos los rincones de la vida colonial. Funcionaba en paralelo al gobierno civil español, a veces incluso por encima de él. En todas las poblaciones, la iglesia era la estructura dominante junto a la que se construían la plaza central, el *cabildo* y la *casa real*. Mientras que la

---

32. Weber, *The Spanish Frontier*, 106, 307, 309.

Corona recababa su quinto real de la élite, la Iglesia recolectaba su diezmo de todos, ricos y pobres, blancos y de color, junto con el tributo de los indígenas. Los párrocos eran los principales prestamistas, y los obispos tenían un poder sin parangón sobre la vida social de colonos y nativos por igual. Aunque la Iglesia defendiera a los indígenas de los peores abusos de la sociedad civil española, también desalentaba la independencia y la autosuficiencia, y exigía obediencia de los nativos a los que protegía.

Incluso los europeos que se atrevieran a cuestionar la autoridad o la doctrina eclesiásticas podían ser llamados a comparecer ante la todopoderosa Inquisición, que podía amenazar a cualquiera, gobernantes incluidos, con la excomunión o la cárcel, y que constantemente prohibía la circulación de miles de libros y obras de arte que consideraba sacrílegos. Durante siglos, su exigencia de fe ciega en la doctrina impidió la difusión de la tolerancia, el ingenio y la creatividad en el pensamiento latinoamericano.

Ninguna iglesia colonial inglesa disfrutó de un poder monopólico que se acercara siquiera a lo que la Iglesia Católica ejerció en los territorios españoles. La proliferación de sectas protestantes implicaba que, aunque sus líderes quisieran instaurar una colonia teocrática, cada denominación solo podía lograrlo en una zona limitada, como hicieron los puritanos en Massachusetts y en Connecticut. Los juicios por brujería puritanos de finales de la década de 1680 en Salem y en el condado de Essex circundante, rivalizaron con las peores atrocidades de la Inquisición. Ejecutaron a veinte hombres y mujeres, y encarcelaron a más de 150; pero los fanáticos fueron incapaces de controlar a todo el mundo. Mucho antes de esos juicios, Roger Williams se había rebelado y fundado la colonia de Rhode Island, donde se permitían todos los cultos, y otras colonias instituyeron políticas liberales similares. La Maryland católica aprobó una ley de tolerancia religiosa y el cuáquero William Penn fundó su colonia en Pennsylvania, en la que también se recibía a todos los creyentes. La ciudad de Nueva York se convirtió en tal revoltijo de grupos religiosos que su gobernador inglés reportó en 1687: "Aquí no hay muchos de la Iglesia de Inglaterra, [y] pocos católicos romanos,

[pero] hay una abundancia de cuáqueros —predicadores, hombres y mujeres, sobre todo—, cuáqueros cantores, cuáqueros despotricantes, sabatistas, antisabatistas, algunos anabaptistas, algunos independientes, algunos judíos: en resumen, de todas las opiniones hay un poco, y de ninguna hay mayoría".[33]

Cuando el parlamento declaró la libertad de culto en las colonias con la Ley de Tolerancia de 1689, la emigración de sectas europeas se disparó. Miles de alemanes, entre los que había luteranos, moravianos, menonitas y amish, se asentaron en las Colonias Centrales y en los parajes remotos del Sur, al igual que los presbiterianos escoceses e irlandeses en el Sur.

EL PAPEL DE LA RAZA

Aparte de sus prácticas religiosas, los mundos coloniales de ingleses y españoles tenían actitudes muy divergentes respecto a la esclavitud y la raza. El largo periodo de dominación árabe dejó un legado indeleble de mezcla racial y cultural que los inmigrantes españoles trajeron consigo al Nuevo Mundo. Los ocupantes moros de la península ibérica se habían casado invariablemente con españolas, lo que inició una era de *mestizaje* tan generalizado que, según una historiadora, "para el siglo XV había en Castilla cristianos de tez oscura, moros rubios, híbridos de todos colores y complexiones". Algunos musulmanes, llamados *mudéjares*, siguieron viviendo bajo dominio cristiano, mientras que algunos cristianos, llamados *mozárabes*, aprendieron a hablar árabe y adoptaron las costumbres musulmanas. Las sociedades de moros y españoles intercambiaron vestido, comida y tradiciones. En arquitectura, por ejemplo, los arcos de herradura, los techos y muros de loseta y los patios interiores tan asociados con el estilo colonial español en América son de inspiración árabe.[34]

---

33. Bailyn, *The Peopling of British North America*, 96.
34. Nancy Rubin, *Isabella of Castile: The First Renaissance Queen* (Nueva York: St. Martin's Press, 1991), 11-12; también Crow, *The Epic*, 149.

Esa tradición de mezcla racial hizo que a los colonos españoles les resultara más aceptable tener relaciones sexuales con amerindios y africanos. Eso aplicaba en particular a los provenientes de Andalucía —la provincia al sur de España que vivió una mayor ocupación mora—, que representaban casi el 40% de los primeros colonos en América.[35] Al principio de la Conquista, Sevilla, el principal puerto andaluz, era la ciudad más cosmopolita de España y el nexo del comercio con África. Pronto se convirtió también en la ajetreada encrucijada del comercio transatlántico. Para mediados del siglo XVI, la ciudad tenía casi cien mil habitantes de todas partes de Europa y el Mediterráneo, incluyendo a seis mil africanos esclavizados.[36]

Pero la mezcla entre razas no implicaba igualdad entre ellas. Conforme la población indígena se iba recuperando y la mano de obra de africanos esclavizados asumía un papel más importante en la producción colonial de las plantaciones, las clases altas de españoles y *criollos* temieron cada vez más las revueltas. Su miedo alcanzó tal grado que, tras la Revolución haitiana, el Consejo de Indias —el organismo administrativo de la Corona para las colonias— prohibió todos los matrimonios entre blancos y negros o *mulatos* libres. A pesar de la prohibición, la práctica de matrimonios mixtos continuó, con exenciones concedidas en los casos en los que el honor de la mujer estaba en riesgo. Al negar una petición en 1855, el gobernador civil de la provincia de Oriente en Cuba comentó: "Hay poca duda de que la diseminación de ideas de igualdad de la clase blanca con la raza de color pone en riesgo la tranquilidad de la Isla, cuya proporción más grande consiste en la dicha raza".[37]

---

35. Hugh Thomas, *Conquest: Montezuma, Cortés and the Fall of Old Mexico* (Nueva York: Simon & Schuster, 1993), 652, n. 17.
36. Leslie Bethell, ed., *Colonial Spanish America* (Nueva York: Cambridge University Press, 1987), 20; también Clara E. Rodríguez y Héctor Cordero-Guzmán, "Placing Race in Context", *Ethnic and Racial Studies* 15, no. 4 (Londres: Routledge, October 1992), 527.
37. Verena Martínez-Alier, *Marriage, Class and Colour in Nineteenth-Century Cuba: A Study of Racial Attitudes and Sexual Values in a Slave Society* (Ann Arbor: University of Michigan Press, 1989), 42-79.

Aparte de la prohibición de las uniones entre blancos y no blancos, la institución misma del matrimonio tuvo un papel particular en la sociedad española. Fue una de las muchas vías que la Iglesia usó para mitigar los peores aspectos de la esclavitud, tan evidentes en las colonias inglesas. Por ejemplo, no se les permitía a los dueños de esclavos separar a parejas casadas, y permitía el matrimonio entre esclavos y personas libres. El historiador Herbert Klein reporta que en ciertas parroquias de La Habana, entre 1825 y 1829, más de una tercera parte de todos los matrimonios fueron entre esclavos, y casi una quinta parte fueron entre un esclavo y una persona libre. En muchas partes de Cuba, el índice de matrimonios entre esclavos era igual o mayor al que había entre blancos.[38]

Sin embargo, quizás el impacto social de las uniones consensuales fuera incluso más importante que los matrimonios formales. Ninguna sociedad europea antes del siglo XIX vivió el mismo nivel de uniones libres comunes en Latinoamérica. Los nacimientos ilegítimos entre personas libres de todas las clases sociales se acercaban al 50%. Entre las clases altas blancas la cifra era más alta que entre cualquier otra élite europea.[39] Esas uniones, que invariablemente se daban entre hombres blancos y mujeres de color, eran preferibles al matrimonio oficial, porque no trastocaban la estructura de clases.

La prevalencia de las uniones consensuales y del *mestizaje*, junto con la fuerte influencia de la Iglesia Católica, produjo diferencias importantes en la manera en la que ingleses y españoles pensaban en los derechos de los esclavos, sobre todo hacia finales del siglo XVIII. Hasta entonces, todos los poderes coloniales habían permitido que los amos liberaran a sus esclavos. Pero tras la Revolución haitiana, los británicos, los franceses y los neerlandeses empezaron

---

38. Herbert S. Klein, "Anglicanism, Catholicism, and the Negro Slave", en *Slavery in the New World*, ed. Laura Foner y Eugene D. Genovese (Englewood Cliffs, N.J.: Prentice Hall, 1969), 146.

39. Herbert S. Klein, *African Slavery in Latin America and the Caribbean* (Oxford: Oxford University Press, 1986), 169–70.

a restringir la manumisión, mientras que los portugueses y los españoles promovieron y regularon la práctica.

Como resultado, solo se desarrollaron grandes clases de negros libres en las colonias portuguesas y españolas, y con ellas el grupo de los *mulatos* (que en algunos países llamaban "pardos" o "morenos") que tanto distinguió al espectro racial latinoamericano del rígido sistema binario de clasificación racial norteamericano. En Estados Unidos, por ejemplo, el primer censo federal de 1790 reportó que los "free coloreds" (personas libres de color) constituían menos del 2% de la población, mientras que los negros esclavizados eran el 18%.[40] La misma proporción de negros libres y esclavos se mantenía aproximadamente igual en las colonias británicas, neerlandesas y francesas del Caribe. Pero la tendencia opuesta dominaba las españolas y portuguesas, donde los negros libres superaban en número a los esclavos y entre el 40% y el 60% de los libertos habían comprado directamente su emancipación.[41] El virreinato de Nueva Granada, que incluía lo que ahora son Colombia, Venezuela y Ecuador, tenía ochenta mil esclavos y 420 mil personas libres de color en 1789.[42] Cuba tenía 199 mil esclavos y 114 mil personas libres de color en 1817.[43] Para 1872, las personas libres de color constituían el 43% de la población de Brasil, con lo que superaban en número tanto a los blancos puros como a los negros esclavizados.

---

40. Oficina del Censo de Estados Unidos, "1790 Census: Return of Whole Number of Persons Within the Several Districts of the United States", https://www.census.gov/library/publications/1793/dec/number-of-persons.html.
41. Alrededor del 60% de los libertos, y prácticamente todos los liberados incondicionalmente por sus amos, eran mujeres jóvenes, lo que sugiere que las uniones personales entre amos blancos y sus esclavas tuvieron un papel crucial en la formación de la población libre de las colonias ibéricas. Ver Klein, *African Slavery*, 227.
42. Santo Domingo contaba con 80 mil personas libres de color y 15 mil esclavos en 1788; Puerto Rico, con 22 mil esclavos y 104 mil personas libres de color en 1820, y México, con 10 mil esclavos y 60 mil personas libres de color en 1810. Klein, *ibid.*, 221.
43. Louis A. Pérez, Jr., *Cuba: Between Reform and Revolution* (Nueva York: Oxford University Press, 1995), 86.

En las colonias inglesas, sin embargo, el color y el estatus demarcaban a tal grado la sociedad, que la clase de personas libres de color se consideraba una anormalidad apenas tolerada.[44] En la sociedad anglosajona, una gota de sangre negra te convertía en negro, mientras que en el mundo portugués y español, los *mestizos* y los *mulatos*, sin importar su tono de piel, se consideraban parte de la sociedad blanca, aunque como miembros de segunda categoría.

El racismo reinaba en ambos grupos de colonias, pero en las ibéricas tenía una forma más discreta y una operación más compleja, a causa de la presencia de una enorme población de raza mixta. En Latinoamérica, la búsqueda de la pureza blanca quedó confinada a una diminuta clase alta, mientras que constantemente se concedía permiso a los blancos de clase baja para casarse con personas de otras razas. La razón era sencilla. Para los blancos ricos, el matrimonio servía sobre todo para asegurar su herencia. No se permitía que el *mestizaje* trastocara la estructura de clases, aunque a veces incluso algunos miembros de la élite llegaran a "reconocer" oficialmente a sus hijos de raza mixta, con lo que entraban parcialmente a la sociedad blanca. Es asombrosa la tipología de la mezcla entre razas que se desarrolló en Latinoamérica. Además de *mestizos* y *mulatos*, había zambos (indígena con negro), *coyotes* (*mestizo* con indígena), *saltapatrases* (hijos de padres blancos con rasgos negroides), *chinos* (indígena con *saltapatrás*), cuarterones (*mestizo* con español) y otras distinciones aún más exóticas.

En las colonias anglosajonas, por el contrario, el matrimonio interracial era un tabú para blancos de cualquier clase social. Incluso tras la independencia y la emancipación siguió prohibido y, aunque obviamente hubo violaciones y uniones ilegales, los anglosajones casi nunca reconocieron a sus hijos de raza mixta, sin importar cuán clara fuera su piel ni cuán pobre fuera el padre.

---

44. Klein, *African Slavery*, 225-26.

TIERRA Y POLÍTICA
EN LAS DOS SOCIEDADES

Aparte de la religión y la raza, las colonias españolas y las inglesas divergían de forma radical en la manera de administrar su sistema político y económico. Las colonias españolas fueron un asunto monárquico desde el principio. Los conquistadores funcionaban como agentes directos de la Corona. Y el objetivo principal de España, por lo menos durante el primer siglo, era conseguir oro y plata; para 1600, sus colonias ya habían producido más de dos mil millones de pesos, el triple del suministro total de Europa antes del primer viaje de Colón.[45] El total superó los seis mil millones de pesos, sobre todo de plata, para 1800. Sin embargo, el flujo de monedas de plata tan solo causó una inflación masiva en casa. La industria y la agricultura de la metrópoli se estancaron y más de doscientos mil españoles partieron al Nuevo Mundo durante el primer siglo de colonización. Un sinnúmero más huyó del campo español y acudieron en bandada a Sevilla y Cádiz para entrar al comercio mercantil.[46] La expulsión de los moros y judíos por parte de la Corona solo exacerbó la crisis económica, pues ambos grupos eran responsables en gran parte de la vitalidad comercial y profesional del país. Los mercaderes judíos huyeron con su riqueza a los centros financieros de Londres, Ámsterdam y Génova.[47] Con España forzada a recurrir a inmensos préstamos de bancos extranjeros para cubrir los costos fuera de control de administrar su vasto imperio, la mayor parte de la producción de las minas de México y Perú pasó a las bóvedas de los banqueros neerlandeses e ingleses y pagó los bienes manufacturados que vendían a las colonias.

Cuando por fin iniciaron sus propias colonias americanas, casi un siglo después que España, los ingleses y los neerlandeses

---

45. Crow, *The Epic*, 216.
46. J. H. Elliot, *The Old World and the New, 1492–1650* (Nueva York: Cambridge University Press, 1970), 75-77.
47. Larry Neal, *The Rise of Financial Capitalism: International Capital Markets in the Age of Reason* (Cambridge: Cambridge University Press, 1990), 10.

rechazaron la estrategia estatal española, pusieron su confianza en que los nobles ricos financiaran colonias individuales y en un nuevo tipo de órgano de negocios: la sociedad por acciones. La London Company, la Plymouth Company, la Virginia Company y la Compañía Neerlandesa de las Indias Occidentales consiguieron concesiones de sus monarcas para poblar los nuevos territorios.

Aunque los *pilgrims* y otros colonos hayan llegado huyendo de la persecución religiosa, no se puede decir lo mismo de las compañías que los transportaron. Para estas nuevas empresas capitalistas, la utopía era mucho menos espiritual. Significaba la búsqueda de ganancias enormes: por comerciar pieles con los indígenas; por la madera y el hierro y otras materias primas que podían enviar a Inglaterra, y por cobrar altas tarifas para reubicar a los descontentos y disidentes al Nuevo Mundo. En 1627, por ejemplo, la London Company declaró que uno de sus objetivos era "retirar el excedente de gente necesitada, que es materia o combustible de peligrosas insurrecciones, y dejar así una mayor abundancia de recursos para mantener a quienes permanezcan en el País".[48]

Sin embargo, el éxodo masivo desde Inglaterra y Europa no fue solo una emigración espontánea de los perseguidos y desposeídos del continente, como nos quiere hacer creer el mito de los inmigrantes. Más de la mitad de la población de las trece colonias antes de 1776 se componía de trabajadores no abonados. Entre ellos se encontraban cincuenta mil convictos que liberaron de las cárceles inglesas durante el siglo XVII para poblar las colonias de Maryland y Virginia, y una cantidad considerable de niños secuestrados y vendidos como mano de obra.[49]

Los especuladores de tierras que trabajaban en contubernio con los mercaderes orquestaron y diseñaron gran parte del éxodo.

---

48. Herbert Aptheker, *The Colonial Era* (Nueva York: International Publishers, 1959), 10-12.
49. Philip Foner, *Labor and the American Revolution* (Westport, Conn.: Greenwood Press, 1976), 7; también Bailyn, *The Peopling*, 120-22.

Los agentes laborales barrieron las Islas Británicas y Renania en busca de reclutas que trabajaran las enormes extensiones de tierra que poseían los especuladores. Invitaban a las familias de campesinos a vender sus propiedades e ir a la caza de una riqueza instantánea en el Nuevo Mundo.[50] William Penn, por ejemplo, tenía agentes reclutadores en Londres, Dublín, Edimburgo y Róterdam. Su amigo mercader en Róterdam, Benjamin Furly, tuvo tanto éxito publicitando la colonia en el valle del Rin que convirtió a Pennsylvania en el centro de los inmigrantes alemanes a las colonias.[51]

Al principio, Inglaterra dejó la administración colonial en manos de las compañías, porque la Corona estaba ocupada con sus propios conflictos internos y batallas religiosas. Pero a finales del siglo XVII, el parlamento asumió la administración directa por medio de su Comisión de Comercio, la contraparte al Consejo de Indias español. Sin embargo, incluso entonces la burocracia colonial de Inglaterra siguió siendo diminuta.

El imperio español, por otro lado, generó una tan gigantesca burocracia colonial que, para el siglo XVII, 1.1 millones de personas tenían un puesto religioso de algún tipo en sus colonias, y casi medio millón eran funcionarios de gobierno.[52] Al igual que la mayoría de las burocracias, la Iglesia y el gobierno civil coloniales alentaban el ritmo de la toma de decisiones; enterraban la innovación bajo montañas de informes y edictos, y sofocaban cualquier disenso. Para ser justos con España, su imperio era el más grande que había visto el mundo. Desde Oregón hasta la Patagonia, incluía algunas de las montañas más infranqueables, de los ríos más largos, de los desiertos más inhóspitos y de las selvas más impenetrables del mundo. Era mucho más difícil de controlar la población de sus dominios, diez veces más grande que la de la metrópoli, que la de las colonias más compactas y menos pobladas de Inglaterra al este de los montes de Allegheny.

---

50. Bailyn, *The Peopling*, 37-42.
51. *Ibid.*, 147, n. 40.
52. Crow, *The Epic*, 217.

El gran tamaño y la riqueza mineral de Latinoamérica reque-
rían una mano de obra gigantesca. Los indígenas y los *mestizos*
minaban el oro y la plata del imperio, construían sus ciudades e
iglesias, cuidaban sus rebaños y cultivaban su comida. Y cuando
la minería perdió importancia, los africanos esclavizados cose-
charon el nuevo oro: el azúcar, al igual que el tabaco, el cacao
y el índigo. Era casi inaudito que un español trabajara duro en
América.

En las colonias inglesas, por el contrario, los amerindios nunca
surgieron como una fuerza laboral central o principal, aunque
algunos estudiosos recientes han documentado un uso significativo de indígenas como sirvientes y esclavos por parte de la élite
colonial de Nueva Inglaterra, al igual que por parte de los colonos europeos en otras regiones que más tarde formarían parte de
Estados Unidos.[53] La economía colonial dependía en gran parte
de tres grupos de trabajadores: los campesinos blancos libres,
los blancos sin propiedades (no abonados y libres) y los africanos
esclavizados. Casi el 70% de la inmigración blanca a las colonias
antes de la Revolución se compuso de trabajadores no abonados.
Cuando terminaban los años de servicio requeridos por su contrato, se convertían en artesanos libres en las ciudades o se mudaban a la frontera para fundar su propia granja. Cuando llegó
la Revolución, la mayoría de la población blanca eran *yeomen* independientes, pequeños agricultores y pescadores.[54] Ese grupo
agrario —sencillo, modesto, escéptico del control de un gobierno
lejano y decidido a hacerse una vida nueva a partir de una naturaleza inmensa y fértil— conformaría el núcleo cultural de la nueva
sociedad norteamericana, o por lo menos de su mayoría blanca.

Una política de tierras radicalmente distinta diferenció aún
más la sociedad colonial inglesa de la española. En los territorios

---

53. Margaret Ellen Newell, *Brethren by Nature: New England Indians, Colo-
nists and the Origins of American Slavery,* (Ithaca: Cornell University Press,
2015); también Juliana Barr, "From Captives to Slaves: Commodifying Indian
Women in the Borderlands", *Journal of American History* 92 (2005): 19-46.
54. Aptheker, *The Colonial Era*, 36, 40; también Bailyn, *The Peopling*, 60–61.

ingleses había una salvaje especulación de tierras generalizada.[55]
"Cualquier campesino con un acre extra de tierra se convertía
en especulador de tierras, cualquier pueblerino propietario,
cualquier comerciante en apuros que pudiera juntar una suma
modesta para invertirla", dice un historiador.[56] Tanto los administradores coloniales ingleses como, más tarde, los gobiernos estatales y federales promovieron la especulación. Una y otra vez,
los miembros del gobierno crearon fortunas instantáneas para
ellos y sus amigos, con fraudes corruptos que lograban amasar
parcelas enormes. Para 1697, por ejemplo, cuatro familias del valle del Hudson, los Van Cortlandt, los Philip, los Livingston y los
Van Rensselaer se habían apropiado de 1.6 millones de acres, que
abarcaban seis condados actuales en el estado de Nueva York, con
lo que crearon la nueva aristocracia terrateniente de la región.[57]

Mientras que los ingleses tenían su tradición de especulación
de tierras, los españoles tenían lo contrario, el *mayorazgo*, en el
que las propiedades rurales y urbanas de una familia eran legalmente indivisibles, y se pasaban de generación en generación
por medio del primogénito. Los demás miembros de la familia
podían obtener porciones del patrimonio para administrarlas y
vivir de ellas, pero nunca podían ser dueños de ellas ni, lo más
importante, venderlas.

Los *mayorazgos* más grandes pertenecían a los primeros conquistadores. Los soldados de menor rango recibieron parcelas
más modestas, y los colonos civiles recibieron lotes aún más
pequeños. Conforme pasaban las generaciones, el matrimonio
endogámico entre la élite creó fusiones laberínticas de antiguas
propiedades. Los mercaderes, los mineros y los inmigrantes posteriores frecuentemente trataban de comprar títulos o de casarse
con propietarios de *mayorazgos* establecidos. Las enormes parcelas solo crecían, nunca disminuían de tamaño, y la compraventa

---

55. Patricia Nelson Limerick, *The Legacy of Conquest: The Unbroken Past of the
American West* (Nueva York: W. W. Norton, 1987), 68–69.
56. Bailyn, *The Peopling*, 66-67.
57. Aptheker, *The Colonial Era*, 56.

individual de tierra por ganancia rápida era rara.[58] Esos *mayorazgos*, junto con el sistema laboral de las *encomiendas*, se convirtieron en la base del sistema latifundista latinoamericano, en el que una minúscula porción de la población blanca poseía la mayoría de la tierra y los demás estaban reducidos a jornaleros.

En contraste con ingleses y españoles, los nativos americanos consideraban invariablemente que la tierra era un recurso usado por todos y poseído por nadie. Incluso en las sociedades indígenas más estratificadas, la tierra era propiedad comunal. Entre los mexicas, por ejemplo, el *calpulli* o clan extendido le asignaba tierra a cada uno de sus miembros. Esos miembros, a su vez, le enviaban una parte de su cosecha a los líderes del clan, quienes la usaban para pagar el tributo del emperador.[59] No importa cuántos tratados hayan firmado las naciones indígenas para aplacar a los colonos, invariablemente consideraban que estaban cediendo el uso de la tierra, no su propiedad perpetua.

Por último, y quizás el punto más importante, los colonos ingleses y españoles trajeron consigo tradiciones políticas muy distintas. Cuando cada grupo intentó trasplantar esa tradición en el Nuevo Mundo obtuvo una fuerte influencia de los amerindios que lo precedieron. En México, por ejemplo, el gobernante mexica, elegido de entre la familia real por un consejo de nobles, estaba en la cima de una sociedad de clases muy diferenciadas. Exigía tributo de su propio pueblo y de ciudades-Estado conquistadas o dependientes, como Tacuba, Texcoco, Tlaxcala y Tarasca. Los españoles no desmembraron esas estructuras de poder centralizadas; más bien se las apropiaron desde arriba y erigieron el andamiaje de su organización colonial, desde los virreyes hasta los *corregidores* de medio nivel, sobre unos cimientos indígenas ya bastante autocráticos. Además, tuvieron la astucia de ceder el control de los *cabildos* ajenos a las grandes ciudades a la mayoría indígena, con lo que convirtieron a los jefes tradicionales en

---

58. Para una discusión de los *mayorazgos*, ver Bethell, *Colonial Spanish America*, 283-85; Crow, *The Epic*, 162, 257.
59. Thomas, *Conquest*, 8.

mediadores políticos y en proveedores de mano de obra indígena para las *encomiendas*.

Los mexicas, como hemos visto, eran muy distintos de los iroqueses, con quienes los colonos ingleses lucharon y se aliaron durante 150 años antes de la independencia. Lewis Henry Morgan, fundador de la antropología estadounidense y el primero en estudiar a los iroqueses de forma sistemática, escribió en 1851: "Toda su política civil era aversa a la concentración de poder en manos de cualquier individuo, y se inclinaba hacia el principio opuesto de división entre iguales".[60]

La constitución iroquesa, preservada durante años en la tradición oral y registrada en cinturones *wampum*, generó una forma única de democracia basada en representantes electos que tomaban decisiones por consenso. Según Morgan, su confederación contenía "la semilla del parlamento, del Congreso y de la legislatura modernos". Después de Morgan, varios estudiosos han documentado cómo los iroqueses influyeron en las ideas democráticas de nuestros Padres Fundadores.[61] El historiador Felix Cohen insiste en que la feroz devoción de este país a los derechos individuales tiene raíces en el pensamiento iroqués, al igual que "el sufragio universal para las mujeres [...] el patrón de estados dentro de un Estado al que llamamos federalismo, el hábito de tratar a los jefes como siervos del pueblo en vez de como amos".[62]

Algunos van aún más lejos. "La democracia igualitaria y la libertad tal como las conocemos en Estados Unidos le deben poco a Europa", argumenta el antropólogo Jack Weatherford. Más bien, "entraron al pensamiento occidental moderno conforme

---

60. Citado en Bruce E. Johansen, *Forgotten Founders: How the American Indians Helped Shape Democracy* (Boston: Harvard Common Press, 1982), 9.
61. Clark Wissler, *Indians of the United States: Four Centuries of Their History and Culture* (Nueva York: Doubleday, Doran, 1940); Henry Steele Commager, *The Empire of Reason: How Europe Imagined and America Realized the Enlightenment* (Nueva York, Anchor Press/Doubleday, 1977); Felix Cohen, "Americanizing the White Man", *American Scholar* 21, no. 2 (1952); Weatherford, *Indian Givers*, 132-50.
62. Johansen, *Forgotten*, 13.

las nociones amerindias se traducían al lenguaje y la cultura europeos".[63] El sistema iroqués de pesos y contrapesos influyó en varios de los Padres Fundadores. Benjamin Franklin publicó el primer recuento de los tratados con los indígenas en 1736, y estudió las sociedades nativas a fondo cuando fungía como comisionado de indios para Pennsylvania en la década de 1750. Durante una conferencia angloindígena en 1744, le conmovió tanto la oratoria del chamán iroqués Canassatego, quien instó a las colonias a formar su propia federación, que empezó a proponer ese sistema.[64] Thomas Jefferson indagaba frecuentemente en las tradiciones iroquesas, y alabó su moral y oratoria en sus *Notas sobre el estado de Virginia*. Y Charles Thompson, secretario de la Convención Continental, describió el gobierno iroqués admirado, diciendo que era "una suerte de confederación patriarcal".[65]

Otros principios iroqueses que han entrado en la democracia estadounidense son la separación del poder civil y el militar (el código de Hiawatha requería que los *sachems* y los caudillos iroqueses se eligieran por separado) y la destitución de los líderes electos. En ciertos sentidos, las cinco tribus estaban muy adelantadas a los Padres Fundadores, pues prohibían la esclavitud y reconocían el derecho al voto de las mujeres. Los colonos que conocieron la sencillez de la sociedad iroquesa quedaron invariablemente impresionados con su capacidad para combinar la libertad individual con la autoridad moral del clan para restringir cualquier conducta antisocial. El crimen, por ejemplo, les era casi desconocido.

Inglaterra fundó colonias por todo el mundo, pero solo en Norteamérica florecieron las tradiciones de la ley común inglesa, el control local y la representación parlamentaria, y gran parte de ello se debe a la influencia de las tradiciones iroquesas en los colonos. En contraste, otras excolonias británicas, como India,

---

63. Weatherford, *Indian Givers*, 128.
64. *Ibid.*, 54.
65. Thomas Jefferson, *Notes on the State of Virginia*, novena edición estadounidense (Boston: H. Sprague, 1802), 287.

Jamaica y Sudáfrica, no produjeron la combinación particular de libertad individual y el gobierno representativo fuerte y estable que hay en Estados Unidos. En Latinoamérica, por su parte, todos los esfuerzos de excolonias españolas como México, la Gran Colombia y Brasil por replicar nuestro modelo democrático fracasaron.

Así, para principios del siglo XIX, trescientos años de colonialismo habían dividido al Nuevo Mundo en dos enormes grupos culturales en conflicto, el anglosajón y el hispano-latino, con grupos menores de colonias portuguesas, neerlandesas, francesas e inglesas en el Caribe. Los colonizadores de las dos sociedades dominantes habían sufrido una transformación inexorable. Ya no eran ingleses ni españoles. Ahora eran angloamericanos y latinoamericanos. Habían adaptado sus creencias religiosas, políticas y económicas, su habla, su música y su comida a las nuevas tierras. Habían construido una identidad incómodamente entrelazada con los nativos a los que conquistaron y con los africanos que trajeron como esclavos. Latinoamérica se convirtió en una tierra de inclusión social y exclusión política. La América inglesa aceptaba todos los credos políticos y religiosos, pero se mantuvo profundamente intolerante en cuestiones sociales y raciales. Latinoamérica, subsumida por la fuerza de su mayoría indígena y africana, se convirtió en una tierra de espiritualidad, canto y sufrimiento entre sus masas, mientras su élite disfrutaba de una vida parasitaria en *latifundios* gigantescos. Los colonos blancos de Norteamérica, segregados de las razas que dominaban, desarrollaron una identidad y una cosmovisión duales y contradictorias: por un lado, un espíritu de voluntad, trabajo y optimismo inquebrantable entre sus masas de pequeños agricultores; por el otro, un gusto del emprendimiento despiadado, la especulación de tierras y la dominación de los débiles y los no europeos.

La conquista de América cuestionó y transformó las creencias de colonos, nativos y personas esclavizadas por igual, mientras que planteó preguntas inquietantes para los europeos del viejo continente: ¿Acaso todos los seres humanos son hijos de Dios? ¿Qué es civilización y qué es barbarie? ¿Creará la mezcla racial del Nuevo Mundo una nueva raza cósmica? ¿Es la Iglesia, la Corona o el Estado, el árbitro último de la sociedad, o son los individuos libres de forjar su propio destino? Las respuestas que eligieron —y los conflictos entre ellas— moldearon las dos culturas principales del Nuevo Mundo. El tema de nuestro siguiente capítulo será por qué las colonias españolas, tan ricas en recursos en los albores de su independencia decimonónica, se estancaron y decayeron mientras la joven república norteamericana floreció.

2

Las tierras fronterizas españolas y la creación de un imperio (1810–1898)

No importa cuánto nos mantengan dentro de nuestros límites nuestros intereses presentes, es imposible no dirigir la vista hacia tiempos distantes, cuando nuestra rápida multiplicación los supere y cubra todo el continente norte, si no es que el sur.

—THOMAS JEFFERSON, 1801

Cuando se embarcaron en la vía hacia la independencia en 1810, las colonias americanas de España eran mucho más ricas en recursos, territorio y población que los infantes Estados Unidos. Sin embargo, durante las siguientes décadas, los cuatro virreinatos españoles —Nueva España, Nueva Granada, Perú y Río de la Plata— se fragmentaron en más de una docena de países separados, la mayoría asolados por conflictos internos, estancamiento económico, deuda exterior y dominación externa. Por otro lado, Estados Unidos se expandió drásticamente en territorio y población, diseñó una democracia estable y próspera y repelió cualquier control extranjero.

¿Por qué tanta diferencia en su desarrollo? Los historiadores de este país suelen atribuirla a los legados del colonialismo inglés y español. La austera democracia protestante de los campesinos y mercaderes anglosajones, dicen, estaba adaptada para lograr la prosperidad en una frontera virgen de una manera en la que las sociedades católicas y tiránicas de Latinoamérica no lo estaban.[1]

Sin embargo, esa opinión ignora las relaciones desiguales y discordantes que surgieron entre Estados Unidos y Latinoamérica desde los inicios de la independencia; esconde que buena parte del crecimiento decimonónico de Estados Unidos provino directamente de la conquista de la América hispanohablante. Esa conquista, cómo se desarrolló y cómo sentó las bases de la presencia latina moderna en Estados Unidos son el tema de este capítulo.

La expansión territorial de nuestro país durante el siglo XIX está bien documentada, pero se le ha prestado menos atención a cómo socavó y deformó las jóvenes repúblicas del sur, sobre todo las más próximas a las cambiantes fronteras estadounidenses. La anexión de las tierras fronterizas hispanohablantes evolucionó en tres fases distintas: Florida y el Sureste para 1820; Texas, California y el Suroeste para 1855, y, finalmente, Centroamérica y el Caribe durante la segunda mitad del siglo, una fase que culminó en la Guerra Hispano-estadounidense de 1898. Esas anexiones transformaron a aquella democracia aislada de *yeomen* en un imperio mundial. En el proceso, México perdió la mitad de su territorio y tres cuartos de sus recursos naturales, la cuenca del Caribe quedó reducida a una víctima permanente de explotación e intervención yanqui y los latinoamericanos se convirtieron en una fuente estable de mano de obra barata para las primeras corporaciones multinacionales estadounidenses.

La historia popular muestra ese movimiento decimonónico como una épica heroica de humildes campesinos viajando hacia el oeste en vagones cubiertos para repeler a los indios salvajes y domar una tierra virgen. Rara vez examinan su otra cara: las

---

1. George W. Crichfield, *American Supremacy: The Rise and Progress of the Latin Republics and Their Relations to the United States under the Monroe Doctrine* (Nueva York: Brentano's, 1908), vol. 1, 268-99.

implacables incursiones de colonos anglos en territorio latinoamericano.

Antes de los colonos llegaban los comerciantes y los mercaderes —hombres como Charles Stillman, Mifflin Kenedy y Richard King en Texas; Cornelius Vanderbilt, George Law y Minor Keith en Centroamérica; William Safford, H. O. Havemeyer y John Leamy en las Antillas, y John Craig en Venezuela— quienes amasaron enormes fortunas en tierras y productos latinoamericanos. A los mercaderes se les unieron aventureros y mercenarios como John McIntosh (Florida), Davy Crockett (Texas) y William Walker (Nicaragua), quienes juraban lealtad a gobiernos latinoamericanos inexperimentados o débiles y luego los derrocaban en nombre de la libertad.

La mayoría de los presidentes estadounidenses apoyaron el despojo de tierras latinoamericanas. Jefferson, Jackson y Teddy Roosevelt creían que el dominio de nuestro país sobre la región seguía el orden natural. Sin embargo, los principales propulsores y beneficiarios del imperialismo fueron los especuladores, los dueños de plantaciones, los banqueros y los mercaderes.[2] Fomentaron el apoyo popular prometiendo tierras baratas a las oleadas de inmigrantes europeos que no dejaban de llegar a nuestras costas, y financiaron una interminable retahíla de rebeliones

---

2. Jack Ericson Eblen, *The First and Second United States Empires: Governors and Territorial Government, 1784–1912* (Pittsburgh: University of Pittsburgh Press, 1968), 17-51, resume las presiones ejercidas sobre los padres fundadores para expandir el territorio del país; Malcolm Rohrbough, *The Land Office Business: The Settlement and Administration of American Public Lands, 1789–1837* (Nueva York: Oxford University Press, 1968), dice: "La tierra era la mercancía más deseada durante el primer medio siglo de la república, y los esfuerzos que hacían los hombres por adquirirla era una de las fuerzas dominantes del periodo"; Charles Grant, *Democracy in the Connecticut Frontier Town of Kent* (Nueva York: Columbia University Press, 1961), 13-27, documenta lo rampante que era la especulación de tierras entre los colonos desde los primeros años, y Arthur Preston Whitaker, *The Spanish-American Frontier: 1783-1795* (Lincoln: University of Nebraska, 1927), 47, dice: "Difícilmente puede exagerarse [...] la importancia del especulador de tierras en la historia de la expansión hacia el oeste en Estados Unidos".

NUEVOS ESTADOS AMERICANOS
EN 1825

CANADÁ
(BRITÁNICO)

ESTADOS UNIDOS
1776

MÉXICO
1821

Océano
Atlántico

BAHAMAS (Br.)

CUBA (Sp.)

HAITÍ
(1804)

HONDURAS
BRITÁNICAS
(Sp.)

SANTO DOMINGO (1821)

JAMAICA (Br.)

PUERTO RICO (Sp.)

AMÉRICA
CENTRAL
1821

Océano Pacífico

VENEZUELA
1811

GUYANAS

Br. Du. Fr.

COLOMBIA
1819

ECUADOR
1822

BRASIL
1822

PERÚ
1824

BOLIVIA
1825

CHILE
1824

PARAGUAY
1811

ARGENTINA
1816

URUGUAY
1825

☐ Naciones independientes

▨ Posesiones coloniales
europeas

armadas de colonos blancos en esas tierras hispanohablantes. Para justificarlo, nuestros líderes popularizaron nociones cruciales, como "América para los americanos" y el "Destino Manifiesto". Este último término surgió como el código decimonónico de la supremacía racial.

Pero junto con las tierras conquistadas llegaron pueblos indeseados: los nativos americanos, que fueron empujados hacia el oeste y luego acorralados en reservas, y varios millones de mexicanos, cubanos, filipinos y puertorriqueños, que quedaron bajo soberanía estadounidense. Incluso cuando el Congreso declaró oficialmente que algunos de los pueblos conquistados eran ciudadanos estadounidenses, los colonos anglos recién llegados los privaron de sus propiedades, y esos despojos fueron apoyados por los tribunales angloparlantes que establecieron los propios colonos. Los mexicoamericanos del Suroeste fueron transformados en una minoría extranjera en su tierra natal. Eran hispanohablantes, católicos y en general *mestizos*, y quedaron relegados rápidamente a un estatus de clase inferior, junto con los indígenas y los negros. Los cubanos y los filipinos terminaron por ganar su independencia, pero sus países permanecieron bajo la bota de Washington durante décadas, mientras que Puerto Rico sigue siendo hasta nuestros días una colonia de ciudadanos de segunda clase.

LOS AÑOS REVOLUCIONARIOS: DE LA INSPIRACIÓN A LA TRAICIÓN

A principios del siglo XIX, pocos latinoamericanos habrían podido predecir cómo los trataría Estados Unidos. A fin de cuentas, la independencia estadounidense fue una inspiración enorme para los intelectuales de las colonias españolas. Algunos latinoamericanos incluso lucharon con el ejército rebelde de George Washington. Bernardo de Gálvez, el gobernador español de Louisiana, abrió un segundo frente contra los ingleses cuando invadió Florida Occidental, entonces bajo control británico, derrotó a la guarnición que la defendía y recuperó la península como colonia española. Mientras tanto, los mercaderes de La Habana le brindaron préstamos y suministros cruciales a Washington.

Tras el triunfo de la Revolución, los patriotas latinoamericanos emularon a los Padres Fundadores. Fray Servando Teresa de Mier, uno de los principales propagandistas de la independencia de México, viajó a Philadelphia durante la presidencia de Jefferson y citaba a menudo a Thomas Paine en sus polémicas contra la monarquía.[3] En 1794, Antonio Nariño, un acaudalado intelectual bogotano y admirador de Benjamin Franklin, tradujo y publicó en secreto la Declaración de Derechos del Hombre de la Asamblea Francesa. José Antonio Rojas, el prominente revolucionario chileno, conoció a Franklin en Europa y después envió varios cofres de escritos de Guillaume Raynal sobre la revolución norteamericana a Chile. En 1776, redactó su propia lista de reclamos chilenos contra la monarquía española. Simón Bolívar, el Gran Libertador de Sudamérica, viajó por Estados Unidos en 1806. Inspirado por sus logros, inició el levantamiento independentista de Venezuela unos años después.[4]

Quizás el mejor ejemplo de los estrechos lazos entre los revolucionarios del norte y del sur fuera Francisco de Miranda, "El Precursor" de la independencia latinoamericana. Nació en 1750 en una próspera familia de mercaderes de Caracas, y se unió al ejército español a los 17 años. Después viajó a Norteamérica, donde sirvió primero con las tropas españolas de Gálvez en Florida y luego con las del general francés Comte de Rochambeau. Apuesto, erudito y carismático, se volvió amigo de varios líderes estadounidenses, incluyendo a Alexander Hamilton y Robert Morris, y conoció al presidente Washington. Tras una larga odisea personal por Europa, donde fue un general condecorado en el ejército napoleónico y amante de Catarina la Grande de Rusia,

---

3. Lester D. Langley, *The Americas in the Age of Revolution, 1750–1850* (New Haven: Yale University Press, 1966), 107, 111, 163.

4. Jacques Barbier y Allan J. Kuethe, eds., *The North American Role in the Spanish Imperial Economy, 1760-1819* (Manchester: Manchester University Press, 1986), 16.

regresó a Estados Unidos e intentó conseguir el apoyo de nuestro gobierno para una campaña para liberar a las colonias españolas.[5]

Sin embargo, al igual que todos los patriotas latinoamericanos reconocidos, Miranda era un *criollo* de clase alta. Eso limitó su capacidad para granjearse seguidores entre las masas de sus compatriotas, pues los *criollos*, a diferencia de los revolucionarios angloamericanos, eran una minoría clara dentro de su propia sociedad. De los 13.5 millones de personas que vivían en las colonias españolas en 1800, menos de tres millones eran blancas, y solo doscientas mil de ellas eran *peninsulares*, es decir, nacidas en España.[6] Los rebeldes latinoamericanos vivían en miedo constante del 80% de su población —que era indígena, negra y *mestiza*—, y esa aprehensión se intensificó durante los últimos años de la Guerra de Independencia de Estados Unidos, cuando surgieron varios levantamientos importantes entre los indígenas sudamericanos.[7]

El espectro de esos levantamientos hizo que los *criollos* se conformaran al principio con exigirle un trato mejor a España, no la independencia total. Despotricaban contra los altos impuestos, a favor de más autonomía, y contra las restricciones que la Corona

5. Peggy Liss, "Atlantic Network", en *Latin American Revolutions, 1808–1826*, ed. John Lynch (Norman: University of Oklahoma Press, 1994), 268–69. También Crow, *The Epic*, 418-20.
6. Lynch, *Latin American Revolutions*, 6.
7. En el Virreinato del Perú, donde los nativos conformaban el 90% de la población, el caudillo inca José Gabriel Condorcanqui ejecutó al *corregidor* local en 1780 y proclamó el restablecimiento del Imperio inca. Se coronó como Túpac Amaru II en honor al último Inca (decapitado por los españoles), abolió la esclavitud y organizó un ejército de miles de efectivos con el que atacó la capital colonial de Cuzco. Las tropas españolas lo lograron capturar y decapitar en 1781, pero les tomó tres años de guerra y ochenta mil muertes restaurar el orden. El mismo año en que ejecutaron a Túpac Amaru, veinte mil indígenas y *mestizos* de la zona alrededor de Socorro, en el Virreinato de Nueva Granada (Colombia) marcharon contra la ciudad de Bogotá para protestar por el aumento al impuesto sobre el valor agregado. Para un buen resumen de la rebelión de Túpac Amaru, ver Crow, *The Epic*, 404-8, y para una visión antagónica, ver Melchor de Paz, "What Is an Indian?", en Lynch, *Latin American Revolutions*, 191-205.

imponía al comercio fuera del imperio. Condenaban que España los discriminara, que la Corona les concediera un monopolio al comercio de ultramar a los *peninsulares*, que excluyera a los *criollos* de los puestos más altos del gobierno colonial y que los confinara a la minería y la agricultura.[8] Pero sin importar cuánto se quejaran, no se atrevían a declarar una rebelión abierta, por miedo a desatar revueltas de la muchedumbre a la que siempre habían oprimido.

Al final, la chispa que encendió la revolución de Latinoamérica no provino de las mismas colonias, sino de Europa.[9] En 1808, Napoleón invadió España e instaló a su hermano José como rey, lo que desató una cadena de sucesos que llevarían al resquebrajamiento del imperio colonial español. Los españoles rechazaron a los invasores franceses, formaron juntas locales de resistencia por todo el país e iniciaron una guerra de guerrillas para devolver a su rey encarcelado al trono. Cuando se enteraron de los sucesos en Europa, los líderes *criollos* de las colonias siguieron el ejemplo de la resistencia española. Formaron juntas propias en todas las ciudades americanas principales y asumieron el control de los asuntos locales en nombre del rey.

Las juntas rebeldes de España constituyeron unas nuevas Cortes (el parlamento español), y esas Cortes promulgaron una constitución liberal, que concedía por primera vez la ciudadanía completa a los súbditos de las colonias americanas. Pero las

---

8. El único lugar en el que España parecía admitir a los criollos era en su ejército colonial, donde conformaban el 60% de sus oficiales. Ver Lynch, *Latin American Revolutions*, 17; también Tulio Halperin-Donghi, *The Contemporary History of Latin America* (Durham: Duke University Press, 1993), 6-7.

9. Las guerras sucesivas entre España e Inglaterra en la década de 1790 e inicios de la de 1800 cortaron repetidamente el comercio entre las colonias y la metrópoli. Esas interrupciones forzaron gradualmente a la Corona a permitir que los contrabandistas ingleses y norteamericanos comerciaran abiertamente con las colonias. Ya desde 1776, Estados Unidos era el principal socio comercial de Cuba. Ver Barbier, *The North American Role, 1760-1819*, 15; también Lynch, *Latin American Revolutions*, 10-11; también John Fisher, *Commercial Relations Between Spain and Spanish America in the Era of Free Trade, 1778-1796* (Liverpool: Centre for Latin American Studies, University of Liverpool, 1985), 16; también Halperin-Donghi, *The Contemporary*, 80-83.

Cortes no alcanzaron la igualdad completa cuando se negaron a permitir que las colonias, cuya población superaba por mucho a la de España, tuvieran una cantidad proporcional de delegados. Esa negativa enardeció a los líderes *criollos* más radicales, quienes decidieron separarse del nuevo gobierno español y declarar su independencia.

A partir de entonces, la Revolución latinoamericana marcó su propio rumbo. Ni la derrota de Napoleón en Waterloo ni la expulsión de los franceses de España unos años después lograron volver a reunir al imperio destruido. El rey Fernando VII, que volvió al trono tras la derrota de Napoleón, se negó a aceptar la pérdida de sus colonias y envió a su ejército a someter a esos latinoamericanos advenedizos. Siguieron una serie de guerras en todo el continente entre realistas y rebeldes, y, en varias regiones, entre los líderes patriotas mismos. Los conflictos variaron de país a país, pero en todos lados el costo de vidas fue inmenso. El enorme tamaño de las colonias provocó un lienzo épico, desordenado y sangriento. Las guerras de independencia de México, por ejemplo, empezaron en 1810, cuando el párroco Miguel Hidalgo dirigió el levantamiento de miles de campesinos y mineros indígenas en el pueblo de Dolores, en la rica región del Bajío, al noroeste de la Ciudad de México. Reunió a sus seguidores bajo el estandarte de la Virgen de Guadalupe, de rasgos indígenas. Para cuando terminaron las guerras, en 1821, había más de seiscientos mil muertos, el 10% de la población del país.[10] Venezuela había perdido la mitad de su casi millón de habitantes.[11] En general, las guerras latinoamericanas duraron mucho más y fueron mucho más destructoras para los habitantes de la región que la Guerra de Independencia estadounidense, que solo cobró 25 mil vidas.

---

10. David J. Weber, *The Mexican Frontier, 1821–1846: The American Southwest Under Mexico* (Albuquerque: University of New Mexico Press, 1982), 159; Alexander von Humboldt, *Political Essay on the Kingdom of New Spain* (Norman: University of Oklahoma Press, 1988), 37, y Desmond Gregory, *Brute New World: The Rediscovery of Latin America in the Early Nineteenth Century* (London: British Academic Press, 1992), 133.

11. Crow, *The Epic*, 609.

A pesar de su turbulenta y desgastante lucha por la independencia, los patriotas latinoamericanos siempre consideraron que Estados Unidos era el ejemplo a seguir. Varios de los nuevos países modelaron sus constituciones a partir de las nuestras. Durante sus guerras, nos pidieron ayuda militar, y tras su victoria, buscaron nuestra amistad y asistencia para la reconstrucción.[12]

Sin embargo, la mayoría de los líderes estadounidenses codiciaban las colonias españolas para su propia expansión, y tenían en poca estima la capacidad de los patriotas latinoamericanos. "No importa cuánto nos mantengan dentro de nuestros límites nuestros intereses presentes", le escribió Jefferson a James Monroe en 1801, "es imposible no dirigir la vista hacia tiempos distantes, cuando nuestra rápida multiplicación los supere y cubra todo el continente norte, si no es que el sur".[13] John Adams dijo que la democracia no le venía a la América española más que a "los pájaros, las bestias o los peces".

Miranda fue el primer sorprendido por la actitud de los estadounidenses. En 1806, después de conseguir £12 mil del gobierno británico para financiar una expedición para liberar Venezuela, corrió a Estados Unidos esperando más ayuda, pero el presidente Jefferson y el secretario de Estado, Madison, rechazaron su solicitud. A pesar de su negativa, Miranda logró reunir una fuerza rebelde de voluntarios anglos reclutados en la costa este. Sin embargo, cuando la expedición desembarcó en Venezuela, los paisanos de Miranda la confundieron con un contingente de soldados británicos. En vez de atender su llamado a la revuelta, los venezolanos apoyaron al ejército español, que derrotó rápidamente a los rebeldes. Miranda apenas logró evitar ser capturado y huyó del país.

Una década después, con la fiebre de la independencia arrasando Sudamérica y los ejércitos libertadores luchando ferozmente contra una potente fuerza española, Estados Unidos rechazó a

---

12. *Ibid.*, 675.
13. R. W. Van Alstyne, *The Rising American Empire* (Chicago: Quadrangle Books, 1965), 87.

Bolívar con la misma fuerza con la que había rechazado a Miranda. Monroe, primero como secretario de Estado de Madison y luego como presidente, insistió en su neutralidad en las guerras sudamericanas. Al igual que Jefferson antes que él, esperaba mantener a España lo suficientemente amigable como para comprarle sus colonias de Cuba y Florida, un sentimiento compartido por la mayoría de nuestros líderes nacionales. "Sudamérica no nos incumbe", escribió Edward Everett, editor de la influyente *North American Review*. "No podemos tener ninguna simpatía política justificada con ellos. Somos de distintas cepas".[14]

Sin embargo, la libertad de Latinoamérica sí obtuvo el apoyo de muchos estadounidenses de a pie, incluso de parte de la élite, que se oponían a nuestra neutralidad. Entre ellos se encontraba Henry Marie Brackenridge, a quien Monroe envió a la región en 1817, como parte de una comisión estadounidense para evaluar la situación. "Los patriotas [...] se quejan de que nuestro gobierno es frío con ellos, como si le diera vergüenza reconocerlos", reportó Brackenridge.[15] Para entonces, a los latinoamericanos les parecían cada vez más sospechosas las intenciones de Estados Unidos. Esa suspicacia se convirtió en amargura ese mismo año, tras un incidente con dos barcos mercantes: el *Tiger* y el *Liberty*. Los soldados de la República de la Gran Colombia de Bolívar los incautaron cerca del Río Orinoco, en Venezuela, al descubrir que sus cascos estaban llenos de suministros militares para el ejército español. La Casa Blanca exigió que Colombia liberara los barcos e indemnizara a sus dueños. Bolívar contestó condenando la política hipócrita de Estados Unidos. En una serie de cartas diplomáticas llenas de enojo, le recordó a la Casa Blanca que la marina estadounidense había interceptado y capturado varios barcos mercantes, incluso algunos ingleses, llenos de suministros para su ejército revolucionario.

---

14. Citado en Langley, *The Americas*, 240.
15. Henry Marie Brackenridge, *South America: A Letter on the Present State of That Country to James Monroe* (Washington, D.C.: Oficina del Registro Nacional, 15 de octubre de 1817), 24.

¿Así que por qué ahora los norteamericanos proveían de armas a su enemigo?[16]

Bolívar no lo sabía, pero esa clase peculiar de neutralidad estaba a punto de rendir sus frutos. El Tratado Adams-Onís de 1819 le cedía Florida a Estados Unidos, pero como parte de las negociaciones, Monroe le prometió a España que nuestro país seguiría negándoles cualquier ayuda a los patriotas latinoamericanos.[17] Los líderes latinoamericanos, inconscientes del acuerdo secreto, no podían creer que Estados Unidos siguiera dándoles la espalda. Bolívar, quien antes había elogiado a nuestro país como un "modelo de virtudes políticas y de ilustración moral [...] único en la historia del género humano [...]",[18] se volvió cada vez más hostil para 1819. Ese año, comentó: "En diez años de lucha y trabajos indecibles; diez años de sufrimiento que casi exceden las fuerzas humanas, hemos experimentado la indiferencia con que toda Europa y aun nuestros hermanos del Norte han permanecido tranquilos espectadores de nuestro exterminio".[19]

Pero Estados Unidos tenía razones más profundas para no querer que los latinoamericanos triunfaran. La esclavitud siempre estaba en primer plano en la mente de los plantacionistas del Sur y de sus delegados en el Congreso. Veían alarmados cómo, conforme las guerras de independencia latinoamericanas se alargaban, los líderes *criollos* como Bolívar reclutaban a miles de pardos, de *mestizos*, de indígenas y de esclavos en sus ejércitos, y les

---

16. Apolinar Díaz-Callejas, *Colombia–Estados Unidos: Entre la autonomía y la subordinación. De la Independencia a Panamá* (Bogotá: Planeta Colombiana Editorial S.A., 1997), 93-98.

17. Para un resumen de cómo Henry Clay y Brackenridge urgían el reconocimiento inmediato de las Provincias Unidas del Río de la Plata, pero el presidente Monroe rechazó sus súplicas, ver William F. Keller, *The Nation's Advocate: Henry Marie Brackenridge and Young America* (Pittsburgh: University of Pittsburgh Press, 1956), 221-22.

18. Pedro Grases, *Pensamiento político de la emancipación venezolana* (Caracas: Biblioteca Ayacucho, 2010), 215.

19. Simón Bolívar, *Obras completas, t. I-VI* (México: Editorial Cumbre, 1977), 406, 402.

pagaban a las castas con una mayor movilidad social y a los esclavizados, con su libertad.

Nuestros esclavistas eran muy conscientes de que, tras la segunda derrota de Bolívar a manos del ejército español, el presidente de Haití, Alexandre Pétion, le ayudó a financiar su regreso a Sudamérica en 1815, con siete barcos y seis mil hombres, armas y municiones, bajo la condición de que emancipara a la población esclavizada de Venezuela.[20] Las subsecuentes condenas públicas de la esclavitud declamadas por el Libertador enfurecieron a los plantacionistas de nuestro país. "La esclavitud es la negación de toda ley, y cualquier ley que la perpetúe será sacrílega", proclamó en el congreso fundacional de Bolivia, en 1826.[21] Claramente, nuestros plantacionistas temían que el fervor emancipatorio se propagara desde Latinoamérica hacia Estados Unidos —para 1850, todas las excolonias españolas que habían conseguido su independencia habían abolido la esclavitud—, y ese miedo los convirtió en enemigos implacables de la liberación latinoamericana.[22]

Ignoradas por el gobierno estadounidense desde su concepción y denigradas por las monarquías conservadoras de Europa, las repúblicas latinoamericanas concluyeron que su única aliada confiable era Inglaterra. Unos seis mil ingleses, escoceses e irlandeses, la mayoría veteranos desempleados de las guerras napoleónicas, se enlistaron en el ejército de Bolívar entre 1817 y 1819. Entre esos voluntarios se encontraba Daniel O'Leary, que después fue el principal secretario de Bolívar.[23] La ayuda británica, junto con las atrevidas tácticas de Bolívar, José de San Martín,

---

20. Langley, *The Americas*, 194-95, 244-45; Halperin-Donghi, *The Contemporary History*, 76; para la política sobre Venezuela, ver Barbier, *The North American Role*, 174-75.

21. Bierck, *Selected Writings of Bolívar*, vol. 2, *1823–1830*, 603.

22. Chile abolió la esclavitud en 1823; Centroamérica, en 1824, y México, en 1829; a Venezuela, Ecuador, Perú y Colombia les tomó hasta las décadas de 1840 y 1850, por la resistencia de los esclavistas. Ver Simon Collier, *The Cambridge Encyclopedia of Latin America*, 142.

23. Gregory, *Brute New World*, 90-93; también Brackenridge, *South America*, 42.

Bernardo O'Higgins, Francisco de Paula Santander y otros grandes generales, lograron vencer a los últimos ejércitos españoles en el continente en 1826.

Todo el vasto imperio español, a excepción de Cuba y Puerto Rico, era libre. Aquel año, Bolívar convocó al primer Congreso Panamericano, donde detalló su sueño de una confederación hemisférica. Su plan de unir a los países revolucionarios preocupó tanto a los líderes estadounidenses que el Congreso pospuso enviar representantes hasta que el encuentro terminó y, después, nuestro gobierno le dejó claro a Bolívar que se oponía terminantemente a cualquier expedición para liberar a Cuba y Puerto Rico.

LIBERTAD, FILIBUSTEROS Y EL DESTINO MANIFIESTO

Si a los libertadores latinoamericanos les parecieron distantes los políticos de Washington, a los latinos que vivían cerca de las tierras fronterizas estadounidenses, sus vecinos anglos les resultaron abiertamente hostiles. Al engullir pedazos de Florida entre 1810 y 1819, nuestro país marcó su patrón de expansión por las tierras fronterizas españolas. La compra de Louisiana por parte de Jefferson en 1803 había incluido a los primeros hispanohablantes bajo el dominio de la bandera estadounidense. Pero nuestro país no "compró" Florida igual que había comprado Louisiana. El Tratado Adams-Onís fue más bien un atraco en una esquina. Culminó dos décadas de presión continua de expansionistas sureños para que España renunciara al territorio, una zona que era mucho más amplia en ese entonces que el estado actual, porque se extendía por la costa del golfo hasta las ciudades de Natchez y Baton Rouge.

Los pocos miles de españoles que vivían en las ciudades fortificadas del golfo habían dado grandes pasos para formar vínculos con los indígenas del Sureste desde las misiones franciscanas del siglo XVI. Durante casi dos siglos, los creek, los choctaw, los cheroquis y los chickasaw habían formado un colchón entre la

Florida española y los colonos anglos de Georgia y Kentucky. Conocidas como las "tribus civilizadas" porque adoptaron con gusto la ropa, las herramientas y los métodos agrícolas europeos, sumaban unas 45 mil personas en 1800. Sin embargo, la colonia de Florida era una molestia para los anglos, porque les brindaba refugio a los indígenas belicosos y a los esclavos que escapaban de las plantaciones del Sur.[24] Además, los plantacionistas veían con consternación la mezcla racial entre esclavos fugitivos e indígenas que era común entre los semínolas.

A principios de la década de 1800, entraron tantos colonos anglos a Florida que los soldados españoles en sus ciudades-guarnición poco pobladas ya no podían controlar el territorio. En una apuesta por reafirmar su control, España acordó legalizar a los recién llegados, pero a cambio tenían que jurar lealtad a la Corona, criar a sus hijos en el catolicismo y no hacer especulación de tierras ni reuniones políticas.[25] Les salió el tiro por la culata, pues facilitaron la inmigración de los colonos y solo pospusieron la pérdida de la colonia.[26]

En 1810, un grupo de colonos en Florida Occidental desafió directamente la autoridad española. Recurrieron a una forma de rebelión que acabaría por convertirse en un distintivo de los aventureros y bucaneros anglos en todas las tierras fronterizas

---

24. En su apogeo, a mediados del siglo XVII, había cuarenta misiones españolas que atendían a 26 mil indígenas cristianizados. Ver Bonnie G. McEwan's *The Spanish Missions of La Florida* (Gainesville: University of Florida Press, 1993), xv. Para un recuento del problema de los esclavos que huían, ver Theodore G. Corbett, "Migration to a Spanish Imperial Frontier in the Seventeenth and Eighteenth Centuries: St. Augustine", *Hispanic American Historical Review* 54, no. 3 (agosto de 1974).

25. Weber, *The Spanish Frontier*, 289; también Whitaker, *The Spanish-American Frontier*, 33-46, para una discusión de la interacción entre indígenas, españoles y norteamericanos.

26. Weber, *The Spanish Frontier*, 280–81, señala que entre 1782 y 1792 la población de Louisiana aumentó en más del doble, de 20 mil a 45 mil, sobre todo como resultado de la inmigración angloamericana, y que España nombró a un oficial con conocimientos de inglés, Manuel Gayoso de Lemos, como comandante del distrito de Natchez específicamente para que pudiera comunicarse con sus muchos súbditos extranjeros.

españolas: una banda de recién llegados o de mercenarios simplemente ocupaban una ciudad o territorio y proclamaban su
propia república. Los españoles los llamaban "filibusteros", y los
levantamientos se conocían en inglés como *filibusters*. En uno de
los primeros intentos, un grupo de colonos anglos capturaron la
guarnición española de Baton Rouge el 23 de septiembre de 1810
y declararon su independencia. La rebelión incitó al presidente
Madison a enviar tropas federales a ocupar el territorio circundante, y el Congreso más tarde incorporó el área al nuevo estado
de Louisiana.[27] El resto de Florida Occidental cayó en manos estadounidenses durante la Guerra de 1812, cuando el general James Wilkinson, jefe del ejército estadounidense y un maestro del
filibusterismo, tomó la guarnición española de Mobile en 1813
y Andrew Jackson capturó Pensacola en 1814. El gobierno español, aún paralizado por las guerras napoleónicas, no estaba en
condiciones de resistirse a las incursiones.

Otras revueltas filibusteras se propagaron a Florida Oriental
(ver Tabla 1). La mayoría de ellas se ganaron el apoyo de líderes
políticos del Sur que estaban ansiosos por expandir los territorios esclavistas y por especular con las tierras de Florida. Uno de
ellos, Andrew Jackson, había especulado durante toda su vida. En
1796, por ejemplo, compró la mitad de una propiedad de cinco
mil acres de Chickasaw Bluffs, en Mississippi, por cien dólares.
Inmediatamente vendió una parte por una ganancia considerable. Veinte años después, como comandante del ejército estadounidense, obligó a los chickasaw a negociar un tratado que abría su
territorio a los colonos blancos. Inmediatamente vendió lo que
quedaba de su inversión por cinco mil dólares.[28] Pero la parcela
de tierra que siempre estimuló más su imaginación fue Florida.

---

27. Ramiro Guerra y Sánchez, *La expansión territorial de los Estados Unidos a
expensas de España y de los países hispanoamericanos* (La Habana: Editorial del
Consejo Nacional de Universidades, 1964), 102; también Weber, *The Spanish
Frontier*, 297.
28. Para un resumen de las primeras especulaciones de tierras de Jackson, ver
Michael Paul Rogin, *Fathers and Children: Andrew Jackson and the Subjugation of the American Indian*, (Nueva York: Alfred A. Knopf, 1975), 81–100.

Varias veces, sus soldados invadieron Florida Oriental con el pretexto de estar cazando bandas de semínolas. Gracias a las continuas incursiones de Jackson y a las revueltas filibusteras de los colonos anglos, España concluyó gradualmente que Estados Unidos nunca saciaría su sed de Florida; el resultado fue el Tratado Adams-Onís. En él, España le cedió a Estados Unidos una zona más grande que Bélgica, Dinamarca, Países Bajos y Suiza por solo $5 millones. España esperaba que al ceder Florida salvaría el resto de su tambaleante imperio, sobre todo la provincia de Tejas, que ya había sido escenario de cuatro revueltas filibusteras organizadas por bandas de anglos entre 1801 y 1819.[29] Como su única concesión en el tratado, Washington renunció oficialmente a cualquier otra reclamación de tierras españolas y aceptó el río Sabine como su frontera con la colonia española en Texas.

Esa era la situación en 1822, cuando el presidente Monroe, quien se había negado a apoyar la revolución latinoamericana durante años, tuvo un brusco cambio de opinión y se convirtió en el primer líder mundial en reconocer la independencia de México. Al año siguiente, hizo algo aún más audaz. Declaró que América estaba fuera de los límites de la colonización europea con su famosa Doctrina Monroe. De hecho, Monroe hizo su advertencia sin mucha convicción, y solo después de que Gran Bretaña lo

---

29. Entre los primeros intentos de filibusterismo en Texas estuvieron los de Philip Nolan, capturado y fusilado junto con su banda de invasores por soldados españoles en 1801; Aaron Burr, quien intentó sin éxito organizar una invasión en 1806 y cuyo arresto fue ordenado por el presidente Jefferson. Para leer acerca de ellos, ver Charles H. Brown, *Agents of Manifest Destiny: The Lives and Times of the Filibusters* (Chapel Hill: University of North Carolina Press, 1980), 6–7; El mexicano Bernardo Gutiérrez y el exteniente del ejército estadounidense Augustus Magee, quienes invadieron el territorio desde Tennessee con más de ochocientos norteamericanos, franceses y revolucionarios mexicanos, y tomaron San Antonio en 1812 antes de ser derrotados, y el aventurero de Connecticut Henry Perry, quien invadió Texas y marchó contra La Bahía en 1817. Ver Odie B. Faulk, *The Last Years of Spanish Texas, 1778–1821* (Londres: Mouton & Co., 1964), 134–37; y el mercader de Mississippi James Long, quien invadió con trescientos hombres en 1819 y no logró establecer la República de Texas. Ver Rodolfo Acuña, *Occupied America: A History of Chicanos* (Nueva York: HarperCollins, 1988), 6.

empujara. La presión británica se debía a la derrota de Napoleón y a la decisión subsecuente de la Santa Alianza de apoyar el intento de Fernando VII de recuperar las colonias latinoamericanas de España. Inglaterra ya se había establecido como el principal socio mercantil de Latinoamérica, y el ministro del exterior británico, George Canning, temía que la recolonización de la región cerrara dicho comercio. Así que Canning urgió a Monroe a que se le uniera en advertirles a los poderes europeos que se mantuvieran fuera de América. Canning, sin embargo, quería reciprocidad por su alianza. Quería que Monroe renunciara a sus planes por colonizar Texas o Cuba, a lo que Monroe no estaba dispuesto.[30]

Tabla 1

El historial filibustero
(Invasiones de las colonias españolas o las repúblicas latinoamericanas por parte de ciudadanos estadounidenses durante el siglo XIX)

1801– Philip Nolan entra a Texas con una banda de hombres armados; soldados españoles lo capturan y matan.

1809– "Voluntarios" del general James Wilkinson ocupan partes de Florida Occidental.

1810– Colonos anglos declaran una república en Baton Rouge, Florida Occidental. Tropas federales ocupan la zona y el Congreso la anexa a Louisiana.

1812– El exgeneral John McIntosh captura la isla de Amelia y Fernandina y declara la República de Fernandina. Tropas españolas lo derrotan.

1812– El exteniente estadounidense Augustus Magee, el mexicano Bernardo Gutiérrez y un grupo de estadounidenses invaden Texas Oriental y son derrotados.

---

30. Jorge Roa, *Los Estados Unidos y Europa en Hispano América: Interpretación Política y Económica de la Doctrina Monroe, 1823–1933* (La Habana: Carasa, 1933), 167-78.

1813– El general James Wilkinson toma Mobile, en Florida Occidental.

1817– Henry Perry invade Texas y marcha contra La Bahía.

1819– El mercader de Mississippi James Long invade Texas, pero no logra establecer la República de Texas.

1826– Hayden y Benjamin Edwards toman Nacogdoches y proclaman la República de Fredonia. Soldados mexicanos los derrotan con ayuda de Stephen Austin.

1835– El general Ignacio Mejía y doscientos estadounidenses saquean el río Pánuco, en Tamaulipas. Tropas mexicanas los derrotan y México decide prohibir la inmigración estadounidense.

1836– Sam Houston y los rebeldes texanos, junto con un pequeño número de federalistas texanos, se rebelan contra el gobierno del general Antonio López de Santa Anna. Lo derrotan en San Jacinto y proclaman la República de Texas.

1839– Antonio Canales —un federalista mexicano—, S.W. Jordan y quinientos estadounidenses declaran la República del Río Grande. Se dividen y son derrotados por tropas mexicanas.

1849– Narciso López, exoficial del ejército español apoyado por el editor William O'Sullivan, intenta invadir Cuba, pero las autoridades estadounidenses detienen su plan.

1850– López invade Cárdenas, pero lo derrotan. De sus seiscientos hombres, solo cinco no son norteamericanos.

1851– López invade otra vez, en Bahía Honda. De nuevo, la mayoría de sus cuatrocientos voluntarios son norteamericanos. Las tropas españolas lo capturan y ejecutan.

1853– William Walker invade México y declara la República de Sonora. Las tropas mexicanas lo persiguen hasta que cruza la frontera de regreso.

1855– Walker llega a Nicaragua, toma el poder y gobierna como dictador durante dos años, hasta que lo derrotan los ejércitos de Centroamérica y Cornelius Vanderbilt.

1858– Walker invade otra vez Nicaragua y lo vuelven a derrotar.
1860– Walker invade Honduras, lo capturan, lo someten a
     juicio y lo ejecutan.

Intentando maniobrar entre las tramas geopolíticas de Inglaterra
y la Santa Alianza, Monroe prefirió actuar solo. Después de años
de negarle su apoyo a la revolución latinoamericana, cambió de
opinión repentinamente. El 2 de diciembre de 1823, durante su
discurso anual ante el Congreso, hizo la declaración de política
exterior más importante en la historia del continente: anunció
que los países de Latinoamérica "a partir de ahora no se conside-
rarán objetos de colonización futura por parte de ningún poder
europeo [...] es imposible que los poderes aliados extiendan su
sistema político a cualquier porción de [el continente] sin poner
en riesgo nuestra paz y felicidad".[31]

Al principio, los líderes latinoamericanos alabaron la nueva
política. Pensaban que por fin terminaría la neutralidad de Estados Unidos respecto a sus luchas. "Un acto merecedor de la
tierra de la libertad", dijo el presidente de Colombia, Santander.
Por supuesto, a las monarquías europeas les preocupaban más los
cañones de la poderosa marina británica que las amenazas de la
advenediza república norteamericana. Sin embargo, con Inglaterra y Estados Unidos como protectores nominales de la independencia latinoamericana, los nuevos países por lo menos lograron
evitar las catástrofes que cayeron sobre gran parte de África y Asia
cuando los poderes europeos se dividieron esas regiones durante
las grandes reparticiones coloniales de finales del siglo XIX.

A pesar del fuerte lenguaje de la Doctrina Monroe, los gobiernos europeos lanzaron con éxito más de una docena de intervenciones importantes —y muchas menores— en Latinoamérica
durante el resto del siglo, sin que Estados Unidos se opusiera más

---

31. Henry Steele Commager, *Documents of American History*, vol. 1, *To 1898*
(Englewood Cliffs, N.J.: Prentice Hall, 1988), 236-37.

que ocasionalmente.[32] Pero lo peor no fue que nuestro país no cumpliera con su política, sino que nuestros presidentes subsecuentes convirtieron la doctrina en su opuesto. Latinoamérica, sobre todo la cuenca del Caribe, se transformó en una esfera de influencia estadounidense. Bolívar, preocupado por la creciente arrogancia de los norteamericanos, declaró antes de morir que Estados Unidos parecía "destinado por la Providencia para plagar la América de miserias a nombre de la Libertad".[33] Durante el siglo XX, una serie de presidentes usaron las palabras de Monroe para justificar ocupaciones militares repetidas de países latinoamericanos. Esa interpretación doble de la doctrina continúa hasta nuestros días. Subraya una contradicción irresuelta de la historia de Estados Unidos: la que hay entre nuestros ideales de libertad y nuestra predilección por la conquista.

El primer ejemplo de esa contradicción llegó durante la siguiente fase de expansión fronteriza: las repetidas anexiones de territorio mexicano entre 1836 y 1853. Antes de ellas, los Estados Unidos Mexicanos —como se autonombró el nuevo país—

---

32. Ejemplos de cuando Estados Unidos decidió no actuar o apoyó intervenciones extranjeras: la toma de las islas Malvinas, de Argentina, por parte de Gran Bretaña en 1833; la toma de territorio centroamericano por parte de Gran Bretaña para expandir la Honduras Británica en 1835 y 1838; el bloqueo y la ocupación de Veracruz por parte de Francia en 1838, y la reanexión de República Dominicana por parte de España en 1861. En un caso particularmente indignante, el Tratado Clayton-Bulwer de 1853, Estados Unidos e Inglaterra acordaron controlar en conjunto cualquier canal que se construyera en Centroamérica sin consultar a un solo líder de la región. Solo cuando los franceses ocuparon México en 1862 y Luis Napoleón instaló a un archiduque austriaco como emperador, Estados Unidos condenó abiertamente una agresión europea importante, pero incluso entonces, Washington hizo poco más que emitir objeciones oficiales, pues el país estaba embrollado en su propia Guerra de Secesión. Benito Juárez y el pueblo mexicano tuvieron que derrotar la invasión francesa por sí solos. Para un examen detallado de las violaciones, ver Gaston Nerval, *Autopsy of the Monroe Doctrine* (Nueva York: Macmillan, 1934), 155–81; también Luis Quintanilla, *A Latin American Speaks* (Nueva York: Macmillan, 1943) 117-22.

33. Simón Bolívar, *Cartas del Libertador, vol. V* (Caracas: Fundación Vicente Lecuna, [1826 - junio de 1827] 1967), 226.

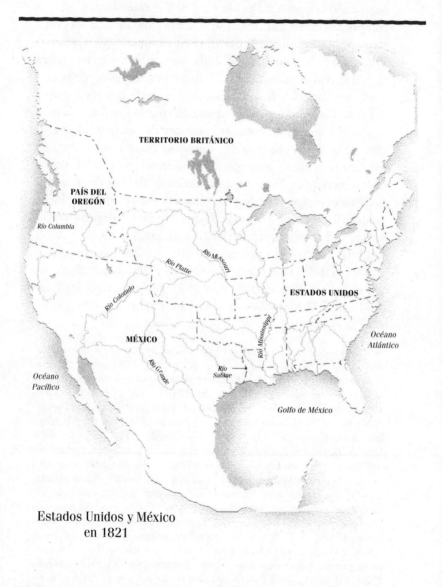

Estados Unidos y México
en 1821

y los Estados Unidos de América eran inquietantemente parecidos en territorio y población. En 1824, México comprendía 1.7 millones de millas cuadradas y contenía seis millones de personas, mientras que Estados Unidos se extendía 1.8 millones de millas cuadradas y tenía 9.6 millones de personas. Esa equivalencia se fue transformando de manera radical durante las siguientes tres décadas, conforme los colonos anglos inundaron las tierras mexicanas.

Los asentamientos empezaron con Moses y Stephen Austin, en el pueblo de San Felipe de Austin. En 1820, Moses, quien había vivido en Missouri cuando España controlaba el territorio de Louisiana, consiguió permiso de la corona española para fundar un pueblo de familias anglo en la provincia de Tejas. En menos de un año, Austin murió y México ganó su independencia, pero su hijo Stephen decidió seguir con el plan de su padre. El nuevo gobierno mexicano honró la concesión española siempre y cuando los colonos de Austin juraran lealtad a México y se convirtieran al catolicismo. San Felipe fue tan exitoso que pronto le siguieron docenas de colonias anglo en Texas.[34]

Más al sur, en la boca del río Grande, un mercader de Connecticut, Francis Stillman, desembarcó cerca de Matamoros con un cargamento de paja y avena en 1825. Impresionado por la demanda que tenían sus mercancías, mandó a su hijo Charles a la zona, a poner una rama del negocio familiar.[35] Charles —o don Carlos, como se referían a él los mexicanos— resultó ser un mago del comercio. Tardó poco en convertirse en el mayor mercader y terrateniente de la región. Para 1832, había trescientos extranjeros viviendo en Matamoros, la mayoría norteamericanos.[36] Entre

34. John Francis Bannon, *The Spanish Borderlands Frontier 1513–1821* (Albuquerque: University of New Mexico Press, 1974), 213–14.

35. El socio de la familia Stillman, Daniel Smith, cónsul de Estados Unidos en Matamoros, ya había empezado a supervisar más de treinta compañías de Nueva Orleans que estaban comprándoles lana y pieles a los rancheros mexicanos y enviando madera a Estados Unidos. Ver Chauncey Devereaux Stillman, *Charles Stillman, 1810–1875* (Nueva York: C. D. Stillman, 1956), 4–20.

36. Milo Kearney, *More Studies in Brownsville History* (Brownsville: Pan American University, 1989), 47–48, menciona a algunos de esos primeros colonos anglos: en 1829, Henry Austin, primo de Stephen Austin, empezó

ellos se encontraba James Power, quien se casó con Dolores de
la Portilla, heredera de los De la Garza, una familia de terratenientes ricos. Así inició una forma de adquisición de tierras que
copiaron cientos de aventureros anglos en el Suroeste: se casó con
alguien de la élite mexicana y por lo tanto consiguió un *mayorazgo*.[37] En la margen contraria del río, frente a Matamoros, don
Carlos Stillman fundó el pueblo de Brownsville, donde nació su
hijo, James Stillman, en 1850. Ese hijo se convertiría en un titán
de las finanzas estadounidenses como presidente del First National City Bank y como el infame aliado de los barones ladrones
John D. Rockefeller y J. P. Morgan.

Muy al norte del río Grande, los colonos anglos habían empezado a entrar a Texas Oriental en la década de 1820. Muchos
se asentaban ilegalmente, atraídos por ventas fraudulentas de
tierra a entre uno y diez centavos el acre, ofrecida por especuladores sin escrituras legítimas.[38] Algunos de ellos se convirtieron
en filibusteros.[39] La revuelta de Hayden Edwards, en particular,
empujó al gobierno mexicano a prohibir la inmigración de ciudadanos estadounidenses. Incluso abolió la esclavitud en 1829, con
la esperanza de cortar los incentivos económicos de la emigración para los sureños.

Pero era demasiado tarde. Para entonces, los colonos anglos
superaban en número a los mexicanos en Tejas. "Mientras que
otros mandan ejércitos invasores", advirtió el secretario de Estado
mexicano Lucas Alamán, en lo que ahora se puede reconocer

a manejar un barco que iba de Nueva Orleans hasta Mier por el río Grande;
John Southwell fundó un periódico en Matamoros en 1834, y Robert Love
creó una fábrica de sombreros poco tiempo después. El inglés William Neale
llegó en 1834 y montó una línea de carruajes entre Matamoros y Boca del Río.
37. Acuña, *Occupied America*, 89, señala que de 784 matrimonios en Sonora
(Arizona) entre 1872 y 1899, 148 eran de hombres anglos y mujeres mexicanas y solo seis de hombres mexicanos y mujeres anglos. Sin embargo, para el
siglo XX habían terminado casi todos los matrimonios interraciales.
38. Carlos Castañeda, *Our Catholic Heritage in Texas, 1519–1933*, vol. 6
(Nueva York: Arno Press, 1976), 217–18.
39. Ciro R. de la Garza Treviño, *Historia de Tamaulipas: Anales y Efemérides*
(Ciudad de México: Princeton University Press, 1956), 96.

como un precursor inquietante de nuestro debate migratorio moderno, "[los estadounidenses] envían a sus colonos. [...] Texas quedará perdida para esta República si no se toman las medidas adecuadas para salvarla".[40] Las autoridades mexicanas locales, a diferencia del gobierno central en la Ciudad de México, recibían gustosos el auge económico que acompañó el flujo de extranjeros, al igual que ahora los empresarios anglos reciben gustosos a los mexicanos que entraron ilegalmente al país y están dispuestos a trabajar por salarios bajos.

Cuando el general Santa Anna tomó el poder en la Ciudad de México en 1833, uno de sus primeros actos fue abolir las exenciones de impuestos y de las leyes antiesclavistas que los gobiernos mexicanos anteriores les habían concedido a los texanos, lo que les dio la excusa que necesitaban para separarse de la "tiranía" de la Ciudad de México.

Hay pocos incidentes en la historia de Estados Unidos que confronten nuestra identidad cultural como la Guerra de Independencia de Texas y su legendaria Batalla de El Álamo. Durante más de un siglo y medio, el asedio del fuerte ha formado parte de la mitología estadounidense. Sus 187 defensores mártires, entre ellos William Barret Travis, Jim Bowie y Davy Crockett, han sido inmortalizados como héroes norteamericanos a pesar de que defendían la esclavitud abiertamente, estaban usurpando tierra ajena y ni siquiera eran ciudadanos estadounidenses. Técnicamente, eran ciudadanos mexicanos rebelándose para fundar la República de Texas.

La mayoría de los colonos anglos llevaban menos de dos años en la provincia. Muchos eran aventureros, vagabundos y especuladores de tierras.[41] Travis había abandonado a su familia y huido a Texas luego de matar a un hombre en Estados Unidos. Bowie, un comerciante de esclavos, había entrado a la provincia mexicana con la intención de ganar una fortuna en la minería. Sam Houston, comandante de los rebeldes victoriosos, y Crockett

---

40. Citado en Weber, *The Mexican Frontier*, 170.
41. *Ibid.*, 10.

habían estado bajo el mando de Andrew Jackson durante la sangrienta Guerra Creek, y compartían con él sus opiniones racistas
sobre Latinoamérica y su afán de expansión.

Houston, quien alguna vez fue gobernador de Tennessee, fue
parte del gabinete informal de Jackson en la Casa Blanca antes de
mudarse a Texas en 1832. Mientras él urdía la rebelión, Jackson le
ofreció a México comprarle Texas directamente, sin éxito. Eran
tan cercanos que los enemigos de Jackson, entre ellos el expresidente John Quincy Adams, acusaban a Houston de ser su agente
secreto en Texas. Aunque los historiadores no hayan encontrado
pruebas documentales al respecto, no hay duda de que Jackson
estaba al tanto de los planes de su discípulo con respecto a la
provincia mexicana.[42]

Después de la derrota en El Álamo, el ejército rebelde de Houston ganó el conflicto decisivo de la guerra en la Batalla de San
Jacinto, capturó a Santa Anna y lo obligó a firmar un tratado que
reconocía la independencia de Texas a cambio de su libertad. Pero
el gobierno mexicano se negó a ratificarlo, y las fronteras precisas
de Texas siguieron siendo tema de disputa durante algún tiempo.
La única razón por la que el territorio siguió siendo nominalmente
independiente hasta su anexión en 1845 fue que los congresistas
norteños seguían bloqueando su admisión a la Unión como estado esclavista. Mientras ardía el debate, el cultivo de algodón se
arraigó en la República de Texas y sus líderes permitieron que su
territorio se convirtiera en un punto de tránsito importante para
el contrabando de esclavos desde Cuba hacia los estados del Sur.[43]

La anexión de Texas disparó una fiebre expansionista hacia
el oeste. El eslogan de la Doctrina Monroe, "América para los

42. John Hoyt Williams, *Sam Houston: A Biography of the Father of Texas*
(Nueva York: Simon & Schuster, 1993), 81–100; también Guerra y Sánchez,
La expansión, 199.

43. Frederick Merk, *Slavery and the Annexation of Texas* (Nueva York: Alfred
A. Knopf, 1972), 206. Ver también José María Tornel y Mendivil, "Relations
Between Texas of the United States of America and the Mexican Republic",
1837, en Carlos Castañeda, *The Mexican Side of the Texas Revolution* (Washington, D.C.: Documentary Publications, 1971), 328.

americanos", apenas tenía dos décadas cuando un nuevo grito de batalla lo remplazó de pronto en la imaginación popular: el "Destino Manifiesto". John O'Sullivan acuñó el término en julio de 1845, en su *United States Magazine and Democratic Review.* O'Sullivan, publicista del Partido Demócrata y amigo de varios presidentes, contaba entre los colaboradores de su influyente revista a Poe, Longfellow y Whittier, y era un firme partidario de la expansión hacia Latinoamérica, sobre todo hacia Cuba, donde financió personalmente varias expediciones filibusteras.

Los partidarios del Destino Manifiesto creían que los latinoamericanos eran culturalmente inferiores y carecían de instituciones democráticas. Las creencias calvinistas de nuestro país reforzaban a la perfección esas ambiciones territoriales. Los estadounidenses podían señalar la prosperidad de su país, sus maravillosas redes nuevas de canales, barcos de vapor y ferrocarriles, como prueba de su destino divino de conquistar las tierras fronterizas. Los periódicos y revistas de la época estaban repletos de artículos escritos por reconocidos frenólogos como el Dr. George Caldwell y el Dr. Josiah C. Nott, quienes postulaban la superioridad de los europeos blancos sobre los indígenas, los negros y los mexicanos.

"El mundo está en deuda con la raza caucásica por todos los grandes e importantes descubrimientos, invenciones y mejoras que se han hecho en la ciencia y las artes", escribió Caldwell en su influyente *Thoughts on the Original Unity of the Human Race.* Nott, uno de los más reconocidos cirujanos del Sur, llevó las ideas de Caldwell más allá. Argüía la necesidad de la eugenesia para mantener la pureza de la raza blanca. "Durante la historia del mundo, siempre que las razas inferiores han sido conquistadas y se han mezclado con la caucásica, esta última se ha hundido en la barbarie", proclamó en un discurso en 1844.

Los frenólogos no eran ninguna secta intelectual marginal. Para 1850, sus ideas eran parte del pensamiento dominante de este país. Sus seguidores viajaban de pueblo en pueblo cargando moldes de cráneos y gráficos detallados del cerebro; dando discursos y distribuyendo libros gratuitos, y cobrando por leer cabezas. Académicos famosos por todo el mundo, como Samuel George Morton, el etnólogo de Philadelphia con la mayor colección de cráneos humanos en la Tierra, apuntalaban sus conclusiones con estudios "científicos" sobre el tamaño, capacidad y composición relativos de los cerebros de distintas razas. Según Nott, Morton "estableció el hecho de que la capacidad craneal del mongol, el indio y el negro, y de todas las razas de tez oscura, es menor que la del hombre blanco puro". Nott incluso extendió tales diferencias para distinguir a otros caucásicos o "cruce de razas". Contrastando a los blancos de Estados Unidos "con los españoles de tez oscura", escribió: "Queda claro que los celtas de tez oscura se están esfumando ante la raza superior, y que tarde o temprano deberán ser absorbidos".[44]

Con los plantacionistas del Sur presionando para aumentar sus votos esclavistas en el Congreso y muchos norteños cautivados por las teorías raciales del Destino Manifiesto, el clamor nacional por anexar más tierras mexicanas se volvió abrumador. Para sorpresa de nadie, la entrada de Texas a la Unión precipitó una guerra con México. Fue un conflicto que incluso el último presidente de la República de Texas, Anson James, consideró vergonzoso. James acribilló al presidente Polk y al general Zachary Taylor, héroe de guerra, por sus intentos "por inducirme a ayudarles en su designio infame y execrable de inventar una guerra con México".[45] Más de cien mil soldados estadounidenses lucharon en la guerra, y casi catorce mil murieron, la tasa de mortalidad más alta en nuestra historia.[46] Su avance al interior de territorio mexicano produjo aterradores incidentes de brutalidad y

---

44. Reginald Horsman, *Race and Manifest Destiny: The Origins of American Racial Anglo-Saxonism* (Cambridge: Harvard University Press, 1981), 117–228, hace un resumen excelente de las teorías de supremacía racial prevalentes en Estados Unidos a mediados de siglo, y cómo se usaron para racionalizar la expansión territorial.

45. Anson Jones, *Memoranda and Official Correspondence Relating to the Republic of Texas, Its History and Annexation* (Nueva York: Arno Press, 1973), 97–98.

46. John S. D. Eisenhower, *So Far from God: The U.S. War with Mexico 1846–1848* (Nueva York: Doubleday, 1989), xviii.

racismo por parte de las tropas estadounidenses. Algunos incluso merecieron la condena pública de los generales Grant y Meade. Grant después admitió que la guerra fue "una de las más injustas jamás libradas por un país fuerte contra uno más débil".[47]

Sin embargo, conforme el ejército avanzaba hacia la Ciudad de México, esas mismas teorías sobre la inferioridad mexicana desataron un debate nacional sobre cuánto territorio mexicano debería reclamar Estados Unidos. Algunos argumentaban que, si tomábamos demasiado, el país absorbería a millones de mexicanos de raza impura, quienes a largo plazo podrían desafiar a la mayoría anglosajona. El Tratado de Guadalupe Hidalgo finalmente forzó a México a ceder la mitad menos poblada de su territorio, que incluía los estados actuales de Nuevo México, California y Nevada, partes de Arizona y Utah, y las secciones disputadas de la actual Texas. Cinco años después, Estados Unidos añadió una franja de tierra extra en Sonora, La Mesilla.[48]

En el tratado de 1848 también se incluyó la crucial Franja del Nueces, de 150 millas de ancho, entre el río Grande y el río Nueces. Los negociadores estadounidenses exigieron su inclusión como parte de Texas, a pesar de que España, y luego México, consideraran que formaba parte de la provincia de Coahuila. La Franja del Nueces, que es del tamaño de los actuales Massachusetts, Connecticut y Nueva Jersey juntos, era de vital importancia porque incluía el fértil valle del Bajo Río Grande y porque las planicies al norte de este estaban repletas de caballos y ganado

---

47. Ulysses S. Grant, *Personal Memoirs of U.S. Grant*, vol. I (Nueva York: Charles A. Webster & Co., 1885), 53.
48. Los intereses ferrocarrileros del Este, que estaban tratando de construir un ferrocarril por el Sur hacia el oro californiano, empezaron a presionar al presidente Franklin Pierce para que consiguiera más tierra mexicana no incluida en el Tratado de Guadalupe Hidalgo original. Pierce autorizó que su embajador a México, James Gadsden, negociara la compra de las llanuras al sur del Río Gila, en las provincias de Sonora y Coahuila, que constituirían la mejor ruta. Gadsden, él mismo un ejecutivo ferrocarrilero, logró conseguir una franja de treinta mil millas cuadradas —un territorio del tamaño de Escocia— por $10 millones, y en esa zona construyó su línea la Southern Pacific Railroad. Weber, *The Mexican Frontier*, 274–75.

silvestre. Para 1830, las manadas de esos animales, introducidas por colonos españoles a principios del siglo XVIII, alcanzaban más de tres millones de cabezas.[49] Asegurar el control de esas manadas, y de las concesiones de tierra españolas originales en la región, les produjo vastas fortunas a los primeros colonos anglos, como Charles Stillman, Richard King y Mifflin Kenedy.

La industria ganadera estadounidense nació de esas tierras mexicanas, aunque la mayoría de sus trabajadores durante las primeras décadas fueran todo menos anglos. Los vaqueros en general eran *mestizos* o *mulatos*, a veces incluso negros o indígenas. Eso era cierto sin duda en el famoso King Ranch al sur de Corpus Christi, que creció hasta abarcar casi un millón de acres. El vaquero mexicano era tan dominante en la industria que los *cowboys* anglos prácticamente les copiaron toda la cultura. Como ha señalado el historiador Carey McWilliams, el *cowboy* sacó del vaquero:

> su lazo, su cincho, su cabestro, su *mecate*, sus "chaps" o chaparejos, sus "taps" o puntas de los estribos (tapaderas), el soporte de barbilla para su sombrero (barboquejo), la bolsa para alimentar a su caballo (morral) y su cabestro de cuerda o bozal. Incluso su famoso "sombrero de diez galones" proviene de una mala traducción de una frase en un corrido mexicano-español: "su sombrero galoneado", que se refería a un sombrero engalanado.

La Franja del Nueces y la parte norte de Nuevo México fueron las únicas regiones en las que los habitantes mexicanos originales siguieron siendo una mayoría palpable sobre los anglos incluso tras la anexión. Como resultado, el lenguaje de la zona, incluso el que usan los angloamericanos, se deriva en general de palabras españolas, entre ellas *bronco*, *buckaroo*, *burro*, *mesa*, *canyon*,

---

49. Juan Gómez-Quiñones, "The Origins and Development of the Mexican Working Class in the United States: Laborers and Artisans North of the Río Bravo, 1600–1900", en Elsa Cecilia Frost et al., *Labor and Laborers Through Mexican History* (Tucson: University of Arizona Press, 1979), 482–83.

rodeo, *corral*, *loco* y *lariat*. Sin embargo, en la cultura popular, el mito del vaquero que ha propagado Hollywood por todo el mundo es el de un anglo blanco y solitario sentado en su montura, mientras que los mexicanos del Viejo Oeste invariablemente se representan como bandidos o como campesinos bobalicones montados en burro.[50]

Sin embargo, Texas no fue el premio mayor de la guerra contra México: fue California. Desde principios del siglo XIX, los capitanes de Nueva Inglaterra que llegaban al Pacífico enviaban de vuelta informes refulgentes sobre aquella lejana colonia española. A pesar de ello, pocos anglos se habían instalado en el Lejano Oeste antes de la Guerra Mexicano-Estadounidense, a causa del largo y penoso paso por territorio indígena para llegar. Luego, dos semanas antes de la firma del Tratado de Guadalupe Hidalgo, descubrieron oro en Sutter's Mill, en el Río de los Americanos. La noticia desató una estampida. Los prospectores se regaron por el territorio desde el este, México y Sudamérica, incluso desde Hawaii y Australia. En menos de un año, la población no indígena de California se disparó de veinte mil a cien mil personas, lo que abrumó a los habitantes mexicanos originales, que apenas llegaban a los trece mil, y a los varios cientos de miles de indígenas del territorio.

Los primeros prospectores mexicanos y sudamericanos en llegar a los campos californianos tenían una ventaja clara, porque venían de una tradición de minería de oro y plata que se remontaba a los conquistadores españoles. No es de sorprender que al principio tuvieran más éxito que los anglos inexpertos del Este. Tal éxito frustró a los prospectores blancos y pronto provocó ataques físicos, e incluso linchamientos, contra mexicanos. En 1850, el estado impuso un impuesto a los mineros extranjeros, para darles ventaja a los anglos.

---

50. Carey McWilliams, *North from Mexico: The Spanish-Speaking People of the United States*, edición actualizada por Matt S. Meier (Nueva York: Praeger, 1990), 144–45. También David Montejano, *Anglos and Mexicans in the Making of Texas 1836–1986* (Austin: University of Texas Press, 1987), 80–84.

Aunque las vetas de oro se extinguieran en cinco años, su descubrimiento le brindó dividendos inmediatos al país entero, al igual que el oro y la plata de los mexicas habían sido beneficiosos para la España del siglo XVI. Las minas produjeron más de $250 mil millones en minerales durante sus primeros cuatro años. Sus ganancias favorecieron el surgimiento de una nueva generación de banqueros que rápidamente se dispuso a financiar una miríada de empresas más en todo el Oeste. Después, los inmigrantes anglos dirigieron su atención hacia la riqueza más duradera del estado: su tierra. Miles de colonos se apropiaron de los grandes terrenos de los nativos californios o los ocuparon ilegalmente. A dos décadas del descubrimiento en Sutter's Mill, la mayoría de los mexicanos del estado habían sido privados de sus tierras.

Al igual que Texas se convirtió en el centro algodonero y ganadero del país después de la guerra, y California y Nevada en su fuente de minería de oro y plata, Arizona y Nuevo México dieron luz a otras dos industrias estadounidenses cruciales: el cobre y la lana.

Nuevo México había fungido como nexo de cría de ovejas desde principios de la época colonial, pues las primeras manadas habían llegado con el conquistador Juan de Oñate, en 1598. Para entonces, España ya presumía la cultura ovina más vieja y avanzada de Europa. Sus pastores introdujeron la raza churra y la merina a Norteamérica. La churra, un animal pequeño y desaliñado perfecto para el árido Suroeste, hizo posible la existencia de muchos puestos de avanzada españoles en las partes remotas de la región. Los borregos no solo proveían a los colonos y a los soldados de comida y vestimenta, sino que también eran su principal fuente de efectivo. Al pasar de los siglos, los neomexicanos evolucionaron una intrincada tradición de ganadería ovina, con derechos, rangos, privilegios e incluso organizaciones formalmente definidos entre la fuerza laboral. Al igual que la ganadería bovina en el sur de Texas, la ovina definió gran parte de la cultura de Nuevo México, Colorado y ciertas regiones de California. Pero las ovejas no solo brindaron cultura, sino que crearon una riqueza enorme. Dos años después de que Nuevo México se convirtiera en territorio de Estados Unidos, los pastores del Suroeste apenas trasquilaban 32 mil libras de lana al año. Para 1880, la cifra se había catapultado a cuatro millones.[51]

Lo que la ganadería ovina significó para Nuevo México lo fue el cobre para Arizona. Los españoles abrieron su primera mina de plata y cobre, la Santa Rita, en el oeste de Nuevo México a principios del siglo XIX. Le siguió la mina Heintzelman en Tubac, Arizona, que empleaba a ochocientos hombres en 1859. Luego llegaron las famosas minas de Clifton y Bisbee, en la década de 1870. Entre 1838 y 1940, las minas de Arizona produjeron $3 mil millones en metal, en su mayoría cobre. Los mineros eran abrumadoramente mexicanos, ya fueran nativos del territorio o migrantes reclutados al otro lado de la frontera por agencias de empleo. "Para mediados de la década de 1880", escribe el historiador chicano Rudy Acuña, "los campesinos chihuahuenses, después de plantar sus cultivos, viajaban al este de Arizona y a las minas locales para trabajar por jornales, y volvían a casa para la cosecha".[52]

Pero la contribución mexicana a la prosperidad estadounidense no se detuvo ahí. Antes de la llegada del ferrocarril, los trabajadores mexicanos eran la principal fuerza laboral transportista en el Suroeste, moviendo bienes por todo el territorio en largas caravanas de mulas. Y cuando llegó el ferrocarril, eran los "traqueros" que le daban mantenimiento a la creciente red de vías. Un historiador ha estimado que entre 1880 y 1930, los traqueros mexicanos comprendían casi dos terceras partes de la fuerza laboral de mantenimiento que usaban las compañías estadounidenses en el Suroeste, las Planicies Centrales y el Medio Oeste.[53] La población mexicana de los territorios cedidos tan solo alcanzaba las 116 mil personas en 1848, pero no dejó de

51. McWilliams, *North from Mexico*, 136–39; también Gómez-Quiñones, "The Origins", 486–87.
52. Acuña, *Occupied America*, 148.
53. Jeffrey Marcos Garcilazo, *Traqueros: Mexican Railroad Workers in the United States 1870-1930,* (Denton, Texas: University of North Texas Press, 2012), 34.

crecer tras la guerra, pues cientos de miles más iban y venían entre México y Estados Unidos como trabajadores migrantes, lo que significó que la influencia mexicana en la región fue mucho mayor de lo que sugieren las cifras de población temprana.

La combinación de la riqueza mineral y animal que encontraron los anglos en las tierras mexicanas anexadas, además de los trabajadores mexicanos que los empresarios anglos reclutaron para extraerla, fue el fundamento de la prosperidad del Oeste durante el siglo xx. Esa combinación posibilitó la vasta expansión de la industria eléctrica, la ganadera, la ovina, la minera y la ferrocarrilera de nuestro país.[54] Sin embargo, esa contribución mexicana histórica ha sido prácticamente obliterada de la historia popular de la frontera, y remplazada por el mito tenaz del mexicano perezoso y vago.

LOS COLONOS ANGLOS VAN
AL SUR DE LA FRONTERA

Sin embargo, las anexiones mexicanas sucedidas entre 1836 y 1853 no bastaron para satisfacer los planes expansionistas de los partidarios del Destino Manifiesto. Algunos clamaban que había que apropiarse de más territorios del norte de México, ricos en minerales. Los plantacionistas del Sur codiciaban sobre todo el istmo tropical de Centroamérica, donde media docena de republiquitas parecían presas fáciles de la conquista.

Quizás el mejor representante de esos expansionistas fuera William Walker. Era un abogado y periodista de Tennessee que a duras penas encajaba con la idea del intrépido dictador mercenario en el que se convertiría. Su primera formación fue de médico; tenía una voz tranquila; medía apenas cinco pies y cinco pulgadas, y pesaba unas irrisorias 120 libras. Después de una temporada como reportero en San Francisco, apareció en noviembre de 1853 en

---

54. McWilliams, *North from Mexico*, 135–36; también Gómez-Quiñones, "The Origins", 492–93.

Baja California, con una pequeña banda de seguidores armados. Desde ahí, instigó un levantamiento en la provincia mexicana de Sonora, proclamó la República de Sonora y se autonombró su presidente. En cuestión de semanas, las tropas mexicanas los persiguieron a él y a su chusma de seguidores de vuelta a Estados Unidos, donde los agentes federales lo arrestaron por violar las leyes de neutralidad estadounidenses. Su audaz levantamiento lo convirtió al instante en un héroe popular de la presa expansionista, y todos los periódicos reportaron a detalle su juicio y absolución.

Después del juicio, Walker dirigió su atención más al sur, al poco conocido istmo de Centroamérica, que se había separado de México en 1823 y formado una confederación inestable llamada Provincias Unidas del Centro de América. Algunos empresarios británicos y norteamericanos, impulsados por sueños de construir un canal en el istmo para unir el océano Atlántico y el Pacífico, habían empezado a visitar la región poco después de su independencia.[55] En 1838, la confederación se fragmentó en cinco países independientes, y sus líderes pronto acabaron en guerras intermitentes entre sí. Para entonces, el gobierno estadounidense, ya pensando en un canal futuro, llegó a un acuerdo con Colombia sobre la necesidad de construirlo en Panamá, que en esa época era una provincia colombiana. Ese acuerdo, asentado en un tratado en 1846, estipulaba que Estados Unidos garantizaría la neutralidad de cualquier canal futuro.[56]

Sin embargo, la fiebre del oro de California creó la necesidad instantánea de una ruta más rápida hacia la costa del Pacífico. En ese entonces, la única ruta marítima desde Nueva York hasta San

---

55. En 1826, el empresario neoyorquino Aaron H. Palmer fundó la Central American and United States Atlantic and Pacific Canal Company, con el gobernador DeWitt Clinton como miembro del consejo. La compañía consiguió una concesión para construir un canal en el istmo y luego no obtuvo el financiamiento. Ver Karl Bermann, *Under the Big Stick: Nicaragua and the United States since 1848* (Boston: South End Press, 1986), 15–16.
56. Lester D. Langley, *The United States and the Caribbean in the Twentieth Century* (Athens: University of Georgia Press, 1989), 32–33.

Francisco era por el cabo de Hornos, y tomaba cuatro meses. El estrecho istmo centroamericano era la mejor apuesta para reducir drásticamente el trayecto.

Dos grupos mercantes rivales de Nueva York habían logrado contratos del Congreso para transportar correspondencia entre California y la costa este por líneas de barcos de vapor y luego por tierra a través de Panamá. La U.S. Mail Steamship Company, operada por George Law y Marshall O. Roberts, tenía la porción atlántica de la ruta, mientras que la Pacific Mail Steamship Company, de William H. Aspinwall, tenía la parte occidental. Usando un generoso subsidio anual de $900 mil que les concedió el Congreso para el correo, las compañías decidieron transportar personas también. Desafortunadamente, la parte del viaje que incluía un arduo trayecto de cincuenta millas en mula por la selva panameña era demasiado inhóspita para el viajero promedio a California. Así que, Aspinwall negoció un trato con el gobierno colombiano para construir un ferrocarril a través del istmo. Su Ferrocarril de Panamá tomó seis años y $2 millones para construirse, y reclamó cuatro mil vidas, la mayoría de ellas de obreros antillanos y chinos que habían importado para la obra. Sin embargo, cuando lo inauguraron, cubrió el triple de su costo durante sus primeros años de operación.[57]

Mientras Aspinwall construía su ferrocarril en Panamá, Cornelius Vanderbilt, quizás el magnate más despiadado de su época, talló una ruta más rápida por Nicaragua, para hacerle competencia. Vanderbilt y Joseph L. White, un excongresista, fundaron la Nicaragua Accessory Transit Company, una combinación de barco de vapor y ferrocarril que inició operaciones

---

57. Gustavus Myers, *History of the Great American Fortunes*, vol. 2 (Chicago: C. H. Kerr, 1910), 117–23, y Wheaton J. Lane, *Commodore Vanderbilt: An Epic of the Steam Age* (Nueva York: Alfred A. Knopf, 1942). En las páginas 85–86 se resumen las estafas de barcos de vapor perpetradas en Centroamérica por Law, Vanderbilt y otros rufianes; para el Ferrocarril de Panamá, ver Fessenden N. Otis, "History of the Panama Railroad", en *The Panama Canal: Readings on Its History*, ed. Paul Scheips (Wilmington, Del.: Michael Glazier, Inc., 1979), 25–52.

antes que la línea de trenes de Aspinwall. La compañía nicaragüense ingresó $5 millones el primer año, con ganancias de entre 20% y 40%.[58]

Sin embargo, los trenes de Aspinwall y los barcos de vapor de Vanderbilt no satisfacían las necesidades de los mercaderes estadounidenses; ellos querían un canal por donde sus bienes pudieran cruzar en barco. La mayoría de los ingenieros y de los políticos del país favorecían un canal en Nicaragua. Argumentaban que, aunque la ruta panameña fuera más corta, la nicaragüense era más fácil de construir, porque podría incorporar los cauces del río San Juan y del lago Managua.

Como resultado, Nicaragua comenzó a atraer cada vez más la atención de los políticos de Washington y de los cazafortunas anglos. En 1853, marinos estadounidenses desembarcaron para defender a la compañía de Vanderbilt en una disputa con el gobierno local, y en 1854 la marina bombardeó y destruyó la ciudad de San Juan/Greytown por otra disputa financiera entre una compañía estadounidense y las autoridades locales.[59]

El coronel Henry L. Kinney, especulador de tierras y fundador de los Texas Rangers, llegó en 1854. Kinney de inmediato le compró 22 millones de acres de tierra nicaragüense al comerciante Samuel H. Shepherd, quien afirmaba que el rey miskito se la había "concedido" en 1839. Como era de esperarse, el gobierno nicaragüense se negó a reconocer que Kinney poseyera el 70% de su territorio. Los accionistas de la Central American Land and Mint Company, de Kinney, incluían al fiscal general de Estados Unidos, Caleb Cushing, y a Warren Faben, el agente comercial del presidente Pierce en San Juan/Greytown.[60]

Un corresponsal del *New York Times* que elogió la estafa colonizadora de Kinney en ese entonces escribió: "Centroamérica está destinada a ocupar una posición influyente en la familia de

58. Albert Z. Carr, *The World and William Walker* (Nueva York: Harper & Row, 1963), 33, 70; David Folkman, Jr., *The Nicaragua Route* (Salt Lake City: University of Utah Press, 1972), 43.

59. Citado en Bermann, *Under the Big Stick*, 43–46.

60. *Ibid.*, 46–50.

las naciones si sus ventajas de localización, clima y tierra son
aprovechadas por una raza de 'norteños' que suplanten a la raza
corrompida, impura y decadente que ahora tanto la maldice".[61]

Para hacer cumplir sus dudosas reclamaciones, Kinney armó a
algunos de sus seguidores e inició una revuelta contra el gobierno, pero se vio forzado a huir cuando Vanderbilt, nervioso de que
la disputa de tierras pudiera afectar sus inversiones, presionó al
gobierno británico y al estadounidense para que se le opusieran.

A pesar del revés de Kinney, la influencia yanqui en Nicaragua siguió creciendo. Para 1855, había más de seiscientos norteamericanos viviendo en el país.[62] Inglaterra, que seguía siendo el
país más poderoso del mundo, también había dejado claro que
desafiaría cualquier plan estadounidense por apropiarse del proyecto de canal transoceánico. Aquel año, los dos países negocia-
ron el Tratado Clayton-Bulwer, en el que acordaron garantizar
en conjunto la neutralidad de cualquier canal futuro y abstenerse
de ocupar o controlar cualquier país centroamericano. Por supuesto, no se molestaron en consultar a ninguno de los gobiernos
de la región afectados por el tratado.

Pero los políticos y los mercaderes no eran los únicos con la
vista puesta en Nicaragua. Walker, impávido ante su fiasco mexicano, zarpó de San Francisco en 1855 con una banda de 56 mercenarios que supuestamente había reclutado para luchar a favor
de una de las facciones de la guerra civil nicaragüense. Poco después de su llegada, se rebeló contra quienes lo habían contratado,
tomó el control del país y, en uno de los episodios más extraños
de la historia de Latinoamérica, se declaró presidente.

Durante su mandato, Walker reinstauró la esclavitud, declaró
que el inglés sería la lengua oficial junto con el español y ordenó que se registraran todas las tierras. Ese último decreto facilitó
el paso de muchas escrituras a manos de colonos angloamericanos.[63] Sin embargo, tanto Walker como los nicaragüenses eran

---

61. *New York Times*, 15 de diciembre de 1854, 3.
62. Bermann, *Under the Big Stick*, 63.
63. Brown, *Agents of Manifest Destiny*, 352–55.

peones en una nefasta competencia por el control del comercio regional organizada por grupos de inversionistas estadounidenses. Un grupo de altos mandos de la Transit Company que le había arrebatado temporalmente el control de la empresa de transporte a Vanderbilt ayudó a financiar el ejército de Walker, mientras que George Law, dueño de la línea estadounidense de barcos de vapor en Panamá y principal competidor de Vanderbilt, lo proveyó de armas. Para derrotar a sus rivales económicos, Vanderbilt costeó los ejércitos aliados de Costa Rica, Salvador y Honduras, que derrotaron a Walker en 1857.

Algunas personas han intentado minimizar la aventura de Walker como una mera nota al pie en la historia de Estados Unidos. Pero durante sus dos años de gobierno psicótico y racista, más de once mil norteamericanos se instalaron en Nicaragua, el equivalente a un tercio de la población blanca total en ese país en aquel entonces.[64] La mayoría de esos inmigrantes apoyaba a Walker, y entre tres mil y cinco mil de ellos se unieron a su ejército de ocupación. En este país, miles de personas se reunieron en ciudades importantes para vitorearlo como un héroe. Un musical de Broadway basado en sus hazañas se convirtió en un éxito inmediato; la administración de Pierce aprobó su agresión descarada al reconocer a su gobierno, y la convención del Partido Demócrata de 1856, influida por las acciones de Walker, nominó a James Buchanan, un partidario más feroz del Destino Manifiesto, en vez de a su oponente, Pierce. Como presidente, Buchanan procedió a recibir a Walker en la Casa Blanca luego de su expulsión de Nicaragua. Para entonces, mil ciudadanos estadounidenses habían muerto en su guerra, una cifra mucho mayor que la de la Guerra Hispano-Estadounidense y la del Golfo Pérsico.[65] Walker hizo dos intentos infructuosos más por volver al poder en Nicaragua. En el último, en 1860, desembarcó en Honduras, donde una fuerza naval británica lo capturó y lo

---

64. *Ibid.*, 348.
65. Bermann, *Under the Big Stick*, 71; Brown, *Agents of Manifest Destiny*, 346–58.

entregó a soldados hondureños locales, quienes lo ejecutaron sin miramientos.[66]

Para entonces, el Destino Manifiesto y el fervor expansionista estaban siendo eclipsados rápidamente por el conflicto sobre la esclavitud y la guerra entre el Norte y el Sur. Al terminar la Guerra de Secesión, los industrialistas norteños triunfantes dirigieron su atención a comprar las tierras fronterizas del Oeste y a construir un sistema ferrocarrilero que las conectara con el resto del país. Aunque algunos políticos estadounidenses siguieran soñando con un canal en Centroamérica, los líderes centroamericanos, enojados por el episodio con Walker, se negaron a considerar siquiera el proyecto durante décadas. El recuerdo de Walker aseguró que Colombia y Nicaragua se opusieran a cualquier plan que incluyera el control estadounidense de su territorio.

Así que acudieron a Europa. En 1880, el francés Ferdinand de Lesseps, buscando replicar su éxito con la construcción del Canal de Suez, consiguió el permiso de Colombia para empezar a trabajar en uno en Panamá. Al igual que la línea de Vanderbilt por Nicaragua y el Ferrocarril de Panamá, el proyecto de De Lesseps decidió usar antillanos negros como mano de obra importada. Los franceses transportaron a cincuenta mil negros para trabajar en el proyecto, pero la compañía de De Lessep colapsó en 1889, en lo que constituyó el mayor escándalo financiero de la historia de Europa. Cuando el trabajo en el canal inconcluso se detuvo abruptamente, los trabajadores antillanos se quedaron varados. Como resultado, surgieron colonias antillanas en las ciudades de Colón y Ciudad de Panamá.[67]

---

66. Jason M. Colby, *The Business of Empire: United Fruit, Race, and U.S. Expansion in Central America* (Ithaca: Cornell University Press, 2013), 29.
67. Michael L. Conniff, *Black Labor on a White Canal: Panama, 1904–1981* (Pittsburgh: University of Pittsburgh Press, 1985), 17. El historiador Jason Colby estima que hasta trescientos mil antillanos viajaron a Centroamérica entre 1850 y 1914, con lo que satisficieron gran parte de la demanda laboral de las compañías ferrocarrileras, canaleras y agrícolas estadounidenses y francesas. Ver Jason Colby, *The Business of Empire,* 7.

El fracaso de De Lessep implicó que el Ferrocarril de Panamá, de dueños estadounidenses, fuera el único medio de transporte a través de Centroamérica. A lo largo del siglo XIX, ese ferrocarril siguió siendo la mayor inversión estadounidense en Latinoamérica y la principal fuente de ingresos del gobierno colombiano. El viaje por barco de vapor y el Ferrocarril de Panamá se mantuvo como el medio de transporte más rápido entre las dos costas estadounidenses hasta 1869, cuando empezó a operar el primer ferrocarril transcontinental. La línea panameña también se convirtió en una fuente de problemas constante, pues antes de 1900 las tropas estadounidenses intervinieron más de doce veces en el país para asegurar su control o para protegerla de conflictos colombianos internos.[68]

Durante el resto del siglo XIX, los ferrocarriles y el cultivo de plátano se convirtieron en el interés principal de los mercaderes anglos que se asentaron en el istmo. En 1870, Charles Frank, sobrecargo en la Pacific Mail Steamship Line, empezó a cultivar plátano en un terreno propiedad de Ferrocarril de Panamá. Durante esa misma década, Santo Oteri y los hermanos Macheca, inmigrantes italianos de Nueva Orleans, establecieron plantaciones de plátano en la costa de Honduras y Guatemala. Su empresa más tarde se convertiría en la Standard Fruit Company.[69] En 1871, el presidente de Costa Rica le concedió un contrato al magnate Henry Meiggs Keith para que construyera un ferrocarril desde la capital de San José hasta la costa atlántica del país, que estaba poco desarrollada. Keith, al igual que sus predecesores, importó a miles de trabajadores antillanos y chinos para la obra. Él y su sobrino, Minor Keith, acabaron diversificándose hacia el cultivo de fruta. Para 1886, su Tropical Trading and Transport Company enviaba veinte mil toneladas de plátano al año a Estados Unidos.[70]

---

68. Díaz-Callejas, *Colombia–Estados Unidos*, 215–30.

69. Thomas Karns, *Tropical Enterprise: The Standard Fruit and Steamship Company in Latin America* (Baton Rouge: Louisiana State University Press, 1978), 3–4.

70. Aviva Chomsky, *West Indian Workers and the United Fruit Company in Costa Rica, 1870–1940* (Baton Rouge: Louisiana State University Press, 1996), 17–19.

Sin embargo, México era mucho más importante que Centroamérica. Hoy en día, cuando muchos políticos estadounidenses
conservadores apilan desdén rutinariamente contra los migrantes mexicanos, acusándolos de traer drogas y crimen a nuestro
país, la mayoría de la población prácticamente no tiene idea de
la inmensa riqueza que miles de inversionistas estadounidenses
—incluyendo a algunas de las familias más reconocidas de nuestra historia— extrajeron sistemáticamente de México durante finales del siglo xix y principios del xx. Y no solo se trató de un
puñado de barones ganaderos texanos, como Charles Stillman,
padre de James Stillman, el futuro jefe del National City Bank.
Para la década de 1850, don Carlos —como le decían a Stillman— ya se había expandido hacia el sur de la frontera. Compró un ingenio textil en Monterrey, al igual que minas de hierro,
plomo, plata y cobre en Nuevo León y Tamaulipas. Poco después
de la Guerra de Secesión, varios empresarios estadounidenses importantes, incluyendo a William E. Dodge y Anson Phelps, de
la Phelps Dodge Corp.; John Jacob Astor y William Aspinwall,
de la Pacific Mail Steamship Company, y al dueño de periódicos
neoyorquino William C. Bryant, organizaron préstamos de despachos de Wall Street y cargamentos de armas para el presidente
Benito Juárez. Así financiaron su guerra para terminar con la
ocupación francesa de México. Otros conocidos titanes de los
negocios que le vendieron bonos con descuento a Juárez fueron
J. P. Morgan; Moses Taylor, del National City Bank; Cyrus W.
Field, y Russell Sage, del Union Pacific Railroad. Cuando el gobierno juarista incumplió esos préstamos —y cualquier analista
financiero razonable habría sabido que México no podría pagar
su creciente deuda—, los acreedores buscaron otros medios de
pago, ya fuera con porciones de tierra mexicana privatizada o
con concesiones ferrocarrileras.[71] Para entonces, varios financieros estadounidenses clave estaban proponiendo que Estados

---

71. Para las inversiones de Stillman, ver John Mason Hart, *Empire and Revolution: The Americans in Mexico Since the Civil War* (Berkeley: University of California Press, 2001), 24; para el apoyo de los inversionistas a Juárez, ver 10-19.

Unidos se apropiara de más partes del norte de México. En 1868, un editorial del *New York Times* señalaba: "El Territorio, rico en minerales y recursos agrícolas, yace entre nosotros y la costa del Pacífico, y es requisito de nuestra prosperidad que se nos permita, cuando así lo deseemos, llevar a cabo ahí esfuerzos comerciales y de otro tipo tranquilamente".[72] Sin embargo, la mayoría de los líderes políticos de Washington se oponía a anexar un territorio con una población hispanohablante y *mestiza* tan grande.

El gobierno del dictador Porfirio Díaz (1876-1911) convirtió a México en un paraíso para la inversión extranjera. Tras la muerte de Juárez en 1872, Díaz, quien había intentado varios levantamientos sin éxito, se rebeló ahora contra su sucesor legal, Sebastián Lerdo de Tejada. Este último estaba a punto de cancelar muchas concesiones otorgadas por la administración de Juárez a capitalistas extranjeros. Díaz, por el contrario, se consideraba amigable con los intereses de las empresas estadounidenses, al grado de que cuando cruzó de México a Texas en 1876 con su ejército insurrecto inicial de 1,800 miembros, la mayoría de sus soldados eran estadounidenses, y el financiamiento y las armas de su fuerza rebelde provenían del mismo círculo de magnates ferrocarrileros y tenedores de bonos de Nueva York, Philadelphia y Boston, y de barones ganaderos del sur de Texas descontentos con las políticas de Lerdo de Tejada.[73]

En cuanto capturó la Ciudad de México y tomó el poder, Díaz insistió en que su país solo podría modernizarse abriéndole las puertas al capital extranjero. Privatizó sistemáticamente los pueblos cooperativos y comunales de los campesinos indígenas y pobres —una política que, para ser sinceros, había iniciado lentamente bajo el gobierno de Juárez y el Partido Liberal— y

---

72. *New York Times,* 5 de junio de 1868, citado en Hart, 30-31.
73. *Ibid.*, 59-69, donde el autor da un recuento detallado del papel de los industriales estadounidenses y los políticos de Washington al instalar en el poder a Díaz, y donde afirma que el derrocamiento de Lerdo por Díaz "fue la primera instancia en la que la élite estadounidense se organizó contra un gobierno debidamente constituido, electo y reconocido internacionalmente en lo que ahora llamamos el mundo en desarrollo".

promovió en cambio la acumulación de haciendas gigantescas en manos extranjeras y de la élite mexicana. Al mismo tiempo, su gobierno repartió lucrativas concesiones ferrocarrileras, mineras, siderúrgicas, petroleras y agrícolas a emprendedores europeos y estadounidenses. Durante las siguientes décadas, el vasto campo mexicano se convirtió en un laboratorio sin precedentes para la expansión del control económico estadounidense sobre un país extranjero. México se convirtió, de hecho, en la incubadora del futuro imperio colonial estadounidense. Para cuando estalló una revolución contra el régimen de Díaz, en 1910, las inversiones estadounidenses en México habían superado los $1.5 mil millones. Como señalaría un estudio posterior: "El capital estadounidense poseía el 78% de las minas del país, el 72% de las fundidoras, el 58% del petróleo y el 68% del caucho. Los intereses estadounidenses no solo tenían más propiedades que todos los demás capitalistas extranjeros combinados: tenían más que los mexicanos mismos".[74]

La extracción de la riqueza mexicana no solo fue obra de un puñado de titanes industriales —los Rockefeller, the Guggenheim, E. H. Harriman, J. P. Morgan, Cyrus McCormick, Peter W. Grace y Joseph Headley Dulles (el bisabuelo de John Foster Dulles)—: como ha documentado meticulosamente John Mason Hart, para 1910 había más de cuarenta mil estadounidenses viviendo en México. De ellos, quince mil habían adquirido tierras, y sus propiedades abarcaban más de 130 millones de acres, o el 27% de la superficie total del país. Los terratenientes más grandes, unos 160 individuos y compañías, poseían cien mil o más acres cada uno. Por ejemplo, el texano Edwin Jessop Marshall tenía un rancho de 2.5 millones de acres, Las Palomas, en el estado de Chihuahua; la Cananea Cattle and Consolidated

---

74. Bryant Putney, "Protection of American Interests in Mexico", en *Editorial Research Reports 1938*, vol. I, (Washington, D.C.: CQ Press, 1938); 197-212, https://library.cqpress.com/cqresearcher/document.php?id=cqresrre1938040700#H2_2. Tan solo en la industria minera, la cantidad de minas operadas por compañías estadounidenses se disparó de 40 en 1884 a 13,696 veinte años después. Ver Hart, *Empire and Revolution,* 152.

Copper Co., de William C. Greene, abarcaba 2.5 millones de acres en el estado de Sonora, y los tres millones de acres de la American Chicle Development Company en Yucatán y Quintana Roo proveían de chicle a millones de estadounidenses.[75] La familia Hearst, cuyos periódicos y revistas constantemente alababan a Díaz, era dueña de 7 millones de acres; uno solo de sus ranchos en Chihuahua presumía un millón de cabezas de ganado. El comercio entre Estados Unidos y México, que tan solo alcanzaba los $7 millones en 1860, había aumentado diez veces para 1908. Para entonces, Estados Unidos estaba consumiendo el 80% de las exportaciones mexicanas y brindándole el 66% de sus importaciones. La explotación de mano de obra mexicana a gran escala se convirtió en algo cotidiano en las empresas extranjeras. El peonaje por deudas era común en la agricultura, y surgieron brechas escandalosas entre lo que se les pagaba a los estadounidenses y a los mexicanos al interior de una misma industria. En las minas de Guanajuato, por ejemplo, el salario de los capataces estadounidenses promediaba $1,500 al año, mientras que el de los obreros mexicanos era de $75: un cociente de 20 a 1.[76]

EL ATRACTIVO DE LAS ANTILLAS MAYORES

La misma búsqueda de comercio y conquista que impulsó a los estadounidenses hacia México y Centroamérica los llevó a las Antillas Mayores. Thomas Jefferson le tenía el ojo puesto a Cuba desde 1809.[77] "La anexión de Cuba a nuestra república federal

---

75. *Ibid.*, 511-525. Ver ahí la lista completa de los 160 estadounidenses con más propiedades.

76. Acuña, *Occupied America*, 146–49; también John Kenneth Turner, *Barbarous Mexico* (Chicago: C. H. Kerr, 1910), 251–69. Para leer sobre brechas salariales y peonaje por deudas, ver Hart, *Empire and Revolution,* 143 y 280.

77. Arturo Morales Carrión, *Puerto Rico: A Political and Cultural History* (Nueva York: W. W. Norton, 1983), 114.

será indispensable para la continuidad e integridad de la Unión misma", escribió John Quincy Adams en 1823.[78] Pero los líderes estadounidenses eran reacios a arriesgarse a entrar en guerra con la armada británica por la isla. Preferían que una España débil mantuviera el control de Cuba a que fuera independiente o estuviera bajo la autoridad de otro país.[79] Como lo expresó Martin Van Buren, "no debería hacerse ningún intento en esa isla para sacudirse el yugo de la independencia española, cuyo primer efecto sería la emancipación repentina de una numerosa población de esclavos, cuyas secuelas no resultarían prudentes en las costas adyacentes de Estados Unidos".[80]

A fin de cuentas, España les permitía a los norteamericanos invertir en propiedades cubanas, y eso era lo más importante. Para 1823, cincuenta norteamericanos poseían plantaciones valoradas en $3 millones, tan solo en la provincia de Matanzas.[81] Esos plantacionistas no tardaron en unirse con *criollos* cubanos y terratenientes españoles para buscar la anexión a Estados Unidos. En 1828, el plantacionista D. B. Woodbury y el mercader William F. Safford fundaron la ciudad de Cárdenas, como puerto para exportar azúcar. Se mudaron tantos ciudadanos estadounidenses ahí que algunas secciones prácticamente se convirtieron en enclaves norteamericanos. "Nuestro idioma es más común aquí que en cualquier otra ciudad cubana", escribió un visitante a Matanzas

---

78. John Quincy Adams, *The Writings of John Quincy Adams*, vol. 7, ed. Worthington C. Ford (Nueva York: Macmillan, 1913–1917), 372–79.

79. Philip S. Foner, *The Spanish-Cuban-American War and the Birth of American Imperialism*. Vol. 1: *1895–1898* (Nueva York: Monthly Review Press, 1972), xvi.

80. *Ibid.*, 42.

81. Louis A. Pérez, Jr., *Cuba and the United States: Ties of Singular Intimacy* (Athens: University of Georgia Press, 1990), 18, 19, 24. Pérez reporta que William Stewart, de Philadelphia, adquirió La Carolina, cerca de Cienfuegos, una plantación de unos dos mil acres y trabajada por quinientos esclavos. Augustus Hemenway, de Boston, compró San Jorge, cerca de Sagua la Grande, en 1840, una propiedad de más de 2,500 acres con 160 esclavos. J. W. Baker, de Philadelphia, tenía San José, una finca de 1,200 acres cerca de Cienfuegos, trabajada por 700 esclavos.

en 1859.[82] Ya en 1848, el presidente Polk había ofrecido a España $100 millones de contado por la isla. Cuatro años después, el presidente Pierce aumentó la oferta a $130 millones, sin éxito.

Mientras los presidentes estadounidenses intentaban comprar Cuba, los aventureros trataban de capturarla a tiros, al igual que habían hecho con Florida, Texas y Nicaragua. Entre 1848 y 1851, tres expediciones filibusteras invadieron la isla. Las tres fueron dirigidas por Narciso López, un rico exoficial del ejército español que favorecía la anexión a Estados Unidos, y en los tres intentos, la mayoría de sus combatientes eran norteamericanos. De seiscientos hombres que atacaron Cárdenas en 1849, por ejemplo, solo cinco eran cubanos.[83]

La construcción de ferrocarriles a finales de la década de 1850 llevó a miles de ingenieros y mecánicos anglos a la isla.[84] Ese flujo de mano de obra inmigrante desde el Norte no se detuvo sino hasta principios de la década de 1870, cuando la primera Guerra de Independencia de Cuba, conocida como Guerra de los Diez Años, obligó a huir a miles de cubanos nativos y colonos yanquis.

Sin embargo, los norteamericanos regresaron en cuanto terminó el conflicto. Rápidamente dominaron la producción azucarera y establecieron cabezas de playa en otras industrias isleñas. La Bethlehem Steel Corporation y la Pennsylvania Steel Company iniciaron subsidiarias de hierro, manganeso y níquel, y, para 1890, las inversiones estadounidenses habían crecido a más de $50 millones. Para entonces, el 94% de las exportaciones azucareras cubanas iban a Estados Unidos.[85] Entre los recién llegados se en-

---

82. *Ibid.*, 19-21. Según Pérez, la cantidad de residentes norteamericanos en Cárdenas aumentó de 1,256 en 1846 a casi 2,500 en 1862. Llegaron tantos que "en 1855 se fundó un nuevo hospital en La Habana exclusivamente para satisfacer las necesidades de la comunidad norteamericana en Cuba".
83. *Ibid.*, 47.
84. *Ibid.*, p. 22. Según Pérez, llegaron 1,800 en 1858 y 3,106 en 1859.
85. *Ibid.*, 57–63. El banquero de Boston Edwin Atkins, por ejemplo, pagó el anticipo de más de una docena de fincas azucareras en Cienfuegos en la década de 1880. Eaton Stafford, una empresa bancaria neoyorquina, engulló varias propiedades en la zona de Cienfuegos y Trinidad. Los E&L Ponvert Brothers, de Boston, compraron o pagaron el anticipo de varias en Palmira, incluyendo

contraba Lorenzo Dow Baker, un capitán de Massachusetts que había iniciado un comercio constante de plátano entre Jamaica y Estados Unidos. En 1885, Baker se unió a un agente de transporte marino de Boston, Andrew Preston, para formar una nueva compañía, la Boston Fruit Company. Su empresa importaba 16 millones de pencas de plátano al año antes del cambio de siglo.[86]

Cuba se volvió tan importante para Estados Unidos que en la década de 1880, ya constituía casi una cuarta parte de nuestro comercio mundial.[87] En la víspera de la Guerra Hispano-Estadounidense, la isla solo era una colonia española nominalmente.

Un patrón similar se desarrolló en República Dominicana. Tras la independencia de Haití en 1804, los ejércitos haitianos invadieron la parte oriental de La Española y liberaron a los negros dominicanos esclavizados, pero también oprimieron a la élite local. La ocupación terminó por disparar una rebelión popular que expulsó a los haitianos y llevó a la fundación de la República Dominicana en 1844. El primer emisario de Washington, John Hogan, llegó al año siguiente. Hogan identificó de inmediato el potencial militar de la espectacular Bahía de Samaná, en el noreste. Reportó a sus superiores que era "capaz de brindar protección a todas las marinas del mundo".[88] El presidente dominicano, Pedro Santana, negoció un primer trato para que la bahía sirviera de estación de abasto de carbón para la Marina de Estados Unidos. Incluso mencionó la idea de que Estados Unidos anexara República Dominicana, pero la oposición en ambos países detuvo rápido el plan.

------

la plantación Hormiguero, de cuatro mil acres. Y, en 1893, los neoyorquinos Benjamin Perkins y Osgood Walsh tomaron el control de una de las plantaciones azucareras más grandes del mundo, la hacienda Constancia, de sesenta mil acres.

86. Stephen Schlesinger and Stephen Kinzer, *Bitter Fruit: The Untold Story of the American Coup in Guatemala* (Nueva York: Doubleday, 1983), 66.

87. Lester D. Langley, *The United States and the Caribbean in the Twentieth Century*, 12.

88. Alfonso Lockward, *Documentos para la Historia de las Relaciones Dominico-Americanas*, vol. 1, *1837–1860* (Santo Domingo: Editora Corripio, 1987), ix.

El siguiente en llegar fue William L. Cazneau, quien había estado involucrado en la secesión de Texas y después apoyó a Walker en Nicaragua. Cazneau, un ferviente expansionista, resucitó el plan de anexión. Se ganó a William Seward, secretario de Estado de Andrew Johnson y Ulysses S. Grant.[89] Ante la sugerencia de Seward, Grant anunció en público que la favorecía, y la élite dominicana blanca, desesperada por protegerse de otra invasión haitiana, recibió la oferta con los brazos abiertos.

Sin embargo, el resto del Caribe estaba demasiado vivo de fermento revolucionario para aceptar una anexión en silencio. Los patriotas puertorriqueños y cubanos estaban en guerra contra el dominio español, mientras que había movimientos populares en rebelión abierta contra las oligarquías conservadoras en Haití y República Dominicana. Cuando los rebeldes haitianos triunfaron en 1869, ofrecieron su capital de Puerto Príncipe como refugio para todos los demócratas del Caribe. Entre quienes aceptaron la oferta se encontraban Ramón Emeterio Betances, de Puerto Rico, y los generales dominicanos Gregorio Luperón y José Cabral.[90]

Entre todo ese movimiento, Grant firmó su tratado de anexión con el dictador dominicano Buenaventura Báez. Su idea era convertir el país caribeño en una aventura colonizadora para los estadounidenses negros que estuvieran insatisfechos con el Sur tras la Guerra de Secesión. El tratado indignó a los patriotas de todas las Antillas, que lo entendieron como el inicio del control directo de Estados Unidos sobre sus islas.[91] Cuando se enteró, Luperón se preparó para invadir su patria desde Haití para derrocar a Báez.

---

89. Bruce J. Calder, *The Impact of Intervention: The Dominican Republic During the U.S. Occupation of 1916–1924* (Austin: University of Texas Press, 1984), 2.
90. Emilio Rodríguez Demorizi, *Luperón y Hostos* (Santo Domingo: Editora Taller, 1975), 14, 31.
91. Carlos M. Rama, *La Idea de la Federación Antillana en los Independentistas Puertorriqueños del Siglo XIX* (Río Piedras: Librería Internacional, 1971), 15–16; también Harold J. Lidin, *History of the Puerto Rican Independence Movement*, vol. 1, *19th Century* (Hato Rey: Master Typesetting of Puerto Rico, 1981), 108–9.

El dictador pidió ayuda a Estados Unidos y Grant le ordenó a la marina que "resistiera cualquier esfuerzo por invadir el territorio dominicano por tierra o por mar".[92] Tal vez su marina fuera omnipotente en el Caribe, pero el presidente había sobrestimado su poder en casa. El Senado, aún dominado por reconstruccionistas radicales tras la Guerra de Secesión, no compartía sus sueños de un imperio caribeño. Dirigidos por Charles Sumner, un abolicionista de Massachusetts y presidente del Comité de Relaciones Exteriores, derrotaron el tratado de Grant en 1870.[93]

Sin embargo, el fracaso del tratado no inhibió a los plantacionistas estadounidenses, que acababan de descubrir otro país latinoamericano débil y subdesarrollado que sería víctima fácil de la explotación. Antes de 1850, la mayor parte del comercio dominicano había sido con Europa, sobre todo exportando tabaco, cacao y café.[94] Eso cambió rápidamente cuando tres mil plantacionistas cubanos y españoles se mudaron al país durante la primera Guerra de Independencia de Cuba. Los recién llegados, con su avanzada tecnología de ingenios de vapor, convirtieron el azúcar en el cultivo dominicano principal, casi de la noche a la mañana. Los plantacionistas británicos, italianos y estadounidenses no llegaron mucho después que los cubanos. Los estadounidenses Alexander Bass y su hijo William compraron el Ingenio Consuelo en San Pedro de Macorís a finales de la década de 1880. Luego, en 1893, la familia estableció la Central Romana, que se convertiría en una de las plantaciones más grandes del continente americano.[95] Conforme se expandía el cultivo del azúcar, también lo hacía la importancia del mercado estadounidense. Para 1882, menos

92. Charles C. Tansil, *The United States and Santo Domingo, 1798–1873: A Chapter on Caribbean Diplomacy* (Baltimore: John Hopkins Press, 1938).

93. Para un recuento colorido de la lucha entre Grant y Sumner, ver William S. McFeely, *Grant: A Biography* (Nueva York: W. W. Norton, 1981), 332–55.

94. Roberto Marte, *Cuba y la República Dominicana: Transición Económica en el Caribe del Siglo XIX* (Santo Domingo: Editorial CENAPEC, 1988), 350.

95. Roger Plant, *Sugar and Modern Slavery: A Tale of Two Countries* (Londres: Zed Books, 1987), 13–14; también Marte, *Cuba y la República Dominicana*, 436–37.

de cuarenta años después de la independencia, la mitad del comercio dominicano era con Estados Unidos. Los estadounidenses que llegaban encontraban a un benefactor más que dispuesto en el general Ulises Heureaux, el dictador del país entre 1886 y 1899, cuando lo asesinaron rebeldes del Partido Liberal. Durante su reinado, Heureaux redujo los aranceles de las importaciones estadounidenses, cerró varios tratos secretos que beneficiaban a los azucareros estadounidenses, adquirió fuertes préstamos en el extranjero —primero de financieros neerlandeses y luego de banqueros de Wall Street— y llenó sus cárceles con todos los que se opusieran a sus políticas.[96] Para el momento de su muerte, su país se había convertido en otro preso económico de Estados Unidos.

El patrón de las relaciones E.U.A.-Latinoamérica era indiscutible. Durante sus primeros 75 años de independencia, los líderes latinoamericanos habían visto incrédulos cómo su vecino del norte anexaba las Floridas, luego Texas y después otro gran pedazo de México. Siguieron con consternación las hazañas de Walker en Nicaragua, de López y sus mercenarios en Cuba; les horrorizó la arrogancia con la que los líderes norteamericanos los trataban en los círculos diplomáticos, las etiquetas racistas que usaban para describir a los latinoamericanos en la prensa estadounidense; vieron con miedo cómo los planes de anexión venían seguidos de una penetración económica masiva, de modo que para el fin del siglo, República Dominicana, México, las colonias españolas de Cuba y Puerto Rico, y gran parte de Centroamérica se habían convertido en satélites de un imperio estadounidense en constante expansión.

Los angloamericanos, por otro lado, veían un paisaje radicalmente distinto, y más benigno. Quizás el historiador Frederick Jackson Turner haya sido quien mejor capturó su imagen del crecimiento del país: en la conquista de la frontera, él veía la esencia de la democracia, el individualismo y el progreso norteamericanos. "El desarrollo social estadounidense", dijo Turner

---

96. Ver Frank Moya Pons, *The Dominican Republic: A National History* (Nueva York: Hispaniola Books, 1995), 265–78.

en un famoso discurso de 1893, "ha iniciado desde cero continuamente en la frontera". Para él, esa frontera era "el punto de
encuentro entre civilización y barbarie". Creía que esa "fluidez
de la vida estadounidense, esa expansión hacia el oeste con sus
nuevas oportunidades, su contacto continuo con la simplicidad
de la sociedad primitiva, alimenta las fuerzas que dominan el
carácter estadounidense". Sin embargo, Turner se concentró exclusivamente en cómo los colonos europeos se enfrentaron a los
nativos americanos en tierras vírgenes. Su análisis no mencionaba
a los mexicanos y demás latinoamericanos que encontraron en
la frontera, ni como colonos ni como trabajadores migrantes, ni
por su contribución a forjar nuestro carácter nacional.

Además, su creencia en que la frontera era un elemento de-
mocratizador enturbia el hecho de que la expansión hacia el
oeste permitió que la violencia se ejerciera contra personas ajenas como remedio a problemas políticos. Cada vez que un político como Sam Houston o Davy Crockett encontraba una fuerte
oposición en casa, simplemente empacaba, conquistaba algún
territorio nuevo y creaba un Estado en el que él y sus aliados pudieran dominarlo todo. La frontera entonces se convirtió en un
desagüe de violencia y corrupción para quienes querían menos
reglas y control en la sociedad estadounidense.

La expansión territorial estadounidense no alcanzó su clímax
con el cierre de la frontera oeste; más bien, llegó a su culminación con la Guerra Hispano-Estadounidense de 1898. La miste-
riosa explosión del USS Maine, junto con la fiebre bélica creada
por Hearst y otros editores expansionistas, convencieron al presidente McKinley a intentar que el Congreso declarara la guerra.
Pero McKinley se negaba a reconocer al gobierno provisional del
ejército cubano rebelde como socio en esa guerra. "Tal reconocimiento", le dijo McKinley al Congreso, "no es necesario para
permitir que Estados Unidos intervenga y pacifique la isla".[97]
Los patriotas cubanos, que estaban al borde de la victoria tras
treinta años de lucha independentista, opinaban diferente. "Si

---

97. Foner, *The Spanish-Cuban-American War*, vol. I, p. 261.

sucede la intervención con ese fundamento, y Estados Unidos desembarca una fuerza armada en suelo cubano", advirtió Horatio S. Rubens, abogado de la resistencia cubana, "trataremos esa fuerza como un enemigo que se nos opone".[98]

Consciente de que los cubanos tenían un ejército veterano de treinta mil hombres, el Congreso rechazó a McKinley y se opuso a cualquier intervención que no reconociera el derecho a la independencia de Cuba. Dirigidos por el senador Henry M. Teller, de Colorado, aprobaron una declaración de guerra conjunta que renunciaba a cualquier intención de Estados Unidos "de ejercer soberanía, jurisdicción o control sobre la dicha isla excepto para su pacificación".[99] Gracias a la Enmienda Teller, los rebeldes cubanos aceptaron la invasión estadounidense y brindaron apoyo crítico a las tropas estadounidenses del general William R. Shafter. Pero en cuanto pisaron suelo cubano, Shafter y sus soldados, en su mayoría voluntarios blancos del Sur, trataron a los soldados cubanos negros con un desdén absoluto. "Esa gente no es más apta para el autogobierno que la pólvora es apta para el infierno", declaró el general.[100] Tras la toma de Santiago en la batalla clave de la guerra, Shafter prohibió la entrada a la ciudad a los soldados cubanos, se negó a que su general —Calixto García— asistiera a la rendición española y permitió que las antiguas autoridades coloniales españolas se mantuvieran a cargo del gobierno civil.[101]

Una larga línea de historiadores, empezando por Julius W. Pratt en su estudio de 1934 *American Business and the Spanish American War*, han insistido en que McKinley y el grupo de poder empresarial estadounidense fueron arrastrados contra su voluntad a una guerra y a un imperio colonial por Hearst e intelectuales expansionistas como Theodore Roosevelt, Henry Cabot Lodge, Alfred T. Mahan y Henry Adams. En *The Rise of Modern America*, Arthur M. Schlesinger afirma que Wall Street

---

98. *Ibid.*, 258–59.
99. *Ibid.*, 270.
100. Pérez, *Cuba and the United States*, 100.
101. Foner, *The Spanish-Cuban-American War*, vol. 2, 368–70.

de hecho prefería la paz con España. Esos historiadores de alguna manera divorcian la guerra de toda la historia de expansio-
nismo estadounidense decimonónico en Latinoamérica. Otros,
como Martin Sklar, Walter LaFeber y Philip Foner, dan recuentos
menos idealizados. Demuestran que sectores clave del empresariado estadounidense estaban exigiendo una expansión rápida a
los mercados asiáticos y latinoamericanos. Foner, en particular,
señala que titanes corporativos como Astor, Rockefeller y Morgan se volvieron ávidamente bélicos en los meses anteriores a la
declaración del Congreso.[102] España, una potencia tambaleante y
estancada, nunca fue rival para los Estados Unidos en ascenso. Su
derrota logró por fin lo que tanto habían ansiado Jefferson, John
Quincy Adams y los demás Padres Fundadores: poner a Cuba, el
fruto más jugoso del Caribe, en manos estadounidenses, y asegurar el dominio angloamericano de Latinoamérica durante el siglo
siguiente. El Tratado de París que terminó formalmente la guerra
no solo le dio a Estados Unidos el control directo de Cuba, sino
también de Puerto Rico, Guam y Filipinas.

El final de la guerra trajo consigo una nueva oleada de compañías yanquis. El 30 de marzo de 1899, los mercaderes de plátano Baker y Preston fusionaron su Boston Fruit Company con
las propiedades centroamericanas de Minor Keith. Bautizaron
a la empresa combinada como United Fruit Company. En el momento de su creación, la compañía poseía más de 230 mil acres en
toda la región, y 112 millas de ferrocarril.[103] Más que cualquier
otra compañía, la United Fruit se convertiría en el símbolo del
imperialismo estadounidense en el siglo xx. Evolucionaría hasta
transformarse en un pulpo corporativo que controlaba las vidas
de cientos de miles de personas en Costa Rica, Honduras, Guatemala, Colombia y Cuba, donde derrocaba gobiernos a voluntad.

Las tierras fronterizas españolas habían sido puestas de rodi-
llas. El siguiente siglo revelaría el precio de esa conquista.

---

102. Foner, *The Spanish-Cuban-American War*, vol. 1, 281–310.
103. Schlesinger, *Bitter Fruit*, 67; también Colby, *The Business of Empire*,
69–70.

3

Repúblicas bananeras y bonos:
La domesticación del traspatio del imperio
(1898–1950)

> Se necesitan trabajadores en Hawaii para los cañaverales, y
> en Cuba para las minas de hierro. Se ofrecen buenos sala-
> rios, y muchas personas se convencen de emigrar.
> —CHARLES ALLEN, GOBERNADOR DE PUERTO RICO,
> 1900-1901

Al principio, la victoria en la Guerra Hispano-Estadounidense y la repentina adquisición de colonias de ultramar
puso incómodo al país. Es cierto que personas como Frederick
Jackson Turner compartían la postura de que la expansión territorial y la libertad angloamericana eran inseparables y la mayoría
de los estadounidenses lo creía, pero ocupar países extranjeros y
dominar a su gente parecía contradecir las mismas libertades por
las que habíamos luchado en nuestra propia revolución. No es de
sorprender que la guerra contra España haya dado a luz a nuestro
primer movimiento antiimperialista: contra la supresión del movimiento independentista filipino.

En general, las anexiones territoriales abiertas se detuvieron después de 1898. Las guerras de conquista, la aprobación
de invasiones armadas organizadas por grupos filibusteros y la

compra de territorios dieron paso a la diplomacia de cañonero y
a un sistema de dominación financiera más oculto, pero mucho
más generalizado. La conquista económica remplazó a la anexión política descarada conforme la región se fue convirtiendo en
la incubadora de la corporación multinacional estadounidense.
Según un estimado del Departamento de Comercio de Estados
Unidos, para 1924, Latinoamérica contaba con casi la mitad de
la inversión extranjera estadounidense (ver Tabla 2).

El tema de este capítulo es cómo esa diplomacia de cañonero y
esa penetración económica deformaron la economía del Caribe y
abrieron camino al enorme flujo de inmigrantes latinos durante
la segunda mitad del siglo XX.

Tabla 2

Inversión estadounidense directa, 1924[1]

	(Millones)
Europa	$1,000
Asia y Oceanía	$690
Latinoamérica	$4,040
Canadá y Terranova	$2,460

Como veremos, una serie de ocupaciones militares al principio
del siglo —a veces breves, a veces de décadas, pero siempre por
las razones más espurias— les permitieron a los bancos y las corporaciones estadounidenses tomar el control de industrias clave
en todos los países. En Wall Street brotaban inversiones latinoamericanas de la noche a la mañana, porque los ejecutivos de las
compañías de azúcar, fruta, ferrocarriles, minería, gas y electricidad corrían hacia el sur tras los talones de los *marines*. Gracias a
la ayuda de élites locales dóciles y de diplomáticos o comandantes

---

1. Scott Nearing y Joseph Freeman, *Dollar Diplomacy: A Study of U.S. Imperialism* (Nueva York: B. W. Huebsch, 1925), 16.

militares estadounidenses, que casi siempre terminaban de socios o gerentes de las nuevas empresas, los recién llegados se apropiaban rápidamente de concesiones lucrativas mientras el país anfitrión se hundía más en la deuda y la dependencia.

Cada vez que surgía un conflicto con algún líder nacionalista recalcitrante, las compañías extranjeras simplemente le pedían a Washington que interviniera. El pretexto más común era salvar a ciudadanos estadounidenses o prevenir la anarquía cerca de nuestras fronteras. Para justificar esas intervenciones, nuestros diplomáticos le decían a nuestra gente que los latinoamericanos eran incapaces de tener un gobierno responsable. Los periodistas, los novelistas y los productores cinematográficos reforzaron ese mensaje. Crearon y perpetuaron la imagen de *El Jefe*, el dictador moreno y despiadado con el pelo negro y aceitoso, un acento ininteligible en inglés, lentes negros y personalidad sádica, que gobernaba por decreto en una república bananera. Sin embargo, mientras propagaban esa imagen, nuestros banqueros y políticos seguían ofreciendo préstamos inestables a tasas usureras a esos mismos dictadores.

Los detalles clave de cómo los dictadores habían llegado al poder y aterrorizaban a su población con la ayuda de Washington, o de cómo sus regímenes les brindaban un ambiente de negocios "amigable" a las empresas norteamericanas, se mantenían ocultos en lo profundo de la correspondencia diplomática. Conforme las plantaciones estadounidenses se expandían rápidamente por México, Cuba, Puerto Rico, República Dominicana, Honduras y Guatemala, millones de campesinos fueron expulsados de sus tierras. Algunos incluso fueron desplazados de sus países natales cuando algunas de esas mismas empresas empezaron a reclutar mano de obra a través de las fronteras para satisfacer el cambio en la demanda de sus subsidiarias remotas. Al principio, los flujos migratorios se daban sobre todo *entre* los países sometidos. Se reclutaron antillanos, por ejemplo, para construir el canal de Panamá, haitianos para cortar caña en República Dominicana, puertorriqueños para los cañaverales de Hawaii. Pero a partir de la Segunda Guerra Mundial, que cerró la provisión de mano de obra europea, los industrialistas estadounidenses empezaron a contratar latinoamericanos para sus empresas locales. Así inició un proceso migratorio cuyos resultados a largo plazo transformarían Estados Unidos durante el siglo xx.

PUERTO RICO

La nueva política estadounidense dejó su huella más profunda en Puerto Rico. Cuando el general Nelson Miles desembarcó en el pueblo de Guánica el 25 de julio de 1898, durante la Guerra Hispano-Estadounidense, la mayoría de los puertorriqueños se alegraron por su llegada y por su promesa de terminar con el colonialismo español. "Nuestro propósito es no interferir con las leyes y costumbres existentes que beneficien a su gente", declaró Miles en una proclama.[2] Pocas personas imaginaron entonces que la isla se mantendría en posesión de Estados Unidos durante todo el siglo xx, ni que se convertiría en la colonia más importante de nuestra historia. Dos años después de que empezara la ocupación, el Congreso aprobó la Ley Foraker, la cuál declaraba la isla como territorio estadounidense y autorizaba al presidente a nombrar a su gobernador civil y a sus principales funcionarios. La nueva ley les permitía a los isleños tener su propia Cámara de Delegados, pero el Congreso se reservaba el derecho de anular cualquier legislación que aprobaran. Le asignaba poderes comerciales, diplomáticos, postales, sanitarios y militares al gobierno federal y tan solo le daba a la isla un delegado sin derecho a voto en el Congreso.[3] En más de un sentido, la Ley Foraker les dio a los puertorriqueños menos autogobierno que el que habían disfrutado bajo España. A fin de cuentas, durante la mayor parte del siglo xix, los boricuas (una referencia al nombre taíno de la

2. Angel Rivero, *Crónica de la Guerra Hispano Americana en Puerto Rico* (Nueva York: Plus Ultra Educational Publishers, 1973), 502.
3. Mini Seijo Bruno, *La Insurrección Nacionalista en Puerto Rico, 1950* (Río Piedras: Editorial Edil, 1989), 8–9.

isla, Borikén) habían sido ciudadanos españoles y los votantes isleños habían enviado hasta dieciséis delegados con derecho a voto a las Cortes. Y en 1897 España había promulgado una nueva Carta Autonómica, que prácticamente le concedió su soberanía a la isla.[4]

Sin embargo, la Ley Foraker hizo más que solo privar de sus derechos a los puertorriqueños. Le prohibió a la isla hacer tratados comerciales con otros países y remplazó el peso puertorriqueño con el dólar estadounidense, a la vez que devaluaba el peso.[5] Eso facilitó a las compañías azucareras estadounidenses engullir las tierras que siguieran en manos puertorriqueñas. Como resultado, miles de excultivadores cafetaleros independientes se unieron a las filas del creciente proletariado agrícola.

Las impugnaciones a la nueva ley rápidamente produjeron varios casos ante la Corte Suprema que sentaron precedente. Conocidos como los "Casos Insulares", se decidieron por el estrecho margen de un voto, pero siguen siendo el principal apoyo legal para la posesión de colonias hasta el día de hoy. Son el equivalente para los puertorriqueños del Fallo por los Afroamericanos en *Plessy vs. Ferguson*, pues aprobó un estatus de separados pero desiguales para los territorios de ultramar. El fallo decisivo fue *Downes vs. Bidwell*, en 1901. En ese caso, la corte dio un fallo con un estrecho voto de 5-4: "la Isla de Puerto Rico es un territorio anexo y perteneciente a Estados Unidos, pero no forma parte de Estados Unidos dentro de las cláusulas constitucionales".[6] Como la isla no era un territorio incorporado de Estados Unidos, como lo habían

---

4. James L. Dietz, *Economic History of Puerto Rico: Institutional Change and Capitalist Development* (Princeton: Princeton University Press, 1986), 87–88; también José Trías Monge, *Puerto Rico: The Trials of the Oldest Colony in the World* (New Haven: Yale University Press, 1998), 12–13.

5. Algunos estimados calculan que las fincas cafetaleras de Puerto Rico perdieron el 40% de su valor real durante esa devaluación. Delma S. Arrigoitia, José de Diego, *El Legislador: Su Visión de Puerto Rico en la Historia, 1903–1918* (San Juan: Instituto de Cultura Puertorriqueña, 1991), 322–26.

6. Juan R. Torruella, *The Supreme Court and Puerto Rico: The Doctrine of Separate and Equal* (Río Piedras: Editorial de la Universidad de Puerto Rico, 1988), 53.

sido los territorios fronterizos, la corte decidió que la Constitución no aplicaba automáticamente en Puerto Rico a menos de que el Congreso les concediera la ciudadanía específicamente a sus habitantes.[7] En su conmovedora declaración de desacuerdo, el juez John Marshall Harlan advirtió de las horripilantes implicaciones del fallo: "La idea de que este país pueda adquirir territorios en cualquier lugar de la Tierra, por conquista o por tratado, mantenerlos como meras colonias o provincias, y que las personas que los habiten tan solo disfruten los derechos que el Congreso decida concederles es totalmente inconsistente con el espíritu, el genio y las palabras de la Constitución".[8]

A pesar de la Ley Foraker y de los Casos Insulares, muchos puertorriqueños siguieron apoyando la ocupación estadounidense. La aceptaban en particular los líderes obreros, que habían sufrido persecuciones bajo el mandato español, y los grandes terratenientes, que creían que cuando la isla se convirtiera en estado, el mercado estadounidense se abriría a sus productos. Los líderes sindicales nunca olvidaron que los soldados del general Miles liberaron a Santiago Iglesias, una figura obrera legendaria en la isla, de una cárcel española. Iglesias y su Partido Socialista se convirtieron en incansables partidarios de la conversión en estado.[9] También lo hizo Luisa Capetillo, una feminista y anarquista conocida popularmente por ser la primera mujer en Puerto Rico en usar pantalones en público; tildaba a quienes pedían la independencia de "egotistas, explotadores y aristócratas" que estaban tratando de dividir a los obreros puertorriqueños de los estadounidenses.[10]

Cuando se aprobó la Ley Foraker, los cultivadores de azúcar estadounidenses llegaron en parvada a la isla. No solo instalaron plantaciones, sino que empezaron a reclutar cortadores de caña puertorriqueños para sus subsidiarias de ultramar. Charles Allen,

---

7. Dietz, *Economic History*, 88.
8. Torruella, *The Supreme Court*, 59.
9. Dietz, *Economic History*, 94-95.
10. Norma Valle Ferrer, *Luisa Capetillo: Historia de una Mujer Proscrita* (San Juan: Editorial Cultural, 1990), 66.

gobernador de la isla de 1900 a 1901, notó que los agentes emigratorios anglos:

> penetraban en los distritos rurales y le ofrecían incentivos refulgentes a la gente humilde para que viajara a conocer tierras lejanas. Se necesitan trabajadores en Hawaii para los cañaverales, y en Cuba para las minas de hierro. Se ofrecen buenos salarios, y muchas personas se convencen de emigrar. Abarrotan los puertos de Ponce, Mayagüez y Guánica. Muy pocos se embarcan en San Juan. [...] La mayoría se fueron a Honolulu, algunos miles fueron a Cuba y unos pocos a Santo Domingo.[11]

Entre 1900 y 1901, más de cinco mil puertorriqueños fueron transportados a Hawaii en una docena de barcos bajo contrato de la Hawaii Sugar Planters Association.[12] Fue una odisea traumatizante, primero en barco a Nueva Orleans, luego en tren a San Francisco, luego en barco de nuevo a Honolulu, y montones de ellos se escaparon en el camino por los malos tratos que recibían.[13] El grueso de los migrantes finalmente se asentaron en Oahu, donde fundaron la primera comunidad puertorriqueña importante fuera de su patria.

---

11. Charles H. Allen, "First Annual Report, Charles H. Allen, Governor of Puerto Rico", en *Documents of the Puerto Rican Migration*, ed. Centro de Estudios Puertorriqueños (Research Foundation of the City of New York, 1977), 11.

12. Los agentes de los plantacionistas eran los agentes laborales neoyorquinos Williams, Dimond and Company y Macfie and Noble, una compañía importadora de equipo para plantaciones con oficinas en varias ciudades portuarias puertorriqueñas. Ver Norma Carr, *The Puerto Ricans in Hawaii: 1900–1958* (tesis de doctorado de la Universidad de Michigan, 1989), 87; también *Documents of the Puerto Rican Migration*, 13–42; también Blase Camacho Souza, "Boricuas Hawaiianos", en *Extended Roots: From Hawaii to New York, Migraciones Puertorriqueñas*, ed. Centro de Estudios Puertorriqueños (Nueva York: CUNY, 1988), 8–10.

13. El grueso de esos trabajadores de la caña provenía de las secciones cafetaleras de la isla, que habían quedado devastadas por el peor huracán en la historia de Puerto Rico, San Ciriaco. La tormenta llegó el 8 de agosto de 1899 y mató a tres mil personas. Ver Dietz, *Economic History*, 99.

En Washington, el Congreso rechazó una y otra vez las peticiones de autogobierno total y de estatus de estado presentadas por los líderes puertorriqueños, lo que enfureció incluso a los líderes más anexionistas, como el Dr. Julio Henna y José Celso Barbosa. Para 1914, el pleno de la Cámara de Delegados de Puerto Rico, frustrado por la intransigencia, le pidió a Washington que le cediera su independencia a la isla. El Congreso respondió con la Ley Jones-Shafroth de 1917, que le imponía la ciudadanía estadounidense a todos los puertorriqueños ante la objeción unánime de su Cámara de Delegados.

"El Congreso de Estados Unidos", declaró Clarence Miller, representante de Minnesota, "le dice de una vez por todas al pueblo de Porto Rico que son parte del dominio de Estados Unidos y que se mantendrán por siempre así; que la legislación en busca de la independencia de Porto Rico debe llegar a un fin decidido y permanente".[14]

Durante los siguientes treinta años, la isla siguió siendo una colonia directa, sus gobernadores anglos eran nombrados por el presidente, el Congreso prácticamente ignoraba a su población y la política estadounidense al respecto estaba controlada por un puñado de compañías azucareras estadounidenses. Esas empresas explotaban tanto a sus trabajadores que, en los años treinta y cuarenta, Puerto Rico se volvió infame por ser el arrabal del Caribe y un semillero de huelgas y violencia antiestadounidense. Apenas en 1948, en respuesta a un creciente movimiento nacionalista y ante la presión de Naciones Unidas para terminar con el colonialismo, el Congreso les permitió elegir a su gobernador a los puertorriqueños. Cuatro años después, Estados Unidos aprobó una forma de autogobierno limitado, el Territorio Autónomo de Puerto Rico (Commonwealth of Puerto Rico), que existe hasta nuestros días.

---

14. Archivo del Congreso, 64 legislatura, primera sesión (5 de mayo de 1916). Citado en Ronald Fernandez, *Cruising the Caribbean: U.S. Influence and Intervention in the Twentieth Century* (Monroe: Common Courage Press, 1994), 113.

Al diseñar esa nueva relación política, las administraciones de Roosevelt y Truman contaron con la potente alianza de Luis Muñoz Marín, quizá la figura más influyente de la historia moderna de la isla. Muñoz había sido socialista e independentista de joven, pero se convirtió en admirador de Roosevelt y fundó el Partido Popular Democrático como vehículo del New Deal para la isla. En cuanto tomó el control de la legislatura de Puerto Rico, dirigió un rápido programa de industrialización, Operación Manos a la Obra, que se convirtió en un modelo de desarrollo económico para países subdesarrollados. Atrajo inversión extranjera a la isla, invariablemente de compañías estadounidenses, ofreciéndoles salarios bajos, un entorno libre de impuestos para instalar sus fábricas y exportación libre de aranceles para comerciar con el continente.

Envalentonado por su éxito económico inicial, Muñoz abandonó la mayoría independentista de su propio partido y prefirió una forma de autonomía local que mantuviera a la isla atada a la economía estadounidense. Esa autonomía, prometió, sería tan solo una etapa transitoria hacia la independencia y, mientras tanto, los puertorriqueños mantendrían su idioma y su cultura. Los votantes, animados por la prosperidad de la isla en la posguerra, aprobaron el modelo de territorio autónomo en 1952. Sus oponentes tildaron de fraude al referéndum, pues solo ofrecía la opción entre la colonia existente o un territorio autónomo, y no incluía la independencia ni el estatus de estado en la boleta.

Después del voto por el territorio autónomo, Washington empezó a señalar a Puerto Rico con orgullo en los círculos internacionales como "modelo del Caribe", tanto en términos políticos como económicos. Es cierto que para los años cincuenta, la isla presumía uno de los ingresos promedio más altos de Latinoamérica, pero esas cifras refulgentes escondían una realidad muy distinta. Año con año, la cantidad de personas que abandonaban el campo puertorriqueño para dirigirse a la ciudad superaban por mucho los nuevos empleos que creaba la economía. Para evitar nuevos disturbios, Muñoz y los funcionarios de Washington empezaron a fomentar la migración al Norte. Para principios de los años cincuenta, su política estaba desatando la mayor huida de latinoamericanos a Estados Unidos que había visto el continente (ver el capítulo 4).

CUBA

La ocupación estadounidense de Cuba siguió una vía muy distinta. La isla, mucho más rica en recursos que Puerto Rico, con una clase terrateniente nativa desarrollada y un ejército independentista veterano, no era fácil de subyugar. Durante la ocupación inicial, los funcionarios estadounidenses convirtieron la isla en un protectorado, metiendo a la fuerza la Enmienda Platt en la constitución cubana.

El primer gobierno de ocupación mejoró los caminos y el servicio sanitario, y abrió muchas escuelas nuevas. También presidió una avalancha de inversión extranjera. Los terratenientes cubanos, aplastados por la deuda y por la destrucción de propiedades durante la guerra de independencia, cayeron presas de los cazafortunas estadounidenses. "En ningún otro lugar del mundo hay tantas oportunidades [...] para el hombre de medios modestos y también para el capitalista como las hay en Cuba ahora", presumió un inversionista de la época.[15] "El paraíso del pobre y la Meca del rico", dijo el *Commercial and Financial World* al describir la isla. Percival Farquhar, por ejemplo, llegó en 1898 y no tardó en controlar un proyecto de electrificación y un ferrocarril de La Habana a Santiago. La United Fruit Company de Minor Keith adquirió doscientos mil acres por una bicoca.[16] Para 1902, la nueva Tobacco Trust de Estados Unidos controlaba el 90% del comercio de exportación de puros. En resumen, entre 1895 y 1902, las inversiones estadounidenses casi se duplicaron, hasta

---

15. Pérez, *Cuba and the United States*, 118.
16. Langley, *The United States and the Caribbean*, 38.

alcanzar los $100 millones, y luego aumentaron diez veces más para 1924, hasta alcanzar los $1,200 millones.[17]

La élite cubana, dirigida por Tomás Estrada Palma, un ciudadano estadounidense naturalizado a quien Estados Unidos instaló como primer presidente del país, al principio recibió gustosa a los estadounidenses, a cambio de una tajada del creciente pastel económico. Estrada Palma, al igual que muchos cubanos acomodados, favorecía una futura anexión a Estados Unidos. Sin embargo, su reelección de 1905 estuvo manchada por un fraude generalizado que provocó protestas violentas. Las tropas estadounidenses volvieron en 1906, instalaron un gobierno provisional y se quedaron tres años.

Esa segunda ocupación, dirigida por el general Charles E. Magoon, terminó de saquear el país. Cuando llegó Magoon, el tesoro nacional cubano tenía un superávit de $13 millones; cuando se fue, tenía un déficit de $12 millones. Las obras públicas que autorizó siempre se convirtieron en estafas que forraron los bolsillos de contratistas estadounidenses. La flor de esas concesiones fue para Frank Steinhart, quien había llegado a Cuba como sargento del ejército durante el primer gobierno de ocupación y luego logró el cargo de cónsul general en La Habana cuando se fueron las tropas. Steinhart cabildeó a Washington para lograr una segunda ocupación militar y les brindó inteligencia valiosa a las tropas estadounidenses. Para recompensarlo, el general Magoon le dio la lucrativa concesión para expandir la Havana Electric Railway, Light and Power Company. En 1909, Magoon también le permitió, como representante financiero de la firma de Wall Street Speyer and Company, negociar un préstamo de $16.5 millones a Cuba para construir el drenaje de La Habana. Para 1921, Havana Electric reportaba ganancias de $5 millones al año y el público decía que Steinhart era el Rockefeller de Cuba.[18]

---

17. Foner, *The Spanish-Cuban-American War*, vol. 2, 481; Langley, *The United States and the Caribbean*, 38. Para un catálogo detallado de inversiones estadounidenses directas en Cuba en 1924, ver Robert W. Dunn, *American Foreign Investments* (Nueva York: Viking Press, 1926), 119-133.

18. Nearing and Freeman, *Dollar Diplomacy*, 178–81.

Los soldados estadounidenses volvieron por tercera vez en 1912, para sofocar una revuelta racial de los trabajadores de la caña negros. Para entonces, había casi diez mil estadounidenses en la isla: manejaban los ferrocarriles; los servicios públicos; las compañías mineras y manufactureras; las plantaciones de caña y tabaco; los consorcios banqueros y de transporte marítimo, y la mayor parte de la deuda del gobierno.[19] Más de tres cuartas partes de la tierra estaba en manos extranjeras.[20] El trabajo gubernamental y los empleos administrativos en compañías extranjeras se convirtieron en la principal fuente de ingresos de la clase alta nativa, y la corrupción pública, en su principal fuente de riqueza.[21] En 1917, el presidente Wilson desplegó tropas por cuarta vez para ayudar a sofocar una rebelión contra el líder conservador Mario García Menocal, el candidato apoyado por Estados Unidos que había sido reelecto presidente en otra elección fraudulenta.

El desempleo rampante de principios de los años veinte empujó a muchos trabajadores cubanos a seguir los pasos de sus paisanos que habían migrado a Estados Unidos durante el siglo XIX. La nueva oleada de inmigrantes se asentó en Nueva Orleans, Nueva York, Key West y sobre todo Tampa, donde los productores de puros españoles, cubanos e italianos habían establecido una industria próspera.[22] En casa, la crisis provocaba huelgas frecuentes, y de esos disturbios surgió Gerardo Machado, el primer dictador moderno del país. El presidente Machado convirtió a Cuba en un lugar hospitalario para los nerviosos inversionistas extranjeros reprimiendo o cooptando al movimiento obrero rebelde. Disfrutaba del fuerte apoyo de los directores del National City Bank, J. P. Morgan and Company y Chase, que bañaron de préstamos a su gobierno. Sin embargo, con cada préstamo nuevo, los banqueros

---

19. Langley, *The United States and the Caribbean*, 64–65.

20. Louis A. Pérez, Jr., *Cuba Under the Platt Amendment, 1902–1934* (Pittsburgh: University of Pittsburgh Press, 1986), 140.

21. *Ibid.*, 229.

22. Gary R. Mormino y George E. Pozzetta, *The Immigrant World of Ybor City: Italians and Their Latin Neighbors in Tampa, 1885–1985* (Urbana: University of Illinois Press, 1987), 64–69.

conseguían más control sobre el gasto de su gobierno. Conforme pasaban los años y crecía el reinado del terror, también lo hacía la resistencia popular.

Cuando uno de esos levantamientos paralizó al país en 1933, el presidente Franklin Roosevelt concluyó que Machado debía irse. Roosevelt envió al emisario veterano Sumner Wells a apagar los disturbios obligando a renunciar al dictador, pero llegó demasiado tarde. Una huelga general nacional tumbó tanto a Machado como a un gobierno transitorio apoyado por Estados Unidos y llevó al poder a un gobierno revolucionario provisional, que Welles no podía controlar. El nuevo gobierno, dirigido por Ramón Grau San Martín, se embarcó en una transformación radical del país. Abolió la Enmienda Platt, le dio el derecho al voto a las mujeres y decretó el salario mínimo y la jornada de ocho horas. Sin embargo, la revolución liberal liderada por Grau tan solo duró cien días.

A Welles le horrorizó la amenaza a los intereses estadounidenses que representaba el nuevo gobierno. Aunque se considerara liberal, al igual que la mayoría de los emisarios estadounidenses a Latinoamérica, insistía en que los líderes locales siguieran las órdenes de Washington. Cuando Grau se negó a atender sus advertencias, Welles apremió a Fulgencio Batista, el nuevo comandante del ejército cubano, a que diera un golpe de Estado. En enero de 1934, Batista, a quien Welles elogiaría como una "figura extraordinariamente brillante y capaz", hizo justo eso.[23] Los soldados de Batista desataron una sangrienta represión que aplastó al gobierno de Grau, mató o encarceló a la mayoría de sus dirigentes y dispersó al resto hacia el exilio. Entre 1934 y 1944, ya fuera

---

23. "Por supuesto, hubo innumerables demandas de una intervención estadounidense armada, sobre todo de ciertas personas que representaban intereses comerciales", recordó. "Todas fueron rechazadas rotundamente". Lo que Welles nunca divulga en esas memorias son sus peticiones a Roosevelt —después reveladas en su correspondencia secreta por el Departamento de Estado— de que hubiera una invasión estadounidense. El presidente las rechazó todas. Para la versión de Welles, ver Sumner Welles, *The Time for Decision* (Nueva York: Harper, 1944), 193–99. Para una versión detallada del papel insidioso de Welles, ver Pérez, *Cuba and the United States*, 186–201.

como caudillo militar o como presidente, Batista se convirtió en
el gobernante indudable de Cuba. A Estados Unidos le ofreció
estabilidad para los inversionistas extranjeros. Al pueblo cubano
le ofreció reformas sociales con el objetivo de mejorar las condiciones de vida de los pobres. Esto último lo logró cooptando as-
tutamente el programa del movimiento de Grau que acababa de
destruir. Incluso legalizó el Partido Comunista a cambio de que le
garantizara el apoyo de los sindicatos cubanos. Y, en 1940, supervisó la redacción de la constitución más democrática y progresista en la historia de Cuba. Esas reformas se facilitaron gracias a la
prosperidad económica temporal que apuntaló la posición de Batista, una prosperidad provocada por la Segunda Guerra Mundial
y el aumento en la demanda de productos agrícolas cubanos en
Estados Unidos. A pesar de esa bonanza, Grau San Martín, quien
aún contaba con un gran apoyo popular, ganó las elecciones presidenciales en 1944, y su partido se quedó en el poder durante los
siguientes ocho años. Sin embargo, el Partido Auténtico de Grau
resultó ser el más corrupto en la historia de Cuba. Tantos funcionarios saquearon el tesoro, que Batista dio otro golpe de Estado
en 1952 y volvió fácilmente al poder. Su segundo periodo como
jefe máximo (1952-1958) fue aún más despiadado que el primero. De nuevo encarceló o simplemente eliminó a sus oponentes,
pero esta vez no logró producir ningún milagro económico. La
economía cubana, para entonces un apéndice total del mercado
estadounidense, se empezó a desfundar. El desempleo se disparó,
los ingresos se cayeron y la corrupción gubernamental floreció,
mientras Batista dependía cada vez más de una extraña alianza
de inversionistas de Wall Street, mafiosos y los gerentes cubanos de las corporaciones estadounidenses.[24] Su dictadura cayó
por fin cuando las guerrillas del Movimiento 26 de Julio de Fidel
Castro entraron marchando a La Habana el 1º de enero de 1959.

---

24. Louis A. Pérez, *Cuba Between Reform and Revolution* (Nueva York:
Oxford University Press, 1995), 276–312, hace un resumen excelente de los
años de Batista.

PANAMÁ

Después de Cuba y Puerto Rico, la mayor expansión estadounidense en Latinoamérica fue el canal de Panamá. Un proyecto tan ambicioso, tan faraónico y crucial para la búsqueda de poder económico de Estados Unidos que el presidente Teddy Roosevelt diseñó todo un país nuevo solo para albergarlo. Como mencionamos en el Capítulo 2, algunos grupos comerciales en Estados Unidos habían estado pidiendo un canal en Centroamérica desde la década de 1850, con bandos rivales que apoyaban un proyecto por la selva infectada de mosquitos de la provincia colombiana del Darién o la ruta a lo largo de la vieja línea de barcos de vapor y carruajes de Vanderbilt en Nicaragua. Nicaragua tenía el apoyo inicial más amplio entre la mayoría de los ingenieros que habían estudiado el proyecto. Pero el senador de Ohio Mark Hanna, el poderoso presidente del Partido Republicano, opinaba diferente. Uno de sus amigos cercanos, el abogado neoyorquino William Nelson Cromwell, era inversionista de la ruta panameña. Una donación de $60 mil hecha por Cromwell a los republicanos a mitad del debate parece haber fortalecido la decisión de Hanna y permitido que consiguiera una mayoría en el Congreso a favor de la ruta panameña.[25]

En ese entonces, el presidente de Colombia era José Manuel Marroquín. Por suerte, Marroquín venía saliendo de una costosa guerra civil de tres años y estaba buscando una transfusión rápida de efectivo para aliviar su tesoro agotado. Así que le ofreció al presidente Teddy Roosevelt justo lo que el presidente de Nicaragua de ese entonces, José Santos Zelaya, se negaba a darle: soberanía sobre una zona de diez kilómetros a ambos lados de la ruta del canal. El resultado fue el Tratado Hay-Herrán de 1903. Pero el acuerdo tuvo un imprevisto de último momento cuando los oponentes de Marroquín en el congreso colombiano rechazaron la cláusula de los diez kilómetros como una violación a la soberanía nacional.

---

25. Luis A. Diez Castillo, *El Canal de Panamá y Su Gente* (Panamá: 1990), 26.

Su rechazo enfureció a Roosevelt, quien no iba a permitir que un pleito insignificante entre latinoamericanos inferiores —incluso se refirió a los líderes colombianos como "unos corruptos tontos y homicidas"— detuviera el mayor proyecto ingenieril de la historia de Estados Unidos. Roosevelt contraatacó apoyando una revuelta que provocaría la secesión armada de la provincia. Cromwell, junto con el francés Philippe Bunau-Varilla y el panameño Manuel Amador, ambos inversionistas en el proyecto, preparó un plan para el levantamiento durante una serie de reuniones en septiembre y octubre de 1903, en la habitación de Bunau-Varilla en el Waldorf-Astoria de Nueva York. Durante su estancia ahí, Bunau-Varilla viajó a Washington, donde se reunió en ocasiones separadas con Roosevelt y con el secretario de Estado Hay, y salió de esas juntas convencido de que la Casa Blanca ya estaba enviando tropas al istmo panameño y apoyaría una revuelta independentista. El 3 de noviembre de 1903, Amador dirigió una banda de rebeldes que capturó los puertos de Ciudad de Panamá y Colón. Mientras los marinos estadounidenses desplegados por Roosevelt garantizaban el éxito de la revuelta bloqueando la entrada de tropas colombianas al puerto de Colón, Amador proclamó la independencia de Panamá. El nuevo gobierno panameño de inmediato nombró a Bunau-Varilla como su nuevo embajador en Estados Unidos, y no perdió tiempo en firmar el ahora rebautizado Tratado Hay-Bunau-Varilla. La revuelta "independendentista" fue tan vergonzosa que el Congreso se vio obligado a organizar audiencias en las que se reveló el papel de Roosevelt como padrino de Panamá.[26]

---

26. Langley, *The United States and the Caribbean*, 35–37. También Walter LaFeber, *The Panama Canal: The Crisis in Historical Perspective* (Nueva York: Oxford University Press, 1970), 29–46. David Healy, *Drive to Hegemony: The United States in the Caribbean, 1898-1917* (Madison: University of Wisconsin Press, 1988), 77-94, argumenta que Roosevelt no sabía nada de la revuelta de antemano, sino que reaccionó rápido para apoyar a los rebeldes. Sin embargo, Bunau-Varilla, en su testimonio de primera mano de la conspiración, describió sus reuniones con Roosevelt y Hay, en las que les advirtió de la rebelión inminente, y afirmó que tanto él como los funcionarios estadounidenses intentaron evitar cualquier apariencia de estar coordinados. Ver Phillipe Bunau-Varilla,

La U. S. Panama Canal Company requirió diez largos años (de 1904 a 1914) y 35 mil obreros para completar el proyecto. La mayoría de los trabajadores eran antillanos anglófonos reclutados por la compañía. Si incluimos a sus familias, más de 150 mil antillanos emigraron a Panamá durante la construcción. Esa enorme migración, que equivalía a más de un tercio de la población hispana e indígena de Panamá (de 400 mil personas), transformó todos los aspectos de la vida del nuevo país.[27]

Aunque los reportes de prensa elogiaban la maravillosa hazaña de la ingeniería norteamericana a través de una de las selvas más cerradas del mundo, rara vez mencionaron el papel crucial que tuvieron los trabajadores inmigrantes negros ni el sacrificio desproporcionado que ofrecieron. Durante los primeros diez meses de 1906, por ejemplo, la tasa de mortalidad de los empleados blancos del canal era de 17 por cada mil, mientras que entre los antillanos era de 59 por cada mil.[28]

La inauguración del canal produjo una expansión enorme del comercio transoceánico para Estados Unidos, y la vía navegable se convirtió en un recurso militar indispensable para el país durante la Primera y la Segunda Guerras Mundiales. La Zona del Canal misma se convirtió rápidamente en un país separado en miniatura al interior de Panamá, con varias bases militares

The Great Adventure of Panama (Nueva York: Doubleday, Page & Company, 1920). De cualquier manera, parece haber pocas dudas de que la llegada de un barco de la Marina de Estados Unidos a Colón el 2 de noviembre, un día antes de la revuelta, y el reconocimiento del gobierno revolucionario por parte de Estados Unidos el 6 de noviembre garantizaron la victoria del levantamiento secesionista.

27. De Barbados llegaron alrededor de veinte mil, ¡lo que representa el 40% de todos los adultos varones de esa isla en ese entonces! Ver Conniff, *Black Labor on a White Canal*, 29; también David McCullough, *The Path Between the Seas: The Creation of the Panama Canal, 1870–1914* (Nueva York: Simon & Schuster, 1977), 476.

28. Durante esos diez meses, murieron 656 antillanos, comparados con 34 estadounidenses. Aunque hubiera tres veces más trabajadores negros que blancos, sufrieron casi veinte veces más muertes. Ver McCullough, *The Path Between the Seas*, 501.

estadounidenses y miles de tropas asignadas permanentemente para vigilarla. Muchos de los obreros antillanos no pudieron pagarse el viaje de vuelta a casa cuando se terminó la construcción principal, así que se quedaron como empleados de mantenimiento. Los administradores y comandantes militares de la Zona del Canal, muchos de ellos blancos sureños, no tardaron en replicar el mismo sistema de *apartheid* racial que había existido durante siglos en el sur de Estados Unidos. Establecieron nóminas "doradas" para los ciudadanos estadounidenses y otras "plateadas", mucho más bajas, para los antillanos, que no eran ciudadanos. Los panameños nativos, mientras tanto, estaban excluidos de cualquier empleo en la Zona. Los negros vivían en pueblos escuálidos propiedad de la compañía, mientras que los blancos residían en comunidades opulentas de la Zona, donde todo, desde la vivienda hasta las vacaciones, pasando por el servicio médico, estaba subsidiado por el gobierno federal.[29] Durante décadas, los antillanos y los panameños se enfrentaron entre sí y contra la minoría angloamericana de la Zona por las condiciones discriminatorias (ver el Capítulo 9).

Pero la escabrosa historia del control estadounidense en Panamá, Puerto Rico y Cuba palidece junto a las sangrientas sagas de República Dominicana y Nicaragua, donde las largas ocupaciones estadounidenses provocaron costosas guerras de guerrillas.

REPÚBLICA DOMINICANA

La presencia estadounidense en República Dominicana, como mencionamos en el Capítulo 2, inició con el dictador decimonónico Ulises Heureaux, quien agobió de deuda externa a su país. En 1892, negoció un plan de refinanciamiento con los acreedores neerlandeses y algunos inversionistas neoyorquinos para evitar la bancarrota. Como parte del plan, los neerlandeses le vendieron su deuda a una compañía estadounidense recién formada, la

---

29. *Ibid.*, 31–35.

Santo Domingo Improvement Company, uno de cuyos empleados era miembro del gabinete del presidente Benjamin Harrison. La nueva empresa pagó los bonos neerlandeses y le dio nuevos préstamos de millones de dólares a Heureaux en secreto. Heureaux, a su vez, le dio a la compañía el control del Banco Nacional y de uno de los dos ferrocarriles del país.

El nuevo gobierno dominicano no descubrió que el expresidente había adquirido $34 millones en deuda sino hasta después del asesinato de Heureaux, en 1896. Los ingresos aduanales anuales del país, su principal fuente de ingresos en aquel entonces, eran de apenas $2 millones. ¡Resultó que gran parte de la deuda había sido publicitada fraudulentamente por la Improvement Company a incautos campesinos católicos europeos que pensaban que le estaban prestando dinero a la orden religiosa de los dominicos, no a República Dominicana![30]

Cuando llegó una crisis financiera en 1905 y los ingresos aduanales se desplomaron, el nuevo gobierno suspendió el pago de la deuda, lo que incitó a varias potencias europeas a amenazar con una intervención. El presidente Roosevelt, preocupado por que las vías marítimas hacia su inconcluso canal de Panamá estuvieran en riesgo por una ocupación europea, intercedió y ofreció consolidar la deuda dominicana con un nuevo préstamo de un banco neoyorquino. Sin embargo, insistió en que los dominicanos entregaran todos sus ingresos aduanales a un agente nombrado por Estados Unidos y que apartaran la mayor parte de ellos para pagar la deuda. Ya no podrían aumentar el gasto gubernamental ni sus impuestos sin consentimiento de Estados Unidos.

A partir de entonces, el país se convirtió en un protectorado financiero. En cuanto llegaron los supervisores de Roosevelt, iniciaron más reformas legales para beneficiar a los inversionistas extranjeros. En 1906, por ejemplo, presionaron al gobierno para que le concediera exenciones fiscales a todo el azúcar producido para exportación. En 1911, lo convencieron de permitir la división

---

30. Calder, *The Impact of Intervention*, 3; también Frank Moya Pons, *The Dominican Republic: A National History*, 279–82.

de tierras comunales, lo que les facilitó a los cultivadores de caña aumentar sus propiedades. Cada vez que los funcionarios dominicanos se oponían a alguna exigencia nueva de Washington, aparecían acorazados yanquis en la costa para someterlos.

Los defensores del protectorado lo justificaban señalando la historia de violencia e inestabilidad políticas del país: durante sus primeros 72 años de independencia, los dominicanos habían vivido 29 golpes de Estado y 48 presidentes. Sin embargo, las mismas personas que ridiculizaban la inestabilidad dominicana pasaban convenientemente por alto que los extranjeros habían financiado gran parte de las luchas. Para 1915, una década después del inicio del protectorado, la violencia política no había disminuido. En vez de cuestionar sus métodos, Washington prefirió apretar su control sobre el tesoro del país.

Para entonces, la guerra se cernía sobre Europa, y el presidente Woodrow Wilson tenía una nueva preocupación: que una facción importante de la política dominicana intentara aliar a su país con Alemania. Para evitar esa posibilidad, le exigió al presidente, Juan Isidro Jiménez, el derecho de nombrar ciudadanos estadounidenses en puestos clave del gobierno dominicano y remplazar al ejército del país con una Guardia Nacional nueva, entrenada por Estados Unidos. Esas nuevas condiciones resultaron inaceptables para un país que había luchado tanto tiempo contra la ocupación española, haitiana y francesa. Incluso Jiménez, quien había sido instalado por Estados Unidos, las rechazó. La represalia de Wilson fue congelar los ingresos aduanales del gobierno. De todos modos, la población se negó a ceder; miles de empleados del gobierno cerraron filas con sus dirigentes y trabajaron sin paga durante meses.

En mayo de 1916, Wilson envió a los *marines*, disolvió la legislatura, impuso la ley marcial, censuró a la prensa y encarceló a cientos de oponentes. La ocupación duró ocho largos años. Disparó protestas generalizadas contra Estados Unidos por toda Latinoamérica, creó una profunda amargura entre la población dominicana y alteró radicalmente todas las esferas de la sociedad de la isla.

Los defensores de la ocupación señalan las muchas mejoras que lograron los *marines*: supervisaron la construcción del sistema carretero más moderno del Caribe, reformaron las finanzas del gobierno, construyeron cientos de escuelas públicas y llevaron a cabo campañas sanitarias exitosas contra la malaria y enfermedades venéreas e intestinales. Pero el programa de construcción se financió con más préstamos extranjeros e impuestos nuevos sobre la propiedad, el alcohol y demás manufactura interna. Y gran parte de la prosperidad que disfrutó el país se debió a la guerra en Europa, que aumentó la demanda de azúcar, tabaco y otros productos agrícolas dominicanos. Y sin importar cómo le fuera a la economía, los dominicanos sufrieron bajo gobernadores sucesivos de ley marcial, que los regenteaban arrogantemente en su propio país. Incluso la élite urbana se negó a cooperar con el ejército de ocupación.

En la parte oriental del país, alrededor de la región cañera de San Pedro de Macorís y La Romana, media docena de bandas de campesinos armaron una resistencia esporádica. Las guerrillas, dirigidas por Martín Peguero, Ramón Natera y Vicente Evangelista, se mostraron capaces de frustrar a los estadounidenses. Los *marines* desplegados en la zona cometieron tantas atrocidades contra la población local que empujaron a la mayoría de los civiles al bando de los guerrilleros.[31]

Las mejoras sanitarias y de infraestructura que llevaron los *marines* no se comparaban con los profundos cambios económicos y militares que pusieron en marcha. Esos cambios dejaron al país irreversiblemente dependiente de Estados Unidos. En 1919, por ejemplo, una ley aduanera abrió al país a las importaciones declarando 245 productos estadounidenses libres de impuestos, mientras reducía fuertemente los aranceles de otros 700. La explosión

31. En 1921, cuando unos *marines* le dispararon a sangre fría a un ciudadano británico —un trabajador negro de una plantación, proveniente de Saint Kitts—, C. M. Ledger, el *chargé d'affaires* en San Pedro, exigió una investigación sobre el "reinado del terror" de los *marines*. Ver Calder, *The Impact of Intervention*, 133–83, para un examen profundo de la ocupación y la guerra de guerrillas.

de importaciones que siguió empujó a la bancarrota a muchos productores dominicanos locales.

Le siguieron nuevos impuestos a la propiedad y leyes de registro de tierras. La ley agraria, en particular, creó muchos disturbios. Al igual que todas las excolonias españolas, el sistema de propiedad de tierras de República Dominicana había consistido durante siglos en *mayorazgos* poseídos por familias. Las pertenencias de cada individuo rara vez estaban desmarcadas de las del resto de la familia; predominaban los acuerdos informales sobre el uso de la tierra. Este sistema les pareció un obstáculo a los primeros especuladores y plantacionistas estadounidenses, porque no permitía la compraventa rápida de propiedad. Así que, al igual que en Texas, California y otros exterritorios españoles, se dispusieron rápidamente a reescribir las leyes agrarias. Las compañías azucareras hicieron el primer intento en 1911, pero los dominicanos tardaron en implementar los cambios, y la falsificación masiva de escrituras y los malos archivos condenaron el esfuerzo. Pero el gobierno de ocupación fue más eficiente. Los *marines* decretaron el registro, supervisión y división inmediatos de todas las tierras comunales y crearon un nuevo tribunal agrario para arbitrar disputas y administrar la ley.

Como era de esperarse, las compañías azucareras contrataron a los mejores abogados y rápidamente estafaron o vencieron a miles de campesinos iletrados en los nuevos tribunales agrarios. Tomemos el caso de la Barahona Company, con sede en Nueva York, que se constituyó en 1916, el año de la invasión. Para 1925, había amasado 49,400 acres, casi todos comprando propiedades comunales, y era la segunda plantación más grande del país. La Central Romana creció de tres mil acres en 1912 a 155 mil en 1925.[32] Para 1924, 21 compañías azucareras controlaban 438 mil acres, una cuarta parte de la tierra de cultivo. Más del 80% de

---

32. Central Romana, ahora subsidiaria de la South Porto Rico Sugar Company, cuadruplicó su tamaño hasta alcanzar más de medio millón de acres en los años sesenta. Después se convertiría en una de las perlas caribeñas del imperio mundial de la enorme Gulf and Western Corporation. Ver Plant, *Sugar and Modern Slavery*, 14.

eso pertenecía a doce empresas estadounidenses.[33] Como disminuía la cantidad de tierra para la agricultura de subsistencia, los cultivos básicos tuvieron que importarse de Estados Unidos y el precio de la comida se disparó.[34]

Pero el auge del azúcar no provocó mejores salarios. En vez de aumentar lo que les pagaban a sus trabajadores hispanohablantes, los plantacionistas prefirieron llevar negros anglófonos de Jamaica, las Islas Vírgenes y las Islas Turcas y Caicos, a quienes consideraban más dóciles y apropiados para sus necesidades que los dominicanos, cubanos y puertorriqueños. En ciertos ingenios dominicanos, toda la fuerza laboral se volvió anglófona. Muchos de esos migrantes se asentaron en el país después de la cosecha, y sus descendientes aún viven en las zonas circundantes de los viejos ingenios. Los residentes locales, enojados porque los negros inmigrantes les robaran el empleo, empezaron a llamarlos *cocolos*, un peyorativo racial que aún persiste en el Caribe.[35] Finalmente, los plantacionistas estadounidenses de la Central Romana y otros ingenios enormes acudieron a obreros haitianos. Casi la mitad de los 22 mil jornaleros por contrato que se importaron oficialmente en 1920 eran haitianos, pero algunos estimados calculan que la cantidad de haitianos legales e ilegales durante la cosecha alcanzaba los cien mil.

Horrorizado por la avaricia de las compañías azucareras, el gobernador militar, Harry S. Knapp, protestó ante el secretario de Marina en 1917: "Preferiría mucho ver a los dominicanos, y en especial a las clases más pobres, llegar al punto en el que puedan trabajar una pequeña parcela por su cuenta y dejar el fruto de su

---

33. Calder, *The Impact of Intervention*, 91–114, hace un resumen excelente de la política agraria y azucarera durante la ocupación; también Edward S. Herman and Frank Brodhead, *Demonstration Elections: U.S.-Staged Elections in the Dominican Republic, Vietnam, and El Salvador* (Boston: South End Press, 1984), 19.

34. Plant, *Sugar and Modern Slavery*, 14–15.

35. Para la cosecha de azúcar de 1902-1903, por ejemplo, los plantacionistas importaron tres mil trabajadores del Caribe de habla inglesa a República Dominicana. Ver Plant, *Sugar and Modern Slavery*, 17.

esfuerzo en Santo Domingo, que ver grandes compañías venir aquí a explotar el país, sacándole inmensas sumas en forma de ganancias".[36] Ignoraron sus quejas.

El otro legado duradero de la ocupación fue la Policía Nacional. En cuanto desembarcaron, los *marines* se dispusieron a construir una fuerza moderna que pudiera controlar a la población de forma permanente. Desafortunadamente, cuando se fueron los *marines*, esa fuerza copió los mismos métodos arbitrarios del ejército de ocupación. Uno de los primeros reclutas de la nueva fuerza policial había sido guardia de seguridad de una de las compañías azucareras: Rafael Leónidas Trujillo. Los comandantes estadounidenses, impresionados con la inteligencia y capacidad de liderazgo del muchacho, lo ascendieron rápidamente de rango.

En 1920, el republicano Warren Harding ocupó la Casa Blanca, y el nuevo presidente envió a Sumner Welles, el mismo diplomático que más tarde fraguaría el golpe de Estado de Batista, a organizar la retirada estadounidense de Santo Domingo. Welles se enemistó con la mayoría de los líderes dominicanos por entrometerse con mano dura en sus planes para un gobierno postevacuación mientras cabildeaba por contratos de negocios para sus amigos en Estados Unidos. Esos contratos agobiaron al país con una deuda aun peor que antes de la ocupación.[37] Welles no

---

36. Calder, *The Impact of Intervention*, 99.

37. Después de su llegada al país en 1922, Welles consiguió que el gobierno militar asegurara $6.7 millones en bonos de obras públicas por medio de la firma estadounidense Lee, Higginson & Co.; en 1924, cuando el nuevo presidente civil, Horacio Vázquez, tomó posesión, Welles lo presionó para que tomara prestados otros $3.5 millones por medio de Lee, Higginson y usara parte del dinero para pagar un precio inflado para los activos de la fallida Water, Light and Power Company of Puerto Plata and Santiago, de propiedad estadounidense; después, lo convenció de que, a pesar de su descontento con Lee, Higginson, acordara un nuevo préstamo de $10 millones en 1926; incluso logró que le pagara $150 mil a la compañía de una amiga suya para que construyera una lujosa embajada dominicana en Washington. Ver José Ortega Frier, *Memorandum Relativo a la Intervención de Sumner Welles en la República Dominicana* (Santo Domingo: Ediciones de Taller, 1975), 89–94. Según

acordó la retirada de los *marines* sino hasta 1924. En cuanto se fueron, Trujillo, infame por corrupto y despiadado, ascendió rápidamente a comandante del rebautizado Ejército Nacional y fue electo presidente en 1930, durante una campaña en la que sus soldados acosaron a todos sus oponentes. Al principio, Washington se mostraba frío con él, pero los diplomáticos estadounidenses acabaron por decidir que sus métodos estrictos eran preferibles a una inestabilidad continua.

Durante los siguientes treinta años, ya fuera como presidente o por medio de sucesores que elegía personalmente, Trujillo perfeccionó la dictadura más infame del continente. Manejaba el país como un señor privado para su familia y amigos. Conocido en todo el país como *El Jefe*, sus atrocidades se volvieron legendarias. Constantemente raptaba y violaba dominicanas, incluidas las esposas e hijas de sus subordinados.[38] Torturó, encarceló y ejecutó a miles de personas, incluidos 18 mil haitianos masacrados por su ejército en octubre de 1937. Sus espías incluso rastreaban y asesinaban a sus oponentes en el exilio. Su crueldad psicótica quedó inmortalizada en una espeluznante novela de Gabriel García Márquez, *El otoño del patriarca*. El gobierno estadounidense no empezó a trabajar en su derrocamiento sino hasta 1960, cuando intentó asesinar al presidente de Venezuela. Querían evitar que se repitiera la caída de Batista en Cuba. En mayo de 1961, un grupo de sus propios oficiales lo asesinó con el apoyo de la CIA (ver capítulo 7).

---

el historiador dominicano Frank Moya Pons, cuando terminó la ocupación, la deuda exterior del país había subido de $10 millones a $15 millones. Ver Moya Pons, *The Dominican Republic*, 339.

38. Ramón Alberto Ferreras, *Trujillo y sus mujeres* (Santo Domingo: Editorial del Nordeste, 1982), hace un recuento de los muchos ataques de Trujillo contra mujeres.

NICARAGUA

Mientras tanto, los nicaragüenses estaban pasando por su propia secuencia de jefes. En su caso, fue el gobierno de Anastasio Somoza García y su familia. El reinado de los Somoza, al igual que el de Trujillo y el de Batista, se originó en una ocupación estadounidense. A pesar de la debacle de las guerras de Walker, a inicios del siglo XX Nicaragua era un país estable y próspero gracias a José Santos Zelaya, un liberal popular que fue presidente de 1893 a 1909. A primera vista, Zelaya brindaba el tipo de gobierno progresista y bien administrado del que carecían otros países de Latinoamérica. Incluso aceptaba la inversión extranjera y pagaba la deuda externa a tiempo. Pero también era nacionalista, y les repartía lucrativos monopolios comerciales a sus nicaragüenses preferidos mientras se negaba a darles un trato especial a los extranjeros. Eso lo puso en conflicto con el puñado de ejecutivos estadounidenses que poseían grandes concesiones plataneras, caoberas y mineras en el país.

Las concesiones, todas desreguladas y exentas de impuestos, habían sido asignadas por dirigentes miskitos en la sección anglófona de Bluefields —ubicada a lo largo de la costa atlántica— antes de que Zelaya entrara al poder. Los gerentes extranjeros discutían seguido con el gobierno central por los impuestos nuevos, y en 1894 y 1899 fomentaron revueltas antizelayistas sin éxito. Cada vez, la Marina de Estados Unidos intervino para proteger sus propiedades de ser confiscadas.[39]

La disputa de Zelaya con las empresas de Bluefields solo fue el principio de sus problemas. Como hemos visto, perdió el proyecto de un canal transoceánico a principios de siglo por negarse a cederle la soberanía del paso a Estados Unidos. Luego, en 1907, estalló una guerra entre Nicaragua y una coalición de Honduras,

39. Para 1899, cinco compañías estadounidenses tenían inversiones de casi $3 millones en Bluefields. Ver Langley, *The United States and the Caribbean*, 46–49; Bermann, *Under the Big Stick*, 123–50; Gregorio Selser, *Sandino: General of the Free* (Nueva York: Monthly Review Press, 1981), 28–40.

Guatemala y El Salvador. El ejército de Zelaya logró varias victorias rápidas y ocupó Honduras. Mientras las tropas nicaragüenses
avanzaban rápidamente, las compañías bananeras norteamericanas de la región convencieron al presidente Roosevelt de que
desplegara *marines* para proteger sus plantaciones. Las tropas estadounidenses estaban a punto de confrontar al ejército de Zelaya cuando el secretario de Estado, Elihu Root y el presidente
de México, Porfirio Díaz, convencieron al líder nicaragüense de
retirarse. Sus negociaciones de paz terminaron con el establecimiento de una Corte de Justicia Centroamericana para arbitrar
futuros conflictos.[40] Sin embargo, la guerra había aumentado
considerablemente la estatura de Zelaya. Ahora era una potencia regional incuestionable, para desasosiego de los funcionarios
estadounidenses.

Cuando William Howard Taft sucedió a Roosevelt, su secretario de Estado, Philander Chase Knox, diseñó una nueva política para el Caribe que se conocería como "diplomacia del dólar".
Knox, uno de los mejores abogados corporativos de su época,
no era ajeno a Latinoamérica. Había pasado tiempo en Panamá
y en Cuba, y su antiguo despacho legal representaba a la familia Fletcher de Pittsburgh, dueña de dos empresas nicaragüenses
importantes, la United States and Nicaragua Company y La Luz
and Los Ángeles Mining Company.

La idea de Knox de una reforma financiera era instalar recep-
torías de aduanas en la región y remplazar a los banqueros de
inversiones europeos, que poseían la mayor parte de la deuda
centroamericana, con compañías estadounidenses. Para lograr
esos fines, no dudó en llamar a los *marines*.[41] De inmediato decidió que Zelaya era un obstáculo. Al perder el proyecto del canal, Zelaya se había embarcado en su propia visión de una ruta a
través de Nicaragua: un ferrocarril que uniría la costa oeste con
la aislada región del Atlántico. Hizo un trato con una empresa
alemana para construir el ferrocarril y consiguió un préstamo de

40. Bermann, *Under the Big Stick*, 137–40.
41. *Ibid.*, 142–45; Healy, *Drive to Hegemony*, 152-57.

$1.2 millones de un consorcio francobritánico. Tal indepen-
dencia financiera no solo irritó a Knox, sino también a las casas
bancarias de los Brown Brothers, J. W. Seligman y J. P. Morgan
and Company, que estaban buscando su tajada del negocio de los
préstamos a Centroamérica. En 1909, Juan Estrada, un oficial del
ejército nicaragüense, y el conservador Emiliano Chamorro se
rebelaron contra Zelaya. Para entonces, los periódicos estadounidenses sensacionalistas habían empezado a tildar al carismático
presidente de carnicero y tirano, con lo que crearon el primer
estereotipo de *El Jefe* entre el público norteamericano.[42]

La rebelión de Estrada contra Zelaya, al igual que la de Amador y Bunau-Varilla en Panamá, fue todo menos local. Se planeó
en Nueva Orleans y fue financiada por compañías estadounidenses a través de Alfonso Díaz, un ejecutivo de Los Ángeles Mining
Company de los Fletcher.[43] Montones de mercenarios anglos se
unieron a los rebeldes como asesores, recordando las revueltas
filibusteras del siglo xix. Entre ellos se encontraban Godfrey
Fowler, un capitán en funciones en la Guardia Nacional de Texas;
Leonard Groce, quien llevaba años minando en Centroamérica,
y el empresario de Virginia, Lee Roy Canon. Poco después de
iniciada la rebelión, las tropas nicaragüenses capturaron a Canon y a Groce mientras intentaban dinamitar un barco militar de
transporte. Zelaya les hizo corte marcial y los sentenció a muerte. Esa fue la excusa que necesitaba Taft para romper relaciones
diplomáticas y lanzar una campaña para derrocarlo. La presión

---

42. *Ibid.*, 143.
43. *Ibid.*, 144; Langley, *The United States and the Caribbean*, 50–52; también
Colby, *The Business of Empire,* 85. Bermann, Langley y Colby citan un involucramiento más activo del gobierno estadounidense en la revuelta, mientras
que el historiador Dana Munro, en *Intervention and Dollar Diplomacy in the
Caribbean* (1964), 167–86, le adjudica menos motivos imperialistas a las acciones de Estados Unidos y declara que la administración de Taft se mantuvo
neutral durante la revolución de 1909. Sin embargo, Munro después fungiría
como funcionario del Departamento de Estado a cargo de asuntos latinoamericanos y también como presidente del Consejo Protector de Tenedores de
Bonos Extranjeros, lo que podría haber influido en su opinión acerca de los
sucesos en la región.

de Estados Unidos forzó rápidamente su renuncia, pero la crisis solo terminó cuando Estrada, Chamorro y Díaz, los elegidos de Washington, tomaron el poder en 1910 contra el sucesor elegido por Zelaya, José Mádriz. Los rebeldes habían estado al borde de la derrota en la zona de Bluefields, a manos de soldados leales a Mádriz, cuando apareció un cañonero estadounidense y declaró que no se podía interferir con el comercio local, lo que permitió que las fuerzas de Estrada y Díaz recibieran armas nuevas. Uno de los principales asesores de Knox en ese entonces, Francis M. Huntington-Wilson, describió más tarde, en sus memorias, la meta de la política estadounidense en términos más crudos y raciales: "[En Nicaragua] había una pequeña minoría educada, propietaria y civilizada que [...] conformaba el Partido Conservador [...] Un estrato inferior [...] conformaba el Partido Liberal. Yo pensaba que la meta de la política debería ser proteger al pequeño grupo de los mejores de ser arrasado por los políticos liberales y los elementos negros e indios a los que representaban [...]".[44]

Poco después, las fuerzas de Estrada viraron el cauce de la guerra y destituyeron a Mátriz, y luego llevaron a cabo todas las "reformas" que quería Knox. Refinanciaron la vieja deuda francoinglesa de Zelaya con Brown Brothers y Seligman, instalaron a un supervisor estadounidense para recabar los aranceles e invitaron tropas estadounidenses al país. En el proceso, también saquearon el tesoro.[45] A mediados de 1912, las dos empresas de Wall Street controlaban el nuevo Banco Nacional de Nicaragua (constituido en Connecticut) y el Ferrocarril del Pacífico

---

44. Healy, 155-156. También, Rafael de Nogales, *The Looting of Nicaragua* (Nueva York: Robert M. McBride & Company, 1928), 93-95; para la cita de Huntington-Wilson, ver Benjamin Harrison, "The United States and the 1909 Nicaragua Revolution", *Caribbean Quarterly 41,* no. 3/4 (septiembre-diciembre de 1995), 49, https://www.jstor.org/stable/40653942. El autor señala que el ministro de Washington en Nicaragua y Costa Rica "estimaba que para 1894, entre 90% y 95% de toda la inversión extranjera en Nicaragua era estadounidense".

45. Se concedieron a sí mismos y a sus secuaces en Nicaragua enormes pagos por daños incurridos en la guerra contra Zelaya. Tan solo Chamorro obtuvo $500 mil.

(incorporado en Maine). El sueño de Zelaya de unir la parte oriental y occidental de Nicaragua por ferrocarril murió con su deposición.[46] Durante los siguientes trece años, una pequeña fuerza de *marines* se quedó en el país mientras Washington y Wall Street decidían sus asuntos financieros.

Los *marines* se fueron en 1925, pero se vieron forzados a volver el año siguiente, porque estalló una nueva guerra civil. En esa ocasión, el general Chamorro estaba tratando de reinstaurar a Díaz en el poder en lugar del liberal Juan Sacasa, quien había ganado las elecciones del año anterior. Los *marines* se declararon neutrales, pero apoyaron a Díaz cuando los campesinos tomaron las armas para devolver al popular Sacasa al poder. La revuelta campesina duró siete años, y convirtió en leyenda al líder rebelde Augusto César Sandino. De joven, Sandino había presenciado de primera mano el impacto de las multinacionales estadounidenses en la fuerza laboral centroamericana, pues había trabajado varias veces durante los años veinte de mecánico en Honduras para los Vaccaro Brothers, en Guatemala para la United Fruit y en Tampico, México, para una subsidiaria de la Standard Oil, donde se inspiró en la Revolución mexicana y en la nacionalización de la industria petrolera de México.[47] Cientos de voluntarios de otros países se unieron al ejército de Sandino, mientras eludía una y otra vez a las fuerzas del gobierno y a los seis mil *marines* enviados por Washington. Cuando esos soldados bombardearon y ametrallaron a trescientos hombres, mujeres y niños desarmados en una masacre en Ocotal en julio de 1927, la opinión pública en Estados Unidos se volvió contra la guerra.[48] Los *marines* resistieron hasta que los nicaragüenses

46. Bermann, *Under the Big Stick*, 157–61.
47. Para Chamorro y Díaz, ver Langley, *The United States and the Caribbean*, 102–3; para Sandino, ver Colby, *The Business of Empire*, 152–153.
48. H. H. Knowles, exembajador en Nicaragua y República Dominicana, condenó la presencia estadounidense durante un discurso en Williamstown: "Hemos usado la Doctrina Monroe para evitar que los países europeos solidarios con esas repúblicas acudieran en su ayuda. En vez de enviarles maestros, instructores y elementos civilizatorios, les mandamos cazadores de concesiones

eligieron a Sacasa como presidente de nuevo en 1932, luego de lo cual las protestas públicas los obligaron a retirarse.

Sandino entonces entró triunfal a Managua y abrazó a Sacasa en el palacio presidencial. Fue la primera vez que Estados Unidos fue derrotado en Latinoamérica, y nuestros dirigentes no lo olvidarían. Antes de irse, los *marines* lograron entrenar una nueva Guardia Nacional e instalar a un comandante que hablara inglés, Anastasio Somoza García. Los soldados de Somoza emboscaron y ejecutaron a Sandino dos años después. Según varios historiadores, el asesinato contó con el apoyo secreto del embajador Arthur Bliss Lane.[49] Somoza no perdió tiempo antes de deponer a Sacasa y convertir Nicaragua en su señorío privado. Los dos hijos de Somoza lo sucedieron como caudillos del país, con lo que se aseguró el control de la familia Somoza hasta la revolución sandinista de 1979.

¿Qué impulsó a nuestro gobierno a asumir este papel de policía regional de todo el Caribe y Centroamérica a principios del siglo xx? Algunos historiadores argumentan que, antes de la Primera Guerra Mundial, nuestros dirigentes genuinamente temían que los alemanes u otros europeos establecieran cabezas de playa cerca de las costas de Estados Unidos. Pero las intervenciones continuaron incluso después de que esa guerra dejara a Estados Unidos como la potencia incuestionable del Caribe.

Otros señalan la multitud de banqueros y empresarios estadounidenses que les prestaban dinero a los gobiernos latinoamericanos, en general en inversiones riesgosas. National City Bank abrió la primera rama latinoamericana de un banco estadounidense

bancarias usureras, capitalistas avaros, corruptos, soldados que les disparen y degenerados para infestarlos con todos los males". Ver Selser, *Sandino: General of the Free*, 80–81.

49. Langley, *The United States and the Caribbean*, 109; Selser, 174–77; también Tom Barry y Deb Preusch, *The Central America Fact Book* (Nueva York: Grove Press, 1986), 272.

en Argentina en noviembre de 1914; cinco años después, había establecido cuarenta y dos.[50] Las empresas estadounidenses pusieron a la venta unos $2 mil millones en bonos de gobiernos latinoamericanos durante los años veinte, la mayoría en México, Centroamérica y el Caribe. En cuanto se hacían los préstamos, los banqueros daban por hecho que los *marines* protegerían sus inversiones.[51] Pero entonces llegó el Crac del 29. Empezando por Bolivia en 1931, todos los países latinoamericanos, a excepción de Haití, incumplieron sus préstamos. Los inversionistas estadounidenses se retiraron de la región durante los años de la Depresión.

Sin importar cuál fuera la razón de aquellas primeras intervenciones, la entrada de Franklin D. Roosevelt a la presidencia trajo consigo una nueva estrategia para Latinoamérica. Los abusos abiertos de Washington y las ocupaciones militares se terminaron en gran parte. En vez de eso, los diplomáticos estadounidenses en la región intentaron controlar las cosas por medio de dictadores proestadounidenses que debían mantener el orden. Así, desde mediados de los años treinta hasta finales de los cuarenta fue el apogeo de los jefes. Excepto por unos pocos, sus nombres son casi desconocidos para el público estadounidense. Pero para sus paisanos, representan décadas perdidas tan llenas de horror y oscuridad que algunos países apenas se están recuperando.[52] Así fue el periodo no solo de Trujillo, Batista y los Somoza, sino del guatemalteco Jorge Ubico Castañeda, el salvadoreño Maximiliano Hernández Martínez y el hondureño Tiburcio Carías Andino. Lo que parecía unirlos a todos era su capacidad para ganarse el favor del Tío Sam, primero como aliados contra el fascismo durante la Segunda Guerra Mundial y luego

---

50. Para 1920, había 99 filiales de bancos estadounidenses en la región. Ver Barbara Stallings, *Banker to the Third World: U.S. Portfolio Investment in Latin America, 1900–1986* (Berkeley: University of California Press, 1987), 65–67.

51. *Ibid.*, 71.

52. Ver Jason M. Colby, *The Business of Empire*, 175–197; Eduardo Galeano, *Las venas abiertas de América Latina* (México, Siglo XXI, 1971), 145-148.

como confiables anticomunistas a finales de la década de 1940 y durante todos los años cincuenta.

Después de la guerra, las compañías norteamericanas que volvieron a invertir en la región invariablemente creían que los jefes eran caudillos confiables que les ofrecían una estabilidad necesaria después de décadas de disturbios. Las inversiones estadounidenses directas se triplicaron en Latinoamérica entre 1955 y 1969, sobre todo en minería, petróleo y manufactura, y los márgenes de ganancia se dispararon.[53] Entre 1950 y 1967, por ejemplo, las nuevas inversiones estadounidenses en Latinoamérica alcanzaron menos de $4 mil millones, pero las ganancias fueron de casi $13 mil millones.[54]

Ese comercio en auge y el ascenso de un bloque comunista en Europa y Asia trajo consigo la decisión renovada de Washington de controlar su traspatio latinoamericano. Cada vez que llegaba un régimen socialdemócrata o de izquierda radical al poder y amenazaba el clima empresarial de las compañías estadounidenses, Washington reaccionaba apoyando a oponentes de derecha que lo derrocaran. En 1954, la CIA ayudó a destituir el gobierno reformista y liberal de Jacobo Árbenz en Guatemala.[55] En 1961, la agencia organizó la fallida invasión de Bahía de Cochinos contra Cuba. Cuatro años después, los *marines* invadieron de nuevo República Dominicana, justo cuando los rebeldes leales al presidente Juan Bosch, electo democráticamente, estaban a punto de derrotar a un grupo de generales que le habían dado un golpe de Estado dos años atrás. Escenarios similares sucedieron en Chile bajo Salvador Allende, en Perú bajo Juan Velasco Alvarado en los años setenta y en Nicaragua bajo el líder sandinista Daniel Ortega en los ochenta. Cuando todo lo demás fallaba, nuestros

---

53. Stallings, *Banker to the Third World*, 84, 187. A principios de los años cincuenta, Latinoamérica tan solo representaba el 4% de las "carteras de valores" de las compañías estadounidenses en el mundo; esa cifra se disparó hasta casi el 41% de las inversiones mundiales para 1979.

54. Galeano, *Las venas abiertas de América Latina*, 292.

55. Schlesinger y Kinzer, *Bitter Fruit*, xii.

dirigentes recurrían a una invasión directa, como en Granada en 1983 y en Panamá en 1989.

Pero conforme el capital estadounidense penetraba cada vez más en Latinoamérica, algo más empezó a pasar: la mano de obra latinoamericana se dirigió hacia el norte. Más de un millón de personas, una décima parte de la población mexicana migró al Suroeste entre 1900 y 1930.[56] Algunas venían huyendo del caos y la represión de la Revolución de 1910, pero muchas habían sido reclutadas como mano de obra barata para los ferrocarriles, minas y granjas de algodón y frutas en el Oeste.

La Santa Fe y la Southern Pacific, por ejemplo, reclutaron a 16 mil mexicanos para sus líneas en 1908. En 1918, Henry Ford llevó varios cientos de mexicanos a Detroit como trabajadores estudiantes, de modo que para 1928 ya había quince mil mexicanos viviendo en la ciudad.[57] En 1923, la Bethlehem Steel contrató a mil mexicanos para trabajar en su fábrica de Pennsylvania. Ese mismo año, la National Tube Company se llevó a trece mil migrantes de Texas a trabajar a su planta de Lorain, Ohio.[58] La Great Western Sugar Beet Company llevó a más de treinta mil mexicanos a los campos de remolacha de Colorado en las décadas de 1920 y 1930. La Minnesota Sugar Company les ofrecía transporte, vivienda y créditos a los mexicanos que migraran a su estado. Para 1912, ya había una colonia mexicana en Saint Paul.[59] En Michigan y Kansas hubo contrataciones similares.

Después de la Segunda Guerra Mundial, el flujo de migrantes se convirtió en torrente, empezando por los puertorriqueños en los años cincuenta y seguidos por los cubanos y dominicanos en los sesenta, los colombianos en los setenta y los centroamericanos en los ochenta. Las migraciones provenían de los mismos países caribeños que nuestros soldados y empresarios ya habían

---

56. McWilliams, *North from Mexico*, 152.

57. *Ibid.*, 169; también Acuña, *Occupied America*, 177; Zaragosa Vargas, *Proletarians of the North: A History of Mexican Industrial Workers in Detroit and the Midwest, 1917–1933* (Berkeley: University of California Press, 1993), 6.

58. McWilliams, *North from Mexico*, 169.

59. Acuña, *Occupied America*, 153.

penetrado, amedrentado y transformado. Pero la diáspora de cada país, como veremos, fue bastante distinta. Distinta en su composición de clase. Distinta en sus costumbres. Distinta en dónde y cómo se asentaron, y en cómo reaccionó Estados Unidos ante ellos. Sus odiseas separadas fueron tan ricas en experiencias y tan variadas como las de los ingleses, irlandeses, italianos y polacos que las antecedieron. Sin embargo, compartían un vínculo del que carecían otras oleadas de inmigrantes: un idioma en común.

Hacia finales del siglo xx, esos latinoamericanos recién llegados empezaron a transformar este país como nadie había imaginado. La conquista anglo había rebotado de vuelta hacia las costas de Estados Unidos.

SEGUNDA PARTE

Las ramas

4

Puertorriqueños:
Ciudadanos pero extranjeros

Marcantonio perdió las elecciones. Están atacando a todos los *spics*[1] que encuentran.

—POLICÍA DE LA CIUDAD DE NUEVA YORK, 1950

Antes de la Segunda Guerra Mundial, los jornaleros mexicanos eran los latinoamericanos más comunes en este país. Es cierto que de vez en cuando aparecía un latino en una película de Hollywood, o dirigiendo una banda en un club nocturno neoyorquino, o como el elegante jardinero de algún equipo profesional de béisbol, pero fuera del Suroeste, los angloamericanos rara vez veían hispanos en sus vidas diarias y casi no sabían nada de ellos.

Luego llegaron los puertorriqueños.

Más de cuarenta mil migraron del Caribe a Nueva York tan solo en 1946. De hecho, en esa ciudad hubo un pequeño enclave puertorriqueño desde la Primera Guerra Mundial, que alcanzó los 135 mil habitantes para finales de la Segunda, pero en 1946 hubo una impresionante explosión en la llegada de boricuas, que se mantuvo durante los siguientes quince años. Para 1960, había

---

1. Término peyorativo que se originó en Estados Unidos para referirse a una persona de ascendencia hispana.

más de un millón de puertorriqueños en el país, parte de lo que un sociólogo apodó "la mayor migración aérea de la historia".[2] Esa población ha seguido aumentando a tal punto que, según estimados de la Oficina del Censo, en 2017 había muchos más boricuas en los cincuenta estados —unos 5.8 millones— que en la isla —3.2 millones—.[3]

Mi familia fue parte de esa oleada del 46. Mis padres, Juan y Florinda González, llegaron en uno de los primeros vuelos regulares de San Juan por Pan American Airways. Junto con los braceros mexicanos del Oeste, fueron pioneros de la diáspora latina moderna.

Los puertorriqueños eran particularmente ideales para su función de pioneros. De todos los latinoamericanos, solo nosotros llegamos como ciudadanos estadounidenses, sin necesidad de visa ni de tarjeta de residencia para extranjeros. Pero esa ventaja única, resultado directo del estatus de colonia de Puerto Rico, también ha provocado obstáculos inesperados. A pesar de nuestra ciudadanía *de jure*, el norteamericano promedio, ya sea blanco o negro, sigue considerándonos extranjeros *de facto*. Como ya vimos, incluso a la Corte Suprema le ha costado trabajo explicar nuestra condición. La contradicción de ser a la vez ciudadanos y extranjeros, cuando se une con la realidad de que nuestra población es de raza mixta, ha hecho que la experiencia migrante puertorriqueña en Estados Unidos sea profundamente

---

2. La Oficina del Censo contó 7,364 en el Spanish Harlem de Manhattan y alrededor de Brooklyn Navy Yard. Joseph Fitzpatrick, *Puerto Rican Americans: The Meaning of the Migration to the Mainland* (Englewood Cliffs, N. J.: Prentice Hall, 1987), 38.

3. Oficina del Censo de Estados Unidos, "Puerto Rico Population Declined 11.8% from 2010 to 2020", 25 de agosto de 2021, https://www.census.gov/library/stories/state-by-state/puerto-rico-population-change-between-census-decade.html. Para los puertorriqueños en Estados Unidos, Ver "Hispanic or Latino Origen by Specific Origin", 2019 American Community Survey 1-year Estimates", 13 de septiembre de 2018, https://data.census.gov/cedsci/table?-q=B03001%3A%20HISPANIC%20OR%20LATINO%20ORIGIN%20BY%20SPECIFIC%20ORIGIN&tid=ACSDT1Y2019.B03001&hidePreview=true.

esquizofrénica, más similar en ciertos sentidos a la de los afro-americanos o la de los nativos americanos que a la de cualquier otro grupo de latinos.

Para entender dicha esquizofrenia, nos vendría bien examinar las fuerzas que forjaron la visión boricua del mundo: ¿Por qué tantos migrantes abandonaron su patria? ¿Qué pasó cuando llegaron aquí? ¿Qué opinaron los demás de ellos? ¿Cómo lidiaron con sus nuevas condiciones y cómo sobrevivieron a ellas? ¿Por qué tantos se quedaron atascados en la pobreza, incapaces de trepar por la escalera de la inmigración? Espero que la historia de mi familia, muy típica de esa primera migración, esclarezca un poco las cosas.

POR QUÉ VINIMOS

Una mañana de mayo de 1932, unos trabajadores carreteros encontraron a mi abuelo, el ingeniero en jefe Teófilo González, afiebrado y delirante en su campamento de trabajo, en la costa suroeste de Puerto Rico. Murió de neumonía unos días después, y su muerte hundió de inmediato a su joven esposa, María González Toledo, y a sus seis hijos en la pobreza más abyecta.[4]

Mi abuela se había casado con Teófilo en 1914, en el pueblo serrano de Lares. En ese entonces tenía 16 años, era huérfana, analfabeta y estaba desesperada por escapar de su madrina nacida en España, que la había criado prácticamente como su sirvienta. Su nuevo esposo tenía 34 años, estaba bien educado y era el primogénito de un próspero cafetalero cuyos padres habían migrado a Lares desde la isla española de Mallorca a finales de la década de 1850.

---

4. El autor reunió esto y gran parte de la historia temprana de la familia González durante 1992-1993, a partir de largas entrevistas con Graciela Ramos, Pura Morrone, Sergio González y Ana Meléndez, los hijos supervivientes de Teófilo y María González; con la madre del autor, Florinda Guillén; con su hermano, Heraclio "Pancho" Rivera; con su tío, Charley Meléndez, y con varios miembros del clan González de segunda generación, sus muchos primos.

Los *criollos* puertorriqueños estaban resentidos con los *peninsulares* mallorquines, porque rápidamente compraron la mayoría de los negocios en Lares y rara vez les daban trabajo a los nativos del pueblo.[5] Los mallorquines eran leales a la corona española, mientras que Lares era un semillero de separatistas y abolicionistas. El 23 de septiembre de 1868 estalló el Grito de Lares. Fue la revuelta de independencia más importante de la historia de la isla. Los padres de mi abuelo, Teófilo González, Sr. y Aurelia Levi, apenas eran adolescentes, pero vitorearon a los soldados españoles que aplastaron rápidamente la rebelión. Para sofocar más disturbios, las Cortes españolas abolieron la esclavitud en la isla en 1873, pero mis bisabuelos, al igual que muchos de los pequeños cafetaleros de la región, le dieron la vuelta al decreto de emancipación y mantuvieron ilegalmente algunos trabajadores negros como semiesclavos. Eso enfureció a su hijo menor, Onofre, quien pronto se convirtió en disidente político opuesto al dominio español.

Según la leyenda familiar, mis bisabuelos se burlaban de Onofre y decían que era un idealista trastornado. Lo seguían ridiculizando cuando estalló la Guerra Hispano-Estadounidense y los soldados estadounidenses desembarcaron en Guánica. Poco después, Onofre se robó varios caballos de su padre y cabalgó hacia el sur para ofrecer sus servicios a los invasores yanquis. Regresó unas semanas después, y entró al galope a Lares como el orgulloso explorador de una columna de soldados estadounidenses.[6]

Como ya vimos, esa primera ocupación militar desilusionó rápidamente hasta a sus defensores puertorriqueños. Destrozó a los pequeños cafetaleros y tabacaleros, que eran la espina dorsal de la economía de la isla. Las compañías azucareras estadounidenses engulleron las tierras y crearon un vasto proletariado agrícola, cuyos miembros solo trabajaban algunos meses al año. La vida se

---

5. Dietz, *Economic History of Puerto Rico*, 55.
6. Para un recuento del papel de los exploradores puertorriqueños en la invasión estadounidense, ver Rivero, *Crónica de la Guerra Hispano Americana en Puerto Rico*, 473–87

volvió insoportable para las muchedumbres empobrecidas. "Me he detenido en una granja tras otra, donde mujeres flacas y malnutridas y hombres enfermizos me repetían la misma historia: poca comida y ninguna oportunidad de conseguir más",[7] escribió en 1929 Theodore Roosevelt Jr., el hijo de Teddy Roosevelt, quien había sido gobernador de la isla.

Durante esos años de desesperanza, María y Teófilo perdieron a cinco de sus once hijos por enfermedades. De todos modos, estaban en mejores circunstancias que la mayoría de la gente, gracias a su trabajo construyendo carreteras para el gobierno. Sin embargo, tras la muerte de Teófilo en 1932, la fortuna de la familia se desplomó. María vendió la gran casa que tenían en la ciudad costera de Ponce y se mudaron a una chocita escuálida en El Ligao, la peor sección del arrabal Mayor Cantera en los cerros circundantes. Consiguió trabajo de asistente en el Hospital Tricoche de Ponce y de vez en cuando como piscadora de café en los campos cerca de Lares.

Pero con esos trabajitos no ganaba suficiente dinero para mantener a una familia grande, así que, muy a su pesar, les encargó a varios de sus hijos a algunos amigos, con la esperanza de salvarlos del hambre. Su hija mayor, mi tía Graciela, terminó con unos vecinos que tenían una tiendita, y ahí trabajó en el mostrador a cambio de comida y techo. Mandó a otra niña, mi tía Ana, a vivir con un vecino, como sirvienta. Envió a un hijo, mi tío Sergio, a vivir con una maestra que no tenía hijos.

Pero sus dos más chicos, mi tía Pura y mi padre, Pepe, eran demasiado jóvenes para serle útiles a nadie, así que mandó a Pepe, de seis años, a un orfanato. El día en que lo dejó con las monjas, sus alaridos de terror casi le rompen el corazón. Sintió tanta culpa que unos años después fue a recuperarlo y lo mandó a vivir con otra maestra sin hijos. Pero la maestra abusó sexualmente de él durante años, y lo convirtió en un alcohólico taciturno y explosivo. Cargó con tal ira en su interior durante el resto de su vida

---

7. Earl Parker Hanson, *Puerto Rico: Land of Wonders* (Nueva York: Alfred A. Knopf, 1960), 77.

que cada vez que bebía de más, contaba la historia de cómo su madre lo había abandonado.

Pura, la única que se quedó en casa, se convirtió en la acompañante eterna de su madre. Los demás solo podían visitarla algunos domingos al mes. María arrastraba a la niña consigo a todos lados. La escondía debajo del lavabo en el hospital cada vez que aparecían los supervisores; en los campos, le amarraba una lata al cuello y le enseñaba a piscar café con sus deditos. Las cicatrices psicológicas que les quedaron a los González por su larga separación durante la infancia fueron tan profundas que décadas después, cuando se habían reunido y la familia se había mudado a Nueva York, nunca hablaban abiertamente de esa época.

Los años treinta fueron la era más turbulenta en la historia moderna de Puerto Rico, y Ponce, donde se había asentado mi familia, era el centro de la tormenta. La Depresión convirtió a la isla en un infierno social aún peor de lo que es Haití ahora. Un visitante la describió así:

> La gente se moría de inanición lenta, y a veces rápidamente, en todas partes. Si recorrías en coche las carreteras rurales, te retrasaban una y otra vez las tristes procesiones funerarias que cargaban con los ataúdes de niños muertos.
>
> La mayoría de las ciudades estaban infestadas de "jaurías" de niños de entre seis y dieciséis años, muchos de los cuales no tenían idea de quiénes eran sus padres. Robaban y asaltaban; "cuidaban" automóviles estacionados, y si sus conductores no querían pagar la protección, les sacaban la gasolina del tanque, se robaban las tapas de los rines y les ponchaban las llantas. Dormían donde podían: en los parques, en pasillos, en callejones.[8]

El barrio serrano de El Ligao, en Ponce, era infame por su violencia y delincuencia. Era normal que los vecinos se guardaran rencor y que hubiera asesinatos brutales con machete o luchas a muerte con cuchillo. Un día, Pura González vio horrorizada

---

8. *Ibid.*

cómo cuatro tipos arrastraron sangrando por la calle de tierra de su cuadra a Saro, un muchacho del barrio que vendía hielo en un carrito, lo colgaron descaradamente de un árbol, lo apuñalaron y lo castraron. Después descubrió que Saro era corredor de apuestas. Un importante funcionario de la ciudad había apostado con él, pero cuando el número salió ganador y fue por su dinero, descubrió que se lo había bebido todo. Como lección para El Ligao, ordenó su ejecución pública.

Ponce era, a la vez, la ciudad más próspera y la más culta de Puerto Rico. Era el centro del movimiento nacionalista de la isla, cuyo presidente era Pedro Albizu Campos. Albizu se graduó de Harvard en 1916, se enlistó en la Marina de Estados Unidos y pasó años viajando por Latinoamérica. En 1932, volvió a su patria y asumió la dirigencia del partido. Era un orador carismático y un católico devoto, y no perdió tiempo en apelar a la larga frustración de su país por el control estadounidense. No tardó en propagar una forma casi mística de nacionalismo antiyanqui y antiprotestante.

Cuando Albizu regresó del extranjero, la codicia de las plantaciones azucareras estadounidenses había creado un polvorín social. Los salarios de los cortadores de caña, de 63 centavos por jornada de doce horas en 1917, habían bajado a 50 centavos para 1932. El 40% de la fuerza laboral estaba desempleada, pero las ganancias de las compañías se mantenían por lo alto.[9] Tan solo durante los últimos seis meses de 1933 estallaron 85 huelgas y protestas, varias de ellas dirigidas contra el gobierno colonial. En una de ellas, miles de trabajadores azucareros que exigían una

---

9. Mientras que los puertorriqueños ganaban 63 centavos al día en 1917, los cortadores de caña hawaianos ganaban 97 centavos y los cubanos, $1.26. Entre 1923 y 1930, el rendimiento de capital de las cuatro corporaciones estadounidenses más grandes era de 22.5% en promedio, y entre 1920 y 1925, tres plantaciones de azúcar (Central Aguirre, South Porto Rico y Fajardo) distribuyeron más de $60 millones en dividendos a sus accionistas mientras tan solo acumulaban $20 millones para reinversión. En otras palabras, el 75% de las ganancias de las compañías salían del país para ir a parar a los bolsillos de los accionistas. Ver James Dietz, *Economic History of Puerto Rico*, 110–11, 139.

jornada de ocho horas rechazaron a sus líderes ineptos y acudieron a Albizu Campos y a los nacionalistas. Por primera vez, los nacionalistas y el movimiento obrero se iban a unir. En otras partes del país, la violencia en los piquetes de las costureras de Lares y Mayagüez dejaron dos muertos y setenta heridos.[10]

Para detener la violencia antiyanqui, los agentes federales arrestaron a Albizu Campos y a varios de los líderes del partido bajo cargos de sedición en 1936. Mientras estaban en la cárcel, la brigada juvenil del partido, los Cadetes, programó una marcha pacífica en Ponce para presionar por su liberación. El gobernador Blanton Winship se negó de último momento a darles el permiso, pero los nacionalistas decidieron marchar de todos modos.

Era Domingo de Ramos, el 21 de marzo de 1937. Mi tía Graciela tenía 16 años y estaba arrebatada por el fervor nacionalista de la época. Por suerte, decidió saltarse la marcha de ese día e irse de picnic con sus hermanas, Ana y Pura. Subieron juntas a El Vigía, la magnífica propiedad de la familia Serrallés, dueños de la destilería de ron Don Q, en la punta del cerro. Desde el terreno escalonado del castillo puede verse todo Ponce. Pura, la más joven, recuerda que poco después de que se reunieran los nacionalistas, empezaron a batir las campanas, y cuando volteó hacia la plaza desde el monte, vio gente dispersándose en todas direcciones. Una muchacha que conocían llegó corriendo hacia ellas, gritando: "Hay una masacre en la ciudad. Los nacionalistas están peleando con los soldados. El hospital está lleno de heridos". Cuando se asentó el polvo, había 21 muertos y 150 heridos. Una comisión de derechos humanos reportaría más tarde que todos habían recibido disparos de la policía. Fue la peor masacre en la historia de Puerto Rico.[11]

Después de la Masacre del Domingo de Ramos, la histeria arrasó la isla, hasta casi llegar a la guerra civil. Cazaban a los

---

10. Ronald Fernández, *The Disenchanted Island: Puerto Rico and the United States in the Twentieth Century* (Nueva York: Praeger, 1992), 116; también Dietz, *Economic History of Puerto Rico*, 175.
11. Kal Wagenheim and Olga Jiménez de Wagenheim, *The Puerto Ricans: A Documentary History* (Maplewood, N. J.: Water Front Press, 1998), 179–82.

nacionalistas y los arrestaban sin miramientos. Algunos se fueron al exilio en Nueva York o La Habana. Graciela, la única miembro del Partido Nacionalista de nuestra familia, decidió que no se podía ganar nada luchando contra los estadounidenses. Con Albizu Campos en la cárcel y las filas nacionalistas diezmadas, dejó el partido.

A principios de los años cuarenta, mi abuela María logró reunir a la familia. Sus hijos ya habían crecido, y el estallido de la Segunda Guerra Mundial había aumentado los empleos. Mi padre, Pepe, se enlistó en el regimiento 65 de infantería, exclusivamente puertorriqueño, y fue con él a África del Norte, Francia y Alemania. Sus hermanos, Sergio y Tomás, fueron reclutados un año después.

Los puertorriqueños del 65 estuvieron segregados de los demás soldados estadounidenses durante toda la guerra, y casi siempre les asignaron trabajo de apoyo para unidades de combate. Como no hablaban inglés, sus colegas los ridiculizaban con frecuencia. Aparte de los prejuicios que vivieron, les afectó mucho el campo devastado del sur de Francia y Alemania, que les recordaba las exuberantes colinas verdes de Puerto Rico. Los campesinos franceses desplazados se convirtieron en recordatorios espeluznantes de sus paisanos jíbaros desposeídos. La guerra no solo transformó a los hermanos González, sino a todos los puertorriqueños que participaron en ella. Por primera vez, un grupo grande de boricuas había salido de casa y viajado por el mundo. Muchos de ellos se vieron expuestos a los prejuicios étnicos por primera vez en su vida. Y por primera vez lucharon para defender un país del que nada sabían. Sin embargo, volvieron a casa creyendo, al igual que sus contrapartes mexicoamericanas, que se habían ganado un lugar a la mesa estadounidense; por primera vez, se sintieron ciudadanos.

Mientras los tres hijos de María González estaban en la guerra, sus cheques del ejército sacaron a la familia de la pobreza. Pero, cuando volvieron, los hermanos González encontraron una isla tan desposeída como la que habían dejado atrás. En cuanto regresó, Pepe se casó con mi madre, Florinda, una huérfana cuya madre había muerto dándola a luz y cuyo padre se fue un día a trabajar a las plantaciones azucareras de República Dominicana, y nunca regresó. Su abuela los había criado a ella y a sus hermanos mayores.

Sin embargo, el periodo de la posguerra trajo consigo un cambio rápido. En 1946, el presidente Truman nombró al primer gobernador puertorriqueño de la isla, Jesús Piñero. Poco después, el 15 de diciembre de 1947, Pedro Albizu Campos volvió a casa luego de pasar diez años en prisión federal por su cargo de sedición. Miles de nacionalistas lo recibieron en el aeropuerto como héroe. "Ha llegado la hora decisiva", les advirtió a sus seguidores.[12] Mientras el Partido Nacionalista y el gobierno de Estados Unidos se precipitaban hacia una última confrontación sangrienta, la familia González y miles de personas más empacaron sus maletas y se dirigieron a Nueva York.

LOS INICIOS DE *EL BARRIO* EN NUEVA YORK

Se asentaron en los edificios de El Barrio, al norte de Manhattan, y ahí encontraron manos amigas y también hostilidad. Mi tío Tomás fue el primero en llegar, en 1946. Otro migrante le consiguió trabajo sirviendo café en el Copacabana, el club nocturno más famoso de Nueva York en ese entonces. Tomás inmediatamente mandó a llamar a sus hermanos, Sergio y Pepe, y les consiguió trabajo de lavaplatos en el Copa. Aunque el mafioso Frank Costello controlaba el lugar en ese entonces, los políticos e inspectores de policía, abogados de lujo y beisbolistas profesionales acudían en bandada al club para escuchar conciertos de los mejores músicos de la época. A los meseros filipinos y los trabajadores de la cocina puertorriqueños les encantaba el glamur y la intriga del club, y les gustaba presumir a la gente famosa que atendían.

---

12. Seijo Bruno, *La Insurrección*, 35.

Mis padres se instalaron en un departamento sin agua caliente en East 112th Street, cerca de la Primera Avenida. La cuadra formaba parte de la sección italiana de East Harlem. Los ancianos sicilianos del barrio se reunían todos los días en clubes sociales sin marcas en la fachada. Por las noches, los hombres, la mayoría obreros textiles y muchos de ellos miembros de movimientos socialistas o anarquistas, jugaban dominó en la calle mientras debatían el futuro del sindicalismo. Para finales de los años cuarenta, muchos de los hijos de inmigrantes italianos se estaban uniendo a pandillas barriales. Los pandilleros, decididos a mantener su gueto bien organizado fuera del alcance de los forasteros, patrullaban la gran Piscina Jefferson, propiedad de la ciudad, y la madeja de bares en la Primera y Segunda Avenidas, para perseguir a cualquier negro o puertorriqueño que entrara al barrio.

La tensión étnica se mantuvo bajo control mientras Vito Marcantonio fue el congresista local. Él era un socialista chapado a la antigua que había logrado forjar una coalición única de los grupos étnicos y raciales de East Harlem, lo que lo mantuvo en la Cámara de Representantes de 1934 a 1950. Marcantonio siempre abogaba por los pobres, ya fueran trabajadores desempleados desalojados de su hogar o familias sin qué comer. Durante años, fue el único crítico del dominio estadounidense en Puerto Rico que había en Washington. En 1937 ayudó a la elección del primer funcionario puertorriqueño del país. Su protegido, Óscar García Rivera, ganó un escaño en la asamblea estatal como candidato del Partido Republicano y del Partido Laboral Estadounidense.[13] Por otro lado, el grupo de poder político de la ciudad odiaba a Marcantonio y sus nociones radicales. En 1950, sus enemigos por fin lo vencieron en una elección y lo sacaron del Congreso, pero incluso entonces requirieron una alianza sin precedentes para que los jefes del Partido Republicano, el Demócrata y el Liberal, propusieran un solo candidato.

---

13. Gerald Meyer, *Vito Marcantonio: Radical Politician, 1902–1954* (Albany: State University of New York, 1989), 27–29, ofrece una mirada profunda de Marcantonio.

Sin Marcantonio, East Harlem perdió a su principal voz por la unidad de la clase obrera. Las tensiones raciales se dispararon de inmediato, pues algunos italianos culparon a los puertorriqueños de su derrota. Los ancianos de nuestra familia aún recuerdan la terrible noche de las elecciones, en noviembre de 1950, cuando empezó la guerra étnica. Aquella noche, Eugenio Morales, antiguo vecino de El Ligao de Ponce, estaba visitando a mi abuela, María, y a sus hijas adultas, Graciela y Pura. Era un hombre guapo, moreno y de buen humor, que deleitó a las mujeres con un torrente de desternillantes recuerdos de la vida en Puerto Rico. A eso de las 10:00 p. m., Morales se levantó para irse y Pura oyó que el radio retumbaba con la noticia de la derrota de Marcantonio, pero nadie puso mucha atención.

"Ten cuidado allá en la calle", le dijo mi abuela. "Los italianos de esta cuadra ya nos conocen a nosotras, pero a ti, no". No dijo lo que estaba pensando: que la familia González tenía la piel tan clara que la mayoría podíamos pasar fácilmente por italianos, pero Eugenio, con su tez de chocolate, no.

"No se preocupe, Doña María", contestó con una sonrisa, encogiéndose de hombros. "Yo me sé cuidar". Y salió. Unos minutos después, tocaron desesperadamente a la puerta. Graciela corrió a abrir y Eugenio cayó en el umbral, con sangre brotándole de la cabeza, boca y pecho. Se le habían colapsado los huesos de un lado de la cara, y los fragmentos le atravesaban la piel. Una ambulancia lo llevó a toda prisa al Hospital Metropolitano, donde unos minutos después los médicos metieron a un hombre ensangrentado llamado Casanova, un boxeador amateur puertorriqueño. Eugenio después se enteró de que a Casanova lo habían golpeado y apuñalado unos italianos. Media hora después, admitieron a otro puertorriqueño apaleado. Eugenio oyó a un joven policía irlandés susurrarle a una de las enfermeras en la sala de emergencias: "Marcantonio perdió las elecciones. Están atacando a todos los *spics* que encuentran".[14] Eugenio Morales nunca volvió a visitar a nuestra familia en East Harlem, ni tampoco ninguno de nuestros

---

14. Entrevista del autor con Eugenio Morales.

parientes y amigos de piel oscura. Para evitar que los ataques racistas los echaran del barrio, los puertorriqueños empezaron a organizar sus propias pandillas, grupos como los Viceroys y los Dragons. Los principales periódicos de la ciudad no tardaron en pintar una ciudad aterrorizada por pandillas de negros y puertorriqueños. Sin embargo, al pasar de los años, los nuevos migrantes se volvieron demasiado numerosos para ahuyentarlos. Al menos en las comunidades puertorriqueñas, las pandillas habían perdido importancia para los años setenta.

A pesar de la amarga era de guerra de pandillas en los años cincuenta, las experiencias laborales en común y el vínculo de la religión católica gradualmente unieron a los puertorriqueños, italianos e irlandeses, como vecinos, como amigos y a veces incluso como parientes. Mi tía Pura, por ejemplo, se casó con Bing Morrone, un italoamericano cuyos padres eran dueños de la única tiendita de nuestra cuadra, y sus hijos, mis primos Anthony, María y Julie, crecieron como puertorriqueños e italianos.

Era la época en la que trabajar con las manos todavía se consideraba la profesión más honorable, cuando los oficinistas del centro eran relativamente pocos. Era la época antes de que el sistema de asistencia social se convirtiera en una muleta económica que encadenaría a un sinnúmero de familias puertorriqueñas a depender del gobierno. Abundaba el empleo, sobre todo del tipo que amenazaba con perforarte o amputarte las extremidades con agujas, prensas u hojas, esos artefactos mecánicos de algún emprendedor que ya había convertido en realidad sus sueños de riqueza. Sin embargo, en los Estados Unidos de la posguerra, la oportunidad de dar algo mejor a tus hijos a través de esos trabajos, con suficientes jornadas sudorosas de diez e incluso doce horas, hacían que soportaras todo lo demás.

Mi madre y mis tías pudieron elegir patrón cuando llegaron. Mi tía Graciela, que había sido una hábil costurera en las plantas textiles de Puerto Rico, podía exigir un salario de hasta $30 a la semana, una suma considerable en ese entonces. "A veces salíamos y en un día probábamos tres o cuatro fábricas distintas, hasta encontrar la que nos gustara", recordaba.

Los hermanos González pasaron del Copa a trabajos sindicalizados y mejor pagados en la industria del empaquetado de carne, en la restaurantera y como taxistas. Para mediados de los años cincuenta, nuestra familia, junto con muchos otros puertorriqueños, empezó a mudarse a viviendas de interés social que el gobierno federal estaba construyendo por toda la ciudad para los pobres con empleos. Sin embargo, al salir de East Harlem nos despedimos de esa estrecha red de pioneros puertorriqueños.

Mientras tanto, estaban surgiendo nuevas comunidades boricuas en Chicago, Philadelphia y secciones de Ohio, pues tanto el gobierno estadounidense como el puertorriqueño promovían la emigración como válvula de seguridad para prevenir los disturbios sociales en la isla.[15] Los reclutadores laborales serpenteaban por los barrios más pobres, con altavoces encima del coche, ofreciendo trabajo en Estados Unidos y los gastos del viaje para llegar. En Lorain, Ohio, por ejemplo, la National Tube Company, una subsidiaria de la U.S. Steel que estaba floreciendo gracias a los contratos militares, reclutó a quinientos puertorriqueños de la isla para trabajar en su acerera entre 1947 y 1948. La Carnegie-Illinois Steel de Gary, Indiana, reclutó a 500 para trabajar en su siderúrgica en 1948. Y en 1951, el Servicio de Empleo de Ohio llevó a 1,524 puertorriqueños a Youngstown y a Cleveland.

Gran parte de las contrataciones corrían a cargo de la S. G. Friedman Labor Agency, con sede en Philadelphia. (El presidente de la agencia era hijo de un veterano de la Guerra Hispano-Estadounidense que se asentó en Puerto Rico y organizó su departamento de policía). En cuanto los migrantes llegaron a las acereras, mandaron llamar a sus familias. Otros vinieron por iniciativa propia, después de oír de todos los empleos que había en la industria siderúrgica, en la del caucho y en la automovilística en el Medio Oeste.[16]

---

15. Ver la entrevista con Moscoso, exjefe de desarrollo industrial de Puerto Rico en el documental *Manos a La Obra: The Story of Operation Bootstrap*, Center for Puerto Rican Studies of the City University of New York.
16. Juan González, "The Turbulent Progress of Puerto Ricans in Philadelphia", *Bulletin of the Center for Puerto Rican Studies (CPRS)* 2, no. 2 (Winter

Para mediados de la década de 1960, había más de un millón de puertorriqueños viviendo en Estados Unidos, la mayoría en Nueva York. Pero seguían siendo casi invisibles para la sociedad anglo. Empujaban carritos en silencio en el centro textil de la ciudad, limpiaban bacinicas en los hospitales, lavaban platos en hoteles y restaurantes, les daban mantenimiento a los grandes edificios de departamentos o trabajaban en líneas de ensamblaje en las fábricas, o eran taxistas ilegales, u operaban *bodegas*. Sin embargo, para entonces la migración se había derramado por todo el Noreste y el Medio Oeste. Las granjas de Connecticut, el este de Pennsylvania, el estado de Nueva York, Ohio y el sur de Nueva Jersey reclutaban puertorriqueños para la pisca. Cuando terminaba la cosecha, los migrantes se asentaban en los pueblos circundantes, y así surgieron los barrios puertorriqueños de Haverstraw, Nueva York; Vineland, Nueva Jersey; Hartford, Connecticut, y Kennet Square, Pennsylvania.

LA SEGUNDA GENERACIÓN

Cuando los hijos de esos migrantes empezaron a asistir a la escuela pública en los años cincuenta, entraron —o debería decir: entramos— a una sociedad acostumbrada a solo pensar en blanco y negro. A la mayoría blanca y anglófona no le tomó mucho empezar

---

1987–1988): 34–41; también Eugenio Rivera, "The Puerto Rican Colony of Lorain, Ohio", *Bulletin of CPRS* 2, no. 1 (primavera 1987): 12–14; para leer una bella crónica de los obreros de Lorain y la evolución de la comunidad puertorriqueña de esa ciudad, incluyendo testimonios de los propios migrantes, ver Eugenio Rivera, "La Colonia de Lorain, Ohio", en Carmen Whalen y Victor Vasquez, ed. *The Puerto Rican Diaspora: Historical Perspectives* (Philadelphia: Temple University Press, 2005); para un resumen de las condiciones infrahumanas a las que se enfrentaron los obreros puertorriqueños en Indiana, ver James B. Lane y Edward J. Escobar, *Forging a Community: The Latino Community in Northwest Indiana, 1919-1975*, (Bloomington: Indiana University Press, 1987), 205-210. Aclaro que las ediciones anteriores de mi libro identificaban erróneamente a la empresa reclutadora como H.G. Friedman Labor Agency.

a echarles miradas incómodas a esos adolescentes morenos e hispanohablantes que cada vez crecían más en número y no parecían
encajar en ningún grupo racial establecido. Los tabloides neoyorquinos empezaron a pintar a los jóvenes delincuentes puertorriqueños como salvajes. Los más infames fueron Salvador "Cape
Man" Agron y Frank Santana.[17] A pesar del obvio carácter trabajador de la migración puertorriqueña, Hollywood creó la duradera imagen de los puertorriqueños como cuchilleros propensos
a la violencia y adictos a las drogas en películas como *Cry Tough*
(1959), *The Young Savages* (1961) y *West Side Story* (1961).[18]

La mayoría nos convertimos en productos de una filosofía de
escuela pública de "nada o te hundes", inmersos en la educación
anglófona desde nuestro primer día de clases y con disuasión activa del uso de nuestra lengua materna. "No te llamas Juan", me
dijo el joven maestro en primer grado en la P. S. 87 de East Harlem. "En este país eres John. ¿Puedo decirte John?". Confundido
y asustado, pero presintiendo que era una decisión funesta, con-
testé tímidamente que no. Pero la mayoría de los niños no pudieron armarse de valor, así que el personal escolar constantemente
les anglizaban el nombre. Aunque yo solo hablara español antes
de entrar al jardín de niños, los maestros quedaron maravillados
por lo rápido que dominé el inglés. A partir de entonces, cada

---

17. Frank Santana fue un pandillero adolescente puertorriqueño que llegó a
los titulares de primera plana en 1955 por asesinar a un chico blanco. Ante la
amenaza de la silla eléctrica si lo condenaban, se declaró culpable de homicidio
en segundo grado y lo sentenciaron a 25 años cadena perpetua. Ver "Gangs-
ter, 17, Admits Slaying Model Boy, 15", *New York Daily News*, 2 de mayo de
1955. De manera similar, Salvador "Capeman" Agron fue capturado tras una
cacería sensacional y condenado por haber apuñalado a muerte a dos chicos
blancos en 1959, en una pelea entre pandillas en la zona de Hells Kitchen, en
Nueva York. Agron, a quien el gobernador Nelson Rockefeller terminaría por
indultar tras haber pasado casi dos décadas tras las rejas, fue el protagonista de
un musical de Broadway controvertido y efímero escrito por Paul Simon. Ver
"Slew Two 'Because I Felt Like It', Says Capeman", *New York Daily News*, 3 de
septiembre 1959.
18. Richie Pérez, "From Assimilation to Annihilation: Puerto Rican Images in
U.S. Films", *Centro Bulletin* 2, no. 8 (primavera de 1990): 8–27.

vez que llegaba un puertorriqueño nuevo a mi salón, lo sentaban junto a mí para que pudiera interpretarle la clase. Desconcertados, aterrados y avergonzados, los niños nuevos lidiaban con mis torpes intentos por descifrarles las palabras extrañas del maestro. Inevitablemente, al terminar el año se veían forzados a repetir el curso, en ocasiones más de una vez, solo por no dominar el inglés. Incluso ahora, más de sesenta años después, tengo frescas sus caras en la memoria. Hacen que los debates actuales sobre la educación bilingüe me sean mucho más emotivos, y que la presión actual para una inmersión total en inglés me asuste mucho más (ver capítulo 12).

La generación de nuestros padres rara vez protestaba ante la manera en la que eran tratados en la escuela, y es comprensible. Después de la horrible pobreza que habían enfrentado en Puerto Rico, creían que tener educación —cualquier educación— era la única esperanza de progreso para sus hijos. Y si eso significaba soportar algunas cicatrices psicológicas por la integración en la sociedad anglo. Ni modo. Mi abuela, que era analfabeta, le metió eso en la cabeza a mi padre, quien apenas podía leer, y él nos empujó a mi hermana, Elena, y a mí a estudiar con un frenesí que lindaba en la crueldad. No era raro que nos azotara inmisericordemente con una tira de cuero por llevar a casa una boleta de notas insatisfactorias. Ahora probablemente lo mandarían a la cárcel por abuso infantil.

Al pasar el tiempo, cualquiera diría que la familia González se convirtió en una historia de éxito del crisol de culturas. Uno por uno, todos terminamos el bachillerato y nos unimos a la primera generación universitaria en la historia de mi familia. Mi tío Sergio y mi tía Catin produjeron un instructor universitario de griego y latín, otro hijo se volvió funcionario en la administración de Nixon y la de Reagan, y otra más fue trabajadora social de South Bronx. Yo fui a Columbia College, miembro de la Ivy Leage, y tuve una carrera en periodismo; mi hermana se convirtió en instructora de escuela pública y luego de universidad; otra prima se volvió doctora; otra, trabajadora social psiquiátrica; otra más, detective.

Pero los miembros de esa segunda generación —inteligentes, urbanos, buenos en inglés— seguimos agudamente conscientes de que la sociedad anglo seguía creyendo que los puertorriqueños no éramos estadounidenses por completo. Estudiábamos la historia y cultura europeas en clase, pero nada sobre Puerto Rico ni Latinoamérica, ni siquiera un indicio de que nuestra diminuta patria tuviera algo de historia y cultura digna de estudio. Cuando las reformas del Concilio Vaticano II inauguraron las misas católicas vernáculas, incluso la Iglesia relegó a los puertorriqueños y a los latinos a los sótanos de la mayoría de las parroquias, aunque fuéramos sus fieles de mayor crecimiento.

Las arraigadas tradiciones raciales del país implicaban que los puertorriqueños negros o morenos se enfrentaran a prejuicios aún peores. Los de tez más clara tendíamos a establecernos en barrios italianos o irlandeses más estables y pasábamos por blancos. Los morenos, incapaces de conseguir vivienda en los barrios blancos, formaban enclaves puertorriqueños o se mudaban a los barrios negros. En muchas ciudades, nuestras comunidades se convirtieron en colchones entre negros y blancos. En Philadelphia, por ejemplo, la comunidad boricua se transformó en un estrecho corredor norte-sur a ambos lados de la Fifth Street, que cruzaba casi toda la ciudad, separando los barrios blancos del Este de los negros del Oeste.

Aunque la segregación *de facto* haya formado parte perniciosa de esta sociedad desde el fin de la esclavitud, en nuestro caso se convirtió en un ataque insoportable contra nuestros lazos familiares. "¿Y tu abuela dónde está?", es un refrán puertorriqueño común y el título de un popular poema de Fortunato Vizcarrondo. La frase nos recuerda que hay sangre negra en todas las familias puertorriqueñas. Los boricuas nos resistimos a las demarcaciones raciales estrictas tan generalizadas en este país, y su disminución implícita de nuestro valor como seres humanos. Pero gradualmente, casi imperceptiblemente, vi cómo mis tías y tíos empezaban a adoptar actitudes antinegras, como si fuera un ritual de paso para convertirse en estadounidenses auténticos. La escritora Toni Morrison lo describe con gran destreza: "Para que abran la puerta de la americanización, hay que tocarla con una postura hostil contra los negros residentes".[19]

Al principio, el imperativo social de *elegir una identidad racial*, y además solo en términos de blanco o negro, nos empujó a los puertorriqueños de segunda generación a rechazar nuestra lengua y cultura maternas para asimilarnos al mundo blanco o al negro. Mi tío Sergio y mi tía Catin fueron la excepción de mi familia. Fueron los únicos que nunca se fueron de East Harlem y se aferraron con fuerza a la cultura de la isla. Ahí siempre se escuchaban aguinaldos, la música de los jíbaros boricuas, siempre se estaba jugando dominó, había fiestas familiares todos los fines de semana y los vecinos, ya fueran puertorriqueños o anglos, negros o blancos, siempre eran bienvenidos.

No es de sorprender que una de las primeras expresiones de organización comunitaria en los años cincuenta fuera un evento anual que celebraba el orgullo cultural: el Desfile por el Día de Puerto Rico. Conforme crecía la población boricua, el desfile se convirtió en la celebración étnica más grande de la ciudad. Para 2019, se estimaba que más de dos millones de personas asistían a él.

En medio de la marea alta de la migración puertorriqueña sucedió otra cosa: los afroamericanos se levantaron contra la segregación racial y desenmascararon la brecha que existía entre la sociedad negra y la blanca. Los puertorriqueños descubrimos que teníamos cosas en común con ambos bandos, pero que no encajábamos con ninguno. Simplemente no habíamos formado parte del defecto congénito de este país, el sistema esclavista anglosajón y sus secuelas en la época de Jim Crow.

En 1964, el reverendo Milton Galamison, Malcolm X y otros líderes negros dirigieron un boicot de padres de familia de escuelas públicas de la ciudad de Nueva York contra la discriminación racial. Un puñado de líderes comunitarios boricuas de la generación migrante anterior a la guerra se unieron a él. Entre

---

19. Fortunato Vizcarrondo, *Dinga y Mandinga* (San Juan: Baldrich, 1942); Toni Morrison, "On the Backs of Blacks", *Time*, 2 de diciembre de 1993.

ellos estaban Frank Espada, Evelina Antonetty y Gilberto Gerena
Valentín. Espada, que había sido organizador comunitario antes
de unirse a la administración del alcalde republicano John Lind-
say, después desarrollaría una brillante carrera de fotógrafo re-
gistrando la diáspora puertorriqueña. Antonetty después fundó
United Bronx Parents, un grupo de activismo de padres de familia
trascendental para la educación de los boricuas. Gerena Valentín,
nacionalista y organizador obrero, fue expulsado del sindicato de
trabajadores hoteleros durante la histeria anticomunista de los
años cincuenta por rehusarse a firmar un afidávit en el que negara cualquier membresía al Partido Comunista. Después creó
una influyente federación de clubes de puertorriqueños oriundos
que proliferaron en varios barrios neoyorquinos y que tenían el
mismo nombre que las poblaciones isleñas de donde provenían
sus miembros, como Arecibo, Caguas, Lares y Jayuya. Esos clubes
formaron la base política con la que capturó un puesto en el ayuntamiento en los años setenta.[20] Ellos y otras personas parecidas
constituyeron la primera dirigencia de posguerra de la comunidad boricua emergente en Nueva York.

Sin embargo, esa oleada de líderes no tardó en ser eclipsada
por un grupo incluso más radical. Los asesinatos de Malcolm X
(1965) y Martin Luther King, Jr. (1968) desataron enormes disturbios urbanos entre los negros y polarizaron el movimiento por
los derechos civiles, y muchas de las personas en las que influyeron esos sucesos nos sentimos más identificadas con el ala del
poder negro del movimiento que con la de la integración. Esa

---

20. En su autobiografía, publicada unos cuantos años antes de su muerte
en 2016, a sus 98 años, Gerena Valentín negaba haber sido miembro jamás
del Partido Comunista, aunque reconociera haber "trabajado de cerca con
los hombres y mujeres que pertenecían al Partido, y les debo gran parte de
mi conocimiento de táctica y estrategia organizativas. Forjé una profunda
amistad con muchos de esos miembros del Partido Comunista". Ver Carlos
Rodriguez-Fraticelli, ed., *Gilberto Gerena Valentín, My Life As a Community
Activist, Labor Organizer, and Progressive Politician in New York City* (Nueva
York: Center for Puerto Rican Studies, Hunter College, 2013), 87. Para una
descripción del surgimiento del Congreso de Pueblos, la federación de clubes
sociales, ver 108-117.

afinidad se intensificó cuando miles de puertorriqueños se fueron a pelear a la Guerra de Vietnam y luego regresaron, al igual que los veteranos de la Segunda Guerra Mundial, a un país que seguía sin comprenderlos y aún desconfiaba de ellos como si fueran extranjeros.

Mientras crecíamos, reaccionamos a esa desconfianza y a esa falta de comprensión con rebelión abierta. Surgieron un tropel de organizaciones nacionalistas e izquierdistas nuevas entre los boricuas. Algunas estaban inspiradas por el antiguo Partido Nacionalista de Puerto Rico o por el Black Panther Party de acá. La más influyente fue los Young Lords, que yo ayudé a fundar en 1969. Durante su apogeo (1969-1972), los Lords iniciaron a miles de jóvenes latinos en la política radical, y una porción increíble de los miembros del grupo se convirtió más tarde en líderes influyentes de la comunidad (ver capítulo 10).[21]

Alimentado por ese despertar político, surgió un renacimiento cultural entre artistas boricuas. Los escritores Piri Thomas y Nicolasa Mohr; los poetas Pedro Pietri y José Ángel Figueroa, y los dramaturgos Miguel Piñeiro y Miguel Algarín atrajeron la atención del público como voces vivas de la experiencia migrante puertorriqueña. Incluso la música latina vivió un resurgimiento, pues Eddie y Charlie Palmieri, Ray Barretto y Willie Colón empezaron a producir letras con carga política que celebraban la sensación de un poder boricua en aumento.[22]

La esencia de ese nuevo movimiento fue la revelación repentina de quiénes éramos: refugiados económicos de la última colonia importante de Estados Unidos. Esa revelación hizo que rechazáramos el camino tomado por los inmigrantes europeos

---

21. Aunque aún no se haya escrito la historia definitiva del involucramiento puertorriqueño en el levantamiento de los años sesenta y cómo afectó a la sociedad en general, quienes estén interesados en el periodo, y sobre todo en los Young Lords, deberían ver Alfredo López, *Puerto Rican Papers: Notes on the Re-emergence of a Nation* (Nueva York: Bobbs-Merrill Company, 1973), 321–39, y Michael Abramson, *Palante: Young Lords Party* (Nueva York: McGraw-Hill, 1971).

22. Entrevista del autor con Eddie Palmieri.

que nos precedieron: la primera generación aceptó décadas de estatus de segunda clase mientras lograba asentarse; la segunda consiguió educación y se asimiló en silencio, y la tercera surgió como un grupo de estadounidenses producto 100% del crisol de culturas.

Los puertorriqueños, concluimos, estábamos en una posición distinta a la de los italianos o la de los suecos o la de los polacos. Nuestra patria había sido invadida y seguía ocupada; su riqueza estaba siendo explotada; sus patriotas eran perseguidos y encarcelados por el mismo país al que habíamos migrado. Nuestra experiencia se parecía más a la de los argelinos en Francia antes de su independencia.[23] Durante décadas, los libros de texto hechos en Estados Unidos les habían enseñado a los niños de la isla que nuestra patria era incapaz de autogobernarse y que perecería económicamente sin el Tío Sam. Pero a principios de los años setenta, una nueva generación de estudiosos puertorriqueños independientes se levantaron para desafiar esa premisa. Le confirmaron a la segunda generación que Puerto Rico era tan capaz de ser un país próspero e independiente como Israel o Taiwán o Suiza, pero que habían borrado su historia para fomentar una sensación de dependencia entre sus habitantes.

Nuestros padres simpatizaron instintivamente con este despertar. A diferencia de los Estados Unidos blancos, donde el activismo de la nueva izquierda dividía a padres e hijos y madres e hijas, el nuevo nacionalismo acercó más a las dos generaciones de puertorriqueños. Inspiró a los jóvenes a reapropiarse de nuestro idioma y estudiarlo. Nos ayudó a entender el sufrimiento que habían soportado nuestros padres. Y transformó nuestro perfil psicológico. Ningún boricua volvería a aceptar en silencio que un anglo le ladrara: "¡Habla en inglés, estás en Estados Unidos!", o el desgastado regaño: "Si no te gusta aquí, regresa a tu país".

---

23. Los Young Lords proyectaban con frecuencia la película *La batalla de Argel* en clases educativas al interior de la organización y en funciones callejeras para la comunidad.

Sin embargo, a mediados de los años setenta hubo una recesión económica, y empezaron a llegar nuevos grupos de latinos a las ciudades estadounidenses. Se infló la competencia por una cantidad reducida de trabajos no calificados, y la naturaleza de clase de la migración puertorriqueña cambió radicalmente. Muchos graduados universitarios y profesionales de la isla, incapaces de encontrar empleo allá, se mudaron a Estados Unidos, al igual que muchos de los habitantes más pobres y menos calificados de los barrios bajos urbanos. Al mismo tiempo, la primera generación de migrantes, los obreros de fábrica y dueños de bodegas, habían acumulado bastantes ahorros y empezaron a regresar a la isla para retirarse o para llenar empleos en la floreciente industria turística, en la que se requería buen dominio del inglés. Se fueron tantos boricuas de este país que esa década tuvo una migración neta de vuelta a la isla.

Así, durante los años ochenta, la comunidad puertorriqueña migrante quedó dominada por dos clases sociales muy distintas, y ambas dependían mucho del gobierno. En la cima había una pequeña pero creciente cantidad de intelectuales y profesionales de cuello blanco, muchos trabajando en programas sociales o en el sistema educativo, y en la base había una grande y creciente casta de trabajadores no calificados y mal pagados, junto con una clase inferior de desempleados y beneficiarios de asistencia social. Había dos grupos sociales que carecían casi de miembros: el empresariado privado, cuyos componentes le dan capital y una actitud de autosuficiencia a su grupo étnico, y los técnicos capacitados, que les dan estabilidad y modelos a seguir a los de abajo.

Mientras tanto, a principios de los años ochenta, la vida en muchas de las grandes ciudades estadounidenses estaba al borde del caos. Una base tributaria menguante, ocasionada por la huida de la industria y los obreros calificados blancos a los suburbios; una falta masiva de inversión gubernamental en escuelas públicas e infraestructura, y la epidemia de alcoholismo y drogadicción demolieron la calidad de la vida urbana. Como era de esperarse, esa crisis afectó más a las comunidades afroamericanas y puertorriqueñas de aquellas ciudades.

La tercera generación de boricuas, los que crecieron a finales de los años ochenta y principios de los noventa, acabaron lisiados por escuelas inferiores, falta de empleos y servicios sociales subfinanciados. Sus barrios terminaron inundados de drogas y violencia. Crecieron casi privados de autoimagen, identidad nacional y consciencia cultural. Se volvieron la generación perdida.

Pero el cisma de la identidad y el dilema del idioma y el patrimonio no tardó en ser problemático para otras comunidades. Cuando estalló la inmigración latinoamericana, a muchos anglos empezó a preocuparles que se desintegrara el tejido social de Estados Unidos. Como veremos, la mayor fuente de preocupación era la creciente población mexicana del país.

5

Mexicanos:
Otro tipo de pioneros

> Toda la raza de mexicanos se está convirtiendo en una mer-
> cancía inútil aquí, se está volviendo barata como la carne de
> rata. Se dice que encontraron once mexicanos en el Nueces
> en condición de *colgados*.
> —*Galveston Weekly News*, 1855

La diáspora mexicana está en el centro del patrimonio latino
de nuestro país. No solo dos de cada tres latinos en Estados Unidos son de origen mexicano, sino que solo los mexicanos pueden afirmar ser a la vez los primeros colonos en suelo
estadounidense *y* el mayor grupo de recién llegados. Han venido
tantos mexicanos desde 1820 que ahora son la nacionalidad inmigrante más grande de nuestra historia. Ningún grupo hispano
ha contribuido más a la prosperidad del país que los mexicanos;
sin embargo, ningún otro pone más nerviosos a los estadounidenses blancos sobre su futuro.

Quienes más les preocupan son los descendientes de los pioneros mexicanos, pues en cuanto admites la larga historia de los
mexicanos en suelo estadounidense, necesariamente debes aceptar que la cultura hispánica y la lengua española son componentes
integrales de nuestra saga nacional.

De hecho, los mexicanos han vivido "aquí" desde antes de que
hubiera un México o unos Estados Unidos. Y han estado viniendo

a este país casi desde su concepción. Desde 1820, cuando el gobierno federal empezó a llevar registros migratorios, México ha enviado a más personas hacia acá que cualquier otro país.

Si la inmigración mexicana sigue superando a todas las demás, como lo ha hecho en décadas recientes, depende en gran parte de lo que suceda *debajo* del río Grande. A menudo olvidamos que México es el país hispanohablante más poblado del mundo. En 2020, tenía 129 millones de habitantes, un índice de natalidad alto y una pobreza desesperanzadora.[1] Todos los días, una porción inquietante de su riqueza nacional fluye hacia afuera de sus fronteras y termina en los bolsillos de accionistas de Wall Street. En años recientes han chupado tanta riqueza que a la economía mexicana cada vez le cuesta más trabajo alimentar y vestir a su población. Si no cambian esas condiciones, México seguirá siendo una fuente inagotable de migrantes a Estados Unidos. Por eso, los estadounidenses debemos poner más atención a nuestro vecino del sur que a lo que sucede, por ejemplo, en Israel o Palestina, Iraq o Afganistán.

Tabla 3

**Principales fuentes de inmigración legal a
Estados Unidos por país. Años fiscales 1820-2019[2]**

Todos los países	85,990,168
México	9,146,827
Alemania	7,346,459
Reino Unido	5,562,696
Italia	5,494,369

1. El Banco Mundial estimó que la población de México era de casi 129 millones en 2020, con el 43.9% por debajo del umbral de la pobreza. Banco Mundial, "Country Profile, Mexico", https://databank.worldbank.org/data/views/reports/reportwidget.aspx?Report_Name=CountryProfile&Id=b-450fd57&tbar=y&dd=y&inf=n&zm=n&country=MEX.

2. Departamento de Seguridad Nacional de Estados Unidos, *2019 Yearbook of the Immigration Statistics,* (Washington D.C., 2021).

Canadá	4,892,056
Irlanda	4,812,273
Austria-Hungría	4,428,561

Mientras tanto, los mexicoamericanos se enfrentan a un problema identitario frustrante, similar al de los puertorriqueños. Son a la vez nativos e inmigrantes, pioneros y extranjeros, patriotas y rebeldes. No importa qué tan lejos en el pasado se remonte su linaje en nuestro suelo, siguen luchando por salir de los oscuros márgenes de la historia oficial de Estados Unidos. Siguen clamando por que se les reconozca y comprenda por completo, como veremos en la historia de una familia mexicoamericana pionera, el clan Canales del sur de Texas.

José Francisco Canales llegó al Nuevo Mundo en la década de 1640. Venía de Reus, España. Se asentó en Monterrey, en lo que ahora es el noreste de México, y para 1660 ya era dueño de una de las seis tiendas de la ciudad. Su nieto, Blas Canales, nació en 1675 en Cerralvo, un poco al norte. Los dos pueblos habían sido fundados por judíos cristianizados que trataban de huir de la Inquisición española y se habían convertido en pujantes centros mineros de la frontera norte.[3]

A finales de la década de 1740, el virrey de la Nueva España autorizó que un joven capitán del ejército, el queretano José de Escandón, explorara y colonizara la región que se encontraba entre Tampico y el río Nueces. En ese entonces, dicho territorio era el hogar de los apaches lipanes al oeste, de los comanches al norte, de los coahuiltecos a lo largo del Río Bravo y de los Karankawas a lo largo de la costa del golfo.[4]

---

3. Conan T. Wood, "Cerralvo as the Mother City of the Lower Rio Bravo Valley", en *Selections from the Collected Papers of the Lower Rio Bravo Historical Society: 1949–1979*, vol. 1 (Harlingen, Tex.: Lower Rio Bravo Valley Historical Society, 1982). Wook presentó esta charla en la sociedad el 28 de octubre de 1964, 1-3.
4. J. B. Wilkinson, *Laredo and the Rio Bravo Frontier* (Austin: Jenkins Publishing Company, 1975), 11–12.

En 1749, tras una primera exploración, Escandón salió del centro de México con varios cientos de familias criollas, *mestizas* e indígenas, atraídas por promesas de tierras gratis. No tardó en establecer un rosario de asentamientos hacia el río Grande, y en las márgenes del río mismo fundó las ciudades actuales de Camargo y Reynosa.[5] Unos de sus principales asesores era el capitán Blas de la Garza Falcón, pariente político de la familia Canales.[6]

Durante los años siguientes, Escandón regresó para fundar varios asentamientos más. El último fue la ciudad de Laredo en 1755, con lo que cerró una de las misiones colonizadoras más exitosas del Nuevo Mundo.[7] En total, al joven capitán se le reconoce el establecimiento de dieciocho misiones y veinte pueblos y ciudades en menos de diez años, de las cuales siguen existiendo todas menos una. Las misiones que fundó alojaron a tres mil indígenas conversos durante sus primeros años, mucho más de lo que lograron los puritanos durante su primer medio siglo de labor.

Escandón llamó a su colonia Nuevo Santander. El lugar, estrechamente unido por las conexiones familiares de sus primeros colonos, y aislado del resto del mundo colonial español por páramos de matorrales e indígenas hostiles a ambos lados del valle, se convirtió en una comunidad pastoral única, autosuficiente y autocontenida. La vida de la colonia y el comercio de sus pueblos giraban alrededor del río que los unía. Los colonos usaron las tierras fértiles más cerca del río para sus cultivos, y las de los bordes del valle para su ganado.[8] Al norte del río Grande, una planicie

---

5. Florence Johnson Scott, *Historical Heritage of the Lower Rio Grande* (San Antonio: Naylor, 1937), 8–21; *Royal Land Grants North of the Rio Grande, 1777–1821* (Rio Grande City: La Retama Press, 1969), 1–17.
6. Ana Josefa de la Garza, parienta del capitán, se casó con un hijo de Blas Canales, Jr., José Antonio Canales, en 1755.
7. Según miembros de la familia Canales y una placa de la Sociedad Histórica del Estado de Texas, un miembro de la familia Canales, José López, fundó Lopeño, que sigue existiendo justo a las afueras de Mier.
8. Wilkinson, *Laredo and the Rio Bravo Frontier*, 17–27; también Florence Johnson Scott, *Historical Heritage of the Lower Rio Bravo*, 8–21; también Robert J. Rosenbaum, *Mexicano Resistance in the Southwest* (Austin: University of Texas, 1981), 33–39.

seca inmensa se extendía hasta el Nueces, a 150 millas de distancia. Durante todo el año crecía un pasto tupido ahí, y el paisaje estaba salpicado de gobernadoras, mezquites, ébanos y huizaches. El ganado de los colonos se multiplicó tan rápido que en apenas dos años las doscientas familias de los pueblos de Camargo y Reynosa tenían 36 mil vacas, caballos y ovejas.[9]

Varios miembros de la familia Canales viajaron con la expedición colonizadora de Escandón. Primero se asentaron en Mier, en el lado sur del Río Bravo, pero a principios del siglo xix, uno de ellos, José Antonio Canales Salinas, obtuvo una concesión real de tierras en la margen norte del río, en el actual condado de Starr, Texas. Esas tierras, que cubrían unos diez mil acres, se llamaron la Concesión Sacatosa y, más tarde, el Rancho Buenavista. Al igual que la mayoría de los beneficiarios originales de las concesiones de tierras, la familia Canales prosperó y se volvieron miembros de la élite decimonónica de la región. José Antonio Tiburcio Canales, por ejemplo, fue uno de los signatarios originales de la declaración de independencia de México.[10]

Sin embargo, en la década de 1820, se empezaron a asentar en la región inmigrantes de Estados Unidos, Irlanda y Alemania, sobre todo más al norte, y los mexicanos del Río Bravo se sintieron cada vez más amenazados cuando los anglos comenzaron a disputarles la propiedad de las tierras de pastoreo al sur del Nueces. De hecho, el presidente Polk urdió la guerra contra México para conseguir la Franja del Nueces. A principios de 1846, después de que Texas se adhiriera a la Unión, el ejército del general Zachary Taylor entró al territorio disputado, lo que provocó un

---

9. Florence Johnson Scott, *Royal Land Grants North of the Rio Bravo*, 1777–1821, 7.

10. José Joaquín Canales, bisnieto del pionero original, fue concejal de la ciudad de Monterrey durante más de treinta años y alcalde tres veces. Su primo, el reverendo Manuel María Canales, fundó la primera escuela pública de la zona en 1812, dirigió a los ciudadanos de Monterrey para jurarle lealtad en público al nuevo gobierno mexicano luego de la independencia y representó a la ciudad en la legislatura nacional. Ver Israel Cavazos Garza, *Diccionario Biográfico de Nuevo León*, vol. 1, *A–L* (Monterrey: Universidad Autónoma de Nuevo León, 1984), 70–71.

enfrentamiento con el ejército mexicano que causó la guerra entre los dos países.

Un descendiente de los Canales, el general José Antonio Rosillo Canales, se convirtió en héroe de ese conflicto gracias a los devastadores resultados que tuvieron sus tácticas de guerrilla contra el ejército del general Taylor. Durante febrero de 1847, su banda les infligió más de 150 bajas a los estadounidenses, que lo apodaron el "Zorro del Chaparral". Cuando terminó la guerra, Canales se había vuelto tan famoso que lo eligieron gobernador de Tamaulipas.[11]

Sin embargo, cuando el Tratado de Guadalupe Hidalgo cedió la Franja del Nueces a Estados Unidos, los habitantes de Nuevo Santander vieron cómo el río que los había unido durante cien años de pronto se convirtió en lo contrario: una línea divisoria entre dos países hostiles. Los anglos incluso le cambiaron el nombre, de río Bravo a río Grande. Los miembros de la familia Canales que vivían al sur del río, en Mier, ahora estaban bajo una soberanía distinta que los que vivían en el Rancho Buenavista y otras pequeñas propiedades en el lado estadounidense. La nueva soberanía llegó acompañada de una multitud de leyes nuevas, sobre todo para el registro de tierras, los impuestos y las herencias. Los nuevos códigos se promulgaban y administraban en inglés —un idioma que la mayoría mejicana no entendía— y los aplicaban abogados, alguaciles y jueces que contaban con que el ejército estadounidense apoyara la interpretación anglo cada vez que surgiera una disputa.

---

11. John S. D. Eisenhower, *So Far from God: The U.S. War with Mexico, 1846–1848* (Nueva York: Doubleday, 1989), 103. Canales, originalmente un federalista que se había rebelado dos veces contra la tiranía del presidente Santa Anna e incluso recibido aventureros texanos en su ejército con los brazos abiertos, acordó la paz con el gobierno mexicano a mediados de la década de 1840 y recibió un puesto de coronel en el ejército. Poco después, junto con el infame general Ampudia, rechazó una invasión de un grupo de filibusteros texanos en la Batalla de El Rosillo, en Mier. Durante la batalla, Ampudia y Canales capturaron a 250 prisioneros anglos y ejecutaron a 17 por órdenes del presidente Santa Anna. La victoria le mereció a Canales un ascenso a general.

Mifflin Kenedy, un capitán de vapor de Florida, llegó a la región en el verano de 1846. El ejército lo había reclutado para operar una flota de embarcaciones por el río Grande. Kenedy mandó a llamar a su piloto de confianza, el neoyorquino Richard King, y al terminar la guerra compraron algunas embarcaciones en una subasta del ejército. Querían transportar a las bandadas de prospectores que iban de camino a los campos de oro de California.[12] Para lograr el monopolio del transporte en el río, Kenedy y King decidieron aliarse a Charles Stillman. El cártel que crearon contaba con la amistosa asistencia del mayor emérito W. W. Chapman, el comandante militar local, quien les consiguió lucrativos contratos para aprovisionar al ejército.[13]

Mientras tanto, más al norte, otro ranchero anglo había descubierto otra manera de lucrar con el conflicto. H. L. Kinney, un infame contrabandista al sur del Nueces, consiguió que lo nombraran coronel e intendente de las tropas del general Winfield Scott y convirtió su rancho en un próspero pueblo de dos mil personas. Después de la guerra, Kinney fundó la ciudad de Corpus Christi dentro de su propiedad.[14]

Desde el principio, los colonos anglos consideraban a los mexicanos del sur de Texas un obstáculo al progreso, y los estafaban constantemente para quitarles sus tierras. Lo más común era que las expropiaran por no pagar impuestos y que el alguacil las subastara por centavos.

"Muchos [mexicanos] no sabían leer ni escribir", dijo Santos Molina, un descendiente de los Canales que vive en Brownsville. "No entendían sus derechos ni los de sus abuelos. Cualquiera podía decirles: 'Tu abuelo perdió sus tierras, las vendió', y no podían demostrar lo contrario".[15]

---

12. John C. Rayburn y Virginia Kemp Rayburn, *Century of Conflict, 1821–1913: Incidents in the Lives of William Neale and William A. Neale, Early Settlers in South Texas* (Waco: Texian Press, 1966), 57–61.

13. Pat Kelley, *River of Lost Dreams* (Lincoln: University of Nebraska Press, 1986), 46–71.

14. Montejano, *Anglos and Mexicans*, 43.

15. Entrevista del autor con Santos Molina, miembro de la familia Canales.

La violencia contra los mexicanos se volvió normal. "Toda la raza de mexicanos se está convirtiendo en una mercancía inútil aquí, se está volviendo barata como la carne de rata", escribió el corresponsal del *Galveston Weekly News* en Corpus Christi en 1855. "Se dice que se encontraron once mexicanos en el Nueces en condición de *colgados*. Mejor así a que los dejaran en el piso para que los despedazaran los aullantes lobos, y que aullaran aún más por los chiles rojos que les quemarían las entrañas".[16] Siguió habiendo linchamientos de mexicanos hasta principios del siglo xx. La familia Canales presenció uno en 1917.[17]

Comunidades enteras fueron desplazadas de las ciudades de Austin, Seguin y Uvalde. Apenas seis años después de la independencia de Texas, trece anglos habían engullido 1.3 millones de acres comprados "legalmente" a 358 terratenientes mexicanos.[18] Entre ellos se encontraba el inmigrante escocés John Young, quien abrió un almacén en Brownsville después de la guerra y se casó con Salomé Ballí, miembro de una prominente familia de mexicanos que habían obtenido concesiones de tierras. Así consiguió el control de los terrenos de su familia. Edinburg, capital del condado de Hidalgo, Texas, se llama así por la ciudad natal de Young en Escocia (aunque no use la misma ortografía). Cuando él murió en 1859, su viuda se casó con el dependiente del almacén, John McAllen. Para la década de 1890, los ranchos de McAllen y Young medían 160 mil acres, y el antiguo dependiente, siguiendo los pasos de su exjefe, tenía su propia ciudad, McAllen.[19]

---

16. *The Tejano Yearbook: 1519–1978: A Selective Chronicle of the Hispanic Presence in Texas.* Compiled and edited by Philip Ortego y Gasca and Arnoldo De León (San Antonio: Caravel Press, 1978), 41.

17. Imelda Garza, nacida en 1923 y bisnieta de Gervasio Canales, Sr., recuerda que sus hermanos mayores, Flavio y Fernando, le contaron que habían presenciado un linchamiento en 1917. "Estaban caminando por los campos entre dos ranchos", dijo Imelda, "y se encontraron a un Texas Ranger al que no habían visto nunca. Vieron desde su escondite que el Ranger detuvo a un *mojaíto* [un mojado o inmigrante ilegal] y lo colgó de un árbol". Entrevista del autor con Imelda Garza.

18. Montejano, *Anglos and Mexicans*, 28.

19. Florence Johnson Scott, *Royal Land Grants North of the Rio Bravo, 1777–1821*, 62–67.

Los mercaderes Stillman, King y Kenedy no tardaron en unirse a la fiebre inmobiliaria. Stillman se apropió de la enorme Concesión Espíritu Santo comprando escrituras falsas y aguantando más que los dueños mexicanos legítimos en los tribunales. Fundó Brownsville en parte de la propiedad y lo convirtió en el centro de apuestas, bares y prostitución de la región.[20] Mientras Stillman se concentraba en las tierras alrededor de Brownsville, sus socios vaporeros King y Kenedy dirigieron su atención a reunir imperios ganaderos en el Norte. Stephen Powers, el abogado inmobiliario más astuto de la región, les fue de gran ayuda. Al igual que Young y McAllen, Kenedy empezó casándose con una mexicana rica. En su caso, se llamaba Petra Vela de Vidal.[21] El Rancho Kenedy, "La Para", llegó a medir 325 mil acres y a emplear trescientos jornaleros, prácticamente todos mexicanos.[22] En cuanto a King, en el momento de su muerte en 1885, su rancho abarcaba quinientos mil acres, empleaba a más de quinientas personas e incluso contenía su propio pueblo, Santa Gertrudis.

"El casco del rancho de Santa Gertrudis", recuerda el exranger de Texas George Durham, en una espeluznante mirada al interior de la vida en la Franja del Nueces, "parecía más bien un arsenal militar una vez adentro. En un gran cuarto había ochenta bases para fusiles repetidores Henry y quizá unas cien cajas de municiones. Había dos hombres en la atalaya todo el día y la noche, y siempre había un hombre listo para tomar uno de esos rifles".[23]

Ese arsenal tenía una razón de ser. Muchos de los nuevos barones terratenientes se robaban ganado entre sí y a las manadas de los *tejanos*. Se dice que Richard King, un infame cuatrero, convirtió a los Texas Rangers en su fuerza de seguridad privada. "Sus vecinos desaparecen misteriosamente mientras su territorio abarca

---

20. Juez J. T. Canales, "Juan N. Cortina Presents His Motion for a New Trial", en *Selections from the Collected Papers of the Lower Rio Bravo Valley Historical Society, 1949–1979*, vol. 1, 78–79.

21. Montejano, *Anglos and Mexicans*, 41.

22. *Ibid.*, 79.

23. George Durham, *Taming the Nueces Strip: The Story of McNelly's Rangers* (Austin: University of Texas Press, 1962), 29.

condados enteros", escribió sobre él un corresponsal del *Corpus Christi World* en 1878. "A los mexicanos les pagan cincuenta centavos por cabeza de ganado marcada con el monograma de King en las planicies y, de alguna manera, ninguna manada logra crecer, solo la del futuro rey ganadero".[24]

Los mexicanos que se atrevieran a resistir la usurpación de los anglos eran tildados de bandidos y forajidos. El "bandido" más famoso, Juan "Cheno" Cortina, era otro ancestro de los Canales. En julio de 1859, Cortina, cuya madre era dueña del Rancho del Carmen, le disparó al alguacil de Brownsville por azotar con su látigo a un mexicano borracho. Luego entró al pueblo con cincuenta de sus seguidores, izó la bandera de México y mató a balazos al carcelero y a otros cuatro blancos que habían estado aterrorizando mexicanos. Los blancos del pueblo desplegaron una milicia y a una compañía de los Texas Rangers para capturarlo, pero Cortina reunió un ejército de 1,200 mexicanos y los derrotó. Luego le declaró la guerra a la minoría de colonos anglos.

Durante las dos décadas siguientes, la banda de Cortina hizo incursiones esporádicas hacia Texas desde santuarios seguros en el lado mexicano. Ni los Rangers ni un contingente de tropas federales enviado al territorio y comandado por el coronel Robert E. Lee pudieron capturarlo. Acusado de cuatrería y de traición, se convirtió en el mexicoamericano más temido de Texas. El solo rumor de que se encontraba cerca hacía entrar en pánico a pueblos enteros.[25] El único respiro de sus ataques ocurrió entre 1862

---

24. Charles W. Goldfinch, *Juan N. Cortina, 1824–1892: A Re-appraisal* (Chicago: University of Chicago, 1949), 33.
25. El gobierno de Estados Unidos lo acusó de ser cuatrero y contrabandista, pero una comisión mexicana nombrada por el presidente Benito Juárez, que también investigó el conflicto, concluyó que, aunque algunos hombres que había reclutado sí robaron ganado, Cortina no había promovido los robos y de hecho era víctima de una campaña de difamación organizada por texanos poderosos. La Comisión Mexicana acusó a los importantes terratenientes texanos King, Billy Mann y Patrick Quinn de dirigir un gran robo de ganado del lado mexicano del río. Ver Gabriel Saldívar, *Historia Compendiada de Tamaulipas* (Mexico: Academia Nacional de Historia y Geografía, 1945), 197–98.

y 1867, cuando declaró una tregua con Estados Unidos y apuntó contra el ejército francés, que había ocupado México e instalado como emperador al archiduque austriaco Maximiliano. Uno de los principales oficiales de Cortina durante la resistencia contra Francia fue Servando Canales, veterano de la invasión de Estados Unidos a México e hijo del general José Antonio Canales. Al igual que su padre, Servando Canales más tarde fue gobernador de Tamaulipas. Sin embargo, Cortina siguió siendo el político más poderoso de la región hasta que el presidente Porfirio Díaz lo mandó a arrestar en 1875 por petición de Estados Unidos y lo encarceló en la Ciudad de México.

Las guerras de Cortina retrasaron la expropiación de riqueza mexicana por parte de los anglos, pero no la detuvieron. En 1850, las propiedades texanas estaban divididas de forma bastante equitativa entre los dos grupos. Según el censo estadounidense, ese año los *tejanos* constituían el 32.4% de los trabajadores del estado y poseían el 33% de su riqueza. Sin embargo, durante los siguientes veinte años las cosas cambiaron drásticamente. Para 1870, los *tejanos* eran el 47.6% de la fuerza laboral, pero solo poseían el 10.6% de la riqueza.[26]

En el sur de Texas, donde los mexicanos siguieron siendo la abrumadora mayoría, una tercera parte de los ranchos y todas las grandes propiedades estaban en manos de los anglos para 1900. Solo los campesinos *tejanos* más chicos se aferraron a sus escrituras. Entre ellos se encontraba Luciano Canales, quien administraba el Rancho Buenavista de su familia. Debido a su determinación, su nieto, Fiacro Salazar, sigue teniendo las escrituras de doscientos acres del antiguo rancho. "Tuvieron que protegerlas con las armas", recordó Salazar, ingeniero del ejército en San Antonio, en una entrevista en 1992. "Quien no lo hizo, las perdió".[27] Sin embargo, incluso mientras miles de mexicanos perdían sus tierras,

---

26. Arnoldo De León, *Tejanos and the Numbers Game: A Socio-Historical Interpretation from the Federal Censuses, 1850–1900* (Albuquerque: University of New Mexico Press, 1989), 42–43.

27. Entrevista del autor con Fiacro Salazar.

otros seguían migrando hacia el Suroeste. Entre 1900 y 1930 llegó más de un millón a la región.[28]

＊＊＊＊＊

Para los años veinte, el valle del Río Grande estaba tan segregado como la Sudáfrica del *apartheid*. Los mexicanos constituían más del 90% de su población, pero la minoría blanca controlaba la mayor parte de las tierras y todo el poder político. Imelda Garza, una maestra de escuela pública que nació en el pueblo de Benavides en 1923, hija de Gervasio y Manuelita Canales, conoció a su primer anglo a los trece años. "Vi una persona negra por primera vez cuando me mudé a Kingsville para dar clases en la Escuela Primaria Herrel", me contó en 1992.

Su cuñado, Santos Molina, admite haber visto "anglos por ahí" durante su infancia en Brownsville, "pero solo conocí algunos cuando fui al bachillerato a Oiltown".[29]

El primer intento organizado por terminar con la segregación se dio en 1929, cuando siete organizaciones mexicanas se reunieron en Corpus Christi para fundar la League of United Latin American Citizens. Su objetivo desde su concepción fue la asimilación total de los mexicanos y su aceptación como ciudadanos iguales en la sociedad anglo. Para lograrlo, su principal meta fue enseñarles inglés.[30]

Sin embargo, cuando llegó la Gran Depresión y el desempleo se disparó entre los blancos, no todos los mexicanos fluidos en inglés escaparon de la histeria antiinmigrantes. Durante los años treinta deportaron a más de quinientos mil, muchos de los cuales eran ciudadanos estadounidenses. Una de las pocas zonas del país que se salvó de la histeria fue el valle del Río Grande, donde los mexicanos pudieron defenderse por ser tantos.

---

28. McWilliams, *North from Mexico*, 152.
29. Entrevista del autor con Imelda Garza.
30. John Chávez, *The Lost Land: The Chicano Image of the Southwest* (Albuquerque: University of New Mexico Press, 1984) 113–15.

"No había trabajo, pero la tierra nos cuidó bien", recuerda Santos Molina, un miembro de la familia Canales que ahora es profesor de bachillerato en San Antonio. "Plantábamos maíz y granos y sandías, calabazas y frijoles. Teníamos cuatro o cinco vacas lecheras. Cazábamos conejo y venado. En ese entonces, las cabras costaban como un dólar, así que teníamos bastante que comer".[31]

La llegada de la Segunda Guerra Mundial trajo consigo otro giro en la política estadounidense hacia los inmigrantes mexicanos. Tres meses después de que el presidente Roosevelt les declarara la guerra a las potencias del Eje, Estados Unidos y México acordaron un nuevo programa para importar trabajadores mexicanos. No tardaron en contratar hasta cien mil mexicanos al año para venir a trabajar acá. Se llamó Programa Bracero, y se mantuvo en cierta forma hasta 1965. Mientras existió, trajo a millones de migrantes al país para hacer trabajo estacional, y todos los años, después de la cosecha, buena parte de ellos encontraba la manera de quedarse aquí ilegalmente. Pero a la mayoría de los estadounidenses no le importaba. Antes de los años sesenta, pocas personas le prestaban atención al tráfico humano en la frontera, sobre todo los habitantes de la zona, para quienes la línea de demarcación internacional era más un invento de los políticos en Washington que una realidad cotidiana.[32]

Pero la Segunda Guerra Mundial hizo una cosa más. Transformó la mentalidad de toda una generación de mexicoamericanos que lucharon en ella, igual que les sucedió a los puertorriqueños. Hasta quinientos mil mexicoamericanos estuvieron en las fuerzas armadas de Estados Unidos, muchos en funciones de combate cruciales. Tan solo en Texas, cinco mejicanos obtuvieron la Medalla de Honor del Congreso. En la Batalla de Bataan, una cuarta parte de los heridos fueron mexicoamericanos.[33]

---

31. Entrevista del autor con Santos Molina.

32. McWilliams, *North from Mexico*, 309–17.

33. Los estimados de la cantidad de mexicoamericanos que lucharon en la guerra varían bastante. Para el límite superior de medio millón, ver Zaragosa Vargas, *Crucible of Struggle: A History of Mexican Americans from Colonial Times to the Present Era* (Nueva York: Oxford University Press, 2011), 255;

Santos Molina y Manuel Garza fueron dos miembros de la familia Canales que combatieron en el mismo ejército contra el que muchos de sus ancestros habían luchado. Molina se enroló en 1940 y lo asignaron a una unidad aérea de la Séptima División de Infantería, donde dirigió un escuadrón que desembarcó en las playas de Normandía el segundo día de la invasión de los Aliados a Francia. Casi todos sus hombres murieron o resultaron heridos ese día y, aunque Molina sobrevivió sin un rasguño, más tarde lo ametrallaron gravemente en Alemania.

Al terminar la guerra, los veteranos mexicoamericanos regresaron a casa y encontraron la misma discriminación y racismo que habían dejado atrás, pero esta vez se negaron a aceptarlos.

Manuel Garza, quien combatió en una unidad de artillería con las Fuerzas Especiales en Europa, regresó a su casa en Kingsville, el centro neurálgico del rancho de la familia King y uno de los pueblos más racistas del sur de Texas. "En el pueblo, la cadena White Kitchens tenía cocineros y ayudantes de camareros mexicanos, pero no dejaban entrar a comer a mexicanos", recordó Garza. "Un día, un montón de nosotros entramos uniformados y los obligamos a atendernos. Lo mismo en Kings Inn. Estaba en un barrio de alemanes puros. Esa gente nunca nos dejaba entrar. Cuando salimos del ejército, empezamos a hacer mucho ruido y nos dejaron comer. Ahora hay más clientes mexicanos en Kings Inn que cualquier otra cosa".

En todo el Suroeste estallaron protestas similares. Cuando le negaron el servicio en un restaurante local al sargento José Mendoza López, ganador de la Medalla de Honor del Congreso en Brownsville, se desató el furor entre los mejicanos. Las organizaciones de clase media como la LULAC y el recién formado American GI Forum señalaron con orgullo el historial bélico de sus miembros y exigieron trato igualitario.[34]

---

para un límite inferior de 350,00, ver "Los veteranos – Latinos in WWII", National World War II Museum, https://www.nationalww2museum.org/sites/default/files/2017-07/los-veteranos-fact-sheet.pdf); ver también McWilliams, *North from Mexico,* 232.

34. Chavez, *The Lost Land*, 121–24.

Por primera vez, los mexicanos se atrevieron a desafiar el monopolio político de la minoría anglo. Cuando trabajaba de inspector de absentismo escolar en Kingsville en los años cincuenta, a Nerio Garza, hermano de Manuel Garza, le enojó tanto el racismo de los anglos que decidió ser candidato. Encendió a la población mexicana del pueblo contra la falta de pavimentación, alumbrado y alcantarillado en su parte del pueblo, y ganó sin problemas su primera campaña a comisionado, donde se quedó durante la mayor parte de los siguientes treinta años.

A pesar de su victoria en Kingsville y de algunas otras en Los Ángeles y San Antonio, el clamor por igualdad y respeto de la generación de la Segunda Guerra Mundial fue desoído en general, y las políticas segregacionistas contra los mexicanos persistieron hasta entrados los años sesenta.

"La primera vez que me hicieron sentarme en la banqueta por hablar español tenía seis años", recordó Sandra Garza, hija de Imelda y Manuel Garza. "Me cacharon porque estaba hablando con el conserje. Él era mexicano y mi vecino de al lado".[35]

Para los años sesenta, la mayoría de los estudiantes en la cercana Texas A&M eran mexicoamericanos. Por primera vez formaron una planilla que consiguió el control del gobierno estudiantil. Empezaron a llamarse chicanos, con lo que convirtieron el coloquialismo que siempre se había usado entre los pobres del Suroeste para describir a los nacidos al norte del río Grande en un sello de orgullo. El apelativo se convirtió en una manera en la que los jóvenes podían conectarse culturalmente con su patria mexicana, de manera parecida en la que el cambio de *Negro* a *Black* afectó el movimiento por los derechos civiles en el Sur.

Algunos chicanos incluso empezaron a referirse al Suroeste como Aztlán, el nombre que los historiadores mexicas del Códice Ramírez (1583-1587) le dieron a la zona al norte de México de la que provenían sus ancestros. En reacción a las décadas de racismo anglo, tenían la visión quijotesca de Aztlán como una

---

35. Entrevista del autor con Sandra Garza.

patria histórica en la que los mexicanos volverían a ser mayoría y recuperarían sus tierras de los colonos blancos.

El sur de Texas se estaba convirtiendo en el centro del descontento chicano. Cuando una planilla de cinco mexicanoamericanos de clase trabajadora ganó el control del consejo de Crystal City en el valle del Río Grande en 1963, su victoria electrizó a los chicanos de todo el Suroeste. Poco después, una huelga en La Casita Farms organizada por el sindicato United Farm Workers de César Chávez emocionó a los jóvenes chicanos con visiones de recuperar el gobierno mayoritario, por lo menos en el sur de Texas.

Uno de los grupos más influyentes que surgió en ese periodo fue la Mexican American Youth Organization (MAYO), fundada en San Antonio por un puñado de muchachos locales, incluyendo a Willie Velasquez, un joven organizador comunitario del Catholic Bishop's Committee on the Spanish Speaking, y a José Ángel Gutiérrez, de Crystal City. Gutiérrez y Velasquez, ambos hijos de inmigrantes mexicanos, terminarían simbolizando dos tendencias al interior del nuevo movimiento. Gutiérrez, cuyo padre había luchado con Pancho Villa en la Revolución mexicana, era un radical carismático con educación universitaria. Hacía proselitismo por todo el Suroeste para formar un partido político de chicanos que contrarrestara a los demócratas y a los republicanos, a quienes consideraba racistas por igual.

Willie Velasquez, cuya familia también había huido de México durante la Revolución, era más pragmático. Sus padres habían crecido en el barrio chicano del lado oeste de San Antonio, donde su padre se convirtió en empacador de carne tras regresar de la Segunda Guerra Mundial.[36] Uno de los compañeros de Willie en St. Mary's College en San Antonio era un chicano alto y larguirucho llamado Henry Cisneros. Velasquez nunca se sintió cómodo con las ideas revolucionarias de Gutiérrez. Creía que los mexicoamericanos solo lograrían la verdadera justicia social por medio del Partido Demócrata. Tal vez eso se debiera en parte

---

36. Entrevista del autor con Mary Velasquez.

a su educación católica o a la influencia del congresista Henry González, el héroe local que abrió el camino de los mexicoamericanos al poder por medio de la política electoral usual, o a su larga amistad con Cisneros. Fuera cual fuera la razón, Gutiérrez y Velasquez terminaron por separarse.[37] Gutiérrez fundó el militante Partido La Raza Unida, mientras que Velasquez inició el Southwest Voter Registration and Education Project, una organización mucho menos conflictiva, y la convirtió en la principal defensora del derecho al voto de los hispanos en el país.

Sin embargo, el nuevo grupo de Gutiérrez fue el que más entusiasmó a los jóvenes chicanos. Ganó una serie de elecciones en 1969 en un montón de pueblitos texanos, incluyendo Crystal City y Kingsville. En Kingsville, la planilla de Raza Unida, dirigida por el presidente estatal del partido, Carlos Guerra, ayudado por estudiantes chicanos de Texas A&M, intentó tomar el control del ayuntamiento. Su planilla desafió tanto a los rancheros blancos como a la generación anterior de *tejanos* establecidos, entre los que se encontraba Nerio Garza. Muchos de los militantes creían que Garza le concedía demasiadas cosas al grupo de poder blanco. Su campaña contra él dividió familias enteras, incluyendo a los Canales, y la amargura engendrada por esas batallas perdura hasta nuestros días. Sandra Garza se unió a los militantes contra su tío Nerio, mientras que la hija de Nerio, Diane Garza, lo defendió.[38]

"Había pendejos como ese Guerra", recordó Diane Garza, administradora desde hace mucho de las escuelas públicas de Brownsville, durante una entrevista décadas después. "Vinieron

---

37. Gutiérrez señala en su autobiografía: "Willie en realidad creía que la lealtad al Partido Demócrata nos era necesaria, pero yo estaba vehementemente en desacuerdo con él. Este desacuerdo ideológico y filosófico entre los dos nunca se resolvió. Ver José Angel Gutiérrez, *The Making of a Chicago Militant: Lessons from Cristal* (Madison: University of Wisconsin Press, 1998), 187; también Armando Navarro, *La Partido La Raza Unida: A Chicano Challenge to the U.S. Two-Party Dictatorship* (Philadelphia: Temple University Press, 2000), 41.

38. Ignacio García, *United We Win: The Rise and Fall of La Partido La Raza Unida* (Tucson: Masrc, 1989), 161–64.

acá a inculcar su numerito de dejar la escuela, pero sus ideas radicales no eran lo mejor para el pueblo".[39]

El conflicto incluso se volvió violento. "Yo daba clases aquí en Brownsville", recordó Diane Garza, "y recibí una llamada diciendo que estaban planeando linchar a mi papá. Todavía recuerdo vívidamente esa noche. Yo les digo 'La Raza Sumida'. Traían botes de gasolina en las manos. No solo tuvimos que llamar a los patrulleros de la autopista; también a los Texas Rangers. Ni siquiera podían empezar a dispersar a esa multitud de idiotas. Habíamos encerrado a mi papá en la casa. Decían cosas como: 'Nerio es un coco: moreno por fuera y blanco por dentro'. Pero en sus entrañas todos sabían quién era Nerio Garza. Él les hizo frente a los rancheros, a los grandotes y a los chiquitos, no le importaba".

Algunos de los seguidores del grupo de Carlos Guerra admitieron años después que habían enfrentado a los mexicanos entre sí sin necesidad. "Creían que mi tío era un vendido", recordó Sandra Garza. "Pero solo era que su sangre vieja no entendía a la nueva. Si lo miras bien ahora, podrían haber trabajado bien juntos".

Después de las elecciones de Kingsville, Sandra Garza, quien nunca olvidó las historias de sus padres sobre el legado de la familia Canales, ni sobre cómo los gringos les habían quitado sus tierras, se entregó por completo al movimiento chicano. Durante la siguiente década, se mudó de pueblo en pueblo en el Oeste y el Suroeste, como maestra y organizadora comunitaria, tratando de recuperar las tierras perdidas y la tradición cultural. Trabajó en Colorado con la Crusade for Justice de Corky González; en el norte de Nuevo México con la Alianza Federal de Pueblos Libres de Reier López Tijerina; en California y en Texas con sindicatos obreros que estaban organizando trabajadores latinos. Cuando la entrevisté en 1992, Garza era organizadora de personal en El Paso, Texas, con la Union of Industrial Needle Trade Employees (UNITE).

---

39. Entrevista del autor con Diane Garza.

Otras familias chicanas del Suroeste han repetido la historia de los Canales una y otra vez. A los estadounidenses blancos a veces les cuesta trabajo entender lo profundas que son las raíces de los mexicoamericanos en esa parte del país. A fin de cuentas, la mayoría de los blancos que viven en la región apenas llegaron durante los últimos cien años. En el mejor de los casos, su historia migratoria se remonta algunas generaciones, difícilmente comparable con la de los mexicanos de cepa. La familia del líder agrícola César Chávez, por ejemplo, se mudó a Arizona en 1880, mucho antes de que fuera un estado. La familia tenía tierras allá hasta que la Gran Depresión los envió a la bancarrota y los obligó a mudarse a California como jornaleros migrantes. López Tijerina, nacido en Texas en 1926, contaba la historia de cómo los anglos que se habían robado las tierras de su familia habían matado a su abuelo.

Incluso muchos inmigrantes mexicanos recién llegados pueden señalar largos vínculos históricos con el Suroeste. En un estudio del viejo barrio mexicano de Lemon Grove en San Diego, por ejemplo, el etnógrafo Robert Alvarez documenta casi doscientos años de un circuito migratorio entre la Baja California mexicana y nuestro estado de California transitado por las mismas familias extendidas de mineros y campesinos. Distintos miembros de las familias iban y venían entre los dos territorios en respuesta a las condiciones económicas. Alvarez sostiene que las dos Californias han sido una misma históricamente, por su geografía, su economía y su cultura. La frontera apenas se convirtió en una barrera para esos vínculos durante los últimos sesenta años. Además, las redes familiares y la solidaridad entre mexicanos de hecho se fortalecieron con el circuito migratorio, pues los miembros individuales de cada familia dependían cada vez más de las remesas de sus parientes lejanos para su supervivencia.[40]

Trabajo mexicano. Mercado mexicano. Música y comida mexicanas. Televisión y radio mexicanas. Nombres mexicanos de

---

40. Robert R. Alvarez, Jr., *Familia: Migration and Adaptation in Baja and Alta California, 1800–1975* (Berkeley: University of California Press, 1991).

ciudades, estados, ríos y montañas. El Estados Unidos anglo sigue negando hasta qué punto los mexicanos han forjado la realidad social, cultural, política y económica del Oeste y el Suroeste.
Fueron parte de su creación y serán una parte aún mayor de su
futuro. Ese patrimonio mexicano innegable nos hostigará hasta
que lo aceptemos como propio.

6

Cubanos:
Refugiados especiales

Pocos grupos de inmigrantes han iniciado su adaptación económica a la vida en Estados Unidos desde una posición de tanta ventaja relativa.

—ALEJANDRO PORTES[1]

Durante el verano de 1994, miles de cubanos aparecieron en las costas de Florida en una flotilla de botes de remo de madera, balsas hechizas y llantas de coche unidas con cuerdas. Todos los días de ese verano, los guardacostas de Estados Unidos reportaron un incremento sorprendente en la cantidad de *balseros* cubanos que trataban de llegar a nuestras costas. El éxodo no tardó en desbordar los centros inmigratorios de Florida, que ya estaban batallando por lidiar con un flujo de lancheros haitianos desesperados, lo que alimentó el creciente debate nacional sobre inmigración.

El presidente Clinton reaccionó haciendo lo que ningún otro presidente estadounidense había hecho antes: ordenó que se detuviera el trato especial de los refugiados cubanos. Durante más de treinta años, una sucesión de presidentes les había concedido

---

1. Alejandro Portes y Alex Stepick, *City on the Edge: The Transformation of Miami* (Berkeley: University of California Press, 1993), 129.

asistencia financiera sin precedentes a quienes huyeran de Cuba. Durante ese tiempo, el Congreso había financiado varios esfuerzos de los refugiados por tumbar el régimen comunista de Fidel Castro, y la CIA había usado a muchos de ellos como confiables soldados rasos de la Guerra Fría. Ni los dominicanos huyendo de la guerra civil de 1965 ni los haitianos huyendo del terror de Papa Doc Duvalier y una cadena de juntas militares obtuvieron un trato comparable. Washington rechazaba constantemente las solicitudes de asilo de los haitianos recogidos en el mar mientras invariablemente se las concedía a la mucho menor cantidad de *balseros* cubanos. Bajo Clinton, incluso regresaron por la fuerza a muchos haitianos a su país.

Pero en 1994 les quitaron la alfombra roja a los cubanos. Para entonces, la obsesión de Estados Unidos con la Guerra Fría se había terminado. El miedo a las hordas de inmigrantes estaba remplazando el pavor a las guerrillas comunistas. A partir de entonces, dijo Clinton, los cubanos que trataran de llegar ilegalmente a Estados Unidos serían detenidos y se les negaría la entrada automática, igual que a cualquier otro inmigrante. Para cuando anunció esto, ya había más de un millón de cubanos viviendo en Estados Unidos.

Los *balseros* de 1994 de hecho eran la quinta oleada importante de cubanos en llegar a nuestras costas desde que miles de trabajadores tabacaleros migraron hacia acá durante las guerras de independencia de Cuba en el siglo XIX. Aunque los cubanos de clase media siguieron visitando Estados Unidos durante la primera mitad del siglo XX, pocos lo convirtieron en su residencia permanente, hasta que la Revolución de 1959 de Fidel Castro reinició una emigración en masa. En los sesenta años desde entonces, han salido cuatro oleadas importantes de cubanos. Cada una ha tenido una composición social y una mentalidad política tan particular que la diáspora cubana quizá sea la más compleja de las sagas de latinos inmigrantes.

Los refugiados de los años sesenta y setenta provenían en general de la clase alta y media, y trajeron consigo enormes habilidades técnicas. Esas ventajas, junto con la enorme ayuda que les concedió el gobierno federal, convirtió a los cubanos en los inmigrantes hispanos más prósperos de este país. Sin embargo, empezando por el éxodo del Mariel en 1980, los cubanos que llegaron en general fueron más pobres y morenos. Los *marielitos*, como los llaman, se enfrentaron a la reacción nacionalista de los estadounidenses blancos y a crecientes conflictos raciales y de clase al interior de su propia comunidad de refugiados, por lo que su experiencia fue más comparable a la de otros inmigrantes latinos.

Debido a las enormes disparidades de clase, educación y raza entre las oleadas, no hay un refugiado cubano típico, y algunos observadores incluso ponen en duda si los términos "refugiados" y "exiliados" siguen siendo descripciones apropiadas de la comunidad de inmigrantes cubanos actual. Yo decidí concentrarme en la experiencia de una familia cubana, los Del Rosario de Miami, quienes me parecen representativos de un segmento importante pero poco estudiado de la comunidad. Algunos de los miembros de la familia llegaron en 1994 con los *balseros*, mientras que otros llevan mucho más tiempo en este país. Luis del Rosario, el vocero más elocuente de la familia, llegó en 1979. Callado, flaquísimo, casi calvo y a mediados de sus cuarenta, Luis había sido prisionero político en Cuba y, después de instalarse en Miami, se involucró con Hermanos al Rescate, un grupo militante de exiliados conocido por sobrevolar el estrecho de Florida en avioneta, para ayudar a los *balseros*.

Yo lo conocí en el verano de 1994, cuando estaba cubriendo la noticia de los *balseros*. Luis acababa de enterarse de que uno de sus hermanos, su cuñada y sus hijos habían salido de Cuba en una balsa y estaban perdidos en el mar. Durante las siguientes semanas, se obsesionó con encontrarlos. Cuanto más hablábamos durante esos días frenéticos, más cuenta me daba de que la familia Del Rosario podía ayudar a echar luz en aspectos clave de la diáspora cubana.

LOS PRIMEROS MIGRANTES

La primera migración cubana a Estados Unidos casi cayó en el olvido. Ocurrió a finales del siglo XIX, cuando más de cien mil personas, el 10% de la población cubana, huyó de los disturbios de las guerras de independencia. La mayoría eran trabajadores tabacaleros desempleados que buscaban trabajo en las nuevas fábricas de puros que los fabricantes españoles y cubanos estaban montando en Key West, Tampa, Nueva Orleans y Nueva York.

En 1885, Vicente Martínez Ybor e Ignacio Haya compraron cuarenta acres de pantanos cerca de Tampa, drenaron el terreno y se dispusieron a construir una ciudad fabril. Esa localidad se conocería más tarde como Ybor City. Martínez Ybor se apresuró a establecer una línea de barcos entre La Habana, Key West y Tampa, para garantizarse una provisión constante de trabajadores y convertir su nueva ciudad en la capital del puro en Estados Unidos. Para 1900, la ciudad tenía 129 fábricas de puros y quince mil habitantes.

La línea de barcos y la floreciente industria del puro crearon vínculos carnales entre Cuba y Estados Unidos. Para principios del siglo XX, entre cincuenta y cien mil personas viajaban al año entre La Habana, Key West y Tampa; eran tantas que los cubanos normalmente no tenían que pasar por aduanas ni inmigración.[2] Mientras los millones de pobres de Cuba sufrían bajo los turbulentos regímenes de Machado y luego Batista, la pequeña élite cubana ligada a las compañías estadounidenses se regodeaba en lujos. Sus miembros invertían su dinero en Wall Street, mandaban a sus hijos a universidades estadounidenses, se trataban en hospitales norteamericanos e iban de vacaciones a Saratoga Springs y otros *resorts* de sociedad. Muchos incluso se volvieron ciudadanos estadounidenses.

La Revolución de 1959, por otro lado, desató una huida inmediata. Durante los primeros cuatro años se fueron unas 215 mil personas a Estados Unidos. Miles más partieron a España

---

2. Mormino, *The Immigrant World of Ybor City*, 63–77.

y Latinoamérica.[3] Esa primera oleada estaba constituida por los
más ricos: gerentes de corporaciones estadounidenses, oficiales
del ejército y la policía del dictador Batista, doctores, abogados,
científicos y sus familias.[4] La población hispana de la zona metropolitana de Miami se catapultó de apenas cincuenta mil personas
en 1960 a más de 580 mil en 1980.[5]

"Pocos grupos de inmigrantes han iniciado su adaptación económica a la vida en Estados Unidos desde una posición de tanta
ventaja relativa", escribió Alejandro Portes en un estudio sobre los
cubanos y Miami. El gobierno estadounidense les ofreció toda
una gama de programas de asistencia gubernamental bajo la Ley
de Ajuste Cubano de 1966, programas que nunca recibieron los
mexicanos, puertorriqueños y demás latinos. Los refugiados eran
elegibles de inmediato para la asistencia pública, Medicaid, vales
de despensa, clases gratuitas de inglés, becas y préstamos universitarios a intereses bajos. Podían conseguir créditos empresariales
de inmediato y préstamos para iniciar sus compañías. El estado de
Florida hizo aún más: les brindó transferencias monetarias directas a las familias cubanas. El condado de Dade abrió sus listas de
servicio civil a los no ciudadanos. La Escuela de Medicina de la
Universidad de Miami incluso abrió programas especiales para
ayudar a los cubanos a revalidar sus estudios.[6]

---

3. Richard R. Fagen, Richard A. Brody y Thomas J. O'Leary, *Cubans in Exile:
Disaffection and the Revolution* (Stanford: Stanford University Press, 1968), 17.
4. La diferencia de riqueza entre quienes se fueron y quienes se quedaron era
enorme. Según un estudio, en una época en la que el 60% de los varones empleados de Cuba ganaban menos de $900 al año, solo el 7% de los jefes del
hogar entre los refugiados ganaban menos de $1,000, mientras que la mitad
ganaba más de $4,000. Y ese estudio probablemente subestime las disparida-
des, pues los cubanos más ricos ni siquiera pasaron por centros de refugiados
al llegar, por lo que nunca los sondearon. Ver Fagen, *Cubans in Exile*, 21–22.
5. Thomas D. Boswell y James R. Curtis, *The Cuban-American Experience: Culture, Images and Perspectives* (Totowa, N.J.: Roman & Allanheld, 1984), 81.
6. Pérez, *Cuba and the United States*, 254; también "The Cuban Immigration
1959–1966 and Its Impact on Miami–Dade County, Florida", The Research
Insitutite for Cuba and the Caribbean Center for Advanced International
Studies, University of Miami, 10 de julio de 1967, xiv–xv.

Muchos de los refugiados encontraron asistencia adicional en los programas encubiertos de la CIA. En esos primeros días, el presidente John Kennedy y los exiliados confiaban en que la Revolución de Castro sería derrocada sin demora. Ni la derrota de la invasión de Bahía de Cochinos en 1961, patrocinada por la CIA, ni la captura de miles de exiliados de la fuerza expedicionaria, conocida como la Brigada 2506, minaron su convicción. Para 1962, la estación de la CIA en la Universidad de Miami era la más grande del mundo después del cuartel general de la agencia en Virginia. Tenía a tantos cubanos en la nómina que se convirtió en uno de los principales empleadores de Miami.[7] Esos cheques de la CIA les dieron a muchos exiliados un estándar de vida que ningún inmigrante anterior había siquiera imaginado.

Además, los refugiados trajeron consigo muchas habilidades técnicas y quizás el nivel educativo más alto de cualquier grupo de inmigrantes hispanos en la historia de Estados Unidos. En una época en la que solo el 4% de los cubanos de la isla había alcanzado el doceno grado, más del 36% de los refugiados tenía títulos universitarios, o por lo menos había asistido a la universidad.[8]

Gracias a la combinación particular de sus habilidades y la generosidad del gobierno federal, los primeros exiliados se dispusieron a crear el milagro cubano en Miami. En unos pocos años, el somnoliento destino turístico en la bahía Viscaína se transformó en una ciudad comercial y en un nexo de comercio internacional. Los emprendedores cubanos que iniciaron su nueva vida en este país con un almacén o joyería no tardaron en pasar a la banca, la construcción y la industria textil. Algunos empezaron a trabajar en compañías estadounidenses importantes y las expandieron al mercado latinoamericano. Otros fungieron como agentes inmobiliarios o bancarios para sudamericanos ricos en Estados Unidos.[9]

---

7. Portes y Stepick, *City on the Edge*, 126.

8. Y mientras que más de la mitad de los cubanos en la isla tenían menos de cuatro años de educación, solo el 4% de los refugiados no habían logrado llegar a cuarto grado. Ver Fagen, *Cubans in Exile*, 19.

9. Portes y Stepick, *City on the Edge*, 129–32.

Al mismo tiempo, los refugiados desarrollaron un mercado interno extremadamente leal. Más que cualquier otro grupo de inmigrantes hispanos, los cubanos contrataban gente y compraban mercancías al interior de su propia comunidad.[10] Quienes lograban conseguir puestos de ejecutivos de préstamos en los pequeños bancos de Miami se aseguraban de darles fondos para iniciar sus empresas a los refugiados que no pudieran obtener crédito de los prestamistas anglos. Lo hicieron inaugurando los "préstamos por reputación": un exiliado que no tuviera aval ni crédito podía conseguir un préstamo empresarial basado en su historial o su posición en Cuba. Los prestatarios resultaron ser riesgos impecables y esa política de préstamos convirtió en millonarios a muchos ejecutivos bancarios cubanos.

Los exiliados que tenían prohibido unirse a los sindicatos por las políticas racistas de los gremios de la construcción empezaron a hacer los mismos trabajos entre su propia gente. Conforme crecía la comunidad, también lo hacían las sociedades constructoras familiares. Para 1979, la mitad de las principales compañías constructoras del condado de Dade eran cubanas.

Al mismo tiempo, los dueños de las fábricas neoyorquinas que sentían que los sindicatos textiles de su ciudad les exprimían las ganancias, aprovecharon la oportunidad de abandonar el Norte en los años sesenta y mudarse a Miami. En la década anterior a 1973, esos traslados triplicaron la cantidad de empleos textiles en el sur de Florida, hasta alcanzar los 24 mil. Las nuevas fábricas les dieron trabajo a las refugiadas cubanas, muchas de las cuales terminaron de contratistas para los dueños.[11] Para 1987 había 61 mil compañías hispanas en Miami, con una facturación bruta

---

10. *Ibid.*, 145–46. En 1979, el 63% de un grupo de inmigrantes cubanos en una encuesta compraba productos cotidianos en tiendas cubanas, pero en un grupo similar de mexicanos que llevaban la misma cantidad de tiempo en el país que los cubanos, solo el 32% compraba en tiendas mexicanas. Además, en 1979, el 49% de una muestra de cubanos en la misma encuesta trabajaban en empresas cubanas, mientras que tan solo el 15% de los mexicanos trabajaban para alguna compañía mexicana.

11. *Ibid.*, 127–28.

de $3.8 mil millones, la cifra más alta de cualquier ciudad esta-
dounidense.[12]

Los refugiados cubanos tuvieron una cálida bienvenida durante los años sesenta y setenta, porque el país estaba enfebrecido
por la Guerra Fría. Pero esa bienvenida cambió casi de la noche a
la mañana en 1980, cuando los noticieros empezaron a transmi-
tir imágenes de los lancheros del Mariel, un éxodo bautizado en
honor al puerto cubano en el que se embarcaron los refugiados.
Más de 125 mil cubanos entraron al país durante los cuatro meses del éxodo del Mariel. Estados Unidos se dio cuenta de que los
nuevos refugiados ya no provenían de la élite blanca de la isla.
En su abrumadora mayoría eran muchachos solteros, casi todos
obreros; había un porcentaje mucho más alto de negros que en las
oleadas anteriores, y una cantidad significativa de ellos tenía enfermedades mentales o había estado en la cárcel. Según algunos
informes, Fidel Castro aprovechó la oportunidad para no solo
librarse de los disidentes, sino de los criminales.[13]

---

12. *Ibid.*, 146.
13. Como ha señalado Syliva Pedraza, eran "sobre todo hombres jóvenes, solteros y de clase trabajadora con poca educación. Aproximadamente el 20%
eran negros o mulatos, comparados con el 7% de los cubanos que habían llegado entre 1960 y 1964. Alrededor del 25% habían estado presos en Cuba
por varias razones, incluyendo haber violado la ley cubana de la *peligrosidad*,
que incluía expresiones públicas de homosexualidad, pero contrario a lo que
declararon los medios, menos del 2% de los *marielitos* eran delincuentes". Ver
Silvia Pedraza, "Los Marielitos of 1980: Race, Class, Gender and Sexuality",
Annual Proceedings of the Association for the Study of the Cuban Economy,
30 de noviembre de 2004, https://www.ascecuba.org/asce_proceedings/los-
marielitos-of-1980-race-class-gender-and-sexuality/; también Alex Larzelere,
Castro's Ploy – America's Dilemma: The 1980 Cuban Boatlift, National Defense University Press, (Washington, D.C., 1980), 221-224. Sin embargo, a
cinco años del éxodo, los condados del sur de Florida estimaban que hasta 15
mil de los refugiados habían cometido crímenes en ese estado, y para 1990, más
de cinco mil refugiados del Mariel estaban presos en correccionales federales
o estatales de todo el país por delitos que habían cometido desde su llegada.
Ver Katie Springer, "Five years later, overriding crime is Mariel legacy", *South
Florida Sun-Sentinel,* 26 de septiembre de 1985, https://www.sun-sentinel.
com/news/fl-xpm-1985-09-26-8502100720-story.html; también David D.
Clark, "The Mariel Cuban Problem", New York Department of Correctional

Por primera vez, los recién llegados de Cuba fueron recibidos de manera hostil y los dispersaron por media docena de centros de detención y bases militares salpicados por el país. El racismo, combinado con la ansiedad económica —ver a tantos refugiados nuevos entrar al país en un momento de alto desempleo— enfadó a muchos estadounidenses. Ese enojo creció cuando los refugiados, frustrados por el trato frío que les estaban dando, montaron protestas ruidosas en varios centros de detención.

Recuerdo haber visitado un centro de procesamiento de refugiados como reportero para un periódico aquel año. La imagen que tenía de los cubanos cambió drásticamente. Esa imagen se había formado por años de interacciones en las calles de Nueva York con la oleada de refugiados de los sesenta. Debido a esa experiencia, había crecido creyendo que los cubanos eran generalmente blancos, bien educados y un tanto arrogantes con los puertorriqueños. Al pasar de los años, se había desarrollado cierta enemistad entre las dos comunidades. Los puertorriqueños estábamos resentidos porque los cubanos recién llegados habían acaparado muchos negocios del barrio y los trabajos mejor remunerados de los medios de habla hispana, tanto aquí como en nuestra patria —más de sesenta mil cubanos se instalaron en Puerto Rico durante los años sesenta—. Así que imagínense mi sorpresa cuando vi, detrás del alambre de púas de Fort Indiantown Gap, Pennsylvania, a varios miles de cubanos, casi todos negros, todos hablando en el mismo español coloquial acelerado y con la misma humildad espontánea que reconocía de los boricuas de East Harlem.

El Mariel tuvo repercusiones que fueron más allá de la comunidad cubana y la puertorriqueña. Sucedió apenas unos meses antes de unas elecciones en las que el candidato republicano, Ronald Reagan, convirtió la incapacidad del presidente Carter para controlar la inmigración en un punto clave de su campaña, lo que lo ayudó a capturar la Casa Blanca. De manera similar,

Services, Division of Program Planning, Research and Evaluation, abril de 1991, https://www.ojp.gov/pdffiles1/Digitization/142919NCJRS.pdf.

Bill Clinton, en ese entonces el poco conocido gobernador de Arkansas, le atribuyó no haberse logrado reelegir aquel año al enojo de los votantes por haber aceptado a tantos refugiados del Mariel en Fort Chaffee, Arkansas. Como veremos más adelante, el Mariel marcó el inicio de un cambio importante en la manera en la que los estadounidenses pensamos en la inmigración (ver capítulo 11).

LOS DEL ROSARIO Y LA
VIDA BAJO LA REVOLUCIÓN

Luis del Rosario llegó a este país en el verano de 1979, un año antes del éxodo del Mariel, como prisionero político indultado. Su familia proviene de una zona arrocera en la provincia de Camagüey, en el centro de la isla. Sus abuelos migraron hacia allá desde las Islas Canarias en la década de 1890, cuando España, desesperada por contrarrestar los crecientes sentimientos independentistas entre los *criollos*, incitó a los *peninsulares* a asentarse en la isla. Sus padres eran campesinos pobres —le rentaban la tierra a un pariente más próspero—, así que no sufrían de la miseria extrema que afectaba a las masas cubanas: los trabajadores de las plantaciones, los jornaleros y los pobres urbanos que formaron la base de apoyo de la Revolución de Castro.

De hecho, varios Del Rosario tenían trabajos menores en el gobierno de Batista. El tío de Luis, Chilo, era policía ferroviario en La Habana. Otro tío, Antolín, era policía en Matanzas. Su familia inmediata era grande: siete niños y tres niñas. En los años anteriores al triunfo de la Revolución, Luis recuerda que el líder guerrillero Camilo Cienfuegos comandaba un destacamento de revolucionarios del Movimiento 26 de Julio de Fidel en su provincia. La banda de Cienfuegos llegó a su granja un día y les pidió permiso para acampar en sus tierras, y el padre de Luis, aunque apoyaba a Batista, no se atrevió a negarse.

Luis apenas tenía diez años cuando el ejército guerrillero de Castro entró a La Habana en 1959. Al principio, sus padres se propusieron vivir en paz con el nuevo régimen. Incluso prosperaron gracias a algunas de sus primeras reformas. El gobierno, por ejemplo, le construyó casas nuevas a toda la gente de la región. Todas tenían piso de cemento, muros de contrachapado y techos de zinc, un avance de las chozas de piso de tierra que eran la norma.[14] La nueva casa de los Del Rosario tenía tres cuartos. Los siete niños dormían en uno, las niñas en otro y los padres en el tercero.

El gobierno también construyó escuelas nuevas e inició grandes programas de béisbol y fútbol (soccer) para los jóvenes de la región. "El traje de béisbol era muy importante para nosotros", recuerda Luis. "Un guante, bates, un uniforme. Competimos con distintos pueblos. Yo jugué béisbol en la escuela y las ligas pequeñas". Por ese tipo de cosas, "el 90% del pueblo lo apoyó" a Fidel al principio. Varios estudios extranjeros sobre la opinión de los cubanos durante los primeros días de la Revolución lo confirman.[15]

Pero para mediados de los años sesenta, la euforia revolucionaria había decaído. Los jóvenes empezaron a renunciar a los empleos que les asignaba el gobierno y a mudarse a La Habana en busca de un mejor trabajo. Luis oyó las primeras opiniones antigubernamentales en esos años. Tras la muerte de su padre en 1964, se mudó a la capital y se unió a sus hermanos en una casa al norte de La Habana, donde montaron una pequeña fundidora en el patio trasero. Tomaban motores viejos o partes metálicas desechadas, las fundían y las reciclaban para darle cobre, bronce o hierro al gobierno. Casi toda la docena de empleados eran

14. Entrevistas del autor con Luis del Rosario, de agosto de 1994 a mayo de 1996.

15. Un estudio de 1960 hecho con mil cubanos en centros urbanos y semiurbanos concluyó que el 86% apoyaba el gobierno revolucionario, mientras que un estudio de obreros cubanos de 1962 mostraba que el 70% apoyaba al gobierno. Ver Lloyd A. Free, "Attitudes of the Cuban People Toward the Castro Regime in the Late Spring of 1960", Institute for International Social Research, Princeton, N.J., 1960, y Maurice Zeitlin, "Economic Insecurity and the Political Attitudes of Cuban Workers", *American Sociological Review* 31 (febrero de 1966).

parientes. Luis cuidaba el único horno anticuado y su hermano Wenceslao fungía como el moldeador principal de la fábrica. Las fundidoras familiares como esa se volvieron cruciales para la supervivencia de Cuba cuando el embargo estadounidense les cortó el acceso a las refacciones para todos los coches y la maquinaria industrial hechos en Estados Unidos que había en el país.

"Era una fundición rústica", recuerda Luis. "No había tecnología. [...] Nosotros nos quemábamos mucho. Un poco de hierro caía al suelo y se formaban muchas explosiones. [...] Íbamos prosperando bien. [...] Había que trabajar muy duro. [...] Si hubiésemos crecido, el país estuviera libre".

Eso nunca sucedió. En 1968, el gobierno empezó a nacionalizar incluso las empresas más pequeñas. "Vino una gente del gobierno y dijo que no podíamos. Empezaron a intervenir. Otras fundiciones de aluminio, que pasaban a manos del pueblo", recordó Luis. Se enfadó tanto que, antes de irse, "yo personalmente las máquinas las rompí".

A pesar de la amarga experiencia con la fundidora, Luis seguía soñando con prosperar bajo el socialismo. Entró a trabajar de empleado postal y luego de camionero; transportaba comida hacia las tiendas estatales que suministraban todas las mercancías bajo el sistema de racionamiento del país. Durante sus viajes diarios por el campo cubano, empezó a ver de primera mano cómo se estaban dando las cosas.

"Vimos que la vida iba hacia atrás. Si trataba de defender la Revolución, otros decían: '¿Cómo tú dices?'. Lo que hizo Castro era tirarle tierra al pueblo. Un día, le llegó un aviso gubernamental que le ordenaba reportarse para el servicio militar, pero se mudó y decidió evitar la leva. Para entonces, las cosas estaban tan desorganizadas en Cuba que el gobierno nunca lo persiguió. Sin embargo, dos de sus hermanos sí se enrolaron, y uno, Augusto, fue ascendido rápidamente a sargento.

Luis pasó los años siguientes de gerente en varias tiendas estatales de La Habana. Esas tiendas estaban asediadas por filas largas y escasez de bienes, e invariablemente se convertían en centros de descontento público y corrupción privada. Como siempre sobraba gran cantidad de algunos productos después de que se terminaran las tarjetas de racionamiento, los gerentes empezaron a intercambiar o vender su excedente: cinco libras de arroz por, digamos, cinco de carne.

"Así vivían muchos: prácticamente robando al pueblo", dijo Luis. "El sistema de racionamiento no funciona".

Para principios de los setenta, Luis ya odiaba la Revolución. Él y varios de sus hermanos se unieron a un grupo clandestino: el Movimiento de Liberación Nacional 10 de Octubre. Admite que tan solo eran conspiradores amateurs; se juntaban para planear exagerados operativos de sabotaje que nunca ejecutaron. Un día, un informante alertó al ejército y arrestaron a dos de sus hermanos, Gustavo y Wenceslao, afuera de un aeropuerto cerca de Camagüey, mientras se preparaban para secuestrar un vuelo a Estados Unidos. Unos meses después, la policía arrestó a Luis por subversión. Tras un juicio rápido, lo sentenciaron a doce años en la cárcel, pero terminó solo cumpliendo seis y medio.

Sin que él lo supiera, un nuevo grupo de cubanoamericanos anticastristas decididos a normalizar las relaciones Cuba-Estados Unidos había viajado a La Habana para reunirse con Fidel Castro. El grupo se autodenominaba Comité de los 75. Los grupos anticastristas de Miami de la vieja escuela los condenaron de inmediato como una fachada para simpatizantes del comunismo. Pero el comité logró convencer a Castro de indultar a más de mil prisioneros políticos bajo la condición de que todos se fueran de Cuba de inmediato.[16] Entre los liberados se encontraba Luis del Rosario. El 6 de junio de 1979, más de 20 años después de que Fidel saliera marchando de la Sierra Maestra, Del Rosario, su esposa y sus dos hijos abordaron un Boeing 727 en el Aeropuerto José Martí de La Habana y volaron a Miami. El resto de sus parientes se quedaron.

---

16. Entrevista del autor con Manuel de Dios Unanue, mayo de 1990, y Albor Ruiz, enero de 1998, ambos miembros del Comité de los 75.

Luis no tardó en encontrar trabajo en una constructora propiedad de otro refugiado, aprovechó todos los programas federales, dio el enganche de una casa e inscribió a sus hijos en escuelas católicas. Varios años después, luego de permitirle a su hijo Ismael unirse a la Patrulla Aérea Civil, desarrolló un interés en el vuelo, obtuvo su licencia de piloto y empezó a volar aviones chárter en la zona de Miami. Mientras tanto, seguía buscando maneras de sacar al resto de su familia de Cuba.

A principios de los años noventa, se unió a Hermanos al Rescate, un grupo con vínculos históricos con la CIA, y por medio de la organización entró en contacto con los avejentados jefes de la comunidad de refugiados de Miami, una junta política obsesionada con regresar al poder en Cuba, quienes se habían hecho una carrera de por vida, a veces lucrativa, atizando pasiones anticastristas entre sus paisanos y la población estadounidense en general.

"Son unos viejos. Lo que quieren es que Fidel se vaya para ponerse ellos... robando el dinero del pueblo", dijo Del Rosario de esos líderes. También dijo que muchos de los refugiados de clase obrera que llegaron en los últimos años comparten su opinión, pero pocos la expresan en público por miedo al ostracismo de ser considerados simpatizantes del comunismo o a sufrir un atentado de parte de la clandestinidad anticastrista. Esos inmigrantes más recientes son el lado moderado de la comunidad de inmigrantes cubanos que la mayoría de los estadounidenses nunca ve. Se oponen a la Revolución de Castro y a la vez no niegan que sus primeros años le brindaron mucho progreso real a la mayoría pobre de Cuba. Están de acuerdo en que muchos de los simpatizantes de Batista que huyeron a Miami al principio de la Revolución eran criminales y explotadores de la nación. No tratan de recuperar propiedades ni fortunas confiscadas que nunca tuvieron. Anhelan una Cuba libre de violencia, terror y gobierno unipartidista, pero desearían que acabara el implacable embargo estadounidense contra su isla para poder visitarla y ayudar a sus parientes.

Dos años después del éxodo de los *balseros*, hablé de nuevo con Del Rosario. Los guardacostas habían recogido a su hermano y su familia en el mar, los habían mantenido más de un año en Guantánamo y luego los habían metido a Estados Unidos bajo libertad condicional. Con elecciones nacionales a la vuelta de la esquina, la política de cerrarles las puertas a los *balseros* cubanos del presidente Clinton se había terminado sin aspavientos. "A este país no le importan los cubanos", me dijo Del Rosario. "Solo somos peones de la política".

7

Dominicanos:
Del Puente Duarte
al Puente George Washington

Ningún hombre podía saber si su vecino, o si sus amigos de toda la vida, o incluso si su hermano o su hijo o su esposa iban a informar en su contra. [...] Todos tenían miedo. Nadie confiaba en nadie.

—JOHN BARTLOW MARTIN, EXEMBAJADOR
EN REPÚBLICA DOMINICANA

Durante el fin de semana del 4 de julio de 1992, cientos de inmigrantes dominicanos causaron disturbios en la zona de Washington Heights de la ciudad de Nueva York cuando se difundieron rumores de que un policía blanco le había disparado por la espalda a un joven dominicano. Durante varios días, los jóvenes del barrio incendiaron coches, saquearon negocios coreanos y blancos y le tiraron piedras y botellas a la policía. Los funcionarios de la ciudad, temiendo que se repitieran los disturbios que se habían desatado en Los Ángeles dos meses antes, se apresuraron a calmar a los residentes con promesas de una investigación. Aunque un gran jurado de Manhattan concluyera más tarde que el policía había actuado en defensa propia contra un narcotraficante bien conocido, y que los supuestos testigos del tiroteo habían inventado sus historias, el primer disturbio dominicano en suelo estadounidense puso de pronto a un nuevo grupo de inmigrantes latinos bajo los reflectores.

Entre 1961 y 1986, más de cuatrocientas mil personas emigraron legalmente de República Dominicana a Estados Unidos, y otras 44 mil fueron a Puerto Rico, mientras que miles más entraron a ambos lugares de forma ilegal. Para 1990 había más de trescientos mil dominicanos tan solo en Nueva York. Durante el cuarto de siglo siguiente, la población inmigrante dominicana en Estados Unidos se triplicó, y para 2017, la cantidad de dominicanos en el país, tanto extranjeros como nacidos en Estados Unidos, había sobrepasado los dos millones.[1]

De manera similar a los puertorriqueños de los años cincuenta, al principio los dominicanos pasaron desapercibidos. Los neoyorquinos tendían a creer que eran negros que de casualidad hablaban español. Sin embargo, para los años noventa se habían convertido en el segundo grupo de hispanos más grande del Noreste, y para 2019 incluso habían sobrepasado a los boricuas como el grupo étnico latino más grande de Nueva York.[2] Cuando los periódicos principales empezaron a reportar sobre dominicanos involucrados en delitos o en narcotráfico, algunos blancos empezaron a reaccionar con enojo y culparon a los nuevos inmigrantes del declive de la ciudad.

---

1. Jorge Duany, *Los Dominicanos en Puerto Rico: Migración en la Semi-Periferia* (Río Piedras: Ediciones Huracán, 1990), 30–31; Gustavo López, "Hispanics of Dominican Origin in the United States, 2013", Centro de Investigaciones Pew, 15 de septiembre de 2015, https://www.pewresearch.org/hispanic/2015/09/15/hispanics-of-dominican-origin-in-the-united-states-2013/; Luis Noe-Bustamante, "Key facts about U.S. Hispanics and their diverse heritage", Centro de Investigaciones Pew, 16 de septiembre de 2019, https://www.pewresearch.org/fact-tank/2019/09/16/key-facts-about-u-s-hispanics/.
2. Bobby Cuza, "Hispanics Closing in on whites as New York City's Largest racial group", NY1.com, 13 de octubre de 2021, https://www.ny1.com/nyc/all-boroughs/local-politics/2021/10/13/hispanics-closing-in-on-whites-as-new-york-city-s-largest-racial-group.

Sin embargo, los reportajes posteriores a los disturbios rara vez intentaron explicar por qué venían tantos dominicanos a Estados Unidos. Pocos exploraron el enorme éxito de los nuevos inmigrantes en el comercio barrial o su alta tasa de inscripción al sistema de universidades públicas. Y ninguno de los reportajes aclaró lo que distinguía a la diáspora dominicana de los inmigrantes europeos o incluso de los latinos anteriores.

▼▼▼▼

El éxodo dominicano, a diferencia del puertorriqueño y el mexicano, empezó como huida de refugiados a mediados de los años sesenta. En gran parte fue consecuencia de un levantamiento popular en abril de 1965 que intentó devolverle el poder al primer presidente elegido democráticamente en el país, Juan Bosch. El presidente Lyndon Johnson, temiendo que la revuelta se convirtiera en una Revolución al estilo de la de Castro, desplegó 26 mil tropas para invadir el país, y esos soldados se unieron al ejército dominicano en su esfuerzo por aplastar la rebelión. La ocupación estadounidense luego le abrió camino a Joaquín Balaguer, un antiguo asesor del asesinado dictador Trujillo, para hacerse con el poder durante las elecciones de 1966. A pesar de la supervisión estadounidense y de observadores internacionales, esas elecciones estuvieron plagadas de violencia derechista contra los partidarios de Bosch. Para difuminar la crisis postelectoral, los funcionarios estadounidenses facilitaron a las prisas el éxodo masivo hacia Estados Unidos de los mismos revolucionarios que nuestro gobierno había ayudado a aplastar.[3]

---

3. Hamlet Hermann, *Francis Caamaño* (Santo Domingo: Editora Alfa y Omega, 1983), 253; Edward S. Herman, *Demonstration Elections*, 30; also John Stockwell, *In Search of Enemies: A CIA Story* (Nueva York: W. W. Norton, 1978), 160, 236, y Víctor Grimaldi, *El Diario Secreto de la Intervención Norteamericana de 1965* (Santo Domingo: Amigo del Hogar, 1989), 39–40; también Ramón Grosfoguel, "Migration and Geopolitics in the Greater Antilles", ponencia presentada en la Conference on Transnational Realities and Nation-States: Trends in International Migration and Immigration Policy in

Durante los treinta años siguientes, la vida política dominicana estuvo dominada por los mismos personajes y conflictos sin resolver de la Revolución de abril de 1965. La represión política sangrienta contra los seguidores de Bosch duró más de una década. Tan solo entre 1966 y 1974, mataron a más de tres mil personas. Miles más fueron encarceladas y torturadas.[4] A causa de esa represión derechista, quienes huyeron del país a finales de los años sesenta y durante todos los setenta solían ser de izquierda. Sin embargo, Washington se negó a clasificar a los dominicanos como refugiados, como hizo con los cubanos que huían de Fidel Castro al mismo tiempo, así que no recibieron asistencia federal a su llegada. La inmigración dominicana no asumió un carácter más económico que político sino hasta los años ochenta, cuando terminó el reinado del terror en casa.

Los dominicanos que vinieron, ya fuera durante las primeras oleadas o en las posteriores, en general estaban mejor educados, más urbanizados y eran más activos políticamente que el migrante mexicano o puertorriqueño promedio. También resultaron ser más aptos para el emprendimiento; fundaron miles de bodegas, supermercados y tiendas de consumibles en Nueva York, igual que los cubanos estaban haciendo en Miami. Washington Heights, en Manhattan, se convirtió en su Barrio y en su Little Havana. Sin embargo, los recién llegados eran casi todos *mulatos* y negros, y no tardaron en sentir discriminación racial incluso por parte de otros hispanos.

Estela Vázquez fue parte de esos pioneros dominicanos. Llegó de adolescente en agosto de 1965, acompañada de su madre y de su hermano y su hermana menores. Las experiencias de su familia son típicas de la diáspora dominicana. Nos esclarecen los obstáculos a los que se enfrentaron los primeros inmigrantes; las organizaciones y redes que formaron; y la identidad única que crearon.

---

the Americas, the North-South Center, University of Miami, 18-20 de mayo de 1995.

4. Frank Moya Pons, *The Dominican Republic: A National History* (New Rochelle, N.Y.: Hispaniola Books, 1995), 392.

LOS LUCIANO: PRIMEROS AÑOS

Para Estela Vázquez Luciano, como para la mayoría de los dominicanos, la existencia moderna empezó el 30 de mayo de 1961, cuando *El Jefe*, el general Rafael Leónidas Trujillo, fue asesinado por otros oficiales tras 31 años de ejercer un poder absoluto. El mundo se enteraría más tarde de que el presidente Kennedy y la CIA habían decidido derrocarlo, aunque los gobiernos estadounidenses previos lo hubieran entrenado y apoyado.[5] Tras la muerte de Trujillo siguieron cuatro años turbulentos. Durante ese tiempo, el país organizó sus primeras elecciones democráticas para la presidencia y Juan Bosch, un reformista e intelectual populista, arrasó en la votación. Pero sus intentos de hacer una reforma agraria y su negativa a reprimir el movimiento comunista en su país lo puso en conflicto inmediato con los azucareros y con el gobierno de Estados Unidos. Tan solo siete meses después de su toma de protesta, el ejército lo derrocó y se vio obligado a exiliarse en Puerto Rico.

Sin embargo, Bosch siguió siendo popular incluso en el exilio, y dos años después de su deposición, el 24 de abril de 1965, un carismático seguidor suyo, el coronel Francisco Caamaño, dirigió una revuelta de jóvenes oficiales del ejército para devolverle el poder. Estela Vázquez, quien tenía 17 años en ese entonces, de inmediato salió de casa de su abuela y siguió a las enormes multitudes hacia el Puente Duarte, en el centro, para enfrentarse a los soldados que habían derrocado a Bosch.

Que Estela saliera corriendo de su casa aquel día parecía su destino, porque descendía de una línea de mujeres pobres, pero ferozmente independientes. Su abuela, Ramona Luciano, era una campesina de Baní, cerca de la frontera con Haití. De joven, Ramona Luciano se había enamorado de Juan Mejías, un rico terrateniente local que la mantuvo durante años como una de sus muchas *queridas*. Su larga relación produjo siete hijos, una

5. Stockwell, *In Search of Enemies*, 236; también Edward S. Herman, Demonstration Elections, 22, y Grimaldi, *El Diario Secreto*, 37–40.

de las cuales fue la madre de Estela, Ana María Luciano, nacida en 1920.[6]

Ramona se fue de Baní en los años treinta y se mudó con sus hijos a Santo Domingo, donde inscribió a su hija Ana María en una de las muchas escuelas de corte y confección que el dictador Trujillo había creado para las mujeres. Para 1938, Ana María se había casado con Alcibíades Vílchez, el dueño de una pequeña *pulpería* (tienda de alimentos), con quien tuvo tres hijos. La mayor, Estela, nació en 1948. La familia era relativamente privilegiada gracias a algunas conexiones que tenían con funcionarios de Trujillo. Uno de los muchos hermanos de Ana María, quien también era hijo ilegítimo del mismo terrateniente de Baní, era uno de los principales asistentes del confidente de Trujillo, Manuel Moja López. Otro de sus hermanos, Rafael Sención, era el chofer de Moja López. En un país en el que todo se lograba por conexiones personales, el humilde chofer, el tío Rafael, terminó por convertirse en padrino de toda la familia.

Cuando Trujillo nombró a Moja López embajador en Washington en 1958, el tío Rafael se mudó a Estados Unidos como su chofer. Así se convirtió en el primer miembro de la familia Luciano en irse al Norte. En ese entonces, era inaudito que un dominicano viajara al extranjero, a menos de que fuera muy rico y famoso. A principios de 1961, el tío Rafael le consiguió un pasaporte a una de sus hermanas, Esperanza, para que trabajara de criada en Washington. Ese mismo año, otra de sus hermanas, Consuelo, emigró a Nueva York. Incluso entonces, tres meses antes de la muerte de Trujillo, era prácticamente imposible conseguir un pasaporte sin la aprobación del dictador. Consuelo, por ejemplo, tuvo que sacarse 24 fotos y llevar una a cada comisaría de la capital para que las autoridades pudieran revisar si era prostituta o una disidente política conocida.

---

6. Gran parte del siguiente recuento de la historia de la familia Luciano proviene de una serie de entrevistas realizadas por el autor con Estela Vázquez; Ana María Luciano; Amparo y Tony Sención, miembros de la familia Luciano en Nueva York y Santo Domingo.

No toda la familia de Ana María escapó del terror de Trujillo. Otro de sus hermanos, Juan Mejías, cometió el error de criticar a *El Jefe* en público. Lo arrestaron sin demora y lo metieron desnudo en La Cuarenta, una cárcel infame a las afueras de la capital. Ahí lo torturaron tanto que, cuando por fin salió, se había vuelto loco y había perdido el oído. Durante el resto de su vida vagó por las calles de la capital, sin casa, porque ningún miembro de la familia se atrevió a darle un techo.

El poder absoluto que ejercía Trujillo es casi inimaginable ahora. Un exembajador estadounidense en el país recordó en sus memorias que "los teléfonos estaban intervenidos, las habitaciones de hotel estaban llenas de micrófonos. Abrían el correo y analizaban los telegramas. Lo peor era que, como los informantes secretos del dictador se filtraron en todo el país, ningún hombre podía saber si su vecino, o si sus amigos de toda la vida, o incluso si su hermano o su hijo o su esposa iban a informar en su contra. [...] Todos tenían miedo. Nadie confiaba en nadie".[7]

"Si te buscaba la policía", recordó el Dr. Arnulfo Reyes, sobreviviente de la represión, "no te atrevías a huir. Si lo hacías, mataban a toda tu familia. Así que la gente se quedaba en su casa a esperar a que llegara la policía".[8]

Estela seguía en la secundaria cuando asesinaron a Trujillo. Al principio, junto con el resto de la familia, lamentó la muerte del único dirigente que había conocido la mayoría de los dominicanos. Pero esa sensación de pérdida fue remplazada rápidamente con indignación cuando las víctimas de los años de Trujillo volvieron del exilio, y las historias que esos exiliados revelaron de las torturas que habían sufrido durante su gobierno depravado, historias que se diseminaron por todo lo ancho en la resucitada prensa libre del país, sacaron a la sociedad dominicana de su sueño de treinta años. Muy pronto, miles de estudiantes empezaron

7. John Bartlow Martin, *Overtaken by Events: The Dominican Crisis from the Fall of Trujillo to the Civil War* (Nueva York: Doubleday, 1966), 35. Ver también Bernardo Vega, *Control y Represión en la Dictadura Trujillista* (Santo Domingo: Fundación Cultural Dominicana, 1986).
8. Entrevista del autor con Arnulfo Reyes.

a marchar para exigir elecciones democráticas y terminar con la serie de juntas militares que seguían compitiendo por llenar el vacío dejado por la muerte de Trujillo. Los periódicos y los libros radicales proliferaron. Los líderes del Movimiento Revolucionario 14 de Junio se convirtieron en héroes populares al instante. Estela, al igual que la mayoría de los dominicanos, se dejó llevar por el torbellino político.

En mayo de 1963, con el país patas arriba, escasez de empleos y su esposo demasiado enfermo para trabajar, Ana María Luciano decidió dejar a sus hijos con su madre e irse a buscar trabajo a Nueva York. Se mudó al Bronx con su hermana Consuelo y consiguió trabajo en una fábrica de abrigos en Lower Broadway, en Manhattan, lo que le permitió enviarles dinero cada mes a su esposo y a sus hijos. Poco después de llegar, recibió la noticia de la muerte de su esposo. Pagó el funeral, pero no le alcanzó para asistir a él.

Una noche de junio de 1965, al llegar del trabajo, encontró un telegrama esperándola: SOLDADOS ARRESTARON A ESTELA. ESTÁ EN LA VICTORIA, decía el mensaje de su madre. Ana María tomó el primer vuelo de regreso a Santo Domingo.

La mayoría de los estadounidenses todavía recuerdan exactamente qué estaban haciendo cuando oyeron la noticia de que le habían disparado a John Kennedy. Lo mismo sucede con los dominicanos, que recuerdan cada detalle de esa tarde del 24 de abril de 1965, el día que inició la Revolución dominicana. Estela Vázquez estaba sentada en casa de su abuela, escuchando la voz aterciopelada del locutor Francisco Peña Gómez en la radio.

Todos los sábados, Peña Gómez, el líder juvenil del Partido Revolucionario Dominicano (PRD) de Juan Bosch, hacía un programa semanal. Se llamaba *Tribuna democrática*, y era particularmente popular entre los dominicanos pobres y de tez oscura que sabían que Peña Gómez era uno de los pocos negros con un puesto político prominente en el país.

Los radioescuchas que lo sintonizaron aquel día se sorprendieron al oír a Peña Gómez anunciar que algunos oficiales jóvenes del ejército habían iniciado una rebelión para devolver al presidente Bosch al poder. Les dijo que los dirigía el coronel Caamaño, hijo de un infame general de la era de Trujillo.[9] Estela corrió con su novio y varios de sus primos a la Avenida Mella, una de las grandes calles comerciales de Santo Domingo, y luego hacia el Puente Duarte, el pequeño trecho que controlaba el acceso al corazón colonial de la ciudad. Conforme caía la noche, la gente construyó barricadas y un campamento improvisado para frenar a los soldados del gobierno que estaban acuartelados a las afueras cuando intentaran entrar a la ciudad. Quienes apoyaban el regreso de Bosch se autodenominaron "constitucionalistas"; sus oponentes fueron apodados "lealistas". Pocos en la muchedumbre tenían idea de si Caamaño y los soldados rebeldes pro-Bosch habían logrado tomar el poder, pero vitorearon a una interminable sucesión de oradores civiles que proclamaban la victoria del pueblo.

En la segunda noche del levantamiento, aviones del ejército empezaron a soltar bombas en el centro. En respuesta, los partidarios de Bosch, dirigidos por cuadros del Movimiento Revolucionario 14 de Junio, atacaron y ocuparon varias estaciones de policía. Estela, que era demasiado joven para participar en los asaltos a las comisarías, cargaba armas y municiones para los rebeldes.

En la tercera mañana de la revuelta, la fuerza aérea continuó un ataque frontal contra el Puente Duarte. Hubo más de cincuenta muertos y cien heridos, pero los constitucionalistas, con los refuerzos de Caamaño y sus soldados rebeldes, lograron resguardar la entrada a la ciudad.[10] Tras esa victoria en el puente, el apoyo civil a los rebeldes se multiplicó, los soldados del gobierno empezaron a desertar de sus puestos, y parecía que los generales estaban a punto de rendirse. Pero el presidente Johnson y sus emisarios estaban decididos a no permitirlo. El 28 de abril, mientras algunos funcionarios estadounidenses filtraban declaraciones exageradas a la prensa, diciendo que los comunistas controlaban la rebelión

---

9. Hermann, *Francis Caamaño*, 145–47.

10. *Ibid.*, 155–204. También entrevistas con Estela Vázquez y Heraclio Rivera, tío del autor y superviviente de la Revolución de Abril.

y que había vidas estadounidenses en peligro, Johnson envió a los *marines*. La Casa Blanca dijo que la intervención era "neutral", pero los documentos federales desclasificados no dejan duda de que los funcionarios estadounidenses cooperaron con la junta y la incitaron a aplastar a las fuerzas pro-Bosch.[11] Los rebeldes de Caamaño, varios miles, se replegaron hacia el corazón de la capital, donde quedaron contenidos en las 54 manzanas de la ciudad colonial conocida como Ciudad Nueva. Ahí, aislados del resto del pueblo dominicano por un corredor de seguridad aplicado por Estados Unidos, los rebeldes mantuvieron el control del centro neurálgico del país: el palacio presidencial, los puertos, la compañía de teléfonos, la oficina de correos principal y las estaciones de radio y televisión.

Estela vivió un mes en esa zona rebelde, hasta que una patrulla de soldados la arrestó una tarde de mayo, cuando se escapó para visitar a su abuela. Los soldados la llevaron a casa de su abuela, para que la identificara. "Tomen esta cuerda y cuélguenla", les dijo la abuela Ramona, con un retrato del dictador Trujillo todavía colgado en la pared. "Yo no quiero comunistas en mi familia".

Ana María Luciano llegó a la capital en junio y trató de conseguir que liberaran a su hija. Apeló a todas las antiguas conexiones políticas de los Luciano, y por fin consiguió una reunión con el coronel Benoit, jefe de la nueva junta militar.

"Mi familia siempre ha apoyado a Trujillo", le dijo al ocupado coronel. "No somos comunistas. No sabemos nada de política. Mi hija solo es una niña".

"No la puedo liberar, señora Luciano", dijo el coronel con voz suave. "Usted no conoce a su propia hija. Va a regresar corriendo a la Zona Prohibida y volverá a unirse a esos comunistas".

"Le prometo que no lo voy a permitir, señor. Se viene conmigo a Nueva York. No va a regresar".

En agosto, la persistencia de Ana María rindió frutos. El coronel Benoit autorizó que liberaran a Estela... y que la deportaran de inmediato. Fue escoltada por soldados de la cárcel hasta

---

11. Grimaldi, *El Diario Secreto*.

el aeropuerto, donde la esperaban su madre, su hermana menor, Doraliza, y su hermano de seis años, Rafael Leónidas. Estela Vázquez se había convertido en exiliada política a sus diecisiete años.

CONSTRUIR UNA VIDA NUEVA
EN LA CIUDAD DE NUEVA YORK

Ana María Luciano regresó a su vieja fábrica en Broadway, pero al principio su supervisor se negó a recontratarla. La puertorriqueña Eva Estrella, una de las costureras veteranas del lugar, estaba furiosa. "Ana María no fue a Santo Domingo de fiesta y a bailar", le dijo al jefe. "Fue a salvar a sus hijos. Si no regresa al trabajo, nos vamos todas a huelga".

Al día siguiente, Ana María estaba de vuelta en su máquina, y en cuanto pudo le consiguió empleo a Estela en una fábrica clandestina cercana, en Astor Place. En su primera semana, Estela se quedó atrapada horas en el metro, cuando el mayor apagón de la historia de Estados Unidos paralizó el Noreste. En menos de un año, había vivido una Revolución feroz; tres meses en una húmeda celda; el desplazamiento a un país nuevo y extraño; la impresión de convertirse en obrera adolescente, y un apagón en el metro neoyorquino.

Al año siguiente, se casó con un joven puertorriqueño, colega de uno de sus primos, y su matrimonio produjo dos hijos, Evelyn y Alejandro. Durante un tiempo, vivían todos con la mamá y los hermanos menores de Estela, siete personas atiborradas en un sótano de dos habitaciones al que nunca le daba el sol y apenas si tenía calor en invierno. Para protegerse del frío, casi todas las noches dormían con el abrigo puesto y con unas botas de plástico forradas en piel que Ana María se llevó de la fábrica.

Las vidas de los pioneros dominicanos, igual que las de los puertorriqueños que los precedieron, estuvieron dominadas por la búsqueda de trabajo y la batalla diaria por sobrevivir. Las dos comunidades venían de islas donde no había seguro de desempleo y se veía mal que alguien aceptara caridad. Ana María Luciano, quien se quedó 21 años en la misma fábrica, hasta que cerró en 1984, siempre presumió que nunca había recibido caridad de nadie, mucho menos del gobierno. Pero a la segunda generación le resultó más difícil reconciliar esos valores antiguos con su nueva realidad. El esposo de Estela, por ejemplo, la abandonó en 1973 para irse con una de sus amantes, lo que la obligó a recurrir a la asistencia social junto con sus dos hijos pequeños. Sin embargo, siguió luchando como mamá soltera, aprendió inglés, obtuvo su diploma de revalidación del bachillerato y por fin consiguió un trabajo del que se sentía orgullosa: como organizadora en el Hospital Monte Sinaí de East Harlem para Local 1199, el sindicato de trabajadores de la salud.

LA NUEVA *COLONIA* EN NUEVA YORK

La mayoría de los dominicanos que llegaron en los años sesenta se instalaron cerca de comunidades puertorriqueñas establecidas. Las más populares estaban en la Upper West Side de Manhattan. Esos recién llegados tenían la esperanza de volver a casa cuando terminara el terror de Balaguer, pero conforme pasaban los años, la nueva sociedad que encontraron cambió gradualmente sus expectativas y reconfiguró sus sueños.

Las primeras organizaciones que formaron fueron clubes sociales y asociaciones deportivas, con el objetivo de mantener vivo su sentido de comunidad. Los más conocidos fueron el Club María Trinidad Sánchez, en Broadway, cerca de la Calle 104, y los clubes 30 de Marzo y 27 de Febrero, ambos nombrados por fechas importantes en la historia dominicana. El Centro Educacional Caribe, una de las primeras asociaciones civiles, fue fundado a principios de los años setenta por Alfredo White, exdirigente de los trabajadores de la caña en San Pedro de Macorís. Ahí, los inmigrantes aprendían inglés y empezaban a estudiar el sistema político estadounidense.

En general, los recién llegados estaban mejor educados que los migrantes puertorriqueños y que los dominicanos que se habían quedado en la isla.[12] Un estudio de 1980 reveló que el 41% de los inmigrantes dominicanos de Nueva York habían completado por lo menos diez años de escuela, casi el doble que el promedio urbano de República Dominicana.[13] En su conjunto, también estaban más conscientes de la política que el puertorriqueño o el mexicano promedio. Los disturbios de la era post-Trujillo habían convertido a los dominicanos en el grupo de inmigrantes de habla hispana más radical de la historia de Estados Unidos, como había sucedido con los obreros rusos que llegaron a Estados Unidos tras la Revolución fallida de 1905, o con los inmigrantes anarcosindicalistas italianos de los años veinte. Muchos se unieron a ramas de partidos políticos opuestos al régimen de Balaguer en cuanto pisaron tierra.

La comunidad pasó primero del West Side a la zona alrededor del City College of New York (CCNY), en la Calle 135 y Broadway, y, conforme llegaban más inmigrantes, se expandió al norte, hacia Washington Heights, que se convirtió en su centro. Las primeras organizaciones de estudiantes dominicanos se formaron en el City College a finales de los años setenta. De esos grupos surgió un núcleo de maestros, doctores y abogados que ahora son los principales dirigentes de la comunidad. Guillermo Linares, el primer concejal de la ciudad nacido en República Dominicana, fundó uno de aquellos primeros grupos. Después de graduarse, dio clases en escuelas públicas y, junto con Fernando Lescaille, otro exalumno del CCNY, fundó la Asociación Comunal de Dominicanos Progresistas (ACDP), el primer grupo de acción social en Washington Heights. Para mediados de los años ochenta, los miembros de la ACDP habían tomado el control del consejo escolar y del consejo comunitario locales, y esas victorias les dieron un trampolín para la campaña de Linares.

El aumento en la migración dominicana no tardó en afectar los vínculos cercanos que había habido tradicionalmente entre

---

12. Sherri Grasmuck y Patricia R. Pessar, *Between Two Islands: Dominican International Migration* (Berkeley: University of California Press, 1991), 24.
13. *Ibid.*, 77.

dominicanos y puertorriqueños, vínculos que se remontaban al siglo XIX y principios del XX, cuando muchos boricuas dejaron su isla para conseguir trabajo en las plantaciones azucareras de República Dominicana, que era más próspera. El intercambio cultural y los matrimonios entre los dos grupos eran comunes en ese entonces. El expresidente dominicano Joaquín Balaguer y su archienemigo, Juan Bosch, por ejemplo, tenían ancestros puertorriqueños por el lado materno. Y en los años sesenta, muchos boricuas ayudaron a los migrantes dominicanos a moverse por el mundo anglo, hostil e inescrutable, que encontraron al llegar. Pero para los años noventa había surgido una dura tensión entre los grupos, tanto aquí como en Puerto Rico.

Gran parte de esa tensión se debió a la inmigración dominicana indocumentada a Puerto Rico. Tan solo en 1990, el Servicio de Inmigración y Naturalización (INS, por sus siglas en inglés), deportó a más de 13,200 dominicanos que habían entrado ilegalmente a la isla.[14] Cada noche, los contrabandistas zarpaban de los pueblos de la costa este en yolas llenas de dominicanos y cruzaban el canal de la Mona hacia Puerto Rico. Nadie sabe cuántos se han ahogado después de pagarles a los *coyotes* por llevarlos por el traicionero canal, pero los periódicos puertorriqueños siguen llenos constantemente de noticias de cadáveres de dominicanos llegando a las costas.[15]

Quienes logran el cruce desembarcan cerca de las ciudades occidentales de Aguadilla, Mayagüez y Arecibo; luego viajan hacia San Juan y más tarde a Nueva York o Miami. Como Puerto Rico es un territorio estadounidense, no tiene puestos de control de inmigración ni de aduana obligatorios para los cientos de vuelos que salen todos los días hacia tierra firme. Pero es común que los dominicanos decidan quedarse, atraídos por el clima de la isla, el idioma en común y la cultura, y por su mayor prosperidad.

---

14. Palmira N. Rios, "Acercamiento al Conflicto Dominico-Boricua", *Center for Puerto Rican Studies Bulletin* 4, no. 2 (primavera de 1992), 46.
15. Amelia Estades Santaliz, "Sólida red para el tráfico de ilegales", *El Nuevo Día*, 19 de febrero de 1999.

El tamaño de la población dominicana en la isla sigue siendo un debate amargo. Algunos estiman que alcanza las doscientas mil personas, aunque el conteo oficial sea mucho menor. El censo estadounidense de 2010, por ejemplo, reportó 68 mil dominicanos viviendo en Puerto Rico, mientras que el estimado más reciente de la Oficina del Censo (de 2017) para todos los residentes hispanos no puertorriqueños de la isla (abrumadoramente dominicanos) fue de 104 mil.[16] Con el desempleo tercamente alto en la isla, era inevitable que hubiera una reacción antiinmigrante. Los boricuas, haciendo eco de los estadounidenses de tierra firme, sienten que los dominicanos les roban los escasos empleos a los nativos. Al mismo tiempo, la prensa de la isla normalmente pinta a los dominicanos como vagos y propensos al crimen y al narcotráfico. En barrios urbanos como el Barrio Obrero y Villa Palmeras, de Santurce, cuya población ahora es abrumadoramente dominicana, ese resentimiento es cada vez más racial.

Las historias exageradas del flujo de dominicanos a la isla llegaban a oídos de los parientes puertorriqueños en Estados Unidos, donde la competencia por empleos y oportunidades de negocios creó una creciente rivalidad entre las dos comunidades de inmigrantes en el Noreste durante los años noventa, haciendo eco de la que hay entre los mexicoamericanos y las comunidades más recientes de centroamericanos en el Lejano Oeste.

La rivalidad entre boricuas y dominicanos ha recorrido las industrias barriales una por una. Mientras que casi todas las bodegas de Nueva York y Boston eran puertorriqueñas en los años sesenta y setenta, para el cambio de siglo se habían vuelto predominantemente dominicanas. Lo mismo sucedió con los vistosos taxis que operaban en los barrios exteriores de Nueva York. Inicialmente, la industria estaba dominada por boricuas y afroamericanos,

---

16. Oficina del Censo de Estados Unidos, "Hispanic or Latino by Type in Puerto Rico, 2010", https://www.ncsl.org/documents/redistricting/puerto_rico_census_data_2010.pdf; también Oficina del Censo de Estados Unidos, "Selected Population Profile in Puerto Rico, 2017 American Community Survey 1-year estimates", https://centropr.hunter.cuny.edu/sites/default/files/data_sheets/ACS_17_1YR_Population_Profile_for_Puerto_Rico.pdf.

pero se volvió sobre todo dominicana y jamaiquina. En los clubes nocturnos latinos y en la radio de habla hispana, donde la *salsa* puertorriqueña solía reinar, cada vez fue más probable escuchar *merengues* y bachatas de República Dominicana. Algunos bori- cuas incluso culparon a los dominicanos de la epidemia de co- caína y crack en las ciudades del Noreste en los años ochenta. Al interior de la comunidad latina se están desarrollando los mismos conflictos migratorios que sucedieron entre los primeros latinos en llegar y los angloamericanos.

Sin embargo, además de la pobreza, las drogas y los trabajos mal remunerados de los dominicanos, abundan las historias de éxito. El alumnado en el abarrotado Hostos Community College en el South Bronx, creado originalmente como escuela para tra- bajadores puertorriqueños adultos como consecuencia de las batallas educativas de los años sesenta, era casi 60% hispano en 2016, y por lo menos la mitad de los estudiantes eran dominica- nos. Además, los varios colegios que componen la extensa City University of New York contaban con más de 22,500 estudian- tes de licenciatura de ascendencia dominicana y otros 1,500 de posgrado, lo que suma más del 8.7% del alumnado total de la universidad.[17]

Los dominicanos no solo han creado una próspera comuni- dad de negocios familiares, cada vez entran más en la industria mediana de la comida y la venta minorista. Varias cadenas neo- yorquinas de supermercados independientes —Pioneer, Asso- ciated y CTown— son mayormente de dueños dominicanos. Para principios de los años noventa, la Asociación Nacional de Supermercados se había convertido en el bloque económico

17. Para Hostos, ver Hostos Community College, Hostos Community College Student Profile, 2016, http://www.hostos.cuny.edu/Hostos/me- dia/Office-of-the-President/Institutional-Research-Assessment/Profile- thru-S16.pdf. Para CUNY, ver State University of New York, "New York Public University Systems Embark on Multilateral Academic Collaborations with Dominican Republic Education Ministries", 7 de diciembre de 2018, https://www.suny.edu/suny-news/press-releases/dec-2018/12-7-18/academic- collaborations-with-dominican-republic.html.

de dominicanos más rico del país. En años recientes incluso han surgido fábricas y bancos fundados y operados por inmigrantes dominicanos.

Las contribuciones dominicanas a la cultura estadounidense cada vez atraen más la atención del país, con exponentes como el diseñador Óscar de la Renta; el pianista de jazz Michel Camilo; los novelistas Julia Álvarez y Junot Díaz; la actriz Zoe Saldaña, y la cantautora Cardi B (Belcalis Marlenis Almánzar). El increíble predominio de los atletas dominicanos en las grandes ligas de béisbol también ha sido una fuente de constante orgullo nacional para la comunidad de inmigrantes. La lista de estrellas dominicanas del béisbol parece interminable, con nombres como Sammy Sosa, Juan Samuel y George Bell; Pedro Guerrero, Tony Fernández y Juan Guzmán; Vladimir Guerrero y Robinson Cano; David Ortiz y Albert Pujols. Muchos provienen de la misma parte del país, San Pedro de Macorís, donde las plantaciones azucareras gigantes solían dominar el paisaje y los *marines* estadounidenses cazaban guerrilleros.

Sin embargo, algo que los estereotipos casi siempre olvidan es la increíble pobreza que empuja a los jóvenes dominicanos hacia este país. El nivel de vida en República Dominicana se desplomó durante los años ochenta y principios de los noventa. En 1991, un doctor contratado por el gobierno ganaba el equivalente a $160 al mes. Un maestro de escuela pública ganaba unos $70.[18] Si bien los primeros años del siglo xxi presenciaron el crecimiento económico más impresionante de toda la región en la isla, se estima que, en 2020, el 23% de sus habitantes seguía viviendo en condiciones de pobreza.[19] Mientras un doctor dominicano pueda ganar más dinero lavando platos en Manhattan que haciendo cirugías en casa, ¿cómo podemos esperar que se resista a emigrar?

---

18. Juan González, *New York Daily News*, "Caribbean Labor Pains", 2 de agosto de 1991.

19. "Overview", Banco Mundial en República Dominicana, 10 de junio de 2021, https://www.worldbank.org/en/country/dominicanrepublic/overview

En Estados Unidos, el hijo más listo de una familia aspira a ser banquero de inversiones, capitalista de riesgo o médico. En los barrios bajos de Santo Domingo y el Caribe, los mejores y más brillantes sueñan con llegar a Estados Unidos para sacar a su familia de la pobreza. Hoy en día, apenas si hay un hogar urbano en República Dominicana que no tenga algún pariente viviendo en Estados Unidos que les mande remesas de vez en cuando.[20]

Durante las tres primeras décadas desde que llegaron los Luciano, los siguieron más parientes. Al principio, todos soñaban con volver. En 1979, Estela sí lo hizo. Fue su primera visita desde su exilio, catorce años atrás. Para entonces, la represión de Balaguer había terminado y el nuevo presidente era Antonio Guzmán, miembro del antiguo partido de Juan Bosch, así que los exiliados neoyorquinos se sentían seguros regresando. Pero el gobierno de Guzmán resultó ser tan corrupto como el de Balaguer. Estela encontró un país hundido en una pobreza inimaginable. La creciente población estaba superando toda infraestructura urbana. Cundían los apagones. El agua potable estaba contaminada. La capital estaba salpicada de casas de cartón. Las calles estaban en mal estado y el desempleo era más alto que nunca.

Entonces se dio cuenta de que no podía vivir ahí.

Dada la historia de explotación y acoso estadounidense contra República Dominicana, y la enorme brecha económica que creó, parece improbable que se detenga la emigración masiva durante el siglo XXI. Al igual que Estela Vázquez, muchos dominicanos seguirán siendo patriotas desde lejos, enamorados de su patria, pero incapaces de vivir allá.

"Yo creo que si Estados Unidos ofreciera más visas", admitió un día en 1993, "todo el mundo se iría del país. Así de mal están las cosas".

---

20. Según un estudio realizado en una ciudad dominicana, Santiago, en 1981, el 20% de los hogares recibía ayuda regularmente de parte de parientes en el extranjero. Ver Grasmuck, *Between Two Islands*, 71.

8

Centroamericanos:
La intervención nos salió por la culata

> Torturaban a muerte a tantas personas que, si el ejército te detenía y sobrevivías, la gente de tu círculo sospechaba que la habías traicionado. Las mujeres violadas no volvían a casa por vergüenza. Las familias y las comunidades se desintegraron.
>
> —MARIO GONZÁLEZ, PSICÓLOGO E INMIGRANTE
> GUATEMALTECO, 1998

Aunque ha habido algunos salvadoreños viviendo en el Mission District de San Francisco y en la zona Pico-Union de Los Ángeles desde 1970, y se formó un diminuto enclave guatemalteco cerca del parque Humboldt de Chicago en la misma época, los centroamericanos tenían una presencia insignificante en Estados Unidos hasta las últimas décadas del siglo XX. En 1980, el censo estadounidense contó 94 mil habitantes nacidos en El Salvador en todo el país. Esa cifra se disparó a 701 mil diez años después, ocho veces más. Para 2017, había más de 2.3 millones de personas de ascendencia salvadoreña viviendo en el país, el equivalente al 40% de la población de su patria aquel año.[1]

---

1. Esa cifra es casi 400 mil menos que el total estimado de llegadas mencionado antes, pero debemos tomar en cuenta que miles de personas inevitablemente

En los años ochenta, ocurrieron los mismos saltos sorprendentes para los guatemaltecos (de 71,642 a 226,000) y los nicaragüenses (de 25,000 a 125,000). En 2017, el censo estimó que había 1.4 millones de guatemaltecos en Estados Unidos, mientras que la población centroamericana total del país sobrepasaba los 5.5 millones.[2]

Ese éxodo repentino no se debió al deseo colectivo de los beneficios materiales de la sociedad estadounidense; más bien, feroces guerras civiles y el caos social que engendraron obligaron a huir a la gente de la región y, en cada caso, el origen y la intensidad incontrolable de las guerras fueron el resultado directo de la intervención militar y económica de nuestro gobierno.

Al igual que había hecho con los cubanos y dominicanos que llegaron antes, Washington implementó una política dual y discriminatoria con los nuevos inmigrantes: el Servicio de Inmigración y Naturalización recibió a los nicaragüenses, pero interceptó e internó a los guatemaltecos y a los salvadoreños. Al negarles constantemente el estatus de refugiados, nuestro gobierno condenó a los salvadoreños y guatemaltecos que lograban escurrirse por la frontera a una existencia precaria e ilegal en los márgenes de la sociedad anglo. Se convirtieron en los jardineros, cocineros y niñeras de una vasta economía subterránea que se multiplicó en los años ochenta para dar servicio a las clases medias de Estados Unidos.

A pesar de esos obstáculos, los nuevos inmigrantes demostraron tener una resiliencia sorprendente y una ética laboral tenaz. No tardaron en establecer animadas redes de inmigrantes y organizaciones de autoayuda; lanzaron apelaciones vigorosas a los

---

volvieron a casa después de algunos años de trabajar ilegalmente en Estados Unidos. Otros fueron descubiertos y deportados por el SCI, y algunos de los 1.1 millones que fueron contados al entrar seguramente cruzaron varias veces la frontera y contaron dos o tres veces.

2. Para las cifras de población más recientes, ver Oficina del Censo de Estados Unidos, "Hispanic or Latino Origin by Specific Origin Universe: Total Population, 2017 American Community Survey 1-year Estimates". También Luis Noe-Bustamante, "Key facts about U.S. Hispanics...".

tribunales y campañas de cabildeo para reformar las políticas inmigratorias federales; se convirtieron en una fuente crucial de
ayuda económica para sus patrias desposeídas gracias a los miles
de millones de dólares en remesas que les mandaban a sus parientes en casa, y, gradualmente, conforme crecían en número,
transformaron y reconfiguraron la población latina de Estados
Unidos.

Para entender esta nueva ola latina, debemos tener una noción
rudimentaria de lo que dejaron atrás los inmigrantes. Básicamente, la enorme mayoría de los centroamericanos viven en una
miseria constante, junto con minúsculas élites que disfrutan de
una prosperidad sin parangón. Para los años noventa, un gato
promedio en nuestro país comía más carne de res que el centroamericano promedio. En Nicaragua, el 42% de las personas no
tenía acceso a agua potable segura en una fecha tan reciente como
2015, mientras que en Guatemala era el 39%. Más de seis de cada
diez hondureños vivían en situación de pobreza en 2017, y en
Guatemala la cifra era casi la misma. Casi tres de cada diez habitantes rurales de Honduras no tenían acceso a la electricidad,
mientras que en Nicaragua y en Guatemala, un 40% aún no tenía
acceso a agua potable segura.[3] Guatemala ha reducido drásticamente el analfabetismo desde finales de los años ochenta, cuando
más de la mitad de los adultos en el país no podía leer. Ahora es
del 10%. Pero un estudio de 2011 descubrió que la tasa de analfabetismo era mucho más alta entre mujeres adultas (24%), y sobre
todo entre mujeres indígenas (51%). Además, reportaba que tan
solo una quinta parte de la población guatemalteca había logrado
tener educación secundaria.[4]

3. *Ibid.*, 251.
4. Datos Abiertos del Banco Mundial, https://data.worldbank.org; Banco
Interamericano de Desarrollo, *1996 Annual Report* (Washington, D.C.),
130–31; también Barry y Preusch, *The Central America Fact Book*, 225;
sobre la situación educativa actual en Guatemala, ver Manuel Orozco and

Los aprietos de la región empeoraron por la "década perdida" de 1980, cuando la crisis de la deuda latinoamericana y las devaluaciones periódicas de las divisas de la región contra el dólar estadounidense hundieron el valor real de los salarios mientras aumentaban el precio de las importaciones estadounidenses. En todos los países centroamericanos excepto Costa Rica, el PIB per cápita se encogió entre 1980 y 1996 (ver Tabla 4).

Aunque el estancamiento económico afectara a toda la región, el flujo inmigratorio no fue generalizado. La mayor parte de los migrantes provinieron de tres países asolados por la guerra. Las muertes en esos conflictos superaron el cuarto de millón en 1989, cinco veces más que las bajas totales de Estados Unidos en Vietnam. Más de 140 mil personas murieron en Guatemala, 70 mil en El Salvador, 60 mil en Nicaragua... una devastación inimaginable para una región tan pequeña.[5]

Tabla 4

Producto Interno Bruto per cápita 1980-1996
(En dólares estadounidenses de 1990)[6]

País	1980	1990	1996
Costa Rica	$1,986	$1,865	$2,016
El Salvador	$1,219	$1,026	$1,171
Guatemala	$1,044	$857	$915
Honduras	$636	$585	$596
Nicaragua	$979	$645	$637

Marcela Valdivia, "Educational Challenges in Guatemala and Consequences for Human Capital and Development", *Inter-American Dialogue, Working Paper*, 2017, https://www.thedialogue.org/wp-content/uploads/2017/02/Educational-Challenges-in-Guatemala-and-Consequences-for-Human-Capital-and-Development-1.pdf.
5. Robert S. Kahn, *Other People's Blood: U.S. Immigration Prisons in the Reagan Decade* (Boulder: Westview Press, 1996), 11.
6. Banco Interamericano de Desarrollo, *1996 Annual*, 133.

La mayor parte de las víctimas centroamericanas perecieron a manos de sus propios soldados o de escuadrones de la muerte derechistas, e invariablemente a causa de armas fabricadas en Estados Unidos, pues, en cada país, nuestro gobierno le brindó una ayuda militar masiva al bando que más muertes causó. Aunque los grupos de derechos humanos documentaran repetidamente el terror patrocinado por Estados Unidos en la región, incluyendo varios asesinatos infames de ciudadanos norteamericanos y clérigos católicos, la administración de Reagan y la de Bush, obsesionadas con detener el comunismo en la zona, se negaron a asistir a las miles de personas que desbordaban la frontera con México para huir del terror. Entre 1983 y 1990, el SCI tan solo concedió el 2.6% de las solicitudes de asilo político presentadas por salvadoreños, el 1.8% de las presentadas por guatemaltecos y el 2% de las presentadas por hondureños, pero concedió el 25.2% de las presentadas por nicaragüenses, pues Washington estaba intentando derrocar a su gobierno sandinista.[7] Incluso cuando el SCI le negaba el asilo a un nicaragüense, la agencia rara vez lo mandaba a casa: de los 31 mil rechazados entre 1981 y 1989, solo deportaron a 750.[8]

Desafortunadamente, el conocimiento público de las guerras en Centroamérica era tan escaso que, cuando les preguntaban al respecto a los estadounidenses, ni siquiera podían decir a qué bando estaba apoyando nuestro gobierno en cada país.[9] Washington intentaba presentar a la región como un punto clave en la batalla mundial entre la democracia y el comunismo. Tales justificaciones simplistas oscurecían las divisiones añejas entre pobres

---

7. Sarah J. Mahler, *American Dreaming: Immigrant Life on the Margins* (Princeton: Princeton University Press, 1995), 174, muestra que los índices de aprobación del SCI para solicitudes de asilo de países socialistas que ni siquiera estaban en guerra eran mucho mayores: 68.2% de Rumania, 76.7% de la URSS y 64.9% de China.

8. Maurice Belanger, "A Chronology of the Treatment of Central American War Refugees in the U.S.", National Immigration Forum, 1997.

9. Adam Clymer, "Poll Finds Americans Don't Know Positions in Central America", *New York Times*, 1° de julio de 1983.

y ricos en la región, e ignoraban la complicidad histórica de nuestro gobierno para exacerbarlas.

NICARAGUA:
DE SOMOZA A LOS SANDINISTAS

Como ya vimos, Washington apoyó la dictadura de la familia Somoza en Nicaragua y toleró su saqueo del país durante más de cuarenta años. Durante ese tiempo, en la Escuela de las Américas del ejército estadounidense en Panamá entrenaron más oficiales nicaragüenses que de ningún otro país latinoamericano.[10]

Para mediados de los años setenta, la mayoría de los nicaragüenses estaban hartos de los Somoza. El punto de quiebre fue el enorme terremoto que arrasó gran parte de la capital, Managua, en 1972, y dejó miles de muertos. Mientras sus paisanos excavaban para salir de entre los escombros, la junta liberal-conservadora dirigida por el presidente Anastasio Somoza Debayle y sus compinches se robó millones de dólares en suministros de la ayuda internacional, lo que disparó el descontento público. A partir de entonces, incluso la jerarquía católica y los miembros de la élite, muchos de los cuales se habían beneficiado durante el somocismo, se volvieron contra el régimen.

Surgió una nueva generación de revolucionarios. Se autonombraron Frente Sandinista de Liberación Nacional, en honor al legendario dirigente y mártir Augusto Sandino, y el ejército guerrillero que formaron se extendió rápidamente por el campo. Pero, aunque avanzara la guerrilla y la actitud del público se hubiera vuelto definitivamente en contra de los Somoza, la Casa Blanca y el Congreso siguieron apoyando al régimen. Cuando la administración de Carter por fin decidió organizar una

---

10. Entre 1949 y 1964, 2,969 oficiales nicaragüenses entrenaron en la escuela. Costa Rica fue el segundo lugar, con 1,639. Ver Willard F. Barber y C. Neale Ronning, *Internal Security and Military Power: Counterinsurgency and Civic Action in Latin America* (Columbus: Ohio State University Press, 1966), 145.

deposición pacífica de Somoza en 1979, era demasiado tarde. Un levantamiento popular derrocó al clan y llevó al poder a los sandinistas.

Al principio, la Casa Blanca de Carter intentó trabajar con los revolucionarios sandinistas, pero todo cambió cuando Ronald Reagan resultó electo presidente al año siguiente. Reagan de inmediato autorizó a la CIA para armar, entrenar y financiar a muchos de los exsoldados y matones de Somoza y formar así el infame ejército de los Contras. Durante el resto de los años ochenta, los Contras y sus dirigentes en la CIA implementaron una guerra de sabotaje y terror con el objetivo de desestabilizar al nuevo gobierno. La guerra clandestina estaba supervisada desde la Casa Blanca de Reagan por el teniente coronel Oliver North y se lanzaba desde bases en Honduras y Costa Rica. Mientras la administración de Reagan y luego la de Bush intensificaban la guerra e intentaban aislar al gobierno sandinista a nivel internacional, la cantidad de nicaragüenses que huían de su país aumentó.

EL SALVADOR: DE *LA MATANZA* A LOS CAMPOS DE LA MUERTE

Un patrón similar surgió en la guerra civil de El Salvador, cuyos orígenes se remontan a otro matón de Estados Unidos casi olvidado, el general Maximiliano Hernández Martínez. En 1932, poco después de tomar el poder en un golpe de Estado, Hernández tramó la masacre de hasta treinta mil indígenas pipiles. Los pipiles, campesinos empobrecidos de la región de Izalco, se habían rebelado contra los terratenientes locales y habían buscado la ayuda del pequeño Partido Comunista del país para organizar la revuelta. El líder del partido, Agustín Farabundo Martí, fue ejecutado durante los combates, y el derramamiento de sangre del ejército contra los campesinos, conocido en la historia salvadoreña como *La Matanza*, fue tan generalizado que logró aplastar la oposición popular durante los siguientes cuarenta años y sofocó todo rastro de cultura indígena de El Salvador.

Con la aprobación de Estados Unidos, Hernández prohibió todos los sindicatos y gobernó el país con puño de hierro de 1932 a 1944, hasta que algunos subordinados descontentos del ejército urdieron su deposición. A partir de entonces, miembros de la diminuta oligarquía salvadoreña, conocida como Las Catorce Familias, se alternaron el control del gobierno con los generales, mientras los golpes intermitentes entre distintas facciones de la élite se volvían el *modus vivendi*.[11]

En el campo salvadoreño, la oligarquía cafetalera engulló tantas parcelas particulares que la cantidad de campesinos sin tierras se cuadruplicó entre 1961 y 1975, y más de 300 mil salvadoreños se vieron obligados a emigrar a la poco poblada Honduras para trabajar en las plantaciones plataneras. El gobierno hondureño, abrumado por los migrantes, reaccionó con deportaciones masivas, una política que solo logró exacerbar la tensión en la frontera, que en 1969 se convertiría en guerra abierta. El mundo exterior la apodó con sorna la Guerra del Fútbol, y aunque solo duró una semana, desestabilizó la región entera al acabar con la función de Honduras de válvula de escape para los desempleados salvadoreños. Cuando terminó la guerra, más de 130 mil migrantes salvadoreños se habían visto obligados a volver a casa; el resto huyeron a México y Estados Unidos. Quienes llegaron a este país se abrieron paso hacia San Francisco y Los Ángeles, donde crearon las primeras colonias salvadoreñas en Estados Unidos.

Los migrantes repatriados a El Salvador representaban un problema social inmediato para su gobierno. Incapaces de encontrar empleo ni tierra que arar, organizaron manifestaciones masivas, y muchos empezaron a invadir las propiedades controladas por

---

11. Christopher M. White, *The History of El Salvador*. (Westport, Connecticut: Greenwood Publishing Group, 2009), 76-80; también Robert W. Taylor y Harry E. Vanden, "Defining Terrorism in El Salvador: *La Matanza*". *The Annals of the American Academy of Political and Social Science, 463* (1982): 106-118; también John A. Booth y Thomas W. Walker, *Understanding Central America* (Boulder: Westview Press, 1993), 37-38; sobre la prohibición de sindicatos de Hernandez, ver Americas Watch Report, *Labor Rights in El Salvador*. (Nueva York: 1988), 11-12.

la oligarquía. El gobierno reaccionó, como había hecho en tiempos de Hernández, sacando al ejército y permitiendo que escuadrones de la muerte derechistas masacraran a los manifestantes. El grupo paramilitar más infame era la ORDEN (Organización Democrática Nacionalista), fundada en 1968 por el jefe de la Guardia Nacional, el general José Alberto Medrano, quien complementaba su trabajo en el gobierno dobleteando para la CIA.[12]

Sin embargo, había una fuerza importante en Centroamérica que había cambiado sustancialmente desde los días de Sandino y Farabundo Martí: la Iglesia católica. Históricamente, la Iglesia había sido un baluarte de las oligarquías latinoamericanas, pero a finales de los años sesenta estaba asumiendo un papel nuevo. Cientos de párrocos, monjas y misioneros, respondiendo al llamado social del Concilio Vaticano II, se lanzaron a hacer acción social entre los pobres de la región. Organizaron muchos grupos civiles nuevos y convirtieron sus iglesias y misiones en centros de disenso democrático.[13]

Ese despertar desde las bases se convirtió en un reto inesperado para la oligarquía salvadoreña, pues incitó a miles de campesinos,

---

12. Alberto Martín Álvarez, *From Revolutionary War to Democratic Revolution: the Farabundo Martí National Liberation Front (FMLN) in El Salvador*, eds. Véronique Dudouet y Hans J. Giessmann. (Berlín: Germany, Berghof Transitions Series. Resistance/Liberation Movements and Transition to Politics, 2010). Para eventos que culminaron en la Guerra del Futbol y sus secuelas, ver Tim L. Merrill, *Honduras: A Country Study*. 3º ed., (Washington, D.C.: Library of Congress, 1995), 40-41, 264; para la primera migración salvadoreña a Estados Unidos, ver Nadia Y. Flores-Yeffal y Karen A. Pren, "Predicting Unauthorized Salvadoran Migrants' First Migration to the United States between 1965 and 2007". *Journal on Migration and Human Security* 1, no.14 (2018), 1-14; para Medrano y ORDEN, ver Christopher White, *The History of El Salvador*, 87 y 92.

13. John A. Booth y Thomas Walker, *Understanding Central America* (Boulder: Westview Press, 1993), 135–39, resume el papel crucial del activismo eclesiástico de bases.

habitantes de los barrios bajos y sindicalistas a acudir a las urnas por primera vez en sus vidas. El nuevo movimiento se volvió tan potente que sus candidatos estuvieron a punto de ganar elecciones nacionales dos veces en los años setenta. Para evitar esas victorias, la Guardia Nacional dio golpes de Estado en 1972 y en 1977. Cuanto más fuerte se volvía el movimiento popular, más descarado era el fraude electoral, de modo que después de un tiempo muchos salvadoreños empezaron a perder la esperanza de una reforma pacífica.[14]

En 1979, otro golpe de Estado abortó los resultados de unas elecciones democráticas, pero esa vez, estalló una guerra civil. Durante los dos años siguientes, los escuadrones de la muerte derechistas cazaron disidentes y asesinaron, hirieron, secuestraron o desaparecieron a más de ocho mil dirigentes sindicales. La feroz represión invitó a muchos salvadoreños jóvenes a combatir fuego con fuego. Para 1980, cinco grupos guerrilleros separados, de oposición, estaban operando en el campo y no tardaron en unirse para formar El Frente Farabundo Martí para la Liberación Nacional, bautizado en honor del líder martirizado del levantamiento de 1932.[15]

Aquel mismo año, un escuadrón de la muerte derechista asesinó al arzobispo de San Salvador, Óscar Romero, un feroz crítico de la junta salvadoreña, y varios meses después, soldados del gobierno violaron y mataron a cuatro monjas católicas y trabajadoras laicas estadounidenses. Esos asesinatos le indicaron al mundo exterior que la violencia en El Salvador se había salido de control. En vez de denunciar al gobierno que permitía tales atrocidades, la administración de Bush y la de Reagan, creyendo que la oligarquía era la única fuerza anticomunista confiable en el país, lo premiaron. Washington convirtió a El Salvador en el mayor beneficiario de ayuda militar estadounidense en Latinoamérica.

---

14. Para un resumen conciso de las elecciones y golpes de 1972, y 1977, ver White, *The History of El Salvador,* 83, 93-94.

15. *Ibid.,* xxiii; también Mario Lungo Uclés, *El Salvador in the Eighties: Counterinsurgency and Revolution* (Philadelphia: Temple University Press, 1996), 137-148.

El 70% de la suma récord de $3.7 mil millones que Estados
Unidos envió a El Salvador entre 1981 y 1989 fue para armas y
asistencia militar.[16] Al aumentar la cantidad de armas en el país,
también aumentó la cantidad de salvadoreños huyendo de la devastación que causaban.

GUATEMALA: PLÁTANOS Y CADÁVERES

De manera similar, la violencia que envolvió a Guatemala a finales del siglo XX se debió en gran medida a la política exterior
estadounidense. Guatemala, un Estado-cuartel durante más de
cuarenta años, fue hogar de la guerra civil más larga y sangrienta
de la historia de Centroamérica. Las raíces de la guerra se remontan a un golpe de Estado casi olvidado, patrocinado por la CIA
en 1954, que depuso a un presidente elegido democráticamente.

A lo largo de la primera mitad del siglo XX, los presidentes
guatemaltecos protegieron fielmente los intereses de un terrateniente en especial, la United Fruit Company (UFCO, por sus
siglas en inglés). El presidente Jorge Ubico, quien gobernó el país
de 1931 a 1944, superó a todos sus predecesores en los favores
que le concedió a la UFCO. Cuando Ubico terminó su mandato,
la UFCO era dueña de más de un millón de acres de platanares
en Centroamérica; tenía un presupuesto anual mayor que el de
cualquier país de la región; su flota de 85 barcos transportaba la
mayor parte del comercio exterior de la región, y era dueña de
1,400 millas de ferrocarril, incluyendo la línea más grande entre
México y Panamá. En Guatemala, la UFCO y su filial, International Railways of Central America (IRCA), eran los empleadores
más grandes del país, con veinte mil personas en sus nóminas.[17]

---

16. Para el asesinato del obispo Oscar Romero y el homicidio de las monjas católicas, ver White, *The History of El Salvador,* 99-101. Para la ayuda estadounidense, ver Mario Lungo Uclés, *El Salvador in the Eighties, 97.*
17. Piero Gleijeses, *Shattered Hope: The Guatemalan Revolution and the United States, 1944–1954* (Princeton: Princeton University Press, 1991), 88–90.

En un país cuya élite cafetalera era casi toda de ascendencia alemana, el presidente Ubico era una suerte de simpatizante del fascismo. Sin embargo, se ganó el favor de Washington durante la Segunda Guerra Mundial al internar a sus residentes alemanes, confiscar sus plantaciones y abrir la economía aún más a los inversionistas estadounidenses. Esas políticas le brindaron una considerable prosperidad a Guatemala mientras duró la guerra y le permitieron a Ubico financiar un ambicioso programa de obras públicas, incluyendo el mejor sistema de autopistas de Centroamérica. Sin embargo, el progreso tuvo un precio. Ubico obligó a la enorme población de mayas desposeídos a trabajar en proyectos gubernamentales en vez de pagar impuestos. Forzó a todos los indígenas a portar cartillas de identificación y usó leyes antivagancia para obligarlos a trabajar para los grandes terratenientes.[18] En cuanto a su tendencia a encarcelar oponentes y aplastar todo disenso, Washington la ignoró mientras florecieran las inversiones estadounidenses en el país.

Ubico, al igual que todos los dictadores de la región, terminó por levantar a la población en su contra. En 1944, una coalición de profesionistas clasemedieros, maestros y oficiales menores, muchos de ellos inspirados por el liberalismo del New Deal de Franklin D. Roosevelt, iniciaron un movimiento democrático. Se ganaron el apoyo de los crecientes sindicatos y no tardaron en convertirse en un levantamiento popular que obligó a renunciar a Ubico.

Las primeras elecciones democráticas de la historia de Guatemala fueron en 1945, y los votantes eligieron presidente a Juan José Arévalo, un escritor y profesor universitario de filosofía que había estado viviendo en el exilio en Argentina. Alto, guapo y fornido, Arévalo además era un orador hechizante. Desde el instante en el que volvió a casa para iniciar su campaña, se convirtió en una figura casi mesiánica para las masas empobrecidas de Guatemala.

---

18. Carol Smith, ed., *Guatemalan Indians and the State: 1540 to 1988* (Austin: University of Texas Press, 1992) 141–42.

Arévalo les prometió una revolución pacífica a sus compatriotas, una que no tomaría de inspiración ni el materialismo mecánico de los comunistas ni el capitalismo rapaz de Ubico y la vieja guardia. Lo llamó "socialismo espiritual", y una vez en funciones, inició con bríos un ambicioso programa de reformas. Abolió las odiadas leyes antivagancia de Ubico, reconoció derechos laborales, estableció los primeros programas de seguridad social y de educación rural del país, y les ofreció créditos gubernamentales a los pequeños campesinos. Predeciblemente, sus reformas causaron resistencia de parte de la United Fruit y de las clases altas guatemaltecas. En un esfuerzo por contrarrestar esa resistencia, Arévalo, aunque se opusiera personalmente al comunismo, terminó dependiendo del pequeño, pero bien organizado grupo de comunistas y de los sindicatos que controlaban para despertar el apoyo público a su programa.[19]

Después de seis años en el poder, Arévalo fue sucedido por Jacobo Árbenz Guzmán, un joven oficial del ejército y discípulo suyo. Árbenz arrasó en las elecciones de 1951 y prometió llevar un paso más allá la revolución pacífica de Arévalo redistribuyendo las tierras ociosas a los campesinos. Arévalo sabía que, en un país sin industria perceptible, con más del 70% de analfabetismo y con un 80% de la población que apenas lograba ganarse la vida en el campo, el problema económico fundamental era la propiedad y el control de la tierra. La tierra del país era inmensamente fértil, pero tan solo el 2% de los terratenientes tenía el 72% de la tierra arable, y tan solo una minúscula cantidad de esas propiedades se estaba cultivando.[20]

Al día siguiente, Árbenz logró que el congreso guatemalteco aprobara el Decreto 900. La nueva ley ordenaba la expropiación de toda propiedad mayor de seiscientos acres que no se estuviera cultivando. Las tierras confiscadas se repartirían entre los

19. Para leer más sobre el periodo de Arévalo, ver Walter LaFeber, *Inevitable Revolutions: The United States in Central America* (Nueva York: W. W. Norton, 1993), 113–19; también Schlesinger y Kinzer, *Bitter Fruit*, 37–43, y Booth, *Understanding Central America*, 42–43.
20. Gleijeses, *Shattered Hope*, 32–38.

desposeídos. Los dueños recibirían una compensación basada en el valor tributario estimado de la tierra y se les pagaría con bonos gubernamentales a 25 años, mientras que los campesinos recibirían préstamos a tasas bajas para comprar sus lotes. No era una reforma agraria nada radical, pues solo afectaba a las grandes propiedades. De 341 mil terratenientes, solo 1,700 entraban en sus requisitos. Pero esos terrenos representaban la mitad de la tierra privada en el país. Lo más importante es que incluían las enormes propiedades de la United Fruit Company, que era dueña de unos 600 mil acres, la mayoría sin usarse.

Árbenz sorprendió aún más a los ejecutivos de la UFCO cuando de hecho confiscó una gran parte de las tierras de la compañía y le ofreció $1.2 millones de compensación, una cifra basada en el valor tributario que los mismos contadores de la empresa habían declarado antes de que se aprobara el Decreto 900. La United Fruit y el Departamento de Estado de Estados Unidos hicieron una contrademanda de $16 millones. Cuando Árbenz la rechazó, el secretario de Estado, John Foster Dulles, y el director de la CIA, Allen Dulles, convencieron al presidente Eisenhower de que tenían que deshacerse de él. Obviamente, los hermanos Dulles no eran neutrales. Ambos eran exsocios del principal despacho legal de la United Fruit en Washington. Siguiendo su consejo, Eisenhower autorizó que la CIA organizara la "Operación Éxito", un plan para derrocar violentamente a Árbenz que implementaron en junio de 1954. La agencia eligió al coronel guatemalteco Carlos Castillo Armas para que dirigiera el golpe; financió y entrenó a sus rebeldes en la Nicaragua somocista, y apoyó la invasión con aviones piloteados por la CIA. Durante y después del golpe de Estado, arrestaron a más de nueve mil partidarios guatemaltecos de Árbenz.

A pesar de la forma violenta e ilegal en la que entró al poder el gobierno de Castillo, Washington no tardó en reconocerlo y colmarlo con ayuda extranjera. Él no perdió tiempo para pagarles a sus patrocinadores. Declaró ilegales más de quinientos sindicatos y les devolvió más de 1.5 millones de acres a la United Fruit y a los demás grandes terratenientes del país. El breve experimento democrático de Guatemala había terminado. Durante las siguientes cuatro décadas, su gente sufrió un terror gubernamental sin igual en la historia moderna de Latinoamérica. Un observador estadounidense lo describió así: "En la Ciudad de Guatemala, camionetas sin placas llenas de hombres fuertemente armados se detienen y secuestran a plena luz del día a otra víctima de los escuadrones de la muerte. Tiran cuerpos mutilados desde helicópteros en estadios abarrotados para mantener aterrada a la población. [...] A quienes se atreven a preguntar por sus seres queridos 'desaparecidos' les cortan la lengua".[21]

A unos años de la deposición de Árbenz, la mayoría de los guatemaltecos perdieron la esperanza de un cambio pacífico y del regreso de elecciones democráticas. Inspirados por la Revolución cubana de Fidel Castro, los estudiantes e intelectuales radicales se fueron al monte en 1960, donde formaron varios grupos guerrilleros para resistir a la dictadura. Para cazarlos, el gobierno hizo campañas de tierra quemada, programas de pacificación y escuadrones de la muerte paramilitares, muchas veces con la asistencia de consultores de las Fuerzas Especiales de Estados Unidos. Para 1976, habían matado a más de veinte mil personas. Mientras se extendía la matanza por el campo, una serie de caudillos militares ejercían el poder en el gobierno y las elecciones simuladas se alternaban con golpes de Estado conforme la élite se disputaba la mejor manera de aplastar las guerrillas. Uno de esos caudillos fue Carlos Arana Osorio, un coronel que se convirtió en jefe de Estado en 1970. Arana se había ganado el apodo de "Carnicero de Zacapa" por todas las masacres ocurridas mientras dirigía la campaña contrainsurgente a finales de los años sesenta. "Si es necesario convertir el país en cementerio para pacificarlo", presumió una vez, "no dudaré en hacerlo".

---

21. Barry y Preusch, *Central America Fact Book*, 225. Para detalles sobre el golpe de 1954 de la CIA, ver Schlesinger y Kinzer, *Bitter Fruit*; también Richard H. Immerman, *The CIA in Guatemala: The Foreign Policy of Intervention* (Austin: University of Texas Press, 1982), 161–86.

La cifra de muertos y desaparecidos alcanzó 75 mil en 1985; otros 150 mil, la mayoría indígenas, habían huido a México. Pero la guerra sucia guatemalteca apenas si hizo que se inmutara la gente de Washington. A los legisladores y la prensa les preocupaba mucho más El Salvador, donde los asesinatos de sacerdotes y monjas habían desatado la indignación de los católicos estadounidenses, y Nicaragua, donde la administración de Reagan había marcado su raya contra el comunismo.

EL ÉXODO HACIA EL NORTE

Para principios de los años ochenta, Guatemala, El Salvador y Nicaragua estaban sumidos en guerras de las que nuestro gobierno era bastante responsable. Tan solo en El Salvador, los grupos de derechos humanos estimaban que los escuadrones de la muerte estaban masacrando a quinientas personas al mes. La carnicería hizo que entraran tantos refugiados por la frontera con México que para 1984 habían llegado quinientos mil salvadoreños a Estados Unidos.[22] Su presencia planteó una pregunta perturbadora: ¿Por qué huía tanta gente de un gobierno al que apoyaba nuestro país?

Durante casi treinta años, la ley estadounidense, como lo expresaba la Ley de Inmigración y Nacionalidad de 1952, solo les había concedido estatus de refugiados a las personas que escaparan de regímenes comunistas. Pero el éxodo centroamericano —y la indignación pública que provocó— cambiaron eso. Durante el último año de la administración de Carter, el Congreso promulgó la Ley Pública 96-210, la Ley de Refugiados de 1980. La ley declaraba que cualquier persona que hubiera sufrido persecución o que tuviera un "miedo bien fundado de persecución basada en su raza, religión, nacionalidad, pertenencia a algún

---

22. Oficina de Contabilidad General de Estados Unidos, "Cental American Refugees: Regional Conditions and Prospects and Potential Impact on the United States", 29 de julio de 1984, 3.

grupo social en particular u opinión política" era elegible para el asilo político. Ya no importaba qué tipo de régimen estuviera en el poder en su patria.

Antes de que la ley entrara en vigor, Ronald Reagan asumió la presidencia y reafirmó que la lucha contra los "comunistas" centroamericanos era un pilar de su política exterior. En 1981, como parte de esa política, el fiscal general, William French Smith, ordenó que se detuviera a todos los inmigrantes indocumentados centroamericanos que solicitaran asilo político en centros del SCI. En unos meses, las cárceles de inmigración del país se desbordaron, y el SCI construyó a las prisas campamentos de detención improvisados para el excedente. De todos modos, los salvadoreños y los guatemaltecos no dejaban de llegar. Quienes lograban esquivar a la Patrulla Fronteriza, preferían la incertidumbre de esconderse ilegalmente en este país al riesgo de morir a manos de los escuadrones de la muerte o de las guerrillas en casa.[23]

La comunidad salvadoreña en Los Ángeles, que tan solo sumaba 30 mil personas en 1979, se disparó a 300 mil en cuatro años, sobre todo en los barrios de Pico-Union, East L.A. y South Central. Otros se asentaron en Adams Morgan, en Washington, D.C., y en los pueblos suburbanos de Long Island, el estado de Nueva York y Maryland. En una serie de multifamiliares de Alexandria, Virginia, se instalaron tantos salvadoreños —todos provenientes de Chirilagua—, que los inmigrantes acabaron por juntar sus recursos, compraron el complejo y le cambiaron el nombre a Chirilandria.[24]

---

23. Kahn, *Other People's Blood*, 11–24, hace un resumen muy crítico de la política de refugiados de Estados Unidos. Aristide R. Zolberg, "From Invitation to Interdiction: U.S. Foreign Policy and Immigration Since 1945", en *Threatened Peoples, Threatened Borders: World Migration and U.S. Policy*, ed. Michael S. Teitelbaum and Myron Weiner, 137–52, muestra cómo la política de refugiados para Centroamérica, al igual que para el resto del mundo, siempre ha estado dictada por los intereses de política exterior de Estados Unidos.
24. Entrevista del autor con Ana Sol Gutiérrez, 18 de agosto de 1998.

Los guatemaltecos forjaron comunidades similares en Los Ángeles, el noroeste de Chicago y Houston, pero diferían de los salvadoreños en varias cosas. En su mayoría, los guatemaltecos eran campesinos indígenas de los altos subdesarrollados del país, mientras que los salvadoreños eran sobre todo *mestizos* de las ciudades y pueblos de un país mucho más densamente poblado y mucho más cosmopolita. Muchos de los salvadoreños incluso tenían experiencia previa como trabajadores migrantes en Honduras, y por lo tanto les costaba menos trabajo adaptarse a un país nuevo que a los guatemaltecos. Los salvadoreños que se asentaron en la zona de Washington entraron a trabajar a la industria hotelera y restaurantera y, quizás debido a la larga tradición sindicalista de su país, no tardaron en convertirse en pilares del movimiento obrero organizado de la ciudad. Por otro lado, un buen número de guatemaltecos prefirió asentarse fuera de las ciudades importantes. Gravitaron hacia los cinturones agrícolas y los pequeños pueblos industriales de California, Florida y Carolina del Norte.

Para cuando llegaron los centroamericanos, los inmigrantes latinos anteriores habían construido enclaves étnicos estables, habían perfeccionado su inglés e incluso presumían una naciente clase de profesionistas con una comprensión básica de sus derechos civiles. El centroamericano promedio, por el contrario, no hablaba inglés, era indocumentado, no estaba calificado y estaba desesperado por conseguir cualquier trabajo.

Tomemos por ejemplo a los guatemaltecos de Houston. En general eran mayas de los altos del Quiché y Totonicapán que se acercaron a la ciudad por lazos familiares con pioneros anteriores. Se asentaron en los cientos de multifamiliares de pocos pisos y renta baja de Gulfton, un barrio obrero en el lado suroeste de Houston que prácticamente se había vaciado de blancos durante la crisis petrolera, y se dedicaron a recrear su sociedad basada en sus lazos familiares y sus costumbres mayas. Para 1990, dos

tercios de los cuarenta mil habitantes de Gulfton eran latinos,
la mayoría guatemaltecos.[25] Junto con los hondureños, los guatemaltecos no tardaron en llenar las filas del servicio de mantenimiento en los edificios de oficinas del centro de la ciudad, y una
cantidad considerable de ellos consiguió trabajo en la cadena de
supermercados Randall's.[26]

Hacia 1982, los mayas que venían huyendo de la política de
tierra quemada del ejército guatemalteco empezaron a llegar a
Everglades, en Florida, donde gravitaron hacia los trabajos en los
campos de tomate. Muchos se asentaron en Indiantown e Im-
mokalee, cerca del lago Okeechobee, o en la zona alrededor del
lago Worth, en la costa este. Para mediados de los años noventa,
había más de 25 mil indígenas guatemaltecos viviendo en el sur
de Florida.[27]

Mientras tanto, en el Suroeste, se estaba formando una versión
moderna del Ferrocarril Subterráneo en cientos de iglesias estadounidenses cuyos miembros se oponían a la política centroamericana de nuestro gobierno. Los líderes eclesiásticos lo llamaron
Movimiento Santuario, y remontan su inicio oficial a marzo de
1982, cuando el reverendo John Fife, ministro de la Iglesia Presbiteriana del Lado Sur de Tucson, le escribió una carta al Departamento de Justicia. La congregación de Fife, decía la carta,
había concluido que el gobierno federal estaba violando la Ley
de Refugiados de 1980 al encarcelar y deportar refugiados centroamericanos. Los miembros de su iglesia empezarían a usar su
edificio como un santuario para centroamericanos. El movimiento de protesta se extendió rápidamente por todo el país. En unos
cuantos años, más de doscientas iglesias se habían unido a él y
desafiaban abiertamente al gobierno.

---

25. Jacqueline María Hagan, *Deciding to Be Legal: A Mayan Community in Houston* (Philadelphia: Temple University Press, 1994), 48–68; también Roberto Suro, *Strangers Among Us: How Latino Immigration Is Transforming America* (Nueva York: Alfred A. Knopf, 1998), 38.
26. Suro, *Strangers Among Us*, 44–48.
27. Anne-Marie O'Connor, "Refugees in Florida Cheer Prize, Guatemalans Want Asylum", *Atlanta Constitution*, 6 de diciembre de 1992.

Aunque pareciera que el Movimiento Santuario estuviera dirigido por sacerdotes y ministros estadounidenses, su inspiración y dirigencia en realidad provenía de los propios refugiados, sobre todo de quienes habían sido líderes de la oposición política en casa. Carlos Vaquerano, por ejemplo, huyó de El Salvador a Estados Unidos en noviembre de 1980, después de que un escuadrón de la muerte derechista matara a uno de sus hermanos. Vaquerano había sido líder estudiantil en la ciudad de Apastepeque, en el departamento de San Vicente, y simpatizaba con las guerrillas izquierdistas del FFMLN (Frente Farabundo Martí para la Liberación Nacional). En cuanto llegó a Los Ángeles, reunió a otros salvadoreños para educar a los norteamericanos sobre la guerra, con la esperanza de cambiar la política estadounidense.[28] Así surgió una red de grupos de salvadoreños, la mayoría organizados en secreto, en la comunidad de refugiados. Sus miembros barrieron el país, hablando con organizaciones eclesiásticas, universitarias y obreras sobre las condiciones en El Salvador, y el Movimiento Santuario surgió de esos intercambios.

A su vez, los santuarios fueron la base de las primeras organizaciones centroamericanas conocidas por el público. Casa Maryland, por ejemplo, fue fundada como santuario en 1983, en el sótano de una iglesia presbiteriana de Takoma, Maryland. No tardó en convertirse en la agencia comunitaria salvadoreña más grande de la región. Ese mismo año, el salvadoreño Aquiles Magaña y otros refugiados fundaron el Central American Refugee Center, conocido popularmente como CARECEN. Con un personal salvadoreño que trabajaba mano a mano con abogados estadounidenses blancos progresistas, el centro les ofrecía asistencia legal invaluable, despensas y asesoría a los inmigrantes. Empezaron a surgir más CARECEN en Chicago, Washington, D.C. y Long Island.[29]

---

28. Entrevista del autor con Carlos Vaquerano, agosto de 1998.
29. Entrevistas del autor con Angela Sanbrano, CARECEN de Los Ángeles, agosto de 1998, y Benito Juárez, Guatemalan Support Network of Houston, mayo de 1998.

En 1983, se reunió en Chicago un congreso nacional formal de delegados de Santuario para elegir el primer cuerpo coordinador del movimiento, que estaba compuesto por seis norteamericanos, tres salvadoreños y tres guatemaltecos. Los tres guatemaltecos, a su vez, se dedicaron a organizar su propia subred, que bautizaron como la Red Atanasio Tzul, en honor al líder de una revuelta independendentista maya contra España de principios del siglo xix.

Mario González, uno de los fundadores de la Atanasio Tzul, es un psicólogo guatemalteco que huyó de su patria a finales de los años setenta. Iba pasando por Chicago de camino a estudiar en la Universidad de Berlín cuando un pequeño círculo de refugiados guatemaltecos que vivían en la ciudad lo convencieron de quedarse a organizar la red. Esos primeros refugiados, como él, en general eran profesionistas urbanos de clase media o trabajadores calificados que al principio tan solo podían conseguir trabajo de obreros en las fábricas de Chicago. Conforme fueron llegando más compatriotas suyos durante los años ochenta, la colonia guatemalteca de la ciudad comenzó a cobrar forma. Al principio, por temor a que los deportaran, la mayoría de los primeros migrantes evitaron cualquier tipo de participación civil e intentaron perderse entre los demás latinos.

"Quienes vivían en los barrios puertorriqueños empezaron a actuar y a hablar como puertorriqueños, incluso decían que eran puertorriqueños", recuerda González. "Y quienes vivían en los barrios mexicanos juraban que eran mexicanos".[30] La única excepción al anonimato fue en los deportes, pues los guatemaltecos organizaron docenas de ligas de fútbol. Aparte de esas ligas, la primera organización real de la colonia en Chicago fue la Sociedad Cívica-Cultural Guatemala, que fue fundada a finales de los años setenta, pero que estaba confinada al diminuto sector de profesionistas, y por lo tanto tenía un impacto mínimo en la vida de los inmigrantes.

---

30. Entrevista del autor con Mario González, agosto de 1998.

Los guatemaltecos de Florida también recibieron su primer ímpetu organizativo de parte de la Red Atanasio Tzul. Gerónimo Campo Seco, miembro fundador de la red, es un indígena q'anjob'al y exmaestro de escuela que huyó del noroeste de Guatemala en 1980. Fue uno de los primeros guatemaltecos en recibir asilo político en Estados Unidos. Cuatro años después se mudó al sur de Florida, donde ya había cientos de mayas y q'anjob'ales viviendo como jornaleros. Ahí conoció a Nancy Couch, la directora del Comité Católico para la Justicia y la Paz del condado de Palm Beach.[31]

¨Estaba trabajando con los migrantes en Indiantown y Gerónimo se me acercó para preguntar si le podía ayudar con su gente¨, recordó Couch. Empezó por darle asistencia con solicitudes de asilo, y no tardó en convertirse en una incansable defensora de los guatemaltecos. Los tres mil habitantes de Indiantown incluían blancos, haitianos, afroamericanos y mexicoamericanos, pero todos los inviernos, durante la cosecha, la población se inflaba con unos 1,500 mayas.

En 1986, el Congreso sucumbió ante la creciente opinión antiinmigrantes y aprobó la Ley de Reforma y Control de la Inmigración (IRCA, por sus siglas en inglés). Su intención era detener la inmigración ilegal, pero produjo consecuencias inesperadas. La cláusula sobre los residentes ilegales de muchos años, por ejemplo, abrió el camino para que los pioneros centroamericanos como González legalizaran rápidamente su estatus. En cuanto ellos tuvieron su "green card", algunos se sintieron libres de visitar a sus familiares en casa sin miedo a no poder volver. Pero lo más importante fue que pudieron defender abiertamente los derechos de los recién llegados. A partir de 1986, la Red Atanasio Tzul se separó gradualmente del Movimiento Santuario subterráneo y se convirtió en una organización guatemalteca plenamente desarrollada.

A pesar de los esfuerzos de la administración de Reagan y la de Bush, muchos angloamericanos se negaban a apoyar la política estadounidense en Centroamérica. La defensa incansable de

---

31. Entrevista del autor con Gerónimo Campo Seco, agosto de 1998.

los refugiados de la región por parte de varios grupos —la Iglesia católica y el Movimiento Santuario, abogados de derechos civiles, organizaciones civiles como el Comité en Solidaridad con el Pueblo de El Salvador (CISPES, por sus siglas en inglés)— culminaron con dos victorias históricas a finales de 1990. Aquel noviembre, el Congreso cedió ante la presión pública y les concedió una suspensión de deportación a los salvadoreños —estatus protegido temporal (TPS, por sus siglas en inglés)— y luego la extendió para incluir a guatemaltecos y nicaragüenses.

Luego, en diciembre, un juez de distrito estadounidense aprobó un decreto de acuerdo extrajudicial en una demanda colectiva crucial, *Iglesias Bautistas Estadounidenses vs. Thornburgh* (el veredicto ABC), que consideraba discriminatoria la política del SCI de deportar a salvadoreños y guatemaltecos. El decreto revirtió cien mil casos en los que el SCI había rechazado solicitudes de asilo, el mayor número de decisiones judiciales federales negadas por un solo caso en la historia. Tanto el fallo de las Iglesias Bautistas Estadounidenses como la ley TPS resultaron ser victorias sorprendentes para los derechos humanos. Junto con la cláusula de amnistía de la IRCA, les dieron a los centroamericanos un respiro del limbo de ilegalidad al que se enfrentaban.

DE REFUGIADOS INDESEADOS
A BLOQUE VOTANTE DE INMIGRANTES

Sin la amenaza de deportación inmediata, los líderes inmigrantes se dedicaron a echar raíz en su nueva sociedad. González, por ejemplo, ayudó a fundar Casa Guatemala, un grupo de la parte alta de Chicago que intentaba resolver las necesidades cotidianas de los recién llegados. Para finales de los años noventa, su trabajo de tiempo completo era como director clínico en el Centro Kobler para el Tratamiento de Supervivientes de Tortura de Chicago, donde él y su personal dan terapia a cientos de guatemaltecos sometidos a violación, golpizas y electrochoques durante la guerra civil de cuatro décadas.

"Los horrores de mi país crearon un desastre psicosocial", me dijo González. "Torturaban a muerte a tantas personas que, si el ejército te detenía y sobrevivías, la gente de tu círculo sospechaba que la habías traicionado. Las mujeres violadas no volvían a casa por vergüenza. Las familias y las comunidades se desintegraron. Aunque vivamos en este país, la mayoría de los guatemaltecos sigue sin atreverse a organizarse en público".

En el sur de Florida se dio una transición similar entre los mayas, que pasaron de la clandestinidad a la legalidad. Conforme echaban raíces, Campo Seco formó dos organizaciones a principios de los años noventa: CORN Maya, un grupo activista en Indiantown, y el Centro Guatemalteco en Lake Worth. Los esfuerzos de todos los líderes de inmigrantes guatemaltecos recibieron un enorme empujón en 1992, cuando le dieron el Premio Nobel de la Paz a la maya Rigoberta Menchú.[32]

El periodo post-ABC también fue testigo del nacimiento de un movimiento de derechos civiles y laborales entre salvadoreños y guatemaltecos. Al principio, era un movimiento caótico y violento. A inicios de los años noventa estallaron tres disturbios urbanos en los que los latinos tuvieron un papel importante, y dos de ellos tuvieron que ver con barrios centroamericanos. En mayo de 1991, varios cientos de latinos asolaron y saquearon una zona de cuatro manzanas de la zona Mount Pleasant en el noroeste de Washington, D.C., después de que un policía matara a un latino. En los días que siguieron a los disturbios, los líderes hispanos se quejaron del racismo y la insensibilidad de la policía del distrito y de los funcionarios del gobierno. La reacción de la dirigencia política, en su mayoría negra, estuvo muy dividida. "Después de oír a los jóvenes hispanos, fui a casa y le dije a mi esposa que me estaba escuchando a mí mismo hace veinte años", dijo el concejal John Wilson, exmiembro del Comité Coordinador Estudiantil No Violento. "Si [los hispanos]

---

32. "Researcher Says Mayans Adapt Well", United Press International, 24 de noviembre de 1987; "Mayan Refugees Seek New Lives in the United States", Associated Press, 10 de julio de 1984.

no aprecian nuestro país, que se vayan", dijo otro concejal negro, H. R. Crawford.[33]

Un año después, la exoneración de cuatro policías que habían golpeado al taxista Rodney King disparó los disturbios de Los Ángeles, y miles de hispanos, la mayoría centroamericanos, se unieron durante cuatro días de incendios y saqueos. Dos núcleos de los disturbios, South-Central Los Angeles y Pico-Union, eran sobre todo comunidades de inmigrantes. De hecho, entre los 1,200 arrestados durante los disturbios hubo más latinos que afroamericanos, y la policía declaró que la pandilla callejera más peligrosa involucrada en ellos había sido la Mara Salvatrucha, un grupo salvadoreño. Durante la semana que pasé cubriendo esos sucesos, me sorprendió que los barrios mexicoamericanos más antiguos, como East Los Angeles y Echo Park, no tuvieran problemas. Un mexicoamericano de mediana edad, veterano de la Guerra de Vietnam, a quien conocí mientras montaba guardia armado frente a su tienda de fotografía para protegerla de los saqueos, me explicó: "Cada comunidad solo se amotina una vez. Cuando te das cuenta de que te toma veinte años recuperarte, no quieres volver a ver algo así nunca". El otro disturbio civil importante que involucró latinos fue el que mencioné antes: los disturbios de la sección de Washington Heights de Nueva York en julio de 1992, provocado por otra comunidad de inmigrantes, los dominicanos.

Sin embargo, esos primeros estallidos caóticos de jóvenes enfurecidos no tardaron en convertirse en exigencias de justicia más ordenadas. En 1990, Ana Sol Gutiérrez se convirtió en la primera salvadoreña elegida como funcionaria estadounidense cuando ganó un puesto en el consejo escolar del condado de Montgomery, Maryland. Irónicamente, el condado de Montgomery es uno de los más ricos de Estados Unidos, Gutiérrez no era refugiada de guerra y su victoria no dependió del voto latino. Era hija de

33. Juan Williams, "Black Power's New Dilemma: The D.C. Establishment That Fought for Civil Rights Faces a Latino Demand for Justice", *Washington Post*, 12 de mayo de 1991.

un exembajador salvadoreño en Estados Unidos, y había llegado al país en 1948, a los tres años. Su padre, fundador del Banco Mundial, también trabajó para la Organización de los Estados Americanos durante tiempos de Kennedy. Sus misiones diplomáticas hacían que la familia no dejara de viajar entre San Salvador y Washington, por lo que Gutiérrez creció en general en el suburbio de Chevy Chase y asistió a escuelas estadounidenses, de donde se graduó con un título en química y otro en ingeniería.

Dijo en entrevista que la habían elegido para el consejo escolar "más por mis credenciales que por ser salvadoreña; los votantes se dieron cuenta de que me encantaban las matemáticas y la ciencia". Sin embargo, su victoria señaló el inicio del empoderamiento centroamericano. Cuando iba solicitando votos de puerta en puerta en el condado suburbano de Montgomery, le sorprendió descubrir que muchos de los que le abrían eran salvadoreños que se habían asentado en el condado casi desapercibidos tras mudarse ahí desde sus departamentos abarrotados en Washington, D.C.[34]

Gutiérrez señaló que los primeros salvadoreños en la capital del país habían llegado como trabajadores domésticos para diplomáticos latinoamericanos y otros latinos en el gobierno federal. "Yo he tenido tres amas de llaves salvadoreñas; ahora todas son ciudadanas y residentes en esta zona", dijo. Sin embargo, en cuanto estalló la guerra civil, los residentes legales se trajeron a todos los familiares que pudieron. Al igual que en casi todas las ciudades de Estados Unidos, el primer tipo de organizaciones de inmigrantes que hubo en la zona de Washington fueron ligas de fútbol soccer; para finales de los años noventa había más de cincuenta. Después de los equipos de fútbol, llegó un centro CARECEN a la zona de Adams Morgan.

En cuanto resultó electa, Gutiérrez se convirtió en la defensora más prominente de los centroamericanos en la zona metropolitana. Fundó la Alianza Hispana, el primer grupo salvadoreño con el objetivo de influir en política interna y en temas educativos. Al

---

34. Entrevista del autor con Ana Sol Gutiérrez, 18 de agosto de 1998.

principio, sus miembros provenían más bien de la clase media. Sin embargo, Gutiérrez no tardó en darse cuenta de que el futuro de la comunidad dependería de los inmigrantes de clase obrera, que eran mucho más numerosos.

"Todos los inmigrantes tienen una verdadera sed de participar, un ansia de convertirse en ciudadanos", insistió Gutiérrez, quien ganaría las elecciones para la asamblea general de Maryland en 2002. Fue la primera hispana en lograrlo, y se quedó ahí hasta 2019. Quienes migraron de su patria a principios de los años ochenta, que trabajaron duro y lograron volverse residentes legales tras la aprobación de la IRCA en 1986, empezaron a mudarse a los suburbios y a comprar sus propias casas diez años después, por lo que los salvadoreños se convirtieron en el mayor grupo de inmigrantes de Maryland por un amplio margen. En 2015 eran el 13% de los 911 mil residentes del estado nacidos en el extranjero, sin contar la creciente cantidad de hijos de salvadoreños nacidos en Estados Unidos.[35]

Casa Maryland, de la cual Gutiérrez fue presidenta varios años, refleja el cambio de énfasis de la comunidad salvadoreña hacia cuestiones de política interna. La agencia ha desarrollado una sofisticada gama de servicios para la comunidad latina. Entre los primeros se encontraba un programa de jornaleros, que surgió en respuesta a la preocupación de que muchos salvadoreños se congregaran en las esquinas de varios pueblos del condado mientras esperaban que los contrataran para el trabajo de la jornada. Los residentes blancos creían que los grupos de extranjeros en las calles eran una fuente de delitos, y algunos de los inmigrantes se volvieron objeto de golpizas racistas. Los empleadores sin escrúpulos les robaban su salario a quienes sí lograban conseguir trabajo, pero no tenían con quién quejarse. Hoy en día, el personal de Casa organiza y supervisa lugares específicos en los que los empleadores pueden contratar gente y donde los trabajadores pueden obtener asesoría legal. El programa tuvo tanto éxito que

---

35. American Immigration Council, "Immigrants in Maryland", 2017, https://www.americanimmigrationcouncil.org/research/immigrants-in-maryland

la agencia se lanzó a organizar programas de formación en carpintería, repellado y retiro de asbesto para mejorar las habilidades y ganancias de los inmigrantes. Después, la agencia se dedicó a la educación para adultos, a las clases de inglés y de computación, e incluso inició un programa para combatir la discriminación inmobiliaria.

Quizás nada caracterice mejor a los centroamericanos que su dedicación al trabajo duro. El índice de participación de los salvadoreños y guatemaltecos en la fuerza laboral está entre los más altos de cualquier grupo étnico, ya sean inmigrantes o nacidos aquí.[36] Y ya que tienen el trabajo, incluso cuando quedan confinados a los empleos peor pagados, han demostrado una capacidad sorprendente para organizarse por mejores condiciones. En Los Ángeles, por ejemplo, los conserjes salvadoreños y guatemaltecos se convirtieron en la columna vertebral de la Campaña Justicia para los Conserjes, un esfuerzo sindicalista que reclutó a miles de miembros nuevos al Sindicato Internacional de Trabajadores de Servicios.

Los obreros guatemaltecos de una planta de pollos de Morganton, Carolina del Norte, electrizaron al movimiento obrero en 1996 y 1997 con su campaña militante por el reconocimiento sindical. En 1990, los ejecutivos de la planta de pollos, Case Farms, habían empezado a ofrecerles una mejor paga y el transporte gratuito a Morganton a los migrantes guatemaltecos del sur de Florida. Cinco años después, el 85% de los 450 obreros de la planta eran guatemaltecos. Sin embargo, al llegar, los obreros nuevos encontraron salarios más bajos de lo que les habían prometido y condiciones laborales tan terribles que intentaron que el Sindicato Internacional de Trabajadores se implicara. A pesar de la feroz oposición de la compañía, los obreros hicieron varias huelgas, organizaron piquetes en las plantas que tenía la empresa en otros estados e incluso se manifestaron afuera de las oficinas

---

36. Para los guatemaltecos, fue el 75.7%; para los salvadoreños, el 76.3% en 1990, mientras que el promedio en Estados Unidos era del 65.3%. Ver Portes, *Immigrant America*, 68.

del mayor prestamista de la empresa, el Banco de Nueva York. Su persistente campaña atrajo la atención de los nuevos dirigentes de la FEO-COI en Washington, quienes señalaron que la batalla contra Case Farms había sido un símbolo de la creciente influencia que los centroamericanos ejercerían en el movimiento obrero estadounidense.[37]

En el resto del país, los fabricantes importantes empezaron a reclutar centroamericanos indocumentados en los años noventa. Lo hicieron ignorando las cláusulas de sanción al empleador de la IRCA, seguros de que era improbable que el gobierno federal monitoreara sus plantas y de que tampoco los penalizaría con demasiada severidad si los descubría. Muchos de ellos creían que los centroamericanos serían más dóciles que los afroamericanos o que grupos anteriores de inmigrantes latinos. Pero esas políticas corporativas, impulsadas por la constante búsqueda de reducir el precio de los salarios, le han traído consecuencias inesperadas al corazón de Estados Unidos, pues las comunidades blancas que nunca habían visto latinos de pronto tienen que afrontar una presencia hispana en rápido crecimiento. Incluso los pueblos más pequeños de la mayoría de los estados ahora tienen una floreciente población latina, mientras que hace tan solo algunas décadas, la gente de esos lugares era o blanca o negra. En 2017, por ejemplo, los latinos conformaban aproximadamente el 50% de los habitantes de Dalton, Georgia; el 62% de los de Lexington, Nebraska, y el 61% de Dodge City, Kansas. Mientras tanto, la población latina de Carolina del Norte alcanzó el 9.1% en 2017; la de Arkansas, el 7.2%, y la de Tennessee, el 5.2%.[38]

---

37. Farhan Haq, "U.S. Labor: Guatemalan, U.S. Workers Unite Against Case Farms", Inter Press Service, 16 de agosto de 1996; también Craig Whitlock, "Immigrant Poultry Workers' Struggle for Respect Draws National Attention", *News & Observer*, Raleigh, North Carolina, 30 de noviembre de 1996.

38. Oficina del Censo de Estados Unidos, "2013-2017 American Community Survey 5-Year Estimates". Para un recuento de cómo las industrias de tapetes y de procesamiento de pollos de Dalton se convirtieron en imanes de migrantes mexicanos e impulsaron el crecimiento de la población hispana de la ciudad, ver James D. Engstrom, "Industry and Immigration in Dalton, Georgia",

La última de las guerras civiles centroamericanas terminó en 1996. Pero Estados Unidos no reconoció en público su involucramiento en la carnicería que hubo ahí sino hasta 1999. El 25 de febrero de aquel año, una comisión de la verdad internacional establecida como parte del acuerdo de paz supervisado por Estados Unidos en Guatemala publicó un informe impactante.

La comisión, que pasó 18 meses revisando archivos desclasificados del gobierno guatemalteco y el estadounidense, acusó al ejército de Guatemala de "actos de genocidio" y de "exterminación en masa de comunidades mayas indefensas" durante la guerra de 36 años que sufrió el país. Además, la comisión reportó que Estados Unidos, "por medio de sus estructuras constitutivas, incluyendo la Agencia Central de Inteligencia, les brindó apoyo directo e indirecto" a muchas de esas "operaciones estatales ilegales".

La comisión estimó que alrededor de doscientos mil guatemaltecos murieron durante la guerra civil. En el 90% de las 29 mil muertes que investigó directamente, la comisión descubrió que el gobierno y sus aliados eran los responsables. Un mes después, durante una visita a varios países centroamericanos, el presidente Clinton se disculpó en público con el pueblo guatemalteco por el apoyo de Estados Unidos a los gobiernos represivos de la región.[39]

Pero los cambios provocados en los países emisores y receptores por el éxodo masivo de centroamericanos durante los años ochenta ya son irreversibles. Hoy en día, la población salvadoreña de Los Ángeles y Washington, D.C., es más grande que en cualquier otro lugar excepto en San Salvador mismo. Los guatemaltecos y los hondureños cambiaron para siempre el panorama étnico de Houston, Chicago y el cinturón agrícola de Florida. Los nicaragüenses, el de Miami. Los centroamericanos han tenido una

---

en Arthur D. Murphy *et al.*, eds. *Latino Workers in the Contemporary South:* (Athens: University of Georgia Press, 2001), 44-56.

39. Mireya Navarro, "Guatemalan Army Waged 'Genocide', New Report Finds", *New York Times*, 26 de febrero de 1999; también John M. Broder, "Clinton Offers His Apologies to Guatemala", *New York Times*, 11 de marzo de 1996.

influencia enorme en los grupos anteriores de latinos al romper con las batallas y divisiones tribales que existían entre mexicanos, cubanos y puertorriqueños. En resumen, su llegada empezó a forzar una fusión gradual de los distintos grupos de inmigrantes hispanos en un mosaico latino más amplio, en el que cada grupo étnico mantiene su identidad separada, pero juntos constituyen un nuevo subconjunto lingüístico dentro de la compleja realidad de la sociedad estadounidense del siglo XXI.

9

Colombianos y panameños:
Cómo superar la división y el desdén

> Los cartones de los periódicos mostraban a alegres estadou-
> nidenses blancos cavando el canal con palas y picos. [...] En
> realidad, la división del color de piel, de la que casi nada
> se decía en la prensa, atravesaba cada faceta de la vida en
> la Zona, tan bien delimitada y tan estrictamente respetada
> como en cualquier lugar del Sur Profundo o de los enclaves
> coloniales más rígidos de África.
>
> —DAVID MCCULLOUGH, *The Path Between the Seas*

Parece inusual considerar a colombianos y panameños dentro de la misma categoría de migrantes... hasta que te aden-
tras en su historia.

Los panameños empezaron a llegar a Estados Unidos durante
los años cincuenta; la mayoría se asentaron en Brooklyn, Nueva
York. Para 1965, eran entre quince y treinta mil; sin embargo,
pasaban prácticamente desapercibidos para la sociedad blanca.
La mayoría eran descendientes de los trabajadores antillanos del
canal, y se asimilaron rápidamente en los barrios afroamericanos
de Nueva York.[1]

---

1. Michael L. Conniff, *Black Labor on a White Canal*, 137.

La inmigración colombiana llegó un poco después, pero resultó ser mucho más amplia y duradera. Llegaron más de 72 mil durante los años sesenta, otros 77 mil en la década siguiente y 122 mil en los ochenta.[2] Miles más vinieron ilegalmente. Lo normal era que los colombianos volaran a Nueva York o a Miami con visa de turista y simplemente se quedaran. Para 2020, había más de 1.2 millones de colombianos viviendo en nuestro país, la mayoría en la zona metropolitana de Nueva York y en el sur de Florida.[3]

A diferencia de los cubanos y los dominicanos, los colombianos no venían huyendo de la persecución política; tampoco eran jornaleros por contrato ni campesinos migrantes como muchos puertorriqueños y mexicanos, y, a diferencia de los panameños, la mayoría eran profesionistas de clase media, trabajadores calificados y blancos.

¿Pero qué hizo que panameños y colombianos emigraran en los años sesenta y setenta? ¿Y por qué a Estados Unidos en vez de a otro país? ¿Qué distinguía su experiencia de la de los demás latinos? ¿Dónde se asentaron al llegar? ¿Cómo se relacionaron con los afroamericanos, con los demás latinos y con los angloamericanos? Al igual que con los demás grupos, empezamos a buscar respuestas viendo cómo la política estadounidense afectó a Colombia y Panamá. A fin de cuentas, la historia moderna de ambos países comenzó en 1903, cuando Teddy Roosevelt abrió el camino para construir su canal transoceánico fomentando la creación de un Panamá "independiente", que mutiló del territorio colombiano.

Puede que los testimonios de las familias White y Méndez, que formaron parte de los primeros migrantes colombianos y panameños, nos esclarezcan algunas cosas y nos brinden respuestas.

---

2. Departamento de Justicia de Estados Unidos, *1996 Statistical Yearbook of the Immigration and Naturalization Service* (Washington, D.C.: U.S. Government Printing Office, 1997), 27–28.

3. Luis Noe-Bustamante, "Key facts about U.S. Hispanics and their diverse heritage".

LA FAMILIA WHITE:
TRABAJAR EN EL CANAL

McKenzie White y su esposa, Wilhelmina, nacieron en las Islas Vírgenes en la década de 1880, pero migraron a República Dominicana a principios del siglo XX, cuando White fue contratado para cortar caña en una plantación estadounidense de allá.[4] Mientras estaban en la isla, la joven pareja, incapaz de concebir un hijo propio, adoptó a una niña a quien bautizaron Mónica. Aproximadamente una década después, migraron de nuevo. En esa ocasión, McKenzie llevó a su esposa e hija a Panamá, donde consiguió empleo en la división de dragado del proyecto estadounidense para construir el canal. Estaban a punto de terminar.

Hace mucho que se reconoce el Canal de Panamá como una de las maravillas tecnológicas del siglo XX, un triunfo de la visión, audacia e ingeniería yanquis que permitió una enorme expansión del comercio transoceánico y ayudó a unir a la sociedad norteamericana al reducir drásticamente el tiempo requerido para transportar personas, mercancías e información entre la costa del Atlántico y la del Pacífico.

Pero el canal también provocó fisuras profundas en la vida del pueblo panameño. Los migrantes antillanos, como hemos señalado, fueron el grueso de los trabajadores del canal y sufrieron la mayor cantidad de bajas durante su construcción. Los administradores del canal preferían a los antillanos porque hablaban inglés y porque se creía que aguantaban mejor el calor tropical. Sin embargo, cuando llegó el momento de hacer la crónica de la saga mítica del canal, prácticamente los olvidaron. Como señaló un historiador que trató de corregir la injusticia, "a juzgar por los muchos recuentos publicados, la enorme base negra del sistema de castas nunca existió. Los cartones de los periódicos mostraban a alegres estadounidenses blancos cavando el canal con palas y picos, y muchos venían a Panamá esperando ver justo eso", pero descubrían "el horrible abismo que separa al

---

4. Entrevista del autor con Monica Manderson, 21 de enero de 1995.

sagrado estadounidense blanco del resto del mundo de la Zona del Canal".[5]

Los negros conformaban la abrumadora mayoría de la fuerza laboral del canal, más de tres cuartas partes de los entre 45 y 50 mil empleados durante los últimos años de construcción. Eran tantos que, según el historiador David McCullough,

> [los visitantes] no podían evitar sorprenderse, incluso impactarse, ante el grado al que todo el sistema, no solo la construcción, dependía de la mano de obra negra. No solo había miles de antillanos en el caos del Corte Culebra o en las esclusas, sino también meseros negros en todos los hoteles; estibadores, camioneros y porteros negros; camilleros negros en los hospitales; cocineros, lavanderas, nodrizas, conserjes, mensajeros, cocheros, vendedores de hielo, basureros, jardineros, policías, plomeros, pintores de casas y sepultureros, todos negros. Una de las escenas más comunes en la Zona del Canal era un hombre negro caminando con un tanque de metal en la espalda, rociando de aceite el agua estancada. Cada vez que se veía un mosquito en un hogar blanco, notificaban al Departamento de Sanidad y de inmediato llegaba un hombre negro con cloroformo y un frasco de vidrio para atrapar el insecto y llevarlo a analizar a un laboratorio.[6]

Desde los primeros días de la construcción, los supervisores estadounidenses blancos crearon un sistema de *apartheid* racial que dominó la vida en el canal durante medio siglo. Los pilares del sistema eran nóminas separadas por raza: una categoría "de oro" para los ciudadanos estadounidenses blancos y una "de plata" para los antillanos. Todos los beneficios se segregaban a partir de esas nóminas: vivienda, cafeterías, casas club, servicio de salud, escuelas para los hijos de los trabajadores.[7]

---

5. David McCullough, *The Path Between the Seas: The Creation of the Panama Canal 1870–1914* (Nueva York: Simon & Schuster, 1977), 575.

6. *Ibid.*

7. Conniff, *Black Labor*, 31–35; también McCullough, *The Path Between*, 576–81.

Los obreros negros estaban hacinados en pueblos propiedad de la compañía o en arrabales en las ciudades de Colón y Ciudad de Panamá, mientras que los blancos vivían rodeados de opulencia tropical en comunidades planeadas como Pedro Miguel, Cristóbal y Gamboa, donde todo, desde la vivienda hasta el servicio de salud y las vacaciones, estaba subsidiado por el gobierno federal.

"Para los niños negros, las escuelas solo llegaban a octavo grado", recordó Monica Manderson, hija de Wilhelmina y McKenzie White. "Solo teníamos maestros negros y no éramos prioridad en muchas cosas". Las escuelas negras separadas mantuvieron a los antillanos aislados de su nueva patria panameña, porque solo se daban clases en inglés, usando el mismo plan de estudios enseñado en las escuelas públicas de Estados Unidos.[8]

Sin embargo, para cuando abrió en 1914, el canal se había convertido en un polvorín de descontento laboral. Los antillanos, descontentos con su paga y condiciones laborales, y ofendidos por el racismo de los soldados y administradores estadounidenses, iniciaron varias huelgas militantes, cada una terminada con desalojos masivos de los huelguistas de la Zona. Los despidos periódicos obligaron a miles más a mudarse a las ciudades panameñas en busca de trabajo, lo que deterioró rápidamente su relación con los panameños nativos.[9]

"Los panameños tenían prejuicios contra los antillanos", recordó Monica White. "Estaban decididos a sacarnos de su país, de vuelta por donde vinimos. Era como si hubiera dos países, uno era Panamá y otro era la Zona del Canal". En realidad, había tres, porque la propia Zona contenía un mundo blanco y uno negro, separados y desiguales.

Los panameños, por su parte, se sentían discriminados en su propia tierra. Resentían que las autoridades del canal solo contrataran a antillanos para la construcción y el mantenimiento, empleos que invariablemente estaban mejor pagados que la mayoría

---

8. Conniff, *Black Labor*, 6.
9. *Ibid.*, 49–61.

de los disponibles en Panamá. En respuesta, una serie de gobiernos panameños intentaron prohibir más inmigración antillana, o por lo menos evitar que los hijos de los inmigrantes consiguieran la ciudadanía panameña. A partir de 1928, los niños antillanos nacidos en Panamá tuvieron que esperar hasta los 21 años para naturalizarse. Incluso entonces, el gobierno exigía que pasaran un examen que demostrara su competencia en español y en historia de Panamá.

La nueva ley de naturalización empujó a Monica White a mudarse fuera de la Zona del Canal poco después de que naciera su hijo, Vicente, para que se educara en escuelas panameñas y pudiera conseguir su ciudadanía. Para entonces se había separado del padre de Vicente, y abrió un salón de belleza en Ciudad de Panamá en 1935. Unos años después, se casó con otro antillano, Ernest Manderson.

Los legisladores de Washington no empezaron a cuestionar el sistema segregacionista estilo Jim Crow de la Zona del Canal sino hasta principios de los años cuarenta. El presidente Franklin D. Roosevelt promulgó un decreto en 1941 que acababa con la discriminación en las industrias de la defensa, e incluyó en él específicamente a la Zona del Canal. Pero los administradores del canal, la mayoría blancos del Sur, se resistieron a hacer cualquier cambio. Temerosos de que integrar las nóminas de oro y de plata socavara su control sobre la fuerza de trabajo, insistieron en su sistema de *apartheid* hasta bien entrados los años cincuenta.[10]

"Incluso los baños y los bebederos estaban segregados", recordó Vicente White. "Entrabas a un edificio y veías un letrero: ORO, PLATA. Los baños de oro estaban limpios y sus bebederos siempre tenían agua fresca. Los de plata estaban sucios y el agua siempre estaba tibia".[11]

Para mediados de los años cincuenta, Monica Manderson y muchos otros antillanos terminaron en el fuego cruzado entre las demandas de los panameños latinos de tener un mayor control

---

10. *Ibid.*, 91.
11. Entrevista del autor con Vicente White, 10 de febrero de 1993.

sobre el canal —el recurso más vital del país— y los funcionarios recalcitrantes de la Zona, que estaban decididos a impedir la integración.

Irónicamente, lo que acabó por forzar a los panameños negros a emigrar fue una victoria clave del movimiento estadounidense por los derechos civiles. En 1954, cuando el fallo de la Corte Suprema en *Brown vs. Consejo de Educación* prohibió las escuelas públicas separadas pero iguales en todo el país, el gobierno federal les ordenó integrar sus escuelas a las autoridades de la Zona del Canal. Para evitarlo, el gobernador del canal cambió el idioma de enseñanza de las escuelas negras al español, y desalojó por la fuerza a muchos negros de la Zona, con lo que cargó el oneroso peso de alojar y educar a sus hijos sobre el gobierno panameño.[12] En 1955, un nuevo tratado sobre el canal empeoró aún más las cosas para los antillanos: por primera vez tendrían que pagar impuestos panameños.

Después de cuatro décadas en Panamá, Monica Manderson decidió que estaba harta del racismo de los angloamericanos blancos y de los panameños de habla hispana. Al igual que muchos antillanos, se sentía orgullosa de su cultura anglocaribeña. Quería mantener su lengua inglesa y su participación en la iglesia protestante y las sociedades de beneficencia que conformaban el núcleo de su patrimonio. Pero no podía hacerlo en Panamá. Así que, en 1957, se fue a Estados Unidos.

EL ENCLAVE PANAMEÑO EN BROOKLYN

Monica Manderson no fue la única. Desde mediados de los años cincuenta hasta mediados de los sesenta, se estima que unos treinta mil antillanos emigraron a Estados Unidos desde Panamá, y que alrededor de tres cuartas partes se asentaron en Nueva York. Aunque no fuera una migración enorme comparada con la de los puertorriqueños y cubanos que llegaron en la misma época, según

---

12. Conniff, *Black Labor*, 121–23.

el prominente líder antillano George Westerman, representaba a lo más talentoso de la comunidad negra de Panamá.[13]

Manderson dejó a su hijo, Vicente, con su padre en Panamá en lo que se asentaba en Estados Unidos. Se mudó a un departamento en la Avenida Schenectady, en la sección Bedford-Stuyvesant de Brooklyn, que fue la primera colonia de los nuevos inmigrantes. Durante los siguientes treinta años, hasta su jubilación en 1974, trabajó en una variedad de trabajos mal pagados —lavandera, asistente escolar, enfermera a domicilio— y se dedicó a los muchos grupos eclesiásticos y civiles que surgieron para atender las necesidades del enclave panameño. Entre ellos se encontraba Las Servidoras, un grupo de mujeres que daba becas universitarias a jóvenes panameños necesitados.

Al principio, a los inmigrantes les costó trabajo encajar en la comunidad latinoamericana y en la afroamericana, así que fundaron sus propios clubes sociales. Uno de los primeros, el Club Pabsco, estaba ubicado en la Avenida Schenectady, esquina con Sterling Place. Se convirtió en el lugar de reunión para expatriados, donde se relajaban los fines de semana, bailaban sus propias cumbias y *guarachas* y organizaban excursiones en grupo a su patria.

El dominio del inglés de los panameños hizo que su transición fuera más fácil que la de otros latinoamericanos. Les facilitó encontrar trabajos mejor pagados, sobre todo en el servicio público, y simplificó su asimilación en la comunidad negra de la ciudad. "Poco a poco, la gente blanca empezó a mudarse fuera de Bedford-Stuyvesant", recordó Manderson, pero surgieron nuevas tensiones. "Los negros estadounidenses siempre nos tuvieron envidia a los antillanos", dijo. "Estábamos tratando de mejorar nuestros empleos y de superarnos, y eso no les gustaba nada".

Vicente, quien se reunió con su madre en Nueva York unos años después, opina diferente. "Algunos jamaiquinos y barbadenses se creen esas cosas y empiezan a sentirse superiores a los negros estadounidenses", dijo. "Y algunos negros, solo algunos, se lo creen también. Dicen: Ahí vienes, bananero, a quitarnos el trabajo".

---

13. *Ibid.*, 136–37.

La postura de Vicente refleja la de la tercera generación de antillanos. Como su madre lo inscribió en escuelas de la Ciudad de Panamá, creció no solo escribiendo y hablando español, sino también sintiéndose más parte de la sociedad panameña que de la antillana. De niño, él y los demás chicos del barrio jugaban en un parque cerca de la Asamblea Nacional, en la Ciudad de Panamá. Detrás del enorme edificio había una calle que dividía al territorio panameño de la Zona del Canal.

"Del otro lado de la calle había una fila de matas de mango gigantes", recordó White. "Los niños panameños cruzábamos para agarrar mangos, y la policía de la Zona siempre nos perseguía para golpearnos". Décadas después, seguía recordando con amargura a los extranjeros que le prohibían recoger fruta en su propio país cuando era niño.

Irónicamente, al terminar el bachillerato, White terminó de policía en la Zona del Canal.

"Trabajé en las cárceles de Gamboa", dijo. "Cuando no tenían prisioneros, los oficiales blancos nos decían a las tropas: 'Vayan a traerme unos sucios panameños para que nos den mantenimiento'. Teníamos que salir a la Zona, arrestar a cualquier panameño que viéramos pasar y acusarlo de vagancia. *Holgazaneando*, ése era el término que usábamos. Para las seis de la mañana, ya había doce personas en la cárcel vacía. Me daba asco".

En 1959, estallaron los primeros indicios del resentimiento panameño por el control estadounidense del canal. Aquel año, los estudiantes se amotinaron cuando los soldados estadounidenses evitaron que izaran la bandera panameña junto a la norteamericana en la Zona. White, que en ese entonces era policía en el cuartel de Balboa, siguió las órdenes de sus comandantes estadounidenses y persiguió y arrestó a los manifestantes. La vergüenza que lo embargó durante las semanas siguientes por lo que les había hecho a sus compatriotas selló su decisión de irse de Panamá.[14]

Su padre murió pocos meses después. White, que acababa de casarse, se mudó a Nueva York con su esposa, y se instalaron en el

---

14. *Ibid.*, 140–41.

departamento de su madre en Brooklyn. Poco después, se enlistó en la fuerza aérea. A causa de su experiencia en la Zona del Canal, lo asignaron a la policía militar y lo mandaron a Fairbanks, Alaska. Ahí seguía en enero de 1964, cuando oyó la noticia de que habían vuelto a estallar protestas porque los panameños habían izado su bandera en la Zona del Canal. Sin embargo, aquella vez, los soldados estadounidenses dispararon contra los jóvenes manifestantes. Mataron a 24 e hirieron a cientos. Esa matanza causó indignación en Panamá y en toda Latinoamérica.

"Desde el principio pensé que los disturbios eran justos", recordó White. "Los estadounidenses cometían demasiados abusos en la Zona del Canal. Pero como estaba en servicio, me callé y no dije nada".

El presidente Johnson concluyó que, a menos de que se les concediera voz a los panameños en la administración del canal, se arriesgarían a otra revolución al estilo cubano, así que autorizó las negociaciones que culminaron en el tratado Carter-Torrijos de 1977. Como resultado de ese tratado, se retiraron gradualmente las tropas estadounidenses, Panamá recobró la soberanía de la Zona y, casi un siglo después de las intrigas de Roosevelt, los panameños recobraron el control total de la vía navegable.

White renunció a la fuerza aérea tras los disturbios de 1964 y regresó a Nueva York. Ahí consiguió trabajo de investigador encubierto con el fiscal general del estado y después pasó a la oficina del fiscal de distrito de Brooklyn, donde lo conocí durante uno de los juicios con sesgo racial más infames de Nueva York. Se llamó el caso Yusuf Hawkins. Hawkins, un chico negro de 16 años, había entrado al barrio exclusivamente blanco de Bensonhurst, donde una pandilla de blancos lo atacó y mató. Yo estaba cubriendo el juicio para el *New York Daily News*, y White, quien había huido de Panamá para alejarse del racismo, era un investigador del equipo del fiscal.

Un día en el que hablábamos de su patria en la corte, White me recordó que la mayoría de los estadounidenses blancos no tienen idea del sistema de segregación racial que nuestros líderes permitieron tantos años allá. En cuanto al antagonismo que su madre y las generaciones mayores de antillanos sienten contra los panameños latinos, White cree que se volvieron peones involuntarios de los administradores de la Zona del Canal y de los *rabiblancos*, el término panameño para la diminuta élite blanca colaboracionista que manejaba la política del país. "Estados Unidos fue quien intentó pintar a los panameños de antinegros, antiantillanos y antiblancos", dijo. "Yo nunca tuve problemas con los hispanos", continuó White. "Una vez, estaba en Miami recogiendo a un prisionero y entré a un restaurante cubano con un compañero negro. Al principio estaban distantes, como si no quisieran servirnos. Pero todo cambió en cuanto empecé a hablar español. El idioma es algo que une a todos los hispanos".

LA FAMILIA MÉNDEZ Y EL CICLO DE LA VIOLENCIA DE COLOMBIA

Héctor y Pedro Méndez nacieron en el campo colombiano, en el departamento occidental de Tolima, en una familia de campesinos típica de dieciocho hijos. Su padre era Lázaro Méndez, un próspero terrateniente *mestizo*, descendiente de la tribu pijao de la zona. Pedro nació en 1940 y Héctor, cinco años después. En ese entonces, Colombia era un país relativamente próspero y pacífico y, según un testimonio, la región montañosa alrededor de Tolima y la vecina Antioquía —cuya capital es Medellín— era una verdadera "democracia de pequeños productores agrícolas".[15]

Esa tranquilidad se hizo añicos el 9 de abril de 1948, con el asesinato del carismático dirigente del Partido Liberal, Jorge Eliécer Gaitán. Su muerte enardeció tanto a sus seguidores que una turba saqueó y quemó Bogotá, el peor disturbio urbano de la historia de Latinoamérica. Hubo dos mil muertos y millones de dólares en daños a la propiedad. Eso inició diez años de una guerra civil brutal entre liberales y conservadores, un derramamiento de sangre tan aterrador que los colombianos simplemente se refieren a

---

15. Galeano, *Las venas abiertas de América Latina*, 136.

él como La Violencia. Nadie sabe cuántos muertos hubo. Los estimados abarcan desde 180 mil hasta más de 200 mil, lo que, dado el tamaño de Colombia, la haría más devastadora que la Guerra de Secesión Estadounidense. Los escuadrones de la muerte, llamados *pájaros*, recorrían el campo bajo órdenes de la oligarquía latifundista, masacrando a cualquier campesino que sospecharan de ser liberal, mientras las guerrillas de seguidores del Partido Liberal atacaban a los terratenientes más importantes.[16] Todas las familias quedaron destrozadas por el conflicto, pero quienes vivían en Tolima y Antioquía se llevaron la peor parte. Todos los parientes de Lázaro Méndez eran liberales; los de su esposa, conservadores. Cuando estalló el conflicto, a los hijos de la familia Méndez les prohibieron ver a la familia de su madre. "Nosotros nunca supimos de la familia de mi mamá", recordó Héctor Méndez en 1995.

La guerra civil destruyó la producción agrícola y vació el campo, porque millones de personas huyeron a las ciudades. Ibagué, Bogotá y Cali, que habían sido ciudades tranquilas antes de que empezara La Violencia, se convirtieron en metrópolis enormes de la noche a la mañana, llenas a rebosar de campesinos desposeídos. La familia Méndez huyó a Cali en 1953. Lázaro y su esposa compraron un lote en una zona montañosa a las afueras de la ciudad y él se embarcó en una nueva carrera de prestamista. La casa de la familia estaba tan aislada que los niños tenían que bajar más de una milla por la montaña hasta la parada de autobús más cercana para ir al centro. Enviaron a Héctor y a Pedro a una escuela de padres salesianos y, como todos los estudiantes tenían que aprender un oficio, Héctor se volvió linotipista y Pedro, operador de imprenta.

La Violencia terminó en 1957, cuando los líderes liberales y conservadores llegaron a un acuerdo para alternarse el poder. Pero esos años sangrientos habían arrancado de raíz y desfigurado

---

16. Alonso Salazar, *Born to Die in Medellín* (Nueva York: Monthly Review Press, 1990), 6–8; también Galeano, *Las venas abiertas de América Latina*, 136-139, y Crow, *The Epic*, 800.

permanentemente a gran parte de la sociedad colombiana. Los hijos e hijas de los campesinos que habían huido del campo cuando comenzaron los combates ahora eran citadinos y ya no estaban atados a sus tradiciones. Muchos terminaron sus estudios durante los años sesenta y descubrieron que no había trabajo. Héctor Méndez tuvo más suerte que la mayoría. Consiguió empleo de linotipista en *El País*, uno de los grandes periódicos de Cali. La paga era buena para estándares colombianos: ganaba 4,500 pesos al mes cuando el salario mínimo era de 350, pero su paga era muy inferior a la de los impresores en otras partes del mundo. Casi todos los colegas de Héctor en *El País* empezaron a irse a Australia cuando los medios impresos de ese país ofrecieron traslado todo pagado, alojamiento gratuito y paga de primera para cualquier colombiano que emigrara. Otros aceptaron ofertas similares en Venezuela.

Mientras tanto, la violencia se convirtió en una forma aceptable de resolver disputas, no solo en el campo, donde había sucedido la guerra civil, sino en las ciudades y cinturones de miseria creados por los refugiados. Los jóvenes marginados de esos arrabales se convirtieron en reclutas fáciles de los grupos guerrilleros de izquierda, como el M-19, mientras que las FARC (Fuerzas Armadas Revolucionarias de Colombia) y otras organizaciones revolucionarias le disputaban al gobierno el control de regiones rurales enteras. Varios de los nuevos grupos revolucionarios fueron fundados por exmiembros del Partido Liberal que no aceptaron la tregua que acabó con La Violencia, mientras que otros se inspiraron en la Revolución cubana. En su intento por eliminar las guerrillas, el ejército mataba o encarcelaba a disidentes de todo tipo. En 1964, los soldados aplastaron la república independiente de Marquetalia, uno de varios movimientos secesionistas en la historia de Colombia. Pero la represión contra los grupos de izquierda dejó sin líderes a miles de jóvenes de los barrios bajos entrenados por las guerrillas.

A finales de los años setenta, cuando los capos de Cali y Medellín formaron cárteles rivales que luchaban por el control del mercado mundial de la cocaína, reclutaron a miles de esos jóvenes como soldados rasos. Los usaron como mulas y sicarios.[17] Medellín, que durante mucho tiempo había sido el centro industrial del país, estaba estancada en una crisis de desempleo, por lo que a los capos no les costó trabajo conseguir reclutas con promesas de dinero rápido.[18] Mientras tanto, en el campo, el ejército colombiano, incapaz de aplastar a las guerrillas, inició una "guerra sucia" contra sus partidarios. Los soldados y los grupos paramilitares de derecha secuestraron, mataron o encarcelaron a miles de personas por la más mínima sospecha de que simpatizaran con ellas.[19] El resultado fue una segunda guerra civil, de baja intensidad, que duró más de cincuenta años y causó un índice de homicidios sin parangón en el resto del mundo. Un periódico bogotano reportó en 1987 que "mataron a 43 personas en las calles de Bogotá, Cali y Medellín, las tres ciudades más grandes, asesinadas por rufianes armados que dispararon indiscriminadamente contra mujeres, niños, pordioseros y basureros por diversión y como práctica de tiro".[20] Tan solo en 1997 mataron a 31 mil personas en Colombia, aproximadamente la misma cantidad que en Estados Unidos ese mismo año, a pesar de que nuestra población es siete veces mayor.[21]

Uno por uno, los hermanos Méndez decidieron emigrar. Eligieron Estados Unidos porque parecía más estable y pacífico que el resto de Latinoamérica y porque sabían que ya había muchos hispanos viviendo allá. El primero en partir fue su hermano mayor, Gregorio, quien llegó en 1964 con una visa de residente legal y entró a trabajar al departamento de contaduría de un banco importante. Pedro Méndez, su esposa Aurora, y su hermano

---

17. Salazar, *Born to Die*, 7.
18. Alan Gilbert, *The Latin American City* (Londres: Latin American Bureau, 1994), 63.
19. Human Rights Watch, *War Without Quarter: Colombia and International Humanitarian Law* (Nueva York: 1998).
20. Citado en Crow, *The Epic*, 803.
21. *New York Times*, "Bogotá Halts Unit Faulted Over Rights", 25 de mayo de 1998; también "Colombia—A Killing Every 20 Minutes", *Reuters*, 14 de enero de 1997.

Héctor llegaron a principios de los años setenta y no tardaron en conseguir sus permisos de residencia legal.

UN ENCLAVE COLOMBIANO EN QUEENS, NUEVA YORK

A diferencia de los puertorriqueños y dominicanos, que sobre todo consiguieron empleos mal pagados en la industria restaurantera y la textil, muchos de los primeros colombianos estaban calificados y eran de clase media. Tuvieron salarios excelentes desde el principio y prosperaron rápido. En poco tiempo, la industria de la impresión y los principales talleres de linotipo en muchas ciudades estadounidenses se llenaron de impresores colombianos.

Carlos Malagón, amigo de los hermanos Méndez, llegó a este país en 1967, a sus 35 años. Dejó atrás una próspera peluquería en el centro de Bogotá y se fue a Nueva York, recuerda, "por el capricho de aventura".[22] Un exempleado de Malagón que había visitado Estados Unidos lo convenció de que podía pasar entre tres y cinco años en el Norte, volverse rico y regresar a casa. Malagón consiguió trabajo con un barbero alemán en Woodside, Queens. Después de apenas ocho meses, tuvo el dinero suficiente para abrir su propio local. Estaba a una cuadra de la enorme compañía relojera Bulova, donde trabajaban cientos de colombianos recién llegados, y no tardaron en convertirse todos en sus clientes. Treinta años después, su Granada Hair Stylist era un punto de referencia de la comunidad de inmigrantes y Malagón era uno de los viejos respetables de la diáspora colombiana.

Quienes llegaron ilegalmente enfrentaron mayores obstáculos. Las hermanas Uribe, por ejemplo —Gloria, Norelia y Beatrice— tuvieron una infancia cómoda en la clase media de Medellín. Su madre, dueña de un almacén de telas y sombreros y zapatos de mujer, mandó a sus siete hijas a una escuela privada,

---

22. Entrevista del autor con Carlos Malagón, 27 de enero de 1995.

pero también les enseñó corte y confección para que tuvieran alguna habilidad laboral.[23] Norelia fue la primera en emigrar. En
1970, un textilero judío para el que trabajaba le ayudó a conseguir trabajo en Nueva York. Al año entrante, su hermana Gloria,
que sufría por un matrimonio fallido, la siguió.[24] Luego, Beatrice, que era dueña de una tienda de *delicatessen* en Medellín, visitó
Nueva York de vacaciones y decidió quedarse. Las tres se mudaron con otra mujer colombiana a un departamento de una sola
habitación en Queens Boulevard, y consiguieron trabajos fabriles en los parques industriales de Long Island City. Para finales
de los años setenta, los gerentes de las fábricas de Queens estaban contratando ávidamente a jóvenes colombianas por su reputación de buenas trabajadoras. Pero, como la mayoría estaban en
el país ilegalmente y sus jefes lo sabían, era común que se vieran
obligadas a soportar la mala paga y el acoso sexual constante de
sus supervisores.

Su mayor miedo era que los agentes del SCI las descubrieran y
deportaran. "Eso era pánico de todo el mundo", recordó Beatrice.
"Uno no iba al cine porque decían que inmigración los esperaba.
Yo no iba en tren porque decían que cogían papeles en los trenes.
[...] Yo iba en autobús".

Para finales de los años setenta, los contrabandistas estaban
metiendo hasta quinientos colombianos a la semana ilegalmente
a Estados Unidos por Bimini y las Bahamas. Les cobraban hasta
$6 mil por persona. Lo típico era que el *coyote* despegara de un ae-
ropuerto del sur de Florida en un pequeño avión privado o en un
supuesto vuelo nacional y partiera a todo motor hacia una de las
islas del Caribe, volando bajo el radar estadounidense. Ahí reco-
gía a los colombianos. Cuando regresaba a Florida, aterrizaba en
un camino desierto en Everglades, donde había una camioneta
esperando a los clientes para llevarlos a Miami o directo a Nueva
York. Muchos de los contrabandistas se dieron cuenta después

---

23. Entrevista del autor con Beatrice Uribe, 4 y 6 de febrero de 1995.
24. Entrevista del autor con Gloria Uribe, mayo de 1992.

de que traer kilos de cocaína era mucho más lucrativo que traer gente, así que se graduaron como narcotraficantes.[25]

Al final, para conseguir la residencia legal, las hermanas Uribe pagaron "matrimonios ficticios" con amigos que sí fueran residentes de Estados Unidos. En 1984, por ejemplo, Beatrice se casó con un puertorriqueño que apenas si conocía —una casamentera profesional había acordado la unión— y se convirtió en ciudadana estadounidense nueve años después.

El primer intento de organización civil de los pioneros colombianos se dio a finales de los años sesenta, cuando un pequeño grupo de profesionistas que se autodenominaban Colombianos en el Exterior empezaron a reunirse en el consulado colombiano en Manhattan. Sus incipientes esfuerzos colapsaron en 1971 por querellas políticas entre quienes estaban aliados con los partidos políticos opuestos en casa.

El siguiente intento fue El Comité 20 de Julio (día de la independencia colombiana), del cual el barbero Carlos Malagón fue secretario-tesorero durante varios años. Ese grupo inició la tradición de que cientos de niños colombianos marcharan en el desfile anual del Día de la Raza en Nueva York. El Comité alcanzó los cuatrocientos miembros y organizaba reuniones regulares en el Club Millonario, un club nocturno cuyo copropietario era el famoso director de orquesta colombiano Arti Bastias, pero las disputas internas terminaron por destruirlo.

Mientras tanto, los hermanos Méndez prosperaban. En 1980 abrieron su imprenta, el primer negocio colombiano en la zona comercial de la Avenida Roosevelt, en Jackson Heights. Aquel mismo año, miembros expatriados del Partido Conservador fundaron la primera organización de emigrados de Estados Unidos, el Centro Cívico Colombiano. Los inmigrantes lo llamaban

---

25. Germán Castro Caycedo, *El Hueco: La entrada ilegal de colombianos a Estados Unidos por México, Bahamas y Haití* (Bogotá: Planeta Colombiana Editorial S.A., 1989), 13–34, contiene el extraordinario testimonio de primera mano de un periodista colombiano que presenció el funcionamiento del contrabando de inmigrantes.

simplemente Centro Cívico. A pesar de sus orígenes políticos, la organización, ubicada en un pequeño edificio de Jackson Heights, floreció como lugar de reunión no partidista para toda la comunidad. Tanto Malagón como los hermanos Méndez estuvieron entre sus primeros dirigentes. En la década después de su fundación, surgieron negocios y restaurantes colombianos por toda la Avenida Roosevelt.

Mientras tanto, el ciclo de violencia en la sociedad colombiana prácticamente estaba lanzando al país a la anarquía. La guerra abierta entre los cárteles de droga, entre los cárteles y el gobierno, entre las guerrillas y los cárteles, y entre las guerrillas y el gobierno provocaba bombardeos, secuestros y asesinatos constantes, al igual que alianzas complejas y laberínticas entre los responsables. Como el narcotráfico inyectaba más de $3 mil millones al año en Colombia durante los años ochenta, prácticamente cualquier figura en el país era susceptible de corrupción, incluyendo policías, fiscales, generales y políticos. El flujo de narcodinero era tan grande que Colombia fue el único país de Latinoamérica en mantener un crecimiento económico positivo durante esa década. Esa prosperidad le permitió mantener una infraestructura de carreteras y servicios públicos de primer nivel, y todos los aditamentos de una sociedad de consumo moderna: rascacielos radiantes, enormes centros comerciales suburbanos y una vida nocturna esplendente. Cientos de empresas estadounidenses, sobre todo compañías químicas, alimentaron la prosperidad instalándose ahí a pesar de la violencia en aumento.

Los colombianos que rechazaban los sobornos de los cárteles o bien quedaban sometidos por el terror o los mataban. Nadie estaba seguro. Tan solo durante la década de 1980, asesinaron a casi 50 jueces, muchos periodistas y varios candidatos a la presidencia. La violencia escaló hasta tal punto que, a principios de los años noventa, asesinos de derecha mataron a más de dos mil miembros del partido de izquierda Unión Patriótica. La mayoría de los grupos derechistas estaban financiados por los terratenientes más ricos del país, con la aprobación tácita del ejército.[26] En agosto de 1989, cuando mataron a Luis Carlos Galán, líder del Partido Liberal, por órdenes del capo Pablo Escobar, el gobierno colombiano le declaró la guerra total a su cártel de Medellín, la más violenta de las dos narcomafias. Cientos de traficantes y sicarios de nivel medio de Medellín huyeron del país para esconderse en las comunidades colombianas de Nueva York y Miami. Al hacerlo, escalaron los conflictos territoriales entre las redes de Cali y las de Medellín por el control del tráfico de cocaína al por mayor en las ciudades de Estados Unidos. La guerra provocó una explosión de lavado de dinero y de cadáveres ametrallados en los barrios de inmigrantes colombianos.[27]

"Jackson Heights se convirtió en un lugar próspero de la noche a la mañana", recuerda Héctor Méndez. "Entonces empezaron a llegar migrantes de baja calidad. Muchos de los negocios que surgían, te preguntabas si no eran de narcos. La gente como nosotros, que nos sentíamos orgullosos de estudiar y trabajar duro para lograr el éxito, empezamos a encontrarnos con este nuevo tipo de inmigrante y supimos que no tenían el dinero ni la educación para venir solos. Les decíamos *los nuevos ricos*. Nos veían a los demás como si fuéramos basura".

"Entrabas al salón de belleza y solo se hablaba de drogas", recordó otra de las primeras inmigrantes.

En el Centro Cívico, Héctor Méndez había iniciado cursos para orientar a los nuevos inmigrantes que quisieran montar negocios. Pero los hermanos Méndez empezaron a notar que, no importaba a dónde fueran, presuntos narcotraficantes trataban de legitimarse infiltrándose en las pocas organizaciones honestas, como el Centro Cívico, el Partido Liberal, el Partido Conservador, la Federación Nacional de Comerciantes e incluso los periódicos comunitarios locales.

---

26. James Petras and Morris Morley, *Latin America in the Time of Cholera: Electoral Politics, Market Economics, and Permanent Crisis* (Nueva York: Routledge, 1992), 21; también Crow, *The Epic*, 803–4.
27. Entrevistas del autor con varios detectives de la Ciudad de Nueva York y líderes de la comunidad colombiana durante 1991 y 1992.

"Todos empezaron a perder la confianza en el resto", dijo Méndez. "No se podía saber si la persona con la que hablabas estaba metida en ese negocio".

En el verano de 1991, Pedro Méndez acusó a uno de los inmigrantes nuevos que se había unido al Centro Cívico, Juan Manuel Ortíz Alvear, de usar una identidad falsa en Estados Unidos para esconder sus antecedentes penales en casa. En ese entonces, Ortíz era el editor de *El Universal*, un periódico en español de Queens, y estaba tratando de controlar el consejo directivo del Centro. Había sido una figura controvertida en la comunidad desde su llegada en 1985. Muchas personas estaban acostumbradas a verlo recorrer el barrio a toda velocidad en su Mercedes blanco y gastar cantidades ingentes de dinero todas las noches en media docena de clubes nocturnos de Queens. Normalmente lo acompañaba un grupo de guardaespaldas armados que a veces secuestraban y violaban mujeres a punta de pistola en esos clubes, pero nunca los arrestaban. Él y su banda tenían espantado a todo el barrio.

Después de la acusación pública de Méndez, los dirigentes del Centro Cívico expulsaron a Ortíz. Enfurecido, Ortíz, quien insistía que era un empresario legítimo, montó una campaña en contra del grupo desde su periódico. Pedro Méndez empezó a recibir amenazas de muerte por teléfono y, unos meses después, la noche del 6 de agosto de 1991, lo mataron a tiros cuando regresaba a casa de su imprenta. Al día siguiente, ninguno de los periódicos en inglés de la ciudad mencionó el asesinato de uno de los empresarios más respetados de la comunidad colombiana. Los detectives de homicidio de Queens, abrumados por la erupción de muertes sin resolver en Jackson Heights, tampoco pusieron mucha atención. Su asesinato sigue sin resolverse.

Seis meses después hubo otro, aún más grave. El 11 de marzo de 1992, un encapuchado mató a tiros a Manuel de Dios Unanue, un periodista nacido en Cuba y exeditor de *El Diario-La Prensa*, el periódico en español más antiguo de Nueva York, en un restaurante de Jackson Heights. Al momento de su muerte, De Dios había estado publicando dos revistas de escándalos en cuyas páginas había usado un espacio considerable para exponer el funcionamiento interno y la jerarquía de las redes de los cárteles de Medellín y de Cali en este país. De Dios publicaba todo en detalle: organigramas, nombres y fotos de traficantes que fingían ser empresarios legítimos en Queens, historias de narcoconspiraciones obtenidas de denuncias federales, e incluso rumores de mafiosos que aún no estaban denunciados. Ninguna publicación dominante en inglés lo había hecho hasta entonces. Lo que la policía no sabía en el momento, era que algunos pioneros colombianos de Queens, hartos de la creciente influencia de los narcotraficantes en su comunidad, le habían estado dando la información a De Dios.

Los asesinatos de Méndez y De Dios, dos hispanos prominentes, fueron indicios de que la violencia incontrolable de Colombia estaba llegando a Estados Unidos. Algunos colombianos valientes, ayudados por dirigentes políticos y periodistas latinos de toda la ciudad, hicieron presión en el Departamento de Policía y las agencias federales para que resolvieran los homicidios. Varios inmigrantes se arriesgaron enormemente al unirse a marchas públicas en memoria de De Dios. Uno de ellos fue el hijo de Beatrice Uribe, William Acosta, uno de los primeros miembros del Departamento de Policía de Nueva York nacido en Colombia. Acosta, que había trabajado para la inteligencia militar estadounidense y para la aduana norteamericana antes de volverse policía, sabía mucho mejor lo que estaba pasando entre los narcotraficantes colombianos en Nueva York, que la mayoría de los agentes veteranos de la DEA en la ciudad. Pero, al igual que pasaba con muchos policías latinos en las fuerzas del orden, ponían en duda su información e incluso su lealtad, y rechazaron repetidamente sus intentos de proponerse como voluntario para resolver los asesinatos de Manuel de Dios y Pedro Méndez. Después de casi diez años frustrantes en el NYPD, Acosta renunció a finales de los años noventa y demandó al departamento por discriminación.[28]

---

28. Entrevista del autor con William Acosta, marzo, mayo y diciembre de 1992; noviembre de 1995, febrero de 1998.

La presión pública y el trabajo obstinado de varios detectives latinos acabaron por resolver el homicidio de De Dios. Condenaron a seis personas en un tribunal federal por organizar y realizar el asesinato bajo órdenes de José Santa Cruz Londoño, un líder del cártel de Cali que luego fue muerto por la policía colombiana. Y aunque nunca resolvieron el homicidio de Méndez, Ortíz Alvear, el hombre que había montado una campaña en su contra, fue condenado por narcotráfico y lavado de dinero para el cártel de Cali y por el intento de asesinato de otro inmigrante colombiano. Le dieron largas sentencias por ambas condenas.

El encarcelamiento de Ortíz y la solución del homicidio de De Dios ayudaron mucho a romper el yugo de los cárteles sobre la comunidad de inmigrantes colombianos. El narcotráfico no se acabó, pero los intentos de los capos por aterrorizar e intimidar a la mayoría trabajadora se redujeron drásticamente. A partir de entonces, los colombianos respirarían un poco más tranquilos en este país, y la diáspora colombiana dejó de ser una aberración en la saga de la inmigración latina.

En cuanto a la violencia política y la guerra civil en casa, no fue sino hasta junio de 2016 que el gobierno colombiano y las FARC, el principal grupo guerrillero, firmaron por fin un cese al fuego que terminó con la lucha.

TERCERA PARTE

La cosecha

10

El regreso de Juan Seguín:
Los latinos y la alteración de la
política estadounidense

Todas las horas del día y de la noche, mis compatriotas
acudían a mí buscando protección de los ataques o extor-
siones de esos aventureros. A veces lograba que desistieran
persuadiéndolos; a veces, también, tenía que recurrir a la
fuerza. ¿Qué más podía haber hecho? ¿Podía dejarlos in-
defensos, expuestos a los ataques de extranjeros que, con
el pretexto de que eran mexicanos, los trataban peor que
a bestias?

—JUAN SEGUÍN[1]

La mayoría de los estadounidenses reconocen el nombre de
Davy Crockett, la leyenda de la frontera que murió defendiendo el Álamo, pero Juan Seguín, quien luchó con Crockett y
sobrevivió, es prácticamente desconocido.

Los ancestros de Seguín se asentaron en lo que ahora es San
Antonio cincuenta años antes de la Independencia de Estados
Unidos. Seguín, un rico terrateniente federalista opuesto al

---

1. *A Revolution Remembered: The Memoirs and Selected Correspondence of
Juan N. Seguín*, ed. Jesús F. de la Teja (Austin: State House Press, 1991), 90.

presidente Santa Anna, formó parte del pequeño grupo de mexicanos que se unieron a los rebeldes texanos en el Álamo, pero lo enviaron a darle un mensaje a Sam Houston antes de que empezara el sitio del fuerte, por lo que se salvó de la masacre. Después combatió en el ejército de Houston en la Batalla de San Jacinto, fue electo senador de la República de Texas y fungió como alcalde de San Antonio durante varios periodos. Luego, en 1842, los anglos recién llegados lo sacaron de su oficina a punta de pistola, le quitaron sus tierras y lo obligaron a huir a México, por lo que fue el último alcalde hispano de San Antonio hasta que Cisneros tomó protesta 140 años después.[2]

Seguín es el padre olvidado de la política latina en Estados Unidos. La historia de su vida y de su carrera ha dejado a los mexicoamericanos con un legado un tanto distinto que el que Washington, Jefferson y los Padres Fundadores heredaron a los estadounidenses blancos, o que el que Nat Turner, Sojourner Truth y W.E.B. Du Bois simbolizan para los afroamericanos. Cómo asuma nuestro país ese legado determinará gran parte de la política estadounidense durante el siglo XXI.

La razón es simple. La influencia política de los hispanos ha crecido a una velocidad vertiginosa. Entre 1976 y 2016, la cantidad de hispanos registrados para votar creció más de 500% —de 2.1 millones a 15.2 millones—, mientras que en el país, en su conjunto, el registro de votantes tan solo aumentó un 53%.[3]

En una pujante revolución democrática que hace eco de lo que lograron los afroamericanos durante los años setenta y ochenta, los latinos han estado ganando el control mayoritario de juntas educativas y gobiernos rurales por todo el Suroeste, mientras que

---

2. *Ibid.*, 1–70. De la Teja da un excelente resumen de la vida de Seguín. Para las elecciones que ganó Cisneros, ver Thomas Weyr, *Hispanic U.S.A.: Breaking the Melting Pot* (Nueva York: Harper & Row, 1988), 116.

3. Para 2016, ver Oficina del Censo de Estados Unidos, "Voting and Registration in the Election of November 2016", 10 de mayo de 2017, Tabla 2, "All Races" e "Hispanic"; para 1976, ver Oficina del Censo de Estados Unidos, "Voting and Registration in the Election of November 1976", marzo de 1978, Tabla 2, https://www2.census.gov/programs-surveys/cps/tables/p20/322/tab02.pdf.

el Sur, el Noreste y el Medio Oeste están viviendo sacudidas similares. Durante las primeras dos décadas del nuevo siglo, los candidatos latinos capturaron una cifra récord de puestos de elección popular en todo el país, incluyendo las gubernaturas de Nuevo México y Nevada, y las alcaldías de ciudades como Los Ángeles, y Tucson y Hartford en Connecticut, aunque algunos de esos alcaldes fueran sucedidos por no latinos. Pero el máximo símbolo de progreso llegó en 2009, cuando el presidente Obama nombró a la primera jueza hispana de la Corte Suprema, Sonia Sotomayor. Luego, en 2016, Katherine Cortez Masto (demócrata, Nevada) y Ted Cruz (republicano, Texas) entraron al Senado, con lo que hay una cifra récord de cuatro hispanos en esa cámara. Dos años después, Alexandria Ocasio-Cortez, una completa desconocida y política novata de 29 años, sorprendió al mundo de la política tumbando a uno de los miembros demócratas más poderosos del Congreso: Joseph Crowley, el representante de Queens, Nueva York. Ocasio-Cortez, una autoproclamada socialista democrática y la mujer más joven en ser electa a la Cámara de Representantes, se convirtió al instante en una líder del ala progresista del Partido Demócrata y la más citada de los 36 miembros latinos (también una cifra récord) de esa cámara en 2019. Dadas las victorias recientes, es muy probable que, durante la siguiente década, los candidatos latinos ganen las gubernaturas de California, Florida e incluso Texas; más escaños en el Senado en California y Arizona, y las alcaldías de ciudades importantes como Chicago, Nueva York y Houston.

Esta revolución política no será detenida por el surgimiento de opiniones antihispanas entre ciertos estadounidenses blancos y negros, ni porque el gobierno federal gaste miles de millones de dólares para construir un muro en la frontera con México, ni por esfuerzos renovados por deportar en masa a los inmigrantes indocumentados. No será revertida por los fallos de la Corte Suprema que rechazaron que se volvieran a trazar ciertos distritos electorales tras el censo de 1990 porque eso sería "*gerrymandering* racial", y que más tarde derogaron cláusulas de la Ley de Derecho al Voto de 1965, ley que había declarado que cualquier propuesta de redistritación en los estados del Sur y las grandes ciudades que hubieran privado a las minorías raciales de su derecho al voto requeriría de supervisión federal. El contrataque antihispano —simbolizado sobre todo por los movimientos antiinmigrantes y a favor del inglés como lengua única en los años ochenta y noventa—, se volvió aún más feroz después de 2016, cuando Donald Trump ocupó la Casa Blanca y presionó para terminar la construcción de un muro en la frontera con México, y para arremeter contra los migrantes indocumentados con "políticas de tolerancia cero", como separación de familias, detenciones y deportaciones en masa. Pero ese contrataque solo ha aumentado el clamor de los latinos por la igualdad política total.

Varios factores nuevos han impulsado la expansión de esta revolución pacífica:

1. *Una estampida hacia la ciudadanía.* Los inmigrantes hispanos legales, ante la amenaza de iniciativas federales y locales que atacaban a todos los inmigrantes o les negaban servicios sociales y otras protecciones legales, se movilizaron durante los últimos treinta años para obtener la ciudadanía completa. Entre las medidas más controvertidas que impulsaron esa carrera por la naturalización se encuentran la Proposición 187 de California en 1994; la Ley de Inmigración y Terrorismo de 1996; la Propuesta Sensenbrenner de 2006; leyes estatales y municipales que permitían que las fuerzas policiales locales arrestaran indocumentados, como la ley "muéstreme sus papeles" de Arizona, aprobada en 2010, y el incremento en las deportaciones de migrantes latinos durante la administración de Obama y la de Trump.

2. *La demografía.* Con una edad mediana mucho más joven que la del resto de la población de Estados Unidos, los hispanos están aumentando rápidamente su proporción del electorado estadounidense, una tendencia que continuará durante la primera mitad de este siglo sin importar los cambios que haya en los niveles de inmigración.

3. *La consolidación de un lobby latino unido a nivel nacional.* Los grupos étnicos hispanos que estaban históricamente separados empezaron a dominar el arte de construir coaliciones de latinos para influir en las políticas de los legisladores de Washington.

4. *El surgimiento de una clase media hispana con orientación social.* Durante los años ochenta surgió una importante clase de profesionistas y empresarios latinos que —quizás con la excepción del ala cubanoamericana— sigue identificando sus raíces y su futuro con las masas de latinos de clase trabajadora. Esos profesionistas latinos, marginados durante años por los críticos blancos que creían que solo habían tenido éxito gracias a las acciones afirmativas, llevan décadas acumulando riqueza y habilidades técnicas, y han madurado hasta convertirse en una pujante clase media que insiste en que el gobierno y otras instituciones de la sociedad rindan cuentas ante los hispanos.

5. *El surgimiento de la Tercera Fuerza Latina.* Durante la última década del siglo XX, los líderes y votantes latinos empezaron a funcionar como un "factor decisivo" impredecible en el paisaje político del país. Se negaron a que ni el Partido Demócrata ni el Republicano, ni cualquiera que vea la política nacional usando la fallida lente de la división entre blancos y negros, los dieran por sentado. Sin embargo, cuando las actitudes antiinmigrantes crecieron durante los dosmiles y los republicanos en el Congreso siguieron bloqueando una reforma integral a un sistema inmigratorio descompuesto (ver el Capítulo 11), una cantidad significativa de latinos, sobre todo jóvenes, gravitaron hacia las protestas masivas y hacia posturas políticas más progresistas y radicales, mientras que una abrumadora mayoría de la comunidad latina se ha mantenido como baluarte de la base del Partido Demócrata.

6. *El surgimiento de Puerto Rico como tema político a nivel nacional.* Los líderes estadounidenses y los medios nacionales rara vez han prestado mucha atención a lo que sucede en Puerto Rico,

excepto por las protestas masivas que estallaron en 1999 contra la práctica de artillería de la marina en la isla de Vieques, que acabaron por obligar al Pentágono a detener esas maniobras. Pero ese abandono tradicional empezó a cambiar en 2015 con el colapso financiero del gobierno de la isla, la mayor bancarrota de un gobierno local en la historia de Estados Unidos. Al desplome financiero le siguió la imposición federal de una junta de control sobre asuntos de la isla; una avalancha de medidas de austeridad y la privatización de los servicios públicos de la isla, y batallas legales interminables entre bancos de Wall Street y tenedores de bonos que intentaban recuperar el dinero que les debían. Luego, en septiembre de 2017, llegó la horrorosa devastación de uno de los peores huracanes en la historia de Puerto Rico; un esfuerzo de asistencia federal fallido que dejó casi tres mil muertos tras la catástrofe, y la huida de alrededor de doscientos mil refugiados climáticos a tierra firme. Menos de dos años después, estallaron protestas masivas contra la élite política corrupta de la isla, que culminaron con el derrocamiento del gobernador. Esa serie de crisis mantuvo a Puerto Rico en los titulares, obligó a los líderes de Washington a lidiar constantemente con el innegable fracaso del modelo de territorio autónomo que lleva sesenta años en la isla y planteó una pregunta inquietante: ¿Qué hacer con la última posesión colonial importante de este país? (Ver el Capítulo 14).

Hace setenta años, los votantes latinos registrados en Estados Unidos sumaban unos cuantos miles; en 2018 eran más de 15 millones. Hace setenta años, ningún candidato a la presidencia se hubiera molestado en preocuparse por los temas que afectaban a los hispanos. Ahora, los dos partidos principales financian proyectos sofisticados para rastrear, cortejar e influir en ellos.

Esa revolución no se dio de la noche a la mañana. Se ha estado construyendo desde el final de la Segunda Guerra Mundial y ha pasado por varias etapas. La mayoría de los observadores políticos pasaron por alto la manera en la que se desarrollaron, pues hasta décadas recientes se habían producido pocos estudios sistemáticos de la política latina en Estados Unidos.[4]

En este capítulo identifico y analizo cada etapa del movimiento político latino moderno: las personas, las organizaciones, las ideas y los métodos que dominaron cada una y las importantes lecciones que llevó cada generación de una fase a la siguiente. Espero que mi esfuerzo por identificar etapas definidas empuje a otras personas a producir estudios más exhaustivos. Aunque este sistema de clasificación no aplique de manera uniforme a todos los grupos de latinos, los paralelos entre ellos son mucho más impresionantes que las diferencias. Dividí los últimos setenta años en seis periodos principales:

- El Periodo de la Integración: 1950-1964

- El Periodo del Nacionalismo Radical: 1965-1974

- El Periodo del Derecho al Voto: 1975-1984

- El Periodo Arcoíris: 1985-1994

- El Periodo de la Tercera Fuerza: 1995-2005

- El Periodo de los Derechos de los Inmigrantes: 2006 hasta el presente

---

4. Entre la serie de estudios recientes están: Rodolfo de la Garza y Alan S. Yang. *Americanizing Latino Politics, Latinoizing American Politics.* (Nueva York: Routledge, 2020); Marion Orr, Domingo Morel y Luis R. Fraga. *Latino Mayors: Political Change in the Postindustrial City.* (Philadelphia: Temple University Press, 2018); Heather S. Mohammed, *The New Americans?: Immigration, Protest, and the Politics of Latino Identity.* (Lawrence: University Press of Kansas, 2017); Ricardo Ramírez, *Mobilizing Opportunities: The Evolving Latino Electorate and the Future of American Politics.* (Charlottesville: University of Virginia Press, 2015); Matt A. Barretto y Gary M. Segura. *Latino America: How America's Most Dynamic Population Is Poised to Transform the Politics of the Nation.* (Nueva York: PublicAffairs, 2014); Lisa García Bedolla, *Latino Politics.* (Malden, Mass.: Polity, 2014); Rodolfo Espino, David L. Leal, y Kenneth J. Meier. *Latino Politics: Identity, Mobilization, and Representation.* (Charlottesville: University of Virginia Press, 2008).

EL PERIODO DE LA INTEGRACIÓN:
1950-1964

La influencia más decisiva en la política latina durante el siglo XX fue la Segunda Guerra Mundial. Miles de mexicoamericanos y puertorriqueños que sirvieron a su país en esa guerra —y en la Guerra de Corea unos años después— regresaron del campo de batalla con una confianza renovada en sus derechos como estadounidenses. Esos veteranos se negaron a aceptar la descarada segregación antihispana que había sido la norma durante generaciones, sobre todo en el Suroeste. En 1949, por ejemplo, cuando una funeraria en Three Rivers, Texas, se negó a enterrar al veterano Felix Longoria, líderes cívicos como el Dr. Héctor García, el fiscal Gus García y otros veteranos fundaron el American GI Forum, un grupo defensor de los derechos humanos y de los veteranos que se ganó muchos seguidores entre los mexicoamericanos.[5] El incidente de Longoria, al igual que la controversia por el sargento José Mendoza, el ganador de la Medalla de Honor del Congreso de Brownsville, incitó el enojo mexicoamericano en todo el país.

Los veteranos no solo se implicaron en organizaciones como el Forum y la League of United Latin American Citizens, más antigua que él, sino que también entraron a la política y empezaron a desafiar la exclusión histórica de los mexicanos en las urnas. A principios de siglo, la élite blanca del Partido Demócrata había pasado a todo motor el infame impuesto al sufragio y otras medidas para restringir el acceso a las boletas (como las primarias exclusivamente blancas y el registro de votos anual a meses de una elección) por la legislatura de Texas, para contrarrestar el crecimiento del movimiento populista entre los negros, los mexicanos y los blancos pobres. Durante el auge del Partido del Pueblo en 1896, por ejemplo, su candidato a la gubernatura de Texas obtuvo el 44% del voto, con un asombroso 88% de los adultos en

---

5. Juan Gómez Quiñones, *Chicano Politics: Reality & Promise, 1940–1990* (Albuquerque: University of New Mexico Press, 1990), 60.

las urnas. Pero cuando el impuesto al sufragio se volvió ley, la participación en las elecciones de Texas cayó hasta dos tercios y no logró pasar del 40% durante la primera mitad del siglo xx. Los blancos, negros y mexicanos pobres no podían permitirse pagar un impuesto que en algunos casos correspondía a casi el 30% del salario semanal promedio en las fábricas del Sur.[6] El impuesto se mantuvo hasta 1966, cuando un juez federal lo declaró inconstitucional. Su eliminación posibilitó que los negros y los mexicoamericanos volvieran por fin a las urnas en grandes números.

Antes de la Segunda Guerra Mundial, solo Nuevo México podía presumir tener una tradición de mexicoamericanos en puestos de elección popular federales. Benigno Hernández, por ejemplo, representó al estado en la Cámara de Representantes entre 1915 y 1917, mientras que Dennis Chávez estuvo en el Senado de 1935 a 1962. Pero pocos hispanos tenían puestos públicos en el resto del país. El puertorriqueño Oscar García Rivera, el único ejemplo en Nueva York, entró a la asamblea estatal en 1937. Después de la guerra, los inmensos barrios de Los Ángeles y San Antonio surgieron como centros del poder político hispano. En San Antonio, Henry B. González, veterano de guerra y exoficial de libertad condicional juvenil, empezó a organizar a los tejanos del Lado Oeste con su Pan American Progressive Association, mientras que, en Los Ángeles, el trabajador social Edward Roybal, otro veterano de guerra, hizo un llamado a los mejicanos para que se registraran a votar. Ellos fueron los primeros concejales latinos en sus ciudades respectivas desde mediados del siglo xix, Roybal en 1949 y González en 1953.[7]

---

6. El salario fabril promedio en el Sur a principios del siglo xx era de $10 a la semana, mientras que los impuestos locales y estatales al sufragio a veces sumaban $2.75. Ver Chandler Davidson, *Race and Class in Texas Politics* (Princeton: Princeton University Press, 1990), 18–23.

7. Sin embargo, ya en 1915, William E. Rodriguez, un abogado socialista hijo de un inmigrante español, se había convertido en el primer hispano electo para el ayuntamiento de Chicago. Ver Jerry Crimmins, "John Marshall marks a century since its first Latino graduate", *Chicago Daily Law Bulletin,* 27 de noviembre de 2012, https://news.jmls.uic.edu/wp-content/uploads/2012/11/Rodriguez-Nov27.pdf.

La nominación de John F. Kennedy a la candidatura de la presidencia del Partido Demócrata en 1960 fue el parteaguas para el Periodo de la Integración. Hasta entonces, los mexicoamericanos habían apoyado candidatos liberales en las elecciones estatales, pero no habían tenido ningún impacto visible en elecciones nacionales. En Texas, por ejemplo, los mexicanos eran partidarios leales de los senadores demócratas populistas Ralph Yarborough y Lyndon B. Johnson. Pero la campaña de Kennedy, un católico liberal carismático, les dio a Roybal, González y los demás veteranos de la Segunda Guerra Mundial la oportunidad para demostrar la creciente influencia de los latinos. Formaron clubes Viva Kennedy en todo el Suroeste para apoyar al joven senador de Massachusetts contra el vicepresidente Richard Nixon.

En unas elecciones cerradas, Kennedy barrió con el 91% de los doscientos mil votos mexicanos de Texas, lo que le ayudó a llevarse el estado. Y aunque solo lograra una minoría del voto blanco en el vecino Nuevo México, se ganó el 70% del voto mexicano, suficiente para un margen estrechísimo. A nivel nacional, acaparó el 85% del voto mexicano. Kennedy, a su vez, apoyó a González en su campaña triunfante al Congreso en unas elecciones especiales al año siguiente, y le dio un apoyo similar a Roybal en 1962, lo que le permitió ganar un escaño en un distrito que solo tenía un 9% de mejicanos. Luego, en la avalancha demócrata que lanzó a Lyndon Johnson a la victoria contra Barry Goldwater en 1964, Eligio "Kika" de la Garza ganó un segundo escaño en el congreso de Texas y Joseph Montoya, el congresista de Nuevo México, capturó un escaño en el Senado.

Ese puñado de victorias a principios de los años sesenta abrió las puertas del movimiento político hispano moderno. Durante décadas, fue común encontrar hogares mexicanos en el Suroeste con una foto desteñida de John Kennedy exhibida junto a una imagen de la Virgen de Guadalupe, una muestra del papel de Kennedy como el primer presidente estadounidense en atender las preocupaciones de los latinos. Sin embargo, cuando eligieron a De la Garza, los *tejanos* solo tenían 31 de los 3,300 puestos de elección popular en el estado y solo 5 de los 11,800 puestos por

nombramiento. En 1994, tan solo tres décadas después, la cantidad de funcionarios hispanos en Texas se había disparado a 2,215,
y aumentó a 2,753 en 2018.[8]

No obstante, esas primeras victorias políticas se limitaron en
general a los mexicoamericanos. Aunque casi un millón de puertorriqueños se habían asentado en Estados Unidos para finales
de los años cincuenta, estaban concentrados en Nueva York y les
preocupaban más los sucesos políticos de la isla que los de tierra
firme. En agosto de 1936, por ejemplo, más de diez mil personas
se unieron a una marcha por la independencia de Puerto Rico organizada por el congresista radical de Harlem Vito Marcantonio,
y a lo largo de los años cincuenta, el debate sobre el estatus de la
isla dominó los barrios de Nueva York.[9]

Después del derrocamiento de Marcantonio, los pocos boricuas que ganaron puestos de elección popular en esa ciudad estaban elegidos por la maquinaria de Tammany Hall. Ninguno
tenía el celo pionero de los mexicoamericanos González y Roybal
en el otro extremo del país. Entre esos candidatos maquinales se
encontraban Felipe Torres, que capturó un escaño de la asamblea estatal del Bronx en 1954, y J. López Ramos, quien entró
a la asamblea desde East Harlem en 1958.[10] Las primeras asociaciones civiles puertorriqueñas a nivel ciudad, el Puerto Rican
Forum, el Puerto Rican Family Institute y la Puerto Rican Association for Community Affairs, se fundaron en ese entonces. El
control que tenía la maquinaria sobre los votantes boricuas no

---

8. Gómez Quiñones, *Chicano Politics*, 53–60, 73, y National Association of
Latino Elected Officials, *1996 Election Handbook*, 20; para las cifras de 2018
sobre funcionarios hispanos por elección popular, ver NALEO Educational
Fund, "2018 National Directory of Latino Elected Officials, 2018", https://
naleo.org/wp-content/uploads/2019/10/2018_National_Directory_of_
Latino_Elected_Officials-1.pdf, pero debo señalar que no es posible comparar
de forma precisa con cifras de los años noventa, porque NALEO cambió su
metodología para contar funcionarios latinos.
9. James Jennings y Monte Rivera, *Puerto Rican Politics in Urban America*
(Westport, Conn.: Greenwood Press, 1984), 31–32.
10. Sherrie Baver, "Puerto Rican Politics in New York City: The Post–World
War II Period", en Jennings y Rivera, *Puerto Rican Politics in Urban America*, 44.

fue desafiado sino hasta 1965, cuando Herman Badillo ganó la presidencia distrital del Bronx como el candidato de la reforma del Partido Demócrata, con lo que se convirtió en el primer puertorriqueño en tener un puesto municipal importante. Sin embargo, su victoria dependió en gran parte de los votantes judíos y negros liberales, en vez de los boricuas, que seguían siendo una fuerza electoral diminuta.

Durante los años sesenta, la administración de Johnson, bajo la presión del naciente movimiento por los derechos civiles, aprobó varias leyes trascendentales en el Congreso. La Ley de Derechos Civiles de 1964, la Ley de Derecho al Voto de 1965 y la Ley de Vivienda Justa de 1968 tumbaron los fundamentos legales de la discriminación contra negros e hispanos. Algunos conservadores reprocharon que se incluyera a los latinos en esas leyes, porque "los hispanos nunca fueron víctimas de la misma negación a su derecho básico al voto que habían sufrido los negros".[11] Incomprensiblemente, esas declaraciones olvidaban los obstáculos genuinos a la representación política que habían enfrentado los mexicanos como resultado del sistema de castas desde tiempos de Juan Seguín.

En 1954, dos semanas antes de su fallo en *Brown vs. Consejo de Educación*, la Corte Suprema dio su veredicto sobre un caso clave que afectaba a los mexicoamericanos. En *Peter Hernandez vs. Texas*, la corte dictaminó que los mexicanos eran una "clase aparte" que podía exigir protección contra la discriminación. La Corte descubrió que, de seis mil jurados solicitados durante los últimos 25 años en el condado de Jackson, Texas, ninguno había sido mexicano, aunque ellos conformaran el 14% de su población. Atribuírselo a la "mera suerte", escribió el presidente de la Corte Suprema, Earl Warren, para la mayoría, "desafía nuestra credulidad". Por el contrario, la Corte encontró pruebas abundantes de que el sistema político del condado discriminaba contra los mexicanos como una clase distinta de los blancos y los negros.

---

11. Linda Chavez, *Out of the Barrio: Toward a New Politics of Hispanic Assimilation* (Nueva York: Basic Books, 1991), 40.

Un restaurante de la ciudad, señaló Warren, tenía letreros que decían: NO ATENDEMOS MEXICANOS; los baños de un tribunal local estaban segregados, pues uno llevaba el lema HOMBRES DE COLOR y HOMBRES AQUÍ (en español), y "hasta tiempos muy recientes, los niños de ascendencia mexicana tenían que asistir a una escuela segregada durante sus primeros cuatro años".

La Corte entonces revocó la condena por asesinato del demandante, Peter Hernandez, a causa de la exclusión sistemática de mexicanos de los jurados en el condado. Al hacerlo, la mayoría de la Corte señaló que "la Decimocuarta Enmienda no está dirigida únicamente contra la discriminación debida a una 'teoría de dos clases', es decir, basada en diferencias entre 'blancos' y negros".[12] Tres años después, en *Hernandez* et al. *vs. Sistema Escolar Consolidado Independiente de Driscol*, un tribunal federal de distrito prohibió las escuelas segregadas para mexicanos, que habían sido una constante en Texas desde la llegada de los colonos anglos.[13]

Aunque las leyes nuevas y los fallos de los tribunales federales durante la era de Kennedy y Johnson fomentaran la participación política de los latinos al eliminar la discriminación legal, no hicieron mucho por alterar las inequidades económicas y sociales que se habían acumulado a causa del sistema de castas y de la segregación de Jim Crow. Mientras tanto, la nueva influencia generalizada de la televisión —ya fuera transmitiendo noticias de edificios derruidos de Harlem o de las chozas de los trabajadores migrantes, de los perros de Bull Connor o de los disturbios de Watts— hizo que la inequidad social se volviera más evidente de pronto. El levantamiento de Watts en 1965 marcó el final del Periodo de la Integración gradual. Junto con el resto de Estados Unidos, los hispanos entraron en una nueva era psicológica y política, una de rebelión y polarización social.

---

12. *Rodriguez vs. Texas*, 3 de mayo de 1954, 347 U.S. 475.
13. Gómez Quiñones, 87. Tambien Manuel Del Valle, "Developing a Language-Based National Origin Discrimination Modality", en *Journal of Hispanic Policy* 4, no. 22, 75, Escuela de Gobierno John F. Kennedy, Universidad de Harvard.

EL PERIODO DEL NACIONALISMO RADICAL:
1965-1974

Watts desató el mayor periodo de descontento civil en Estados Unidos durante el siglo XX. Durante varios años, los disturbios se convirtieron en una realidad anual en las ciudades del país, y muchos estadounidenses blancos empezaron a considerar que las protestas de los negros e hispanos eran una amenaza para la estabilidad del país. Al mismo tiempo, los jóvenes afroamericanos y latinos concluyeron que el intento de sus padres de integrarse por medio del sistema político había fracasado. La nueva generación decidió que solo podría lograrse un cambio cualitativo (algunos lo llamaban revolucionario) con protestas masivas, boicots disruptivos y huelgas o incluso disturbios.

En unos pocos años surgió toda una gama de organizaciones nuevas para competir con los grupos mejor establecidos, como la LULAC, el GI Forum y el Puerto Rican Forum. Los intrépidos grupos nuevos —los Boinas Cafés, La Raza Unida, La Alianza, los United Farm Workers, los Young Lords, El Comité, Los Siete de La Raza, la Crusade for Justice, el Centro de Acción Social Autónomo (CASA), el Movimiento Pro-Independencia (después rebautizado como Puerto Rican Socialist Party), MECHA, el Movimiento 29 de Agosto— eran invariablemente más radicales, con una membresía más joven y usualmente de clase más baja que las organizaciones civiles establecidas. Creían que las generaciones anteriores estaban demasiado atadas al *statu quo*, demasiado preocupadas con parecerle respetables y razonables a la sociedad anglo.

Los grupos radicales brotaron casi de la noche a la mañana en todos los barrios urbanos y comunidades agrícolas del Suroeste, pocas veces con mucha conexión entre organizaciones. Inspiradas por el movimiento del poder negro y el que se organizó en contra de la Guerra de Vietnam en casa, y por las revoluciones anticoloniales en el Tercer Mundo, sobre todo por la Revolución cubana, la mayoría ofrecían una visión utópica y vagamente socialista de un Estados Unidos cambiado, y todos llamaban a reinterpretar el lugar de los latinos en la historia, a crear un nuevo relato sobre la evolución de la comunidad latina. Insistían en que tanto puertorriqueños como mexicanos descendían de pueblos conquistados que habían sido subyugados por la fuerza cuando Estados Unidos anexó sus territorios durante su expansión. A causa de esas anexiones, decían, los puertorriqueños y los mexicanos eran más comparables con los nativos americanos y con los afroamericanos que con los inmigrantes escoceses, alemanes, irlandeses e italianos.

Durante ese periodo, la propia comunidad latina se volvió más diversa en términos étnicos. Los refugiados dominicanos y cubanos llegaron en masa a Nueva York y Florida a finales de los años sesenta, seguidos por los colombianos, salvadoreños, guatemaltecos y nicaragüenses en las décadas siguientes. Mientras tanto, los inmigrantes puertorriqueños y mexicanos —tanto los legales como los indocumentados— salieron de sus enclaves originales en el Noreste y el Suroeste.

Los mexicoamericanos y los boricuas tendían a formar grupos nacionalistas de izquierda, mientras que los cubanos mantuvieron posturas anticomunistas con el objetivo de derrocar a Fidel Castro en casa. Para ese último grupo, la invasión fallida de Bahía de Cochinos en 1961 se convirtió en un suceso definitorio. Muchos culparon de su fracaso a la falta de apoyo de la administración de Kennedy. Ese resentimiento causó que los líderes cubanos se aliaran con el Partido Republicano.

Durante las siguientes dos décadas, el objetivo primordial de los inmigrantes cubanos fue regresar a una patria libre de Castro y del comunismo. Esa obsesión les dio más bien un carácter de grupo de exiliados que de comunidad de inmigrantes tradicional.[14] Las organizaciones que formaron reflejaban esa preocupación. Tenían nombres como Omega 7, Alpha 66, Comando Zero, Acción Cubana... y en alguna ocasión incluso formaron

---

14. John F. Stack y Christopher L. Warren, "Ethnicity and the Politics of Symbolism in Miami's Cuban Community", *Cuban Studies* 20 (Pittsburgh: University of Pittsburgh Press, 1990), 13.

una gran coalición llamada Bloque Revolucionario. Sus amenazas, atentados con bombas y asesinatos contra los miembros de la comunidad de exiliados a quienes consideraban traidores o contra los miembros de la sociedad en general que percibían como agentes del comunismo tuvieron un impacto enorme en forzar de manera casi unánime la postura de derecha de su comunidad.[15]

No les tomó mucho tiempo hacer que se sintiera su presencia en la política local. Gracias a la Ley Pública 89-732, aprobada por el Congreso en 1966, a los cubanos les costó menos trabajo conseguir visas estadounidenses y no tenían que esperar los cinco años reglamentarios para obtener la ciudadanía. Hubo un brote inmediato de naturalizaciones cubanas y, con él, una explosión del poder de voto cubano.[16] Para principios de los años setenta —tan solo una década después del inicio de su inmigración—, los cubanoamericanos habían capturado sus primeros espacios en el Consejo de Educación de Miami; en los gobiernos de las ciudades de Miami y Hialeah, y en el sistema judicial del condado de Dade. En contraste, a los dominicanos les tomó hasta 1991 —25 años después del inicio de su migración masiva a Estados Unidos— elegir a sus primeros concejales, Guillermo Linares en Nueva York y Kay Palacios en Englewood Cliffs, Nueva Jersey, y no fue sino hasta 1996 que fue electo el primer colombianoamericano, Juan Carlos Zapata, quien capturó un puesto en el Ayuntamiento Comunitario de West Kendall, Florida.[17]

---

15. Algunos ejemplos son los asesinatos en Miami de Luciano Nieves y Rolando Masferrer en 1975 y de Ramon Donestevez en 1976, y los de Carlos Muñiz Varela y Eulalio Negrín en Union City, Nueva Jersey, en 1979; para leer más sobre Cuba, ver Max Azicri, "The Politics of Exile: Trends and Dynamics of Political Change Among Cuban-Americans", *Cuban Studies* 11 (Pittsburgh: University of Pittsburgh Press, 1981 y 1982), 62–66.

16. Entre 1961 y 1965, obtuvieron la ciudadanía un promedio de 2,400 cubanos al año, pero al pasar la nueva ley, la cifra creció año con año. Tan solo en 1970, 20,888 cubanos se naturalizaron. Ver Silvia Pedraza Bailey, "Cubans and Mexicans in the United States: The Functions of Political and Economic Migration", *Cuban Studies* 11 (Pittsburgh: University of Pittsburgh Press, 1981), 89.

17. William Neuman, "Dominican Candidates in New York Tout Their Pioneer Status, but History Is Complicated", *New York Times,* 27 de junio de 2016.

La población hispana estaba creciendo con rapidez, pero para mediados de los setenta, solo los mexicoamericanos en el Suroeste, los puertorriqueños en Nueva York y los cubanos en el sur de Florida contaban con la suficiente cantidad de votantes como para llamar la atención de los políticos anglos. Como los tres grupos estaban concentrados en regiones separadas del país, surgió una tensa competencia entre sus líderes para influir en la política nacional, pues los voceros de cada grupo temían que sus intereses específicos o su poder se sacrificaran bajo el estandarte más amplio de lo "hispano" o lo "latino".

Sin embargo, conforme se profundizaron los movimientos por los derechos civiles y contra la Guerra de Vietnam, también se arraigaron diferencias entre los radicales latinos. Los Young Lords, Los Siete de La Raza, el 29 de Agosto y los Boinas Cafés se negaron a participar en el proceso electoral tradicional y prefirieron buscar alianzas con grupos revolucionarios al exterior de la comunidad latina, como el Black Panther Party, Students for a Democratic Society y otras organizaciones de la Nueva Izquierda.

En algún punto, esas coaliciones se escindieron y se convirtieron en montones de facciones marxistas periféricas. En el caso de los boricuas, esas escisiones incluían varios grupos urbanos clandestinos que recurrían a atentados terroristas con bombas, como las FALN (Fuerzas Armadas de Liberación Nacional) y Los Macheteros. En la comunidad cubana, los activistas anticastristas más extremos empezaron a trabajar con otros movimientos anticomunistas no cubanos en Estados Unidos y Latinoamérica, casi siempre con financiamiento de la CIA.[18] Esas facciones radicales,

---

18. Entre las acciones mejor conocidas de los miembros del movimiento clandestino cubano en asuntos no cubanos se encuentran la irrupción en Watergate en 1973, que incluía a tres cubanos exagentes de la CIA entre los "plomeros" de Howard Hunt, y el atentado con bomba perpetrado ese mismo año contra el embajador de Chile en Washington, Orlando Letelier, por el cual condenaron a dos miembros del Movimiento Nacionalista Cubano, aunque los absolvieran después. Ver Azicri, "The Politics of Exile", 62–66; también Peter Dale Scott y Jonathan Marshall, *Cocaine Politics: Drugs, Armies, and the CIA in Central America* (Berkeley: University of California Press, 1991), 23–50.

ya fueran de izquierda o de derecha, se alejaron cada vez más unas de otras, pero también de la realidad cotidiana a la que se enfrentaban los latinos. Ninguna lograba comprender que a pesar de la desigualdad y el racismo terco que enfrentaban los latinos en Estados Unidos, las condiciones aquí, incluso para los más desposeídos, eran bastante mejores que en los países latinoamericanos de los que habían emigrado, una realidad que ha relegado a los movimientos marxistas revolucionarios en nuestro país a tener una diminuta cantidad de seguidores hasta nuestros días.

Una segunda tendencia estaba representada por la Crusade for Justice de Rodolfo "Corky" González en Colorado, la Alianza de los Pueblos de Reies Tijerina y el Partido Raza Unida en Colorado y Texas. Aunque su retórica hiciera eco del nacionalismo militante de los marxistas, esos grupos decidieron trabajar al interior del sistema electoral estadounidense. Pero rechazaban al Partido Demócrata y al Republicano por corruptos e intentaron construir organizaciones chicanas independientes que ganaran puestos de elección popular en lo que el movimiento llamaba Aztlán, la patria originaria de los aztecas, que abarcaba el antiguo territorio cedido por el Tratado de Guadalupe Hidalgo. Como ya vimos, el partido que formaron, La Raza Unida, logró victorias impresionantes en las pequeñas ciudades del sur de Texas, pero fue incapaz de desatar una deserción masiva de mexicoamericanos del Partido Demócrata.

Una tercera tendencia estaba representada por el United Farm Workers Organizing Committee de César Chávez, por el National Council of La Raza (NCLR) y por líderes civiles puertorriqueños como Gilberto Gerena Valentín. Los miembros de esa tendencia se concentraron en reclamar los derechos básicos que los mejicanos y los boricuas merecían como ciudadanos estadounidenses: el derecho a formar sindicatos; el derecho al voto; el derecho a servicios públicos básicos como escuelas, vivienda, drenaje y agua potable. Chávez, el principal representante de la tendencia, se convirtió en el líder hispano más admirado del país.

A partir del trabajo del NCLR surgieron dos organizaciones fundamentales, el Mexican American Legal Defense and Education Fund (MALDEF), formado en 1967 por Pete Tijerina y Gregory Luna, y el Southwest Voter Registration Education Project (SVREP), fundado por Willie Velasquez, de San Antonio. Mientras el NCLR se convirtió en el principal *lobby* de asuntos hispanos en Washington, el MALDEF y el SVREP se concentraron en el suroeste, donde les brindaron las herramientas legales y organizativas para entrar en el tercer periodo de desarrollo político hispano a los mexicoamericanos de a pie.

Mientras tanto, los puertorriqueños estaban fundando grupos de derechos civiles similares en varias ciudades del Noreste. Gilberto Gerena Valentín, un dirigente obrero veterano, unió a los varios clubes sociales isleños en una federación libre que presionó al gobierno de la ciudad para conseguir mejores servicios; la educadora Antonia Pantoja fundó Aspira, una organización educativa, para entrenar a una nueva generación de líderes; John Olivero, César Perales y Luis Alvarez fundaron el Puerto Rican Legal Defense and Education Fund. El único ámbito en el que los puertorriqueños no alcanzaron a los mejicanos fue en que no se involucraron significativamente en la política electoral. La excepción importante fue Herman Badillo, quien se convirtió en el primer boricua en el Congreso en 1969.

EL PERIODO DEL DERECHO AL VOTO: 1975-1984

Después de 1975, disminuyó la participación latina en organizaciones revolucionarias y la política nacionalista independiente. La mayoría de los líderes volvieron a las metas integracionistas y reformistas, en una etapa a la que llamo el Periodo del Derecho al Voto. El movimiento volvió a asumir la igualdad política como meta principal, pero con el orgullo cultural y étnico despertado por el radicalismo de los años sesenta. Hay que admitir que la militancia era más tranquila, pues todo Estados Unidos había cambiado. Las reformas que el gobierno federal concedió al movimiento por los derechos civiles, al feminista y al de la paz

durante la Guerra de Vietnam habían engendrado la reacción de
la Nueva Derecha. Su contrataque iniciado en 1964 con Barry
Goldwater, cobró fuerza con la campaña presidencial de George
Wallace en 1968 y se extendió con la ayuda de las sectas fun-
damentalistas protestantes hasta convertirse en un movimiento
populista conservador de alcance nacional.

Mientras tanto, en el frente económico, las compañías estadounidenses en busca de mano de obra barata empezaron a
trasladar sus empleos industriales al Sur Global. Los obreros
blancos, frustrados por el alza del desempleo y la disminución
de su nivel de vida, buscaron a quién culpar, y los afroamericanos y los hispanos se convirtieron en chivos expiatorios. Culparon a las soluciones que planteaban los líderes comunitarios
—oportunidades igualitarias de vivienda, transporte escolar
para lograr la desegregación, acción afirmativa, representación
política igualitaria, educación bilingüe— de subvertir los valores establecidos y los principios de justicia de la sociedad estadounidense. El país entró en un periodo conservador en el que
millones de blancos exigían que se restauraran las tradiciones
estadounidenses, sin que muchos se detuvieran a pensar en que
algunas de ellas habían estado basadas en la subyugación y la exclusión de otras personas.

En ese nuevo ambiente, la segunda generación de líderes latinos de la posguerra tiró por la borda sus ambiciones de derrocar
el poder político y prefirió buscar su parte proporcional de él.
Pero no solo repitieron el Periodo de la Integración, pues cada
generación, sea consciente de ello o no, asimila lecciones de sus
predecesores. Varios factores nuevos distinguieron al Periodo del
Derecho al Voto: en primer lugar, los líderes latinos presentaron
una cantidad inédita de demandas por derechos civiles federales; en segundo, formaron las primeras coaliciones nacionales
duraderas que trascendieran divisiones étnicas y raciales; en tercero, al combinar las protestas masivas al estilo de los sesenta con
campañas electorales y de registro de votantes, expandieron su
movimiento fuera de los profesionistas de clase media para incluir a las comunidades latinas pobres.

En el frente legal, el Southwest Voter Registration Education Project, el Mexican American Legal Defense and Education Fund y, unos años después, el Midwest Voter Registration Education Project, presentaron y ganaron muchas demandas por derecho al sufragio contra los sistemas de elecciones generales que se habían impuesto en muchos distritos. Esos sistemas habían excluido a los mexicoamericanos de los puestos de gobierno durante décadas. Como los latinos estaban segregados históricamente en barrios, su mejor manera de aumentar su representación era eligiendo candidatos en distritos geográficamente compactos, no en los que tenían elecciones generales.

Esas victorias en los tribunales, junto con las campañas masivas de registro de votantes lideradas por el SVREP en los pueblos y condados mexicoamericanos del sur de Texas, prácticamente causaron una revolución en la política de ese estado, cuyo mejor ejemplo fue la elección de Henry Cisneros como alcalde de San Antonio en 1982.[19]

Al otro lado del país, los puertorriqueños renovaron sus esfuerzos por construir grupos de defensa de los derechos civiles. Para entonces, sus colonias se habían extendido hacia muchas ciudades del Cinturón de Óxido y muchos condados agrícolas. Surgieron nuevos grupos que dedicaron mucha más atención al registro de votantes y al cabildeo que los anteriores. Entre esa nueva generación de organizaciones se encontraban la National Puerto Rican Coalition (formada por Luis Alvarez, Luis Núñez y Amalia Betanzos en 1973, con capital inicial de la Fundación Ford), la Coalition in Defense of Puerto Rican and Hispanic Rights (fundada a finales de los setenta en Nueva York por Manuel Ortiz, el abogado Ramón Jiménez y otros), el National Congress for Puerto Rican Rights (fundado en 1981 por montones de ex-Young Lords y otros radicales de los sesenta, incluyéndome) y el Institute for Puerto Rican Policy (un centro de investigación de política pública fundado por el politólogo Angelo Falcón).

---

19. Dan Balz, "Hispanics Use New Voting Rights Act to Reshape Texas Politics", *Washington Post*, 25 de abril de 1983.

Los nuevos grupos trabajaron de cerca con el Puerto Rican Legal Defense and Education Fund en varias demandas por el derecho al voto. Como resultado, tanto en Nueva York como en Chicago, los jueces federales dictaminaron a principios de los años ochenta que el fraccionamiento de los distritos municipales había discriminado a los hispanos y los afroamericanos. En Chicago, eso provocó la creación de siete distritos para concejales nuevos, tres con mayoría negra y cuatro con mayoría hispana. Una elección especial en 1984 aumentó la cantidad de concejales hispanos de uno a cuatro: Miguel Santiago (el único que ya estaba en el gobierno), Jesús García, Juan Soliz y Luis Gutiérrez. La victoria de Gutiérrez sacudió a la ciudad, porque le dio una mayoría de un voto en el ayuntamiento al nuevo alcalde negro de Chicago, Harold Washington, por lo que simbolizó el potencial de una alianza entre afroamericanos e hispanos.[20]

En Nueva York, el Puerto Rican Legal Defense and Education Fund (PRLDEF) logró detener las elecciones municipales de 1981 y que los tribunales federales eliminaran los puestos por elecciones generales del ayuntamiento.[21] Los nuevos distritos permitieron que aumentara la representación puertorriqueña en el ayuntamiento. Como Nueva York siempre ha marcado la tendencia para los boricuas, la batalla despertó la consciencia sobre el derecho al voto en toda la costa este. Como resultado de este nuevo activismo y de otras victorias por el derecho al voto en los tribunales, para mediados de los años ochenta, Nueva York tenía un nuevo grupo de funcionarios puertorriqueños independientes, como el concejal José Rivera y los asambleístas José Serrano e Israel Ruiz. Hubo victorias similares en otras ciudades del Este y del Medio Oeste.[22] Normalmente, se debían a alianzas de los candidatos hispanos con una fuerte campaña electoral afroameri-

---

20. Gary Rivlin, *Fire on the Prairie: Chicago's Harold Washington and the Politics of Race* (Nueva York: Henry Holt, 1992), 348–57.
21. Jennings y Rivera, *Puerto Rican Politics*, 54.
22. Entre las victorias están la de Ralph Acosta y el concejal Ángel Ortiz en Philadelphia; la del diputado estatal Americo Santiago en Bridgeport; la del concejal Eugenia Caro en Hartford; la del diputado estatal Nelson Merced en

cana. Así sucedió con Gutiérrez en Chicago; con Ángel Ortiz en Philadelphia, quien ganó un puesto como concejal por elección general como parte de la campaña para alcalde de Wilson Goode en 1983, y con Nelson Merced, el primer hispano en capturar un escaño en la Cámara de Representantes de Massachusetts, que ganó en un distrito predominantemente negro de Boston.

El clímax del Periodo del Derecho al Voto fue en 1983, con las sorprendentes victorias de Harold Washington para alcalde de Chicago y Wilson Goode para alcalde de Philadelphia. De pronto, el país estaba en una nueva realidad. El poder del Partido Demócrata en las zonas urbanas había pasado de las organizaciones de políticos blancos y sus votantes a las coaliciones de afroamericanos e hispanos. En Chicago y en Philadelphia, los votantes hispanos, a quienes hasta entonces habían ignorado los candidatos, demostraron su capacidad de cambiar los resultados registrándose a votar en masa. Washington, que solo había recibido el 25% del voto hispano en una dura primaria demócrata, acumuló el 74% de ese voto en las elecciones generales contra el republicano conservador Bernard Epton.[23]

Algo similar sucedió en Philadelphia, donde Goode se alzó con la victoria en una primaria demócrata cerrada contra el exalcalde Frank Rizzo gracias a una alianza liberal entre negros e hispanos y luego derrotó a un oponente republicano débil. En ambos casos, los votantes hispanos, casi todos puertorriqueños, prefirieron a Goode en una proporción de más de dos a uno.

Mientras tanto, en el sur de Florida, los líderes de la comunidad de exiliados cubanos, que al principio habían limitado sus metas políticas casi exclusivamente a derrocar a Castro y volver a Cuba, empezaron un cambio drástico a mediados de los años setenta, gracias a la influencia de la nueva generación de cubanos

---

Boston; la de Nancy Padilla, miembro del consejo de educación en Rochester, y la de Gutiérrez y Santiago en Chicago.

23. Pero incluso entre los votantes hispanos, los puertorriqueños (79%) eran los más pro-Washington, seguidos por los mexicanos (68%) y los cubanos (52%). Rod Bush, *The New Black Vote: Politics and Power in Four American Cities* (San Francisco: Synthesis, 1984), 150–51.

que habían nacido o crecido en este país. Según un estudio, entre 1973 y 1979, la cantidad de encuestados que afirmaba que planeaba regresar a Cuba si derrocaban a Castro cayó del 60% al 22%.[24] Ese cambio en la actitud de los emigrados cubanos se reflejó en la política. Para 1974, unos doscientos mil cubanos se habían vuelvo ciudadanos en el sur de Florida, y muchos votaban con regularidad. Después de varios intentos fallidos, los primeros dos cubanos ganaron puestos de elección popular en 1973: Manolo Reboso en la Comisión de la Ciudad de Miami y Alfredo Durán en el Consejo de Educación del condado de Dade.[25] Para sorpresa de nadie, ambos eran veteranos de Bahía de Cochinos. Luego, a finales de 1975, los profesionistas cubanos, apoyados por personalidades mediáticas hispanas, lanzaron una campaña por la ciudadanía. Al año siguiente se naturalizaron más de 26 mil exiliados. Para 1980, más del 55% de los exiliados se habían convertido en ciudadanos, el doble que el porcentaje de 1970.[26]

No tardaron en hacer sentir su presencia, aunque al principio fuera de manera simbólica. El 15 de abril de 1973, la comisión del condado Metro-Dade, que no contaba con hispanos entre sus nueve miembros, cedió ante la presión de los cubanos y declaró que el condado era "oficialmente bilingüe". Pero ese simbolismo se volvió realidad. En 1978, Jorge Valdés se convirtió en el primer alcalde cubanoamericano del país en ocupar el ayuntamiento de Sweetwater, seguido por Raúl Martínez en Hialeah.[27]

---

24. Alejandro Portes, Juan M. Clark, y Manuel M. López, "Six Years Later, the Process of Incorporation of Cuban Exiles in the United States: 1973–1979", en *Cuban Studies*, julio de 1981–enero de 1982, 11.
25. El condado de Dade no cambió su nombre oficialmente a condado de Dade-Miami sino hasta 1997. Ver https://web.archive.org/web/20070403184943/http://www.miamidade.gov/info/government.asp
26. María Cristina García, *Havana USA: Cuban Exiles and Cuban Americans in South Florida, 1959–1994* (Berkeley: University of California Press, 1996), 113–15.
27. Thomas D. Bowell y James R. Curtis, *The Cuban American Experience: Culture, Images and Perspectives* (Roman & Allandheld Publishers), 69.

El crecimiento del poder electoral de los cubanos, junto con la nueva oleada de inmigrantes causada por el éxodo del Mariel, no tardó en provocar una reacción entre los blancos del condado de Dade, quienes en 1980 contratacaron con un referéndum para derogar la declaración de bilingüismo de la comisión. Propusieron un referéndum para prohibir "el gasto de fondos del condado para usar cualquier idioma que no sea el inglés o promover cualquier cultura que no sea la de Estados Unidos". Fue aprobado sin mucho problema, con un voto basado casi exclusivamente en la división étnica: el 71% de los blancos no hispanos votaron a favor y el 85% de los latinos, en contra.[28] Aunque se enfrentaran a una creciente resistencia blanca en su agenda nacional, los políticos cubanos tuvieron mucho éxito a la hora de promover sus iniciativas anticomunistas. La Comisión de la Ciudad de Miami aprobó 28 resoluciones u ordenanzas contra el comunismo en Latinoamérica durante un periodo de 16 meses antes de mayo de 1983.[29]

Sin embargo, la reacción anticubana incitó a la introspección a los líderes inmigrantes de primera y segunda generación, y decidieron contrarrestar la imagen negativa de su comunidad en la prensa anglófona. En 1980, los líderes civiles fundaron la Spanish American League Against Discrimination (SALAD) y la Cuban American National Foundation (CANF), y, dos años después, iniciaron Facts About Cuban Exiles (FACE).[30]

La elección a la presidencia de Ronald Reagan en 1980 marcó una nueva era para los cubanoamericanos. Con un amigo como él en la Casa Blanca, los grupos poderosos de Miami como CANF y la Latin American Builders Association perfeccionaron un *lobby* clandestino y bien financiado en Washington para sus proyectos especiales: Radio Martí, TV Martí y apoyo a los contras de Nicaragua. Al mismo tiempo, asumieron un nuevo pragmatismo en

---

28. Stack and Warren, "Ethnicity and the Politics", 16–17.
29. *Ibid.*, 19.
30. Alejandro Portes, "The Rise of Ethnicity: Determinants of Ethnic Perceptions Among Cuban Exiles in Miami", *American Sociological Review* 49, no. 3 (junio de 1984): 395.

público, por lo que se concentraron menos en cuestiones controvertidas, como la educación bilingüe.[31]

Los votantes cubanos diferían de los puertorriqueños y de los
mexicoamericanos en otro punto crucial: su postura hacia la comunidad negra. Mientras que los mejicanos y sobre todo los boricuas lograron construir alianzas endebles con los negros en varias
ciudades importantes, los cubanoamericanos y los afroamericanos
en el condado de Dade se convirtieron en enemigos acérrimos,
sobre todo porque la comunidad negra de Miami, mucho más
antigua, vio cómo los inmigrantes no tardaron en superarla económicamente. Durante principios de los años setenta, un puertorriqueño, Mauricio Ferré, el vástago rubio y ojiazul de una de las
familias más ricas de la isla, ganó la alcaldía de Miami construyendo una alianza de la comunidad negra con la judía liberal para
detener el creciente movimiento político conservador cubano.

Hubo disturbios esporádicos en las comunidades negras de
Miami durante los años setenta y ochenta, y las acusaciones de negros maltratados por cubanos eran una causa frecuente. Para
mediados de los años ochenta, los inmigrantes cubanos habían
convertido el sur de Florida en el centro del poder conservador
hispano de todo el país. Nada reflejó eso mejor que la elección
del primer cubanoamericano en el Congreso en 1989. Ileana Ros-
Lehtinen, una republicana conservadora, ganó una competencia
cerrada a pesar de que su oponente demócrata obtuviera el 88%
del voto anglo y el 94% del negro. Su margen de victoria fue posible gracias a una participación latina de casi 60%.[32]

EL PERIODO ARCOÍRIS: 1985-1994

Cuando Jesse Jackson inició su primera campaña por la nominación demócrata a la presidencia en 1984 pidiendo una nueva
¨Coalición Arcoíris¨, los expertos de Washington dijeron que era

---

31. *Ibid.*, 20–24.
32. Stack y Warren, "Ethnicity and the Politics".

una protesta insignificante. Los sorprendió de inmediato cuando ganó la mayoría de los votos afroamericanos y una cantidad considerable de los latinos y los blancos. Jackson había presenciado el poder de una coalición entre negros, latinos y blancos liberales en Chicago y Philadelphia, y estaba decidido a replicarla a nivel nacional. Cuatro años después, recabó la ayuda de los políticos negros y latinos que no lo habían apoyado en 1984, y reunió 7 millones de votos contra quien terminaría siendo el candidato demócrata a la presidencia, Michael Dukakis. En lugares como Nueva York y Connecticut, Jackson ganó la mayoría de los votos latinos, mientras que, en California, Texas y otras partes del Suroeste, aumentó sus números, pero permaneció por debajo del 50%.[33]

En 1984 y 1988, sus campañas llevaron a millones de votantes primerizos a las urnas en el Sur y en los guetos del Norte, y esos mismos votantes enviaron una cantidad inédita de negros e hispanos al Congreso. En algunos estados, los votantes negros tuvieron una participación más alta que los blancos por primera vez, y los candidatos que se identificaban como parte de la Coalición Arcoíris de Jackson ganaron elecciones locales aisladas. En Hartford, Connecticut, por ejemplo, una alianza arcoíris se hizo con el control del ayuntamiento a finales de los años ochenta y consiguió el primer alcalde negro de la ciudad.

Luego, en 1989, se dio la victoria local más electrizante del movimiento arcoíris. David Dinkins ganó la alcaldía de la ciudad de Nueva York —el primer afroamericano en el puesto—, y lo logró capturando el 88% del voto negro, el 64% del hispano y casi el 35% del blanco.[34] Pero conforme los afroamericanos y los hispanos ganaban influencia en el Partido Demócrata, los blancos clasemedieros y suburbanos abandonaban el partido.

---

33. Institute for Puerto Rican Policy, *The Puerto Rican and Latino Vote in the 1984 NYS Democratic Presidential Primary* (Nueva York: April 5, 1984); también Institute for Puerto Rican Policy, "Puerto Ricans and the 1988 Presidential Elections", (Nueva York: 7 de noviembre de 1988); también Sondeo de la Emisora Univisión, 1º de junio de 1988.
34. Institute for Puerto Rican Policy, *The 1989 Mayoral Election and the Charter Revision Vote in New York City* (Nueva York: noviembre de 1989).

El potencial revolucionario del arcoíris provenía de su atractivo para los sectores de la población en edad de votar que habían permanecido alienados y desposeídos durante la mayor parte del siglo XX: los afroamericanos, los hispanos, los jóvenes y los pobres. Nuestro país lleva décadas con una de las participaciones electorales más bajas de las democracias industriales, lo que garantiza que quienes resultan electos, ya sean demócratas o republicanos, solo representen a una minoría de los adultos en edad de votar. En 1972, por ejemplo, votó el 77% de los propietarios de clase media, comparado con el 52% de los estadounidenses de clase trabajadora. Y normalmente votan el doble de ciudadanos bien educados que los menos educados.[35] El movimiento arcoíris de Jackson, en contraste, no solo le dio la máxima importancia a registrar votantes nuevos, sino a eliminar los obstáculos legales a un registro de votantes sencillo y universal que había en muchos estados. Pero, tanto en las elecciones de 1988 como en las de 1992, los candidatos demócratas a la presidencia prefirieron seguir compitiendo con los republicanos por la pequeña cantidad de votantes ya registrados que habían huido de ellos —los llamados "demócratas de Reagan"—, con la esperanza de que volvieran. Así, descartaron la estrategia de Jackson de conseguir que millones de votantes nuevos de las clases bajas salieran a votar para convertirlos en la base de una nueva mayoría política.

Sin embargo, tras sus logros de finales de los años ochenta, la Coalición Arcoíris se estancó debido a sus divisiones internas. Jackson y muchos de los funcionarios negros veteranos empezaron a tratar a los miembros blancos, hispanos y asiáticos de la coalición como socios menores permanentes que podían ser movilizados como aliados, pero que no podían tener autonomía ni la oportunidad de influir en la estrategia ni en las políticas de la organización. Al mismo tiempo, algunos líderes negros e hispanos empezaron a promover la competencia étnica por los empleos y los puestos de elección popular en varias ciudades. "Los negros lo

---

35. Frances Fox Cloward y Richard A. Piven, *Why Americans Don't Vote* (Nueva York: Pantheon, 1988), 115–16.

quieren todo para ellos", era una frase común de algunos líderes hispanos, y "los latinos solo quieren llegar al poder colgados de nosotros" era un refrán de muchas de sus contrapartes negras.

Mientras los líderes del arcoíris discutían, sus seguidores se enfrentaron por licitaciones gubernamentales y por nombramientos. El crecimiento constante de la cantidad de hispanos en puestos de elección popular, por ejemplo, no se reflejó en un aumento en la cantidad nombrada para puestos en los gobiernos locales, como había sucedido en las coaliciones políticas urbanas de irlandeses, italianos y afroamericanos en el pasado. Tras las rebeliones urbanas de los años sesenta, los empleos en el gobierno federal y municipal se habían convertido en una vía principal para que muchos afroamericanos alcanzaran la clase media. Pero los hispanos, quizás en parte debido a la barrera idiomática que algunos tenían que superar, no vivieron el mismo progreso. Los pocos que conseguían trabajo en el gobierno, invariablemente sentían que los negros que los supervisaban estaban reacios a ayudarles a progresar.

Las diferencias en las posturas raciales también desgarraron la coalición. Jackson pintaba el arcoíris como un sitio en el que podían reunirse todos los estadounidenses que buscaran justicia económica y promovía una estrategia inclusiva para todas las minorías. Sin embargo, muchos afroamericanos creen que los latinos aspiran a ser considerados blancos, mientras que muchos hispanos sostienen que los negros están obsesionados con la raza, y una buena cantidad tienen prejuicios contra ellos. En realidad, por razones históricas, los latinos simplemente tienen una perspectiva distinta de las relaciones raciales. En vez de vivir una dicotomía tajante entre blancos y negros, muchos consideran que su país de origen o su etnia es lo que influye en sus vidas. Esa dinámica hace eco en la ubicación física de muchas comunidades latinas en ciudades estadounidenses; frecuentemente han surgido como colchones entre barrios blancos y negros. En vez de expresar esas diferencias y resolverlas por medio del debate y la educación, el arcoíris se negó a reconocerlas, por lo que socavó su unidad.

La muerte repentina del alcalde de Chicago, Harold Washington, en 1987, fue la primera señal de que mantener unida a la Coalición Arcoíris iba a ser aún más difícil de lo que había sido formarla. En unos pocos años, algunos de los mismos líderes latinos que habían apoyado a Washington desertaron del movimiento y forjaron una nueva alianza con la antigua maquinaria del Partido Demócrata, ahora dirigido por Richard Daley, hijo del legendario exalcalde. Entre ellos se encontraba Luis Gutiérrez, un activista del movimiento independentista puertorriqueño.[36] Como resultado de su cambio, Gutiérrez se ganó el apoyo de Daley para un nuevo escaño creado por redistritación en 1991. Al mismo tiempo, en Nueva York, la líder boricua Nydia Velázquez estaba luchando por mantener unida a la Coalición Arcoíris, y se ganó el apoyo clave de Jackson y del reverendo Al Sharpton en una campaña por un escaño nuevo. En 1992, Gutiérrez y Velázquez se convirtieron en el segundo y la tercera miembros puertorriqueños del Congreso, pero lo lograron gracias a alianzas electorales claras.

En Philadelphia, la alianza entre negros y latinos empezó a desmoronarse en 1991. De los puertorriqueños que habían apoyado a Wilson Goode durante sus dos periodos, algunos apoyaron a un líder demócrata negro que pretendía sucederlo, John White, Jr., mientras que otros prefirieron a Ed Rendell, un demócrata blanco más moderado, que terminó por ganar.

Finalmente, en 1993, la coalición de afroamericanos y latinos en Nueva York se fue a pique durante la campaña por la reelección de David Dinkins. Aunque Dinkins mantuviera la mayoría del voto latino, su porcentaje se redujo, al igual que la participación de la comunidad latina, lo que permitió que el republicano Rudy Giuliani consiguiera la victoria por un margen muy estrecho. Así, para 1995, las alcaldías de cuatro de las ciudades más

---

36. Institute for Puerto Rican Policy, *The Dinkins Administration and the Puerto Rican Community: Lessons from the Puerto Rican Experience with African-American Mayors in Chicago and Philadelphia* (Nueva York: February 1990).

grandes del país —Nueva York, Los Ángeles, Chicago y Philadelphia— habían pasado de un gobernante liberal o moderado negro a un líder blanco más conservador. En cada caso, porcentajes significativos de votantes hispanos prefirieron al nuevo candidato blanco en vez del alcalde negro anterior, y el argumento siempre era el mismo: "Los líderes negros no nos trataban como iguales". Mientras tanto, Jesse Jackson no logró expandir su Coalición Arcoíris a una tercera campaña presidencial en 1992, por lo que el movimiento quedó a la deriva a nivel nacional. Aunque hubiera una cantidad récord de líderes negros e hispanos en el Congreso, la alianza se fracturó, sobre todo porque a los votantes negros, al igual que a los blancos, cada vez les inquietaba más la población de latinos y asiáticos del país. En noviembre de 1994, por ejemplo, una porción importante de los californianos negros votó a favor de la Proposición 187 para cortar el acceso de los inmigrantes autorizados a cualquier beneficio público.[37] Así, para 1995 la Coalición Arcoíris estaba muerta como vehículo de una nueva alianza progresista, aunque Jackson nunca haya declarado oficialmente su fin, sino que simplemente la asimilara a su antigua organización, Operation PUSH.

---

37. Un muy citado análisis de la opinión de los votantes hecho tras el referéndum por el Field Institute descubrió que la mayoría de los californianos negros (52%-48%) votó a favor de la Proposición 187, mientras que una encuesta de salida de *Los Angeles Times* llegó a la conclusión contraria (el 53% de los negros se opuso y el 46% estuvo a favor). Ver Field Institute, "California Opinion Index, A Summary Analysis of Voting in the 1994 General Election", (San Francisco: Field Institute, 1995), https://web.archive.org/web/20101020160337/http://field.com/fieldpollonline/subscribers/COI-94-95-Jan-Election.pdf. Los estudios académicos posteriores tienden a apoyar los resultados del *Los Angeles Times*. Ver Irwin L. Morris, "African American Voting on Proposition 187: Rethinking the Prevalence of Interminority Conflict", *Political Research Quarterly* 53, no.1 (2000): 77-98.

EL PERIODO DE LA TERCERA FUERZA: 1995-2005

Tras la desintegración del arcoíris, los latinos entraron en una nueva etapa, a la que he llamado el Periodo de la Tercera Fuerza. Los rasgos distintivos de este periodo fueron una carrera acelerada a la ciudadanía por parte de los inmigrantes hispanos, un aumento enorme en la participación electoral y la nueva independencia de los líderes latinos respecto de las maquinarias urbanas del Partido Demócrata.

Las solicitudes de ciudadanía casi se triplicaron entre 1994 y 1997; pasaron de 543,353 a 1,411,981, y la abrumadora mayoría fue de hispanos. Durante los años siguientes, las solicitudes nuevas se mantuvieron en 700 mil al año, aunque el Servicio de Inmigración y Control de Aduanas (ICE, antes INS) aumentara bastante la tarifa por procesarlas y la cantidad de rechazos subiera a más de cien mil al año.[38] Más de la mitad del millón de inmigrantes que prestaron juramento como ciudadanos estadounidenses en 2008 provenía de Latinoamérica.[39] Esa estampida hacia la ciudadanía se debió a varios factores. El primero y más importante fue la avalancha de leyes inmigratorias restrictivas que inició con la Proposición 187 en California y se extendió por todo el país. Hasta entonces, los mexicanos tenían la tasa de naturalización más baja de todos los grupos de inmigrantes. Un estudio mostró que solo el 3% de los mexicanos admitidos en el país en 1970 se habían convertido en ciudadanos para 1979. Hubo

---

38. En un año excepcional, 2007, un brote inusual de solicitudes de ciudadanía alcanzó los 1.3 millones, casi el doble que los años anteriores, sobre todo como resultado de los esfuerzos de la campaña de Obama y del Partido Demócrata por aumentar la elegibilidad de los votantes hispanos para las elecciones de 2008. Ver Jie Zong y Jeanne Batalova, "Naturalization Trends in the United States", *Migration Policy Insitute*, 10 de agosto de 2016, https://www.migrationpolicy.org/article/naturalization-trends-united-states.

39. Departamento de Seguridad Nacional de Estados Unidos, *Yearbook of Immigration Statistics: 2008* (Washington, D.C.: Oficina de Estadísticas de Inmigración, 2009), 52–53.

tendencias similares en los años siguientes, aunque no tan pronunciadas. En 2010, por ejemplo, los mexicanos seguían teniendo la tasa de naturalización más baja (25.1%) de cualquier nacionalidad de migrantes en Estados Unidos, junto con los hondureños, los salvadoreños y los guatemaltecos.[40] Muchos mexicanos que llevaban años viviendo y trabajando en este país esperaban invariablemente regresar a casa algún día, así que rara vez buscaban la ciudadanía. De manera similar, los centroamericanos que llegaron huyendo de las guerras civiles de los ochenta esperaban regresar en cuanto terminaran los conflictos.

Pero entonces, las leyes inmigratorias desataron un contrataque latino. De los 3 millones de inmigrantes indocumentados que se convirtieron en residentes legales gracias a las cláusulas de amnistía de la Ley de Reforma y Control de la Inmigración de 1986 (IRCA), por ejemplo, 2.6 eran latinoamericanos, y en cuanto fueron elegibles para la ciudadanía en 1992, la mayoría la solicitó.[41] Además, la prohibición propuesta por los republicanos en 1996 de prohibir los beneficios federales a los residentes permanentes (que después sería parcialmente derogada) empujó a que cientos de miles de inmigrantes legales buscaran naturalizarse. En cuanto tomaron el juramento, se registraron para votar.

El segundo factor en la carrera por la ciudadanía fueron los acuerdos de paz en Nicaragua, El Salvador y Guatemala, que terminaron con el conflicto, pero no con el caos económico. Cuando acabaron las guerras, los refugiados centroamericanos

---

40. Alejandro Portes y Rubén G. Rumbaut, *Immigrant America: A Portrait* (Berkeley: University of California Press, 1996), 117–18. Para los índices de naturalización de 2010, ver Portes y Rumbaut, *Immigrant America,* 4° ed., 187-191. Los autores argumentan que los mexicanos y los centroamericanos, como son trabajadores migrantes casi siempre no calificados de países geográficamente cercanos a Estados Unidos, tienen menos capacidad y recursos para naturalizarse, comparados con las poblaciones migrantes más calificadas de Asia e incluso de África. También tienen menos incentivos para hacerlo, debido a la "reversibilidad" de su migración, es decir, a su capacidad para volver fácilmente a casa.

41. *Hispanic Americans Today*, U.S. Census Bureau Current Population Reports, 23–183 (Washington, D.C.: U.S. Government Printing Office, 1993), 15.

se convirtieron de pronto en la principal fuente de ayuda económica de sus aquejados países, gracias a los miles de millones de dólares en remesas que enviaban cada año a casa. A causa de eso, tanto los inmigrantes como sus gobiernos natales se resistieron a que los repatriaran, y muchos decidieron convertirse en ciudadanos estadounidenses.

Un tercer factor fue la transformación de las leyes de ciudadanía en Latinoamérica. Cada vez más gobiernos adoptaban normas de doble ciudadanía que les permitían a sus paisanos mantener sus derechos en casa aunque se convirtieran en ciudadanos estadounidenses. Entre 1991 y 2003, doce países latinoamericanos aprobaron regulaciones que reconocían la doble ciudadanía, entre ellos Colombia (1991), República Dominicana (1994), Brasil (1996), México (1998), Guatemala (1999) y Honduras (2003).[42]

La combinación de todos esos factores convirtió en realidad el potencial latente de la política latina en 1996, cuando el voto hispano sorprendió a los expertos en política con su crecimiento explosivo y su impredecibilidad.[43] Más de 5 millones de latinos acudieron a las urnas aquel año, un aumento extraordinario del 20% respecto de 1992.[44]

La participación fue más alta en los nuevos barrios de inmigrantes que en las zonas de latinos más establecidas. En Nueva York, por ejemplo, la participación latina general fue del 48% de los votantes registrados, pero alcanzó el 63% en la zona dominicana de Washington Heights y el 60% en la sección colombiana de Jackson Heights.[45]

Quienes acudieron a las urnas en 1996 votaron abrumadoramente a favor de Bill Clinton y el Partido Demócrata. Clinton

---

42. Cristina Escobar, "Extraterritorial Political Rights and Dual Citizenship in Latin America", *Latin American Research Review* 42, no. 3 (2007), 51.

43. *New York Times*, 10 de noviembre de 1996: "The Expanding Hispanic Vote Shakes Republican Strongholds".

44. National Association of Latino Elected Officials, *1996 Latino Election Handbook*, 4.

45. Angelo Falcón, "Beyond *La Macarena*: The New York City Latino Vote", *Hispanic Link Weekly Report*, 25 de noviembre de 1996, 4.

obtuvo el 72% del voto latino, comparado con el 61% en 1992.[46] Incluso en Florida, donde los cubanos siempre habían sido parte del voto duro republicano, se quedó con el 44%, contra el 46% de Bob Dole.[47] El mejor ejemplo de ese cambio drástico sucedió en California, donde Loretta Sánchez, relativamente desconocida, derrotó por un margen estrecho al congresista de derecha Robert Dornan en el condado de Orange, un bastión republicano históricamente conservador.

Al año siguiente, las elecciones locales de muchas ciudades repitieron el mismo patrón de alta participación hispana, pero también demostraron que el voto latino se estaba volviendo menos predecible que antes. En la lucha por las alcaldías de Nueva York y Los Ángeles, por ejemplo, la cantidad de votos latinos no solo superó a la de negros por primera vez, sino que los latinos apoyaron bastante a los gobernantes republicanos que emergieron victoriosos —el 45% al neoyorquino Rudy Giuliani y el 48% al angelino Richard Riordan—, mientras que los negros votaron sobre todo en contra de ambos.[48]

La primera década del nuevo siglo aportó evidencia vívida de que el movimiento, por una mayor representación en el gobierno que iniciaron distintos grupos étnicos latinos en diferentes partes del país durante las décadas de 1950 y 1960, había empezado a convertirse en una fuerza cohesionada. La comunidad mexicana, la puertorriqueña, la cubana y otras comunidades latinoamericanas cada vez responden más a la discriminación étnica y racial de la sociedad blanca dominante uniendo fuerzas entre sí. En el proceso, han engendrado una nueva comunidad "latina" dentro de la sociedad estadounidense, y un nuevo polo híbrido étnico-racial en la política de nuestro país.

---

46. *New York Times*, "Expanding Hispanic Vote Shakes Republican Strongholds"; también *Wall Street Journal*, 30 de septiembre de 1996, "Despite Rapid Growth, Hispanic Vote May Play Only a Limited Role in Fall Presidential Contest".
47. Falcón, "Beyond *La Macarena*".
48. Encuesta de salida realizada en Los Ángeles por el Tomás Rivera Policy Institute, *La Opinión* y KVEA-TV, 8 de abril de 1997.

En elecciones locales y estatales clave de todo Estados Unidos, los votantes hispanos pasaron de ser prácticamente ignorados por el *establishment* político a ser fervientemente cortejados como un factor importante en las victorias electorales, mientras que los políticos latinos han ganado elecciones importantes a nivel municipal, estatal y federal durante la última década.

Quizás el personaje mejor conocido durante los últimos años del Periodo de la Tercera Fuerza fuera Bill Richardson, el demócrata moderado que había sido embajador en la ONU de Bill Clinton y luego secretario de energía, y que durante varios años se convirtió en el líder latino más solicitado del país, sobre todo después de que Henry Cisneros, el carismático exalcalde de San Antonio y exsecretario de Vivienda y Desarrollo Urbano se vio forzado a salir de la política por un escándalo personal. En 2002, Richardson fue electo gobernador de Nuevo México, apenas el cuarto jefe hispano del ejecutivo en la historia de ese estado. Rápidamente se ganó halagos por su administración efectiva del gobierno estatal y ganó la reelección con facilidad cuatro años después. Luego, en 2008, se convirtió en el primer latino en montar una campaña seria por la nominación demócrata a la presidencia, y terminó por apoyar la campaña insurgente de Barack Obama en vez de la de Hillary Clinton, la primera opción de la mayoría de los votantes hispanos. En recompensa, el presidente electo Obama lo nominó para secretario de comercio. Pero el gobernador de Nuevo México no tardó en acabar en un escándalo por la concesión de inversiones de pensiones públicas en su estado y renunció a su puesto en el gabinete antes de que lo ratificaran.

Para entonces, el Senado había presenciado un aumento en la representación latina. En 2004, el republicano de Florida Mel Martinez, descendiente de los inmigrantes cubanos decimonónicos a Ybor City, ganó uno de los escaños del senado de su estado. Aquel mismo año, el mexicoamericano Ken Salazar, un demócrata conservador, ganó un segundo escaño en el Senado por parte de Colorado. Y en 2005, John Corzine, el gobernador recién electo de Nueva Jersey, nombró al congresista Robert

Menéndez, también demócrata y cubanoamericano, para que ocupara el espacio que acababa de dejar vacante. Así, para mediados de la década, había una cantidad récord de tres latinos en el Senado, todos moderados o conservadores.

Sin embargo, esa situación extraordinaria no duró mucho tiempo pues, aunque a Menéndez no le costara ganar su reelección en 2006, Martinez se retiró y Salazar renunció en 2009 para convertirse en secretario del interior del presidente Obama.

EL NUEVO VOTO CALIFORNIANO

Quizás ninguna otra zona del país haya reflejado más el crecimiento del poder político latino durante las últimas décadas que California donde, en 2018, el 39.3% de sus casi 40 millones de habitantes eran hispanos. En 1996, los demócratas capturaron el control de la legislatura californiana gracias en parte a la participación latina luego de que el gobernador republicano Pete Wilson apoyara la infame Proposición 187 contra los inmigrantes. Aquel año, Cruz Bustamante, un asambleísta de Fresno, se convirtió en el primer vocero hispano de la legislatura. Desde entonces, cinco de los últimos nueve voceros de la asamblea han sido latinos, y todos han sido demócratas.

Bustamante luego fungiría dos periodos como vicegobernador. Su sucesor como vocero, Antonio Villaraigosa, tramó una victoria electoral clave para los latinos de todo el país. Había sido activista chicano en sus tiempos de estudiante en la UCLA y dirigente obrero; en 2001 compitió por la alcaldía de Los Ángeles contra su copartidario demócrata James Hahn, el hijo de Kenneth Hahn, diez veces supervisor del condado de Los Ángeles y uno de los políticos más queridos de la ciudad. El historial liberal de derechos civiles de su padre le dio tanto apoyo a la candidatura de James Hahn entre la comunidad negra de la ciudad que era el favorito para ganar la campaña.

Después de una dura segunda vuelta, Hahn triunfó, pero enfureció a muchos líderes latinos cuando recurrió a comerciales de última hora que evocaban los infames anuncios de Willie Horton que usó George H. W. Bush en su campaña a la presidencia de 1988 contra Michael Dukakis. Esos *spots* subrayaban el apoyo de Villaraigosa por el indulto de un narcomenudista latino y aprovechaban abiertamente el miedo que algunos blancos tenían del aumento del crimen en la comunidad latina.

Cuatro años después, Villaraigosa se enfrentó por segunda vez a Hahn. Para entonces, el alcalde había perdido bastante apoyo de los votantes negros por haberse negado a volver a nombrar al comisionado de policía afroamericano de la ciudad, Bernard Parks. Mientras tanto, Villaraigosa había pasado los años intermedios construyendo vínculos con los líderes negros de la ciudad y contaba con el apoyo de la congresista negra más poderosa de la metrópolis, Maxine Waters. Arrasó con Hahn en las elecciones para convertirse en el primer alcalde latino de Los Ángeles desde la década de 1870.

Tuvo una enorme popularidad durante su primer periodo y ganó su reelección con facilidad en 2009. Pero no tardó en quedar manchado por una aventura extramarital con una reportera y por acusaciones de ser demasiado cercano a los desarrolladores de bienes raíces y de pasar demasiado tiempo de viaje. Su carrera política no se recuperó.[49]

LAS ELECCIONES POR LA ALCALDÍA DE HARTFORD Y DE NUEVA YORK

Al mismo tiempo, las campañas electorales en Hartford, Connecticut, y en Nueva York demostraron la fuerza creciente del voto latino en la costa este. Eddie Perez, un exorganizador

49. Dan Whitcomb, "Once Again, L.A. Pledges to End Police Brutality", *Reuters,* 8 de mayo de 2007. También Patrick Range McDonald, "Who Fixed Los Angeles? Not Former Mayor Antonio Villaraigosa, Say His Fiercest Critics", *Politico,* 5 de marzo de 2014, https://www.politico.com/magazine/story/2014/03/who-fixed-los-angeles-villaraigosa-legacy-104305.

comunitario nacido en Puerto Rico, se convirtió en el primer alcalde latino de Hartford en 2001. Le benefició el gran movimiento de bases independiente que surgió en esa ciudad durante los años ochenta, y se reeligió dos veces. Pero en 2009, durante su tercer periodo, lo arrestaron bajo cargos de soborno, lo declararon culpable un año después y lo sentenciaron a tres años de cárcel.

En Nueva York, el puertorriqueño Fernando Ferrer, el presidente barrial del Bronx, perdió una cerrada segunda vuelta en las primarias de 2001 contra Mark Green por la nominación demócrata a la alcaldía. Como los votantes neoyorquinos son abrumadoramente demócratas, se esperaba que Green ganara sin problemas en las elecciones generales contra un multimillonario republicano poco conocido, Michael Bloomberg. Pero Bloomberg consiguió una victoria sorpresiva, y la derrota de Green se debió en parte a la deserción de muchos votantes latinos. Los partidarios de Ferrer estaban molestos porque Green, al igual que Hahn en Los Ángeles, había usado volantes racistas y llamadas telefónicas automatizadas para azuzar a los votantes blancos contra Ferrer y su aliado clave en la comunidad negra, el reverendo Al Sharpton.

Cuatro años después, Ferrer compitió de nuevo por la alcaldía. Esa vez intentó construir una alianza de votantes latinos y afroamericanos con blancos de clase media. Ganó la primaria demócrata y perdió en las elecciones generales contra Bloomberg, quien, a pesar de gozar la ventaja de ser el candidato gobernante, gastó un récord de $79 millones de su propia bolsa en la campaña. Pero, aunque Ferrer fracasara en sus dos intentos por capturar el ayuntamiento, su surgimiento como candidato importante puso de relieve que el *establishment* político ya no podía ignorar la creciente cantidad de votantes latinos, ni siquiera en la ciudad más grande e importante del país.

EL PERIODO DE LOS DERECHOS DE LOS
INMIGRANTES: 2006 HASTA EL PRESENTE

A partir de 2006, una serie de sucesos extraordinarios marcó una nueva etapa en la política latina en Estados Unidos. Todo inició con varias semanas tumultuosas de protestas migratorias inéditas durante la primavera de aquel año (ver capítulo 11). Les siguió poco después la Gran Recesión de 2007-2009, que prácticamente obliteró la poca riqueza que habían logrado acumular los latinos del país. Luego, en medio del colapso económico, llegó la improbable victoria de Barack Obama en su campaña por la Casa Blanca en noviembre de 2008. Esos tres fenómenos aislados se combinaron para impulsar a una nueva generación de latinos jóvenes hacia el activismo político. Muchos de ellos, por lo menos los que habían llegado de niños con sus padres indocumentados y que habían asistido a la universidad aquí, de pronto se enfrentaban a la amenaza real de que los deportaran a ellos o a sus parientes. Adquirieron el mote de *dreamers*, y no tardaron en unirse a los jóvenes latinos con ciudadanía para iniciar un movimiento de bases que tomó una vía más combativa que los activistas del periodo de la Tercera Fuerza, más acorde con la militancia de los años sesenta y setenta. Algunos de los líderes más visibles del nuevo movimiento no solo capturaron puestos políticos, sino que se declararon abiertamente socialistas democráticos, al estilo del senador de Vermont Bernie Sanders. Entre ellos se encuentran la congresista neoyorquina Ocasio-Cortez; los concejales de Chicago Carlos Ramirez-Rosa y Rosanna Rodríguez-Sánchez, y la senadora estatal de Brooklyn Julia Salazar.

Muchos otros, aunque no sean tan radicales como este grupo, se alinearon de cualquier manera con la renacida ala progresista del Partido Demócrata. Al mismo tiempo, los líderes de grupos étnicos latinos que hasta entonces habían carecido de representación, empezaron a ganar puestos de elección popular. Entre ellos están el primer miembro del Congreso que migrara desde República Dominicana, Adriano Espaillat (Nueva York, 2016); de Ecuador, Debbie Jessika Mucarsel-Powell (sur de Florida, 2018), y de Guatemala, Norma Torres (Los Ángeles, 2014); también la primera miembro salvadoreñoamericana de la Asamblea Estatal de California (Wendy Carillo, Los Ángeles, 2017), y el primer miembro colombianoamericano de la Junta de Comisionados del Condado de Dade (Juan C. Zapata, 2012).[50]

Tras la victoria de Barack Obama en 2008, muchos latinos tenían expectativas altas de una mejora importante en sus vidas, pero esas esperanzas no tardaron en frustrarse, sobre todo cuando el presidente se negó a adoptar un plan inmediato para ayudar a los millones de propietarios que habían tenido que dejar de pagar sus hipotecas. No se puede exagerar la pérdida catastrófica de riqueza que la crisis de las hipotecas representó para las personas de color, y los latinos fueron los más afectados. En 2005, por ejemplo, los hogares latinos tenían un valor neto mediano de tan solo $18,359, conformado sobre todo por el valor real de sus propiedades. Eso estaba muy por debajo del valor neto mediano de los hogares blancos ($134,992) y asiáticos ($168,103), y era un poco superior al de los hogares negros ($12,124). Pero para 2009, el valor neto de los latinos se había desplomado a solo $6,325, una caída del 66%, mientras que los hogares afroamericanos y asiáticos registraron declives ligeramente menores, del 53% y 54% respectivamente, y la riqueza mediana de los blancos tan solo disminuyó 16%.[51]

---

50. Ya desde los años ochenta, un político de sangre salvadoreña, John Henry Sununu, se había convertido en parte habitual del Partido Republicano y en patriarca de una dinastía política en New Hampshire. Sununu fue el 75º gobernador de ese estado (1983-1989) y, más tarde, jefe de personal de la Casa Blanca durante el periodo de George H. W. Bush. Nacido en La Habana, Cuba, en 1939, era hijo de Victoria Dada, salvadoreña, y John Saleh Sununu, un distribuidor cinematográfico estadounidense de herencia libanesa y palestina. Dos de sus hijos, John Edward y Christopher Sununu, hicieron sus propias carreras políticas: John Edward como senador de New Hampshire y Christopher como gobernador del estado. Pero los Sununu siempre se han identificado más con sus raíces libanesas y en general no se les consideraba líderes hispanos.

51. Rakesh Kochhar, Richard Fry y Paul Taylor, "Wealth Gaps Rise to Record Highs Between Whites, Blacks and Hispanics", Centro Hispano Pew, Tendencias Sociales y Demográficas, 26 de julio de 2011, https://www.pewresearch.org/wp-content/uploads/sites/3/2011/07/SDT-Wealth-Report_7-26-11_FINAL.pdf.

Sin embargo, la administración de Obama decidió no responsabilizar a los mayores bancos del país por haber empacado y vendido miles de millones de dólares en valores de hipotecas poco sólidos e incluso fraudulentos, mientras que sus esfuerzos por apoyar a los propietarios en apuros se convirtieron en un fracaso flagrante. Durante el breve periodo entre 2009 y 2011 durante el cual los demócratas controlaron la Casa Blanca y ambas cámaras del Congreso, la asistencia para los propietarios quedó en el congelador. Lo mismo sucedió con la promesa de campaña de firmar una ley de reforma migratoria integral que incluyera una vía a la ciudadanía para los 11 millones de inmigrantes indocumentados en el país durante su primer año en la presidencia. Los principales asesores de Obama prefirieron implementar un enorme plan de gasto federal en infraestructura para sacar al país de la Gran Recesión y en aprobar una reforma al sistema de salud, la Ley de Cuidado Asequible (Obamacare). Pero cualquier esperanza de una reforma migratoria se desvaneció cuando los republicanos retomaron el control de la Cámara de Representantes en las elecciones intermedias de 2010. A pesar de que el presidente había expresado repetidamente su apoyo por una ley parecida, terminó aumentando la cantidad de deportaciones de personas indocumentadas a niveles récord, unas 400 mil al año, una hazaña que provocó que algunos defensores de los derechos de los migrantes lo apodaran el "deportador en jefe".[52]

---

52. Reid J. Epstein, "NCLR Head: Obama 'Deporter-in-Chief", *Politico,* 4 de marzo de 2014, https://www.politico.com/story/2014/03/national-council-of-la-raza-janet-murguia-barack-obama-deporter-in-chief-immigration-104217. Para un examen más matizado del historial de remoción de migrantes de Obama, ver Muzaffa Chisti, Sara Pierce y Jessica Bolter, "The Obama Record on Deportations: Deporter in Chief or Not", Migration Policy Institute, 26 de enero de 2017, https://www.migrationpolicy.org/article/obama-record-deportations-deporter-chief-or-not; también, "All Presidents Are Deporters in Chief", editorial del *New York Times,* 14 de julio de 2019.

SAN ANTONIO Y LA
"GRAN ESPERANZA LATINA"

Texas, el estado con la mayor cantidad de funcionarios latinos electos, empezó a dirigir el camino a principios de la década de 2000 para una generación más moderada de líderes latinos, sobre todo en San Antonio que presumía la mayor proporción de latinos —61%— de cualquier ciudad importante. Después de que Henry Cisneros dejara la alcaldía de San Antonio en 1989, no surgió ningún líder hispano local que llenara sus zapatos hasta que el concejal Ed Garza se convirtió en alcalde en 2001. Garza tuvo dos periodos de dos años, y después prefirió seguir una carrera en la iniciativa privada. El concejal Julián Castro, en ese entonces un graduado de Stanford y de la Escuela de Derecho de Harvard de 31 años, intentó sucederlo en 2005. A pesar de su juventud y falta de experiencia, perdió en una cerrada segunda vuelta contra el juez retirado Phil Hardberger. Volvió para un segundo intento en 2009. Arrasó en las elecciones con la ayuda de la extensa red política que había construido su madre, Rosie Castro, dirigente en los setenta del partido nacionalista Raza Unida, y se convirtió en el alcalde más joven de una ciudad importante en el país.

Los expertos en política de los medios dominantes lo bautizaron de inmediato como el primer candidato "posthispano". Decían que no había aprovechado el estrecho orgullo étnico de los políticos de antaño para ganar votos. Al igual que Barack Obama o Cory Booker, quien en ese entonces era alcalde de Newark, Nueva Jersey, Castro era joven, carismático, elocuente y, sobre todo, un moderado que ponía énfasis en la habilidad tecnocrática y en su educación de primera clase para lograr ser atractivo para cualquier etnia y raza. Gracias a su habilidad para moverse sin problemas entre el barrio y la sala de juntas y a que no les parecía amenazador a los votantes blancos, recibió el apodo de la "Gran Esperanza Latina", con el potencial de llegar a la Casa Blanca algún día. Por supuesto, otros líderes latinos jóvenes han merecido etiquetas similares. Otro graduado de Harvard, Cisneros, fue bautizado así en los años ochenta. También el graduado de Yale

Mauricio Ferré, exalcalde de Miami; Linda Chavez, exasistente de la Casa Blanca de Reagan, y el exalcalde de Denver Federico Peña. Es parte de un esfuerzo recurrente del *establishment* por formar y criar líderes políticos minoritarios que no les resulten amenazadores, y es probable que la estrategia aumente conforme gane influencia el voto latino.[53]

Sin embargo, a la mayoría de los latinos jóvenes involucrados en la política de bases, esos intentos externos por elegir a sus líderes les provocan suspicacia. Al mismo tiempo, cada vez les frustra más la perturbadora cantidad de líderes latinos que ganaron elecciones por su atractivo étnico para los votantes hispanos y acabaron corrompidos por el poder o se autodestruyeron con escándalos personales. Tan solo en Nueva York, más de media docena de funcionarios hispanos fueron procesados por actividades ilícitas a principios de los dosmiles.[54]

En cuanto a Julián Castro, Obama lo eligió secretario de Vivienda y Desarrollo Urbano durante su segundo periodo, y cuando la dirigencia del Partido Demócrata lo nombró primer orador de su convención nacional en 2012, su futuro como líder nacional parecía brillante. Sin embargo, su único logro en Vivienda y Desarrollo Urbano fue implementar por fin una cláusula bloqueada de la Ley de Vivienda Justa de 1968, que obliga a los miles de gobiernos estatales y locales que reciben fondos del departamento a determinar afirmativamente si sus normas locales de planeación y zonificación funcionan como barreras contra la vivienda justa y asequible. De todos modos, se enfrentó a las críticas implacables de los defensores de la vivienda asequible, por haber monitoreado la venta de millones de hogares cuyas hipotecas habían dejado de pagarse. Un estudio de 2014 descubrió que,

---

53. Ver Zev Chafets, "The Post-Hispanic Hispanic Politician: Will Julián Castro, the 35-Year-Old Mayor of San Antonio, Be the Next Great Latino Hope on the National Stage?", *New York Times Magazine*, 9 de mayo de 2010.
54. Incluían a los senadores estatales Efraín González e Israel Ruiz, y a los concejales Angel Rodriguez, de Brooklyn, y Miguel Martinez, de Manhattan. En 2009, el senador estatal Hiram Monserrate fue expulsado de ese organismo tras una condena por agresión contra su novia.

durante los primeros años de existencia del programa, el 97% de las ventas de propiedades embargadas del departamento se hizo a compañías con fines de lucro, incluyendo gestores de activos financieros como Blackstone, mientras que solo el 3% de los dueños originales se quedó con su casa.[55]

UNA HISPANA EN LA CORTE SUPREMA

Ningún suceso de la primera década de este siglo simbolizó de forma más perceptible el progreso político de la comunidad latina que cuando el presidente Obama nominó a Sonia Sotomayor para reemplazar al juez David Souter, quien se iba a jubilar de la Corte Suprema en 2009.

El anuncio del presidente catapultó de inmediato a la poco conocida jueza neoyorquina de un tribunal federal de apelaciones a los reflectores como la primera hispanoestadounidense —y apenas la tercera mujer— nominada a la Corte Suprema. Tenía 54 años. El proceso de su ratificación atrajo una atención mediática inédita hacia todos los latinos y desató un sorprendente examen público de su relación con su patrimonio cultural y su comunidad. De pronto, el término "latina sabia" era parte del léxico nacional.[56]

55. Brian J. Connolly, "Promise Unfulfilled? Zoning, Disparate Impact and Affirmatively Furthering Fair Housing", *Urban Lawyer,* Fall 2016, American Bar Association, https://www.jstor.org/stable/26425568. Daniel Marans, "The Federal Government Failed Homeowners: How Much Blame Does Julián Castro Deserve?", *HuffPost,* 22 de abril de 2019, https://www.huffpost.com/entry/julian-castro-housing-policy-foreclosure_n_5cbde8c1e4b032e-7cebb3daf.
56. Algunas personas han afirmado que el juez Benjamin Cardozo fue, de hecho, el primer hispano en la Corte Suprema. Nombrado por el presidente Hoover en 1932, Cardozo era descendiente de judíos sefardíes que migraron a Estados Unidos desde Portugal durante el siglo XVIII. Sin embargo, los líderes hispanos modernos en general usan los términos "hispano" y "latino" para referirse a los pueblos hispanohablantes de Latinoamérica, por lo que no consideran hispano a Cardozo. Ver Neil A. Lewis, "Was a Hispanic Judge on the Court in the '30s?", *New York Times,* 26 de mayo de 2009.

Sotomayor era *nuyorican*: hija de trabajadores puertorriqueños que migraron a Estados Unidos durante la Segunda Guerra Mundial y se asentaron en un multifamiliar público del Bronx. Tenía un origen humilde, parecido al de Obama en su trayectoria hacia la Casa Blanca. Al igual que el presidente, había asistido a escuelas de la Ivy League —en su caso, Princeton y Yale— y se había ganado los máximos honores.

Al igual que él, había destacado como editora de la revista de leyes de su escuela. Pero su historia difería de la de Obama en varios puntos importantes. En primer lugar, había pasado casi veinte años como jueza de distrito y de apelaciones federales. Antes de ser jueza, también había estado involucrada en organizaciones y cuestiones que afectaban a la comunidad latina. Mientras estudiaba en Princeton, por ejemplo, se había unido y vuelto copresidenta de Acción Puertorriqueña, una organización estudiantil que después presentaría una queja ante el Departamento de Salud, Educación y Bienestar, en la que acusaba a la escuela de discriminación en sus contrataciones y admisiones. Tanto en Princeton como en Yale escribió tesis y artículos que examinaban la relación asimétrica entre Puerto Rico y Estados Unidos. Y a principios de los años ochenta, se unió a la junta directiva del Puerto Rican Legal Defense and Education Fund, que en ese entonces estaba a la vanguardia de las demandas por el derecho al voto y la discriminación de vivienda.[57]

Los anfitriones blancos de la televisión conservadora no tardaron en aprovechar su activismo social para condenar su nominación. Lo más citado era un discurso de 2001 en la Universidad de California en Berkeley, en el que Sotomayor le dijo a un grupo de estudiantes que esperaba que "una latina sabia con experiencia tan rica como ella podría llegar a una mejor conclusión que un varón blanco que no había vivido esa vida".

---

57. Sheryl Gay Stolberg, "A Trailblazer and a Dreamer", *New York Times*, 27 de mayo de 2009; también Juan González, "Day of pride for Latinos as Obama nominates Sonia Sotomayor for Supreme Court", *New York Daily News*, 27 de mayo de 2009.

Con una mayoría demócrata considerable en el Senado, Sotomayor fue ratificada el 6 de agosto de 2009 por un voto de 68-31 como la 111º miembro de la Corte Suprema. Para millones de latinos en este país, y sobre todo para millones de mujeres hispanas, su ratificación marcó un parteaguas. Y diez años después, algunos analistas concluyeron que se había convertido en la miembro más franca y elocuente de la minoría liberal de la corte.[58]

INCURSIONES DEL PARTIDO
REPUBLICANO EN TERRITORIO LATINO
EN LAS ELECCIONES DE 2010

Cuando los republicanos retomaron el control de la Cámara de Representantes en 2010, un aspecto del resurgimiento del partido que no obtuvo mucha atención fue un aumento repentino en lo que siempre había sido una cantidad ínfima de funcionarios republicanos latinos. Dos republicanos hispanos, por ejemplo, ganaron elecciones para gobernador aquel año, mientras que la cantidad de hispanos en el Congreso se duplicó.

En Nuevo México, Susana Martínez, la fiscal de distrito del condado de Doña Ana, se convirtió en la primera gobernadora hispana femenina de ese estado tras el mandato del demócrata Bill Richardson, que había llegado a su límite de periodos. Respaldada por la exgobernadora republicana de Alaska y candidata a la vicepresidencia Sarah Palin, Martínez hizo una campaña de un conservadurismo acérrimo. Se oponía al aborto y al matrimonio igualitario, proponía mano dura contra la inmigración ilegal, defendía los derechos de los propietarios de armas y exigía equilibrio presupuestario. A pesar de sus posturas, tuvo una aceptación significativa entre el gran grupo de votantes hispanos, la mayoría de ellos, demócratas. Mientras tanto, en la vecina Nevada, Brian

---

58. Richard Wolf, "'The People's Justice': After Decade on Supreme Court, Sonia Sotomayor is Most Outspoken on Bench and Off", *USA Today,* 12 de agosto de 2019.

Sandoval, exfiscal general del estado y juez de distrito, se convirtió en el primer gobernador latino del estado.

Hubo cambios aún más sorprendentes en el lejano Noroeste, donde el republicano Jaime Herrera, representante del estado de Washington, ganó un escaño en el Congreso, al igual que el empresario Raúl Labrador en Idaho. Tanto Herrera como Labrador eran los primeros hispanos en representar a sus estados en el Congreso, y ambos ganaron en distritos abrumadoramente blancos.

En Florida, Marco Rubio, el favorito del Tea Party, capturó uno de los escaños en el Senado de su estado. El único otro hispano en el Senado en ese momento era el demócrata Bob Menéndez, de Nueva Jersey. Además de Rubio, la cantidad de hispanos republicanos en la Cámara de Representantes saltó de tres a siete.

Pero el partido Demócrata también sintió el impacto de los votantes latinos. Generalmente, se adjudica la victoria de Harry Reid, líder de la mayoría en el Senado, contra la republicana del Tea Party, Sharron Angle, a la gran participación de los hispanos en Nevada, mientras que el triunfo de Jerry Brown para la gubernatura de California y la de Barbara Boxer en la campaña por el Senado de ese estado se debieron en gran medida a un fuerte apoyo hispano.[59]

OBAMA, LOS *DREAMERS* Y EL SEGUNDO FRACASO DE LA REFORMA MIGRATORIA

Durante los últimos meses de su primer periodo, los activistas latinos presionaron con tenacidad al presidente Obama para que restringiera las deportaciones en masa del gobierno federal y para que interviniera en la inmigración, sobre todo después de que los republicanos en el Senado, unidos por un puñado de demócratas centristas, lograron derrotar incluso la propuesta menos controversial sobre el tema, la Ley de Fomento para el Progreso,

---

59. Marc Lacey y Julia Preston, "Some Setbacks Aside, Latinos Reached Milestones in Midterm Races", *New York Times*, 6 de noviembre de 2010.

Alivio y Educación para Menores Extranjeros (DREAM, por sus siglas en inglés), que les ofrecía el estatus legal a los migrantes indocumentados que habían llegado a este país cuando eran niños. En la madrugada del 18 de diciembre de 2010, a pesar de las protestas, las tomas y las huelgas de hambre en todo el país, el Senado no logró juntar los 60 votos requeridos para terminar con un filibusterismo, aunque la mayoría de los senadores (55-41) aprobaran la propuesta de ley. Entre los grupos de activistas que defendían la propuesta de ley se encontraban United We Dream, una red nacional fundada por Julieta Garibay y Cristina Jiménez, quienes habían llegado al país de niñas, acompañando a sus padres indocumentados; la Dream Action Coalition (DRM), cofundada por Erika Andiola, exempleada del Congreso y defensora de los derechos de los inmigrantes de Arizona, y la National Immigrant Youth Alliance (NIYA). Entre los legisladores, gran parte de la presión para lograr una reforma migratoria estaba dirigida por el diputado Luis Gutiérrez (demócrata, Illinois). Gutiérrez, proveniente de Puerto Rico y ciudadano estadounidense de nacimiento, al principio parecía un paladín improbable para el tema, pero no tardó en hacer gira electoral por todo el país, urgiendo a una reforma migratoria integral en juntas de ayuntamientos muy alejados de su distrito de Chicago, y presionando personalmente a Obama varias veces para que decretara alguna forma de protección presidencial para que no deportaran a los *dreamers*, puesto que Estados Unidos era el único país que la mayoría de ellos conocía.

Mientras tanto, muchos latinos estaban particularmente molestos por la expansión del programa Comunidades Seguras, por medio del cual el gobierno federal recababa huellas digitales de las agencias policiacas locales para identificar y deportar inmigrantes que tuvieran antecedentes criminales, casi siempre personas con delitos del orden común. Los activistas no tardaron en lanzar una campaña coordinada para intervenir en los eventos públicos del presidente, mientras los líderes latinos establecidos lo injuriaban por no actuar. A Obama le irritaron sus críticas, y sus asesores insistían en que su postura dura contra la inmigración ilegal era parte de su esfuerzo por convencer a los republicanos en el Congreso de que apoyaran una reforma migratoria integral.[60]

En junio de 2012, a tan solo cinco meses de su reelección contra el republicano Mitt Romney, Obama por fin reaccionó a la creciente presión de la comunidad hispana con un decreto que nombró Acción Diferida para los Llegados en la Infancia (DACA, por sus siglas en inglés). Afirmó que ese nuevo programa era una "medida transitoria provisional" para suspender las deportaciones y emitir permisos para los *dreamers* indocumentados, en lo que el Congreso aprobaba una ley migratoria más permanente. Daca brindó protección a 700 mil jóvenes, más del 90% de ellos provenientes de Latinoamérica, y es muy probable que haya sido una de las razones principales por las que una mayor cantidad de latinos marcaron sus boletas a favor de Obama aquel noviembre. Las encuestas de salida de las elecciones de 2012 descubrieron que el presidente obtuvo el apoyo del 71% de los latinos, un aumento significativo comparado con el 67% que había ganado cuatro años antes. Además, recibió el 74% del voto de los hispanos de entre 18 y 29 años, comparado con solo el 60% de todos los jóvenes.[61]

---

60. Para la batalla filibustera en el Senado, ver Scott Wong y Shira Toeplitz, "DREAM Act Dies in Senate", *Politico,* 18 de diciembre de 2010, https://www.politico.com/story/2010/12/dream-act-dies-in-senate-046573; para las protestas contra Obama, ver Peter Wallsten, "President Obama Bristles When He Is the Target of Activist Tactics He Once Used", *Washington Post,* 10 de junio de 2012.

61. Para el anuncio de DACA, ver "Remarks by the President on Immigration", Oficina del Secretario de Prensa, Casa Blanca, 15 de junio de 2012, https://obamawhitehouse.archives.gov/the-press-office/2012/06/15/remarks-president-immigration; para datos sobre los beneficiarios de DACA, ver Brian Harper, "Get the Numbers: Immigration Enforcement in the Trump Era", *Americas Society/Council of the Americas*, 14 de agosto de 2018, https://www.as-coa.org/articles/get-numbers-immigration-enforcement-trump-era; para encuestas de salida de 2012, ver Mark Hugo Lopez y Paul Taylor, "Latino Voters in the 2012 Election", Centro de Investigaciones Pew, Tendencias Hispanas, 7 de noviembre de 2012, https://www.pewresearch.org/hispanic/2012/11/07/latino-voters-in-the-2012-election/.

Sin embargo, durante su segundo periodo, Obama no logró que el Congreso arreglara nuestro sistema migratorio descompuesto; su derrota más dramática fue la propuesta de ley de la "Pandilla de los Ocho" en 2013, que fue aprobada por un amplio margen en el Senado, pero fracasó en la Cámara de Representantes, controlada por los republicanos (ver el Capítulo 11). Tras esa derrota, recurrió de nuevo a un decreto. En noviembre de 2014, anunció en un discurso transmitido en horario estelar por televisión nacional la creación de Acción Diferida para los Padres de Estadounidenses (DAPA, por sus siglas en inglés), un programa que garantizaría permisos de trabajo temporales de tres años y estatus legal para casi la mitad de la población indocumentada del país, y por fin ordenó el fin del programa Comunidades Seguras. Sin embargo, a principios de 2015, DAPA fue bloqueado por mandato de tribunales federales luego de que varios estados demandaran al gobierno federal; un tribunal de circuito lo derogó, y su fallo se mantuvo cuando la Corte Suprema llegó a un punto muerto de 4 contra 4 durante la apelación del caso.[62]

LA GUERRA CONTRA LOS INMIGRANTES DE DONALD TRUMP

Desde que anunció su improbable campaña a la presidencia en junio de 2015, el magnate inmobiliario y estrella televisiva Donald Trump convirtió la inmigración en un tema central de su campaña. Como hemos visto, el debate público sobre el sistema migratorio descompuesto del país llevaba décadas bullendo, pero el Congreso no había logrado diseñar una solución integral a pesar de varios intentos. Trump despotricó contra lo que él llamaba una "invasión" descontrolada de migrantes mexicanos y

---

62. Michael D. Shear, "Obama, Daring Congress, Acts to Overhaul Immigration", *New York Times*, 20 de noviembre de 2014. Para el programa Comunidades Seguras, ver Kate Linthicum, "Obama Ends Secure Communities Program as Part of Immigration Action", *Los Angeles Times*, 21 de noviembre de 2014.

juró sellar la frontera sur del país. "Cuando México manda a su gente, no manda a la mejor", declaró al iniciar su campaña a la presidencia. "Están mandando gente que tiene muchos problemas, y están trayendo esos problemas con ellos. Nos traen drogas. Nos traen crimen. Son violadores. Y algunos, supongo, son gente buena". En cuanto al muro fronterizo que los políticos de Washington llevaban años discutiendo, presumió: "Construiré un gran, gran muro en nuestra frontera sur. Y haré que México lo pague. No lo olviden".[63]

Pero en cuanto entró en funciones, fue evidente que su objetivo no solo era reducir el flujo de migrantes indocumentados militarizando la frontera, haciendo detenciones en masa y separando familias —ni simplemente revertir lo que Obama había hecho para legalizar el estatus de algunos migrantes—, sino reestructurar radicalmente el sistema migratorio de Estados Unidos reduciendo drásticamente la cantidad de personas de cualquier tipo que pudieran admitirse al año, incluyendo refugiados, solicitantes de asilo y migrantes legales de países musulmanes. Al eliminar las políticas de reunificación familiar que llevaban más de cincuenta años siendo el fundamento de la política federal migratoria —Trump las llamaba "migración en cadena"—, se comprometió a pasar a un sistema de visas "meritocrático" que le diera prioridad a los solicitantes extranjeros bien educados o adinerados. En resumen, Trump trataba de dar vuelta atrás a más de cincuenta años de política migratoria, hasta los días de las restricciones migratorias racistas (ver el Capítulo 11).

El extraordinario crecimiento del voto latino

La cantidad de latinos que reportaron haber votado en elecciones presidenciales aumentó de 2.1 millones en 1976 a 12.6 millones en 2016, un salto del 500%, mientras que entre blancos no hispanos apenas si ha crecido un 28% (ver la Tabla 5). En contraste,

---

63. "Here's Donald Trump's Presidential Announcement Speech", *Time*, 16 de junio de 2015.

la cantidad de afroamericanos que reportaron haber votado aumentó un 138% durante el mismo periodo. Tan solo en los ocho años que hubo entre la elección de Barack Obama en 2008 y la victoria de Donald Trump en 2016, 3 millones de latinos más reportaron haber votado, mientras que, entre los afroamericanos, el aumento fue de apenas 1 millón.

Tabla 5

**Votos emitidos en las elecciones presidenciales
de 1976, 2008 y 2016 por raza y origen hispano[64]
(en millones)**

Grupo	1976	2008	2016	Porcentaje de aumento entre 1976 y 2016
Blancos	78.8*	109.1	100.8	28%
Negros	7.2	17.1	17.1	138%
Hispanos	2.1	9.7	12.6	500%

*Incluye a blancos no hispanos y a hispanos que se identifican como blancos.

Lo que ocurrió en las elecciones intermedias de 2018 es aún más digno de mención, pues votaron casi la misma cantidad de latinos que en los comicios presidenciales entre Trump y Hillary Clinton. Desde los años setenta, la participación latina en las elecciones intermedias siempre había sido más baja que en las presidenciales, con un punto máximo de apenas 6.8 millones en 2014. Pero según el Censo de Estados Unidos, 11.7 millones de latinos declararon haber votado en 2018, casi el doble que en 2014. Esa participación latina sin precedentes les ayudó a los demócratas a retomar el control de la Cámara de Representantes. Y aunque lo más probable es que la impulsaran los ataques constantes de

---

64. Oficina del Censo de Estados Unidos, Encuesta de Población Actual, noviembre de 1976 y noviembre de 2008.

la administración de Trump y los republicanos en el Congreso contra los latinos y los inmigrantes, de todos modos, indicó que los votantes latinos estaban poniendo el mismo énfasis en quién controlaba el Congreso que en quién ocupaba la Casa Blanca.[65]

Como veremos, ese aumento extraordinario en la participación electoral latina se aceleró aún más en las elecciones presidenciales de 2020, y lo más seguro es que continúe durante décadas. Los 12.6 millones de personas que acudieron a las urnas en 2016, por ejemplo, apenas representaban un tercio de los 38.9 millones de hispanos en el país que eran mayores de dieciocho años en ese entonces. Tan solo unos dos tercios de esos 38.9 millones ya eran ciudadanos estadounidenses y, por lo tanto, podían emitir su voto. El resto eran o bien residentes legales o migrantes indocumentados. Pero la mayoría de los residentes legales serán ciudadanos algún día y se convertirán en votantes, y si el Congreso llega a aprobar alguna vía para legalizar a los indocumentados, muchos de los que están ilegalmente en el país podrían votar también.[66]

Sin importar lo que pase con los adultos latinos, sigue habiendo una enorme población de niños latinos que alcanzarán la mayoría de edad tarde o temprano. En 2019, por ejemplo, el 30.8% de la población hispana del país tenía menos de 18 años, comparada con apenas el 18.6% de los estadounidenses blancos. Así, es un hecho indiscutible que el electorado hispano seguirá creciendo.[67]

En años recientes, algunos dirigentes políticos, temiendo esa tendencia, aumentaron sus esfuerzos por suprimir el crecimiento

---

65. Oficina del Censo de Estados Unidos, "Voting and Registration in the Election of November 2018", abril de 2019, https://www.census.gov/data/tables/time-series/demo/voting-and-registration/p20-583.html.

66. Centro de Investigaciones Pew, "Dissecting the 2008 Electorate"; también Oficina del Censo de Estados Unidos, Encuesta de Población Actual, "Reported Voting and Registration by Race, Hispanic Origin, Sex, and Age, for the United States: November 2008".

67. Departamento de Salud y Servicios Humanos de Estados Unidos y Oficina de Salud de las Minorías, "Profile: Hispanic/Latino Americans, 12 de octubre de 2021", https://minorityhealth.hhs.gov/omh/browse.aspx?lvl=3&lvlid=64.

del voto minoritario. Entre 2003 y 2006, leyes estatales e iniciativas ciudadanas en Florida, Ohio, Nuevo México y Arizona lograron dificultar el registro de votantes. Tales leyes se debieron en parte a los supuestos abusos en las campañas de registro de organizaciones como la Association of Community Organizations for Reform Now (ACORN), y en parte a un esfuerzo xenófobo para reducir el presunto "fraude electoral de extranjeros ilegales". Las implementaron a pesar de no contar con pruebas significativas de que los votantes minoritarios hubieran cometido un fraude en el registro o en las urnas.[68] Un estudio de 2005 realizado por una comisión dirigida por el expresidente Jimmy Carter y el exsecretario de Estado James Baker concluyó que "aunque haya fraude electoral, es difícil de medir". La comisión señaló que "los no ciudadanos se han registrado para votar en varias elecciones recientes", incluyendo una disputada elección al Congreso en California en 1996, "en la que individuos que se habían registrado ilegalmente emitieron 784 votos inválidos" y una elección en 2004 en el condado de Harris, Texas, en la que "por lo menos 35 ciudadanos extranjeros solicitaron o recibieron una credencial para votar". Pero la comisión no encontró evidencia de que tales abusos fueran generalizados.[69]

"Es más probable que a una persona le caiga un rayo a que cometa fraude electoral", concluyó el Brennan Center for Justice tras su propio estudio exhaustivo de las irregularidades. También descubrió que las "acusaciones de votos emitidos por no ciudadanos que resultan completamente infundadas" son mucho más comunes que los verdaderos incidentes de no ciudadanos que votan.[70]

68. Southwest Voter Registration Project, "SVREP President's Report #1 (2008): The Latino Voter Registration Surge in 2008".

69. Center for Democracy and Election Management, *Building Confidence in U.S. Elections: Report of the Commission on Federal Election Reform*, (Washington, D.C.: Center for Democracy and Election Management, American University, 2005).

70. Justin Levitt, "The Truth about Voter Fraud", Brennan Center for Justice, 2007, 4, 18.

SUPRESIÓN DE VOTANTES
TRAS LA VICTORIA DE OBAMA

Ante los niveles históricos de participación entre hispanos y afroamericanos que llevaron a la victoria a Obama en 2008 y 2012, al ala conservadora extremista del Partido Republicano cada vez le preocupaba más que creciera la mayoría demócrata a nivel nacional. Sus dirigentes redoblaron esfuerzos por suprimir y restringir la participación en los comicios. Entre 2010 y 2018, 24 estados promulgaron restricciones nuevas al sufragio. Esa estrategia recibió un impulso inconmensurable gracias a un fallo de la Corte Suprema en 2013, *Condado de Shelby vs. Holder,* que eliminó la supervisión federal de la Ley de Derecho al Voto de 1965. En un voto cerrado de 5 contra 4, la corte terminó con el requisito de que cualquier ciudad o estado con un historial de discriminación racial solicitara la aprobación del Departamento de Justicia para cualquier cambio a sus leyes o prácticas electorales locales. Tras el veredicto de *Shelby*, aumentaron meteóricamente los esfuerzos por hacer *gerrymandering* en los distritos electorales, por purgar el padrón electoral, por reducir la cantidad de casillas en barrios minoritarios y por exigir una identificación a los votantes, al grado de que el Brennan Center for Justice advirtió en un informe de 2018 que "la gama de las estrategias de supresión de votantes se ha vuelto más generalizada, intensa y descarada en este ciclo electoral que en cualquier otro desde que inició el ataque moderno contra el sufragio".[71]

---

71. Para un resumen del caso Shelby y su impacto, ver "*Shelby County v. Holder,* a Case Summary", Constitutional Accountability Center, https://www.theus-constitution.org/litigation/shelby-county-v-holder-u-s-sup-ct/; también Van Newkirk II, "How *Shelby County v. Holder* Broke America", *Atlantic,* 10 de julio de 2018, https://www.theatlantic.com/politics/archive/2018/07/how-shelby-county-broke-america/564707/; para el informe del Brennan Center, ver Zachary Ross y Wendy R. Reiser, "This Is the Worst Voter Suppression We've Seen in the Modern Era", Brennan Center for Justice, 2 de noviembre de 2018, https://www.brennancenter.org/blog/worst-voter-suppression-weve-seen-modern-era. Para exámenes detallados del movimiento moderno de supresión de votantes, ver Carol Anderson y Dick Durbin, *One Person,*

El ascenso de Donald Trump vino acompañado de un recrudecimiento de tales medidas. Aunque ganara fácilmente el voto del colegio electoral contra su oponente demócrata, Hillary Clinton, le fastidiaba que ella hubiera ganado por un margen de 2.9 millones en el voto popular. Su respuesta fue declarar que entre 3 y 5 millones de no ciudadanos habían marcado boletas ilegalmente en las elecciones de noviembre de 2016, aunque no hubiera evidencia de semejante fraude masivo. En mayo de 2017, incluso instauró la Comisión Asesora Presidencial sobre Integridad Electoral para investigar el supuesto fraude, con el vicepresidente Mike Pence como presidente y el secretario de Estado de Kansas, Kris Kobach, como vicepresidente y administrador. Los grupos de defensa de las libertades civiles, los académicos en leyes y muchas juntas editoriales de los medios condenaron al organismo como una vía para la supresión de votantes, y Trump disolvió abruptamente su comisión en enero de 2018, sin indicación alguna de que hubiera encontrado la clase de fraude electoral masivo que había denunciado.[72]

UNA NUEVA GENERACIÓN ALCANZA LA MAYORÍA DE EDAD

Mientras aumentaban la retórica antilatina, las políticas antiinmigrantes y las deportaciones en masa por todo el país a lo largo de la administración de Obama y la de Trump, se estaba arraigando

No Vote, How Voter Suppression Is Destroying Our Democracy, (Nueva York: Bloomsbury, 2018); también Ari Berman, Give Us the Ballot: The Modern Struggle for Voting Rights in America, (Nueva York: Picador, Farrar, Straus, and Giroux, 2016).
72. "Trump's Voter-Fraud Commission Itself Is a Fraud", Washington Post, 18 de julio de 2017; Robert Farley, "Trump's Bogus Voter Fraud Claims Revisited", FactCheck.org, 25 de enero de 2017, https://www.factcheck.org/2017/01/trumps-bogus-voter-fraud-claims-revisited/; Michael Tackett y Michael Wines, "Trump Disbands Commission on Voter Fraud", New York Times, 3 de enero de 2018.

una dinámica muy distinta al interior de la comunidad hispana: más que nunca latinos jóvenes empezaron a unirse a movimientos sociales de base para defender a sus comunidades; a competir por puestos de elección popular locales y a ganarlos, y a conseguir puestos en grupos privados y profesionales dominantes que ningún latino había ocupado antes. Y, como ya vimos, también empezaron a votar.

Esa nueva generación de dirigentes políticos latinos no surgió, como las anteriores, trabajando fielmente para los partidos políticos establecidos hasta que la jerarquía los considerara listos para un ascenso. Más bien armaron disidencias contra esa jerarquía y lograron derrotar a funcionarios anquilosados. Gregorio Casar fue un ejemplo típico. Es un hombre delgado, con una barba bien cuidada y ojos oscuros y penetrantes, hijo de inmigrantes mexicanos. En 2006, cuando era adolescente, se unió a las protestas por los derechos de los inmigrantes que inundaron las calles de su ciudad natal de Houston, Texas. Dos años después, mientras estudiaba en la Universidad de Virginia, fue voluntario para la campaña presidencial de Barack Obama. Después de la universidad, se mudó a Austin, Texas, y consiguió empleo como organizador para el Workers Defense Project, un grupo de defensa de los trabajadores de bajo salario, casi todos inmigrantes. Ahí se unió a una coalición de bases contra los grupos empresariales del centro de la ciudad, y en 2014, a sus 25 años y un socialista democrático declarado, se convirtió en la persona más joven en entrar al ayuntamiento de Austin. Al año siguiente, la abogada de derechos civiles Lorena González ganó las elecciones al ayuntamiento de Seattle. Fue la primera hispana en lograrlo. Sus padres llegaron a Estados Unidos como migrantes indocumentados desde México en los años sesenta y eran jornaleros agrícolas en el estado de Washington, donde nació ella antes de que adquirieran la ciudadanía. Luego estaba Adriano Espaillat, el líder comunitario nacido en República Dominicana de la sección de Washington Heights de Manhattan que había sido indocumentado durante muchos años antes de legalizar su estatus y convertirse en ciudadano. En 2016, después de haber pasado varios periodos en la Legislatura Estatal de Nueva York, se rebeló contra los dirigentes establecidos de su partido y se apropió del escaño de Harlem que había sido ocupado durante más de medio siglo por dos políticos afroamericanos legendarios, primero Adam Clayton Powell, Jr. y luego Charles Rangel.

Incluso los pueblos chicos y los estados que no se consideran muy afectados por la migración empezaron a sentir el impacto del crecimiento de la población latina. En 2015, por ejemplo, Wilder, Idaho, un pueblo de apenas 1,500 habitantes en una zona agrícola cerca de la frontera oeste del estado, atrajo la atención del país entero cuando eligió un ayuntamiento totalmente latino. Entre los cuatro concejales estaban Ismael Fernández, de 19 años, un estudiante de primer año en el College of Idaho que se convirtió en uno de los políticos más jóvenes en la historia del estado, y Alicia Almazan, en ese entonces de 51 años, cuya familia llevaba más de cuarenta años viviendo en Wilder. Para entonces, casi el 75% de los habitantes del pueblo eran hispanos, al igual que el 25% del condado de Canyon circundante. Más de trescientas millas al noroeste, en Yakima, Washington, una ciudad de 95 mil personas con un 40% de latinos, sucedió un terremoto político similar. Tras una demanda exitosa de derecho al sufragio presentada por la Unión Americana de Libertades Civiles, la estructura de las elecciones al ayuntamiento de Yakima cambió de un sistema con elecciones generales a uno con elecciones por distrito. El resultado fue la elección de las primeras tres concejales hispanas (de siete) en la historia de la ciudad.[73]

Pero ningún político primerizo de la comunidad latina atrajo más la atención del país en este nuevo siglo que la neoyorquina

---

73. Brian Holmes, "Wilder's All-Latino Leadership a First for Idaho", *7KTVB.com,* 10 de febrero de 2016, https://www.ktvb.com/mobile/article/mb/entertainment/places/idaho-life/wilders-all-latino-leadership-a-first-for-idaho/39583219; para Yakima, ver "Third Latina elected to Yakima City Council," *Seattle Times,* 6 de noviembre de 2015, https://www.seattletimes.com/seattle-news/3rd-latina-elected-to-yakima-city-council/.

Alexandria Ocasio-Cortez, con su sorpresiva victoria contra el diputado Joe Crowley en la primaria demócrata de 2018. En ese entonces, Crowley no solo era el cuarto dirigente principal de los demócratas en la Cámara de Representantes, sino también el jefe indiscutido del Partido Demócrata en el condado de Queens. Ocasio-Cortez, apodada de inmediato "AOC", no tardó en unirse a varias mujeres de color radicales y progresistas que lograron triunfos similares contra gobernantes demócratas aquel mismo año para formar "El Escuadrón". Su grupo le envió un mensaje claro a los dirigentes del Partido Demócrata y el Republicano: los ideales del socialismo democrático habían tenido una incursión importante entre los latinos y otras minorías raciales. Su apoyo desvergonzado de Medicare para Todos, un Green New Deal, un salario mínimo federal de $15 la hora, preescolar universal y gratuito, y control de rentas a nivel nacional de inmediato capturó la atención ininterrumpida de la prensa. AOC obtuvo millones de seguidores en redes sociales, y el presidente Trump empezó a atacarla constantemente.[74]

LAS ELECCIONES DE 2020 Y EL SUPUESTO GIRO LATINO HACIA TRUMP

Los comicios presidenciales de 2020 entre Donald Trump y su contendiente demócrata Joe Biden se celebraron en medio de la pandemia global de COVID-19 y de fuertes adversidades económicas por todo el país, pero tuvieron un récord de participación. Casi 159 millones de personas emitieron su voto, el porcentaje

---

74. Abigail Hess, "29-year-old Alexandria Ocasio-Cortez Makes History as the Youngest Woman Ever Elected to Congress", *CNBC*, 7 de noviembre de 2018, https://www.cnbc.com/2018/11/06/alexandria-ocasio-cortez-is-now-the-youngest-woman-elected-to-congress.html. Para el Escuadrón, que incluía a Ilhan Omar (D-MN), a Ayanna Pressley (D-MA) y a Rashida Tlaib (D-MI), ver: Anna North, "How 4 Congresswomen Came to be Known as *The Squad*", *Vox,* 17 de julio de 2019, https://www.vox.com/2019/7/17/20696474/squad-congresswomen-trump-pressley-aoc-omar-tlaib.

más alto en un siglo y un aumento drástico del 15.9% con respecto a las elecciones de 2016. Biden consiguió un margen de 7 millones en el voto popular y una mayoría de 306 contra 232 en el importantísimo colegio electoral.

Sin embargo, a unas pocas horas del cierre de las urnas, una avalancha de noticias afirmaba que los votantes latinos —y hasta cierto grado los varones afroamericanos— habían cambiado de postura significativamente y, para sorpresa de todos, habían apoyado a Trump: Biden "solo" había capturado el 65% del voto latino contra el 32% de Trump, un margen menor que el que había logrado Hillary Clinton cuatro años antes. Según esa narrativa, esos resultados eran prueba de que los latinos son más conservadores de lo que muchos estadounidenses creen, e incluso de que no hay tal cosa como un "voto latino".[75]

Sin embargo, se trata de una narrativa falsa, o por lo menos engañosa. Construida a partir de los datos defectuosos de una de las primeras encuestas de salida nacionales y de los resultados incompletos de las elecciones, no reconocía una de las mayores lecciones de los comicios de 2020: la participación inédita de los latinos. Tomaría meses, hasta abril de 2021, para que la Oficina del Censo publicara su propio análisis postelectoral, que indicó que al menos 16.4 millones de latinos declararon haber emitido su voto en la elección presidencial, casi 4 millones más que en 2016. Fue un aumento sorprendente del 30.1%, el salto más grande en el voto latino en un periodo de cuatro años jamás registrado. También significa que los latinos lograron un aumento casi del doble de

---

75. Britanny Mejia, "Latino Voters Tired of Being Taken for Granted by Baffled Democratic Campaigns", *Los Angeles Times*, 5 de noviembre de 2020; Murtaza Hussain, "Nonwhite Voters Are Not Immune to the Appeal of Right-Wing Populism", *Intercept*, 6 de noviembre de 2020, https://theintercept.com/2020/11/06/election-results-trump-voters-of-color/; Jennifer Medina, "How Democrats Missed Trumps Appeal to Latino Voters", *New York Times*, 9 de noviembre de 2020; Nicole Chavez, "There's No Such Thing as the Latino Vote. 2020 Results Reveal a Complex Electorate", *CNN*, 9 de noviembre de 2020; Marcela Valdes, "The Fight to Win Latino Voters for the GOP", *New York Times Magazine*, 23 de noviembre de 2020.

grande que el salto histórico que hubo en la participación de todos los votantes, del 15.9%.[76]

Mientras tanto, el supuesto giro drástico a favor de Trump entre los latinos de hecho no fue drástico en absoluto.[77] Su porcentaje de votos se mantuvo en general en donde se han encontrado históricamente los resultados de los candidatos presidenciales republicanos entre los latinos. De hecho, estuvo entre los más bajos. Aunque aceptemos el criticado estimado de la encuesta de salida de Edison Research que afirmaba que Trump capturó el 32% del voto hispano, algunos candidatos presidenciales republicanos han obtenido resultados mucho mejores. George W. Bush lo logró dos veces (con un máximo del 40% en 2004) y Ronald Reagan, otras dos (con un máximo del 37% en 1984); mientras que John McCain (31% en 2008) y George H. W. Bush (30% en

76. Oficina del Censo de Estados Unidos, "Voting and Registration in the Election of 2020", abril de 2021, https://www.census.gov/data/tables/time-series/demo/voting-and-registration/p20-585.html. El análisis temprano del voto latino más preciso es el de la Iniciativa de Política y Políticas Públicas Latinas de UCLA, que presentó un informe completo en enero de 2021. Ver Rodrigo Domínguez-Villegas, Nick Gonzalez, *et al.*, "Vote Choice of Latino Voters in the 2020 Presidential Election", Iniciativa de Política y Políticas Públicas Latinas de UCLA, 19 de enero de 2021, https://latino.ucla.edu/wp-content/uploads/2021/01/Election-2020-Report-1.19.pdf.

77. La citadísima división de 65%-32% entre votantes latinos a la presidencia, por ejemplo, provino de la Encuesta Nacional de Salida que Edison Research ha llevado a cabo para las principales cadenas en todas las elecciones desde 2004, una encuesta que ha sido criticada porque subrepresenta a los votantes con el español como lengua dominante, a quienes tienen menos educación y a quienes viven en distritos de mayoría latina, mientras que sobrerrepresenta distritos en comunidades cubanoamericanas, que históricamente han tendido a votar por los republicanos. "Es un ejemplo de la peor encuesta posible que de alguna forma llegó a ser considerada 'oficial' o 'datos duros' por la gente de los medios", dijo el politólogo de UCLA Matt Barret, quien fue consultor de la campaña de Biden. Entrevista del autor y correspondencia por correo electrónico con Matt Barreto, 30 de noviembre a 8 de diciembre de 2020. Ver también Matt A. Barreto, Tyler Reny y Bryan Wilcox-Archuleta, "Survey Methodology and the Latina/o Vote: Why a Bilingual, Bicultural, Latino-Centered Approach Matters", *Aztlán 42-2* (otoño de 2017), 211-227, http://mattbarreto.com/papers/barreto_reny_wilcox_aztlan.pdf.

1988) lograron resultados similares a los de Trump en elecciones que perdieron.[78] Los investigadores de la Iniciativa de Política y Políticas Públicas Latinas de UCLA concluyeron que Biden ganó el 70% del voto latino a nivel nacional, y Trump, el 27%. Reconocen que hubo un pequeño aumento en el porcentaje de latinos que votó por Trump cuatro años atrás, pero insistieron en que la verdadera noticia fue el aumento inédito en la cantidad de votantes latinos, que ayudó a asegurar la victoria de Biden en estados clave en disputa, como Arizona, Pennsylvania y Wisconsin, donde Biden consiguió más del 70% del voto latino.[79]

VOTANTES LATINOS EN EL SIGLO XXI

Algunos estudios declaran que el electorado latino es conservador de corazón, pero yo recomendaría tener cuidado con tales conclusiones. Es verdad que siempre que las comunidades hispanas alcanzan cierta prosperidad —en lugares como Miami y

---

78. Encuesta Estadounidense de la Víspera de las Elecciones 2020, https://electioneve2020.com/poll/#/en/demographics/latino; para las tendencias históricas del voto hispano para presidente, ver: "Portrait of the Electorate: Table of Detailed Results", *New York Times*, 3 de noviembre de 2010, https://archive.nytimes.com/www.nytimes.com/interactive/2010/11/07/weekinreview/20101107-detailed-exitpolls.html.

79. No habría cifras de participación confiables disponibles sino hasta mediados de 2021, cuando la Oficina del Censo publicó su encuesta periódica de los votantes estadounidenses. La encuesta de Edison, que usaron todas las empresas de medios principales, estimaba que los latinos comprendían el 13% de los 159 millones de estadounidenses que votaron en 2020, y los afroamericanos, el 13%. De ser cierto, eso habría significado que votó una cantidad aún mayor de latinos: 20.6 millones. Pero al igual que todo con la encuesta de Edison, Barreto insistió en que esas cifras eran "adivinanzas al azar". En cuanto al margen de Biden entre los latinos de los estados disputados, los estimados preliminares de la Iniciativa Latina de UCLA descubrieron que, en Arizona, donde Biden triunfó por tan solo 12 mil votos, los latinos le dieron un margen neto (tras restar los votos latinos a favor de Trump) de 312 mil; en Pennsylvania, donde Biden ganó por 82 mil, el voto latino neto a su favor fue de 116 mil; en Wisconsin, donde ganó por 20,500, el voto latino neto a su favor fue de 44,300.

Orlando, el norte de Nuevo México, y el condado de Contra Costa, California— inevitablemente adquieren patrones de voto más moderados. Pero los hispanos siguen abrumadoramente concentrados en los sectores de clase obrera y clase media baja del país. La cruzada económica de esa mayoría por mejorar su nivel de vida la pone necesariamente en conflicto con el impulso de las corporaciones por lograr el máximo nivel de ganancias a partir de cada vez menos trabajadores. Además, los latinos están influidos constantemente por las noticias de cómo la gente en sus países natales lucha por sobrevivir dentro de la nueva economía global. Esa realidad económica, junto con el sesgo antihispano al que se enfrentan todos los días en Estados Unidos, los empuja continuamente, sin importar el país de origen de sus familias, a unirse para defender sus intereses. Además, los inmigrantes latinos tienen una política más sofisticada de lo que la mayoría de nosotros creemos, pues provienen de países en los que las guerras civiles y los conflictos por el poder los han obligado a poner atención a la política.

La mayoría de los expertos argumenta que el nuevo electorado latino nunca funcionará de la manera unificada en la que lo ha hecho el afroamericano. Señalan que los términos "hispano" y "latino" son categorías amplias que esconden diferencias étnicas enormes y, dadas esas diferencias, los latinos terminarán por adoptar patrones de voto más cercanos a los de los antiguos inmigrantes europeos. Aunque la primera conclusión sea cierta, la segunda no comprende que durante las últimas décadas ha surgido una nueva y rica identidad latina en suelo estadounidense. A partir de una población mexicoamericana en el Suroeste y un enclave puertorriqueño en Nueva York, los distintos grupos de hispanos han pasado, y siguen pasando, por una fusión interna a causa de los matrimonios entre grupos, del conocimiento de la música, comida y tradiciones de los demás, de la lengua en común, de una experiencia compartida de lucha contra los prejuicios antihispanos, y por estar excluidos en los mismos barrios segregados. Ya no sucede que un puñado de grupos mexicoamericanos, puertorriqueños o cubanos dominen el debate político nacional sobre los hispanos; más bien, los líderes de grupos antes dispares están hablando con una voz más unificada por medio de organizaciones como la National Association of Latino Elected and Appointed Officials, la National Hispanic Agenda, la National Hispanic Chamber of Commerce, el Labor Council for Latin American Advancement y el National Hispanic Political Action Committee.

A principios de 2021, casi setenta años después de que Ed Roybal fuera el pionero de la política latina moderna, había más de 6,800 funcionarios públicos por elección popular en el país, incluyendo un récord de seis en el Senado: Catherine Cortez-Masto (demócrata, Nevada), Ted Cruz (republicano, Texas), Bob Menendez (demócrata, Nueva Jersey), Alex Padilla (demócrata, California) y Marco Rubio (republicano, Florida). Sin embargo, esos 6,800 seguían representando a poco más de 1% de todos los funcionarios electos, en un momento en el que los latinos conformaban el 18.7% de la población total.[80]

Dada la constante crisis económica en Latinoamérica, seguirán llegando inmigrantes, y dada la madurez de la identidad hispana interétnica de aquí, no tengo duda de que el siglo XXI presenciará el despertar total del poder de voto de los latinos. Durante las siguientes décadas, los hispanos en Estados Unidos seguirán registrándose y votando en cifras récord, emocionados por la sensación histórica de que "ahora es nuestro turno". Cada vez es más evidente el enorme impacto del crecimiento de la población latina. El censo de 2020, por ejemplo, reveló que había trece estados donde lxs latinxs conformaban más del 15% de la población total

---

80. En su informe más reciente, de 2019, el conteo anual de funcionarios públicos hispanos realizado por la National Association of Latino Elected Officials (NALEO) ubicó la cifra en 6,749. La cifra ha fluctuado bastante a lo largo de los años, en parte debido a que los cambios en la forma de seleccionar miembros de las juntas educativas en Chicago y Nueva York a principios de los dosmiles redujeron una gran cantidad de latinos electos en esas ciudades. Ver *2018 National Directory of Latino Elected Officials*, NALEO Education Fund, 2019, https://naleo.org/wp-content/uploads/2019/10/2018_National_Directory_of_Latino_Elected_Officials-1.pdf; también *1994 National Roster of Hispanic Elected Officials* (NALEO Education Fund, 1995), viii.

(ver la Tabla 6). Estos incluían seis estados contiguos —California, Nevada, Colorado, Arizona, Nuevo México y Texas— cuya población combinada tenía más de 35% de latinos, señal inconfundible de que ha empezado a surgir un nuevo "Cinturón Moreno" precisamente en la zona del suroeste de Estados Unidos que solía formar parte de México.

Tabla 6

Estados con más del 15% de población hispana en 2020[81]

	Porcentaje hispano/latino/ latinx de la población
Nuevo México	47.7%
California	39.4%
Texas	39.3%
Arizona	30.7%
Nevada	28.7%
Florida	26.5%
Colorado	21.9%
Nueva Jersey	21.6%
Nueva York	19.5%
Illinois	18.2%
Connecticut	17.3%
Rhode Island	16.6%
Utah	15.1%

Los dirigentes políticos hispanos que comprendan esta transformación demográfica por completo y se nieguen a quedar sub-

---

81. Oficina del Censo de Estados Unidos, "State-by-State Visualizations of Key Demographic Trends From the 2020 Census", 8 de octubre de 2021, https://www.census.gov/library/stories/state-by-state.html.

sumidos en la eterna división entre negros y blancos cuando se discutan temas raciales o a que los den por sentados como propiedad del ala centrista del Partido Demócrata lograrán convertir a los votantes hispanos, junto con la creciente cantidad de votantes asiáticoamericanos, en la base de una nueva coalición interracial, o una "Tercera Fuerza" en la vida política de Estados Unidos. Tal movimiento de Tercera Fuerza intentaría construir una mayoría civil genuinamente multirracial y multiétnica. Su objetivo no solo sería conseguir que más personas votaran, sino que participaran activamente en instituciones sociales y civiles, y crearan así espacios y voces para que los ciudadanos de todas las razas y grupos étnicos lograran el fin de la injusticia racial. Como una coalición así apelaría a quienes hasta ahora han estado alienados y privados de sus derechos, cambiaría necesariamente los términos del debate nacional y brindaría una alternativa a la minoría corporativa-conservadora que ha financiado y controlado los dos partidos políticos principales a lo largo de la historia moderna de nuestro país.

Al construir tal coalición para renovar la política estadounidense, los descendientes de Juan Seguín no solo reclamarán su papel en la historia de nuestro país, sino que podrán reescribirla.

11

Inmigrantes viejos y nuevos:
Cerrar las fronteras de la mente

> Durante quince siglos fueron la columna vertebral de un continente, invariables mientras los cambios a su alrededor forjaban una y otra vez la civilización en la que vivían.
>
> —OSCAR HANDLIN, *The Uprooted*

La política migratoria lleva treinta años provocando un feroz debate público en Estados Unidos. Los periodos repetidos de auge y desastre económico —los últimos fueron la Gran Recesión de 2008-2009 y la pandemia de COVID-19 de 2020-2021— han dejado tambaleándose a millones de estadounidenses de a pie por el estancamiento de su nivel de vida, la pérdida de empleos fabriles bien pagados a causa de la producción barata en el extranjero, el enorme aumento del precio de las viviendas y la falta de un seguro médico asequible. La frustración con los giros del capitalismo global y la creciente desigualdad de ingresos hizo que muchas personas dirigieran su enojo hacia los inmigrantes indocumentados, creyendo que eran la fuente de todos los males económicos del país, en particular los que provienen de Latinoamérica. Esto fue particularmente cierto durante la presidencia de George W. Bush y la de Barack Obama, cuando las deportaciones masivas de migrantes alcanzaron niveles récord. Pero la campaña presidencial de Donald Trump y su subsiguiente presidencia marcaron un recrudecimiento cualitativo en la hostilidad contra los inmigrantes, pues la propia Casa Blanca promovía la histeria racista y el gobierno federal lanzó un ataque inédito contra los migrantes con detenciones en masa; separando a las familias que llegaban a la frontera; con restricciones draconianas a la migración legal, y con amenazas abiertas contra el gobierno mexicano y los centroamericanos, incluyendo recortes drásticos en la ayuda extranjera para forzarlos a detener el flujo de migrantes.[1]

Sin embargo, a muchos estadounidenses les sorprendió el impacto de las políticas de Trump a principios de 2019, sobre todo la orden de "tolerancia cero" de procesar a todos los migrantes arrestados mientras cruzaban la frontera, que según la ley federal es un delito menor para quienes no cuenten con antecedentes penales.[2] Esas políticas no tardaron en producir imágenes desgarradoras de miles de migrantes metidos en jaulas de malla por agentes de la Oficina de Aduanas y Protección Fronteriza (CBP, por sus siglas en inglés) en campos de detención abarrotados. Separaban a

---

1. Como señala Julia Young, los nativistas contemporáneos "tienen una plataforma de la que carecían las generaciones anteriores: un presidente que no solo parece estar de acuerdo con muchos de sus argumentos, sino que también atiza las llamas del nativismo de forma explícita y agresiva". Ver Julia G. Young, "Making America 1920s Again? Nativism and U.S. Immigration, Past and Present", *Journal on Migration and Human Security* 5, no. 1 (2017): 228.

2. La "política de tolerancia cero" anunciada por el fiscal general, Jeff Sessions, en abril de 2018, declaraba la existencia de una "crisis" en la frontera suroeste, que el gobierno federal enfrentaría con un "mayor esfuerzo por procesar a quienes deciden cruzar nuestra frontera de manera ilegal". No tardó en haber miles de detenciones y procesos judiciales de migrantes aprehendidos en la frontera y, en el caso de las familias, separaron a miles de niños de sus padres. Ver "Attorney General Announces Zero-Tolerance Policy for Criminal Illegal Entry", Departamento de Justicia, Oficina de Asuntos Públicos, 6 de abril de 2018, https://www.justice.gov/opa/pr/attorney-general-announces-zero-tolerance-policy-criminal-illegal-entry. También, "The Trump Administration's 'Zero Tolerance' Immigration Enforcement Policy", Servicio de Investigación del Congreso, 26 de febrero de 2019, https://fas.org/sgp/crs/homesec/R45266.pdf. También, Ted Hesson y Lorraine Woellert, "DHS and HHS Officials Blindsided by 'Zero Tolerance' Border Policy", *Politico,* 24 de octubre de 2018, https://www.politico.com/story/2018/10/24/dhs-hhs-zero-tolerance-family-separations-935340.

los padres de sus hijos, que a veces eran apenas bebés. Según una investigación de la Associated Press y Frontline, de PBS, durante el año fiscal 2019-2020, mantuvieron detenida a la asombrosa cantidad de casi setenta mil niños migrantes sin sus padres, un aumento del 42% respecto al año anterior. La serie de muertes infantiles que provocaron fue aún más impresionante, como el caso de Jakelin Caal Maquin, una niña guatemalteca de siete años que se enfermó y murió luego de que la Patrulla Fronteriza la detuviera mientras cruzaba la frontera junto con su padre. Solo eran una pequeña parte de los miles de migrantes —los estimados varían entre siete mil y diez mil— que han perecido al intentar cruzar la frontera desde los años noventa. Sin embargo, para finales de 2020, casi catorce años después de que el Congreso hubiera intentado renovar las leyes migratorias del país por primera vez, no había habido progreso importante en Washington.[3]

No obstante, las reacciones contra los inmigrantes no son nuevas en la historia de Estados Unidos. Cada oleada importante de

3. Para las detenciones, ver Christopher Sherman, Martha Mendoza y Garance Burke, "US Held Record Number of Migrant Children in Custody in 2019", *Associated Press,* 12 de noviembre de 2019, https://apnews.com/015702af-db4d4fbf85cf5070cd2c6824. Para las muertes de niños, ver Molly Hennessey-Fiske, "Six Migrant Children Have Died in U.S. Custody. Here's What We Know About Them", *Los Angeles Times,* 24 de mayo de 2019. La Patrulla Fronteriza confirmó 7,505 muertes de migrantes en la frontera suroeste entre 1998 y 2018, un promedio de casi cinco a la semana durante los últimos 30 años. Ver "Southwest Border Deaths by Fiscal Year", Patrulla Fronteriza de Estados Unidos, https://www.cbp.gov/sites/default/files/assets/documents/2019-Mar/bp-southwest-border-sector-deaths-fy1998-fy2018.pdf. Sin embargo, varios medios, académicos y defensores de los migrantes afirman que las cifras de esta agencia subreportan la cantidad real al no contar, por ejemplo, a quienes se ahogan, pero cuyos cuerpos terminan en el lado mexicano de la frontera. Ver Bob Ortega, "Border Patrol Failed to Count Hundreds of Migrant Deaths on US Soil", *CNN,* 15 de mayo de 2018, https://www.cnn.com/2018/05/14/us/border-patrol-migrant-death-count-invs/index.html; también Karl Eschbach, *et al.*, "Death at the Border", *The International Migration Review* 33, no. 2 (verano de 1999): 430-454, y Jeremy Slack y Daniel E. Martínez, "The geography of migrant death: violence on the U.S.-Mexico Border", en Katharyne Mitchell *et al.* eds., *Handbook on Critical Geographies of Migration* (Cheltenham, Reino Unido: Edward Elgar Publishing, 2019), 142-152.

recién llegados a nuestras costas ha provocado consternación entre los colonos anteriores, quienes justificaron sus medidas drásticas con acusaciones contra los migrantes muy similares a las que oímos ahora. La reacción nativista más reciente es la tercera erupción importante desde la fundación del país, aunque ha habido varias menores. Empezó a finales de los años ochenta, cuando los partidarios de las políticas restrictivas decían que los inmigrantes latinos eran *diferentes* a las oleadas anteriores de europeos. Se aferraban a su lengua materna, se negaban a asimilarse, drenaban los servicios públicos y generaban una cantidad preocupante de delincuentes. Los noticieros de radio y televisión atizaron esos miedos, pintando a agentes migratorios en nuestras fronteras y aeropuertos abrumados por el enorme flujo de extranjeros ilegales. Conforme se propagaba el pánico, una gama de políticos conservadores, académicos moderados e incluso ambientalistas liberales exigieron medidas fuertes. Dijeron que nuestra forma de vida y nuestra identidad misma estaban bajo asedio.

California dio el primer golpe importante en 1994, cuando sus votantes aprobaron por una abrumadora mayoría la Proposición 187, que prohibía todos los servicios públicos para los inmigrantes no autorizados, una medida que los tribunales derogarían más tarde. Luego, en 1996, el Congreso promulgó y el presidente Clinton firmó una serie de nuevas leyes draconianas con el propósito de reducir drásticamente la inmigración legal y la ilegal y de acelerar la deportación de quienes el gobierno considerara indeseables. Tras los devastadores ataques terroristas contra las Torres Gemelas en 2001, el recién creado Departamento de Seguridad Nacional redobló los esfuerzos del gobierno federal por controlar las fronteras del país y deportar a los inmigrantes indocumentados.

El 6 de diciembre de 2005, James Sensenbrenner, un republicano conservador de Milwaukee presentó una propuesta ante la Cámara de Representantes, la Ley para el Control de la Inmigración, el Antiterrorismo y la Protección de las Fronteras, que intentaba convertir en delito que cualquier extranjero residiera ilegalmente en el país o que otras personas lo contrataran o ayudaran. Históricamente, se ha considerado una falta civil que un inmigrante esté ilegalmente en el país. Cada vez que las autoridades los aprehendían, los detenían e iniciaban el proceso de deportación. La propuesta de Sensenbrenner intentaba cambiar eso convirtiendo a todos los inmigrantes ilegales en delincuentes, junto con cualquier ciudadano o inmigrante legal que contratara a un trabajador indocumentado, o a cualquier pariente, trabajador social o ministro religioso que lo alojara o le brindara ayuda. Además, la propuesta intentaba aumentar la militarización de la frontera entre México y Estados Unidos.

A muchos estadounidenses les preocupaba, con razón, que los terroristas extranjeros aprovecharan las fronteras porosas para lanzar otro ataque. Pero para muchos líderes latinos, las medidas tras el 11 de septiembre les recordaban la enorme campaña de repatriación lanzada por el presidente Hoover a principios de los años treinta o la "Operación Espalda Mojada" del presidente Eisenhower en 1954, que habían estado dirigidas contra migrantes mexicanos.

La propuesta de Sensenbrenner pasó volando por varios comités en tiempo récord, sin que prácticamente hubiera audiencias. El 16 de diciembre, diez días después de que presentara la propuesta, la Cámara de Representantes la aprobó con un voto de 239 contra 182. Su adopción fue una cubetada de agua fría para los defensores de los derechos de los inmigrantes. Con el Senado planeando discutir su propia versión de la ley en la primavera de 2006, se apresuraron a detener su aprobación final y empezaron a presionar al Congreso para reconstruir por completo las leyes migratorias. También decidieron organizar protestas en primavera que subrayaran la necesidad de legalizar a millones de inmigrantes indocumentados. Así inició lo que quizás fuera el movimiento de protesta más grande de nuestra historia hasta entonces, un movimiento que merece un análisis más profundo por su importancia a largo plazo.

EMPIEZAN LAS MEGAMARCHAS

La primera señal de que estaba sucediendo algo inédito llegó el viernes 10 de marzo de 2006 en Chicago, cuando una multitud que la policía local estimó en cien mil personas se reunió en Union Park y marchó hasta la Federal Plaza en el Loop del centro de la ciudad. Los manifestantes no eran los activistas que suelen verse en las protestas obreras o antibélicas. Aunque incluyera contingentes considerables de inmigrantes polacos, irlandeses y chinos, la muchedumbre estaba conformada sobre todo por latinos jóvenes, un sector de la población de Chicago que había sido casi invisible para la élite de la ciudad hasta entonces.[4]

Tras la marcha de Chicago vino un mitin de más de diez mil personas en Zeidler Park en la ciudad natal de Sensenbrenner, Milwaukee, el 23 de marzo. Al día siguiente, un estimado de 25 mil latinos se reunieron frente a la oficina del senador republicano John Kyle, un partidario de la propuesta de ley, en Phoenix, en una de las protestas más grandes en la historia de Arizona.[5]

Luego, el 25 de marzo, las calles del centro de Los Ángeles quedaron bloqueadas por una protesta más, que se extendía varias millas. Su tamaño excedía por mucho las expectativas más optimistas de sus dirigentes. Uno de los principales organizadores, Victor Narro, del Centro de los Trabajadores de UCLA, había tramitado un permiso para una marcha de cinco mil personas desde Olympic Boulevard y Broadway hasta el ayuntamiento de Los Ángeles. Una semana antes del evento, corrigió la cifra a cincuenta mil. Según los estimados oficiales de la policía, el día del mitin se presentaron por lo menos medio millón de personas; los organizadores afirman que la participación se acercó más bien al millón. Sin embargo, ambos bandos estaban de acuerdo en que fue un suceso histórico, incluso para estándares de California.

---

4. "Immigrants Stage Massive Protest in Chicago", Reuters, 10 de marzo de 2006.
5. Mark Johnson y Linda Spice, "Thousands March for Immigrants", *Milwaukee Journal Sentinel Online*, 23 de marzo de 2006.

"Llevo 38 años en la fuerza y nunca había visto un mitin tan grande", dijo el comandante de policía Louis Gray, Jr., quien supervisó el evento, a la Associated Press.[6]

Parte de la razón por la que esas convocatorias enormes tomaron por sorpresa a los dirigentes del *establishment* e incluso a sus propios organizadores fue el poderoso impacto de la prensa y los locutores de radio hispanohablantes. En Los Ángeles, por ejemplo, programas de asuntos públicos como *Here We Are with Alfredo Gutierrez*, en Radio Campesina, KNAI-FM (88.3), y *Let's Talk* con Elias Bermudez, en KIDR-AM (740) inspiraron a actuar a muchos manifestantes. Otros se enteraron de las protestas al sintonizar *Piolín por la mañana*, un popular programa de radio matutino en español retransmitido localmente por KHOT-FM (105.9). El locutor, Eddie "Piolín" Sotelo, incitó a sus escuchas a participar, a ir de blanco para simbolizar la paz y a marchar de forma pacífica.[7]

El mismo día que el evento de Los Ángeles, más de cincuenta mil latinos se reunieron en el Civic Center Park de Denver, mientras que otros cinco mil marcharon en Charlotte, Carolina del Norte. Durante los siguientes días, una vertiginosa serie de actos similares ocurrieron en Detroit (50 mil), Nashville (8 mil) y Columbus, Ohio (7 mil). Cada vez era más frecuente que las marchas estuvieran acompañadas por huelgas espontáneas de cientos e incluso miles de estudiantes latinos de bachilleratos y universidades de todo el Suroeste.[8]

Pero marzo apenas fue el preludio de una oleada más generalizada de protestas el mes siguiente. El 9 y el 10 de abril, entre 1.3 y

---

6. Alfonso Gonzales, "The 2006 *Mega Marchas* in Greater Los Angeles: Counter-Hegemonic Moment and the Future of *El Migrante* Struggle", *Latino Studies* 7, no. 1 (2009), 42. Gonzales más tarde convirtió su artículo en un estudio más detallado del movimiento por los derechos de los inmigrantes. Ver Alfonso Gonzales, *Reform Without Justice: Latino Migrant Politics and the Homeland Security State* (Nueva York: Oxford University Press, 2014).
7. Gonzales, "The 2006 *Mega Marchas*", 41.
8. "500,000 March in L.A. against Immigration Bill", *Washington Post*, 25 de marzo de 2006; Aileen Torres y Kate Howard, "Immigration March Draws Thousands", *Nashville Tennessean*, 30 de marzo de 2006.

1.7 millones de personas se unieron a mítines en más de cien pueblos y ciudades. En Dallas, más de 35 mil personas participaron en la protesta del domingo 9 de abril, quizás la más grande en la historia de Texas.[9] Al día siguiente, Phoenix, Nueva York y Washington, D.C., atrajeron muchedumbres de más de cien mil personas cada una. La mera cantidad de marchas en esos dos días fue impactante, sobre todo el 10 de abril, que era día laboral. Entre los eventos más impresionantes se encontraba el de Albertville, Alabama, donde una muchedumbre de latinos estimada entre 2 mil y 5 mil personas desfiló por el pueblo. La participación representaba entre una décima y una cuarta parte de la población total de Albertville.

Las protestas continuaron intermitentemente durante todo abril. Pero para entonces, muchos de los organizadores principales del movimiento habían comenzado a concentrarse en una tercera ola de protestas programadas para el primero de mayo, el Día International de los Trabajadores.

Esa última oleada sería el acto más controvertido e impactante del movimiento. Los grupos radicales de trabajadores migrantes de Centro y Sudamérica, donde el Día Internacional de los Trabajadores es una efeméride y un día de protesta tradicional, llevaban años organizando marchas por el Día del Trabajo en un puñado de ciudades de Estados Unidos. Pero sus eventos siempre atraían poca gente. Eso cambió tras las megamarchas de marzo y abril. Las organizaciones comunitarias más radicales de la nueva coalición insistieron en que la única manera de lograr una reforma migratoria integral en el Congreso sería demostrando vívidamente la importancia de los latinos y otros inmigrantes para la economía estadounidense. Era momento de superar los mítines y el Día del Trabajo era la fecha perfecta para organizar un paro nacional y suspender las labores de los trabajadores inmigrantes

---

9. Thomas Korosec y Cynthia Leonor Garza, "The Immigration Debate: Rally Floods Dallas Streets: Police Estimate between 350,000 and 500,000 in Peaceful Crowds", *Houston Chronicle*, 14 de abril de 2006, 12 de mayo de 2010, http://www.chron.com/disp/story.mpl/front/3782888.html.

durante un día. Lo llamaron "El Gran Boicot Estadounidense", mientras que otros lo apodaron "Un Día Sin Inmigrantes".

La propuesta de paro escindió la alianza nacional. El ala más moderada, que incluía a la Iglesia Católica, organizaciones obreras importantes como el Sindicato Internacional de Trabajadores de Servicios, los grandes grupos de cabildeo con sede en Washington y el Partido Demócrata, condenaron abiertamente cualquier suspensión de labores. Un acto tan agresivo enfurecería a los blancos y endurecería la oposición a la reforma entre los republicanos conservadores en el Congreso.

Sin embargo, para entonces los líderes establecidos habían perdido el control de los millones de latinos entusiasmados por las enormes protestas de marzo y abril. En Chicago, Los Ángeles, Seattle, Denver y docenas de ciudades más, las marchas del Día del Trabajo contaron con una participación aún más sorprendente que los eventos anteriores de esa primavera.

La táctica de un paro o una suspensión de labores resultó más efectiva de lo que cualquiera habría imaginado. En California, el 90% de los transportistas del Puerto de Los Ángeles se quedó en casa el primero de mayo. La asistencia en las escuelas públicas de la ciudad cayó un 27%. Los campos de cultivo se detuvieron en todo el Valle Central y el Valle Imperial, en la suspensión de labores agrícola más grande de la historia del estado. En otras partes del país, las corporaciones importantes como Tyson Foods, Perdue y Swift prefirieron darles el día libre a sus empleados en vez de arriesgarse a que interrumpieran su producción. En Nueva York, los principales barrios de inmigrantes, como Washington Heights y Sunset Park, en Brooklyn, prácticamente se convirtieron en pueblos fantasmas cuando miles de negocios latinos y coreanos cerraron sus puertas aquel día.[10]

¿Cómo lograron organizar esas protestas inéditas a nivel nacional esos activistas latinos poco conocidos, aunque estuvieran

---

10. Gonzales, "The 2006 *Mega Marchas*", 47–49; Juan González, "On the Streets of New York, Solidarity Reigns", *New York Daily News*, 2 de mayo de 2006.

dispersos por todo el país, contaran con pocos recursos financieros y tuvieran que superar la firme oposición a sus tácticas por parte de sus aliados en el *establishment* político? Para comprender a fondo ese logro histórico, hay que deshacernos de la noción de que los dirigentes de las megamarchas eran un grupo dispar de activistas comunitarios sin experiencia o de que los políticos liberales y los líderes sindicales de Washington orquestaron sus movimientos. En realidad, las megamarchas fueron la culminación de la organización política de bases lograda por tres generaciones de líderes latinos. Muchos de ellos eran organizadores veteranos de sindicatos y organizaciones de trabajadores agrícolas en Estados Unidos o en sus países de origen en Latinoamérica.

Según un estudio del politólogo Alfonso Gonzales, la generación más antigua de esos dirigentes se volvió activa por primera vez durante los brotes nacionalistas chicanos y puertorriqueños de los años sesenta y setenta. En Los Ángeles, por ejemplo, organizadores clave como Javier Rodríguez, estratega de medios para la Coalición 25 de Marzo, y Nativo López, presidente de la Asociación Política México Americana, habían sido miembros de CASA (Centro de Acción Social Autónoma), una organización obrera radical latina fundada décadas antes por Bert Corona, el legendario organizador chicano de trabajadores migrantes mexicanos. Otros, como Armando Navarro y Carlos Montes, habían surgido del Partido Raza Unida y el movimiento de los Boinas Cafés en los años setenta.[11]

Una segunda generación había obtenido experiencia vital durante los años ochenta, por su participación en el movimiento por la amnistía migratoria y los movimientos santuario centroamericanos. El guatemalteco Juan José Gutiérrez, director ejecutivo de Latino Movement USA, por ejemplo, y la mexicoamericana Gloria Saucedo, directora de la Hermandad Mexicana Nacional

---

11. En "The 2006 *Mega Marchas*", 36–38, Alfonso Gonzales rastrea de manera excelente la historia personal de varios organizadores clave de las protestas de 2006 y cómo se reunieron en Los Ángeles para formar lo que él llama el "Bloque Histórico Latino". Aquí resumo sus hallazgos principales.

del valle de San Fernando, habían trabajado en esfuerzos por una amnistía que resultaron en la Ley de Reforma y Control de la Inmigración de 1986. Gutiérrez se convirtió en uno de los voceros más visibles de las protestas de 2006.

La larga duración y la brutalidad de las guerras en El Salvador, Guatemala y Nicaragua provocaron que los activistas políticos que sobrevivieron a esos conflictos y huyeron a Estados Unidos como refugiados tuvieran mucha más experiencia y recursos como organizadores que los chicanos y puertorriqueños que habían nacido aquí. En California, esa generación incluía a figuras como Angela Sanbrano, del Central American Resource Center, y a Isaura Rivera, del Frente Continental, que también tuvieron papeles importantes en las protestas de 2006.

La tercera generación de líderes provenía de las filas de exestudiantes universitarios latinos que se habían involucrado en las campañas contra la Proposición 187 y otras iniciativas antiinmigrantes durante los años noventa. Incluían a Ron Gochez, fundador de la Coordinadora Estudiantil de La Raza, y a Esther Portillo, quien, tras terminar su carrera, se convirtió en organizadora de mujeres migrantes salvadoreñas en Los Ángeles.

Las historias personales de los organizadores de las protestas en Los Ángeles no eran únicas. Cientos de líderes comunitarios latinos en muchas ciudades llevaban décadas acumulando conocimiento y experiencia sobre el funcionamiento del sistema político estadounidense. Al unirse en la primavera de 2006 para exigir respeto por los inmigrantes hispanos, desataron un movimiento inédito y convirtieron sus actos en un momento fundacional en la historia de los latinos en Estados Unidos.

El movimiento impresionó tanto al país que nuestros dirigentes archivaron sin tardanza la Propuesta Sensenbrenner. Pero la reacción enfurecida de los estadounidenses conservadores creció tanto que en 2007 arruinó cualquier intento por lograr el principal objetivo de los activistas: una reforma migratoria integral. Mientras tanto, el movimiento se fracturó por disputas entre las grandes organizaciones nacionales y los grupos de bases. Los grupos de Washington urgían un acuerdo con los republicanos:

penas nuevas y más duras para los indocumentados, un nuevo programa de trabajadores temporales y la militarización de la frontera a cambio de algún programa prolongado de legalización. Las organizaciones de bases insistían en una vía a la ciudadanía con menos restricciones y se oponían a la militarización de la frontera.

~~~~~

No hay duda de que algunas de las cosas que dicen los nativistas son verdad. La última oleada inmigratoria a Estados Unidos ha sido notablemente diferente a las anteriores. 59 millones de extranjeros se asentaron en este país entre 1965 y 2015, y cada década marcaba un aumento en los arribos. Por lo tanto, esta oleada migratoria supera en número a cualquier otro periodo de cincuenta años en la historia. El máximo anterior fueron los 37.2 millones de personas que llegaron entre 1880 y 1930, aunque la población del país era mucho menor en ese entonces. A diferencia de las oleadas anteriores, esta vez, la mitad de los migrantes provienen de Latinoamérica y el Caribe, y una cuarta parte, de Asia y África. El tamaño de la migración desde esas regiones ha transformado por sí mismo la antigua imagen de Estados Unidos como un país de europeos transplantados.[12]

Y algunos de esos nuevos inmigrantes también difieren de los europeos que los precedieron —incluso de los inmigrantes asiáticos actuales—, pero no por una propensión innata a caer en el crimen y la pobreza ni por un rechazo terco a aprender inglés y entrar en la cultura dominante. Más bien, los inmigrantes latinoamericanos y caribeños se enfrentaron a factores externos específicos en cuanto a la naturaleza y momento de su migración que influyeron bastante en su integración —o en la falta de ella—.

12. "Modern Immigration Wave Brings 59 Million to U.S., Driving Population Growth and Change Through 2065", Centro de Investigaciones Pew, Tendencias Hispanas, 28 de septiembre de 2015, https://www.pewresearch.org/hispanic/2015/09/28/modern-immigration-wave-brings-59-million-to-u-s-driving-population-growth-and-change-through-2065/.

A diferencia de los europeos y los asiáticos, los latinoamericanos se mudaron del patio trasero del imperio estadounidense a su centro, de una parte, a otra del Nuevo Mundo. Como sus países de origen estaban mucho más cerca de Estados Unidos, tanto en términos geográficos como políticos, históricamente, la migración latinoamericana ha sido más fluida e incontenible que la europea y la asiática, involucra más idas y vueltas, más comunicación y contacto físico entre los migrantes y sus países de origen, y eso, a su vez, ha provocado vínculos mucho más fuertes entre ellos y sus antiguas culturas que los que tenían los migrantes anteriores.

Además, como provenían de países que llevaban mucho tiempo dominados por Estados Unidos, la actitud de los migrantes latinoamericanos hacia la sociedad norteamericana era invariablemente más ambigua, sin duda más crítica, que la de quienes provenían de otras partes del mundo. Finalmente, el momento de su llegada, cuando Estados Unidos estaba entrando a una economía postindustrial y basada en la información, tuvo un impacto enorme en la capacidad de los migrantes latinoamericanos para asimilarse como lo habían hecho sus contrapartes europeas en épocas anteriores. Sin embargo, sin importar las restricciones que se le impongan, la inmigración latinoamericana se mantendrá a niveles históricos durante gran parte del nuevo siglo, pues la impulsan fuerzas políticas, económicas y demográficas fuera del alcance de cualquier conjunto de "reformas" migratorias. Entre ellas se encuentran:

1. Las crisis económicas periódicas en Latinoamérica que siguen profundizando la desigualdad en la región y *empujan* a los migrantes hacia acá.

2. La globalización corporativa, que *atrae* inexorablemente a los latinoamericanos hacia acá.

3. La reducción en el índice de natalidad y el envejecimiento de la población blanca de Estados Unidos, que garantiza la *demanda* de mano de obra latinoamericana barata.

DE REACCIÓN EN REACCIÓN

En 1729, los cuáqueros de Pennsylvania, que consideraban a los inmigrantes escoceses e irlandeses recién llegados una turba indigna y proclive al crimen, aprobaron una ley para penalizar a quienes los albergaran.[13] Poco después de la Guerra de Independencia, los descendientes de los primeros colonos asumieron la etiqueta de estadounidenses "nativos" para distinguirse de quienes llegaran después. Un nuevo flujo de arribos no tardó en alarmarlos. Durante la década de 1840, los irlandeses que venían huyendo de la Gran Hambruna y los obreros e intelectuales alemanes que escapaban de la represión posterior a las revoluciones fallidas de 1848 empezaron a llegar en grandes números. Esos inmigrantes eran católicos, lo que preocupaba a los colonos anteriores, y no tardaron en establecer su voz y su poder en las urnas. Construyeron maquinarias políticas urbanas formidables que desafiaron abiertamente el poder de los protestantes, oponiéndose a las escuelas públicas y a las leyes de templanza. Su creciente influencia provocó prejuicios contra los católicos y la fundación de un nuevo partido antiinmigrantes, los "sabenadas" o Partido Estadounidense. Los sabenadas acusaban al Papa y a sus seguidores de trastocar el origen protestante de este país. El partido ganó influencia rápidamente y sus dirigentes no tardaron en proponer prohibir la inmigración de indigentes y delincuentes; una espera de 21 años para obtener la ciudadanía; el uso obligatorio de la Biblia protestante en todas las escuelas públicas y prohibir que los inmigrantes ocuparan puestos públicos o recibieran concesiones federales de tierra.[14]

"Su catolicismo y su ateísmo producen la peste a dondequiera que van", dijo un periódico sabenada sobre los irlandeses

13. Pastora San Juan Cafferty, "The Language Question: The Dilemma of Bilingual Education for Hispanics in America", en *Ethnic Relations in America: Immigration, the Cities, Lingualism, Ethnic Politics, Group Rights*, ed. Lance Liebman (Englewood Cliffs, N.J.: Prentice Hall, 1982), 106.

14. Carl Wittke, *Refugees of Revolution: The German Forty-Eighters in America* (Philadelphia: University of Pennsylvania Press, 1952), 185.

y alemanes.[15] El análisis de las condenas penales por grupo étnico en Nueva York en 1859 que hizo un sociólogo moderno revela, sin lugar a duda, qué grupo se consideraba la mayor "amenaza" a la sociedad:

Tabla 7

Condenas penales de la ciudad de Nueva York según grupo étnico (1859)

Canadienses	80
Escoceses	118
Ingleses	666
Alemanes	1,403
Irlandeses	11,305

Los nativistas encontraron apoyo intelectual para sus prejuicios en la creciente escuela de eugenesistas, como Edward Jarvis, que publicaba estudios que mostraban índices más altos de locura entre los nuevos inmigrantes. En 1855, estallaron disturbios mortales entre los sabenadas y los inmigrantes alemanes en Cincinnati, Columbus y Louisville. Para entonces, los sabenadas estaban tan arraigados que controlaban la gubernatura o la legislatura de siete estados. El editor Horace Greeley, su más feroz oponente, estimaba que 75 congresistas estaban asociados con el partido.[16] Solo el amargo debate sobre la esclavitud entre el Norte y el Sur eclipsó por fin el próspero movimiento nativista; los sabenadas acabaron tan divididos por el asunto que en 1857 se separaron y desaparecieron.

Otro brote nativista importante se dio en la década de 1870, contra los chinos. Le siguió una oleada aún más grande en la

---

15. *Ibid.*, 182, citando a *Westbote*, 28 de julio de 1854; también *New Yorker Staatszeitung*, 1º de abril de 1854.
16. Wittke, *Refugees of Revolution*, 178.

década de 1890, dirigida contra los europeos del sur y del este —italianos, eslovacos y judíos de Polonia y Rusia— y que duró más de treinta años. Las teorías racistas recobraron el apoyo de los colonos anteriores, mientras otra generación de eugenesistas, que declaraba basarse en el darwinismo social, proclamaba de nuevo que los inmigrantes y los negros eran inferiores. Entre ellos se encontraba el Dr. Harry Laughlin, quien fue nombrado asesor del Comité de la Cámara de Representantes sobre Inmigración y Naturalización en 1922. Para apuntalar sus creencias contra los inmigrantes, Laughlin le informó al Congreso que, en los hospitales federales y estatales, los nacidos en el extranjero tenían un índice de locura tres veces más alto que los estadounidenses nativos.[17]

"Los gobiernos europeos aprovecharon la oportunidad de descargar los desechos de sus cárceles y sus manicomios sobre Estados Unidos, descuidado, rico y hospitalario", acusó un escritor típico de la época.

> El resultado fue la nueva inmigración [...] [, que] contenía una gran cantidad de débiles, quebrantados y discapacitados mentales de todas las razas provenientes del estrato más bajo de la cuenca del Mediterráneo y los Balcanes, junto con hordas de la población miserable y sumergida de los guetos polacos. Nuestras cárceles, manicomios y hospicios están llenos de estos desperdicios humanos y todo el tono de la vida social, moral y política de Estados Unidos se ha visto disminuido y vulgarizado por ellos.[18]

El Congreso cedió ante el clamor del público y aprobó la ley migratoria más restrictiva de la historia, con un sistema de cuotas basado en nacionalidades. Ese nativismo fue particularmente popular al interior del Ku Klux Klan, que aumentó hasta alcanzar los 6 millones de miembros en la década de 1920 mientras

---

17. Portes y Rumbaut, *Immigrant America*, 159–64.
18. Michael Novak, *The Rise of the Unmeltable Ethnics: Politics and Culture in the Seventies* (Nueva York: Macmillan, 1972), 86.

impulsaba el racismo contra los negros y rechazaba el modernismo y la urbanización. Para entonces, ya había leyes estilo Jim Crow promulgadas en todo el Sur. Tan solo en 1919 lincharon a 74 negros.[19]

Un siglo después, nuestro país está en medio de otra marea nativista, que lleva haciendo olas desde los años setenta. En 1980, la revista *Time* sorprendió a la clase media con su proclama de que los ochenta sería la "Década de los Hispanos", mientras *Foreign Affairs* advertía a sus influyentes lectores que el "50% o más de los inmigrantes legales e ilegales a Estados Unidos provienen de un solo grupo de lengua extranjera [el español]" entre 1968 y 1977.[20]

Cinco años después, Richard Lamm, exgobernador de Colorado, promovió un movimiento contra la inmigración hispana en un libro muy publicitado, *The Immigration Time Bomb*. "La mayoría de nosotros no querría que nuestro Estados Unidos se volviera irreconocible", escribió. "Pero si no creen que los inmigrantes no asimilados tienen el poder de cambiar Estados Unidos, vayan a Miami, en el condado de Dade, Florida". Ahí, dijo, los estadounidenses anglófonos estaban huyendo y los negros se habían convertido en víctimas del "choque de culturas, la sensación de ser extranjeros en su propio país".[21] Lamm fue uno de los primeros líderes estadounidenses prominentes en acusar a los nuevos inmigrantes de un aumento en la delincuencia y de resistirse a la asimilación, a diferencia de las oleadas anteriores.

Poco después de la aparición del libro de Lamm, el Congreso aprobó el primer intento federal por detener la inmigración contemporánea, la Ley de Reforma y Control de la Inmigración (IRCA, por sus siglas en inglés) de 1986, patrocinada por el senador de Wyoming, Alan Simpson. La IRCA conjuntaba un programa de amnistía para los inmigrantes indocumentados de largo

---

19. *Ibid.*, 86; también Harold Cruse, *Plural but Equal: Blacks and Minorities in America's Plural Society* (New York: William Morrow, 1987), 104–5.
20. Michael Teitelbaum, "Right Versus Right: Immigration and Refugee Policy in the United States", *Foreign Affairs* 59, no. 1 (Fall 1980): 26–27.
21. Richard D. Lamm y Gary Imhoff, *The Immigration Time Bomb: The Fragmenting of America* (Nueva York: Truman Talley Books, 1985), 85, 93.

aliento con duras multas contra los empleadores que contrataran migrantes no autorizados. Aunque permitiera la legalización de 2.6 millones de personas que ya estaban en el país, la IRCA no logró detener la marea de entradas ilegales.

Gran parte de su fracaso fue culpa del gobierno. Aunque los funcionarios federales fortalecieran los programas de intercepción en las fronteras, no penalizaron a los empleadores que violaran la ley a sabiendas, reclutando y contratando a trabajadores indocumentados. Entre 1989 y 1994, como parte de la política del presidente Reagan para reducir el tamaño del gobierno, el Servicio de Inmigración y Naturalización (INS, por sus siglas en inglés) recortó a la mitad la cantidad de agentes asignados a aplicar sanciones a los empleadores. Predeciblemente, la cantidad de multas emitidas se redujo en la misma proporción. Para 1994, el INS completaba menos de dos mil investigaciones al año y tenía 36 mil casos pendientes.[22]

Ante la deficiencia de la IRCA, los blancos que vivían cerca de la frontera con México empezaron a expresar su frustración por la inmigración descontrolada. Los ciudadanos del sur de California formaron movimientos de justicieros como Light Up the Border (Ilumina la Frontera), que se reunían de noche para dirigir los faros de sus coches hacia la frontera y detener a los mexicanos que quisieran cruzar ilegalmente. En algunos casos, grupos armados de supremacistas blancos empezaron a violentar inmigrantes.[23]

Cuando proliferaron las historias de la amenaza extranjera, los políticos reaccionaron.[24] Pat Buchanan se convirtió en el primer

---

22. *Washington Post*, 2 de febrero de 1995, "INS 'Enforcement Deficit' Tied to Law; Voluntary Compliance Provision Fails to Deter Hiring of Illegals".
23. "Sealing Our Borders, the Human Toll", American Friends Service Committee, 6–7.
24. "The Browning of America", *New York Times*, 9 de abril de 1990; "A Land of Immigrants Gets Uneasy About Immigration", *New York Times*, 14 de octubre de 1990; "Calculating the Impact of California's Immigrants", *Los Angeles Times*, 8 de enero de 1992; "A Flood of Illegal Aliens Enters U.S. Via Kennedy", *New York Times*, 18 de marzo de 1992; "Fixing Immigration", *New York Times*, 8 de junio de 1993; "Politicians Discovering an Issue: Immigration", *New York Times*, 8 de marzo de 1994.

candidato importante a la presidencia desde la Segunda Guerra Mundial en tener una plataforma antiinmigrante en la primaria republicana de 1992. Dos años después, los republicanos incorporaron su postura en su Contrato con Estados Unidos. Para 1995, otro libro anunciado con bombo y platillo, *Alien Nation*, de Peter Brimelow, mantenía una postura mucho más radical. Advertía que nuestra "nación blanca" estaba siendo trastocada por la inmigración descontrolada desde el Tercer Mundo. "En toda la historia de la humanidad, no hay precedentes de un país soberano que sufra una transformación tan rápida y tan radical en su carácter étnico", argumentó.[25] Junto con otros conservadores populistas, Brimelow culpaba a los demócratas liberales en el Congreso de haber abierto las esclusas para la inundación de migrantes no blancos con la Ley de Inmigración y Nacionalidad de 1965. Exigía un atrincheramiento como el de los años veinte, una suspensión casi total de la inmigración para salvar a los estadounidenses blancos de la degeneración social y racial.

Las ideas como las de Brimelow y las de Buchanan, repetidas por los locutores de radio de derecha, retumbaron por el centro del país. El resultado fue un conjunto de leyes migratorias en 1996 que han provocado la militarización de nuestra frontera

---

25. Peter Brimelow, *Alien Nation: Common Sense about America's Immigration Disaster* (Nueva York: Random House, 1995), 57. Tales comentarios ignoraban la realidad de que por lo menos un país latinoamericano, Panamá, presenció una transformación completa de su carácter étnico y racial a principios del siglo XX cuando la Panama Canal Company, apoyada por Estados Unidos, importó enormes cantidades de caribeños para construir el canal. Brimelow luego fundaría el sitio de internet nacionalista blanco VDare en 1999, y supuestamente tiene una relación estrecha con otros supremacistas blancos, como Richard Spencer, del National Policy Insitute, y Jared Taylor, fundador de otro sitio de internet nacionalista blanco, American Renaissance. Apenas en 2017, durante los comentarios en una conferencia de American Renaissance, Brimelow declaró: "Los hispanos sí se especializan en la violación, en especial de niños. Son muy proclives a ella, comparados con otros grupos". Ver Jane Coaston, "Peter Brimelow y VDare, the White Nationalist Website with Close Ties to the Right, Explained", *Vox,* 24 de septiembre de 2018, https://www.vox.com/2018/8/22/17768296/peter-brimelow-vdare-kudlow-white-house-racism.

con México, reducciones drásticas en las cuotas de inmigración legal, tarifas inmensas y otros obstáculos económicos para quienes soliciten la residencia legal o la ciudadanía, y procesos de deportación acelerados para los no ciudadanos condenados por los delitos más mínimos.

Después de las enormes protestas de inmigrantes de 2006, la administración de Bush lanzó la campaña gubernamental de arrestos y deportaciones de migrantes indocumentados más grande desde la Operación Espalda Mojada. Entre 2006 y 2008, el Servicio de Inmigración y Control de Aduanas deportó a casi 900 mil personas, casi el triple que entre 2001 y 2003.

Las redadas de estilo militar de agentes del ICE se volvieron tan comunes en muchas fábricas de salarios bajos y barrios latinos pobres que los noticieros ya solo reportaban las más grandes. Las redes de captura en las fábricas de renombre eran las que atraían más atención, pero lo más impresionante y aterrador fueron las miles de invasiones a hogares, ejecutadas de manera invisible por equipos de agentes armados del ICE de madrugada, en busca de "extranjeros delincuentes", y el aislamiento de barrios enteros para capturar pandilleros violentos.

LA CAMPAÑA DE REDADAS A CENTROS LABORALES

Entre 2002 y 2006 se dispararon un 750% los arrestos de inmigrantes indocumentados en sus centros de trabajo. Pasaron de 485 a 3,667. Luego siguieron aumentando, a 4,077 en 2007 y a 5,184 en 2008.[26] En muchas de las primeras redadas, enviaron sumariamente a cientos de padres a centros de detención federales distantes sin darles oportunidad de llamar a la escuela ni a sus parientes para que cuidaran a sus hijos. Esa práctica provocó tal indignación pública que los funcionarios del ICE empezaron

---

26. Reporte Anual de 2008 del Servicio de Inmigración y Control de Aduanas de Estados Unidos, 17.

a ponerles tobilleras electrónicas a las madres de niños pequeños detenidas y a liberarlas temporalmente por razones humanitarias hasta la fecha de su audiencia de deportación. De todos modos, cientos de niños, muchos de ellos ciudadanos estadounidenses, terminaron separados de sus padres indocumentados durante meses o incluso de forma permanente, pues el gobierno los había encarcelado y luego deportado.

En varios casos, los funcionarios locales no habían recibido aviso de las redadas y condenaron públicamente el terror que los actos del ICE estaban causando en las comunidades de inmigrantes. Después de innumerables arrestos en una planta de carne de Swift and Company en Marshalltown, Iowa, en diciembre de 2006, por ejemplo, el gobernador del estado, Tom Vilsack, le advirtió al secretario de Seguridad Nacional, Michael Chertoff, que la redada había "creado dificultades inmerecidas para muchos inocentes, y provocado resentimiento y desconfianza hacia el gobierno".

Entre las redadas más espectaculares se encontraron:

* 16 de diciembre de 2006: cientos de agentes del ICE acordonaron seis plantas empacadoras de carne de Swift —en Worthington, Minnesota; Greeley, Colorado; Cactus, Texas; Grand Island, Nebraska; Hyrum, Utah, y Marshalltown, Iowa—, en lo que llamaron Operación Caravana de Carretas. Los agentes sellaron las plantas, interrogaron a todos los empleados y detuvieron a 1,282 por violaciones migratorias. Los arrestados incluyeron trabajadores de México, Guatemala, Honduras, El Salvador, Perú, Laos, Sudán y Etiopía. 65 obtuvieron cargos penales por robo de identidad.[27]

* 24 de enero de 2007: los agentes arrestaron a 21 empleados de la planta de Smithfield en Tar Heel, Carolina del Norte, y en el barrio circundante, tras lo cual cientos de trabajado-

---

27. Julia Preston, "Immigrants' Families Figuring Out What to Do after Federal Raids", *New York Times*, 16 de diciembre de 2006.

res de otros turnos abandonaron sus puestos y huyeron del pueblo por miedo a que los detuvieran.[28]

◆ 6 de marzo de 2007: más de 360 trabajadores, casi todas mujeres, fueron arrestados en la fábrica de Michael Bianco en Nueva Bedford, Massachusetts; producían mochilas y equipo para el ejército. Los acusaron de violaciones migratorias.

◆ 23 de mayo de 2007: más de cien empleados de George's Processing, una planta de pollos en Butterfield, Missouri, fueron detenidos y encarcelados para deportarlos.[29]

◆ 12 de junio de 2007: más de 165 trabajadores de la planta Fresh Del Monte en Portland, Oregon, fueron arrestados. Acusaron a tres de fraude de identidad y enviaron a los demás a centros de detención migratorios hasta su deportación.[30]

◆ 16 de abril de 2008: los agentes hicieron redadas simultáneas en cinco plantas de pollos de Pilgrim's Pride —en Batesville, Arkansas; Live Oak, Florida; Chattanooga, Tennessee; Mount Pleasant, Texas, y Moorefield, Virginia Occidental— y arrestaron a cuatrocientos empleados por violaciones migratorias.[31]

◆ 12 de mayo de 2008: más de 390 trabajadores en la planta empacadora de carne kosher de Agriprocessors en Postville, Iowa, fueron detenidos hasta su deportación.

28. William Johnson, "Smithfield Workers Arrested in Immigrant Raid", *Labor Notes,* 28 de enero de 2007, https://labornotes.org/2007/01/smithfield-workers-arrested-immigrant-raids.
29. "Immigration Sting Nets More than a Hundred Arrests", Missourinet, 22 de mayo de 2007, https://www.missourinet.com/2007/05/22/immigration-sting-nets-more-than-100-arrests/.
30. "More Than 165 Arrested in Immigration Raid", *Los Angeles Times,* 13 de junio de 2007.
31. "Pilgrim's Pride Plucked in Immigration Raids," *Forbes,* April 16, 2008, https://www.forbes.com/2008/04/16/pilgrims-pride-immigrant-markets-equity-cx_mlm_0416market36.html?sh=22eac79a4fc2 .

◆ 25 de agosto de 2008: agentes del ICE rodearon la planta de transformadores de Howard Industries en Laurel Mississippi y entraron en ella; fue la redada en un centro laboral más grande en la historia de Estados Unidos. Arrestaron a 595 de los 800 empleados de la compañía, casi todos latinos. De los detenidos, solo acusaron a nueve de robo de identidad en un tribunal federal. Alrededor de cien madres que eran las únicas responsables de niños pequeños recibieron brazaletes electrónicos y fueron liberadas por razones humanitarias hasta su deportación, mientras que unos 475 trabajadores fueron enviados a un centro de detención federal en Jena, Louisiana.[32]

UN TERROR CRECIENTE EN
LOS BARRIOS LATINOS

El aspecto más generalizado de la mano dura federal fueron las redadas de madrugada realizadas por equipos de agentes federales fuertemente armados. Los agentes del ICE, actuando bajo dos iniciativas poco conocidas del Departamento de Seguridad Nacional, la Operación Escudo Comunitario y el Programa Nacional de Operativos contra Fugitivos, acordonaban calles enteras en comunidades latinas residenciales de todo el país y entraban en las casas sin mostrar sus órdenes judiciales. El objetivo aparente de las redadas era arrestar a extranjeros delincuentes, ya fueran criminales peligrosos, pandilleros o agresores sexuales.

Bajo el Programa de Operativos contra Fugitivos, por ejemplo, aprehendieron a más de 96 mil personas entre 2003 y 2008. Pero un estudio del Instituto de Política Migratoria descubrió que el 73% no tenía antecedentes penales. El estudio concluyó que, en

---

32. "Nearly 600 Detained in Mississippi Immigration Raid", USA Today, 26 de agosto de 2008.

2007, el 40% de los detenidos durante el programa tan solo eran "infractores ordinarios". En otras palabras, un programa diseñado por el Congreso para perseguir fugitivos peligrosos se había convertido en gran parte en una táctica para que los agentes del ICE irrumpieran en hogares y aprehendieran inmigrantes indocumentados.[33]

Además, los abusos flagrantes a la Constitución que los agentes cometían contra los inmigrantes y contra ciudadanos estadounidenses enfurecieron a los líderes latinos y a los defensores de los derechos civiles. Los investigadores de la Escuela de Derecho Cardozo analizaron los archivos de arrestos por migración en la zona de Nueva York y Nueva Jersey y los casos penales en todo el país y descubrieron "un nivel inaceptable de entradas ilegales de agentes del ICE durante redadas a hogares que violan la Cuarta Enmienda".[34]

"Hay una historia tras otra", señaló el reporte, "de agentes del ICE, armados solo con una orden administrativa, gritando y golpeando puertas y luego entrando por la fuerza en hogares de madrugada. Empujan a los residentes para entrar si les abren la puerta; de lo contrario, entran por las ventanas o derriban las puertas. Algunos residentes reportan haber sido despertados en su dormitorio por la presencia de oficiales armados del ICE que habían entrado ilegalmente por una puerta sin candado".

En un caso de principios de 2009 en Arizona, Jimmy Slaughter, un exoficial de Seguridad Nacional, demandó al ICE. En su afidávit, declaró: "Estaba en casa con mi esposa cuando sonó el timbre. Abrí la puerta y vi a aproximadamente 7 agentes uniformados del ICE con chalecos antibalas y armas en el umbral de mi puerta. [...] Abrí para ver los documentos y cinco agentes entraron en mi casa. Le dijeron a mi esposa que se parara en el

---

33. Margot Mendelson, Shayna Strom y Michael Wishnie, "Collateral Damage: An Examination of ICE Fugitive Operations Program", Instituto de Política Migratoria, febrero de 2009, Resumen Ejecutivo, 1–2, http://www.migrationpolicy.org/pubs/NFOP_Feb09.pdf.
34. Chiu, Egyes, Markowitz y Vasandani, "Constitution on ICE", 10.

centro de 'NUESTRA' sala. Nunca dijeron que tuvieran una orden judicial".[35]

En más de la mitad de los mil archivos de arresto en Nueva York y Nueva Jersey que examinaron los investigadores de Cardozo, los agentes no obtuvieron el consentimiento para entrar en los hogares. Concluyeron que los agentes del ICE de Nueva Jersey "falsificaban el consentimiento en sus informes o no entendían el requisito legal del consentimiento". En un ejemplo, un agente del equipo de Operativos contra Fugitivos de Newark reportó que había "obtenido acceso" a un departamento "tocando, por lo que se abrió la puerta por la intensidad de los golpes".[36]

Además, en dos terceras partes de los arrestos, las personas aprehendidas no eran los extranjeros delincuentes que buscaban los agentes. La mayoría eran infractores migratorios del orden común que habían atrapado en el proceso. Más del 90% de los arrestados colaterales eran latinos, aunque los latinos representaran apenas el 66% de los objetivos de las redadas, lo que sugiere que dirigían los operativos desproporcionadamente contra los hispanos.[37]

Después de una redada migratoria en marzo de 2007 en San Rafael, una comunidad suburbana al norte de San Francisco, el alcalde Al Boro le escribió a la senadora Dianne Feinstein para quejarse de que los agentes del ICE habían dejado "agitados" a sus habitantes. Boro advirtió que "despertar a la gente en su casa en la oscuridad de la madrugada, a las 5 a.m., parece más una táctica de intimidación que una necesidad policial".[38]

Las medidas federales tuvieron efectos aún más severos en partes del país donde los funcionarios locales entusiastas adoptaron sus propias leyes y políticas para atacar a los inmigrantes ilegales. En julio de 2007, por ejemplo, la ciudad de Hazleton, Pennsylvania, adoptó una resolución para penalizar a los negocios locales que contrataran a "extranjeros no autorizados" y otra para

35. *Ibid.*, 16–17.
36. *Ibid.*, 9–10.
37. *Ibid.*, 12.
38. Jesse McKinley, "San Francisco Bay Area Reacts Angrily to Series of Immigration Raids", *New York Times*, 27 de abril de 2007.

requerir "pruebas de ciudadanía o residencia legal" a cualquier persona que intentara rentar un departamento en la ciudad. El alcalde de Hazleton, Lou Barletta, declaró en público que era un esfuerzo por expulsar a los inmigrantes ilegales. Aunque un juez federal derogara la ley unos meses después, Barletta se convirtió en una celebridad mediática y en un héroe entre los presentadores de televisión de derecha por su postura dura contra la inmigración.

Un héroe aún más popular en Fox News y otros medios conservadores fue Joe Arpaio, el alguacil del condado de Maricopa, Arizona, que abarca Phoenix y sus suburbios. Arpaio se autoproclamó el "alguacil más duro de Estados Unidos" y su trato draconiano de los prisioneros y sus muchas incursiones en comunidades de inmigrantes no tardaron en ganarle la simpatía de los nativistas contemporáneos.

Sin embargo, incluso el conservador Instituto Goldwater condenó sus políticas. En un punzante informe de políticas públicas emitido en diciembre de 2008, el instituto concluyó que su "enorme desvío de recursos para perseguir la inmigración ilegal —sobre todo en comunidades como Phoenix y Mesa, que tienen departamentos de policía— coincide con un aumento en los índices de crímenes violentos, una caída en los índices de arrestos y un aumento en el tiempo de respuesta a las llamadas de auxilio de los ciudadanos".[39]

Poco después de que el Instituto Goldwater emitiera su informe, un editorial en el blog del *New York Times* llamó a Arpaio "una auténtica amenaza pública con un largo y bien documentado historial de abusos a reclusos, arrestos injustificados, perfilado racial, políticas policiales brutales e ineptas, y desperdicio de recursos".[40]

---

39. Clint Bolick, "Mission Unaccomplished: The Misplaced Priorities of the Maricopa County Sheriff's Office", Instituto Goldwater, Informe de Políticas No. 229, 2 de diciembre de 2008, 9, https://goldwaterinstitute.org/2008-12-02-maricopa-sheriff/.

40. "America's Worst Sheriff (Joe Arpaio)", *New York Times*, 31 de diciembre de 2008, http://theboard.blogs.nytimes.com/2008/12/31/americas-worst-sheriff-joe-arpaio/.

En 2010, la mayoría de la legislatura de Arizona adoptó aspectos de la estrategia de Arpaio al aprobar la Propuesta de Ley para el Senado 1070, conocida como la ley "muéstreme sus papeles". Autorizaba a los oficiales de policía locales para detener y someter a un duro interrogatorio a cualquier individuo del que albergaran una "sospecha razonable" de que estaba en el país de manera ilegal, para pedirle pruebas de su estatus legal y arrestarlo si no las tenía. Al igual que la propuesta de Sensenbrenner en 2005, la ley de Arizona desató una tormenta entre los latinos de todo el país. Pero esta vez, la oposición provino también de muchos líderes afroamericanos e incluso de blancos moderados, que la consideraron una nueva versión del perfilado racial. Argumentaban que, con millones de latinos en el país que ya eran ciudadanos estadounidenses, ¿qué constituiría una "sospecha razonable" de que una persona estaba ilegalmente en el país? En julio de 2010, un juez de distrito emitió un requerimiento preliminar contra cláusulas claves de la ley. Dos años después, la Corte Suprema ratificó la cláusula que requería revisiones de inmigración, pero derogó otras tres.[41] Mientras tanto, Arpaio y Arizona se convirtieron en símbolos nacionales de la intolerancia contra los latinos de manera parecida a como lo habían sido el alguacil de Selma, Bull Connor, y el estado de Alabama contra los afroamericanos en los años sesenta.

Al principio, muchos líderes latinos esperaban que el presidente Obama revirtiera los peores aspectos de las redadas migratorias que habían florecido bajo el presidente Bush. Durante su campaña por la Casa Blanca, Obama había condenado esas medidas en repetidas ocasiones, y les había prometido a los dirigentes latinos que buscaría una reforma migratoria integral durante su primer año en funciones. Pero en marzo de 2010, los líderes latinos frustrados despotricaron en público contra la política migratoria de la nueva administración. Señalaron que, durante el primer año de Obama en funciones, habían sacado a una cantidad récord de 387 mil personas del país, más que las 369 mil retiradas durante el último año de Bush.

41. Robert Barnes, "Supreme Court Rejects Much of Arizona Immigration Law", *Washington Post*, 25 de junio de 2012.

"Se trata de las mismas prácticas policiales contra las que marchamos durante la administración de Bush", dijo Angelica Salas, directora de la Coalition for Humane Immigrant Rights de Los Ángeles. Señaló que cada día había 32 mil personas prisioneras en centros de detención migratorios bajo la administración de Obama.[42]

LA REFORMA MIGRATORIA
FRACASA DE NUEVO

Poco después de que el Congreso entrara en funciones en 2013, el Senado, controlado en ese entonces por los demócratas, intentó abordar la reforma migratoria por medio de una propuesta de ley redactada originalmente durante reuniones secretas de un grupo bipartidista de senadores apodado la "Pandilla de los Ocho".[43] La victoria de Obama en la reelección de 2012 había convencido a algunos conservadores, quienes estaban aliados con el ala de la familia Bush en el Partido Republicano, de que el partido tenía que evitar que la comunidad latina siguiera alejándose de él. En junio, la propuesta bipartidista, la Ley de Seguridad Fronteriza, Oportunidades Económicas y Modernización Migratoria de 2013, fue aprobada por el Senado por un margen de 68 votos contra 32. Pero al igual que había sucedido en 2007 durante la administración de George W. Bush, se desató una resistencia furiosa entre los restriccionistas migratorios, quienes se movilizaron para evitar que se aprobara en la Cámara de Representantes.[44]

---

42. Marcelo Ballvé, "Immigrant Advocates Say Immigration Enforcement Worse Under Obama", New America Media, 9 de marzo de 2010, https://www.facingsouth.org/2010/03/immigrant-advocates-say-immigration-enforcement-worse-under-obama.html.

43. El grupo incluía a republicanos como John McCain y Jeff Flake, de Arizona; Lindsey Graham, de Carolina del Sur, y Marco Rubio, de Florida, junto con demócratas como Chuck Schumer, de Nueva York, y Richard Durbin, de Illinois.

44. "Why Immigration Reform Died in Congress", NBC News, 30 de junio de 2014, https://www.nbcnews.com/politics/first-read/why-immigration-reform-died-congress-n145276.

Las personas clave a la vanguardia de la derrota de la propuesta fueron Jeff Sessions, el senador republicano de Alabama a quien Donald Trump nombraría más tarde su primer fiscal general, y Stephen Miller, asesor de Sessions, quien sería el primer redactor de discursos de Trump y luego un asesor principal de la Casa Blanca. Durante su tiempo en el Senado, Sessions fue conocido como el principal partidario de la restricción migratoria, mientras que Miller estaba aliado con el sitio de internet derechista Breitbart News y con una red de centros de investigación y grupos de cabildeo que llevaba años atizando el miedo de una "marejada morena" de inmigrantes. Esos grupos incluían el Center for Immigration Studies, la Federation for American Immigration Reform (FAIR) y NumbersUSA. Los tres estaban financiados por Cordelia Scaife May, una filántropa multimillonaria, huraña y heredera de la fortuna Mellon-Scaife. May, quien murió en 2005, creía que el país estaba "siendo invadido por todos los frentes" por extranjeros que se "reproducen como hámsteres" y que estaban agotando los recursos naturales. Una investigación realizada en 2019 por el *New York Times* descubrió que había sido la madrina oculta del movimiento antiinmigrantes moderno durante décadas. Había donado más de $180 millones a grupos que intentaban militarizar la frontera, limitar la inmigración legal, reducir los beneficios públicos para los inmigrantes y acabar con las políticas de reunificación de familias… justo la agenda que adoptó Trump durante su presidencia. Varios de los grupos restriccionistas habían sido fundados por el Dr. John Tanton, un impulsor de teorías eugenéticas racistas, lo que había provocado que los republicanos dominantes los tildaran de organizaciones marginales. Pero en 2013, Miller aprovechó el apoyo de esa red para montar la campaña que derrotó la propuesta de reforma de la Pandilla de los Ocho. Su victoria contra los moderados migratorios al interior del Partido Republicano empujó al partido aún más hacia el populismo de derecha, lo que abrió el camino para el ascenso de Trump.[45]

45. Nicholas Kulish y Mike McIntire, "An Heiress Intent on Closing America's Doors: How a Nature Lover Helped Fuel the Trump Immigration Agenda",

Mientras tanto, el controvertido Joe Arpaio, quien se había convertido en un pararrayos del debate migratorio nacional, seguía incumpliendo abiertamente las órdenes contra el perfilado racial que realizaban sus oficiales. Su bravuconería le ganó los aplausos de Trump, en ese entonces candidato presidencial, quien incluso lo invitó a hablar en la convención nacional republicana de 2016. Sin embargo, ese mismo año Arpaio perdió su puesto en las elecciones locales, y un juez federal de Arizona lo condenó en julio de 2017 por desacato al tribunal y lo sentenció a seis meses de prisión. No obstante, la sentencia quedó anulada dos meses después, cuando el presidente Trump lo indultó.[46]

LA NUEVA OLEADA DE INMIGRANTES CENTROAMERICANOS

Los restriccionistas estadounidenses llevan mucho tiempo creyendo que la inmigración desde México es la amenaza más grave al futuro del país. Durante la segunda mitad del siglo XX, México fue el principal emisor de migrantes legales e ilegales a este país. Aún en 2000, los mexicanos constituían el 98% de las más de 1.6 millones de aprehensiones realizadas en la frontera.[47] Pero eso ya

New York Times, 15 de agosto de 2019; también Jason DeParle, "Shift Against Immigration Lifted a Young Firebrand: How a Movement Allowed Miller to Lead a Crusade from the White House", *New York Times,* 18 de agosto de 2019. Ver también, "Mainstreaming Hate: The Anti-Immigrant Movement in the U.S.", informe del Center on Extremism of the Anti-Defamation League, 29 de noviembre de 2018, https://www.adl.org/the-anti-immigrant-movement-in-the-us#the-politics-of-immigration. **THIS LINK DOESN'T WORK**
46. Julie Hirschfeld Davis and Maggie Haberman, "Trump Pardons Joe Arpaio, Who Became Face of Crackdown on Illegal Immigration", *New York Times,* 25 de agosto de 2017.
47. Aquel año, los mexicanos representaron una proporción mucho menor del número total de migrantes no autorizados en el país (52.3%). Ver Angela Gonzalez-Barrera y Jens Manuel Krogstad, "What We Know About Illegal Migration from Mexico", Centro de Investigaciones Pew, 28 de junio de 2019, https://www.pewresearch.org/fact-tank/2019/06/28/what-we-know-about-illegal-immigration-from-mexico.

no es verdad. La cantidad total de personas que intentaban cruzar la frontera sur empezó a disminuir significativamente durante la primera década de este siglo, como resultado de las medidas más duras del gobierno federal y de un fuerte declive en la demanda de mano de obra barata debido a la Gran Recesión. Las aprehensiones de la Patrulla Fronteriza se redujeron en 2007 a un nivel histórico de 327 mil y se mantuvieron relativamente bajas durante la siguiente década; solo aumentaron de forma significativa en 2017 y luego subieron abruptamente, hasta 857 mil, en 2019.[48]

Pero hubo un cambio drástico en la composición de los migrantes. La cantidad de personas provenientes de México se redujo, mientras la de migrantes del Triángulo Norte de Centroamérica aumentaba constantemente. En el año fiscal de 2016-2017, por ejemplo, la Patrulla Fronteriza registró más aprehensiones en la frontera suroeste de migrantes de El Salvador, Guatemala y Honduras (199 mil) que de mexicanos (188 mil). Desde entonces, la diferencia ha crecido astronómicamente, con 607 mil aprehensiones de ciudadanos del Triángulo Norte en el año fiscal 2019-2020, comparadas con apenas 166 mil de mexicanos, aunque la población combinada de esos tres países tan solo sume una cuarta parte de la de México.[49] No habían huido

---

48. En 2007 hubo 80% menos aprehensiones que en 2000, el año que ostenta el récord. Ver John Gramlich y Luis Noe-Bustamante, "What's happening at the U.S.-Mexico border in five charts", Centro de Investigaciones Pew, 1º de noviembre de 2019, https://www.pewresearch.org/fact-tank/2019/11/01/whats-happening-at-the-u-s-mexico-border-in-5-charts/.

49. Análisis del autor a partir de las cifras de "U.S. Border Patrol Apprehensions by Sector Fiscal Year 2019", Oficina de Aduanas y Protección Fronteriza de Estados Unidos, 29 de octubre de 2019, https://www.cbp.gov/newsroom/stats/sw-border-migration/usbp-sw-border-apprehensions#. Según el Migration Policy Insitute, "en 2008, los mexicanos conformaban más del 90% de las aprehensiones. En el año fiscal 2019, los guatemaltecos, hondureños y salvadoreños representaban casi tres cuartas partes de las aprehensiones. Dos tercios eran familias o niños sin acompañantes". Ver Randy Capps, Doris Meissner, *et al.*, "From Control to Crisis: Changing Trends and Policies Reshaping U.S.-Mexico Border Enforcement", Instituto de Política Migratoria, agosto de 2019, https://www.migrationpolicy.org/research/changing-trends-policies-reshaping-us-mexico-border-enforcement.

tantos centroamericanos hacia este país desde las guerras civiles que devastaron la región en los años ochenta. Tan solo en el caso de Honduras, los más de 253 mil migrantes aprehendidos en la frontera en 2019 representaban casi el 2.8% de la población total de ese país minúsculo. Lo más importante es que, mientras que las aprehensiones migratorias anteriores habían sido sobre todo de varones solteros, las más recientes son de familias o de menores de edad sin acompañantes. Estos últimos representaron casi 500 mil aprehensiones en 2019.

¿Por qué un aumento tan marcado en el flujo migratorio? Los reportes en los medios masivos y los defensores de los derechos de los inmigrantes señalan con razón los altísimos índices de criminalidad y de violencia de las pandillas en el Triángulo Norte como una razón clave de la huida de muchas personas. Pero otros factores igual de significativos han atraído mucha menos atención del público. Incluyen desastres naturales (generados en parte por el cambio climático), la creciente represión política de las élites locales y una profunda crisis económica. Todos esos sucesos, incluyendo la violencia de las pandillas, pueden remontarse en gran medida a las políticas del gobierno de Estados Unidos en la región.

Quizás el menos comprendido sea el impacto de los desastres naturales y el cambio climático. Pocos estadounidenses recuerdan siquiera que la tormenta atlántica más letal del siglo XX golpeó Centroamérica el 26 de octubre de 1998. El huracán Mitch, de Categoría 5, mató a más de diez mil personas, desplazó a otros 1.5 millones y destruyó el 70% de la infraestructura agrícola de Honduras. Uno de cada cinco habitantes de Honduras, Nicaragua, El Salvador y Guatemala resultaron afectados. Menos de tres años después, una serie de terremotos asoló El Salvador; el más poderoso estalló el 13 de enero de 2001 y registró 7.6° en la escala de Richter. Durante el siguiente mes hubo 3 mil réplicas y luego otro gran sismo. Para cuando disminuyeron los temblores, había más de 1,200 muertos, casi 9 mil heridos y unos 300 mil hogares habían quedado dañados o destruidos, junto con el 75% del sistema de agua potable del país. Además, se perdieron el 40% de la capacidad hospitalaria de El Salvador y el 30% de sus escuelas. En fechas más recientes, el clima extremo ha llevado condiciones de sequía inéditas al Corredor Seco Centroamericano, que cubre el 58% de El Salvador, el 38% de Guatemala y el 21% de Honduras. Un informe del Programa Mundial de Alimentos de la ONU señaló que, desde 2014, los años con poca precipitación han causado "niveles de inseguridad alimentaria [que] no se habían visto antes en la región, en una zona que ya se encontraba entre las más vulnerables del planeta ante los desastres naturales". En otras palabras, es posible que los migrantes centroamericanos, junto con los puertorriqueños que huyeron de las secuelas del huracán María, sean la primera oleada de refugiados del cambio climático en llegar a este país.[50]

VIOLENCIA DE PANDILLAS: UN PRODUCTO HECHO EN ESTADOS UNIDOS

Donald Trump declaró varias veces durante su campaña a la presidencia y a lo largo de sus años en funciones que Estados Unidos estaba enfrentando una "invasión" de inmigrantes ilegales, sobre todo de delincuentes de violentas pandillas centroamericanas como la MS-13. En su discurso inaugural de 2017, por ejemplo,

---

50. Anil K. Sinha y Shikah Srivastava, "Comparative Study on Recovery and Reconstruction: A Case for an International Platform", International Recovery Platform, 2003, https://www.recoveryplatform.org/assets/publication/ADRC_Comparative_Study.pdf; para las sequías, ver Gena Stephens, "Changing Climate Forces Desperate Guatemalans to Flee", *National Geographic,* 23 de octubre de 2018, https://www.nationalgeographic.com/environment/2018/10/drought-climate-change-force-guatemalans-migrate-to-us/; también Anna-Catherine Brigada, "Nearly 60% of Migrants from Guatemala's Dry Corridor Cited Climate Change and Food Insecurity as Their Reason for Leaving", *Univision,* 11 de mayo de 2018, https://catholicclimatemovement.global/nearly-60-of-migrants-from-guatemalas-dry-corridor-cited-climate-change-and-food-security-as-their-reason-for-leaving/; también "Central American Migration: Root Causes and U.S. Policy", Informe IF11151 del Servicio de Investigación del Congreso, 13 de junio de 2019.

despotricó contra "el crimen y las pandillas y las drogas que han arrebatado demasiadas vidas y le han robado tanto potencial frustrado a nuestro país", y juró que "esta carnicería contra los estadounidenses se detiene aquí y ahora". Pronunció esas palabras a pesar de que los índices de delincuencia en Estados Unidos estuvieran en su punto más bajo desde los años setenta.[51] Entre sus muchos tuits hiperbólicos, hubo uno en mayo de 2018 en el que exigía al Congreso "cerrar por fin las lagunas mortales que han permitido que la MS-13 y otros criminales entren a nuestro país". En su mensaje a la nación en horario estelar desde la Oficina Oval en enero de 2019 —en medio de un cierre del gobierno federal que precipitó para obligar al Congreso a brindarle más financiamiento para su muro fronterizo—, dijo:

> En Maryland, unos pandilleros de la MS-13 que llegaron a Estados Unidos como menores de edad sin acompañantes fueron arrestados y acusados el año pasado después de haber apuñalado y golpeado ferozmente a una chica de 16 años. Durante los últimos años he conocido a docenas de familias a quienes la inmigración ilegal les robó a sus seres queridos. [...] ¿Cuánta sangre estadounidense más tendrá que correr antes de que el Congreso haga su trabajo?[52]

Esas descripciones apocalípticas de la amenaza de las pandillas centroamericanas eran falsas en más de un sentido, pues ocultaban que Estados Unidos lleva años exportando su delincuencia hacia esa región. La Mara Salvatrucha (MS-13) y la Calle 18 (o M-18), las dos pandillas citadas continuamente por Trump, son organizaciones nacidas y desarrolladas aquí en Estados

---

51. Para el discurso inaugural del presidente Trump, ver https://www.politico.com/story/2017/01/full-text-donald-trump-inauguration-speech-transcript-233907. Para las tasas de delincuencia, ver Lauren Brooke-Eisen, "America's Faulty Perception of Crime Rates", Brennan Center for Justice, 16 de marzo de 2015, https://www.brennancenter.org/our-work/analysis-opinion/americas-faulty-perception-crime-rates.
52. Dara Lind, "'Immigrants are Coming Over the Border to Kill You' is the Only Speech Trump Knows How to Give", *Vox*, 9 de enero de 2019.

Unidos: eso afirman numerosos estudios de funcionarios federales e internacionales y de criminólogos, uno de los cuales las llamó "un fenómeno originario de Estados Unidos". Como señala un informe del Servicio de Investigación del Congreso de 2007:

> La pandilla Calle 18 fue formada en los años sesenta por jóvenes mexicanos de la sección Rampart de Los Ángeles que no habían sido admitidos en las pandillas hispanas existentes. Fue la primera pandilla hispana en aceptar miembros de todas las razas y en reclutar miembros de otros estados. La MS-13 fue creada durante los años ochenta en Los Ángeles por salvadoreños que habían huido del conflicto civil de aquel país.[53]

Además, aunque las pandillas se hayan extendido desde el sur de California hacia el resto de Estados Unidos, su presencia en Centroamérica fue el resultado directo de políticas federales específicas. En 1996, dos leyes aprobadas por el presidente Clinton, la Ley de Reforma de la Inmigración Ilegal y de Responsabilidad del Inmigrante y la Ley Antiterrorista y por una Pena de Muerte Efectiva, expandieron la definición de "delito agravado" para abarcar varias transgresiones menores y eliminaron a la vez muchos de los recursos que los inmigrantes acusados de un crimen podían usar para cuestionar su remoción del país. El resultado fue un enorme programa para deportar a "extranjeros criminales". Entre 2010 y 2017, las autoridades migratorias enviaron de vuelta a sus países de origen a 1.3 millones de no ciudadanos condenados por tales "delitos agravados" en Estados Unidos. El

---

53. Para el "fenómeno originario de Estados Unidos" ver Freddy Funes, "Removal of Central American Gang Members: How Immigration Laws Fail to Reflect Global Reality", *University of Miami Law Review*, 1º de octubre de 2008, 304-305. Tambíen, Clare M. Ribando, "Gangs in Central America", Informe del Servicio de Investigación del Congreso, 27 de julio de 2007, 3, https://www.justice.gov/sites/default/files/eoir/legacy/2013/11/08/crs%20gangs_07.pdf; ver también "Transnational Organized Crime in Central America and the Caribbean: A Threat Assessment", Oficina de las Naciones Unidas contra la Droga y el Delito, septiembre de 2012, 28.

grueso de ellos —entre un 50% y un 60% al año, según los datos del propio Departamento de Seguridad Nacional— en realidad estaban condenados por infracciones menores relacionadas con inmigración, drogas u ofensas de tránsito (como conducir bajo la influencia del alcohol o darse a la fuga tras un accidente), mientras que tan solo un pequeño porcentaje había sido culpable de crímenes violentos. Sorprendentemente, el 93% de los deportados provenían de apenas cuatro países, México, Guatemala, Honduras y El Salvador, mientras que solo el 7% provenía del resto de los países del mundo combinados. Un porcentaje tan desproporcionado indica que el sistema de deportación de Estados Unidos está dirigido contra nuestros vecinos del sur más cercanos.[54]

En total, los funcionarios federales repatriaron a alrededor de 300 mil no ciudadanos con antecedentes penales al Triángulo Norte entre 1998 y 2014. La mayoría eran jóvenes que habían llegado a Estados Unidos de niños, habían crecido aquí y hablaban poco o nada de español. Solo una pequeña porción habían sido pandilleros en nuestro país, y esos pocos se habían unido sobre todo para sentirse incluidos y protegidos en los barrios hostiles de las ciudades estadounidenses. Pero cuando los enviaron de vuelta a países que apenas conocían y en los que tenían pocos familiares, los deportados se enfrentaron al ostracismo, la mayoría no logró conseguir empleo y la policía local los hostigaba y abusaba de ellos. El aumento en la ayuda militar y policiaca de Washington impulsó a los gobiernos de la región a reprimirlos. La ayuda para El Salvador, por ejemplo, se catapultó de tan solo $700 mil en 1996 a más de $18 millones en 2006. Con ese dinero, el partido de derecha ARENA, del presidente Francisco Flores, inició su propia política de tolerancia cero, conocida como Plan Mano Dura, durante la cual la policía encarceló a muchos jóvenes sin

---

54. Departamento de Seguridad Nacional de Estados Unidos, *Annual Report, Immigration Enforcement Actions: 2017*, marzo de 2019, https://www.dhs. gov/sites/default/files/publications/enforcement_actions_2017.pdf. Según mi cálculo de las cifras anuales, México fue por mucho el principal país receptor de "remociones de extranjeros criminales", con 992,170, seguido por Guatemala (96,086), Honduras (92,238) y El Salvador (64,547).

que hubieran cometido ningún delito, sino solo por usar tatuajes asociados con las pandillas. La población carcelaria del país pasó de 7 mil en 2000 a más de 24 mil una década después. En la vecina Honduras, el presidente Ricardo Maduro se embarcó en su propia campaña de mano dura. Las prisiones locales superaron su capacidad y los motines de reclusos se volvieron comunes. En vez de disuadir la proliferación de las pandillas, los abusos de la policía y los encarcelamientos en masa la alimentaron, y los internos desarrollaron sus redes tras las rejas. No tardaron en fundar *clicas* locales de las pandillas estadounidenses en los barrios centroamericanos; a su vez, esas clicas atrajeron rápidamente y suplantaron o absorbieron a las pandillas locales existentes. Y en cada uno de los países del Triángulo Norte, las maras reaccionaron a la mano dura del gobierno, volviéndose aún más violentos. En 2005, los estimados de membresía en las pandillas de la región variaban entre 70 mil y 100 mil. Sin embargo, ese crecimiento no era inevitable. Como argumenta convincentemente el politólogo Alfonso Gonzales, al exportar a jóvenes alienados de las ciudades estadounidenses y luego financiar una guerra contra las pandillas en Centroamérica, los diseñadores de las políticas de Estados Unidos hicieron que "el problema de las pandillas y los delincuentes deportados fueran la lógica de un sistema transnacional emergente de control migratorio".[55]

---

55. "El Salvador's Crisis of Perpetual Violence", International Crisis Group, Latin America Report No. 64, 19 de diciembre de 2017, 13. Ana Arana, "How the Street Gangs Took Central America", *Foreign Affairs 84*, no. 3 (mayo - junio, 2005), 98-110, https://www.jstor.org/stable/20034353. Ver también Oficina de las Naciones Unidas contra la Droga y el Delito (ONUDD), *Transnational Organized Crime in Central America and the Caribbean: A Threat Assessment*, septiembre 2012, 27. Para la población carcelaria de El Salvador, ver "World Prison Population List, Eleventh Edition", octubre de 2015, Instituto de Investigación en Política Criminal, https://prisonstudies.org/sites/default/files/resources/downloads/world_prison_population_list_11th_edition_0.pdf. Gonzales, *Reform Without Justice, Latino Migrant Politics and the Homeland Security State*, 99-120, describe cómo la ayuda estadounidense impulsó las políticas de mano dura y brinda testimonios de primera mano de las experiencias de los varones salvadoreños repatriados en manos de la policía local.

Además, esas pandillas difícilmente son organizaciones criminales bien aceitadas e involucradas en narcotráfico hacia Estados Unidos, como ha dicho el presidente Trump. "Las maras (la MS-13 y la M-18) tienen un papel muy pequeño en el tráfico transnacional de cocaína", descubrió un informe de la ONU, y, aunque tengan miembros en varios países, eso "no debería contarse como evidencia de que operen transnacionalmente ni de que todos respondan a una cadena de mando internacional". Más bien, básicamente son matones callejeros que se concentran en extorsionar negocios locales, sobre todo en el sector del transporte, en delitos del orden común, en secuestros, en conflictos territoriales entre sí y en someter a los habitantes de las comunidades bajo su control. Tan solo en Honduras, por ejemplo, más de 1,500 personas en el sector del transporte han sido asesinadas desde 2010.[56]

LA DELINCUENCIA VIOLENTA IMPULSA LA MIGRACIÓN

Lo que muchos migrantes centroamericanos mencionan como su razón para huir a Estados Unidos es precisamente el horrible nivel de violencia y caos que provocan las maras. Los índices de homicidios de la zona casi escapan a la comprensión. En 2010, Honduras era la capital homicida del mundo, con un índice de 82 asesinatos por cada 100 mil habitantes que aumentó aún más, a 92 por cada 100 mil, al año siguiente. El de El Salvador, por su parte, se disparó a 103 por cada 100 mil en 2015, uno de los más altos registrados en la historia. En contraste, el índice de homicidios en Reino Unido aquel año fue de 1 por cada 100 mil, mientras que en Estados Unidos fue de 4.9 por cada 100 mil. En las principales ciudades centroamericanas, el índice es aún más impactante;

56. ONUDD, *Transnational Organized Crime*, 5, 28. Sonia Nazario, "Pay or Die", *New York Times*, 28 de julio de 2019. El autor descubrió que algunos dueños de compañías de autobuses estaban forzados a pagar entre 30% y 40% de sus ingresos a varias pandillas. La policía o los funcionarios gubernamentales normalmente eran cómplices de la extorsión.

San Salvador, por ejemplo, registró 190 homicidios por cada 100 mil habitantes en 2015. Y aunque las cifras se hayan reducido en años recientes, la región sigue siendo una de las más letales del planeta. Según un estudio cuantitativo de 2018, la política de deportaciones en masa de Estados Unidos tuvo un "efecto fuerte y robusto" en los índices de homicidios de Latinoamérica y el Caribe, "la deportación de diez individuos adicionales con antecedentes penales por cada 100 mil personas en su patria aumentó los índices de homicidio de ese país entre dos y tres asesinatos por cada 100 mil personas". Otro estudio analizó los menores de edad sin acompañantes aprehendidos en la frontera entre México y Estados Unidos entre 2011 y 2016, un asombroso total de 170 mil, que representaban el 8% de todos los jóvenes de 17 años de la región durante ese periodo. Al analizar los asesinatos en las ciudades de las que provenían esos menores de edad, los investigadores concluyeron que, en promedio, un homicidio al año adicional durante ese periodo de seis años había provocado que aparecieran 3.7 menores de edad sin acompañantes más en nuestra frontera.[57]

Hay otra forma en la que las políticas estadounidenses han empeorado la huida de refugiados: la exportación de armas. Centroamérica está literalmente inundada de armas de fuego, con un

---

57. ONUDD, *Transnational Organized Crime,* 16. Randy Capps, *From Control to Crisis,* 18, señala que, en 2018, los índices de homicidios por cada 100 mil habitantes habían bajado a 51 en El Salvador, 41 en Honduras, y 22 en Guatemala. Para ciudades individuales, ver "The world's most dangerous cities", *The Economist,* 31 de marzo de 2017, https://www.economist.com/graphic-detail/2017/03/31/the-worlds-most-dangerous-cities. Para el impacto de las deportaciones en los índices de homicidios, ver Christian Ambrosius y David Leblang, "Exporting Murder: US Deportations & the Spread of Violence", Universidad Libre de Berlín, Escuela de Economía y Negocios, Artículo de Discusión, 21 de agosto de 2018, https://refubium.fu-berlin.de/bitstream/handle/fub188/22750/discpaper2018_13b.pdf?sequence=3&isAllowed=y. Para los menores de edad sin acompañantes, ver Michael A. Clemens, "Violence, Development, and Migration Waves: Evidence from Central American Child Migrant Apprehensions", Center for Global Development, Documento de Trabajo 459, julio de 2017, 1-2, https://www.cgdev.org/publication/violence-development-and-migration-waves-evidence-central-american-child-migrant.

estimado de 2.2 millones de armas registradas y otros 2.8 millones de no registradas, lo suficiente para armar a uno de cada tres hombres de la región. La mayoría de ellas fueron fabricadas en Estados Unidos. Aún quedan arsenales enteros de la ayuda militar brindada por Washington y sus aliados a la región durante las guerras civiles de los años ochenta. Tan solo en El Salvador, un estimado de 360 mil armas militares no se recuperaron nunca al terminar el conflicto armado, y la mayoría siguen en manos de particulares. Además, las exportaciones de armas estadounidenses a México y el Triángulo Norte se han duplicado durante la última década. Las existencias actuales aumentan gracias a las decenas de miles de armas cortas que se compran cada año en Estados Unidos y se contrabandean hacia México y Centroamérica. El resultado no debería sorprender a nadie: en 2010, el 84% de los homicidios de Guatemala se cometieron con armas de fuego; en Honduras fue el 82%. Se trata de porcentajes mucho más altos que el 68% de asesinatos cometidos con armas de fuego en Estados Unidos.[58]

Otros factores aparte del cambio climático, las pandillas y la violencia con armas de fuego también han incitado el éxodo de refugiados, pero rara vez se discuten en el debate migratorio actual. Incluyen la represión política rampante, la pobreza aplastante y la corrupción gubernamental sistémica, que han causado Estados fallidos en toda la región (ver el Capítulo 13).

---

58. ONUDD, *Transnational Organized Crime*, 59-62. Para las crecientes ventas de armas desde Estados Unidos, ver Alex Yablon, "Trump is Sending Guns South as Migrants Flee North", *Foreign Policy*, 8 de marzo de 2019, https://foreignpolicy.com/2019/03/08/trump-guns-honduras-central-america/; para el contrabando de armas hacia el sur de la frontera, ver Chelsea Parsons and Eugenio Weigand Vargas, "Beyond Our Borders: How Weak U.S. Guns Laws Contribute to Violent Crime Abroad", Centro por el Progreso de Estados Unidos, 2 de febrero de 2018, https://www.americanprogress.org/issues/guns-crime/reports/2018/02/02/445659/beyond-our-borders/; también Topher McDougal *et al.*, "The Way of the Gun: Estimating Firearms Trafficking Across the US–Mexico Border", *Journal of Economic Geography* 15, no. 2 (2015): 297–327, https://academic.oup.com/joeg/article/15/2/297/929819.

EL COMPLEJO MIGRATORIO-INDUSTRIAL
Y EL ASCENSO DE LAS CIUDADES SANTUARIO

Los recursos que el gobierno federal ha dedicado a la inmigración en años recientes son impactantes. Han generado una rama completamente nueva del complejo carcelario-industrial existente, dirigida exclusivamente a evitar que los no ciudadanos entren al país y a procesarlos, encarcelarlos y deportarlos, aunque antes disfrutaran de un estatus legal. En 2012, por ejemplo, el gobierno federal gastó más dinero en inmigración ($18 mil millones) que en sus cinco agencias policiales federales principales —el FBI, la Administración para el Control de Drogas (DEA, por sus siglas en inglés), el Servicio Secreto, el Servicio de Alguaciles de Estados Unidos y la Agencia de Alcohol, Tabaco, Armas de Fuego y Explosivos (ATF, por sus siglas en inglés), cuyos presupuestos combinados sumaban apenas $14.4 mil millones.[59]

Una revisión de las estadísticas del Departamento de Justicia durante los últimos treinta años vuelve evidente el giro drástico que dieron las agencias policiales federales para perseguir y criminalizar a los inmigrantes. En 1998, dos terceras partes de los arrestos federales eran contra ciudadanos estadounidenses, pero veinte años después se ha revertido la proporción: dos terceras partes de los arrestados en 2018 no eran ciudadanos, aunque correspondieran apenas al 7% de la población total del país. En números brutos, los arrestos de no ciudadanos aumentaron en más de 50 mil en un solo año: de 73,022 en 2017 a 125,027 en 2018. Aquel año, los agentes federales arrestaron a más ciudadanos mexicanos por cargos criminales que a ciudadanos estadounidenses. No es de sorprender, pues, que la cantidad de no ciudadanos en detención migratoria se haya disparado; la población

---

59. Doris Meissner, Donald M. Kerwin, *et al.*, "Immigration Enforcement in the United States: The Rise of a Formidable Machinery", Instituto de Política Migratoria, enero de 2013, 9. Irónicamente, Meissner, el autor principal del informe, fue comisionado del Servicio de Ciudadanía e Inmigración en tiempos de Bill Clinton, cuando inició la era moderna de las deportaciones en masa.

promedio diaria pasó de 7 mil en 1998 a 52 mil en la primavera de 2019.[60]

Ese sistema inédito de detenciones, procesos y deportaciones en masa, junto con la insistencia del presidente Trump de construir un muro fronterizo completo, han generado miles de millones de dólares en contratos gubernamentales para una caterva de compañías privadas. Ha surgido una industria entera para transportar, alojar y alimentar a los detenidos, para cuidar a los niños separados de sus padres, para diseñar y operar drones y el equipo de vigilancia más avanzado, para rastrear digitalmente a los migrantes con bases de datos en constante expansión y programas de reconocimiento facial, y para construir muros en desiertos y montañas. Al mismo tiempo, los reportes de los medios cada vez señalan más las enormes ganancias de los principales contratistas, muchos de cuyos ejecutivos también son grandes donadores del Partido Republicano.[61]

Sin embargo, mientras el gobierno federal sigue criminalizando a los indocumentados, cientos de ciudades y condados de todo el país se han unido a una creciente resistencia, conocida como "ciudades santuario". Para principios de 2018, 760 condados (24% de los condados del país) se habían negado a retener a migrantes en sus cárceles municipales tras una solicitud de

---

60. Mark Motivans, "Immigration, Citizenship, and the Federal Justice System, 1998-2018", Departamento de Justicia de Estados Unidos, Oficina de Estadísticas de Justicia, agosto de 2019, https://www.bjs.gov/content/pub/pdf/icfjs9818.pdf.
61. Zolan Kanno-Youngs, "Pentagon Investigator to Examine $400 Million Border Wall Contract Awarded to G.O.P. Donor", *New York Times*, 12 de diciembre de 2019. También Jaden Urbi, "Here's Who's Making Money from Immigration Enforcement", *CNBC*, 29 de junio de 2018, https://www.cnbc.com/2018/06/28/companies-profiting-immigration-enforcement-private-sector-prison-tech.html; "Here Are the Companies Poised to Profit from the Trump Wall", *MarketWatch*, 25 de febrero de 2019, https://www.marketwatch.com/story/here-are-the-companies-poised-to-profit-from-the-trump-border-wall-2019-02-22; Ted Hesson, "15 Companies that Profit from Border Security", *ABC News*, 15 de abril de 2013, https://abcnews.go.com/ABC_Univision/Politics/15-companies-profit-border-security/story?id=18957304.

detención del ICE, y la cifra ha seguido creciendo. Varios tribunales federales de distrito han dictaminado que esas órdenes de detención no son órdenes judiciales, y que las ciudades que las ejecuten estarán violando la Cuarta Enmienda. Una cantidad menor pero significativa de condados prohíbe otras formas de cooperación con el ICE, mientras que tan solo el 4% ha firmado contratos con él para detener inmigrantes o aplicar la ley migratoria, como el condado de Maricopa, Arizona, en tiempos de Joe Arpaio. Las zonas con la mayor cantidad de condados rebeldes incluyen prácticamente toda California, Oregon, Vermont, gran parte de Nuevo México y la mayoría de las ciudades más grandes del país. Tan solo cinco días después de haber entrado en funciones, Trump emitió un decreto en el que declaraba que la inmigración de indocumentados era un "peligro claro y presente" para el país e intentó eliminar el movimiento de las ciudades santuario ordenando que se les suspendieran los fondos federales, pero el Tribunal de Apelaciones del Noveno Circuito en California declaró que su orden era inconstitucional.[62]

LA INMIGRACIÓN LEGAL BAJO ASEDIO

La administración de Trump, como ya mencionamos, no solo ha puesto en la mira a los migrantes no autorizados, sino que también se ha propuesto revertir drásticamente el papel histórico de Estados Unidos como santuario para los pobres y los desposeídos, para los refugiados políticos y religiosos del resto del mundo. Por eso, se ha esforzado por redefinir de forma radical quién puede solicitar la ciudadanía estadounidense en el siglo XXI. Si bien un examen detallado de los muchos cambios diseñados por

---

62. Immigrant Legal Resource Center, "The Rise of Sanctuary: Getting Local Officers Out of the Business of Deportations in the Trump Era", enero de 2018, https://www.ilrc.org/sites/default/files/resources/rise_of_sanctuary-lg-20180201.pdf. Para el decreto de Trump, ver William Cummings, "Federal Appeals Court Rules Trump's Sanctuary City Order Unconstitutional", USA Today, 1º de agosto de 2018.

Trump y su principal asesor migratorio, Stephen Miller, está fuera del alcance de este libro, algunas de esas políticas incluyen:

- ◆ **Desmantelar el sistema de asilo y refugiados existente desde 1980.** Durante el último año de la administración de Obama, el límite anual de reasentamientos de refugiados fue de 110 mil; para el año fiscal 2019-2020, el gobierno federal lo había reducido a tan solo 18 mil.[63] Para evitar que los solicitantes de asilo centroamericanos llegaran a los puntos de entrada de Estados Unidos, los funcionarios empezaron a considerarlos no elegibles para el asilo si no presentaban su solicitud primero en un "tercer país seguro" designado, por el que pasaran de camino a Estados Unidos. Para finales de 2019, la Casa Blanca también había obtenido acuerdos con los gobiernos de El Salvador, Guatemala y Honduras para que aceptaran la deportación de sus ciudadanos que no hubieran cumplido con el requisito del país seguro.[64]

- ◆ **Terminar con el Programa de Estatus Protegido Temporal.** Trump acabó con el TPS, que había permitido que casi 300 mil migrantes de media docena de países, incluyendo El Salvador, Honduras, Haití y Sudán, vivieran y trabajaran en Estados Unidos. En octubre de 2019, el juez de distrito de California Edward Chen bloqueó temporalmente el decreto presidencial, pues concluyó que una objeción contra la cancelación había "planteado preguntas serias sobre si esos actos están basados en animosidad contra los

---

63. Peniel Ibe, "Trump's Attacks on Legal Immigration System Explained", American Friends Service Committee, 3 de octubre de 2019, https://www.afsc.org/blogs/news-and-commentary/trumps-attacks-legal-immigration-system-explained. También Michael D. Shear y Zolan Kanno-Youngs, "Trump Slashes Refugee Cap to 18,000, Curtailing U.S. Role as a Haven", *New York Times,* 26 de septiembre de 2019.
64. Nicole Narea, "The Trump Administration Just Inked Another Deal Making It Harder to Seek Asylum in the U.S.", *Vox,* 25 de septiembre de 2019, https://www.vox.com/policy-and-politics/2019/9/25/20883831/trump-asylum-honduras-agreement.

inmigrantes no blancos y no europeos, por lo que violaría la Protección Igualitaria garantizada por la Constitución". Ordenó que se detuviera la cancelación hasta que hubiera un juicio sobre la objeción.[65]

♦ **Expandir la regla de "carga pública" para los inmigrantes legales.** La administración anunció sus planes de negarles *green cards* a los inmigrantes que usaran beneficios públicos básicos, como los vales de comida, Medicaid y vivienda pública, al considerarlos proclives a volverse dependientes del gobierno en algún punto de sus vidas. Programadas para entrar en efecto en octubre de 2019, las nuevas reglas fueron bloqueadas por jueces en Nueva York, California y Washington, y se quedaron en tribunales de apelación esperando la revisión de la Corte Suprema. Sin embargo, en marzo de 2021, la Corte Suprema denegó todos los litigios a petición del nuevo gobierno, y el presidente Biden emitió un nuevo decreto que rescindía la regla de carga pública. Además, en mayo de 2019, el Departamento de Vivienda y Desarrollo Urbano promulgó reglas nuevas que exigían que las familias en viviendas públicas con asistencia federal fueran desalojadas si un solo miembro era indocumentado. Antiguamente, las familias con estatus mixto habían tenido permitido quedarse en viviendas públicas con un subsidio reducido. Pero con la nueva regla, los funcionarios de vivienda pública locales estimaban que más de cien mil personas tendrían que ser desalojadas, incluyendo a 55 mil niños. Trump salió de funciones antes de que entraran en efecto y Biden revocó de inmediato todos sus planes.[66]

---

65. Alan Gomez, "The Six Countries 300,000 Must Return to With End of TPS Program", *USA Today,* 15 de octubre de 2018. También Catherine E. Shoichet, "Federal Judge Temporarily Blocks Trump Administration from Ending TPS", *CNN,* 4 de octubre de 2018, https://www.cnn.com/2018/10/03/politics/tps-preliminary-injunction/index.html.
66. "Federal Judges in 3 States Block Trump's 'Public Charge' Rule for Green Cards", *National Public Radio,* 11 de octubre de 2019, https://www.npr.org/2019/10/11/769376154/n-y-judge-blocks-trump-administrations-public-

- ♦ **Tratar de acabar con las políticas de reunificación de familias.** Trump trató de proponer el abandono de las políticas de reunificación de familias de los últimos cincuenta años —lo que él y otros restriccionistas migratorios llaman "migración en cadena"— y dejar clara una preferencia por inmigrantes más ricos y mejor educados.

Todo eso sucedió mientras el propio presidente publicaba constantemente tuits xenófobos y referencias racistas en sus pronunciamientos en público sobre los migrantes de Latinoamérica, África y Asia.

MITOS Y REALIDADES

La última estratagema para deportar latinoamericanos no debería ser sorprendente dada la manera en la que los nativistas y los eugenesistas han atizado el fervor antilatino con mitos y estereotipos reciclados.

Primer mito: los latinoamericanos vienen a este país para vivir de la asistencia social.

Realidad: la tasa de participación en la fuerza laboral —el porcentaje de personas trabajando o buscando empleo activamente— es mucho más alta para los inmigrantes latinoamericanos que para los estadounidenses nativos, y suele ser más alta que la de otros inmigrantes (ver la Tabla 8).

---

charge-rule. "The Trump Administration's Proposed 'Mixed-Status' Housing Rule is Another Form of Family Separation", American Civil Liberties Union, 10 de julio de 2019, https://www.aclu.org/blog/immigrants-rights/trump-administrations-proposed-mixed-status-housing-rule-another-form-family; también, Xavier Arriaga, "*Mixed Status* and *Public Charge* Rules: Attacks on Immigrants Access to Housing", National Low-Income Housing Coalition, 12 de junio de 2021, https://nlihc.org/sites/default/files/AG-2021/06-12_Attacks-Immigrants-Access-Housing.pdf.

Tabla 8

Tasas de participación en la fuerza laboral
para grupos selectos de inmigrantes, 2010[67]

País de nacimiento	Porcentaje en la fuerza laboral de Estados Unidos
Estados Unidos	64.5%
Canadá	58.0%
Japón	54.3%
Reino Unido	59.9%
República Dominicana	67.8%
México	70.6%
India	71.5%
Ecuador	74.4%
Nicaragua	74.7%
Honduras	77.3%
Guatemala	78.3%
El Salvador	79.2%

Los inmigrantes latinos no solo son más propensos a trabajar que los estadounidenses nativos, sino que un estudio en California descubrió que la mitad de los inmigrantes del Occidente de México, sin importar que estuvieran en Estados Unidos legal o ilegalmente, regresan a casa en menos de dos años, y menos de una tercera parte se queda durante diez años.[68] Recuerden que los mexicanos constituyen casi el 60% de todos los inmigrantes hispanos.

Segundo mito: los inmigrantes traen más delincuencia al país. Según una encuesta de Gallup de 2019, el 42% de los estadounidenses creía que los migrantes empeoraban la delincuencia.

---

67. Portes y Rumbaut, *Immigrant America*, (4ª edición, 2014), 123.
68. Belinda I. Reyes, "Dynamics of Immigration: Return Migration to Western Mexico", Public Policy Institute of California, 28 de enero de 1997.

Realidad: los índices de delincuencia son más bajos entre inmigrantes, tanto entre los naturalizados como entre los que son residentes legales o indocumentados, que entre los estadounidenses nativos. Un estudio del instituto conservador Cato realizado en 2017, por ejemplo, descubrió que los inmigrantes legales en Estados Unidos tenían 69% menos de probabilidad de ser encarcelados que los estadounidenses nativos, y que los inmigrantes indocumentados tenían 44% menos probabilidad. Mientras tanto, un estudio integral realizado por cuatro universidades que analizó datos sobre delincuencia en 200 zonas metropolitanas a lo largo de varias décadas descubrió que conforme aumentaba la población de inmigrantes en esas ciudades, los índices de criminalidad o bien disminuían o se mantenían estables.[69]

Tercer mito: los inmigrantes latinos drenan recursos públicos, como educación y servicios gubernamentales.

Realidad: numerosos estudios demuestran que los inmigrantes en este país hacen contribuciones enormes a nuestra sociedad por medio de sus impuestos y del Seguro Social. El gran problema es que esas contribuciones están *distribuidas desigualmente* entre el gobierno federal y los locales.

En el estado de Nueva York, por ejemplo, los inmigrantes, la mayoría latinos, conformaban el 17.7% de la población en 1995, ganaban el 17.3% de los ingresos personales del estado y pagaban el 16.4% de los impuestos totales. El problema fue que el 69% de esos impuestos terminaron en el gobierno federal (por los impuestos sobre los ingresos y los del Seguro Social), mientras que solo el 31% se quedó en las arcas locales, donde los gobiernos municipales y estatales sufren los mayores gastos por servicios a su población de inmigrantes. Un estudio similar de 1990-1991 sobre inmigrantes indocumentados en el condado de Los Ángeles demostró de forma abrumadora que aportaban $3 mil millones en impuestos, pero el 56% de ese dinero se iba a Washington, mientras que el

---

69. Michelangelo Landgrave and Alex Nowrasteh, "Criminal Immigrants: Their Numbers, Demographics and Countries of Origin", *Immigration and Policy Brief*, No. 1, Instituto Cato, 15 de marzo de 2017. También Anna Flagg, "The Myth of the Criminal Immigrant", *New York Times*, 30 de marzo de 2018.

costo local de brindarle atención médica, educación, fuerzas policiales y servicios sociales a la población indocumentada del condado superaba por mucho sus contribuciones.

En resumen, los trabajadores inmigrantes jóvenes están pagando el presupuesto federal y los beneficios del Seguro Social de los
trabajadores nativos mientras los gobiernos locales tienen que pagar los costos sociales de los servicios brindados a esos inmigrantes
y, en el caso de los indocumentados, los estados rara vez reciben
una parte proporcional de la asistencia federal para pagar esos gastos, porque muchos de los inmigrantes no califican para esos servicios o ni siquiera están contabilizados oficialmente.[70]

Dos áreas en las que tanto los inmigrantes legales como los no
autorizados usan servicios gubernamentales son las escuelas públicas y el sistema de atención médica, y se han convertido en el
foco de las acusaciones de que los inmigrantes drenan los recursos del país. Los defensores de esa teoría rara vez mencionan que,
en 1990, la mayoría de los 20 millones de residentes de Estados
Unidos nacidos en el extranjero llegaron en los años más pro-
ductivos de sus vidas. El costo de su educación, por lo tanto, fue
cubierto por los gobiernos de sus países de origen, pero perdieron
los beneficios de esa inversión en capital humano cuando muchos
de sus ciudadanos más brillantes, ambiciosos y capaces emigraron a Estados Unidos. Mientras tanto, nuestro país obtuvo trabajadores jóvenes en cuya educación no tuvo que invertir nada.
En cuanto a los hijos de esos inmigrantes, *todos los niños*, sean de
familias de inmigrantes o de nativos, drenan los recursos de un
país. Solo cuando crecen y se convierten en ciudadanos produc-
tivos pagan la inversión que hizo la sociedad en ellos. Así que,
lógicamente, cualquier cálculo del precio de educar a los hijos de
los inmigrantes debería incluir un cálculo de su productividad
futura para la sociedad.

---

70. Jeffrey S. Passel y Rebecca L. Clark, *Immigrants in New York: Their Le-
gal Status, Incomes and Taxes, Executive Summary* (Washington, D.C.: The
Urban Institute, 1998), 4–8; también "Calculating the Impact of California's
Immigrants", *Los Angeles Times*, 8 de enero de 1992.

Cuarto mito: los inmigrantes latinos les roban el trabajo a los ciudadanos estadounidenses.

Realidad: aunque algunos estudios sí indiquen que los inmigrantes capacitados asiáticos o caribeños tienen un impacto negativo en el empleo de blancos y negros en algunas industrias, según varios estudios, los inmigrantes latinos, sobre todo los que están en el país de forma ilegal, de hecho han mejorado la economía local para los blancos, pues su disposición a trabajar por un peor salario ha rejuvenecido la rentabilidad de industrias agonizantes y prevenido más pérdida de empleos.[71] (¿Cuántos restaurantes y establecimientos de servicio en las grandes ciudades, cuántos negocios de construcción y jardinería, por ejemplo, podrían seguir operando si tuvieran que pagarles a sus trabajadores inmigrantes un salario comparable con el de los estadounidenses nativos?).

¿POR QUÉ LA INMIGRACIÓN LATINA CONTINUARÁ DURANTE EL SIGLO XXI?

Una cosa es quebrar los estereotipos sobre los inmigrantes, pero es mucho más difícil comprender qué caracteriza a la inmigración latina y qué fuerzas la impulsan. Consideremos los siguientes factores:

1. *La catastrófica crisis económica en Latinoamérica.*
La población de Latinoamérica sigue creciendo más rápido que la de Estados Unidos, y las condiciones a las que se enfrenta son más duras.[72] Apenas en 1950, la población de Estados Uni-

---

71. Portes y Rumbaut, *Immigrant America*, 285–90.
72. La población europea saltó de 140 millones a 260 millones durante los cien años transcurridos entre 1750 y 1850. Para 1900 había alcanzado los 400 millones. (Ver *World Almanac and Book of Facts*, 1993 [Nueva York: Pharos Books, 1992]). Solo podemos imaginar cómo habrían sido las condiciones sociales en Europa en el siglo XX si la emigración no hubiera funcionado como válvula de escape. En contraste, Latinoamérica, que contaba con 100 millones de habitantes en 1930, se disparó a casi 450 millones en 1990. (Ver Alan

dos y la de Latinoamérica eran aproximadamente iguales. Desde entonces, la de Latinoamérica ha aumentado a casi el triple de nuestra tasa, mientras que una parte importante del aumento estadounidense se ha debido a los latinoamericanos que migran hacia acá. (Ver la Tabla 9).

Tabla 9

**Población estimada de Estados Unidos
y Latinoamérica y el Caribe**[73]

	1950	2019	Aumento
Estados Unidos	150,000,000	329,000,000	120%
Latinoamérica y el Caribe	167,000,000	648,000,000	288%

Mientras tanto, las condiciones de vida en Latinoamérica se han deteriorado constantemente, sobre todo durante los años ochenta y noventa. Según la Comisión Económica para América Latina de la ONU, más del 40% vivía en pobreza en 1990.[74] El PIB per cápita de la región de hecho cayó en ese periodo.[75] Millones de campesinos, desplazados de sus tierras por la competencia de la agroindustria estadounidense, han huido a las ciudades principales, donde han surgido enormes cinturones de miseria.

Al mismo tiempo, una minúscula élite se beneficia de la bonanza económica provocada en gran parte por la venta de bienes

---

Gilbert, *The Latin American City*, 26–27). Por lo tanto, a la región le tomó apenas sesenta años lograr un aumento poblacional que a Europa le costó 150. El estancamiento económico de las últimas décadas ha empeorado esa explosión demográfica.

73. Organización de las Naciones Unidas, Departamento de Asuntos Económicos y Sociales, "World Population Prospects 2019: Highlights", https://population.un.org/wpp/Publications/Files/WPP2019_Highlights.pdf.

74. Petras y Morley, *Latin America in the Time of Cholera*, 14.

75. En 1980, el PIB per cápita era de $2,315, pero catorce años después, había caído a $2,218. Ver Banco Interamericano de Desarrollo, *Informe anual, 1994*, 103.

públicos y la apertura del mercado laboral a la inversión corporativa multinacional. Todos los días se extrae más riqueza hacia el norte. La deuda externa total de la región, que comprendía $575 mil millones en 1995, había alcanzado casi $2.5 billones en 2021, el equivalente al 79% del PIB, lo que convertía a Latinoamérica y el Caribe en la región más endeudada del mundo en vías de desarrollo, mientras que la mayor parte de los intereses de esa deuda fluye hacia Estados Unidos y Europa. La pandemia de COVID-19 en particular causó el mayor declive económico en la historia de la región y, según un informe de la ONU, probablemente hunda "el PIB per cápita a niveles de 2010 y los índices de pobreza a cifras no vistas desde 2006". El mismo informe señaló que, para principios de 2021, la región había sufrido el 28.7% de las muertes globales por COVID, aunque tan solo representara el 8.4% de la población mundial.[76]

Entre muchas familias latinoamericanas, emigrar ya no es cuestión de buscar mejores oportunidades, sino de supervivencia. En algunos pueblos y barrios urbanos del Caribe, México y Centroamérica, casi todas las familias tienen a alguien trabajando en el norte y enviando dinero a casa para alimentar a quienes se quedaron. Según un estudio reciente, entre 2001 y 2008, las remesas de inmigrantes a solo cinco países latinoamericanos —Colombia, República Dominicana, El Salvador, Guatemala y México— casi

---

76. Raymond J. Mataloni, "U.S. Multinational Companies: Operations in 1995", in *Survey of Current Business*, octubre de 1997, 62–63. Banco Interamericano de Desarrollo, *Informe anual, 1996*, 126. También, Aaron O'Neill, "Latin America and the Caribbean: External debt from 2011-2021", Statista, 9 de junio de 2021, https://www.statista.com/statistics/698958/external-debt-of-latin-america-and-the-caribbean/; también United Nations Economic Commision for Latin America and the Caribbean, "Financing for development in the era of COVID-19 and beyond: Priorities of Latin America and the Caribbean in relation to the financing for development global policy agenda", 11 de marzo de 2021, 3, https://www.cepal.org/en/publications/46711-financing-development-era-covid-19-and-beyond, y "Foreign Direct Investment in Latin America and the Caribbean", 12, https://www.cepal.org/en/publications/type/foreign-direct-investment-latin-america-and-caribbean.

se triplicaron, de $14.9 mil millones a $41.2 mil millones al año. La mayoría provenía de migrantes en Estados Unidos. El flujo de dinero de los expatriados trabajando en el extranjero ahora representa una porción importante del PIB de varios países latinoamericanos. Para Honduras, fue el 20% en 2018; para El Salvador, el 21%; para Nicaragua, el 11%; para Guatemala, el 12%. Las remesas totales de trabajadores latinos en Estados Unidos a sus países de origen marcaron un récord de $47.6 mil millones en 2008. Aquel año, los latinos en Estados Unidos enviaron más dinero a casa de lo que el gobierno estadounidense envió como ayuda extranjera a todos los países del mundo. Y esas remesas en efectivo no incluían el valor de los bienes de consumo y la ropa que los migrantes enviaban a casa o se llevaban de regalo cuando iban de visita. Sin embargo, en 2009, las remesas tuvieron una caída drástica hasta alcanzar los $44.3 mil millones, sobre todo porque la profunda recesión en Estados Unidos causó un aumento repentino en el desempleo entre los inmigrantes latinos. No obstante, en 2017 el Centro Pew estimó que las remesas hacia la región estaban de nuevo en un punto récord de $57.3 mil millones.[77]

En resumen, los inmigrantes latinoamericanos están evitando el colapso total de sus países de origen. La única manera de evitar que sigan viniendo a Estados Unidos es con políticas económicas que garanticen que una mayor proporción de la riqueza que producen sus países se quede en ellos.

---

77. Manuel Orozco, Laura Porras y Julia Yansura, "Remittances to Latin America and the Caribbean in 2018", *The Dialogue*, abril de 2019, https://www.thedialogue.org/wp-content/uploads/2019/04/2018-NumbersRemittances.pdf. Para datos sobre los $36 mil millones de ayuda extranjera que entregó Estados Unidos (incluyendo apoyo militar) durante 2008, ver Connie Veillette and Susan B. Epstein, "State, Foreign Operations and Related Programs: FY 2008 Appropriations," Congressional Research Service, December 14, 2007, https://sgp.fas.org/crs/row/RL34023.pdf. Para las remesas totales en 2017 desde Estados Unidos, ver Centro de Investigaciones Pew, "Remittance Flows Worldwide in 2017", Centro de Investigaciones Pew, 3 de abril de 2019, https://www.pewglobal.org/interactives/remittance-flows-by-country/.

2. *La inmigración latina es un movimiento de trabajadores urbanos dentro del Nuevo Mundo, no un movimiento de campesinos rurales, como lo fue el flujo de europeos y gran parte del flujo moderno de asiáticos.*

Los europeos que llegaron a principios del siglo XX eran sobre todo campesinos pobres. Dejaron su patria preparados para cortar sus vínculos con el Viejo Mundo y rehacer su vida en el Nuevo. Como escribió Oscar Handlin, el cronista consumado de su éxodo, "desde Irlanda, en los rincones más occidentales de Europa, hasta Rusia, en el este, las masas de campesinos habían mantenido una similitud imperturbable; durante quince siglos fueron la columna vertebral de un continente, invariables mientras los cambios a su alrededor forjaban una y otra vez la civilización en la que vivían".[78]

La inmigración latinoamericana, por otro lado, es un movimiento de personas proveniente de la periferia sur, empobrecida e hispanohablante del Nuevo Mundo hacia su centro en el norte, más próspero y anglófono. Las tradiciones culturales y las identidades nacionales de ambas regiones —sin importar lo inmutables que algunas personas crean que son—, siguen siendo relativamente jóvenes y están en un proceso de cambio constante.

Precisamente a causa de su proximidad geográfica con Estados Unidos y su larga relación histórica con él, los latinoamericanos no vienen aquí para quedarse, ni planean integrarse a una sociedad nueva y más moderna. Más bien vienen a sobrevivir, a buscar un trabajo mejor pagado. En todos los migrantes palpita la esperanza de volver a su país algún día. Algunos lo hacen hasta una vez al año, cargados de regalos para sus parientes. Quienes no pueden pagar el viaje están en contacto constante con sus seres queridos por teléfono, mensajes de texto y video llamadas.

Eso ha implicado una nueva fluidez en el proceso migratorio desconocida entre los europeos, que se expresa de muchas maneras. Un hijo cae en las drogas o entra a una pandilla en la zona centro-sur de Los Ángeles, así que su madre migrante lo manda

---

78. Handlin, *The Uprooted*, 7.

a vivir algunos años con algún pariente en Guatemala u Honduras. Una joven se embaraza fuera del matrimonio o su esposo la abandona en República Dominicana, así que se va a Estados Unidos para huir de la vergüenza o para encontrar un trabajo para mantenerse a ella y a su hijo. Un mexicano va y viene todos los años de una pequeña granja en Sonora a los campos de uva de California durante la cosecha. Un radiotaxista dominicano de Nueva York pasa los veranos llevando a sus clientes por Manhattan y luego pasa los inviernos relajándose en la casa nueva que se construyó en El Cibao.

Más de lo que creeríamos, ese movimiento de idas y vueltas constantes —en sí mismo un reflejo de la eliminación de restricciones en el capital y la fuerza laboral en nuestra nueva economía global— sirve para reforzar y a la vez socavar aspectos de la cultura del país emisor y de la del receptor. Al igual que las corporaciones se enorgullecen de su capacidad de moverse por el mundo cada vez con más rapidez, los trabajadores migrantes han aumentado su movilidad, y la fuerza laboral latinoamericana es la más móvil de todas.

Además, es difícil considerar a los latinoamericanos campesinos de un paisaje invariable, como los primeros europeos. Con la excepción de los migrantes indígenas de México, Guatemala y Perú, en general son citadinos, un reflejo del hecho de que, desde la Segunda Guerra Mundial, Latinoamérica ha quedado convertida en el gueto urbano más grande del mundo. Mientras que en 1930 más de dos terceras partes de su población vivía en el campo, ahora más de 8 de cada 10 viven en la ciudad. En 2019, cuatro de las veinte metrópolis más grandes del mundo estaban en la región —São Paulo, Ciudad de México, Buenos Aires y Río de Janeiro—, cada una con más de 13 millones de habitantes. 65 ciudades latinoamericanas contenían más de un millón de habitantes en 2018. En contraste, en 2018 Estados Unidos solo tenía diez ciudades con más de un millón de habitantes. Las ciudades latinoamericanas normalmente tienen un centro reluciente cuya infraestructura está a punto de descoserse, rodeado por arrabales enormes de casas de cartón y techos de lámina.

Antes de dirigirse siquiera al norte, los latinoamericanos llevan años expuestos a un acondicionamiento social sobre la vida de ensueño que les espera acá. Las películas de Hollywood, los programas estadounidenses en la televisión, la música en inglés en la radio, los espectaculares con modelos de la Avenida Madison, las traducciones al español de revistas estadounidenses... todo eso se combina para provocar una sed por un estilo de vida que nunca podrían saciar en casa.

Además, los inmigrantes latinoamericanos, aunque en general estén menos educados que los de otras regiones, suelen estar mejor educados que los compatriotas a los que dejan en casa. Los estudios de inmigrantes mexicanos indocumentados hechos durante los años noventa, por ejemplo, mostraban que entre 3% y 10% eran analfabetos, mientras que el analfabetismo en México en ese entonces era del 22%. Datos más recientes muestran que es más probable que los migrantes latinoamericanos no autorizados tengan un título universitario que en años anteriores (casi un tercio lo tenían en 2016), aunque las tasas más bajas de educación superior fueron entre los mexicanos indocumentados (6%), los salvadoreños y los guatemaltecos (7% cada uno).[79] Muchos migrantes latinoamericanos trabajaron durante años para una compañía estadounidense en alguna zona de libre comercio, estudiaron inglés y, por lo tanto, ya están socializados en nuestros métodos antes de llegar siquiera. En resumen, están mucho más urbanizados, educados y socialmente preparados para adaptarse a la sociedad estadounidense postindustrial que los europeos que llegaron aquí a principios del siglo XX. Lo que les falta, y que sus predecesores europeos encontraron con creces en la industria automotriz, la acerera, la del caucho y la del carbón de principios del

79. Portes y Rumbaut, *Immigrant America*, 11. Estudios sobre inmigrantes dominicanos en los años noventa han encontrado patrones similares. Para cifras más recientes, ver Jens Manuel Krogstad y Jynah Radford, "Education levels of U.S. immigrants are on the the rise", Centro de Investigaciones Pew, 14 de septiembre de 2018, https://www.pewresearch.org/fact-tank/2018/09/14/education-levels-of-u-s-immigrants-are-on-the-rise/.

siglo XX, es una cantidad suficiente de trabajos poco calificados que paguen bien y les den cierto grado de seguridad laboral.

3. *Históricamente, los mexicanos, el grupo más grande de inmigrantes latinos, solo han sido "atraídos" hacia acá para ser tratados como mano de obra deportable.*

Como hemos visto, entre la década de 1880 y la de 1930 se reclutaron mexicanos para trabajar en los ferrocarriles y en los campos del Suroeste y del Medio Oeste. Más de un millón cruzó la frontera entre 1920 y 1930.[80] Al llegar la Gran Depresión, el desempleo se disparó y los trabajadores migrantes descubrieron que ya no eran bienvenidos. Durante los años treinta, se estima que deportaron por la fuerza a medio millón de mexicanos.[81]

Sin embargo, cuando la Segunda Guerra Mundial bloqueó la inmigración europea y asiática, nuestras corporaciones convencieron al gobierno federal de renovar la importación masiva de mano de obra mexicana y latinoamericana. Así empezó el Programa Bracero, en 1942. Durante su primer año, trajo 52 mil mexicanos para trabajar en mantenimiento de vías férreas y agricultura, pero después de la guerra se convirtió en un rasgo normal de la vida de Estados Unidos, porque el Suroeste estaba creciendo rápido y la agroindustria necesitaba más mano de obra barata. Tan solo en 1950, 450 mil personas pasaron por los tres principales centros de reclutamiento en México, y cientos de miles más entraron ilegalmente a Estados Unidos para buscar trabajo.

Sin embargo, azotamos la puerta tan pronto como la habíamos abierto, pues después de la Guerra de Corea, una nueva recesión provocó protestas antimexicanas entre los anglos desempleados. En julio de 1954, como ya mencionamos, el gobierno federal desató uno de los periodos más oscuros de la historia de la

---

80. James D. Cockcroft, *Outlaws in the Promised Land: Mexican Immigrant Workers and America's Future* (Nueva York: Grove Press, 1986), 49.
81. Francisco E. Balderrama y Raymond Rodriguez, *Decade of Betrayal: Mexican Repatriation in the 1930s* (Albuquerque: University of New Mexico Press, 1995), 120–22.

migración: la Operación Espalda Mojada. Hicieron redadas brutales en cientos de barrios mexicanos, encarcelaron sumariamente a los migrantes, los metieron en camiones o trenes y los enviaron de vuelta a México. Muchos de los secuestrados eran ciudadanos estadounidenses de ascendencia mexicana. El gobierno ignoró el debido proceso y deportó a alrededor de un millón de personas en unos cuantos meses. Sin embargo, en cuanto terminó la recesión, la demanda de mano de obra mexicana volvió a subir y resucitaron el Programa Bracero.

Y así Estados Unidos perfeccionó dos políticas contradictorias —algunos dirían hipócritas— sobre la inmigración mexicana: mientras los negocios del Suroeste recibían la mano de obra barata con los brazos abiertos y cabildeaban en el Congreso para que permitiera la entrada de más, el gobierno federal, ante los estallidos periódicos de frustración por los ciclos de altibajos de nuestra economía capitalista, hacía operativos periódicos para sacar a los migrantes del país.

Para 1960, gracias en gran parte al atractivo del Programa Bracero, una cuarta parte de la fuerza laboral del Suroeste era mano de obra migrante de México.[82] El presidente Johnson finalizó el programa en 1964, pero la agroindustria simplemente lo suplantó con una versión reducida a la que llamó Programa de Trabajadores Temporales H-2. Al final, a los fabricantes estadounidenses y al gobierno mexicano se les ocurrió una estrategia nueva: en vez de traer a los mexicanos a trabajar aquí, llevarían su producción a México. Así inició el programa de industrialización de la frontera en 1966 (ver el Capítulo 13).

Pero el atractivo de la inmigración no solo afecta a los mexicanos. La inmigración a Estados Unidos siempre ha servido ante todo a las necesidades de expansión y contracción capitalistas. Históricamente, la composición religiosa, étnica y racial en constante cambio de las oleadas migratorias les ha facilitado a granjeros y fabricantes impedir la inevitable demanda de un mejor

---

82. Cockcroft, *Outlaws in the Promised Land*, 67–75; también McWilliams, *North from Mexico*, 238–40.

salario y condiciones laborales enfrentando a un grupo de empleados nativos contra otro de inmigrantes recién contratados.

4. *Estados Unidos se enfrenta a una población blanca y envejecida, y necesitará cada vez más trabajadores latinoamericanos para llenar los puestos de trabajo no calificados.*

Junto con las demás potencias que lucharon en la Segunda Guerra Mundial, Estados Unidos se enfrenta a una inminente crisis demográfica durante la primera mitad del siglo XXI: una escasez de trabajadores jóvenes. La población blanca del país está envejeciendo implacablemente. La edad mediana de los blancos era de 34.0 en 1992, pero subió a 43.6 en 2018. Sin embargo, para los hispanos aumentó muy poco, de 26.0 en 1992 a 30.07 en 2018. Al mismo tiempo, la tasa de natalidad de las mujeres hispanas se mantuvo más alta que la tasa de natalidad de las mujeres blancas. En 2017, los latinos constituían el 17.8% de la población, pero casi una cuarta parte (23%) de los nacimientos del país.[83]

Para cuando se retiren la mayoría de los *baby boomers*, el 20% de la población tendrá más de 65 años. Esa realidad demográfica no solo atenta contra la viabilidad del sistema del Seguro Social, sino que también creará una gran demanda de mano de obra en el campo de la salud y de los servicios sociales, sobre todo para trabajadores no calificados que puedan cuidar de una población envejecida. "Los *baby boomers* jubilados necesitan gente que pueda contribuir más en impuestos de lo que ellos consumen en

---

83. Oficina del Censo de Estados Unidos, "Census Bureau Estimates Nearly Half of Children Under 5 Are Minorities", comunicado de prensa, 14 de mayo de 2009; también Oficina del Censo de Estados Unidos, "Annual Estimates of the Resident Population by Sex, Single Year of Age, Race, and Hispanic Origin for the United States: April 1, 2010 to July 1, 2018", Estimado de Población de 2018, https://www.census.gov/newsroom/press-kits/2019/detailed-estimates.html. También T.J. Matthews y Brady E. Hamilton, "Total Fertility Rates by State and Race and Hispanic Origin, United States, 2017", 68º Informe de Estadísticas Nacionales Vitales, no 1, Centros para el Control de Enfermedades, 10 de enero de 2019, https://www.cdc.gov/nchs/data/nvsr/nvsr68/nvsr68_01-508.pdf.

servicios", señaló un escritor conservador.[84] Como Latinoamérica contiene el banco de mano de obra más cercano, los trabajadores más fáciles de repatriar cuando ya no los necesitemos, seguirá funcionando como reserva laboral de Estados Unidos sin importar cuánto aúllen los conservadores clásicos.

En resumen, cuanto más penetren las corporaciones, la cultura y el dólar estadounidenses en Latinoamérica, más trabajadores de esa región se sentirán atraídos hacia nuestro país, y más empujarán migrantes hacia acá las condiciones de deterioro en sus patrias. Ese fenómeno de atracción y repulsión crea una fuerza irresistible y un flujo constante de migrantes hacia el norte. No importa si consideramos que este flujo humano es un don o una desgracia: es la cosecha del imperio y no se detendrá hasta que la expansión imperial se redirija y su prosperidad se distribuya más equitativamente.

84. Lawrence Auster, "The Forbidden Topic", *National Review*, 27 de abril de 1992. "La inmigración tendrá que convertirse en una parte cada vez más grande de la solución, no solo en Estados Unidos, sino en todo el mundo industrializado", advierte.

12

¡Habla español, estás en Estados Unidos!
El huracán del lenguaje y la cultura

No me da mas varones cultiuados,
Que incultos, broncos, baruaros, grosseros,
Que basta y sobra, conozer ser hombres,
Para entender que fuera del demonio,
Sea la mas mala bestia quando quiere,
De todas quantas Dios tiene criadas,

—GASPAR PÉREZ DE VILLAGRÁ,
Historia de la Nueva México, 1610

El 28 de agosto de 1995, durante una audiencia de custodia en un caso de divorcio en Amarillo, Texas, el juez de distrito estatal Samuel Kiser le ordenó a Martha Laureano, ciudadana estadounidense de ascendencia mexicana, que le hablara en inglés en casa a su hija de cinco años. "[Usted está] abusando de esa niña y relegándola a ser una criada", le dijo a Laureano cuando ella reconoció que solo le hablaba en español a la niña. "No es conveniente que sea una ignorante", insistió Kiser, y la amenazó con quitarle la custodia si no cambiaba de método de comunicación. Los reportes de noticias de la conversación en el tribunal sacudieron los hogares latinos de todo el país y desataron la indignación de los líderes comunitarios. Aunque el juez haya bajado el tono de su orden y emitido una disculpa parcial unos días después, solo estaba expresando lo que muchos estadounidenses blancos llevan años creyendo.[1]

Ningún tema enfrenta tanto a los hispanoestadounidenses con los estadounidenses blancos y negros anglófonos como el del idioma. Quienes apoyan una enmienda a la Constitución que convierta al inglés en nuestra lengua oficial dicen que la creciente cantidad de inmigrantes, sobre todo el flujo de latinoamericanos durante las últimas décadas está amenazando con balcanizar el país en grupos lingüísticos en disputa, y en convertir a los anglófonos en extranjeros en su propia tierra.

Por supuesto, ese debate no es exclusivo de Estados Unidos. Prácticamente todos los Estados-nación modernos confrontan minorías lingüísticas al interior de sus fronteras. Pero con 41 millones de personas que hablaban español en casa en 2018, estamos en la posición única de no solo ser el país anglófono más grande del mundo, sino también el quinto hispanohablante, superado solo por México, España, Argentina y Colombia. Según otra forma de medición, ya somos el segundo en el mundo, solo por detrás de México, si añades el estimado de 11 millones de residentes que dicen hablar cierto grado de español.[2]

En este país, la disputa de la lengua lleva años entrelazada con la discordia aún más profunda sobre cómo interpretamos y enseñamos la experiencia de ser estadounidense. A fin de cuentas, el idioma está en el núcleo de la identidad social de las personas. Es el vehículo mediante el cual se preservan y transmiten las canciones, el folclor y las costumbres de cualquier grupo. Dada la vasta

1. Sam Howe Verhovek, "Mother Scolded by Judge for Speaking Spanish", *New York Times*, 30 de agos-to de 1995.
2. La población de India es mayor, pero la mayoría de sus habitantes no habla ni hindi ni inglés, las dos lenguas oficiales. Ver Karen Zeigler and Steve Camarota, "67.3 Million in the United States Spoke a Foreign Language at Home in 2018," Center for Immigration Studies, October 29, 2019, https://cis.org/Report/673-Million-United-States-Spoke-Foreign-Language-Home-2018; también Stephen Burgen, "US Now has More Spanish Speakers than Spain – only Mexico has more", *The Guardian*, 29 de junio de 2015, https://www.theguardian.com/us-news/2015/jun/29/us-second-biggest-spanish-speaking-country.

diversidad étnica de las poblaciones de inmigrantes de este país a lo largo de su historia, nuestros líderes siempre han considerado que el inglés es un hilo crucial en el tejido social, uno que no solo nos brinda una forma de comunicarnos en común, sino que también ayuda a unir a los distintos grupos de inmigrantes en un solo tejido estadounidense.

En su polémica de 1992, *The Disuniting of America*, el historiador Arthur Schlesinger, Jr., despotricó contra el creciente "culto de la etnia" o "historia compensatoria" de los proponentes contemporáneos del multiculturalismo y el bilingüismo. En el proceso, presentó su versión de la génesis de Estados Unidos: "Después de haber despejado la mayor parte de Norteamérica de sus rivales franceses, españoles y neerlandeses, los británicos estuvieron libres para fundir el molde que les daría forma. El idioma del nuevo país, sus leyes, sus instituciones, sus ideas políticas, su literatura, sus costumbres, sus preceptos y sus rezos se derivaron principalmente de Gran Bretaña".[3]

Desafortunadamente, sin importar que esa mitología provenga de los conservadores del Cinturón Bíblico o de historiadores liberales reconocidos, padece la misma falla: la reticencia a reconocer que la construcción del imperio, impulsada como estuvo por la teoría racista del Destino Manifiesto, dividió y deformó el curso de las relaciones interétnicas desde la concepción de nuestro país, y fragmentó y trastocó repetidamente cualquier intento de tener una única "lengua nacional" o una sola "cultura nacional".

Pocas personas dirían que el inglés no es la lengua *común* del país. Pero el mismo proceso de expansión territorial —no solo de inmigración— creó varias batallas a lo largo de la historia de Estados Unidos sobre si el inglés debiera ser la única lengua reconocida. Muchos grupos étnicos intentaron preservar sus idiomas nativos a la vez que adoptaban el inglés, mientras nuestro gobierno, sobre todo a nivel federal, intentaba con el mismo ahínco suprimir cualquier esfuerzo de bilingüismo.

---

3. Arthur M. Schlesinger, *The Disuniting of America* (Nueva York: W. W. Norton, 1992), 27–28, 122.

Las batallas lingüísticas de las épocas anteriores no caen en una categoría clara y distinta. Más bien, examinarlas revela tres tendencias principales, y las diferencias cualitativas entre ellas se pierden muy fácil en la retórica del debate actual. La primera categoría incluye a los millones de inmigrantes que llegaron de Europa y Asia buscando voluntariamente la ciudadanía estadounidense, y quienes, al hacerlo, estaban cortando el vínculo con sus países natales, adoptando el idioma de su nueva tierra y aceptando el estatus subsidiario, si acaso, de su lengua materna.

La segunda categoría estuvo conformada por los miembros de docenas de naciones africanas que llegaron aquí encadenados, forzados desde el principio a abandonar sus lenguas maternas, y sin siquiera permiso de adquirir el conocimiento escrito del inglés para que a sus amos les fuera más fácil controlarlos y dominarlos.

La tercera categoría, y la menos comprendida, abarca a las personas que ya estaban viviendo en el Nuevo Mundo cuando sus tierras fueron conquistadas o adquiridas por Estados Unidos: los nativos americanos, los *créoles* franceses de Louisiana, los mexicanos y los puertorriqueños. Estos últimos grupos se convirtieron en ciudadanos estadounidenses por la fuerza. El Congreso los declaró tales sin que hubiera un voto ni una petición de su parte; no le importó qué idioma hablaran ni les pidió su juramento de lealtad.

Como se les impuso una nueva soberanía mientras seguían viviendo en sus antiguas tierras, esos estadounidenses "anexados" difícilmente podían considerarse extranjeros. Eso los convirtió en persistentes defensores de su derecho a usar su propia lengua, y las nuevas autoridades anglos que asumieron la administración de los territorios que habitaban algunas veces comprendieron ese punto de vista y aceptaron sus deseos. El gobierno federal, por otro lado, casi siempre reaccionó con hostilidad a cualquier diversidad lingüística.

A lo largo de los dos últimos siglos, los historiadores anglos relegaron constantemente los idiomas de esas nacionalidades conquistadas a los márgenes de la experiencia estadounidense y descartaron sus culturas, tildándolas de primitivas o inexistentes. A pesar de esa marginación, los latinos en particular lograron preservar su idioma y tradiciones, así como forjar un banco subterráneo paralelo de música, baile, teatro, periodismo, literatura y folclor en inglés y en español. Con el tiempo, las culturas de los mexicanos, puertorriqueños, cubanos y demás latinos que vivían aquí se fusionaron gradualmente mientras se alimentaban de las nuevas oleadas de migrantes latinoamericanos. Al mismo tiempo, esa cultura latinoestadounidense emergente se combinó con aspectos de la música, el baile y el teatro afroamericanos y euroamericanos, y los reconfiguró. Ese proceso creó una deslumbrante gama de formas híbridas que son exclusivamente estadounidenses, y que son más evidentes en los géneros musicales como el tex-mex, el cubop, el jazz latino, el rock latino, el bugaloo, la *salsa*, el rap e incluso el rock country, pero que también se han expandido a otras áreas de las artes. Ese flujo cultural subterráneo por fin ha emergido a la superficie gracias al crecimiento impresionante de la inmigración latinoamericana y ha comenzado a barrer con el mito del crisol de culturas de Estados Unidos. A pesar de ese resurgimiento, los latinos permanecieron invisibles en las crónicas dominantes de la cultura estadounidense y, hasta hace muy poco, estaban prácticamente ausentes en los medios contemporáneos más influyentes de nuestra cultura: las películas de Hollywood y la televisión.

LAS PRIMERAS BATALLAS POR EL IDIOMA

Desde el principio, las trece colonias se enfrentaron al dilema del idioma. Antes de la independencia, el alemán era prácticamente lo único que se hablaba en quince mil millas cuadradas del este de Pennsylvania, mientras que el neerlandés se usaba bastante en el valle del Hudson. Entre 1732 y 1800 se publicaron por lo menos 38 periódicos en alemán en la colonia de Pennsylvania, y la Universidad de Pennsylvania estableció un programa de educación bilingüe germánica en 1780. El alemán era tan común que el primer censo reportó que el 8.7% lo hablaba como primera lengua, una cifra casi idéntica a la de hispanos en 1990.[4]

La preponderancia de una minoría lingüística alemana siguió hasta el siglo XX. En 1900, casi 600 mil niños en las escuelas públicas y parroquiales de Estados Unidos tomaban clase en alemán, casi el 4% de la población escolar del país.[5] El alemán se eliminó por fin como lengua de enseñanza con la política de americanización que acompañó la Primera Guerra Mundial.

Sin embargo, la experiencia de los inmigrantes europeos no es tan relevante para el debate lingüístico contemporáneo como la de las nacionalidades anexadas. Cuando Louisiana se convirtió en estado en 1812, por ejemplo, la mayoría de sus habitantes hablaba francés. Como resultado, hasta la década de 1920, todas las leyes y documentos públicos del estado se publicaban en francés e inglés. Los tribunales, las escuelas públicas e incluso la legislatura del estado operaban en dos idiomas. El segundo gobernador de Louisiana, Jacques Villeré, no hablaba inglés y siempre se dirigió a la legislatura en francés. Conforme se mudaron más colonos y los anglófonos se convirtieron en mayoría durante la década de 1840, el uso del francés declinó, pero fue a causa de la evolución de la población, no por decreto gubernamental, y se siguieron reconociendo los derechos de los niños francófonos en las escuelas públicas.[6]

El tratado de Guadalupe Hidalgo impuso la ciudadanía estadounidense a los mexicanos que vivían en los territorios anexados. Quienes prefirieran mantener su ciudadanía mexicana tenían que registrar su negativa con las autoridades estadounidenses. Sin embargo, el Congreso no exigió que sus nuevos súbditos juraran lealtad a su nuevo país ni que adoptaran su idioma, y la mayoría de los mejicanos siguió con su vida casi igual que hasta entonces. A los nativos americanos que habitaban esos mismos territorios,

4. James Crawford, *Hold Your Tongue: Bilingualism and the Politics of "English Only"* (Reading: Addison-Wesley, 1992), 30–39; también Pastora San Juan Cafferty, "The Language Question", en Liebman, *Ethnic Relations in America*, 108.
5. Crawford, *Hold Your Tongue*, 46.
6. *Ibid.*, 42–44.

no obstante, los excluyeron de la ciudadanía, aunque España se las hubiera reconocido en 1812.[7] En la década de 1870, casi un cuarto de siglo después de la anexión, la legislatura de Nuevo México operaba sobre todo en español. Para entonces, solo dos de sus catorce condados habían pasado a ejecutar juicios por jurado en inglés, 33 de los 39 comisionados escolares eran mejicanos y dos terceras partes de las escuelas públicas impartían clases exclusivamente en español. Incluso en 1890, 65% de los mejicanos de más de diez años no sabía hablar inglés.[8] Eso no significaba que se resistieran a hablar el idioma, solo que sus oportunidades de quedar expuestos a él eran mínimas en comunidades rurales aisladas en las que conformaban la abrumadora mayoría. Por esa razón, Nuevo México fue uno de los últimos territorios en convertirse en estado, en 1912, pero solo cuando los colonos europeos y angloamericanos al fin conformaban la mayoría de su población. Una dinámica lingüística similar se desarrolló en el valle del río Grande en Texas, solo que ahí los mejicanos han seguido siendo la abrumadora mayoría durante más de 250 años, y la mayoría de sus habitantes mantiene el español, aunque sea fluida en inglés.[9]

Luego está la experiencia lingüística de algunos nativos americanos. Los cheroquis de Oklahoma construyeron un sistema de educación pública en la década de 1850 en el que el 90% de los niños tomaba clase en su lengua natal mientras aprendía inglés. El programa fue tan exitoso que los niños cheroquis de esa época registraban niveles de alfabetismo en inglés más altos que los niños blancos en los estados vecinos de Texas y Arkansas. Pero a finales del siglo XIX, el gobierno federal inició una política de americanización. Separó por la fuerza a miles de niños indígenas

---

7. Weber, *The Mexican Frontier*, 16.
8. *Ibid.*, 51–52; también Rosina Lozano, An American Language: The History of Spanish in the United States (Oakland: University of California Press, 2018), 5, 81, 102, y Laura E. Gomez, "Race, colonialism, and criminal law: Mexicans and the American criminal justice system in territorial New Mexico". *Law & Society Review*. 34 (4): 1132, 1139-1140.
9. Juan F. Perea, "A Brief History of Race and the U.S.-Mexican Border: Tracing the Trajectories of Conquest", *UCLA Law Review* 51 (2003), 299-300.

de sus familias y los mandó a aprender inglés a internados. El desastroso resultado, como lo documentaron varios estudios durante la segunda mitad del siglo XX, fue que el 40% de los niños cheroquis se volvió *analfabeta en cualquier idioma* y que el 75% abandonó la escuela.[10]

Finalmente, está la saga lingüística olvidada de Puerto Rico. Poco después de la ocupación estadounidense de la isla en 1898, el Congreso declaró el territorio oficialmente bilingüe, aunque su población llevara cuatrocientos años hablando español y casi nadie supiera inglés. El gobernador militar, Guy Henry, ordenó de inmediato que todos los maestros de educación pública se volvieran fluidos en el idioma de su nuevo país, e incluso instituyó un examen de dominio del inglés para la graduación del bachillerato. A pesar de la resistencia generalizada de los políticos, educadores y estudiantes de la isla, los administradores anglos del territorio declararon que el inglés sería la lengua de enseñanza en todas las escuelas. El resultado fue el colapso casi total del sistema educativo, pues miles de estudiantes dejaron de asistir a clases y quienes se quedaron batallaban por aprender materias en un idioma que no entendían.

Los esfuerzos por obligar a los puertorriqueños a aprender inglés siguieron sin éxito durante casi medio siglo, con una breve vuelta a la enseñanza en español en la década de 1930 cuando José Padín, el comisionado de educación de la isla, trató de reintroducirla. Pero el presidente Roosevelt no tardó en despedirlo por consejo del secretario del interior, Harold Ickes, y trajo de vuelta la política del inglés como lengua única. Unos años después, cuando el gobernador Rexford Tugwell y el presidente Truman vetaron una propuesta de ley que había sido aprobada por una mayoría abrumadora en la legislatura de Puerto Rico para traer de vuelta el español como la lengua de enseñanza, estallaron protestas masivas en la isla y más de cien mil estudiantes universitarios y de bachillerato se fueron a huelga en noviembre de 1946. De hecho, varios académicos han argumentado que la resistencia

---

10. *Ibid.*, 44.

popular a la imposición del inglés durante los años cuarenta se convirtió en un medio clave para que los puertorriqueños mantuvieran su identidad nacional bajo el mandato colonial.[11] Por fin, en 1949, el primer gobernador por elección popular de la isla, Luis Muñoz Marín, terminó con la odiada política de supresión lingüística. Aunque Muñoz y la legislatura local reinstituyeran el español como el idioma de enseñanza, de todos modos, exigieron que los pupilos aprendieran inglés como segunda lengua. El Partido Popular Democrático dio un paso más con sus reformas en 1965: trajeron de vuelta al español como la lengua oficial de los tribunales locales. Sin embargo, el Congreso insistió en que el inglés siguiera siendo la lengua de los tribunales federales en la isla.[12]

La mera existencia de un territorio estadounidense cuyos habitantes hablen español les ha creado problemas enormes a los teóricos del Estados Unidos monolingüe. En 1917, el mismo año en que el Congreso estableció un examen de idioma para todos los extranjeros que solicitaran la ciudadanía, declaró ciudadanos a los puertorriqueños sin exigirles que demostraran el dominio del inglés. Cuando los boricuas empezaron a mudarse a Estados Unidos en grandes cantidades tras la Segunda Guerra Mundial, esa contradicción se exacerbó. Provocó tal dilema que el Congreso tuvo que incluir una cláusula "puertorriqueña" especial en la Ley de Derecho al Voto de 1965. Esa ley, que eliminó los exámenes de alfabetismo en los estados del Sur que habían sido usados para evitar que votaran los negros, también incluía una sección, introducida por el senador neoyorquino Robert Kennedy, que prohibía

---

11. Elise DuBord, "La mancha de plátano: Language policy and the construction of Puerto Rican national identity in the 1940s", *Spanish in Context* 4:2 (2007), 241-262; también Roamé Torres González, *Idioma, bilingüismo, y nacionalidad: La presencia del inglés en Puerto Rico* (San Juan: Editorial de la Universidad de Puerto Rico, 2002), y Jorge A. Vélez, "Understanding Spanish-language maintenance in Puerto Rico: Political will meets the demographic imperative", *International Journal of the Sociology of Language* 142, 5–24.

12. Loida Figueroa, *Tres Puntos Claves: Lares, Idioma y Soberanía* (San Juan: Editorial Edil, 1972), 37–51; Crawford, 241–45; también Rosina Lozano, *An American Language*, 243–252.

que los estados tuvieran requisitos educativos para los votantes —como Nueva York, que tenía un requisito de sexto grado para los votantes en ese entonces— y negaran el voto a cualquier ciudadano cuya educación hubiera sido en una escuela estadounidense donde "la enseñanza predominante en el aula fuera en una lengua distinta al inglés". Por medio de dicha cláusula, el Congreso reconoció que, por lo menos en el caso de los puertorriqueños, la expansión territorial estadounidense había creado ciudadanos hispanohablantes con ciertos derechos lingüísticos.

Las experiencias lingüísticas de los mexicanos, puertorriqueños, creoles franceses y nativos americanos, por lo tanto, son marcadamente distintas de las de los inmigrantes europeos, quienes, como señala Schlesinger, "se quedaron una temporada con su antigua lengua" antes de que la siguiente generación adoptara el inglés. El español, el cajún y las lenguas amerindias sobrevivientes no son "extranjeras".[13] Son los idiomas de añejas minorías lingüísticas que fueron absorbidas por un Estado expansionista.

LA LEY FEDERAL Y LA DISCRIMINACIÓN LINGÜÍSTICA

Hace mucho tiempo que el derecho internacional reconoce que las minorías lingüísticas en un Estado multiétnico como el nuestro tienen derecho a ser protegidas de la discriminación. El Artículo 13 de la Carta de las Naciones Unidas, por ejemplo, pide a sus miembros que promuevan "los derechos humanos y las libertades fundamentales de todos, sin hacer distinción por motivos de raza, sexo, *idioma* o religión". (Énfasis mío). Hay descripciones similares en la Declaración Universal de Derechos Humanos de la ONU y en proclamas de organizaciones europeas e interamericanas.[14]

---

13. Schlesinger, *The Disuniting of America*, 107.
14. Manuel del Valle, "Developing a Language-Based National Origin Discrimination Modality", 54–56.

Sin embargo, esos principios se violan constantemente en este país, donde los tribunales federales prohíben la distinción por motivo de raza, religión o país de origen, pero en algunos casos siguen permitiendo la discriminación lingüística. Un ejemplo sucedió en Texas, en el caso *García vs. Gloor*. Héctor García, el demandante, era un texano de 24 años nacido en el estado que había asistido a escuelas públicas en Brownsville y hablaba inglés y español. Sus padres, sin embargo, eran inmigrantes mexicanos y la familia siempre hablaba español en casa, por lo que se sentía más cómodo en ese idioma.

Gloor Lumber and Supply, Co., Inc. contrató a García como vendedor específicamente porque podría hablar en español con sus clientes, pero la compañía tenía la política de que los empleados no podían hablar español entre sí en horario laboral, aunque fueran libres de hablar lo que quisieran fuera de él. En junio de 1975, despidieron a García después de haber violado la regla de la compañía varias veces, por lo que presentó una denuncia federal por discriminación. Durante el juicio, el tribunal de distrito dictaminó que siete de los ocho vendedores contratados por Gloor y 31 de sus 39 empleados eran hispanos, que el 75% de los clientes en la zona de negocios de Brownsville también eran hispanos y que muchos de ellos deseaban que los atendieran vendedores que hablaran español. Alton Gloor, administrativo y accionista de la empresa, testificó que había razones de negocios para la prohibición del español, entre ellas: sus clientes anglófonos se quejaban de cualquier comunicación entre empleados que no pudieran entender; los panfletos y los recursos del negocio solo estaban disponibles en inglés, por lo que los empleados tenían que mejorar su dominio de la lengua, y los supervisores que no hablaban español necesitaban vigilar mejor a sus subordinados. El tribunal falló a favor de Gloor por no encontrar discriminación alguna.

El caso terminó en el Tribunal de Apelaciones del Quinto Circuito, que reconoció en su veredicto de mayo de 1980 que "el uso del español por parte del Sr. García fue un factor importante" en su despido. Sin embargo, el tribunal concluyó que García no había sufrido discriminación por su origen nacional, aunque presentara un testigo experto que testificó que "la lengua española es el aspecto más importante de la identidad étnica de los mexicoamericanos", y a pesar de que la Comisión para la Igualdad de Oportunidades en el Empleo apoyara su argumento. El fallo del jurado declaró:

> El Sr. García era totalmente bilingüe. Decidió deliberadamente hablar español en vez de inglés en horario laboral. [...] Supongamos, como argumenta el Sr. Garcia [*sic*.], que no había ninguna necesidad de negocios genuina para la regla y que Gloor la había adoptado de forma arbitraria. La Ley para la Igualdad de Oportunidades en el Empleo no prohíbe todas las prácticas laborales arbitrarias. [...] Tan solo está dirigida a razones específicas e impermisibles de discriminación: raza, color, religión, sexo u origen nacional. El origen nacional no se debe confundir con rasgos étnicos o socioculturales ni con un estatus sin relación, como la ciudadanía o la extranjería. [...] Una política de contratación que distinga por alguna otra razón, como códigos de aseo o de cómo manejar un negocio, está más relacionada con la elección del empleador de cómo manejar su negocio que con la igualdad de oportunidades para el empleo.

En otras palabras, como García era bilingüe, había perdido su derecho a hablar su idioma —el idioma por el que lo habían contratado y el idioma mayoritario en su comunidad— en el trabajo. El español era una "preferencia" suya, decía el tribunal, y un empleador podía prohibirlo legalmente, igual que podía prohibir "personas nacidas bajo cierto signo zodiacal o personas con pelo largo o pelo corto o totalmente calvas".[15] La corte logró así un milagro salomónico: separar la nacionalidad u origen étnico de García de su lengua.

En los años transcurridos desde *García vs. Gloor*, la Comisión para la Igualdad de Oportunidades en el Empleo (EEOC, por sus siglas en inglés) ha recibido miles de denuncias por discriminación

---

15. *García vs. Gloor*, 618 F. 2nd 264.

lingüística alegando violaciones a las protecciones de "origen nacional" de la Ley de Derechos Civiles de 1964, y en general ha estado más dispuesta a considerarlas. Desde 1980, las normas de la agencia han mantenido una definición amplia de discriminación por origen nacional que incluye "negación de una oportunidad de empleo igualitaria por el lugar de origen de un individuo o de sus ancestros, o porque un individuo tiene las características físicas, culturales o lingüísticas de un grupo de origen nacional". Incluso señala que el idioma principal de alguien "suele ser una característica esencial de su origen nacional".[16] Tan solo en 2002, la comisión trabajó 228 denuncias contra políticas de empresas que instauraban el inglés como lengua única.

Sin embargo, las revisiones de esos casos en tribunales federales de varias partes del país han dado fallos contradictorios. En 2000, por ejemplo, el Tribunal de Distrito del Distrito Norte de Texas ratificó un cargo multitudinario por discriminación lingüística presentado por la EEOC contra Premier Operator Services. La empresa, una operadora telefónica a larga distancia, había contratado empleados bilingües específicamente para atender a clientes hispanohablantes. Después les prohibió a esos mismos empleados que hablaran español excepto cuando atendieran a los clientes, y despidió a trece que protestaron por la política. El tribunal dictaminó que esas normas de inglés como lengua única "afectan de manera desproporcionada a las minorías de orígenes nacionales porque impiden que muchos de los miembros de esos grupos hablen el idioma en el que pueden comunicarse mejor". El tribunal ordenó el pago de $709 mil por daños y el pago retroactivo a los trece empleados.[17]

Pero un fallo crucial del Tribunal de Apelaciones del Noveno Circuito en el caso de *Garcia vs. Spun Steak* rechazó la denuncia

---

16. Carlos A. Pedrioli, "Respecting Language as Part of Ethnicity: Title VII and Language Discrimination at Work", *Harvard Journal on Racial and Ethnic Justice*, 27 (2011), 102, https://harvardblackletter.org/wp-content/uploads/sites/8/2012/11/HBK103.pdf.

17. EEOC *vs. Premier Operator Services, Inc.*, 113 F. Supp. 2d 1066, 1073 (N.D. Tex. 2000).

de discriminación por "origen nacional" basada en el idioma presentada por la EEOC. Ese caso trataba de una planta de carne de San Francisco que instituyó una política de inglés como lengua única para su fuerza laboral, mayoritariamente latina, a principios de los años noventa. La política solo aplicaba en horario laboral; los empleados eran libres de hablar español durante sus descansos o almuerzos. No se aplicaba de forma consistente, pero dos denunciantes habían sido disciplinados por hablar español durante el horario laboral. El tribunal concluyó que las políticas de inglés como lengua única no eran discriminatorias por sí mismas y que podían aplicarse a empleados verdaderamente bilingües, porque esos individuos no sufrían un impacto adverso.[18]

Sin embargo, la EEOC ha seguido luchando contra la discriminación lingüística con cierto éxito. En 2017, por ejemplo, el fabricante Wisconsin Plastics acordó pagar $475 mil en otro decreto de acuerdo extrajudicial en un tribunal federal para resolver una denuncia de discriminación por origen nacional por haber despedido a 22 inmigrantes hispanos y hmong de su planta de Greenbay, diciendo que carecían del conocimiento necesario del inglés, aunque no necesitaran hablar inglés para hacer su trabajo.[19]

Dados los conflictos entre los fallos de los tribunales federales en distintas partes del país, tarde o temprano la Corte Suprema se verá obligada a abordar el problema de la discriminación lingüística. Eso es particularmente cierto con la propagación de leyes de inglés como lengua única a nivel estatal: 29 estados tienen ese tipo de cláusulas actualmente para el gobierno local, y algunos, como Tennessee e Illinois, adoptaron leyes contradictorias sobre

18. *Garcia vs. Spun Steak Co.*, 998 F.2d 1480, 1487-89 (9º Cir. 1993).
19. Comisión para la Igualdad de Oportunidades en el Empleo de Estados Unidos, "Skilled Healthcare Group, Inc. to pay up to $450,000 for national origin discrimination", 14 de abril de 2009, https://www.eeoc.gov/eeoc/newsroom/release/archive/4-14-09.html; también U.S. Comisión para la Igualdad de Oportunidades en el Empleo, "Wisconsin Plastics to pay $475,000 to settle EEOC national origin discrimination lawsuit", 26 de mayo de 2017, https://www.eeoc.gov/eeoc/newsroom/release/5-26-17.cfm.

si las compañías privadas pueden prohibir a sus empleados que hablen un idioma en especial.[20] Sin embargo, hasta que la Corte Suprema actúe, nuestro país seguirá siendo uno de las pocas naciones avanzadas que no reconoce por completo los derechos de las minorías lingüísticas.

En Europa, por ejemplo, la Carta Europea de las Lenguas Minoritarias o Regionales especifica que "el derecho a usar una lengua minoritaria o regional en la vida pública y privada es inalienable". Desde la aprobación del tratado en 1992, más de veinte países, incluyendo Alemania, España, Reino Unido, Austria, Dinamarca, Polonia y Suecia, lo han ratificado formalmente.[21]

LA CULTURA DE LOS CONQUISTADOS

El debate sobre el lenguaje es un recordatorio irritante de que la conquista y anexión de un territorio por la fuerza no garantiza la asimilación de sus habitantes. El hecho de que pasen algunas generaciones tampoco asegura la desaparición de su cultura. Pues si los pueblos conquistados se sienten oprimidos, inevitablemente convierten su lengua y su cultura en armas de resistencia, en herramientas con las que exigen la igualdad total al interior de la sociedad que los conquistó. Eso fue precisamente lo que sucedió con los latinos en Estados Unidos hacia el final del siglo XX.

Desafortunadamente, incluso algunos de los mejores historiadores anglos han malentendido ese movimiento como reaccionario y en busca de la separación en vez de la inclusión. "Puede que sea malo que los varones europeos blancos muertos hayan tenido un papel tan importante en la formación de nuestra cultura", declaró Schlesinger en *The Disuniting of America*, "pero así fue. No se puede borrar la historia".

---

20. D.E. Gevertz y A.C. Dowell, "Are English-Only policies in the workplace discriminatory of national origin?", American Bar Association, 13 de marzo de 2014.

21. Carta Europea de las Lenguas Minoritarias o Regionales, http://conventions.coe.int/treaty/en/Treaties/Html/148.htm.

Schlesinger escribió eso en 1992, pero casi veinte años después, la legislatura de Arizona intentó volver ley su opinión. En mayo de 2010, unas semanas después de haber aprobado la ley migratoria más dura del país, los legisladores de Arizona decretaron una restricción a los estudios étnicos en las escuelas públicas. Bajo la nueva medida que aprobaron, cualquier distrito escolar que impartiera materias diseñadas para un grupo étnico en particular o que fomentara la solidaridad étnica o el resentimiento de una raza o clase, perdería el 10% de su ayuda estatal a la educación.

El comisionado de educación de Arizona, Tom Horne, paladín de la ley, la dirigió especialmente contra los cursos de Estudios Mexicoamericanos del sistema educativo de Tucson. "Están enseñando una ideología radical sobre la raza, incluyendo que Arizona y otros estados fueron robados a México y deberían ser devueltos", declaró. "Mi punto de vista es que casi todos los padres y los abuelos de estos chicos llegaron de forma legal porque esta es la tierra de las oportunidades, y deberíamos enseñarles que, si trabajan duro, pueden lograr cualquier cosa".[22]

Sin embargo, lo que esos programas de estudios étnicos intentaban hacer era resarcir el daño de siglos de lo que el crítico literario y activista social Edward Said llamó "imperialismo cultural". Para él, la música, canciones, ficción, teatro y acervo popular de una cultura, junto con las disciplinas especializadas —la sociología, la historia literaria, la etnografía y demás— conforman los discursos con los que un pueblo comprende la mejor parte de sí mismo, su lugar en el mundo, su identidad. Pero a lo largo de la civilización, la cultura quedó asociada con naciones y Estados en específico y, por lo menos desde tiempos de los griegos, esas asociaciones han producido clasificaciones, casi siempre nociones antagónicas de "nosotros" y "ellos", de sociedades superiores e inferiores, por lo que la cultura se convierte en otra arma con la que los fuertes dominan a los débiles. Así lo expresó Said:

---

22. Tamar Lewin, "Citing Individualism, Arizona Tries to Rein in Ethnic Studies in School", *New York Times*, 13 de mayo de 2010.

En el imperialismo, la batalla principal se libra, desde luego, por la tierra. Pero cuando toca preguntarse por quién la poseía antes, quién posee el derecho de ocuparla y trabajarla, quién la mantiene, quién la recuperó y quién ahora planifica su futuro, resulta que todos estos asuntos habían sido reflejados, discutidos y, a veces, por algún tiempo, decididos, en los relatos (...) El poder para narrar, o para impedir que otros relatos se formen y emerjan en su lugar, es muy importante para la cultura y para el imperialismo, y constituye uno de los principales vínculos entre ambos.[23]

Said afirmaba que, en Estados Unidos, el nexo entre cultura e imperio ha sido más difícil de asir, en parte porque nuestra sociedad heterogénea de inmigrantes ha hecho que la definición misma de una cultura "dominante" sea más difícil de destilar, pero ese vínculo sigue siendo tan fuerte como el que existía entre las antiguas potencias europeas y sus colonias.

Antes de ponernos de acuerdo en qué conforma la identidad estadounidense, tenemos que admitir que, como una sociedad de colonos inmigrantes superpuesta sobre las ruinas de una presencia nativa considerable, es una identidad demasiado variada para ser unitaria y homogénea; de hecho, la batalla que alberga en su interior es entre los defensores de una identidad unitaria y quienes ven el todo como una unidad compleja, pero no reduccionista. [...]

En parte debido al imperio, todas las culturas están involucradas entre sí; ninguna es única y pura, todas son híbridas, heterogéneas, extraordinariamente diferenciadas y no monolíticas. Eso, creo yo, es tan cierto de los Estados Unidos contemporáneos como del mundo árabe moderno.[24]

En su análisis literario pionero, *Cultura e imperialismo*, Said demostró cómo muchos de los mejores escritores de ficción de Occidente habían promovido inconscientemente en sus obras las

23. Edward W. Said, *Cultura e imperialismo* (Barcelona: Anagrama, 1996), 13.
24. *Ibid.*, xxv.

ambiciones imperiales de sus países respectivos, mientras ignoraban o pasaban por alto el valor intrínseco de las culturas coloniales que representaban en sus novelas.

Algo parecido ha sucedido en este país con las tradiciones y la cultura clásica y popular. Durante el siglo XIX, los colonos anglos del Suroeste adaptaron sin reparos el estilo arquitectónico español de la hacienda, los nombres hispanos de las ciudades, ríos y hasta estados, la comida mexicana, la vida de los vaqueros de los ranchos mexicanos, la caza, el campismo y el culto solitario a la naturaleza generalizado entre los nativos americanos, mientras se negaban a considerar a los mexicanos y a los indígenas como sus iguales. La tarea de justificar esa conquista de la frontera recayó en los novelistas de folletín, en los cronistas de viajes y en los periodistas.

Durante el siglo XX, las películas de Hollywood y la televisión reemplazaron a los periódicos y las novelas como las principales herramientas para exiliar a los hispanos hacia las sombras de la cultura estadounidense. Durante varias décadas, media docena de sondeos importantes documentaron la ausencia casi total de los hispanos en la televisión.

LA GUERRA MEDIÁTICA POR LA IMAGEN Y LA REALIDAD

En *Watching America*, un estudio sobre la televisión hecho durante los treinta años transcurridos entre 1955 y 1986, el Centro de Medios y Asuntos Públicos descubrió que los hispanos apenas promediaban el 2% de los personajes totales. Aún peor: el centro reveló que el porcentaje había disminuido de 3% en los años cincuenta a 1% en los ochenta, aunque la población hispana hubiera crecido. Un sondeo de la Escuela de Comunicación Annenberg descubrió que los hispanos promediaban el 1.1% de los personajes televisivos en horario estelar entre 1982 y 1992, comparados con el 10.8% para los afroamericanos. Como los hispanos conformaban por lo menos el 9% de la población en 1990, eso significa que era nueve veces menos probable que los vieras en televisión que en la vida real.

Los pocos personajes latinos que llegaban a la pantalla eran desproporcionadamente desagradables. El Centro de Medios y Asuntos Públicos analizó 620 programas televisivos de ficción de entre 1955 y 1986, y descubrió que el 41% de los personajes hispanos eran negativos, un porcentaje mucho más alto que entre los blancos (31%) y entre los negros (24%). Una revisión de 21 mil personajes de televisión durante un periodo de veinte años hecha por la Escuela de Comunicación Annenberg reveló 75 villanos hispanos por cada cien personajes hispanos "buenos", comparados con 39 villanos blancos por cada cien personajes blancos "buenos".[25]

En las películas de Hollywood, los latinos de hecho recibieron papeles estelares más prominentes y una variedad más amplia de personajes durante los años cuarenta y cincuenta que durante la segunda mitad del siglo XX. Parte de eso se debió a que durante y después de la Segunda Guerra Mundial, los latinoamericanos se consideraban los "buenos vecinos", aliados importantes contra el fascismo, por lo que existía la presión de representarlos de manera más positiva que antes. Además, la guerra cortó el acceso al mercado europeo, así que los estudios se esforzaron por compensar sus ganancias perdidas aumentando sus ventas en Latinoamérica. Entre los grandes papeles latinos de esos años se encuentran Anthony Quinn como un audaz vaquero en *El incidente Ox-Bow* (1943); Ricardo Montalbán como el heroico funcionario de gobierno mexicano en *Incidente en la frontera* (1949); José Ferrer en *Cyrano de Bergerac* (1950), que le ganó un Óscar; Katy Jurado como una diestra empresaria en *A la hora señalada* (1952); toda una comunidad mexicana en el clásico obrero *La sal de la tierra* (1953); Cesar Romero y Gilbert Roland, que protagonizaron juntos la serie de televisión *El Cisco Kid*, y quizás el más famoso

---

25. Clara Rodríguez, *Latin Looks: Images of Latinas and Latinos in the U.S. Media* (Boulder: Westview Press, 1997), 21–33, resume muchos de estos estudios.

de todos, Desi Arnaz como el marido latino encantador y de mecha corta de *Yo amo a Lucy*.

Al terminar esos años de oro, pocos actores hispanos identificables lograron encontrar trabajo fuera de los papeles estereotípicos y poco halagadores. Una excepción importante fue Rita Moreno, quien interpretó a una húngara en *She Loves Me*, a una protestante blanca y anglosajona en *Gantry* y a una irlandesa en *Un milagro para Helen*. Por supuesto, había actores a quienes el público rara vez reconocía como hispanos y que por lo tanto consiguieron más oportunidades y una variedad más rica de papeles, entre ellos Quinn, Rita Hayworth, Raquel Welch y Linda Carter.

Para los años setenta, la explosión de películas que presentaban a los latinos como delincuentes, drogadictos o dependientes de la asistencia social se volvió interminable: *Harry el sucio* y *Contacto en Francia* (1971); *Los nuevos centuriones* (1972); *Los implacables*, *Ruge el odio* y *Magnum .44* (1973); *El vengador anónimo* (1974); *Boardwalk* (1979), *El ejecutor de Nueva York* (1980); *Fort Apache: The Bronx* (1981); *Colores de guerra* (1988), y *Un día de furia* (1993).[26]

Es irrelevante si los productores de Hollywood eran conscientes o no de lo que hacían. De cualquier manera, la imagen atrofiada y la representación negativa de los latinos producidas por la industria durante los años setenta y ochenta tuvieron un impacto devastador. Para una generación de hispanos jóvenes, glorificaron una identidad violenta, marginada y criminal. Para los estadounidenses blancos, reforzaron prejuicios que se han acumulado en su folclor desde tiempos del Destino Manifiesto. Para ambos grupos, crearon el constructo cultural de "nosotros" y "ellos" que Said identificó como una parte crucial de la dominación cultural imperialista. En ninguna de esas películas producidas por anglos había el menor indicio de que los latinos hubieran sido una fuerza positiva para la sociedad estadounidense, de que poseyeran una cultura valiosa antes de que

---

26. *Ibid.*, 73–179.

los conquistaran, ni de que hubieran contribuido a expandir la cultura de este país.

Las primeras dos décadas del nuevo siglo revelaron poco progreso en las imágenes televisivas y cinematográficas. Según un estudio reciente, solo el 5.8% del alrededor de 11 mil papeles con diálogo de las películas de Hollywood y las series de cable y televisión entre 2014 y 2015 fueron para latinos, aunque los hispanos conformaran el 17.6% de la población del país para entonces. En contraste, los afroamericanos, que sumaban el 13.2% de la población, también estaban sobrerepresentados, pero en mucho menor medida: tenían el 12.5% de los papeles con diálogos.[27] Un estudio posterior descubrió que los actores latinos contaban con apenas el 2.7% de los papeles de Hollywood en 2016 —un porcentaje más bajo que los años cincuenta—, aunque los consumidores hispanos compren más del 24% de todas las entradas en Estados Unidos.[28] Sin embargo, incluso esas horribles cifras esconden lo amplia que se ha vuelto la brecha de la representación mediática para los latinos en Estados Unidos. Como señaló el crítico de cine angelino Carlos Aguilar, muchas de las figuras hispanas más célebres en el cine y televisión estadounidenses son extranjeros de Latinoamérica o España que no pasaron sus años formativos como latinos en Estados Unidos, incluyendo personajes como los galardonados directores Alfonso

---

27. Stacy L. Smith, Marc Choueiti and Katherine Pieper, *Inclusion or Invisibility?* Comprehensive Annenberg Report on Diversity in Entertainment, Media, Diversity, & Social Change Initiative, USC Annenberg, 22 de febrero de 2016, 18, https://annenberg.usc.edu/sites/default/files/2017/04/07/MDSCI_CARD_Report_FINAL_Full_Report.pdf.

28. Para los papeles en cine, ver Darnell Hunt, Ana-Christina Ramón, *et al.*, "Hollywood Diversity Report 2018: Five Years of Progress and Missed Opportunities", Colegio de Ciencias Sociales de la UCLA, febrero de 2018, 21, https://socialsciences.ucla.edu/wp-content/uploads/2018/02/UCLA-Hollywood-Diversity-Report-2018-2-27-18.pdf; para las audiencias cinematográficas, ver Parker Morse, "The Importance of Hispanic Audiences to the Entertainment Biz", *The Marketing Insider,* 30 de agosto de 2018, https://www.mediapost.com/publications/article/324337/the-importance-of-hispanic-audiences-to-the-entert.html.

Cuarón y Guillermo del Toro y los actores Antonio Banderas, Salma Hayek, Javier Bardem y Penélope Cruz.[29]

LA CULTURA LATINA EN ESTADOS UNIDOS: NOTAS SOBRE UNA HISTORIA DESCONOCIDA

El patrimonio literario de este país se remonta a 1610, cuando Gaspar Pérez de Villagrá compuso el primer poema épico en la historia de Estados Unidos, *Historia de la Nueva México*. Pérez de Villagrá era un *criollo* que acompañó la expedición del conquistador Juan de Oñate, el colonizador de Nuevo México y represor de la resistencia de los pueblo en 1599. El poema, escrito catorce años antes que la *Historia general de Virginia* del capitán John Smith, es un recuento de esa expedición y de la conquista de los pueblos de Acoma.[30] Un tribunal español más tarde condenaría a Oñate por atrocidades contra los nativos y lo desterraría de Nuevo México, con lo que quedó eliminado del panteón de conquistadores de su época.[31]

Sin embargo, la épica de Pérez de Villagrá sobrevivió como la narración definitiva de ese conflicto. Está escrita en el estilo clásico del Siglo de Oro español, en endecasílabos (versos de once sílabas cada uno), y aunque gran parte de ella se empantane en un recuento mundano de sucesos, algunos pasajes rivalizan en vividez con los de la *Ilíada* o *El paraíso perdido*. Sin embargo, pocos estudiantes de literatura estadounidense saben siquiera de su existencia.

Eso se entiende en parte, dado que Pérez de Villagrá escribió en español y su épica es de hace cuatrocientos años, pero no se puede decir lo mismo de la obra de Félix Varela, escrita hace

29. Carlos Aguilar, "The American Latino Experience: 20 Essential Films Since 2000", *New York Times*, 1º de octubre de 2020.

30. Ward Alan Minge, *Acoma: Pueblo in the Sky* (Albuquerque: University of New Mexico Press, 1991), 11–15.

31. Gaspar Pérez de Villagrá, *Historia de la Nueva México,* (México: Museo Nacional de México, [1610] 1900).

menos de doscientos años. Quizás ningún latino haya dejado una huella tan grande en la cultura estadounidense decimonónica como él, el padre de la prensa católica en nuestro país. Varela, un sacerdote cubano, profesor de filosofía y revolucionario, huyó a Estados Unidos en 1823 para evadir el arresto de la Corona Española y se asentó en Philadelphia. Ahí publicó el primer periódico independentista cubano, *El Habanero*, y se dedicó a traducir obras importantes del inglés al español, incluyendo el *Manual de práctica parlamentaria* de Thomas Jefferson y los *Elementos de química, aplicada a la agricultura* de sir Humphry Davy.

Finalmente lo nombraron párroco de su propia iglesia en Nueva York, donde desarrolló una reputación legendaria por su labor pastoral entre los inmigrantes irlandeses de la ciudad. Creó docenas de escuelas y organizaciones de servicio social para los pobres e incluso fundó la Sociedad Católica de Templanza de Nueva York en 1840. Después ascendió a vicario general de la arquidiócesis de Nueva York. Pero su legado más importante fue en el ámbito de la teología y la literatura. Entre las publicaciones pioneras que editó y ayudó a fundar se encontraban *The Protestant's Abridger and Annotator* (1830), la primera revista eclesiástica del país; el semanario *Catholic Observer* (1836–1939), y las primeras dos revistas católicas literarias y teológicas, *The Catholic Expositor and Literary Magazine* (1841–1843) y *Catholic Expositor* (1843–1844). Mientras malabareaba esa asombrosa cantidad de trabajo, Varela encontró tiempo para inspirar y servir de mentor para una generación de patriotas en su isla natal, donde lo siguen venerando como el mayor pensador cubano de su época. Murió en 1853 en Saint Augustine, Florida, sin llegar a ver a Cuba libre del dominio español.[32]

Los mejicanos que vivían en los territorios anexados del Suroeste vieron reforzados sus vínculos culturales con México después de 1848, pues muchos cruzaban constantemente la frontera

---

32. Roberto Esquenazi-Mayo, ed., *El Padre Varela: Pensador, Sacerdote, Patriota* (Washington, D.C.: Georgetown University Press, 1990).

y se alimentaban de la tradición teatral, musical, artística y folcló-rica bien establecida de nuestro vecino del sur.

El primer teatro de dueños latinos de este país estuvo en Los Ángeles, donde las compañías teatrales mejicanas llevaban mon-tando obras desde inicios de la década de 1820. Antonio Coronel, un californio acaudalado que había sido alcalde de la ciudad, abrió su Coronel Theater, de trescientas localidades, en 1848. Quizás por influencia de su esposa anglo, Mariana Williamson, Coronel montó sus obras en español y en inglés. A finales de la década de 1850, su teatro se enfrentó a la competencia de varios más, incluyendo el Union Theater de Vicente Guerrero, el Ar-cadia Hall de Abel Stearn y el Temple Theater de Juan Temple, que montaban todos obras en español. El movimiento de teatro en español del estado se volvió tan conocido que, en la década de 1860, varias compañías latinoamericanas importantes se reubi-caron allá.[33]

Sin embargo, el auge del teatro mexicanoamericano fueron los años veinte, cuando la Revolución mexicana desató un re-nacimiento artístico en Los Ángeles que se difundió por las co-munidades mejicanas del Suroeste. Esas comunidades se habían expandido desde la Primera Guerra Mundial con inmigrantes que llegaban a trabajar a las fábricas estadounidenses. Después de la guerra, miles de mexicoamericanos regresaron a casa desde los campos de batalla europeos. Esos veteranos habían adquirido una visión más amplia del mundo y tenían suficiente dinero en sus bolsillos para apoyar la industria del entretenimiento latina en lugares como Los Ángeles.

Algo más había ocurrido al sur de la frontera a principios de siglo. Una nueva generación de escritores y artistas latinoameri-canos empezaron a definir una visión literaria y social del mundo distinta a la de los europeos y la de los angloamericanos. Esa nueva filosofía, el movimiento modernista, fue una forma de panlati-noamericanismo que abrevaba de la mezcla única de tradiciones

33. Nicolas Kanellos, *A History of Hispanic Theater in the U.S.: Origins to 1940* (Austin: University of Texas, 1990), 2–4.

africanas, indígenas, *mestizas* y *mulatas* de la región. En 1900, el positivista uruguayo José Enrique Rodó publicó *Ariel*, una obra fundacional de la literatura latinoamericana. En ella, Rodó afirmaba que Estados Unidos había sacrificado el idealismo de sus fundadores y sucumbido a las ambiciones materiales. Ahora era la tarea de Latinoamérica preservar el idealismo que representaba el Nuevo Mundo. Rodó y el poeta nicaragüense Rubén Darío fueron los modernistas más célebres. En 1914, la publicación de *Sonetos de la muerte*, de Gabriela Mistral, inspiró la era moderna de la poesía chilena. En 1945, se convertiría en la primera escritora latinoamericana en recibir el Premio Nobel de Literatura. Seis años antes del Ariel de Rodó, José Martí publicó su electrizante ensayo "Nuestra América". En él, argumentaba que los artistas, intelectuales y dirigentes políticos latinoamericanos tenían que inspirarse en sus propias tradiciones y dejar de importar las enseñanzas y costumbres de Europa y el Viejo Mundo.

"La universidad europea ha de ceder a la universidad americana", declaró. "La historia de América, de los incas acá, ha de enseñarse al dedillo, aunque no se enseñe la de los arcontes de Grecia. Nuestra Grecia es preferible a la Grecia que no es nuestra. [...] Injértese en nuestras repúblicas el mundo; pero el tronco ha de ser el de nuestras repúblicas".[34]

En respuesta al nuevo modernismo de aquí y del sur de la frontera, dramaturgos como Esteban Escalante, Gabriel Navarro, Adalberto Elías González y Brígido Caro crearon las primeras obras que representaban la vida de los mexicanos en este país en vez de usar temas españoles. En cuestión de estilo, experimentaron con varias formas, como antiguas *zarzuelas* españolas, *bufos* cubanos, *revistas* y *comedias*. El clásico de Caro, *Joaquín Murieta*, por ejemplo, contaba la trágica historia de un heroico rebelde californiano que la mayoría de los estadounidenses blancos conocían como bandido. También florecieron experimentos similares

---

34. José Martí, "Nuestra América", en *Observatorio Social de América Latina* XI, no. 27, 135, http://bibliotecavirtual.clacso.org.ar/ar/libros/osal/osal27/14Marti.pdf.

en San Antonio y en Tucson. Y ese renacimiento latino no estuvo confinado a los mexicanos, pues los blancos también asistían a las puestas en escena.[35]

En el este, los actores y dramaturgos cubanos, españoles y puertorriqueños crearon un próspero movimiento teatral en Nueva York y en Tampa. El cubano Alberto O'Farrill era el maestro de los *bufos* cubanos y perfeccionó el papel clásico de un comediante pobre y afrocubano en el Nueva York de los años veinte. Durante la misma década, el actor puertorriqueño Erasmo Vando y los dramaturgos Juan Nadal y Gonzalo O'Neill se ganaron muchos seguidores entre la pequeña pero creciente comunidad hispana de la ciudad. Una obra de O'Neill de 1928, *Bajo una sola bandera,* electrizó a los espectadores con su atrevido apoyo a la independencia puertorriqueña.

Pero la mayor influencia de la cultura latina en la vida estadounidense, el ámbito en el que los latinos más se mezclaron con la expresión popular, en el que más tomaron prestado de ella y el que más transformaron, ha sido la música. El crítico John Storm Roberts, en su brillante estudio *The Latin Tinge: The Impact of Latin American Music on the United States* remonta los orígenes de esa influencia a dos sitios: el sur de Texas y Nueva Orleans. A lo largo del valle del Río Grande, los colonos mexicanos desarrollaron los corridos, baladas populares que se cantaban al ritmo de la polca, el vals o la marcha, y cuya letra contaba sucesos reales de la época: tiroteos y guerras; crímenes y aventuras amorosas; arreos de ganado y la llegada del ferrocarril. El corrido promedio solía estar tan lleno de fechas, nombres y detalles que no solo funcionaba como entretenimiento, sino como reporte de noticias, como narración histórica y como comentario para las masas de analfabetas. Uno de los primeros corridos estadounidenses contaba la historia del general José Antonio Canales y sus ataques guerrilleros contra el ejército estadounidense durante la Guerra entre México y Estados Unidos; otro narraba la vida y obra de Juan Cortina, mientras que otros describían las atrocidades

---

35. Kanellos, *A History of Hispanic Theater,* 44–70.

de los Texas Rangers y las hazañas de los forajidos mexicanos. Algunos de los más populares trataban acerca de Gregorio Cortez, una figura de principios del siglo XX acusada falsamente de ser ladrón de caballos.

En la frontera del Suroeste, no era raro que se cruzaran las caravanas de carretas de los vaqueros mexicanos y anglos, que acamparan juntas durante una noche e iniciaran una amistosa competencia entre cantantes de corridos y cantantes anglos de baladas entorno al fuego; así se iniciaron algunos de los primeros intercambios musicales entre las dos culturas.[36]

En Nueva Orleans, uno de los primeros virtuosos del piano en Estados Unidos, Louis Moreau Gottschalk (1829-1869), empezó a introducir elementos cubanos a sus composiciones estadounidenses clásicas en la década de 1850; así creó obras como "Ojos criollos" y "Escenas campestres cubanas" —una suite para orquesta—, y "Marche des gibaros", basada en una canción popular puertorriqueña. Nueva Orleans no solo surgió como un centro de la fusión de temas musicales clásicos. Para finales del siglo XIX, los músicos mexicanos y cubanos, junto con los descendientes de los primeros habitantes españoles de Louisiana, tenían papeles importantes en la floreciente escena de *ragtime* del barrio latino de la ciudad. "Los ritmos latinos han sido absorbidos por los estilos estadounidenses negros de manera mucho más consistente que por la música popular blanca, a pesar de la popularidad de la música latina entre los blancos", señala Roberts.[37] Perlops Núñez, por ejemplo, dirigía una de las primeras bandas negras de la ciudad en la década de 1880, y Jimmy "Spriggs" Palau tocó con el famoso jazzista Buddy Bolden. Conforme evolucionaron el ragtime y el jazz en Nueva Orleans, se inspiraron bastante en la música mexicana y la cubana, y después en la brasileña.

A principios del siglo XX, una sucesión de formas musicales latinas cautivó al público estadounidense. En 1913, Vernon e Irene

---

36. John Storm Roberts, *The Latin Tinge: The Impact of Latin American Music on the United States* (Nueva York: Oxford University Press, 1999), 24–27.
37. *Ibid.*, 27–30, 36–41.

Castle, un matrimonio de bailarines, presentaron su primer tango en el Knickerbocker Theater de Nueva York, lo que desató una moda a nivel nacional. Luego, a finales de los años veinte, los hermanos Hurtado, de Guatemala, empezaron a grabar e interpretar la música de marimba guatemalteca; media de docena de bandas de marimba no tardaron en hacer giras por todo el país. Por su parte, el compositor cubano Ernesto Lecuona se volvió popular entre los compositores de Broadway, que de inmediato imitaron sus habaneras. Dos ejemplos de esa década son "Argentina", de George Gershwin, y "Havana", de Richard Rodgers.[38]

Para finales de los años veinte, los músicos inmigrantes del Caribe estaban fusionando sus arreglos con los grandes del ragtime y del jazz de Nueva York. La escritora Ruth Glasser ha reconstruido la poco conocida saga de cómo un grupo de talentosos músicos puertorriqueños, todos productos de una rica tradición de formación clásica en la isla, migraron a Nueva York y empezaron a colaborar con músicos afroamericanos para reconfigurar la historia musical de la ciudad.

Esa colaboración fue desatada por el teniente James Reese Europe, el compositor y director de orquesta que condujo el grupo musical más famoso de la Primera Guerra Mundial, la Banda del 369° Regimiento de Infantería, los "Hellfighters". En 1917, mientras armaba la banda, convenció a su comandante, el coronel William Hayward, de que lo dejara viajar a Puerto Rico para reclutar algunos vientos. Europe había oído que Puerto Rico estaba a rebosar de músicos talentosos, gracias a una larga tradición de bandas militares y municipales bajo el mandato español. Mejor aún: todos los puertorriqueños sabían leer partituras y normalmente tocaban más de un instrumento. Durante un viaje rápido a la isla, Europe reclutó a dieciocho jóvenes, entre ellos a Rafael Hernández, quien se convertiría en el mejor compositor de Puerto Rico; a su hermano, Jesús, y al clarinetista Rafael Duchesne, el vástago de una ilustre familia de compositores y directores.

---

38. *Ibid.*, 44–45, 50–55.

Después de la guerra, Hernández y los demás puertorriqueños se mudaron a Nueva York. Varios de ellos terminaron tocando en las orquestas de foso de Broadway o en las principales bandas de jazz de la época. Su éxito atrajo a más músicos puertorriqueños y cubanos hacia las brillantes luces de Nueva York. El trombonista puertorriqueño Francisco Tizol, por ejemplo, tocó para el espectáculo de 1922 *Shuffle Along*, y tanto él como el también trombonista Fernando Arbelo estaban en la banda de Fletcher Henderson; el tubero Ralph Escudero trabajó en la orquesta Chocolate Dandies en 1928, y el clarinetista Ramón "Moncho" Usera, en *Blackbirds*.[39]

En 1929, llegó a Nueva York el cubano Mario Bauzá, ya un veterano de la orquesta sinfónica de La Habana. Pasó los siguientes diez años tocando para los mejores de la época, entre ellos Noble Sissle, Don Redman, Cab Calloway y Chick Webb. Cuando estaba en la banda de Calloway, compartió escenario con otro joven trompetista, Dizzy Gillespie. De manera similar, Augusto Coen, de padre judío estadounidense y madre afropuertorriqueña, nacido en Ponce, llegó a Nueva York en los años veinte. Era un virtuoso de la guitarra, la trompeta y varios instrumentos más, y tocó con Sissle, Duke Ellington y Henderson.

A la moda del tango de los años veinte le siguió la de la rumba en los treinta, un sonido introducido por directores de big-bands cubanos como Don Azpiazú, Xavier Cugat y, más tarde, Desi Arnaz. En su primera presentación en Broadway en 1930, la orquesta de Azpiazú presentó lo que se convertiría en la melodía cubana más famosa de la historia de Estados Unidos, "El manicero". Esas primeras bandas expusieron por vez primera a la audiencia estadounidense a la poderosa y exótica combinación de los instrumentos cubanos —*maracas*, claves, *güiro*, *bongó*, congas y timbales—, que más tarde adoptarían incontables grupos musicales blancos y negros. Al adoptar letras en inglés para sus melodías, y

---

39. Ruth Glasser, *My Music Is My Flag: Puerto Rican Musicians and Their New York Communities, 1917–1940* (Berkeley: University of California Press, 1995), 54–82.

al tener a mujeres estadounidenses de vocalistas, Azpiazú, Cugat y Arnaz fundaron las primeras bandas híbridas con éxito comercial. A lo largo de los años cuarenta, Hollywood produjo docenas de películas con melodías y temas latinos, y convirtió a los directores como Cugat (*Romance en México*, *Los tres caballeros*) y a Arnaz (*Cuban Pete*) en estrellas. Bing Crosby y Bob Hope estelarizaron *Camino de Río* (1947), y Groucho Max y Carmen Miranda protagonizaron *Copacabana*.

Pero para los amantes serios de la música, los experimentos más emocionantes estaban sucediendo en el Harlem y en los clubes de jazz de Manhattan, donde los grandes músicos afrocubanos y afropuertorriqueños, aún ignorados por un país racista, estaban explorando formas nuevas con las grandes bandas afroamericanas. En los años cuarenta, algunos cubanos y boricuas —Bauzá, Coen, Frank "Machito" Grillo y Alberto Socarrías— empezaron a formar sus propias orquestas. Sus grupos fusionaron el sonido de las big-bands estadounidenses —con sus secciones de clarinetes, saxofones y trompetas— con instrumentos isleños como las panderetas, las *maracas*, el *güiro* y el *bongó*; adaptaron las *guarachas* y el son cubanos, y las *danzas* y *plenas* puertorriqueñas con letras apropiadas para su nueva realidad estadounidense, y de ahí surgieron nuevos géneros híbridos.

Ningún músico importante del país, ya estuviera en Broadway, en Hollywood, en los estudios de grabación principales o en las salas de concierto, escapó a la influencia de la nueva música latina que crearon. Glenn Miller, Cab Calloway, Charlie Parker, Woody Herman... todos experimentaron con la fusión de jazz y música cubana, y más tarde con la samba brasileña. Nat "King" Cole grabó su primer álbum de inspiración latina, *Rumba à la King*, en Cuba en 1946, con Alfredo "Chocolate" Armenteros, uno de los mejores trompetistas cubanos. En los años cincuenta, surgieron dos estilos musicales distintos pero relacionados de esos experimentos: el mambo, popularizado por músicos como Dámaso Pérez Prado, Tito Puente y Tito Rodríguez, y el cubop o jazz afrocubano, cuyos fundadores creativos fueron Machito, Stan Kenton, Dizzy Gillespie, Chano Pozo, Puente y otros.

Mientras tanto, el pianista británico George Shearing, quien llevaba una década experimentando con música latina, organizó un nuevo quinteto en 1953 para tocar jazz latino en California. Los músicos que reclutó se convertirían en un salón de la fama de la música décadas después. Incluían a los cubanos Mongo Santamaría en las congas y Armando Peraza en el *bongó*, el puertorriqueño Willie Bobo en los timbales, y el suecoamericano Cal Tjader en el vibráfono.[40]

Una fusión simultánea pero distinta de la música latina y la euroamericana ocurrió en el sur de Texas, donde la música norteña de México dio a luz al conjunto, o tex-mex. Manuel Peña explora el desarrollo del conjunto en su incisivo estudio *The Texas-Mexican Conjunto: History of a Working-Class Music*. Peña rastrea cómo se adaptó el acordeón, un instrumento europeo, a la música mexicana desde la década de 1850. Pero no fue sino hasta 1928, cuando Narciso Martínez, un maestro del estilo chicano del acordeón del sur de Texas, se unió a Santiago Almedia, que tocaba el bajo sexto mexicano, que se crearon los principales componentes instrumentales del conjunto. El otro músico importante del género en los años treinta fue Santiago "Flaco" Jiménez Jr.[41] La ranchera, el corrido y el conjunto salieron gradualmente de las ciudades fronterizas y penetraron en la música country estadounidense. En el Suroeste, señala John Roberts, la música country "tomó sus técnicas guitarrísticas y sus canciones de fuentes mexicanas. Se ha sugerido que el 'Pasodoble español' es el origen de 'San Antonio Rose', y casi todas las bandas de swing del Oeste tocaban 'El rancho grande', que se ha convertido en un estándar de la música country".[42]

La influencia chicana en la música estadounidense, sobre todo en el rock y el country, continuó a partir de los años cincuenta, con el rock latino de Carlos Santana, el rock country de Linda

40. Roberts, *The Latin Tinge*, 76–126.
41. Manuel Peña, *The Texas-Mexican Conjunto: History of a Working-Class Music* (Austin: University of Texas Press, 1985), 51–59.
42. Roberts, *The Latin Tinge*, 97.

Ronstadt, el salvaje rock and roll tex-mex de Freddy Fender, la
fusión de "Little Joe" Hernandez y La Familia, y el pop tex-mex
de Selena Quintanilla. Durante las últimas tres décadas hemos
visto una gama de músicos latinos catapultarse al estrellato entre la audiencia anglófona. Incluyen a la cubanoamericana Gloria Estefan; los puertorriqueños Ricky Martin, Marc Anthony y
Jennifer Lopez; la colombiana Shakira, y el español Enrique Iglesias. Pero quizá la influencia más generalizada de artistas latinos
ha sido de los hiphoperos y reggaetoneros entre los jóvenes. La
lista de íconos latinxs del hip-hop desde principios de los noventa es demasiado larga para enumerarla aquí, pero incluye a Big
Pun (Christopher Ríos), a Fat Joe (Joseph Cartagena) y a Cardi B
(Belcalies Marlenis Almánzar), todos del South Bronx; también a
los reggaetoneros Daddy Yanqui (Ramón Luis Ayala Rodríguez)
y Bad Bunny (Benito Antonio Martínez), de Puerto Rico. Mientras tanto, Los Ángeles ha producido a Pitbull (Armando Christian Pérez), a Becky G (Becky Gómez) y a Akwid (los hermanos
Sergio y Francisco Gómez), nacidos en México y criados en Estados Unidos, que fusionaron el hip-hop con la música regional
mexicana, y a Jae-P (Juan Pablo Huerta), también nacido en México y criado en Estados Unidos. El exitoso álbum debut de Jae-P,
de 2003, tenía el apropiado título de *Ni de aquí ni de allá*. En tiempos más recientes, Calle 13, la ecléctica banda de música urbana
fundada por los hermanastros puertorriqueños René Pérez Joglar
(Residente) y Eduardo José Cabra Martínez (Visitante), con sus
letras de radicalismo político, se ha convertido en una sensación
a nivel mundial y capturado un récord de 21 Grammys latinos.[43]

Si el periodo de entreguerras marcó el ascenso de la música y el
teatro latinos, los años sesenta vieron el triunfo de la literatura

---

43. Melissa Castillo-Garstow, "Latinos in Hip Hop to Reggaeton", *Latin Beat*,
marzo de 2005, http://www.brownpride.com/latinrap/latinrap.asp?a=hi-
phoptoreggaeton/index.

latina, con clásicos como *Pocho,* de José Antonio Villarreal (1959); *Down These Mean Streets*, de Piri Thomas (1967), y *Bless Me, Ultima*, el clásico adolescente de Rudolfo Anaya (1972). El largo atraso en el surgimiento de la literatura latina en inglés no debería sorprender a nadie. Una cosa es aprender un idioma nuevo; desarrollar una tradición en él es muy distinto.

Desde entonces, hemos presenciado una explosión de creatividad latina: las novelas y cuentos de Nicolasa Mohr, John Rechy, Sandra Cisneros, Esmeralda Santiago, Oscar Hijuelos, Cristina García, Julia Álvarez, Ana Castillo, Junot Díaz e Isabel Allende; la poesía y ensayos de Pedro Pietri, Tato Laviera, Martín Espada, Cherie Moraga y Gloria Anzaldúa, y las películas y obras de teatro de Luis Valdez, Edward James Olmos, Moctesuma Esparza, Dolores Prida, Josefina López y Lin-Manuel Miranda.

Además, el éxodo del Mariel trajo a algunos de los mejores escritores y artistas de Cuba a Estados Unidos. Los refugiados Reinaldo Arenas, autor del clásico *El mundo alucinante,* Juan Abreu, Carlos Alfonzo, Víctor Gómez, y Andrés Valerio desataron un renacimiento de las artes en la comunidad de emigrados poco después de su llegada, y con él, la renovación del orgullo por la cultura cubana.[44]

Sin embargo, ningún artista latino ha tenido un impacto tan grande en la cultura estadounidense como el dramaturgo Lin-Manuel Miranda con sus éxitos sucesivos en Broadway: *In the Heights* (2005) y *Hamilton* (2015). *Hamilton* en particular obtuvo 11 premios Tony, un Grammy y un Pulitzer en literatura, y prácticamente transformó el teatro estadounidense, que pasó de ser propiedad de la élite a un espacio para una narrativa más diversa y popular, lo que empujó a académicos, educadores, políticos y estadounidenses ordinarios a reimaginar la historia del país. Incluso hizo que Oskar Eustis, director artístico del Public Theater de Nueva York, lo comparara con un joven Shakespeare. "Shakespeare le contó la historia nacional de Inglaterra a su audiencia en el Globe", dijo Eustis, "y ayudó a convertir a Inglaterra

44. García, *Havana USA*, 117.

en Inglaterra: le dio autoconsciencia. Eso es exactamente lo que está haciendo Lin con *Hamilton*. Al contar la historia de la fundación del país por medio de la mirada de un huérfano bastardo e inmigrante, al contarla usando exclusivamente a personas de color, está diciendo: *Este es nuestro país. Podemos reclamarlo como propio*".[45]

En resumen, los artistas latinos lograron varios movimientos de fusión simultáneos, ya fuera en el teatro, en la música, en la literatura o en el cine. Tomaron prestadas y absorbieron lecciones de las experiencias nacionales de los demás; encontraron apoyo y estrategias nuevas en las tradiciones artísticas de Latinoamérica, y exploraron y adaptaron los estilos y el contenido de los artistas afroamericanos y angloamericanos. A partir de todas esas fusiones, crearon una rama latina dinámica y caleidoscópica de la cultura estadounidense. Sin embargo, exceptuando el éxito de Miranda durante la última década, pocos de sus logros aparecen en los libros de bachillerato, en películas de Hollywood o en programas de televisión.

EL BILINGÜISMO Y LA SED
POR OLVIDAR EL IDIOMA

La mayor parte del debate sobre la política lingüística en Estados Unidos se ha centrado en la "amenaza" del bilingüismo, aunque prácticamente todos los estudios hayan demostrado que la mayoría de los latinos creen que dominar el inglés es crucial para su progreso en este país. Lo creen con tal fervor que el 75% de los inmigrantes hispanos hablan inglés de manera cotidiana para cuando llevan quince años en Estados Unidos, y el 70% de sus hijos tiene el inglés como lengua dominante o única.[46]

---

45. Rebecca Mead, "All About the Hamiltons", *The New Yorker*, 9 de febrero de 2015, https://www.newyorker.com/magazine/2015/02/09/hamiltons.
46. Crawford, *Hold Your Tongue*, 21.

Incluso en el siglo XIX, los periódicos en español rechazaban la filosofía lingüística separatista y aceptaban la necesidad de aprender inglés. El diario de Francisco Ramirez, *El Clamor Público*, el primero en su tipo en California, añadió una página en la década de 1850 para ayudar a sus lectores a aprender la lengua. Pero esos primeros mejicanos también rechazaban la noción de que el español fuera una lengua "extranjera", y defendían el uso de su idioma natal. Desde su fundación a principios del siglo XX, uno de los objetivos principales de la LULAC, el grupo de derechos civiles para hispanos más viejo del país, ha sido enseñar inglés a todos los inmigrantes. *El Independiente*, de Las Vegas, Nevada, por ejemplo, urgía a sus lectores decimonónicos a aprender inglés sin dejar que el español quedara "atropellado en la carrera". De hecho, el uso del "espanglish" data de esa época. Los hijos universitarios del general Mariano Vallejo, el prominente líder californio, por ejemplo, les escribían a sus padres en inglés mezclado con español. Rosina Lozano señala lo siguiente sobre un intercambio que desenterró del archivo de la familia:

> "Eran fluidos en español oral, por lo que salpicaban su correspondencia con frases en español y a veces combinaban los dos idiomas. 'Si puede—cómpreme a little box of drawing pencils si puede', le exclamó Maria Vallejo a su padre".[47]

En su exitosa autobiografía de 1982, *Hambre de memoria*, el escritor Richard Rodríguez contó cómo se sumergió en la lengua inglesa desde sus primeros años en la escuela para convertirse en "un estadounidense de clase media. Asimilado".[48]

Esos programas de inmersión en inglés de los años cincuenta triunfaron en cierto sentido. Nos convirtieron a Rodriguez, a mí y a miles de personas más de nuestra generación en usuarios hábiles de la lengua inglesa. Pero ¿qué hay de los muchos que

---

47. Rosina Lozano, *An American Language,* 73.
48. Richard Rodriguez, *Hunger of Memory: The Education of Richard Rodriguez* (Toronto: Bantam Books, 1982), 3.

tropezaron y se rezagaron una y otra vez en la escuela, y terminaron analfabetos en los dos idiomas? ¿O de quienes fueron dirigidos hacia la educación especial o a los programas vocacionales solo porque no dominaban el inglés y terminaron por abandonar la escuela?

Esos recuerdos de infancia de los programas de inmersión en los que nadabas o te hundías me convirtieron en un defensor firme de la educación bilingüe. Con eso no me refiero a la forma más extrema, el "modelo de mantenimiento", que intenta mantener el alfabetismo en español a veces en detrimento de la adquisición rápida del inglés, y que muchas veces produce enclaves culturales subsidiados por el gobierno, sino al modelo "transicional".

De hecho, el modelo de educación bilingüe no nació entre inmigrantes hispanos pobres, sino entre los refugiados cubanos de clase alta que llegaron a Miami en los años sesenta. El programa, al principio financiado por el gobierno federal, trataba de facilitar lo más posible lo que en ese entonces se consideraba una estadía temporal de los refugiados. Al pasar de los años, la política se convirtió en un programa laboral vasto, primero para profesionistas cubanos y luego para otros latinoamericanos de clase media que reclutaban en el extranjero para impartir clases en los programas bilingües que proliferaron en todo el país.

Si la mayoría de las escuelas hubieran adoptado el modelo bilingüe "transicional", que imparte clases en la lengua materna durante un tiempo limitado —entre dos y cuatro años—, mientras el niño domina el inglés, o el modelo dual, en el que todos los estudiantes reciben lecciones en dos idiomas, la acritud del debate actual se podría haber mitigado. Pero las posturas extremas en ambos bandos atrajeron la mayor atención de los medios. En un ambiente de "americanización", los defensores de la inmersión total ganaron impulso. En ese sistema, los niños entran en cursos intensivos de inglés hasta que adquieran el conocimiento básico del idioma, lo que significa que se rezagan en las demás materias. También significa que su conocimiento del español se considera un defecto, no una ventaja.

Los críticos de la educación bilingüe señalan, con razón, los excesos de la burocracia bilingüe, que empezó a canibalizarse.[49] Señalan a Nueva York, por ejemplo, donde algunos estudios muestran que 25 mil estudiantes se mantuvieron en programas bilingües durante cuatro años o más. Pero cambiar el idioma de un niño no es tan sencillo como enseñarle a vestirse diferente. Involucra un cambio complejo de marcadores culturales que, si no se maneja de forma apropiada, puede acarrear años de repercusiones psicológicas. Cuanto más grande sea un niño al iniciar la transición, más duro le será dominar la nueva lengua. En el caso de los puertorriqueños y mexicoamericanos que nacieron y crecieron como ciudadanos estadounidenses en hogares donde el español ha formado parte de la vida familiar durante generaciones, el idioma se convierte en una parte integral de la identidad personal.

No hay duda de que la retención de la lengua materna es más alta entre los hispanos que entre otros inmigrantes, pero eso se debe a factores reales: la proximidad a la influencia cultural de Latinoamérica y setenta años de inmigración en masa continua. A lo largo de la frontera con México, por ejemplo, se pueden sintonizar la televisión y la radio mexicanas desde el lado estadounidense (al igual que nuestras emisiones pueden captarse desde el otro lado). En una ciudad pequeña como El Paso, Texas, a la que solo el río Grande separa de la mucho más grande metrópolis mexicana de Ciudad Juárez, no debería sorprender a nadie que el español y la cultura mexicana ejerzan una influencia dominante.

El miedo de que el inglés quede suplantado como el idioma de nuestro país no solo contradice los hechos, raya en la paranoia. Si acaso, el alcance global del comercio y la comunicación estadounidenses está logrando lo contrario. En toda Latinoamérica, el inglés prácticamente es la segunda lengua de todas las escuelas públicas, el idioma principal de muchas academias privadas y lo que más se usa en internet. Está presente en todos los medios masivos y la publicidad. Ya es la *lingua franca* del imperio. Por

---

49. "New York's Bilingual Bureaucracy Assailed as School Program Grows", *New York Times*, 4 de enero de 1993.

las noches, en ciudades de toda la mitad sur del continente, cientos de miles de jóvenes latinoamericanos abarrotan las escuelas privadas para aprenderlo. Los latinos jóvenes que crecen en este país están orgullosos de su inglés y la idea de tener que estudiar español en bachillerato les repugna más que a los blancos. De una manera extraña, esos estudiantes latinos han internalizado el desdén de la sociedad por el español, como si admitieran que hablar un idioma distinto al de la mayoría te relega a un estatus inferior, a no ser un estadounidense completo.

Todos los estadounidenses deberían reconocer qué tan esencial han sido la cultura latina y la lengua española para nuestra historia y tradiciones. Nuestras escuelas deberían estar analizando las nuevas tendencias culturales híbridas que surgieron en el siglo XX a partir de la amalgama y la fusión de las artes latinas, afroamericanas y anglos. Desde el tex-mex, el bugaloo y el mambo hasta el jazz latino, el reggae, el rap y el hip-hop, esos nuevos géneros musicales son nuestros mejores ejemplos de puentes entre culturas. La historia está llena de ejemplos de grandes naciones que intentaron eliminar sus "diferencias" de raza, religión e idioma, y terminaron autodestruyéndose. Creer que nuestro destino sería distinto es un autoengaño.

Como escribió Pérez de Villagrá, el primer poeta en suelo estadounidense, hace más de cuatrocientos años al describir la batalla entre los españoles y los pueblo en Acoma:

No me da mas varones cultiuados,
Que incultos, broncos, baruaros, grosseros,
Que basta y sobra, conozer ser hombres,
Para entender que fuera del demonio,
Sea la mas mala bestia quando quiere,
De todas quantas Dios tiene criadas.[50]

---

50. Pérez de Villagrá, *Historia de la Nueva México*, folio 69.

13

Libre comercio:
La conquista definitiva de Latinoamérica

Después de dos siglos, a Inglaterra le ha parecido conveniente adoptar el libre comercio *porque* cree que el proteccionismo ya no puede ofrecerle nada. [...] Mi conocimiento de nuestro país me lleva a creer que dentro de doscientos años, cuando Estados Unidos haya obtenido del proteccionismo todo lo que pueda ofrecerle, también adoptará el libre comercio.

—ULYSSES S. GRANT

Latinoamérica fue el lugar donde la globalización neoliberal asumió su forma más perniciosa [...] con una concentración de riqueza y de poder inédita en las manos de una pequeña minoría.

—XIMENA DE LA BARRA, *Latin America after
the Neoliberal Debacle*

Durante la segunda mitad del siglo xx ocurrió un cambio importante en la vida económica de Estados Unidos. Las empresas transnacionales estadounidenses en busca de mano de obra barata y de maximizar sus ganancias trasladaron gran parte de su producción a países del Tercer Mundo, sobre todo a Latinoamérica. Como parte de ese cambio, el gobierno de Estados

Unidos dirigió una campaña global a favor del "libre comercio". Presionó a los países en vías de desarrollo a que disminuyeran los aranceles sobre los bienes importados y a que crearan nuevas zonas de producción orientadas a la exportación, sobre todo para satisfacer las necesidades de las empresas extranjeras.

Pero, como veremos en este capítulo, la versión estadounidense del libre comercio distorsionó profundamente muchas economías latinoamericanas. A partir de los años ochenta, se convirtió en un pilar clave de la nueva estrategia económica neoliberal. A veces apodada el "Consenso de Washington", esa estrategia también incluyó la venta masiva de bienes públicos, la privatización de servicios gubernamentales básicos y la sumisión de los gobiernos nacionales a los dictados financieros y comerciales de organismos como el Fondo Monetario Internacional, el Banco Mundial y la Organización Mundial del Comercio.[1]

Mientras los inversionistas extranjeros y la élite local prosperaban gracias al auge del comercio expandido, los países latinoamericanos que se apresuraron a adoptar el modelo neoliberal no tardaron en descubrir que no causaba el progreso milagroso para la gente ordinaria que habían predicho sus proponentes. Para finales de los años noventa, la desigualdad de la riqueza había crecido tan rápido que la región estaba reportando las brechas de ingresos entre ricos y pobres más grandes del mundo. Irónicamente, Latinoamérica, que siempre había sido un destino importante para millones de migrantes de todo el mundo, se convirtió en una enorme exportadora de su propia gente; y el grueso de esos migrantes se dirigieron a Estados Unidos.[2]

---

1. Para una discusión sobre los pilares claves del neoliberalismo, ver John Williamson, *Did the Washington Consensus Fail?* (Washington, D.C.: Peterson Institute for International Economics, 2002); también Ximena de la Barra y Richard A. Dello Buono, *Latin America After the Neoliberal Debacle* (Lanham, Md.: Rowman & Littlefield, 2009), y Juan Carlos Moreno-Brid, Esteban Pérez Caldentey y Pablo Ruíz Nápoles, "The Washington Consensus: a Latin American Perspective Fifteen Years Later". *Journal of Post Keynesian Economics* 27, no. 2 (2004-05):345-365.
2. Dani Rodrik, "Goodbye Washington Consensus, Hello Washington Confusion? A Review of the World Bank's Economic Growth in the 1990s:

Quizás en ningún lugar se haya aceptado el modelo del libre comercio con tanto entusiasmo como en el vecino México, que entró formalmente en una unión económica permanente con Estados Unidos y Canadá por medio del Tratado de Libre Comercio de América del Norte (TLCAN) en 1994. El TLCAN desató una estampida de inversionistas extranjeros (sobre todo estadounidenses) para apropiarse de partes esenciales de las industrias manufacturera, agrícola y financiera de México. Sin embargo, la introducción repentina de capital extranjero dejó en bancarrota a tantos pequeños manufactureros y campesinos mexicanos que millones de personas se quedaron sin trabajo y el desempleo se disparó. Así, el TLCAN, en vez de reducir la presión de migrar que sentían muchos de los mexicanos, la aumentó.

Gran parte del atractivo de Donald Trump para la clase obrera estadounidense durante las elecciones de 2016 fue su condena del TLCAN y a las políticas de libre comercio apoyadas desde hacía tanto por sectores clave del Partido Demócrata y del Republicano; sin embargo, su reemplazo del TLCAN, el Tratado entre México, Estados Unidos y Canadá (T-MEC), ratificado por el Congreso a finales de 2019, solo tiene cambios menores en lo que sigue siendo una unión comercial fundamentalmente desigual con México.

Para finales de los años noventa, la crisis de pobreza de toda Latinoamérica desató una tormenta de descontento popular. Uno tras otro, los gobiernos que habían apoyado el neoliberalismo fueron derrocados por movimientos de protesta masivos o derrotados en las urnas. Los nuevos líderes que entraron en funciones invariablemente buscaron una vía al crecimiento económico con más conciencia social, y más independiente del control de Estados Unidos. Sus gobiernos llegaron al poder gracias a complejas alianzas entre políticos tradicionales de izquierda,

Learning from a Decade of Reform". *Journal of Economic Literature 44,* No. 4 (2006):973-987; también Charles Gore, "The Rise and Fall of the Washington Consensus as a Paradigm for Developing Countries", *World Development* 28, no. 5 (2000): 789-804.

líderes obreros y las nuevas organizaciones de la sociedad civil. Muchos de esos grupos civiles estaban basados en sectores bastante tiempo ignorados por los partidos políticos establecidos y la élite económica de Latinoamérica: pueblos indígenas, campesinos pobres, habitantes de los barrios bajos urbanos, minorías raciales y servidores públicos de nivel bajo.

Con las victorias de Hugo Chávez en Venezuela en 1998, Luis Inácio "Lula" da Silva en Brasil en 2002, Néstor Kirchner en Argentina en 2003 y Evo Morales como el primer presidente indígena de Bolivia en 2005, los líderes latinoamericanos empezaron a planear políticas interiores y exteriores que ya no estaban dictadas por Estados Unidos. Durante la siguiente década, la región se convirtió en el centro mundial de la participación democrática masiva, de nuevas alianzas económicas entre países vecinos y de nuevas iniciativas sociales de los gobiernos, un fenómeno bautizado como el movimiento de la "marea rosa". Como consecuencia, en varios países de la región se empezaron a reducir de manera asombrosa la brecha de ingresos y la pobreza.

Sin embargo, esos nuevos gobiernos también se enfrentaron a la hostilidad económica de las administraciones tanto republicanas como demócratas en Washington, que intentaron desestabilizarlos o apoyar rebeliones armadas para derrocarlos, empezando con el golpe fallido contra Chávez en 2002.[3] Los nuevos líderes contestaron inaugurando sus propios bloques económicos regionales y buscando nuevas fuentes de inversión y

---

3. Julian Berger y Alex Bellos, "U.S. 'gave the nod' to Venezuelan coup", *The Guardian,* 17 de abril de 2002, https://www.theguardian.com/world/2002/apr/17/usa.venezuela; también, Juan Forrero, "Documents Show C.I.A. Knew of a Coup Plot in Venezuela", *New York Times,* 4 de diciembre de 2002. La CIA conocía de antemano detalles precisos del plan de golpe; sin embargo, decidió no alertar a Chávez, mientras que algunas figuras clave en la política latinoamericana de la administración de Bush, incluyendo a Elliot Abrams, John Negroponte y el extremista anticastrista Otto Reich —todos ellos veteranos del fiasco Irán-Contra en Centroamérica en los ochenta—, se reunieron con los conspiradores durante los meses anteriores al golpe fallido. Ver El Vulliamy, "Venezuela coup linked to Bush team", *The Observer of London*, 21 de abril de 2002.

financiamiento internacional. La República Popular China, la segunda economía más grande del mundo, estuvo encantada de llenar el vacío, sobre todo porque Estados Unidos estaba ocupado librando guerras en Medio Oriente. Beijing de inmediato les ofreció préstamos a bajos intereses y apoyos para el desarrollo, con el objetivo de capturar una mayor proporción de las exportaciones de materia prima de la región, como ya estaba haciendo en África. El ascenso de la influencia china en Latinoamérica representa un cambio geopolítico importante para una región que siempre se había considerado el patio trasero del imperio estadounidense.

Pero el brote progresista no duró mucho. Empezando por el derrocamiento del presidente hondureño José Manuel Zelaya en 2009, la ola de presidentes de izquierda se eclipsó poco a poco. Los sacaron del poder con golpes de Estado de derecha o con investigaciones por corrupción que se basaban en escasa evidencia real, pero que fueron amplificadas por los medios masivos vinculados con las élites locales —una práctica conocida como "guerra jurídica"—. Sus oponentes conservadores también los derrotaron en las elecciones aprovechando las redes sociales para atizar la ira del público. Desde Chile y Argentina en el sur, hasta Honduras y Guatemala en la punta norte de la región, los gobiernos neoliberales volvieron al poder y reiniciaron las políticas de libre mercado y libre comercio sin restricciones.[4] Solo México logró escapar a la tendencia general, con la victoria en 2018 de Andrés Manuel López Obrador y su partido, MORENA.

Sin embargo, en menos de un año, la pandemia de COVID-19 recorrió el mundo y golpeó Latinoamérica particularmente fuerte: para finales de 2021, 1.3 millones de personas habían muerto y decenas de millones más habían perdido sus empleos. En el proceso, la pandemia dejó al desnudo el catastrófico estado de la salud pública y la asistencia social que generó el regreso de las

---

4. Juan Manuel Karg, "Nueva guerra jurídica en América latina", *Página12*, 4 de febrero de 2018, https://www.pagina12.com.ar/92381-nueva-guerra-juridica-en-america-latina.

políticas neoliberales, y los votantes de un país tras otro empezaron a otorgarles el poder a los nuevos movimientos políticos de izquierda.[5]

Setenta años de políticas estadounidenses de libre mercado han dejado una huella duradera tanto en Latinoamérica como en la migración latina en este país. Por eso, la presencia latina actual en Estados Unidos no se puede entender sin comprender primero la profunda huella que han producido las políticas de libre comercio de nuestro gobierno en la región.

EL SURGIMIENTO DE LAS ZONAS DE LIBRE COMERCIO

Como hemos visto, los norteamericanos se aventuraron en México, el Caribe y Centroamérica por primera vez durante el siglo XIX, para comprar tierras y construir proyectos de transporte enormes, como la Nicaraguan Transit Company de Vanderbilt, la Central American Railroad de Minor Keith y la Panama Railroad de Aspinwall. Para principios del siglo XX, los principales métodos de explotación habían pasado a la extracción de materias primas —plátano, azúcar, café, petróleo— y a financiar las operaciones de los gobiernos latinoamericanos. La región se volvió tan importante que, para 1914, las compañías estadounidenses tenían $416 millones en inversiones directas tan solo en México, la cifra más alta de cualquier país del mundo, y Latinoamérica en general sumaba casi la mitad de toda la inversión extranjera estadounidense en el mundo.[6]

El periodo de posguerra trajo consigo un tercer cambio, pues las compañías estadounidenses de ropa y luego las de electrónica,

---

5. Ver Ernesto Londoño, Julie Turkewitz y Flávia Milhorance, "Leftists Are Ascendant in Latin America as Key Elections Loom", *New York Times*, 4 de enero de 2022.
6. Mira Wilkins, *The Emergence of Multinational Enterprise: American Business Abroad from the Colonial Era to 1914* (Cambridge, Mass.: Harvard University Press, 1970), 110.

plásticos y sustancias químicas empezaron a cerrar sus fábricas en casa y a reabrirlas en otros países. Esa producción en el extranjero está en el centro del modelo de libre comercio que Estados Unidos ha promovido y perfeccionado en Latinoamérica, un modelo que hasta ahora se ha desarrollado en cuatro etapas principales:

1. Panamá y Puerto Rico (1947)
2. El programa de industrialización de la frontera de México (1965)
3. La Iniciativa de la Cuenca del Caribe (1985)
4. El TLCAN (1994)

Tan pronto como se cerraban plantas industriales en el Noreste y el Medio Oeste, surgían parques industriales y pueblos fabriles nuevos y relucientes al sur de la frontera. Normalmente se llamaban zonas de libre comercio (ZLC) o zonas de procesamiento de exportaciones (ZPE). Para 1992, había más de doscientas de ellas en México y la cuenca del Caribe. Alojaban más de tres mil plantas de ensamblaje, empleaban a 735 mil trabajadores y producían $14 mil millones en exportaciones anuales a Estados Unidos.[7]

Esas zonas de libre comercio prácticamente operaban como enclaves soberanos dentro del país anfitrión, exentas de las pocas leyes laborales y ambientales locales que existían. Dentro de ellas, renació el trabajo infantil y se aplastaron los derechos más básicos de los trabajadores. Como la producción agrícola en muchos países latinoamericanos había caído bajo la influencia de la agroindustria extranjera, millones de jóvenes huyeron del campo para encontrar trabajo en esas zonas o cerca de ellas. Pero las ciudades a las que acudieron en bandada carecían de la infraestructura suficiente de calles, drenaje, vivienda y escuelas para mantener el crecimiento repentino de su población. Surgieron cinturones de miseria casi de la noche a la mañana. Esos arrabales hechizos y las nuevas fábricas a las que rodeaban crearon una pesadilla de

---

7. National Labor Committee Education Fund, "Paying to Lose Our Jobs" (septiembre de 1992), 7.

salud pública provocada por contaminación industrial, desechos humanos no tratados y enfermedades.

Así, las zonas de libre comercio, que se suponía que estabilizarían la economía de los países que las establecieron, solo provocaron problemas más drásticos e inesperados. Si bien las nuevas fábricas sí produjeron cierta cantidad de empleos de bajo salario para los países anfitriones, también impulsaron la migración masiva hacia Estados Unidos.

Normalmente, los trabajadores jóvenes del campo migraban a alguna ciudad de su país y conseguían trabajo en una fábrica de la zona de libre comercio, conocidas como "maquiladoras" o "maquilas". Ahí aprendían habilidades industriales rudimentarias: los rigores del ensamblaje, la disciplina del tiempo, la necesidad de obedecer las instrucciones. Muchos empezaron a estudiar inglés por las noches en las escuelas de idiomas privadas que abundaban en su nuevo entorno urbano. Se sumergieron en programas estadounidenses en sus televisiones recién compradas. En 1993, era más probable que tuviera televisión un trabajador de maquila hondureño (67%) que alguien que no trabajara en una maquiladora (60%); de hecho, era más probable que tuvieran una televisión que una estufa (49%) o un refrigerador (24%).[8] Todos los días devoraban las revistas y periódicos en español que había disponibles en la ciudad y que glorificaban la vida en Estados Unidos. No tardaron en descubrir que podían ganar diez veces su salario en la maquila haciendo el mismo trabajo en una fábrica al otro lado de la frontera. Tarde o temprano, más conscientes y asqueados de su existencia sin futuro en un cinturón de miseria, ahorraron el dinero suficiente para pagarle a un *coyote* y se arriesgaron a viajar al Norte, o visitaron Estados Unidos como turistas para quedarse después de que venciera su visa.

---

8. Price Waterhouse, *Update of Baseline Study of Honduran Export Processing Zones, Report to United States Agency for International Development* (Washington, D.C.: 1993), 63.

HAZ LO QUE DIGO, NO LO QUE HAGO

A primera vista, el término "libre comercio" parece inocuo. ¿Quién estaría contra la idea de que los países deberían buscar la máxima libertad para comerciar entre sí? ¿O de que, a mayor comercio, mayor prosperidad? Desafortunadamente, la historia de la mayoría de los países industrializados importantes demuestra justo lo contrario. Ninguno de ellos practicó el libre comercio durante su primera etapa de crecimiento económico. En vez de eso, usaban aranceles altos para proteger a su industria nacional de la competencia extranjera, y era común que entraran en guerras de aranceles contra sus rivales.

"En los difíciles comienzos, cuando todavía la industria británica corría con desventaja, el ciudadano inglés al que se sorprendía exportando lana cruda, sin elaborar, era condenado a perder la mano derecha, y si reincidía, lo ahorcaban", nos recuerda el periodista uruguayo Eduardo Galeano.[9]

Apenas en el siglo XIX, cuando Inglaterra ganó una ventaja decisiva sobre todos los demás países en el comercio mundial, su gobierno empezó a proponer el libre comercio. Durante los primeros días de la independencia latinoamericana, Inglaterra usó ese lema para justificar el hostigamiento a los nuevos gobiernos *criollos*. En la década de 1850, por ejemplo, los buques de guerra británicos y franceses remontaron el río Paraná para forzar al gobierno proteccionista del dirigente argentino Juan Manuel de Rosas a abrir su próspero mercado a los banqueros y mercaderes británicos.[10] Al final, los británicos se concentraron en controlar el mercado sudamericano y le cedieron el control de la mayor parte del Caribe a Estados Unidos.

En nuestro país, el Congreso impuso políticas proteccionistas durante el periodo tras la Guerra de Secesión, una época de crecimiento industrial extraordinario. "Cada año entre 1862 y 1911, los impuestos [estadounidenses] promedio sobre todas las

9. Galeano, *Las venas abiertas de América Latina*, 233.
10. *Ibid.*, 237-242.

importaciones superaban el 20% [...] [y] en 46 de esos cincuenta años [...] excedieron el 40%", señala el economista Alfred Eckes, quien trabajó en la Comisión de Comercio Internacional durante la administración de Reagan.[11] Alemania implementó una política proteccionista similar durante su expansión industrial decimonónica. No es de sorprender que tanto la economía alemana como la estadounidense tuvieran tasas de crecimiento más altas durante ese siglo que Inglaterra, el principal propulsor del libre comercio en ese entonces.

A pesar de ese historial, la mayoría de los economistas neoliberales de los países industrializados han seguido celebrando la caída de los aranceles y el crecimiento del libre comercio durante las últimas décadas. Contrastan el nuevo mercado global abierto con los "malos tiempos" de los años setenta, cuando los gobiernos de países subdesarrollados recurrían a aranceles altos para proteger sus industrias en ciernes, una estrategia llamada "sustitución de importaciones".

¿Pero acaso este comercio mundial expandido aumenta la riqueza en automático, como dicen los defensores del libre comercio? ¿Y quiénes son los principales beneficiarios del auge actual del comercio internacional?

Los defensores del libre comercio nos quieren hacer creer que los intercambios están ocurriendo entre millones de empresarios en decenas de países y que el dinero que cambia de manos crea más trabajadores y mejor pagados, quienes tienen más dinero para gastar, lo que a su vez significa que se expanden los mercados. Pero la realidad es muy distinta. Hasta dos terceras partes de todo el comercio mundial sucede entre corporaciones multinacionales, ¡y una tercera parte de eso representa a esas mismas corporaciones comerciando con sus propias subsidiarias en el extranjero! Esas tendencias son aún más pronunciadas en este país: en 2016, el 42% de todo el comercio estadounidense ocurrió entre multinacionales con sede aquí y sus empresas "relacionadas"

---

11. Alfred E. Eckes, Jr., *Opening America's Market: U.S. Foreign Trade Policy Since 1776* (Chapel Hill: University of North Carolina Press, 1995), 47, 52.

en el extranjero. Una planta de la General Motors en Matamoros, por ejemplo, mueve partes y coches terminados entre ella y su matriz en Estados Unidos; o General Electric envía cosas a una de sus 17 plantas de ensamblaje en México. Entre 1982 y 1995, las exportaciones de las corporaciones multinacionales estadounidenses se duplicaron, pero se triplicó el porcentaje de exportaciones al interior de la misma compañía. Como resultado de la enorme expansión de las multinacionales, los principales comerciantes y empleadores de México no son empresas mexicanas, sino corporaciones estadounidenses.[12]

Además, si el libre comercio produce mayor prosperidad, como dicen sus defensores, ¿por qué se ha disparado la desigualdad económica y se ha profundizado la pobreza prácticamente en todos los países subdesarrollados que adoptaron las políticas de libre mercado del neoliberalismo? Según la ONU, en 1997, las 225 personas más ricas del mundo tenían un patrimonio neto igual a los ingresos de 2,500 millones de personas, o el 47% de la población del mundo. Esa brecha siguió ampliándose durante

---

12. Conferencia de las Naciones Unidas sobre Comercio y Desarrollo, *Investment-Related Trade Measures* (Nueva York: 1999), 7. Es difícil cuantificar las cifras específicas de la proporción del comercio mundial realizado por empresas multinacionales entre sí, puesto que muchos países no lo rastrean con regularidad. Por lo tanto, los estimados pueden variar bastante. Ver Nick Shaxson, "Over a third of world trade happens inside multinational corporations", Tax Justice Network, 9 de abril de 2019, https://www.taxjustice.net/2019/04/09/over-a-third-or-more-of-world-trade-happens-insidemultinational-corporations/. Otros informes recientes reflejan porcentajes similares de comercio internacional al interior de las empresas. Ver Csilla Lakatos, Fanziska Ohnsorge, "Arm's-Length Trade: A Source of Post-Crisis Trade Weakness", Banco Mundial Documento de Trabajo de Investigación sobre Política Pública, No. 8144 (Washington, D.C., 2017), https://openknowledge.worldbank.org/handle/10986/27647. También Kim Moody, *Workers in a Lean World: Unions in the International Economy* (Nueva York: Verso, 1997), 48–49. También Raymond J. Mataloni, Jr., "U.S. Multinational Companies: Operations in 1995", en *Survey of Current Business*, octubre de 1997, 50; también Doug Henwood, "Clinton's Trade Policy", en *Free Trade and Economic Restructuring in Latin America*, ed. Fred Rosen y Deidre McFadyen (Nueva York: Monthly Review, 1995), 32.

los años siguientes, de modo que para 2018, tan solo 26 multimillonarios tenían tanto patrimonio como el 50% de la población
mundial.[13]

Antes de los años ochenta, los latinoamericanos protegían sus
industrias nacionales con una fuerte propiedad gubernamental,
aranceles altos y sustitución de importaciones. México implementó esa política entre 1940 y 1980, y en ese periodo tuvo tasas de crecimiento anuales superiores al 6%, mientras que, tanto
la producción como los salarios reales de los obreros industriales crecían consistentemente. Pero entonces llegó la crisis de la
deuda de los años ochenta. Las instituciones financieras internacionales, controladas por Estados Unidos, empezaron a presionar
a México y a otros países latinoamericanos para que adoptaran
políticas neoliberales de libre comercio. Incluían vender bienes
públicos y aumentar las exportaciones para pagar sus deudas.
Entre 1982 y 1992, el gobierno mexicano vendió 1,100 de sus
1,500 paraestatales, y privatizó más de 18 bancos. En vez de traer
prosperidad, esa liquidación de emergencia agravó la brecha entre ricos y pobres. Surgió una nueva camada de multimillonarios
mexicanos, los salarios reales se desplomaron y doscientos mil
mexicanos perdieron sus empleos.[14]

Sin embargo, México no fue la cuna del modelo de libre comercio en Latinoamérica; este empezó antes, en dos territorios
que Estados Unidos controlaba directamente.

---

13. Programa de las Naciones Unidas para el Desarrollo, *Informe de Desarrollo Humano 1998* (Nueva York: Oxford University Press, 1998), 30. Larry Elliot, "World's 26 Richest People Own as Much as Poorest 50%, says
Oxfam", *The Guardian*, 20 de enero de 2019, https://www.theguardian.com/
business/2019/jan/21/world-26-richest-people-own-as-much-as-poorest-
50-per-cent-oxfam-report.
14. Moody, *Workers in a Lean World*, 130–32.

LOS PRIMEROS EXPERIMENTOS:
PUERTO RICO Y PANAMÁ

Las corporaciones estadounidenses empezaron a intentar operar fábricas en el extranjero a gran escala a finales de los años cuarenta, en la Zona del Canal de Panamá y en Puerto Rico, donde los gobiernos locales cooperaron para instaurar oasis corporativos que incluían: cero aranceles o impuestos locales; salarios bajísimos; aplicación mínima de leyes ambientales y laborales; incentivos financieros de Washington para que las compañías se reubicaran allá, y exención de impuestos federales para los ingresos repatriados de la compañía. Para los años ochenta, 600 empresas tenían fábricas operando en la Zona Libre de Colón, en la costa del Atlántico, donde podían aprovechar los salarios panameños de $0.75 la hora.[15]

El experimento de Puerto Rico fue aún más profundo. Prácticamente toda la isla se convirtió en una zona de libre comercio, gracias a una laguna legal poco conocida en el Código del Servicio de Impuestos Internos —llamada Sección 936 en su última versión— que eximía de impuestos federales a los ingresos de las subsidiarias estadounidenses.[16]

La primera en llegar fue Textron. Se reubicó en la isla en 1947, después de cerrar seis de sus plantas estadounidenses y despedir a 3,500 trabajadores. Para principios de los años cincuenta, se

---

15. Barry y Preusch, *The Central America Fact Book*, 309.

16. Promulgada originalmente como la Sección 262 de la Ley de Ingresos de Estados Unidos de 1921 y después renombrada Sección 931, la exención de impuestos federales para negocios estadounidenses operando en posesiones territoriales tenía el objetivo de ayudar a las empresas estadounidenses en Filipinas. En 1948, el gobierno de Puerto Rico, dirigido por Luis Muñoz Marín, aprobó su propia Ley de Exención Contributiva Industrial, que también ofrecía una exención total de los impuestos a los ingresos, a la propiedad y los impuestos municipales de Puerto Rico para las empresas nuevas. Se le conoce popularmente como "triple exención contributiva". El Congreso enmendó esa exención en 1974 y la renombró Sección 936. Ver Ann J. Davidson, "A Credit for Reasons: The Ambivalent Role of Section 936", *The University of Miami Inter-American Law Review* 19 (1), 97-136.

estaba inaugurando más de una fábrica a la semana. Pero el auge resultó ser efímero. Conforme abrían más empresas estadounidenses, las fábricas puertorriqueñas, incapaces de competir, cayeron en bancarrota. Durante los primeros diez años del programa, las plantas estadounidenses nuevas crearon 37,300 empleos en la isla, pero la pérdida de empleos entre los productores puertorriqueños sumó 16,600.[17]

Los nuevos empleos creados por las fábricas no bastaron para frenar el aumento del desempleo en el campo, causado por la rápida mecanización de la agricultura y la huida de la gente hacia la ciudad. Como resultado, tanto el gobierno estadounidense como el puertorriqueño fomentaron activamente la migración a tierra firme, como válvula de escape para el descontento social. Ofrecieron tarifas de avión baratas y facilitaron contratos con compañías estadounidenses a gran escala por medio de una red de oficinas del gobierno de Puerto Rico que se fundaron en varias ciudades estadounidenses.[18] El resultado fue que, durante el clímax de la nueva inversión estadounidense, migró la mayor cantidad de puertorriqueños de la historia hacia Estados Unidos (ver el Capítulo 14).

Puerto Rico creó el molde de una tendencia que se repitió por todo el Caribe durante dos generaciones: las corporaciones estadounidenses entraban y construían fábricas con salarios bajos; las fábricas atraían obreros del campo empobrecido hacia las ciudades; llegaban más migrantes que los empleos que había disponibles, y los trabajadores sobrantes empezaban a irse a Estados Unidos, ya sea como jornaleros por contrato o como inmigrantes no autorizados.

Sin embargo, Puerto Rico tenía un detalle que lo distinguía: seguía siendo territorio estadounidense. Eso significaba que las leyes laborales y ambientales federales protegían la salud y la seguridad de los obreros, y su derecho a sindicalizarse. En los años sesenta, conforme el movimiento obrero de la isla se volvía cada

17. Dietz, *Economic History of Puerto Rico*, 210–12.
18. *Ibid.*, 226–28.

vez más militante, empezó a exigir salarios y condiciones laborales más cercanas a las de Estados Unidos, lo que desencantó a muchas empresas estadounidenses del "milagro puertorriqueño". Las compañías comenzaron a migrar a otros países del Caribe que estuvieran dispuestos a ofrecer mano de obra más barata y leyes ambientales y laborales más laxas. Sin embargo, el abandono de la producción en Puerto Rico no resolvía un costo importante: los aranceles. En cuanto salían de territorio estadounidense, los manufactureros no podían contar con envíos libres de impuestos al mercado estadounidense. Por lo tanto, para replicar su oasis puertorriqueño, necesitaban fuertes reducciones arancelarias en cualquier lugar a donde fueran a mudarse.

EL SURGIMIENTO DE LAS MAQUILAS

A partir de 1965, la industria manufacturera se mudó a México. El nuevo programa de industrialización fronteriza (PIF) de ese país creó el "milagro" de las maquiladoras, un enjambre de parques industriales a todo lo largo de la frontera con Estados Unidos.

En el México colonial, "maquiladora" se refería a la porción de grano que un molinero le cobraba a un campesino por procesar su cosecha. Con el tiempo, la palabra empezó a significar un paso en una operación más grande que ocurría en otro lugar.[19] Tal como lo concebían las primeras leyes del PIF, las primeras maquilas iban a ser "plantas gemelas", cada una con una fábrica hermana en el lado estadounidense. La planta mexicana ensamblaría un producto a partir de los componentes importados de su planta gemela en Estados Unidos, luego enviaría el producto terminado al otro lado de la frontera para venderlo en el mercado estadounidense, y cuando la mercancía cruzara, solo se aplicarían aranceles sobre el valor añadido por la mano de obra mexicana.

---

19. Augusta Dwyer, *On the Line: Life on the U.S.-Mexican Border* (Londres: Latin American Bureau, 1994), 6.

Como se trataba de una forma muy específica y limitada de reducción de aranceles, al principio el gobierno mexicano solo las permitió en zonas cercanas a la frontera. Así, argumentaban sus defensores, se crearían empleos en ambos países y las maquilas reducirían la migración, porque los mexicanos preferirían quedarse a trabajar en su propia tierra, en las nuevas subsidiarias norteamericanas.

Pero el PIF se convirtió en una manera para las corporaciones de evadir las leyes laborales y ambientales estadounidenses mientras producían a cientos de yardas de distancia de nuestro país. Desde Tijuana, en la costa del Pacífico, hasta Matamoros, cerca del golfo de México, la zona de maquiladoras surgió como una enorme franja industrial a todo lo largo de la frontera.

Lo más común fue que la planta gemela de este lado de la frontera se convirtiera en un mero almacén que solo le daba empleo a un puñado de personas.[20] La General Electric Company, que abrió su primera maquiladora en 1971, abrió ocho plantas mexicanas en menos de una década, donde 8,500 obreros hacían interruptores, motores, bobinas y bombas.[21] En solo un año, General Motors abrió doce maquilas nuevas mientras cerraba once fábricas en Estados Unidos y despedía a 29 mil personas. Para principios de los años noventa, GM era el empleador privado más grande de México, con cincuenta plantas maquiladoras y 50 mil empleados.[22] En la víspera de la aprobación del Tratado de Libre Comercio de América del Norte a finales de 1993, más de dos mil fábricas empleaban a 550 mil mexicanos. En ese entonces, la cantidad total de empleos fabriles en Estados Unidos era de 16.7 millones, pero se perderían cinco millones de ellos entre 2000 y 2014.[23] Así, en poco más de dos décadas, el corazón industrial de

---

20. Entrevista del autor con Othal Brand, alcalde de McAllen, Texas, y director de Griffin and Brand, junio de 1993.
21. Dwyer, *On the Line*, 8.
22. *Ibid.*, 42.
23. *NAFTA's Broken Promises: The Border Betrayed* (Washington, D.C.: Public Citizen Publications, 1996), 5–6; también *La Industria Maquiladora en Reynosa y Matamoros*, Centro de Estudios Fronterizos y de Promoción

Norteamérica fue arrancado sin miramientos del Medio Oeste y transplantado en la frontera norte de México.

A diferencia de las antiguas fábricas estadounidenses, que empleaban sobre todo a hombres, las maquilas empezaron a contratar a jóvenes mexicanas, que tradicionalmente no habían formado parte de la fuerza laboral de su país. Sus gerentes estadounidenses consideraban que los varones mexicanos eran más difíciles de controlar, por lo que contrataban los menos posibles.[24] Así, el problema de desempleo de México, que siempre había sido peor para los hombres, apenas si se vio afectado por el programa de las maquilas. Atraer a tantas jóvenes del campo hacia las fábricas de la frontera trastocó el orden social de los pueblos rurales, donde ellas se encargaban de labores no pagadas cruciales. Aunque los varones jóvenes no tuvieran esperanza de conseguir trabajo, terminaron por seguir a las mujeres a la ciudad, y en cuanto llegaron a las poblaciones fronterizas, muchos decidieron cruzar hacia Estados Unidos. Como señala la socióloga Saskia Sassen: "Es posible que la gente que ha sido arrancada de su forma de vida tradicional y luego dejada desemplada e inempleable porque las compañías exportadoras contratan a trabajadores más jóvenes o reubican su producción a otros países vea pocas opciones aparte de la emigración, sobre todo si las estrategias de exportación han drenado la economía nacional de un país".[25]

Quienes lograban conseguir trabajo en las maquilas no tardaron en descubrir que sus bajos salarios rendían cada vez menos. Los salarios reales de la industria se desplomaron comparados

de los Derechos Humanos (Tamaulipas, México: 1992), 5. También, Robert E. Scott, "Manufacturing Job Loss: Trade, not Productivity, Is the Culprit", Economic Policy Institute, 11 de agosto de 2015, https://www.epi.org/publication/manufacturing-job-loss-trade-not-productivity-is-the-culprit/.

24. *La Industria Maquiladora*, 10; también *Mexico, No Guarantees: Sex Discrimination in Mexico's Maquiladora Sector* (Nueva York: Human Rights Watch, agosto de 1996).

25. Saskia Sassen, "Why Migration?" en *Free Trade and Economic Restructuring in Latin America*, 277–78.

con el dólar estadounidense. Entre 1980 y 1992 cayeron 68%, aunque la productividad de las maquilas creciera 41%. La mayoría de esa caída se debió a dos devaluaciones sucesivas del peso mexicano en los años ochenta, y eso fue antes de la enorme devaluación de 1994, en la que el peso perdió un 50% adicional de su valor.

Al contrario de las relucientes predicciones de nuestro gobierno y nuestros líderes empresariales, la explosión de las maquiladoras ha hecho poco por reducir la emigración mexicana. Más bien, la emigración ha aumentado junto con el crecimiento de las maquilas, como sucedió en Puerto Rico (ver Tabla 10).

Tabla 10

Inmigración mexicana legal a Estados Unidos (por año fiscal)[26]

1960–1969	441,824
1970–1979	621,218
1980–1989	1,009,586
1990–1999	2,757,418
2000–2009	1,701,166
2010-2017	1,193,104

De hecho, el mayor salto en la migración mexicana hacia Estados Unidos ocurrió tras la aprobación del TLCAN: de 430 mil al año en 1993, a 770 mil en el 2000.[27] La prosperidad milagrosa que se suponía que traerían las barreras comerciales más bajas nunca

---

26. Departamento de Seguridad Nacional de Estados Unidos, *Yearbook of Immigration Statistics: 2019*, https://www.dhs.gov/immigration-statistics/yearbook/2019.

27. "NAFTA's Legacy for Mexico: Economic Displacement, Lower Wages for Most, Increased Migration", Public Citizen Global Trade Watch Factsheet, octubre de 2019, https://www.citizen.org/wp-content/uploads/NAF-TA-Factsheet_Mexico-Legacy_Oct-2019.pdf.

alcanzó tampoco a la mayoría de los mexicanos afuera de las maquilas. El PIB per cápita de todo el país cayó de $2,421 anuales
en 1980 a $2,284 en 1994.[28] Mientras que los salarios fabriles au-
mentaban en el Lejano Oriente a lo largo de los años ochenta,
los mexicanos se redujeron, lo que convirtió a ese país y a toda
la región del Caribe en el lugar más deseable del mundo para la
inversión estadounidense directa.[29]

Mientras tanto, el gobierno de México, gracias a su control
estrecho de los sindicatos nacionales, les aseguró a los inversionistas extranjeros que nadie desafiaría la estructura de salarios
ultrabajos de las maquilas. En la mayoría de las zonas de libre
comercio de la frontera, solo se permitía que operaran los sindicatos gubernamentales. En los raros casos en los que los sindicatos independientes lograron entrar, como en el estado de
Tamaulipas, al noreste, los obreros vieron beneficios inmediatos.
Ahí, los trabajadores de las maquilas ganaban 30% más que sus
contrapartes en otros estados mexicanos por una semana de cuarenta horas, mientras que los demás obreros estaban obligados a
trabajar 48.

PESADILLA EN LA FRONTERA

La otra cara de la transformación industrial de México es el desastre social y ambiental creado por el crecimiento desenfrenado.

Los pueblitos fronterizos fueron catapultados sin miramientos
hacia la era industrial. En 1960, la población de Ciudad Juárez,
separada de El Paso por el río Grande, tenía apenas 250 mil habitantes; para 2020, su población había saltado a 1.5 millones.[30]

---

28. Banco Interamericano de Desarrollo, *Informe Anual* (Washington, D.C.:
1994), 103.
29. En 1981, México y Hong Kong tenían el mismo salario fabril por hora
promedio: $1.80. Pero, para 1987, en Hong Kong había aumentado a $2.11,
mientras que en México había bajado a $0.71. Ver *La Industria Maquiladora*, 3.
30. Dwyer, *On the Line*, 17.

La de Reynosa, separada de McAllen, Texas, por el mismo río, voló de 4,800 habitantes en 1930 a 280 mil en 1990, y luego a 899 mil en 2020. Este crecimiento ha tenido un ritmo tan frenético que para los años noventa, el 60% de los trabajadores de las maquilas de Reynosa llevaba menos de cinco años viviendo en la ciudad, y el 20%, menos de uno.[31]

La misma explosión demográfica sucedió en las ciudades fronterizas de Tijuana, Mexicali, Nogales, Nuevo Laredo y Matamoros. Mientras miles de personas acudían en bandada al fárrago de las maquiladoras para buscar trabajo, las ciudades fronterizas quedaron abrumadas por su falta de calles, vivienda, electricidad, escuelas e incluso agua potable para los nuevos migrantes. El resultado fue un caos urbano en una escala casi inimaginable para los estadounidenses. En Reynosa, un investigador contó doscientos barrios de casas de cartón en 1992, la mayoría sin calles pavimentadas. Más de una tercera parte de la población de la ciudad no tenía drenaje en sus casas y el 15% carecía de electricidad.[32] Antes de la aprobación del TLCAN, ninguna ciudad importante a lo largo de la frontera tenía una planta de tratamiento de aguas residuales en operación. Nuevo Laredo, con 635 mil habitantes, inauguró una en 1997 con subsidios de la Comisión Internacional de Límites y Aguas, un esfuerzo conjunto de México y Estados Unidos. Al año siguiente, Tijuana abrió una planta al oeste de San Ysidro con subsidios similares, seguida por Juárez en 2014 y Matamoros en 2018. Pero el sistema de Nuevo Laredo ya está deteriorado y requiere $55 millones para actualizarlo. Sus tuberías tiran más de seis millones de galones de drenaje en bruto diarios al río Grande, el mismo río que suministra de agua potable a la ciudad. Mientras tanto, la población de las ciudades fronterizas mexicanas sigue aumentando a un ritmo vertiginoso. El drenaje de los 1.8 millones de habitantes de Tijuana abruma su sistema de tratamiento a diario y escupe millones de galones de aguas negras al río Tijuana, que desemboca en el Pacífico y contamina

---

31. *La Industria Maquiladora*, 34.
32. *Ibíd.*, 36.

periódicamente las playas del sur de California. Lo mismo sucede en toda la frontera.[33]

Además de los desechos humanos y la basura creados por el brote poblacional, la concentración inédita de fábricas ha causado mucha contaminación. El resumen más somero de los peores sucesos contaminantes llenaría varias páginas. Algunos ejemplos son: las repetidas apariciones de nubes de gases tóxicos de la planta Química Flor en un barrio densamente poblado de Matamoros; las 80 mil toneladas de sulfato de plomo desechadas ilegalmente en 1992 a las afueras de Tijuana por la compañía angelina Alco Pacific, que operó una planta de procesamiento de plomo ahí durante más de una década; las descargas de xileno —un solvente industrial altamente tóxico— de la planta Rimir de General Motors en el drenaje de Matamoros, descubiertas cuando un grupo ambientalista con sede en Boston detectó que el nivel de xileno era 6,300 veces el permitido por las normas estadounidenses de agua potable.[34]

El impacto humano de tanta contaminación tóxica es ineludible:

♦ A mediados de los años ochenta, profesionales de la salud mexicanos en Matamoros descubrieron que las deformidades de muchos de los niños de la ciudad podían rastrearse hasta una de las primeras maquiladoras, Mallory Mexicana

---

33. J. Dougherty, "U.S.-Mexico Commission Fails to Stop Sewage Plaguing Border", *The Revelator*, 29 de marzo de 2018, https://therevelator.org/sewage-plaguing-border/; también Tim Vanderpool, "The Festering Sanitation Crisis at Our Border", National Resources Defense Council, 3 de diciembre de 2018, https://www.nrdc.org/onearth/festering-sanitation-crisis-our-border; también Chloe Jones, "A different kind of border crisis; it's not about security or immigration, it's about sewage", *Cronkite News*, 7 de mayo de 2019, https://cronkitenews.azpbs.org/2019/05/07/mexico-arizona-border-wastewater/.
34. Sanford J. Lewis, *Border Trouble: Rivers in Peril: A Report on Water Pollution Due to Industrial Development in Northern Mexico* (Boston: National Toxic Campaign Fund, 1991), 4–8. Ver también Mary E. Kelly, "Free Trade: The Politics of Toxic Waste", NACLA, 25 de septiembre de 2007, https://nacla.org/article/free-trade-politics-toxic-waste.

S.A., una planta con matriz en Indiana que había producido condensadores para televisiones durante sus primeros años y expuesto a sus empleados a varias sustancias tóxicas, incluyendo PCB. En 1992, cuando visité Matamoros por primera vez, se habían identificado por lo menos 70 niños discapacitados a causa de Mallory. Durante los años siguientes, la cifra aumentó a 120. Todos los niños habían nacido entre 1970 y 1977, y sus madres habían trabajado en la línea de ensamblaje mientras estaban embarazadas. Para cuando las madres se dieron cuenta de la fuente de su problema, la planta ya había cerrado y la compañía se había traspasado varias veces, en una cadena de ventas que involucraba a varias empresas estadounidenses.[35] Muchos de esos niños, cuando los conocí de adultos a principios de los años noventa, seguían usando pañal; otros se movían y hablaban normal, pero tenían mentalidad de niños de siete años. Tenían rasgos faciales planos y apáticos, y algunos se comunicaban con chillidos escalofriantes, y sufrían convulsiones constantes en sus piernas y brazos larguiruchos. El 27 de agosto de 1995, más de media docena de maquiladoras aceptaron pagar $17 millones para terminar con una demanda de 27 familias, aunque insistieron en que no se había demostrado que hubiera causalidad.[36]

♦ En 1993, American Rivers, un grupo ambientalista, concluyó que el río Grande "representa una peor amenaza a la salud que cualquier otro sistema fluvial en Norteamérica". El informe culpaba a los desechos industriales de las maquiladoras de gran parte del problema.[37]

---

35. Michael Beebe, "Mallory Plant Is Long Gone: Some Say It Left Grim Legacy", *Buffalo News*, 11 de marzo de 1987; también Juan González, "The High Costs of 'Free' Trade", *New York Daily News*, 22 de enero de 1992; también Dwyer, *On the Line*, 66–68.
36. *NAFTA's Broken Promises*, 25.
37. *Endangered Rivers of America: The Nation's Ten Most Endangered Rivers and Fifteen Most Threatened Rivers for 1993*, American Rivers (Washington: 20 de abril de 1993), 1.

♦ Entre 1991 y 1993, el cáncer infantil en las escuelas públicas de Brownsville aumentó un 230%.[38]

♦ Durante los años noventa, se identificaron cúmulos anormales de nacimientos anencefálicos en el condado de Cameron, en el lado estadounidense de la frontera, y en el estado adyacente de Tamaulipas, en el lado mexicano. Si bien algunos estudios de expertos estadounidenses en medicina no han encontrado aún una correlación con la contaminación, muchos activistas ambientales y habitantes de la región están convencidos de que los defectos de nacimiento están relacionados con las toxinas producidas por las maquilas.[39]

♦ Los 33 condados texanos que colindan con el río Grande presentan índices de problemas de vesícula, cáncer de hígado y hepatitis más altos que los del resto del estado y del país. Además, apenas en 2015, los hispanos en esos condados sufrieron de una tasa de cáncer de hígado mucho más alta que los hispanos en el resto del país.[40]

EL TRASPATIO CARIBEÑO

A mediados de los años ochenta, los industrialistas estadounidenses convencieron al gobierno federal de replicar los experimentos de Puerto Rico y de México en el resto del Caribe y Centroamérica. La administración de Reagan llamó a esta siguiente etapa la Iniciativa de la Cuenca del Caribe (ICC). Bajo este programa, el Congreso le brindó asistencia federal directa a países caribeños

---

38. Entrevista del autor con Domingo Gonzáles, Coalition for Justice for the Maquiladora Workers, Brownsville, Texas, junio de 1993; también Sanford J. Lewis, *Border Trouble*, 8.

39. *Ibid.*, 20–25; también Texas Department of Health, *An Investigation of a Cluster of Neural Tube Defects in Cameron County, Texas*, 1° de julio de 1992; también Linda Diebel, "Mexico's Futuristic Nightmare", *Toronto Star*, 13 de marzo de 1993.

40. *NAFTA's Broken Promises*, 29–34.

que establecieran zonas de libre comercio y eliminaran aranceles de bienes manufacturados que entraran a Estados Unidos desde ellas. La aprobación de la propuesta desató una expansión inmediata de la producción fuera de las fronteras. Muchas de las nuevas manufactureras eran subsidiarias directas de empresas estadounidenses o pertenecían a intermediarios coreanos o taiwaneses que suministraban al mercado estadounidense.

Pero la ICC fue mucho más allá que el programa mexicano. Los funcionarios estadounidenses de hecho incitaron a las compañías estadounidenses a cerrar sus fábricas estadounidenses y eliminar empleos en nuestro país. La política salió a la luz a finales de 1992, cuando una coalición de sindicatos organizó la primera operación encubierta laboral de la historia de Estados Unidos. El operativo, organizado por el National Labor Committee, consistió en la creación de una empresa ficticia, New Age Textiles. Los "ejecutivos" de esa compañía falsa asistieron a ferias de la industria textil, donde filmaron en secreto a funcionarios de la Agencia de Estados Unidos para el Desarrollo Internacional y del Departamento de Comercio invitando a su empresa a mudar su producción al Caribe. Los funcionarios federales ofrecieron encargarse del financiamiento, los estudios de rentabilidad y los viajes de selección de ubicación en las zonas de libre comercio del Caribe, e incluso presumieron que los activistas sindicales estaban en la lista negra y que mantenía a los sindicatos fuera de las zonas.

Cuando se reveló la operación encubierta en un noticiero televisivo, resultó que el gobierno federal había gastado casi $700 millones desde 1980 en proyectos para promover las maquiladoras del Caribe.[41] Esas revelaciones, hechas en medio de una recesión y justo antes de las elecciones presidenciales de 1992, desataron el pandemónium en Washington y convencieron al Congreso de promulgar restricciones nuevas a la ayuda económica bajo la ICC. Una década después de iniciado el programa, más de quinientas compañías habían usado incentivos de la ICC

---

41. National Labor Committee, "Paying to Lose Our Jobs", 17–22.

para instalar sus primeras plantas productoras en las zonas de libre comercio de la región, y otras trescientas habían ampliado sus operaciones.[42]

Para cuando viajé por primera vez a República Dominicana en 1992, el país ya presumía 23 zonas de libre comercio, que empleaban a 170 mil personas. Pocos de esos trabajos existían una década antes. La zona más grande estaba en la ciudad de San Pedro de Macorís, en el sureste. Contenía noventa plantas y 40 mil trabajadores, la mayoría de ellos adolescentes y muchachas en turnos de diez y doce horas por tan solo $4 al día.

Sin embargo, el enorme aumento en los empleos no ayudó a impedir la emigración. La misma década que presenció la mayor cantidad de trabajos de maquilas creados en República Dominicana también atestiguó el mayor éxodo dominicano a Estados Unidos: entre 1981 y 1990, 252 mil personas emigraron legalmente a nuestro país, y una cifra desconocida lo hizo de manera ilegal. El total es mayor que el de las dos décadas anteriores combinadas.

Uno pensaría que, con las ganancias de las maquilas en auge, cierta prosperidad se filtraría hasta los dominicanos promedio. Ocurrió justo lo contrario. El PIB dominicano se redujo casi todos los años entre 1982 y 1992, y el consumo per cápita cayó un 22% durante ese periodo.[43]

A los centroamericanos no les ha ido mucho mejor. Al principio, las guerras civiles de la región enfriaron el interés de los inversionistas extranjeros, pero en cuanto terminaron, Centroamérica se subió al tren de las maquilas, con zonas de libre comercio en toda la región.

Para 1998 la cuenca del Caribe se había convertido en el mayor proveedor de ropa del mundo para el mercado estadounidense, y aunque China lo superaría después, en 2019 la región

---

42. *Ibid.*, 23.
43. Ramona Hernández, Francisco Rivera-Batiz y Roberto Agodini, "Dominican New Yorkers: A Socioeconomic Profile", Dominican Research Monographs (Nueva York: CUNY Dominican Studies Institute, 1995), 14.

seguía siendo la segunda fuente de ropa importada por Estados Unidos.[44] Menciona una marca estadounidense cuyas ganancias astronómicas la convirtieron en un tesoro de Wall Street durante los años noventa y lo más probable es que haya producido sus piezas con adolescentes centroamericanos. Los salarios de esas zonas empezaron a caer en picada. En 1992, eran de 45 centavos en El Salvador; 39 centavos en Honduras; 26 centavos en Costa Rica, y 62 centavos en Guatemala.[45]

Entre las empresas estadounidenses que cerraron sus plantas nacionales y acudieron en bandada a la región se encuentran Farah, Haggar, GTE, Kellwood, Levi Strauss, Leslie Fay, Sara Lee, Oxford y Arrow. En 1981, por ejemplo, Kellwood Company, una productora de ropa y muebles con sede en St. Louis, empleaba a 16 mil personas en 62 plantas en Estados Unidos, sin producción en el extranjero. Once años después, Kellwood había cerrado cincuenta de esas plantas y eliminado 9,500 empleos nacionales para reemplazarlos con 8,900 trabajadores nuevos en República Dominicana, Honduras, Haití y Costa Rica. Para 1997, el 58% de los obreros de Kellwood estaban en el extranjero, donde apenas ganaban unos dólares al día.[46]

El ritmo frenético de la expansión fabril en la región fue asombroso. Un estudio de USAID de 1993 sobre las zonas de libre comercio en Honduras reportó que la cantidad de obreros de maquila hondureños se había disparado un 43% en un solo año, hasta alcanzar más de 22 mil, y se esperaba que se triplicara para 1996. Esos trabajadores hondureños eran abrumadoramente

---

44. Las exportaciones de ropa de la región hacia Estados Unidos aumentaron un 688% entre 1980 y 1991. Ver National Labor Committee, "Paying to Lose Our Jobs", 23–24. Para las cifras de 2019, ver World Integrated Trade Solutions, "United States Clothing and Textile Imports by country in U.S.$ Thousand in 2019", Banco Mundial, 2019. https://wits.worldbank.org/CountryProfile/en/Country/USA/Year/LTST/TradeFlow/Import/Partner/by-country/Product/50-63_TextCloth.
45. National Labor Committee, "Paying to Lose Our Jobs", 39–41.
46. National Labor Committee Education Fund, "Free Trade's Hidden Secrets: Why We Are Losing Our Shirts" (noviembre de 1993), 9.

mujeres (71%) y menores de 25 años (83%). Casi la mitad eran adolescentes.[47]

Claudia Leticia Molina era una de esas adolescentes. Era una muchacha esquelética de dieciséis años que pesaba 93 libras cuando entró a trabajar en la fábrica hondureña Orion Apparel, en una de las zonas a las afueras de San Pedro Sula. Sus supervisores a veces la obligaban a entrar a trabajar a las 7:00 a.m. de un viernes, y no salía sino hasta las 4:00 a.m. de la mañana siguiente. Su único descanso era dormir algunas horas en el piso, junto a su máquina. Una hora de trabajo así le merecía 43 dólares. En el vecino El Salvador, Judith Yanira Viera, de dieciocho años, trabajaba hasta setenta horas a la semana en Mandarin International, una planta taiwanesa que producía camisetas para marcas estadounidenses como Eddie Bauer, Gap y JCPenney. Su paga promedio era de 56 centavos la hora.[48]

El abuso físico y sexual contra las mujeres en las zonas es muy común. En algunas fábricas despiden a las empleadas cuando se embarazan, y ha habido instancias documentadas de dueños de fábricas que obligan a sus trabajadoras a tomar anticonceptivos todas las mañanas, en cuanto se presentan a trabajar.

En San Salvador, la Oficina de Derechos Humanos de la Arquidiócesis Católica denunció un incidente en el que múltiples empleadas de Mandarin International fueron agredidas a culatazos el 29 de junio de 1995 por un gerente de la planta y un coronel del ejército que era socio de la empresa. Estaban protestando por el despido de 350 de sus compañeras, que habían tratado de formar un sindicato.[49] El clamor de la Iglesia y de las organizaciones obreras en El Salvador y Estados Unidos provocó un boicot contra Gap, uno de los principales clientes de Mandarin. Cuando el boicot pareció cobrar fuerza, los ejecutivos de Gap, preocupados

47. Price Waterhouse, *Update of Baseline Study*, 11–12.
48. Juan González, "Exploitation's Always in Fashion", *New York Daily News*, 25 de julio de 1995.
49. "Casos Especiales Durante el Período del 23/06/95 al 29/06/95", Oficina de Tutela Legal del Arzobispado, Comisión Arquidiocesana de Justicia y Paz, San Salvador, El Salvador, C.A.

por su imagen, ofrecieron resolver la disputa y recontratar a las trabajadoras. Gap también aceptó un paquete pionero de derechos laborales, que prometió que respetarían todos sus proveedores futuros.

El aumento de las fábricas en las zonas de libre comercio fue tal que un estudio federal advirtió de la inminente escasez de obreras. En el informe, compilado por Price Waterhouse para la Agencia de Estados Unidos para el Desarrollo Internacional, señalaba que, en Honduras, donde el 50% de las jóvenes en el valle de Sula ya trabajaba en las fábricas, era "probable que el índice de participación femenina se asiente entre 65% y 70%, por lo que el crecimiento futuro de la fuerza laboral dependerá del crecimiento natural de la población y de la inmigración".[50]

Desafortunadamente, las enormes ganancias que lograron las corporaciones multinacionales y sus productores intermediarios no se filtraron hasta el trabajador centroamericano promedio. Aunque la inversión extranjera en las zonas de libre comercio estuviera en auge, las exportaciones anuales generales desde la región hacia Estados Unidos cayeron más de mil millones de dólares entre 1984 y 1991, y los ingresos per cápita de la cuenca del Caribe disminuyeron a un ritmo dos y media veces superior que en el resto de Latinoamérica. Para entonces, la ONU estimaba que el 60% de la gente en Centroamérica y el Caribe vivía por debajo del umbral de la pobreza.[51]

Al igual que en Puerto Rico, México y República Dominicana, el crecimiento de las maquiladoras en Centroamérica no detuvo la inmigración. Durante la década de 1980 —en el clímax de las guerras civiles de la región—, 468 mil centroamericanos llegaron legalmente a Estados Unidos, y muchos más lo hicieron de forma ilegal. Sin embargo, cuando se detuvieron los conflictos, el éxodo continuó. Entre 1991 y 1996, llegaron otros 344 mil de forma legal. Y desde el final de la Gran Recesión, la migración de Centroamérica a Estados Unidos ha alcanzado niveles casi récord.

---

50. Price Waterhouse, *Update of Baseline Study*, 50.
51. National Labor Committee, "Paying to Lose Our Jobs", 24–25.

La conclusión es ineludible. La estrategia neoliberal del libre mercado ha hecho poco por mejorar las condiciones básicas de la
región. Si acaso, solo aceleró la migración y los desplazamientos
entre los trabajadores, a quienes, habiendo huido de sus pueblos
hacia las maquilas, les parece incluso más fácil huir de las maquilas hacia el Norte.

No obstante, los dirigentes del Partido Demócrata y del Republicano insistieron en ampliar esa estrategia en toda la región.
En la madrugada del 27 de julio de 2005, la Cámara de Representantes aprobó un nuevo tratado de libre comercio con Centroamérica por el margen más estrecho: 217 contra 215. La medida,
que terminó por incluir a República Dominicana, Estados Unidos y cinco países centroamericanos, triunfó después de un extraordinario combate en la Cámara, durante el cual los dirigentes
republicanos mantuvieron abierto el voto por más de una hora
mientras forzaban descaradamente a sus miembros reticentes e
incluso les ofrecían hacer obras públicas en sus distritos para ganarse sus votos.[52]

EL TLCAN: ¿QUÉ PASÓ
CON LAS PROMESAS?

Ninguna de las fases previas de este leviatán del libre comercio
se compara con lo que sucedió cuando el Congreso aprobó el
TLCAN. El tratado, que entró en vigor el 1º de enero de 1994, creó
un nuevo mercado común con el objetivo de eliminar todos los
aranceles entre México, Canadá y Estados Unidos para 2010.[53]

---

52. Edmund L. Andrews, "How CAFTA Passed House by 2 Votes", *New York
Times*, 29 de julio de 2005.
53. Se estima que México gastó unos $30 millones cabildeando por la aproba-
ción del TLCAN, más que el récord anterior de cabildeo extranjero, que fueron
los entre $10 y $12 millones que gastó Kuwait antes y durante la Guerra del
Golfo. Ver "Trading Game", del Center for Public Integrity, 27 de mayo de
1993, y "Mexico Buys Free Trade", de Don Hazen, en *Facts and Fictions About
"Free Trade"* (Nueva York: Institute for Alternative Journalism, 1993), 89–92.

Durante la cruenta batalla en el Congreso, sus proponentes prometieron una nueva era de prosperidad para lo que presentaron como el bloque económico más grande del mundo. El presidente Clinton predijo que se crearían 170 mil empleos nuevos para los estadounidenses debido al aumento de las exportaciones hacia México tan solo durante el primer año.[54] Algunos expertos afirmaban que México ganaría más de un millón de trabajos industriales nuevos durante los primeros diez años. Clinton y su vicepresidente, Al Gore, cabildearon ferozmente por el tratado, ayudados por varios expresidentes republicanos y demócratas. Todos le aseguraron al público, igual que lo habían hecho los líderes anteriores con el programa de industrialización de la frontera, que el auge económico del TLCAN beneficiaría a los estadounidenses y que frenaría el flujo de la inmigración ilegal.

El mismo día en que entró en vigor el TLCAN, campesinos mayas en Chiapas se levantaron en la insurrección zapatista. Una de las demandas de los rebeldes era recibir protección contra el impacto esperado del TLCAN en la agricultura. Los zapatistas y algunos críticos estadounidenses insistían en que las cláusulas del tratado tenían el potencial para devastar a casi dos millones de campesinos mexicanos que producían maíz, la base de la alimentación del país, en pequeñas parcelas individuales. Al reducir los aranceles agrícolas, el TLCAN los llevaría a la bancarrota, pues no podrían competir con la inundación de maíz y trigo estadounidenses, cultivos altamente mecanizados en nuestro país.[55]

La guerrilla sacudió a los expertos financieros que llevaban años presumiendo a México como un milagro económico y un modelo para Latinoamérica.[56] Lo que se negaban a reconocer era que México es un país dividido por enormes disparidades de riquezas. En 1992, por ejemplo, el 10% de los mexicanos se

---

54. "NAFTA Trade-off: Some Jobs Lost, Others Gained", *New York Times*, 9 de octubre de 1995.
55. Entrevista del autor con Othal Brand, alcalde de McAllen, Texas.
56. Nancy J. Perry's "What's Powering Mexico's Success", *Fortune*, 10 de febrero de 1992, 109–15.

quedaba con el 38% de los ingresos totales, mientras el 50% apenas recibía el 18%.[57]

El líder mexicano más en sintonía con el deseo de los empresarios estadounidenses por el TLCAN, y quien guió a la legislatura mexicana a aprobar el tratado, fue el presidente Carlos Salinas. A lo largo de su presidencia, Salinas alimentó el milagro mexicano con jugadas arriesgadas: bonos a corto plazo en dólares, con intereses altos y vendidos a inversionistas extranjeros. Para 1995, México debía $29 mil millones en esos bonos. Necesitaba otros $9 mil millones al año solo para pagar los intereses de su deuda a largo plazo usual, que ya era una de las más grandes del mundo. La deuda combinada, junto con un déficit comercial astronómico, empujó al país al borde de la insolvencia para finales de 1993 y principios de 1994.

Sin embargo, tanto la administración de Clinton como la de Salinas ignoraron la crisis. Estaban decididos a lograr primero que se aprobara el TLCAN en el Congreso de Estados Unidos, y luego a salvaguardar la victoria para el sucesor elegido por Salinas para la presidencia, Ernesto Zedillo, en las elecciones de agosto de 1994, por lo que no se atrevían a proponer reformas financieras de austeridad que enfadaran al electorado mexicano. La decisión de Salinas de no actuar dejó la economía mexicana en tal estado que su sucesor se vio forzado a ordenar una devaluación abierta del peso unos meses después de asumir la presidencia. La decisión de Zedillo dejó fríos a los mercados mundiales y lanzó al país en picada.

El presidente Clinton se apresuró a organizar un rescate internacional de $50 mil millones, $20 mil millones de los cuales ofreció directamente de las arcas del Departamento del Tesoro de Estados Unidos, para que México pudiera pagarles a sus acreedores extranjeros. El rescate estaba condicionado a que el gobierno de Zedillo impusiera un programa de austeridad severo sobre su pueblo. Para mediados de 1995, el peso mexicano había perdido

---

57. Jorge G. Castañeda, *The Mexican Shock: Its Meaning for the U.S.* (Nueva York: The New Press, 1995), 36.

el 50% de su valor frente al dólar, un millón de mexicanos habían perdido su trabajo y las tasas de interés se habían disparado hasta el punto en que los consumidores pagaban hasta el 100% de intereses por sus tarjetas de crédito. Todas las predicciones de prosperidad inmediata tras el TLCAN se desvanecieron en el colapso. Cuatro años después, los mexicanos promedio seguían sin recuperar su nivel de vida anterior a la crisis.

Muchos economistas en este país trataron de deslindar el TLCAN del colapso económico de México. Al hacerlo, pasaron por alto la debilidad fundamental del mercado común que creó el tratado al casar a México, un país en vías de desarrollo que seguía sufriendo de pobreza extrema y conflictos de clase, con dos de las economías más ricas del mundo.

EL IMPACTO DEL TLCAN EN ESTADOS UNIDOS Y CANADÁ

Para el 15º aniversario de la nueva unión económica, en 2009, muchas de las promesas originales se habían desvanecido. Incluso algunos de los principales defensores del tratado habían admitido que, aunque el comercio hubiera aumentado bastante entre Estados Unidos, Canadá y México, "el TLCAN solo amplió 'muy poco' el producto interno bruto (PIB) de Estados Unidos, y tuvo un efecto similar —positivo y diminuto— en la economía canadiense y la mexicana".[58]

Otros pintaban un paisaje mucho más preocupante. En Canadá, donde se había iniciado un acuerdo bilateral predecesor del TLCAN con Estados Unidos en 1989, el desempleo aumentó hasta un promedio de 9.6% a lo largo de los años noventa, el nivel más alto en el país desde la Gran Depresión; mientras tanto,

---

58. Ver Lee Hudson Teslik, "NAFTA's Economic Impact", Council on Foreign Relations Backgrounder, 7 de julio de 2009; también "The Effects of NAFTA on U.S.-Mexico Trade and GDP", informe de la Oficina de Presupuesto del Congreso de Estados Unidos, mayo de 2003.

la desigualdad de ingresos aumentó. Y, aunque se hayan creado más de 870 mil empleos canadienses entre 1989 y 1997 por el aumento de las exportaciones, se estima que se perdieron 1,147 mil por el crecimiento aún mayor de las importaciones.[59]

Aquí en Estados Unidos, el Departamento del Trabajo estimó que 214 mil despidos fabriles entre 1994 y 1998 se debieron a empleos transferidos al sur de la frontera. Sin embargo, los líderes sindicales insistían en que los estándares de medición del gobierno eran demasiado estrechos, y que la pérdida de empleos había sido el doble de alta. También decían que los salarios industriales en casa se mantenían bajos de manera artificial porque una creciente cantidad de empresas manufactureras habían respondido a las demandas de mejor paga de sus trabajadores amenazándolos con mudar su producción a México.

Mientras tanto, el déficit comercial de Estados Unidos con sus socios del TLCAN creció a un ritmo sorprendente. En 1993, por ejemplo, este país disfrutaba de un superávit comercial de $1.7 mil millones con México, pero no tardó en evaporarse y convertirse en un desorbitante déficit de $74.7 mil millones en 2007. Si bien esa cifra se encogió durante los años de la Gran Recesión, para 2020, el déficit comercial con México estaba de nuevo en un pico histórico de $112 mil millones.[60]

Según un informe del Economic Policy Institute, como resultado de los déficits comerciales descontrolados con México y

---

59. Bruce Campbell, "False Promise: Canada in the Free Trade Era", Economic Policy Institute Briefing Paper, abril de 2001, http://www.epi.org/pages/briefingpapers_nafta01_ca/.

60. El déficit en bienes se compensó ligeramente con un excedente de servicios vendido a México ($8.7 mil millones en 2007), pero siguió en niveles históricamente altos. Ver Oficina del Secretario de Comercio de Estados Unidos, "U.S.-Mexico Trade Facts", 23 de julio 2009, http://www.ustr.gov/countries-regions/americas/mexico; también "Trade in Goods (Imports, Exports and Trade Balance) with Mexico", Oficina del Censo de Estados Unidos, Estadísticas de Comercio Exterior https://www.census.gov/foreign-trade/balance/c2010.html#2010. Para las cifras de 2020, ver Oficina del Censo de Estados Unidos, "Trade in Goods with Mexico", https://www.census.gov/foreign-trade/balance/c2010.html#2020

Canadá, Estados Unidos sufrió una pérdida neta de 1,015,290 empleos comerciales entre el nacimiento del TLCAN y 2004. México era responsable de 560 mil, y Canadá, de 455 mil.[61]

Además, esos trabajos perdidos pagaban $800 a la semana en promedio, bastante más que los empleos en la manufactura que se quedaron en Estados Unidos. El informe concluyó así:

> El empleo promedio en el resto de la economía pagaba solo $683 semanales, entre 16% y 19% menos que los comerciales. Los crecientes déficits comerciales con México y Canadá han sacado a más de un millón de trabajadores de sus empleos de paga alta, para meterlos en puestos de peor paga en industrias no relacionadas con el comercio. Así, tan solo en 2004, el desplazamiento de un millón de empleos de industrias de bienes comerciales a las de no comerciales *redujo los pagos salariales a trabajadores estadounidenses en $7.6 mil millones*. [Énfasis mío][62]

En general, la economía estadounidense perdió casi 3.8 millones de empleos en el sector de la manufactura entre 2001 y 2008, un declive del 22% en menos de una década. Un informe de la Oficina de Presupuesto del Congreso señaló las importaciones extranjeras de producción barata como uno de los factores principales. "Si bien muchos factores aparte del comercio afectan el empleo en la manufactura", señaló el informe, "en años recientes, el patrón de declive en empleos en varias industrias está correlacionado con el aumento en el coeficiente de penetración de las importaciones".[63]

---

61. Robert E. Scott, Carlos Salas y Bruce Campbell, "Revisiting NAFTA: Still Not Working for North America's Workers", Economic Policy Institute documento informativo no. 173, 28 de septiembre de 2006, 9, http://www.epi.org/publications/entry/bp173/.

62. *Ibid.*, 3.

63. David Brauer, "Factors Underlying the Decline in Manufacturing Employment Since 2000", U.S. informe de la Oficina de Presupuesto del Congreso 23 de diciembre de 2008, 2, 4, https://www.cbo.gov/sites/default/files/110th-congress-2007-2008/reports/12-23-manufacturing.pdf.

Lo único que enmascaró la seriedad del fracaso del TLCAN en casa fue el fuerte crecimiento de la economía estadounidense durante la década de 1990 y los primeros años del nuevo siglo. Sin embargo, nada podía esconder lo que estaba pasando en México.

EL TLCAN Y EL REORDENAMIENTO DE LA SOCIEDAD MEXICANA

Para los estadounidenses no es fácil apreciar la enorme dislocación y fractura que ha causado el TLCAN en la sociedad mexicana. Es aún más difícil imaginar que las políticas comerciales de nuestro gobierno de hecho han acelerado el éxodo de trabajadores mexicanos hacia nuestro país. A fin de cuentas, los defensores del acuerdo comercial prometieron que traería una prosperidad generalizada a los tres países socios, y que reduciría el flujo de inmigrantes desde el sur del río Grande.

Al principio, México sí atrajo una cantidad asombrosa de empleos e inversión extranjera, pero ese crecimiento resultó ser temporal. Además, enmascaraba transformaciones profundas que estaban sucediendo de manera simultánea en el sistema bancario mexicano y, sobre todo, en su agricultura, donde el costo social fue aún mayor de lo que habían advertido los zapatistas y otros críticos del TLCAN.

La cantidad de trabajos en maquiladoras extranjeras casi se triplica entre 1993 y 2000, de 546 mil a más de 1.3 millones. Eso se debió en parte a la devaluación del peso en 1995, que redujo tanto el precio de la mano de obra mexicana que las compañías extranjeras se apresuraron a instalar fábricas nuevas. El empleo en las maquilas llegó a su clímax en 2000, con casi 1.3 millones de plazas, pero luego se mantuvo varios años estancado, con 1.2 millones de puestos en 2008. Por lo tanto, los primeros quince años del TLCAN produjeron una ganancia de empleos neta de tan solo 660 mil en plantas manufactureras extranjeras. Sin embargo, para entonces los informes del gobierno de México habían empezado a hacer cambios significativos en el método para rastrear el empleo en las maquiladoras. El nuevo método gubernamental sumaba la producción de las compañías extranjeras para el consumo interno y ampliaba los datos para cubrir también operaciones mineras y agrícolas. El resultado fue un aumento drástico en la cantidad de trabajadores de maquiladoras, hasta unos 2.7 millones en 2012, pero hizo que cualquier comparación con los datos de los primeros años del TLCAN fuera casi imposible.[64]

Mientras tanto, la industria local languidecía, sobre todo porque las nuevas compañías extranjeras tendían a usar pocos componentes locales para sus fábricas de exportación. Para 2008, el empleo en la industria no maquiladora del país había caído a 1.24 millones, 159 mil empleos *menos* que al entrar en vigor el TLCAN. Para entonces, no solo las empresas extranjeras producían tantos empleos en la manufactura mexicana como las plantas nacionales, sino que la ganancia neta en empleos manufactureros sumando compañías extranjeras y nacionales fue de tan solo 500 mil para todo el periodo. Para poner esa cifra en perspectiva, México necesita producir un millón de empleos *al año* para mantenerse al día con la cantidad de personas que entra a su fuerza laboral.[65]

El paisaje es aún más sombrío cuando tomas en cuenta el impacto del TLCAN en el campo mexicano. Con la eliminación de los subsidios gubernamentales a la cosecha de maíz, los pequeños campesinos no pudieron competir con la producción mecanizada

---

64. Zepeda, Wise y Gallagher, "Rethinking Trade Policy". Ver también Kevin P. Gallagher and Lyuba Zarsky, "Sustainable Industrial Development? The Performance of Mexico's FDI-Led Integration Strategy", Global Development and Environment Institute, Escuela Fletcher de Derecho y Diplomacia, Universidad Tufts, febrero de 2004, 44–45. Para el empleo en maquiladoras en 2012, ver INEGI, "Indicadores de Establecimientos con Programa IMMEX, Cifras durante febrero de 2019", 29 de abril de 2019, https://www.inegi.org. mx/contenidos/saladeprensa/notasinformativas/2019/est_immex/est_immex2019_04.pdf. Para cambios en el censo gubernamental, ver INEGI, "Síntesis metodológica de la estadística del programa de la industria Manufacturera, maquiladora y servicios de exportación", (México: 2015), http://internet.contenidos.inegi.org.mx/contenidos/Productos/prod_serv/contenidos/espanol/bvinegi/productos/nueva_estruc/702825075521.pdf.
65. Zepeda, Wise y Gallagher, "Rethinking Trade Policy", 10, 13.

de la agroindustria estadounidense. Las importaciones de granos desde Estados Unidos se han triplicado desde sus niveles de 1994, y ahora representan el 40% de las necesidades alimentarias del país. El empleo agrícola cayó casi 20% entre 1991 y 2007, de 10.6 a 8.6 millones. Muchos de esos dos millones de campesinos desempleados se vieron forzados a unirse a las filas de la enorme economía informal del país o a migrar a Estados Unidos.[66]

Así que, en vez de frenar el éxodo hacia Estados Unidos, el TLCAN, con su extraordinario impacto en la agricultura mexicana, lo aceleró. La población estadounidense nacida en México pasó de 4.5 millones en 1990 a 9 millones en 2000, y luego a 12.7 millones en 2008, con más de la mitad de indocumentados. La población rural representaba el 44% de esos migrantes, aunque solo una cuarta parte de los mexicanos viva en el campo.[67]

Como señaló un estudio de la Fundación Carnegie, "una de las paradojas del TLCAN, que nuestros líderes prometieron que ayudaría a México a 'exportar bienes, no personas', es que México ahora 'exporta' más personas que nunca y más de ellas se quedan permanentemente en Estados Unidos sin documentos".[68]

Aquellos mexicanos que se quedaron en su país se han visto forzados a lidiar con una presión descendente implacable sobre los salarios y su calidad de vida. Una consecuencia no muy señalada de la inundación de alimentos procesados importados de Estados Unidos ha sido una epidemia de obesidad. Para 2015, por ejemplo, el gigante de los minisupers Oxxo, una rama de la subsidiaria de Coca-Cola en México, operaba 14 mil franquicias

---

66. Anne Vigna, " NAFTA hurts Mexico, too", Agence Global, 1º de junio de 2008; también Zepeda, Wise y Gallagher, "Rethinking Trade Policy", 12–13; también Mark Weisbrot, Lara Merling, Vitor Mello, Stephan Lefebvre y Joseph Sammut, "Did NAFTA Help Mexico? An Update After 23 Years", (Washington, D.C.: Center for Economic and Policy Research, marzo de 2017) 14, http://cepr.net/images/stories/reports/nafta-mexico-update-2017-03.pdf?v=2.
67. Elisabeth Malkin, "NAFTA'S Promise Unfulfilled", New York Times, 13 de abril de 2009, B1.
68. Zepeda, Wise y Gallagher, "Rethinking Trade Policy", 13.

en todo México, lo que la convertía en la segunda cadena de venta al por menor más grande del país, detrás de Walmart. Gracias al flujo de bebidas azucaradas disponibles en los Oxxos y en otras tiendas, México se convirtió en el segundo consumidor de bebidas carbonatadas más grande del mundo, y la diabetes se transformó en la principal causa de muertes del país; reclama casi 80 mil vidas al año. En 2017, más del 70% de la población tenía sobrepeso, y el 32% estaba clasificada como obesa.[69]

Solo el 10% de los hogares mexicanos ha visto un aumento en sus ingresos desde 1994, mientras que el 90% han presenciado su estancamiento o disminución. Apenas en 2018, solo 269 mil mexicanos —el 0.5% de los 53.8 millones de trabajadores del país— ganaban más de $16 la hora. La brecha entre los salarios fabriles en México y Estados Unidos ha aumentado constantemente. En 1993, el salario manufacturero estadounidense promedio era 5.6 veces más alto que el mexicano; para 2007, era 5.8 veces más alto; para 2017, se había vuelto 9 veces más alto. Los mayores beneficiarios del TLCAN han sido las compañías estadounidenses y de otros países: los productos automotrices representan una tercera parte de las exportaciones mexicanas. Como señaló el economista laboral Harley Shaiken, entre 2009 y 2017 se construyeron 11 plantas ensambladoras de automóviles en Norteamérica, ocho en México y tres en Estados Unidos. Para 2018, México tenía casi tantos empleos automotrices (763 mil) como Estados Unidos (780 mil), pero los salarios de los obreros mexicanos eran una décima parte de los de sus contrapartes estadounidenses. Además, la mitad de los empleos creados en México

---

69. Para un recuento espléndido del desastre alimenticio que ha provocado el TLCAN, ver Alyshia Gálvez, *Eating NAFTA: Trade, Food Policies, and the Destruction of Mexico* (Oakland: Univeristy of California Press, 2018). Para la diabetes, ver Jason Beaubien, "How Diabetes Got To Be the No. 1 Killer in Mexico", *National Public Radio,* 5 de abril de 2017, https://www.npr.org/sections/goatsandsoda/2017/04/05/522038318/how-diabetes-got-to-be-the-no-1-killer-in-mexico. Para los índices de obesidad, ver Organization for Economic Co-operation and Development, Obesity Update 2017, https://www.oecd.org/els/health-systems/Obesity-Update-2017.pdf.

no ofrecen las prestaciones básicas requeridas por las leyes de ese país, como seguro social y vacaciones pagadas.[70]

Desde el nacimiento del TLCAN en 1994 hasta 2014, el valor real de los salarios mexicanos aumentó tan solo un 4.1%, ajustado a la inflación, mientras que el salario mínimo de hecho cayó un 19.3% para 2015. Chiapas, cuna del movimiento zapatista, tenía el índice de pobreza más alto del país, de casi 75%. Y aunque el índice de pobreza general haya caído de 53% en 1994 a 43% en 2016, eso se debió principalmente a programas selectivos contra la pobreza que el gobierno mexicano se vio forzado a desarrollar para combatir la falta de ingresos laborales. En 2006, más del 18% de los hogares mexicanos estaba recibiendo transferencias gubernamentales por medio de dos programas principales, Procampo y Oportunidades (antes Progresa).[71]

Otro factor que contribuyó bastante a la reducción de la pobreza fue el éxodo continuo de trabajadores desempleados hacia Estados Unidos y el dinero que enviaban de vuelta a sus familias.

---

70. *Ibid.*; también Zepeda, Wise y Gallagher, "Rethinking Trade Policy", 14. Para quienes ganan $16 la hora, ver, "Only 269,000 Mexicans earn more than US $16 per hour, or 308 pesos", *Mexico News Daily,* 30 de agosto de 2018, https://mexiconewsdaily.com/news/only-269000-mexicans-earn-more-than-16-per-hour/. Para la brecha de ingresos de 2017 ver "Average wage in the manufacturing sector in Mexico compared to the United States from 2015 to 2017". Statista, 2019, https://statista.com/statistics/882757/mexico-average-wage-manufacturing-sector-compared-us/. Harley Shaiken, "Mexico's Labor Reform: Opportunities and Challenges for an Improved NAFTA", testimonio ante el Subcomité de Comercio, Comité de Medios y Arbitrios, Cámara de Representantes de Estados Unidos, 25 de junio de 2019, https://docs.house.gov/meetings/WM/WM04/20190625/109703/HHRG-116-WM04-Bio-ShaikenH-20190625.pdf.

71. Para el aumento salarial, ver Mark Weisbrod et al., "Did NAFTA help Mexico...". Para los índices de pobreza, ver Fondo Monetario Internacional, "Mexico´s Economic Outlook in Five Charts", 8 de noviembre de 2018, https://www.imf.org/en/News/Articles/2018/11/07/NA110818-Mexico-Economic-Outlook-in-5-Charts. Para los programas sociales, ver Gerardo Esquivel y Guillermo Cruces, "The Dynamics of Income Inequality in Mexico since NAFTA", Economía 12, no.1 (2011), https://www.jstor.org/stable/41302974.

Para 2017, las remesas a México habían alcanzado los $30 mil millones, más de siete veces más altas que antes del TLCAN.[72]

Mientras tanto, los principales beneficiarios del libre comercio con México han sido las corporaciones multinacionales extranjeras, sobre todo las estadounidenses. Entre 1994 y 2004, las compañías estadounidenses produjeron el 67% de toda la inversión extranjera directa en el país, con lo que volvieron a México más dependiente que nunca de los altibajos de la economía estadounidense. Mientras que, en 1970, el 70% de las exportaciones mexicanas iban a Estados Unidos, para 2017, la cifra casi había alcanzado el 80%. No es de sorprender, entonces, que cuando la Gran Recesión causó una contracción rápida de la economía estadounidense aquel año, los trabajadores mexicanos se vieran particularmente afectados. En 2009, las exportaciones a Estados Unidos disminuyeron más de 15%, de $215 mil millones a $176 mil millones.[73]

El sistema bancario mexicano se vio aún más afectado por el TLCAN que la industria. El acuerdo comercial, combinado con la crisis financiera de 1994-1995, abrió las puertas a las operaciones bancarias extranjeras. Citibank, por ejemplo, era la única compañía no mexicana autorizada para operar independientemente en el país; las demás estaban limitadas a poseer un máximo de 30% de las acciones de los bancos nacionales principales. Pero entre 1994 y 2004 llegó un tsunami de inversión financiera extranjera, "inédito para una economía del tamaño de la de México", en palabras de un economista. Los bancos estadounidenses, canadienses y europeos vertieron más de $30 mil millones y acabaron por

72. "Remittance flows worldwide in 2017", Centro de Investigaciones Pew.
73. División de Estadísticas de las Naciones Unidas, Base de Datos de Comercio de Materias Primas (Comtrade), 2008. Para datos de 2017, ver Banco Mundial. (n.d.). Mexico trade summary. World Integrated Trade Solution, Data. https://wits.worldbank.org/CountryProfile/en/Country/MEX/Year/LTST/Summary.

apropiarse de casi la totalidad del sector financiero. Mientras que las empresas extranjeras tan solo controlaban el 16% de los activos bancarios en 1997, para 2004 la cifra se había disparado a 82%. Para entonces, ocho de los bancos más grandes del país estaban en manos extranjeras. Solo dos de ellos, BBVA Bancomer (del grupo español BBVA) y Banamex (de Citigroup), controlaban el 48% de todos los activos bancarios.[74]

La indignación pública se desató cuando los bancos extranjeros empezaron a cobrar tarifas hasta tres veces más altas en México que a sus clientes en otros países, y cuando volvieron el acceso a crédito mucho más arduo para los mexicanos ordinarios de lo que había sido antes. En 2004, por ejemplo, los préstamos bancarios al sector privado tan solo afectaron el 15% de la economía, comparado con el 70% en Estados Unidos. Las tarifas exorbitantes y las restricciones a los préstamos se volvieron tan generalizadas que el presidente Vicente Fox y la legislatura mexicana regañaron en público a los bancos extranjeros y exigieron que cambiaran sus políticas. Pero el daño ya estaba hecho. A diez años del inicio del TLCAN, la mayoría de los depósitos bancarios del pueblo mexicano estaban bajo control de banqueros estadounidenses y europeos, un nivel de dominio financiero que ningún país desarrollado toleraría.[75]

LA GUERRA CONTRA LAS DROGAS Y LAS AMENAZAS AL SUMINISTRO DE ALIMENTOS

México lleva años aquejado por una creciente violencia conectada con el narcotráfico y con los esfuerzos de las fuerzas del orden mexicanas y estadounidenses por erradicarlo. Pero si bien esa

---

74. Heiner Schulz, "Foreign Banks in Mexico: New Conquistadors or Agents of Change?", Documento de Trabajo No. 06-11 del Wharton Financial Institutions Center, 22 de abril de 2006, 3, 8–10; también Monica Campbell, "Chase Is on for the Whole *Enchilada*", *The Banker*, 2 de junio de 2004.
75. John Lyons, "Mexican Officials Prod Banks to Boost Lending", *Wall Street Journal*, 22 de marzo de 2004, A17; también Campbell, "Chase Is On".

violencia ha atraído la atención de los medios estadounidenses y dado pie a enormes aumentos en la ayuda de Washington para aumentar la prohibición, pocos informes han analizado la conexión entre el TLCAN y el auge del trasiego de drogas.

El flujo de dinero y armas hacia México por su frontera norte, y de marihuana, opio y metanfetaminas hacia Estados Unidos se convirtió gradualmente en una industria letal que se estima que genera entre $15 mil millones y $30 mil millones al año. Los principales cárteles que controlan ese comercio se han vuelto tan descarados que asesinan periódicamente a funcionarios de la policía y del gobierno, acribillan civiles a plena luz del día e incluso instigan ataques contra instalaciones de las fuerzas del orden. El índice de homicidios del país ha aumentado a un ritmo alarmante desde 2007, de un promedio de veinte mil al año durante la presidencia de Felipe Calderón (2006-2012) a un promedio de treinta mil al año durante la de Enrique Peña Nieto (2012-2018), con un récord de 35,964 asesinatos durante el último año de gobierno de EPN. El sucesor de Peña Nieto, Andrés Manuel López Obrador, solo logró reducciones mínimas en los homicidios durante sus primeros dos años en funciones. Se cree que entre una tercera parte y la mitad de las muertes están conectadas con el narcotráfico. [76]

---

76. Los estimados de las ganancias de las ventas en Estados Unidos de los cárteles de drogas mexicanos varía bastante. Ver Salvador Rizzo, "Do Mexican cartels make $500 billion a year?", *Washington Post,* 24 de junio de 2019; también "2010 International Narcotics Control Strategy Report (INCSR), vol. 1", Departamento de Estado de Estados Unidos, Oficina de Asuntos Internacionales contra el Narcotráfico y Aplicación de la Ley, 1° de marzo de 2010, 432, https://2009-2017.state.gov/documents/organization/137411. pdf. Ver también Laura Y. Calderón, Kimberly Heinle, Octavio Rodríguez Ferreira y David A. Shirk, "Organized Crime and Violence in Mexico: Analysis Through 2018", Justice in Mexico, Departamento de Ciencias Políticas y Relaciones Internacionales, Universidad de San Diego, abril de 2019, https:// justiceinmexico.org/wp-content/uploads/2019/04/Organized-Crime-and-Violence-in-Mexico-2019.pdf. Para el índice de homicidios de 2018, ver Jon Martín Cullell, "México cerró 2018 con un promedio de casi 100 homicidios al día en plena ola de violencia", *El País,* 25 de julio de 2019, https://elpais. com/internacional/2019/07/25/mexico/1564063543_114010.html.

Bajo la Iniciativa Mérida (también conocida como Plan México), entre 2007 y 2009, el gobierno de Estados Unidos le brindó más de $700 millones a México en equipo militar, entrenamiento y tecnología de vigilancia para impulsar los esfuerzos del presidente Calderón contra los cárteles de drogas. Sin embargo, el narcotráfico siguió en auge y el índice de homicidios se disparó.[77]

El sondeo anual de narcotráfico mundial del Departamento de Estado de Estados Unidos estimó que había 37 mil acres de tierra cultivada con amapola en México en 2009. Eso era más del doble que el año anterior, y el "nivel más alto de producción [de opio] estimada en México y Latinoamérica combinados en la historia", concluía el informe. En los años siguientes, el cultivo de amapola siguió creciendo, de modo que para 2017, la ONU estimaba que se usaban alrededor de 75 mil acres para producir opio. Mientras tanto, el uso de tierras para el cultivo de marihuana era el más alto desde 2002. Además, México produce el 80% de las metanfetaminas vendidas en este país y es el lugar de tránsito para el 90% del suministro de cocaína de Estados Unidos.[78]

Algunos funcionarios mexicanos ven una relación directa entre el narcotráfico, el TLCAN y la crisis agrícola. Señalan que cientos de miles de campesinos ya no pueden ganarse la vida cultivando maíz y frijol a causa de las importaciones baratas de grano estadounidense que iniciaron con el TLCAN. Los narcotraficantes cada vez convencen a más de ellos a que siembren cultivos ilícitos. Según un estimado de Ricardo García Villalobos, expresidente de uno de los tribunales federales de asuntos agrarios del país, es probable que hasta el 30% de la tierra cultivada de México contenga marihuana y amapola. Y con más de dos millones de jornaleros

---

77. Roberta S. Jacobson, "U.S.-Mexico Security Agreement: Next Steps for the Merida Initiative", testimonio de la subsecretaria asistente de Estado ante el Comité de Asuntos Exteriores de la Cámara de Representantes de Estados Unidos, 27 de mayo de 2010, https://2009-2017.state.gov/p/wha/rls/rm/2010/142297.htm.

78. "2010 International Narcotics Control Strategy Report (INCSR)", 435-436. Para 2017, ver "Illegal opium poppy cultivation increases in Mexico", Reuters, 12 de enero de 2018, https://www.eluniversal.com.mx/english/illegal-opium-poppy-cultivation-increases-in-mexico.

desempleados desde el inicio del TLCAN, las ciudades del norte de México están atiborradas con un ejército de hombres desesperados por trabajo. Muchos de ellos se convierten en reclutas fáciles de los cárteles. Por último, el volumen titánico de tránsito de carga que cruza cada día la frontera entre México y Estados Unidos para transportar importaciones y exportaciones generadas por el TLCAN hace aún más imposible que los agentes fronterizos estadounidenses encuentren y aíslen el contrabando de drogas sin interrumpir el comercio legal.[79]

Mientras tanto, los defensores del libre comercio basado en exportaciones rara vez mencionan el impacto del TLCAN en la calidad de la comida en Estados Unidos. Casi el 96% de todas las fresas y el 52% de todas los demás frutas y verduras consumidas en Estados Unidos en 2000 provenían de México. Al mismo tiempo, los índices de inspecciones sanitarias a ambos lados de la frontera han caído vertiginosamente. En 1997, 270 personas en cinco estados se enfermaron por una cepa de hepatitis A posiblemente fatal encontrada en fresas mexicanas congeladas. En 2007, la Administración de Alimentos y Medicamentos (FDA, por sus siglas en inglés) estimó que ese año haría inspecciones fronterizas en menos del 1% de los alimentos que regula, sobre todo verduras, fruta, mariscos, granos, lácteos y alimento para animales. Eso representaba un descenso respecto al 8% que lograba antes del TLCAN, de por sí una cifra baja. Según una investigación de Scripps News, más de cincuenta mil estadounidenses se enfermaron o murieron por algo que comieron entre 2001 y 2004, pero en dos terceras partes de los incidentes de intoxicación por alimentos, los profesionales de la salud no lograron siquiera diagnosticar el brote ni identificar su fuente. Los Centros para el Control y Prevención de Enfermedades identificaron 196 brotes de intoxicación por alimentos asociada con productos importados en Estados Unidos entre 1996 y 2014. Durante

79. Tracy Wilkinson, "Mexico Agricultural Subsidies Are Going Astray: A Fund to Help Poor Farmers Compete with U.S. Imports Is Instead Benefiting Drug Lords' Kin and Officials", *Los Angeles Times*, 7 de marzo de 2010.

los primeros años, hubo un promedio de 3 incidentes al año; en años más recientes, la cifra ha subido a 18. Las importaciones de México estaban implicadas en la mayor cantidad de brotes: 42.[80]

LA REVUELTA DE LATINOAMÉRICA CONTRA EL LIBRE COMERCIO

En los años que siguieron a la creación del TLCAN, los funcionarios estadounidenses buscaron agresivamente tratados similares con los gobiernos de toda Latinoamérica, incluyendo la Ley de Asociación Comercial de la Cuenca del Caribe (CBTPA, por sus siglas en inglés), a nivel regional; el Área de Libre Comercio de las Américas, a nivel continental, y pactos individuales con países clave como Chile y Colombia. Pero esos esfuerzos encontraron una creciente resistencia por parte de la ola de gobiernos populistas que empezaron a rechazar el Consenso de Washington. Las noticias en Estados Unidos tendían a concentrarse en los líderes más confrontativos, Hugo Chávez en Venezuela y Evo Morales en Bolivia, pero la verdad era que toda la región estaba pasando por una transformación.

La razón de la nueva resistencia era sencilla: las dos décadas de neoliberalismo habían fracasado. Las políticas económicas promovidas por Estados Unidos no habían producido prosperidad, sino una miseria más profunda en toda Latinoamérica. Entre 1990 y 2004, el desempleo oficial en la región aumentó de 6.9% a 10%. Siete de cada diez empleos nuevos creados durante

---

80. Mary Botari, "Trade Deficit in Food Safety: Proposed NAFTA Expansions Replicate Limits on U.S. Food Safety Policy That Are Contributing to Unsafe Food Imports", *Public Citizen*, julio de 2007, 4, http://www.citizen.org/documents/FoodSafetyReportFINAL.pdf; también Thomas Hargrove, "A Russian Roulette of Food Poisoning in the American States", Scripps Howard News Service, 11 de noviembre de 2006. También, L. Hannah Gould, Jennifer Kline, *et al.*, "Outbreaks of Disease Associated with Food Imported into the United States, 1996-2014", *Emerging Infectious Diseases Journal* 23:7, marzo de 2017, Centros de Prevención y Control de Enfermedades, https://wwwnc.cdc.gov/eid/article/23/3/16-1462_article#tnF1.

el periodo estaban en el sector informal, donde los trabajadores tenían poca estabilidad, pocas prestaciones y prácticamente nada de protección de salud ni seguridad. Para 2006, la Organización Internacional del Trabajo reportó que 23 millones de latinoamericanos estaban desempleados y que otros 103 millones tenían empleos "precarios". Eso suma más de la mitad de la fuerza laboral activa de la región.[81]

La crisis causó el surgimiento de nuevos movimientos sociales, distintos de todos los que los precedieron en la historia moderna de Latinoamérica. Su dirigencia no provenía de los grupos de oposición tradicionales, de los antiguos partidos democráticos y socialdemócratas ni de la jerarquía sindical anquilosada; tampoco estaba inspirada por los remanentes de las guerrillas, como Sendero Luminoso en Perú o las FARC en Colombia. Surgieron más bien de los sectores más empobrecidos de sus sociedades, de las poblaciones indígenas y negras que siempre habían sido ignoradas: los movimientos *cocaleros* en Bolivia y Perú; los rebeldes zapatistas en Chiapas, México; el movimiento obrero en Argentina; el Movimiento de los Trabajadores Rurales Sin Tierra en Brasil. Esos levantamientos no solo se oponían a su propio gobierno y a las élites locales, sino que cada vez dirigían más su ira hacia la agenda neoliberal de organismos internacionales como el Fondo Monetario Internacional, el Banco Mundial y la Organización Mundial del Comercio.

En enero de 2003, el décimo aniversario del TLCAN, un movimiento llamado El Campo No Aguanta Más, bloqueó el puente fronterizo entre Ciudad Juárez y El Paso, mientras más de cien mil campesinos marchaban en la Ciudad de México para denunciar la inundación de maíz estadounidense barato y el desplazamiento masivo de los trabajadores rurales mexicanos.[82]

---

81. De la Barra y Dello Buono, *Latin America*, 28.
82. Isidro Morales-Moreno, "Mexico's Agricultural Trade Policies: International Commitments and Domestic Pressure", en *Managing the Challenges of World Trade Organization Participation: 45 Case Studies,* eds. Peter Gallagher, Patrick Low y Andrew Stoller (Organización Mundial del Comercio, 2005). www.wto.org/english/res_e/booksp_e/casestudies_e/case28_e.htm.

También estallaron varias protestas contra la venta continua de bienes y servicios gubernamentales en la región:

- En Puerto Rico, más de medio millón de personas se unió a una huelga general en 1998. Cerraron hospitales, oficinas de gobierno, centros comerciales y todos los caminos hacia el aeropuerto internacional de San Juan. Su objetivo era evitar que el gobierno vendiera la Puerto Rico Telephone Company a la estadounidense GTE. Aunque las encuestas mostraran que el 65% de la población se oponía a la venta, el gobernador de la isla, Pedro Rosselló, prosiguió con el trato. En 2010, los estudiantes universitarios paralizaron once campus de la Universidad de Puerto Rico durante más de un mes para protestar por la privatización y el aumento de la colegiatura.

- En Bolivia, decenas de miles de pobres urbanos llenaron las calles de Cochabamba en 2000, en una rebelión exitosa contra la privatización del agua. Organizados por la Coordinadora en Defensa del Agua y de la Vida, los manifestantes estaban furiosos por el aumento enorme a las tarifas después de que el gobierno le vendiera el suministro de agua de la ciudad a una subsidiaria del gigante estadounidense Bechtel.

- En Costa Rica, miles de personas tomaron las calles en 2002 contra la privatización de la electricidad del país.

- En El Salvador, los médicos y los trabajadores de la salud entraron en huelga durante nueve meses en 2002 y 2003 y detuvieron la privatización del sistema público de salud de su país.

- En Panamá, dos huelgas generales a finales de 2003 paralizaron al país. Las dos tenían como objetivo evitar que la presidenta, Mireya Moscoso, privatizara el sistema de seguro social. Los disturbios causaron la derrota de Moscoso en las elecciones del año siguiente, pero su sucesor, Martín

Torrijos, reprimió el movimiento y finalizó la reforma al seguro social.[83]

Los nuevos movimientos sociales no tardaron en derrocar regímenes cuyos líderes se negaran a escuchar sus preocupaciones. Entre 1997 y 2007, siete presidentes latinoamericanos fueron sacados de su puesto por su pueblo antes de terminar su periodo: en Bolivia, Gonzalo Sánchez de Lozada (2003) y Carlos Mesa (2005); en Ecuador, Abdalá Bucaram (1997), Jamil Mahuad (2000) y Lucio Gutiérrez (2005); en Paraguay, Raúl Cubas Grau (1999), y en Perú, Alberto Fujimori (2000).[84]

Los extraordinarios cambios políticos y económicos que sucedieron en Latinoamérica durante esos años trascienden el objetivo de este libro. Sin embargo, no es exagerado afirmar que, por primera vez en la historia, la mayoría de los países de la región empezaron a planear políticas independientes de Washington y de Wall Street, tanto en sus asuntos internos como en los externos. Desafortunadamente, los medios estadounidenses trataron de perpetuar la imagen estereotípica de *El Jefe* poniendo los reflectores sobre Hugo Chávez, de Venezuela, y Evo Morales, de Bolivia, los oponentes más contestatarios del antiguo Consenso de Washington, y presentándolos como una "amenaza" latinoamericana. Pero Chávez y Morales tan solo eran dos de más de una docena de presidentes en la región que empezaron a cuestionar los remedios económicos impuestos por Estados Unidos. La lista de líderes populistas latinoamericanos de izquierda electos democráticamente durante esa época es impresionante.

---

83. Para un resumen excelente de estos nuevos movimientos sociales, ver De la Barra y Dello Buono, *Latin America*, 51–77.
84. De la Barra y Dello Buono, *Latin America*, 77, n. 8.

Tabla 11

Presidentes electos en Latinoamérica con coaliciones de izquierda, 1998-2009

Hugo Chávez	Venezuela	Diciembre de 1998*
Luis Inácio "Lula" da Silva	Brasil	Octubre de 2002
Néstor Kirchner	Argentina	Mayo de 2003
Tabaré Vázquez	Uruguay	Octubre de 2004
Evo Morales	Bolivia	Diciembre de 2005
Michelle Bachelet	Chile	Diciembre de 2005
Daniel Ortega	Nicaragua	Noviembre de 2006
Rafael Correa	Ecuador	Diciembre de 2006
Álvaro Colom	Guatemala	Septiembre de 2007
Mauricio Funes	El Salvador	Marzo de 2009

*Chávez se reeligió en 2000 y en 2006. Cristina Fernández de Kirchner fue electa como sucesora de su esposo en la presidencia de Argentina en octubre de 2007.

Solo México y Colombia lograron elegir presidentes conservadores aliados con Estados Unidos. Sin embargo, en el caso de México, la estrecha victoria de Felipe Calderón en 2006 quedó manchada por las acusaciones de fraude electoral y por meses de protestas masivas de los partidarios de su oponente, el populista de izquierda Andrés Manuel López Obrador. El único otro candidato de centro-derecha en salir victorioso en una elección presidencial en Latinoamérica durante esa década fue Sebastián Piñera, a quien votaron los ciudadanos de Chile en enero de 2010 para suceder a Michelle Bachelet.

Los nuevos líderes populistas de la región, a pesar de sus grandes diferencias de método y estilo, lograron una unidad considerable en varias políticas. Todos intentaban eliminar o restringir el dominio imperialista de Europa y Estados Unidos, o cuando menos restringirlo, ejerciendo un mayor control sobre sus recursos naturales y renegociando acuerdos desiguales con compañías multinacionales extranjeras; usando el poder de sus gobiernos para reducir la desigualdad de ingresos en casa; construyendo una mayor integración económica al interior de la región, e insistiendo en pactos de comercio justo con los países industrializados.

En sus intentos por superar la larga historia de balcanización de la región, terminaron principalmente en dos bandos, la tendencia moderada "neodesarrollista" liderada por Brasil y Argentina, y la tendencia radical de la Alianza Bolivariana (ALBA), dirigida por Venezuela y Cuba. En julio de 2004, Mercosur, el bloque de comercio fundado en 1991 por Brasil, Argentina, Uruguay y Paraguay, amplió su membresía formal de cuatro a diez países, incluyendo a Venezuela y Colombia. Luego, en diciembre de 2004, en la III Cumbre Sudamericana en Cuzco, Perú, doce países, dirigidos por Brasil y Venezuela, establecieron la Comunidad Sudamericana de Naciones, un bloque comercial de 361 millones de personas.[85]

Mientras tanto Chávez, presidente de Venezuela, usó la inmensa riqueza petrolera de su país para negociar más de una docena de pactos comerciales bilaterales con los países vecinos a cambio de petróleo barato. Su influencia se disparó en consecuencia. Lo más importante fue que Chávez y Morales apoyaron y fomentaron los movimientos sociales no gubernamentales de la región. Grupos como la Alianza Social Continental y el Foro Social Mundial movilizaron a decenas de miles de personas en toda Latinoamérica para oponerse a iniciativas estadounidenses como el Área de Libre Comercio de las Américas (ALCA).

Originalmente planeada como una ampliación del TLCAN, el ALCA fue un intento de la administración de Bush por consolidar la hegemonía de las multinacionales estadounidenses en el continente, creando un bloque de libre comercio único de 34 países. El plan colapsó en noviembre de 2005 en la Cumbre de las Américas, cuando Brasil, Argentina, Cuba, Venezuela y media

---

85. Raúl Zibechi, "Regional Integration after the Collapse of the FTAA", International Relations Center (Silver City, Nuevo México: 21 de noviembre de 2005), 2–4.

docena de países más se negaron a unirse. La derrota vino unos pocos años después de las protestas callejeras en Seattle en 1999 que habían destruido los esfuerzos de Washington por reforzar la Organización Mundial del Comercio. Pero mientras que los sucesos de Seattle habían demostrado la oposición de unos cuantos miles de manifestantes radicales, el rechazo del ALCA fue señal de que toda una región del mundo se había vuelto contra los tratados de libre comercio dictados por los países ricos. La nueva ola de líderes latinoamericanos había proclamado su independencia de Estados Unidos, o cuando menos su autonomía.[86]

Gradualmente, esas políticas independentistas empezaron a mostrar beneficios concretos para los latinoamericanos de a pie. Entre 2002 y 2008, la región vivió una disminución drástica en su índice de pobreza general, del 44% al 33%. Algunas de las mejoras principales ocurrieron en los países que más rechazaron las políticas neoliberales: Venezuela (del 48.6% al 27.6%); Argentina (del 45.4% al 21%); Ecuador (del 49% al 38.8%); Bolivia (del 62.4% al 54%), y Brasil (del 37.5% al 30%). En contraste, el índice de pobreza de Estados Unidos aumentó del 12.4% en 2002 al 13.2% en 2008.[87]

CONTRAATAQUE: LOS NEOLIBERALES VUELVEN AL PODER

Al terminar la primera década del nuevo siglo, las élites financieras en Estados Unidos y Latinoamérica se volvieron más atrevidas en sus intentos por quitar o derrocar a los gobiernos de la marea rosa de la región. Como mencioné antes, un golpe de Estado contra el presidente Hugo Chávez, patrocinado por Estados Unidos en 2002, fracasó cuando miles de sus partidarios

---

86. *Ibid.*, 1–2.
87. Para Venezuela, Bolivia, Ecuador y Brasil, el periodo abarcó de 2002 a 2007; para Argentina, de 2002 a 2006. Ver "Social Panorama of Latin America, 2009", Comisión Económica para América Latina y el Caribe, 9–11.

salieron a las calles a apoyarlo y sectores cruciales del ejército se mantuvieron leales a él. Sin embargo, no sucedió lo mismo en Honduras. Ahí, el 28 de junio de 2009, el ejército arrestó y destituyó con éxito al presidente electo democráticamente, José Manuel "Mel" Zelaya, un acto que señaló el inicio de la contraofensiva de las élites.

Irónicamente, Zelaya formaba parte de la clase alta hondureña. Era ranchero y miembro del Partido Liberal —uno de los dos partidos que se habían alternado el control del gobierno tradicionalmente—, y fue electo presidente en 2006 tras una campaña de centro-derecha, pero en cuanto estuvo en el poder, sin duda por influencia de la ola populista en la región, detuvo la privatización de los servicios públicos, restableció los derechos de tierra de los pequeños campesinos e incluso instituyó un aumento del 60% al salario mínimo en enero de 2009. Como resultado, la desigualdad de ingresos se desplomó durante su mandato. Se ha descrito su transformación política como "el primer caso en la historia de Latinoamérica tras la democratización en el que un candidato electo tras una campaña de centro-derecha transita a políticas de centro-izquierda al entrar en funciones", pero ha habido varios ejemplos de líderes que viran en dirección contraria. Zelaya alarmó aún más a los oligarcas hondureños y al gobierno de Estados Unidos cuando inició la entrada de Honduras en la Alianza Bolivariana dirigida por Venezuela (también conocida como ALBA) en 2008, con lo que convertiría a su país en el sexto en unirse al bloque comercial antineoliberal.[88]

Según archivos del ejército estadounidense y el Departamento de Estado que salieron a la luz años después, funcionarios clave del Pentágono sabían de antemano del golpe y lo apoyaban. La secretaria de Estado, Hillary Clinton, trabajó tras bambalinas

---

88. Jake Johnston y Stephan Lefebvre "Honduras Since the Coup: Economic and Social Outcomes", Center for Economic Policy and Research, noviembre de 2013, http://cepr.net/documents/publications/Honduras-2013-11-final. pdf; también Clayton M. Cunha Filho *et al.*, "A right-to-left policy switch? An Analysis of the Honduran case under Manuel Zelaya". *International Political Science Review,* Thousand Oaks, 2013, 1-24.

para impedir que se reinstituyera a Zelaya y la administración de Obama respaldó el cambio de régimen.[89] Los gobiernos derechistas de Porfirio Lobo Sosa y Juan Orlando Hernández que sucedieron a Zelaya, y que estaban apuntalados por el ejército hondureño, intentaron aplastar todos los movimientos sociales de oposición. Según grupos de derechos humanos, durante los primeros tres años después del golpe, escuadrones de la muerte a favor del gobierno asesinaban disidentes constantemente, mientras que diez mil quejas de abusos policiales o militares quedaron desatendidas. La historiadora Dana Frank estima que casi cien líderes campesinos y sus familiares fueron asesinados tan solo en el valle del Bajo Aguán entre enero de 2010 y febrero de 2013. La víctima más prominente de la represión fue Berta Cáceres, una ambientalista y líder indígena mundialmente conocida, asesinada en su casa en marzo de 2016 por un escuadrón de la muerte de exoficiales del ejército. En cuanto a los periodistas, mientras que habían matado a uno solo durante el periodo de Zelaya, asesinaron a 33 durante el de Porfirio Lobo. A pesar de su historial de violaciones a los derechos humanos, las administraciones hondureñas siguieron recibiendo el apoyo de la Casa Blanca de Obama y, después, de la de Trump. Ese apoyo continuó, aunque sus

---

89. El ejército hondureño declaró estar obedeciendo una orden de aprehensión contra Zelaya emitida por la Corte Suprema de su país, luego de que se negara a acatar la orden judicial de que no organizara un referéndum no vinculante para instituir una nueva asamblea constituyente. Pero la ONU, la OEA y la Unión Europea condenaron de inmediato los actos del ejército como un golpe ilegal, y en 2011, una comisión de la verdad hondureña llegó a la misma conclusión. Ver "Honduran Truth Commission rules Zelaya removal was a coup", *BBC*, 7 de julio de 2011, https://www.bbc.com/news/world-latin-america-14072148. Para el papel de Estados Unidos en el golpe, ver Lee Fang, "During Honduras Crisis, Clinton Suggested Back Channel with Lobbyist Lany Davis", *The Intercept*, 6 de julio de 2015, https://theintercept.com/2015/07/06/clinton-honduras-coup/; también Jake Johnston, "How Pentagon Officials May Have Encouraged a 2009 Coup in Honduras", *The Intercept*, 29 de agosto de 2017, https://theintercept.com/2017/08/29/honduras-coup-us-defense-departmetnt-center-hemispheric-defense-studies-chds/.

principales dirigentes, incluyendo al presidente Hernández y a su hermano, Tony Hernández —excongresista por el partido en el poder, el Partido Nacional—, fueran acusados por el Departamento de Justicia de Trump de estar involucrados con el narcotráfico o de recibir dinero de este. A Tony Hernández incluso le levantaron cargos y lo arrestaron. Dada la letanía de desastres naturales causados por el hombre que han sufrido los hondureños durante los últimos veinte años, no debería sorprendernos la huida en masa de su población hacia el norte.[90]

---

90. Para un recuento fascinante de la represión durante los años tras el golpe en Honduras, ver Dana Frank, *The Long Honduran Night: Resistance, Terror, and the United States in the Aftermath of the Coup* (Chicago: Haymarket Books, 2018), 52-93. Para los asesinatos de periodistas, ver *Informe Anual Sobre El Estado General de Los Derechos Humanos en Honduras, Año 2013,* Comisionado Nacional de los Derechos Humanos (CONADEH), 39, http://app. conadeh.hn/Anual2013/informes/CONADEH_2013.pdf. Para el caso de Berta Cáceres, ver "Berta Cáceres: Seven Men Convicted of Murdering Honduran Environmentalist", *The Guardian*, 29 de noviembre de 2018, https:// www.theguardian.com/world/2018/nov/29/berta-caceres-seven-men-convicted-conspiracy-murder-honduras. Para un informe más amplio sobre la represión tras el golpe de Estado, ver "Preliminary Observations concerning the Human Rights Situation in Honduras", Informe de la Comisión Interamericana de Derechos Humanos, Organización de Estados Americanos, 5 de diciembre de 2014, https://www.oas.org/en/iachr/media_center/ PReleases/2014/146A.asp. Para la acusación federal contra Juan Antonio "Tony" Hernández, que nombraba a su hermano, el presidente Juan Orlando Hernández, como coconspirador no acusado, ver *U.S. vs. Juan Antonio Hernandez*, S2-15-CR379 https://www.justice.gov/usao-sdny/press-release/ file/1113821/download. Desde 2015, cuando menos otros 15 exfuncionarios más del gobierno hondureño han sido acusados o condenados por tráfico de drogas, lavado de dinero o crimen organizado en tribunales estadounidenses u hondureños. Incluyen al expresidente Rafael Callejas Moreno; a un expresidente de la Corte Suprema; a un exvicepresidente del Congreso Nacional; a un exalcalde de la ciudad más grande del país, San Pedro Sula; a un expresidente de la compañía nacional de teléfonos, y a media docena de miembros del Congreso. Ver "Report to Congress on Corruption in El Salvador, Guatemala, and Honduras", Departamento de Estado de Estados Unidos, 18 de mayo de 2019, https://torres.house.gov/sites/torres.house.gov/files/05-16-19.State_. Report-on-Corruption-El-Salvador-Guatemala-Honduras.pdf.

LAS SECUELAS DE LA GRAN RECESIÓN

Durante la primera década del nuevo siglo, las economías de otros países centroamericanos fueron deformadas aún más para satisfacer las necesidades del capital extranjero. El 1º de enero de 2001, por ejemplo, los ciudadanos de El Salvador despertaron con una nueva moneda oficial: el dólar estadounidense. ARENA, el partido del presidente Francisco Flores, y sus aliados conservadores en la legislatura habían impulsado el cambio para suplantar la moneda histórica de su país, el colón, sin que hubiera prácticamente ningún aviso al público, lo que convirtió a El Salvador en parte de un reducido puñado de países independientes en usar el dólar. Hubo protestas masivas contra la decisión, pero el terremoto letal que asoló el país unos días después y que cobró miles de vidas detuvo de tajo la oposición.

Mientras tanto, los inversionistas extranjeros en las zonas de libre comercio de la región seguían siendo recibidos con los brazos abiertos por los gobiernos conservadores e incluso por algunos de izquierda. La administración de Zelaya, por ejemplo, eximió a los dueños de maquiladoras de su decreto de 2009 que aumentaba drásticamente el salario mínimo de Honduras, mientras que el Frente Sandinista de Nicaragua, después de que su líder, Daniel Ortega, ganara la presidencia de nuevo en 2007, también promovió la ampliación de las zonas de libre comercio en su territorio, con el menor salario mínimo de toda Centroamérica. En toda la región, el salario mínimo de los trabajadores de maquilas sigue siendo más bajo que el de los empleados de las industrias nacionales. La brecha entre los dos creció tras la Gran Recesión, pues los gobiernos locales intentaban volver a sus países aún más atractivos para la inversión extranjera.[91] En cada país excepto en El Salvador, el salario mínimo de las maquilas es menos de la mitad del umbral

---

91. Mateo Crossa, "Maquiladora Industry Wages in Central America Are Not Living Wages", Center for Economic and Policy Research, 20 de mayo de 2015, https://cepr.net/maquiladora-industry-wages-in-central-america-are-not-living-wages/.

de la pobreza (ver la siguiente gráfica). En Honduras, por ejemplo, era de $297 al mes en 2018, pero el ingreso que necesitaba una familia hondureña para mantenerse fuera de la pobreza era de $763 al mes. Un estudio del gobierno de Estados Unidos descubrió que el salario medio de los obreros de Guatemala en 2015 era de tan solo $161 al mes, menos de la mitad del mínimo legal de ese país en aquel entonces.[92]

Salario mínimo mensual y umbral de la pobreza en cuatro países centroamericanos[93]

Fuente: Equipo de Investigaciones Laborales (EIL) / Red de Solidaridad de la Maquila (RSM), *Salarios de Maquila en Centro América 2018 e Iniciativas internacionales por un Salario Digno*, octubre de 2018.

92. Banyan Global, USAID/Guatemala Gender Analysis Final Report 2018, Agencia de Estados Unidos para el Desarrollo Internacional, 14 de septiembre de 2018, 74, https://banyanglobal.com/wp-content/uploads/2018/10/USAID-Guatemala-Gender-Analysis-Final-Report.pdf.
93. Equipo de Investigaciones Laborales (EIL)/Red de Solidaridad de la Maquila (RSM) *Salarios de Maquilas en Centro América 2018 e Inciativas Internacionales por un Salario Digno*, (Toronto: octubre de 2018), 20, https://www.maquilasolidarity.org/sites/default/files/attachment/Salarios_maquila_centroamérica_EIL_RSM-Oct2018.pdf.

La Gran Recesión redujo temporalmente el empleo en las plantas maquiladoras de exportación, pero en unos pocos años, la mayoría de los países de la región habían superado sus niveles de empleo anteriores. Para 2019, las maquiladoras de Nicaragua y el Triángulo Norte empleaban a más de 425 mil obreros, una cifra comparable con la de las maquilas mexicanas en los albores del TLCAN. Dos países en particular, Honduras y Nicaragua, tuvieron un crecimiento importante en años recientes.[94] Para sorpresa de nadie, también tienen los salarios mínimos oficiales más bajos de Centroamérica.

LA REVOLUCIÓN DE LÓPEZ OBRADOR Y EL TLCAN 2.0

La victoria del veterano político de izquierda Andrés Manuel López Obrador (conocido popularmente como AMLO) en las elecciones presidenciales de julio de 2018 en México, fue una sorprendente excepción a la tendencia de partidos conservadores y neoliberales derrocando a líderes de la marea rosa latinoamericana. Fue particularmente importante dado que México presume la segunda población más grande de Latinoamérica y que es uno de los principales socios comerciales de Estados Unidos. En su discurso inaugural ante el congreso mexicano, AMLO condenó con furia el "fracaso del modelo económico neoliberal" seguido por los gobiernos mexicanos desde los años ochenta. Como resultado, señaló, el país que le había dado el maíz al mundo ahora

---

94. De 120 mil trabajadores de maquiladoras en 2011, en 2019, Honduras había alcanzado los 167 mil. El empleo en Nicaragua pasó de 103 mil en 2011 a 123 mil en 2019. Para las cifras de Honduras, ver Equipo de Investigaciones Laborales (EIL)/Red de Solidaridad de la Maquila (RSM), *Los Salarios Mínimos de Maquila y las Canastas Básicas de Alimento en cuatro países de Centroamérica 2019* (San Salvador, octubre de 2019), 8, https://www.business-human-rights.org/sites/default/files/documents/Salarios_minimos_maquila_2019. pdf. Para cifras de Nicaragua, ver "Menos Empleos en Zonas Francas", CentralAmericaData.com, 4 de junio de 2019, https://www.centralamericadata. com/es/article/home/Menos_empleo_en_zonas_francas.

era el mayor importador de ese grano. "Antes del neoliberalismo producíamos y éramos autosuficientes en gasolinas, diesel, gas, energía eléctrica" añadió. "Ahora compramos más de la mitad de lo que consumimos de estos insumos". Prometió dar vuelta atrás a la privatización de la educación en el país, preservar la industria petrolera y del gas bajo control gubernamental y oponerse al *fracking* de gas natural y a los alimentos genéticamente modificados.[95]

La alianza dirigida por su Movimiento Regeneración Nacional (MORENA) había ganado una amplia mayoría en ambas cámaras del Congreso y por lo tanto era libre de llevar a cabo el ambicioso programa del nuevo presidente, al que llamó la Cuarta Transformación de México.[96] En unos pocos días, AMLO privó a los expresidentes de sus pensiones vitalicias, disminuyó los salarios de los altos funcionarios, incluyendo el suyo, puso en venta el avión presidencial y 60 aeronaves gubernamentales más y se negó a vivir en el lujoso palacio presidencial, que convirtió en un museo público. Al mismo tiempo, aumentó el salario mínimo un 16% en todo el país, e incluso lo duplicó hasta alcanzar $9 al día en la frontera norte, donde están la mayoría de las maquiladoras. También aumentó las pensiones gubernamentales para los adultos mayores y las personas con discapacidad, e instituyó una nueva forma de transferencias directas para los pobres, ignorando los programas de gobierno establecidos y los grupos de la sociedad civil, que llevaban mucho tiempo funcionando como extensiones de los partidos políticos tradicionales. Esas políticas atrevidas lo volvieron muy popular entre la mayoría de los mexicanos durante su primer año en funciones. Sus críticos conservadores, por otro

---

95. "*Neoliberal, corrupción* y *pueblo,* entre las palabras que más dijo AMLO en su primer discurso", *El Financiero,* 12 de enero de 2018, https://www.elfinanciero.com.mx/nacional/neoliberal-corrupcion-y-pueblo-entre-las-palabras-que-mas-dijo-amlo-en-su-primer-discurso.

96. Tal como López Obrador las describe, las anteriores transformaciones de México fueron la Guerra de Independencia contra España en 1810; la Guerra de Reforma dirigida por Benito Juárez (1857-1860), que culminó con la separación oficial entre Iglesia y Estado, y la Revolución mexicana de 1910, que derrocó a Porfirio Díaz. Por lo tanto, proclamó que su movimiento lograría una revolución social.

lado, lo acusaron de promover un nuevo autoritarismo, y los financieros de Wall Street y la élite mexicana lo acribillaron por su postura dura en contra de la inversión extranjera en la industria petrolera mexicana y la cancelación inmediata de un costoso megaaeropuerto nuevo para la Ciudad de México. Mientras tanto, algunos grupos de izquierda, incluyendo a los zapatistas en Chiapas, se opusieron a su ambicioso plan de construir un tren de 900 millas por la zona maya del sureste de México para fomentar el turismo y el crecimiento económico.[97]

Atizados por la promesa de una nueva era, decenas de miles de obreros de maquilas en la ciudad fronteriza de Tamaulipas, la mayoría mujeres relegadas a un salario de $1 la hora, iniciaron una serie de huelgas ilegales en enero de 2019. Al principio, sus líderes sindicales no apoyaban sus actos, pues tenían vínculos estrechos con los gobiernos anteriores. Sin embargo, los huelguistas perseveraron y encendieron al país con su valiente proclama de "20/32" (un 20% de aumento salarial, más un bono anual de 32 mil pesos ($1,578), haciendo eco del movimiento por $15 la hora que ya se había extendido por todo Estados Unidos. Para febrero, 48 fábricas habían aceptado sus demandas.

---

97. "Mexico to raise base wage, new leader pledges more hikes to come", Reuters, 17 de diciembre de 2018, https://www.reuters.com/article/us-mexico-politics-wages/mexico-to-raise-base-wage-new-leader-pledges-more-hikes-to-come-idUSKBN1OH07H; Rodrigo Cruz, "Lo que sabemos de las pensiones a adultos mayores que dará AMLO", 1º de enero de 2019, https://www.eluniversal.com.mx/nacion/politica/lo-que-sabemos-de-las-pensiones-adultos-mayores-que-dara-amlo. Para críticas de AMLO, ver Mary Beth Sheridan, "AMLO is Mexico's strongest president in decades. Some say he's too strong". *Washington Post,* 29 de noviembre de 2019; también Christopher Lenton, "AMLO's Tumultuous First Year in Office Creates New Energy Environment in Mexico", Natural Gas Intelligence, 3 de diciembre de 2019, https://www.naturalgasintel.com/articles/120366-ngi-2020-amlos-tumultuous-first-year-in-office-creates-new-energy-environment-in-mexico. Para el Tren Maya, ver Martha Pskowski, "Mexico's 'Maya Train' is Bound for Controversy", CityLab, 22 de febrero de 2019, https://www.citylab.com/environment/2019/02/mexico-travel-mayan-train-yucatan-tourism-economic-development/583405/.

Luego, el 29 de abril de 2019, llegó lo que quizás sea la reforma más significativa para la democracia de bases en México en los últimos cien años: una revisión integral de las leyes laborales. La nueva reforma requería por primera vez elecciones libres y secretas sobre más de 700 mil contratos laborales, para verificar que los habían aprobado libremente. Exigía además que se enmendaran todos los reglamentos sindicales para instituir la elección directa de sus líderes, y establecía nuevos tribunales laborales y una agencia supervisora independiente para resolver disputas laborales. El gobierno dispuso casi $70 millones de su presupuesto anual para implementar los cambios. De un solo tajo, la mayoría de AMLO en el Congreso se dispuso a desmantelar décadas de colusión infame (conocida popularmente como "acuerdos de protección") entre los sindicatos controlados por el gobierno y los empleadores nacionales y extranjeros, para impulsar un movimiento obrero nuevo e independiente.[98]

Sin embargo, la nueva ley laboral logró otro propósito: acallar las demandas del presidente Trump sobre la política comercial entre México y Estados Unidos. Durante su campaña para la Casa Blanca, Trump había prometido salirse del TLCAN a menos de que se reescribieran cláusulas clave del pacto de 25 años de edad. Sin embargo, el Tratado entre México, Estados Unidos y Canadá (T-MEC) que acordaron sus negociadores en noviembre de 2018 —unas semanas antes de la toma de posesión de AMLO— solo incluía salvaguardas menores para evitar la fuga de más trabajos manufactureros a México. Sus letras chiquitas de hecho ofrecían nuevas y lucrativas protecciones de propiedad intelectual para la

---

98. Daniel Blue Tyx, "A Labor Spring for Mexico's Maquilas?", North American Congress on Latin America, 1º de marzo de 2019, https://nacla.org/news/2019/03/01/labor-spring-mexico's-maquilas. Para la nueva reforma laboral, ver M. Angeles Villareal, "USMCA and Mexico's New Labor Law", Servicio de Investigación del Congreso, 22 de mayo de 2019, https://fas.org/sgp/crs/row/IN11123.pdf; también "Catching Up on the Labour Reform #2: Mexico Budgets for the Transition", Maquila Solidarity Network, diciembre de 2019, https://www.maquilasolidarity.org/sites/default/files/resource/Mexico-Budgets-for-the-Transition_Dec_2019.pdf.

industria farmacéutica y la de la tecnología. Muchos progresistas y líderes sindicales estadounidenses estaban decididos a tumbar el pacto en el Congreso, sobre todo luego de que los demócratas ganaran la mayoría en la Cámara de Representantes en 2018. El gobierno de López Obrador respondió a sus preocupaciones presumiendo sus nuevas reformas laborales como parte crucial de un tratado comercial renegociado, y aceptando que se monitoreara su implementación. Al aumentar los salarios y las protecciones laborales en México, se reduciría la exportación de empleos estadounidenses hacia el sur de la frontera. Así, AMLO logró ganarse el apoyo de la FEO-COI. La vocera de la Cámara de Representantes, Nancy Pelosi, también consiguió otras concesiones de la administración de Trump sobre los cambios de las cláusulas farmacéuticas del pacto, con lo que convenció a una sorprendente cantidad de demócratas de ratificarlo en diciembre de 2019 junto con los republicanos. De todos modos, varios grupos ambientalistas, sindicatos automotrices y progresistas como el senador de Vermont Bernie Sanders siguieron condenando al TLCAN 2.0 como un trato tan solo marginalmente superior a su predecesor.[99]

Pero donde López Obrador causó más críticas fue en su respuesta a la "tolerancia cero" del presidente Trump contra la in-

---

99. El pacto final requería que el 75% de los automóviles vendidos en Norteamérica se hicieran a partir de coches y partes originados en la región (más que el 62.5% bajo el TLCAN), y que el 40%-45% del valor de esos coches y camiones fueran fabricados por obreros que recibieran un salario *promedio* de $16 por hora, una cifra que solo podrían cumplir los obreros en Estados Unidos y Canadá, pero según los sindicatos automotrices que se opusieron al pacto, las cláusulas dejaban una laguna que permitiría transferir a México una parte de los empleos de investigación y de trabajo calificado. Ver Courtney Vinopal, "These four changes helped Trump and Democrats agree to the USMCA trade deal", *PBS Newshour,* 11 de diciembre de 2019, https://www.pbs.org/newshour/economy/making-sense/these-4-changes-helped-trump-and-democrats-agree-to-the-usmca-trade-deal. También, "Redo of USMCA Better Than Original NAFTA After Yearlong Effort to Improve Trump's 2018 deal", Public Citizen, 10 de diciembre de 2019, https://www.citizen.org/news/unions-consumer-groups-and-congressional-democrats-achieve-removal-of-big-pharma-giveaways-and-strengthening-of-labor-environmental-standards-and-enforcement/.

migración. Muchas personas habían esperado un enfrentamiento entre los dos presidentes, pero en enero de 2019, AMLO revirtió de pronto su postura humanitaria sobre la migración centroamericana hacia Estados Unidos y sus promesas de atacar las raíces económicas del problema. En vez de eso, aceptó la nueva política que anunció Trump: los solicitantes de asilo tendrían que permanecer en México mientras se procesaban sus solicitudes, lo que forzó a miles de personas a quedarse en campamentos improvisados durante meses. Unos meses después, Trump amenazó con imponer nuevos aranceles a las importaciones mexicanas a menos de que se redujera la cantidad de migrantes que llegaba a la frontera con Estados Unidos. AMLO actuó de inmediato para aplacarlo. Tras haber creado una nueva Guardia Nacional, supuestamente para detener el narcotráfico y la epidemia de violencia del país, le ordenó que sellara la frontera sur de México y que aumentara las deportaciones de centroamericanos. En otras palabras, mientras Trump batallaba por conseguir fondos para construir su muro en el Congreso, AMLO, el presidente más izquierdista de México en casi un siglo, estaba, irónicamente, convirtiendo a su país entero en un muro contra los migrantes y los solicitantes de asilo.[100]

LA CRECIENTE INFLUENCIA
DE CHINA EN LATINOAMÉRICA

Después de 200 años de hegemonía del capital estadounidense sobre Latinoamérica, las primeras décadas del siglo XXI marcaron la llegada dramática de una nueva potencia en la región: la República Popular China. El comercio entre Latinoamérica y China se disparó de tan solo $10 mil millones anuales en 2000 a más de $270 mil millones en 2012. Ese crecimiento espectacular

---

100. Annette Lin, "AMLO's Crumbling Promise to Migrants", North American Congress on Latin America, 24 de julio de 2019, https://nacla.org/news/2019/09/17/amlo's-crumbling-promise-migrants.

estuvo alimentado por el hambre insaciable de materias primas de China, y por su disposición a brindar apoyos y préstamos a largo plazo a la región, sobre todo a los gobiernos de la marea rosa de Sudamérica, mientras evitaba cualquier presión política o exigencia de que siguieran cualquier modelo económico. Para 2018, Latinoamérica solo se encontraba por debajo de Asia en la inversión china en el extranjero. Tan solo Venezuela había acumulado $68 mil millones en deuda a China; Brasil, $28 mil millones; Ecuador, $18 mil millones. "Dada la opción entre las onerosas condiciones del Consenso de Washington neoliberal y la generosidad sin compromisos de los chinos, aumentar las relaciones con Beijing era una obviedad", señaló un informe. Para entonces, China era el principal socio comercial de Brasil, Chile y Perú; le daba más préstamos a la región que el Banco Mundial y el Banco Interamericano de Desarrollo combinados, y estaba financiando y construyendo montones de asombrosos proyectos de infraestructura: dos presas hidroeléctricas en el río Santa Cruz en la Patagonia argentina por $4.7 mil millones; un ferrocarril transcontinental entre Brasil y Perú, y un nuevo canal interoceánico en Nicaragua. Con tal asistencia, los líderes chinos les brindaron una alternativa viable a los gobiernos de la región a la exigencia de Washington de que volvieran a las políticas neoliberales de libre comercio. En resumen, la llegada de China garantizó que Latinoamérica ya no seguiría siendo el traspatio del imperio.[101]

---

101. Ted Piccone, "The Geopolitics of China's Rise in Latin America", Institución Brookings, *Geoeconomics and Global Issues,* Documento 2, noviembre de 2016, https://www.brookings.edu/wp-content/uploads/2016/11/the-geopolitics-of-chinas-rise-in-latin-america_ted-piccone.pdf. Para 2017, más de una cuarta parte de las exportaciones latinoamericanas de minería y petróleo y el 16% de sus exportaciones agrícolas iban hacia China. Ver Rebecca Ray and Keehan Wang, "China-Latin America Economic Bulletin, 2019 Edition" (Centro de Política de Desarrollo Global de la Universidad de Boston, 2019), 4, https://www.bu.edu/gdp/files/2019/02/GCI-Bulletin-Final-2019-1-1.pdf. Ver también, Vijay Prashad, "The US is doing its best to lockout China from Latin America and the Caribbean", *Peoples Dispatch,* 4 de noviembre de 2020, https://peoplesdispatch.org/2020/11/04/the-us-is-doing-its-best-to-lock-out-china-from-latin-america-and-the-caribbean/. Para datos sobre la

DESPUÉS DE LA MAREA ROSA

La muerte de Hugo Chávez en marzo de 2013 marcó un alto decisivo al giro hacia la izquierda de Latinoamérica. Con su carisma, su resistencia a la hegemonía estadounidense y su disposición a usar las inmensas reservas petroleras de Venezuela como arma política para reducir las flagrantes desigualdades de la región, durante sus 14 años en el poder se había convertido en el principal símbolo de la creciente independencia de Latinoamérica. A muchos de sus partidarios les pareció sospechosa su muerte, a la edad relativamente joven de 58 años.[102]

Como hemos visto, tanto la administración de Bush como la de Obama intentaron derrotar activamente la propagación del chavismo. Después de su aprobación tácita del golpe militar contra Zelaya en Honduras, la Casa Blanca de Obama también apoyó la eliminación del partido político más popular de Haití, Fanmi Lavalas, en las elecciones de 2010-2011, y patrocinó golpes parlamentarios en Paraguay contra el presidente Fernando Lugo en 2012 y en Brasil contra la presidenta Dilma Rousseff en 2016.[103] Analizar los muchos cambios que ocurrieron en cada

---

deuda latinoamericana con China en 2018, ver Kevin P. Gallagher and Margaret Meyers, "China-Latin America Finance Database" (Washington, D.C.: InterAmerican Dialogue, 2019), https://www.thedialogue.org/map_list/. Ver también Alfonso Serrano, "China Fills Trump's Empty Seat at Latin American Summit", *New York Times,* 13 de abril de 2018.

102. Kenneth Rapoza, "Hugo Chavez Cancer Conspiracy Theories Resurface After Death", *Forbes,* 6 de marzo de 2013, https://www.forbes.com/sites/kenrapoza/2013/03/06/hugo-chavez-cancer-conspiracy-theories-resurface-after-death/#7c2c0c5d4f1a. También, Mike Whitney, "The Strange Death of Hugo Chávez: an interview with Eva Golinger", *Counterpunch,* 22 de abril de 2016, https://www.counterpunch.org/2016/04/22/the-strange-death-of-hugo-chavez-an-interview-with-eva-golinger/.

103. Alexander Main, "The Right Has Power in Latin America, but No Plan", *Jacobin,* 3 de agosto de 2019, https://jacobinmag.com/2019/08/latin-america-united-states-donald-trump-right-wing. Para las elecciones en Haití, ver Mark Weisbrot, "Haiti's election: a travesty of democracy", *The Guardian,* 10 de enero de 2011, https://www.theguardian.com/commentisfree/cifamerica/2011/jan/10/haiti-oas-election-runoff.

uno de los países de la región durante la última década supera los propósitos de este libro. Baste con decir que varios de los líderes populistas de izquierdas intentaron extender sus periodos reescribiendo sus respectivas constituciones, y que otros acabaron manchados por escándalos de corrupción entre sus asesores principales. Mientras tanto, en los sitios donde los gobiernos de derecha se mantuvieron en el poder, como en Colombia, hubo una feroz represión contra la izquierda. Durante el periodo de Obama, la política estadounidense hacia Latinoamérica intentó apaciguar conflictos añejos y mantener a la vez nuestro dominio económico. Quizás el más grande logro de la era de Obama fueran sus esfuerzos por normalizar las relaciones con el gobierno cubano luego de más de 60 años de boicot económico e intentos de forzar un cambio de régimen. Pero ese esfuerzo duró poco, pues Donald Trump dio marcha atrás.

A pesar de las mejoras en la situación de Latinoamérica en el nuevo siglo, más de 184 millones de personas seguían estancadas en la pobreza en 2017, el 30% de la población de la región.[104] En los barrios, cinturones de miseria y pueblos en los que viven esos pobres, setenta años de políticas neoliberales de libre comercio no han traído la prosperidad prometida. Más bien, han provocado un éxodo desesperado hacia el Norte en busca de trabajo. Esos migrantes latinoamericanos, como hemos señalado, han asumido la responsabilidad de mantener a sus paisanos con las remesas que mandan cada mes a casa (ver el Capítulo 11). Irónicamente, es posible que este movimiento masivo de mano de obra haya logrado ayudar más a Latinoamérica que todas las políticas de libre comercio propuestas por las élites financieras del continente.

---

104. "Poverty in Latin America Remained Steady in 2017, but Extreme Poverty Increased to the Highest Level since 2008, while Inequality has Fallen Notably since 2000", comunicado de prensa en *Social Panorama of Latin America 2018,* informe de la Comisión Económica para América Latina, 15 de enero de 2019, https://www.cepal.org/en/pressreleases/poverty-latin-america-remained-steady-2017-extreme-poverty-increased-highest-level.

14

Puerto Rico, Estados Unidos:
Poseído e indeseado

> El colonialismo no se contenta con apretar al pueblo entre
> sus redes, con vaciar el cerebro colonizado de toda forma
> y de todo contenido. Por una especie de perversión de
> la lógica, se orienta hacia el pasado del pueblo oprimido,
> lo distorsiona, lo desfigura, lo aniquila.
>
> —FRANTZ FANON, *Los condenados de la Tierra*

Los norteamericanos llevan más de un siglo con dos imágenes contrastantes de Puerto Rico. Una es el paraíso vacacional de playas sombreadas, aguas turquesas y casinos refulgentes, una isla estadounidense que en los años sesenta presumía el segundo nivel de vida más alto de Latinoamérica. La otra es un territorio estadounidense empobrecido y económicamente dependiente. En 2017, casi el 46% de los hogares puertorriqueños tuvieron ingresos anuales por debajo del umbral de la pobreza, con un ingreso mediano de apenas $19,775, una tercera parte del ingreso de los hogares estadounidenses. A causa de eso, los puertorriqueños cada vez reciben más ayuda de Washington. En 2020, las transferencias federales netas a los habitantes de la isla alcanzaron un total de unos $30 mil millones, alrededor del triple de lo que eran en 2000. Esos costos los cargan sobre todo los contribuyentes de tierra firme, porque los puertorriqueños, aunque sean ciudadanos estadounidenses, no tienen representación en el Congreso y por lo tanto no pagan impuestos sobre la renta individuales a nivel federal, aunque sí contribuyan al Seguro Social y a los impuestos de nómina para Medicare. Mientras tanto, los índices de homicidios, drogadicción y SIDA de la isla rivalizan con los peores de cualquier estado de la Unión, y tantos habitantes han tenido que emigrar que más del 60% de las personas de ascendencia puertorriqueña estaban viviendo en Estados Unidos continental en 2018.[1]

Hasta años recientes, se sabía muy poco más de la isla, porque los noticieros de este país rara vez reportan los sucesos de allá, salvo los huracanes periódicos que acosan a la industria del turismo. Pero esa falta de atención histórica empezó a cambiar cuando el gobernador de la isla, Alejandro García Padilla, anunció de pronto, el 29 de junio de 2015, que la enorme deuda de $72 mil millones en bonos de la isla ya no era "pagable". La declaración del gobernador asombró al mundo financiero y lanzó a su gobierno hacia la peor bancarrota de un gobierno local en la historia de Estados Unidos. Durante los siguientes años, los inversionistas de Wall Street, los políticos de Washington y los medios estadounidenses

---

1. Para los niveles de pobreza, ver Lara Merling, Kevin Cashman, Jake Johnston, and Mark Weisbrot, *Life After Debt in Puerto Rico: How Many More Lost Decades?* (Washington: Center for Economic and Policy Research, July, 2017), http://cepr.net/images/stories/reports/puerto-rico-2017-07.pdf. Para una comparación de los ingresos medianos por hogar, ver Oficina del Censo de Estados Unidos. *2013-2017 American Community Survey 5-Year Estimates, selected economic characteristics.* Para las transferencias federales netas a Puerto Rico, en 2012, la Oficina del Censo descontinuó un Informe Consolidado de Fondos Federales que rastreaba tales datos, mientras que, debido a su crisis financiera continua, la capacidad del gobierno de Puerto Rico para reportar tal información se ha vuelto poco fiable. Sin embargo, el rastreo de las transferencias federales netas a todos los territorios estadounidenses hecha por la Oficina de Análisis Económico brinda el mejor estimado comparable, pues Puerto Rico representa la mayoría de ellas, ver "Unilateral current transfers, net: Adjustment for U.S. territories and Puerto Rico", (St. Louis: Federal Reserve Economic Data, 2020), https://alfred.stlouisfed.org/series?-seid=B1655C1A027NBEA&utm_source=series_page&utm_medium=related_content&utm_term=related_resources&utm_campaign=alfred.

le prestaron más atención a Puerto Rico que nunca. El Congreso no sabía qué hacer con la deuda —llegó a sumar más de $120 mil millones— hasta que decidió imponer una junta de control fiscal (la Junta de Supervisión y Administración Financiera para Puerto Rico) que manejara los asuntos de la isla. La Ley de Supervisión, Administración y Estabilidad Económica de Puerto Rico (PRO-MESA, por sus siglas en inglés) que autorizó la junta, marcó un nuevo momento constitutivo en la historia de la isla: la devolvió a control colonial directo, como en los años cuarenta.

En el mismo instante en que la junta de control empezaba a implementar medidas de austeridad poco populares, dos tormentas de Categoría 4 golpearon la isla sucesivamente el 6 y el 20 de septiembre de 2017. Los huracanes Irma y María causaron un daño catastrófico a las viviendas y la infraestructura de la isla y meses de apagones inéditos. Los esfuerzos de rescate y recuperación del gobierno federal y del de Puerto Rico estuvieron tan llenos de ineptitud, retrasos y corrupción, que la cifra total de muertos alcanzó por lo menos 3 mil y desató una estampida de miles de puertorriqueños huyendo a Estados Unidos. Luego, en el verano de 2019, surgió un movimiento de protesta espontáneo contra el gobernador Ricardo Rosselló, el sucesor de García Padilla, y contra la junta de control fiscal. En dos semanas, las protestas habían crecido tanto que atrajeron la atención de todo Estados Unidos y obligaron a renunciar a Rosselló. Que un gobernador en funciones se viera forzado a renunciar por protestas populares en las calles fue un caso excepcional en la historia de Puerto Rico y de todo Estados Unidos. Esa serie de sucesos extraordinarios, cada uno inédito a su manera, marcó una nueva etapa en la larga y tortuosa relación entre las dos naciones, una en la que el eterno abandono de los asuntos de la isla de parte de Washington y el público estadounidense ya no era viable.[2]

---

2. Joshua Barajas, "Hurricane Maria's official death toll is 46 times higher than it was almost a year ago. Here's why", *PBS Newshour,* 30 de agosto de 2018, https://www.pbs.org/newshour/nation/hurricane-marias-official-death-toll-is-46-times-higher-than-it-was-almost-a-year-ago-heres-why.

Desde los días de *La Vida: A Puerto Rican Family in the Culture of Poverty — San Juan and New York*, éxito de ventas del sociólogo Oscar Lewis, una multitud de académicos han cultivado un retrato sombrío de la vida social de Puerto Rico, tanto en la isla como en Estados Unidos.[3] Linda Chavez, exmiembro del personal de la Casa Blanca de Reagan, por ejemplo, escribió en su libro de 1992, *Out of the Barrio*: "Los puertorriqueños no solo son el grupo hispano más pobre, sino que sufren el nivel más alto de disfunción social de cualquier grupo hispano y exceden el de los negros en algunos indicadores".[4] Chavez les atribuía gran parte de esa "disfunción" a las heridas "autoinfligidas" de la

---

3. Lewis pintó a la familia Ríos, un grupo disfuncional de varias generaciones con una historia de prostitución y otros problemas sociales. Popularizó el término "cultura de la pobreza" para describir a individuos que se han acostumbrado a vivir en los márgenes de la sociedad. Ver Oscar Lewis, *La Vida: A Puerto Rican Family in the Culture of Poverty, San Juan and New York* (Nueva York: Random House, 1966). Antes de Lewis, un informe controvertido sobre el sistema de asistencia social neoyorquino hecho en 1963 por Julius Horwitz, consultor del senado estatal de Nueva York, afirmó que el programa de asistencia pública de la ciudad de Nueva York había logrado "perpetuar la dependencia de los negros y los puertorriqueños y crear un vasto cuerpo enfermo de niños torturados, asustados y dependientes que han logrado sobrepasar todas las instituciones morales y sociales de la ciudad de Nueva York". Ver "Horwitz Report on Relief Charges Southern Negroes, Puerto Ricans Do Come to New York and Demand Welfare", *New Pittsburgh Courier,* 27 de abril de 1963. Aquel mismo año, Daniel Moynihan y Nathan Glazer publicaron *Beyond the Melting Pot*, donde afirmaban que uno de los principales problemas de las relaciones raciales en la ciudad era la "presencia desproporcionada de negros y puertorriqueños que viven de la asistencia social". Ver Glazer y Moynihan, *Beyond the melting pot.* (Cambridge, Massachussets: MIT Press, 1963). Asimismo, en 1990, la socióloga Marta Tineda concluyó que los puertorriqueños formaban "parte de la clase inferior urbana", y que eran más propensos que otros grupos étnicos o raciales a depender de la asistencia pública debido a "efectos de su trasfondo familiar". Ver Marta Tienda, "Welfare and Work in Chicago's Inner City", *The American Economic Review,* vol. 80 (2), 372-76; también, Lydia Morris, "Women without me: domestic organization and the welfare state as seen in a coastal community of Puerto Rico", *The British Journal of Sociology* Vol. 30, No. 3 (1979), 322-340, https://www.jstor.org/stable/589911.

4. Chavez, *Out of the Barrio*, 140.

dependencia de la asistencia pública y de los nacimientos extra-maritales. Tanto el "paraíso vacacional" como el "hoyo sin fondo de la asistencia social" son imágenes simplistas y atractivas, pero son muy imprecisas, pues esconden una realidad profunda e inquietante: que Puerto Rico sigue siendo la colonia más grande y antigua de Estados Unidos en una época donde se supone que ya desaparecieron las colonias.

Como veremos en este capítulo, es probable que Puerto Rico le haya brindado más riqueza a Estados Unidos que cualquier otro país en la historia. Esa riqueza, junto con las numerosas bases militares estadounidenses que ha albergado la isla durante cincuenta años y los enormes sacrificios de miles de puertorriqueños que han luchado en las guerras de este país, eclipsa el valor de cualquier asistencia federal que hayan recibido sus habitantes.

Si bien es innegable que la presencia estadounidense en Puerto Rico ha traído algunos beneficios, también deformó la economía de la isla y la psicología de su gente, para fomentar la relación de dependencia de la que culpan a los boricuas. Apenas un siglo después de haber ocupado el país, los diseñadores de la política estadounidense tomaron los primeros pasos para librarse de su última posesión importante de ultramar. Sin embargo, décadas de debate esporádico en el Congreso sobre propuestas de ley para decidir el estatus definitivo de Puerto Rico han logrado muy poco. Los líderes en Washington y San Juan siguen divididos sobre las opciones: convertir la isla en estado, independizarla o instaurar un territorio que sea genuinamente autónomo. Están divididos porque, sin importar qué elijan —todos los bandos están de acuerdo en que la relación actual es insatisfactoria—, cualquier cambio tendrá repercusiones a largo plazo tanto para Puerto Rico como para Estados Unidos. Resulta que adquirir una colonia es mucho más fácil que renunciar a ella.

LA COLONIA MÁS RICA EN LA
HISTORIA DE ESTADOS UNIDOS

Como posesión territorial estadounidense —pertenece a Estados Unidos sin formar parte de ellos—, Puerto Rico tiene una posición única en la política de nuestro país. Los habitantes de la isla son ciudadanos estadounidenses de nacimiento, pero no tienen los mismos derechos y protecciones, ni las mismas responsabilidades, que los demás estadounidenses. Por ejemplo, no votan en las elecciones federales, y por lo tanto están exentos de pagar impuestos federales. El comercio entre la isla y tierra firme siempre ha estado exento de aranceles, por lo que la economía de Puerto Rico esta totalmente integrada a la de este país.

Sin embargo, es mucho más importante desentrañar cómo han evolucionado los mecanismos de control colonial y por qué han logrado sobrevivir tanto tiempo. En ese sentido, es útil demarcar la historia de la isla bajo dominio estadounidense en tres fases bien definidas:

- La Colonia Clásica: durante los primeros cincuenta años tras la Guerra Hispano-Estadounidense, la ocupación norteamericana se distinguió por una política de extracción de recursos por medio de la agroindustria (sobre todo compañías azucareras estadounidenses); por una política cultural de suprimir la lengua española y el patrimonio puertorriqueño, y, en la política, por el control directo de los asuntos locales por parte de gobernadores norteamericanos y otros altos funcionarios nombrados directamente por la Casa Blanca, junto con la represión descarada de activistas independentistas. (Ver Capítulos 3 y 4).

- La Colonia "Autónoma" Industrializada: los siguientes sesenta años estuvieron marcados por una estrategia económica de industrialización acelerada basada en mano de obra barata y exenciones de impuestos para las multinacionales estadounidenses (las primeras zonas de libre comercio); por la militarización de la isla por parte del Pentágono como bastión estadounidense en el Caribe durante la Guerra Fría; por vigorosas reformas del New Deal que incluían auto-gobierno limitado por el estatus de territorio autónomo, reforma agraria y planeación estatal agresiva basada en la creación de varias corporaciones públicas, y por el regreso al español como idioma de enseñanza en las escuelas públicas, junto con un movimiento renovado por abrazar el patrimonio cultural de Puerto Rico.

◆ La Colonia Neoliberal Postindustrial: desde principios de los dosmiles, conforme los empleos manufactureros huían, el capital financiero se convirtió en la fuerza dominante en Puerto Rico. Los préstamos gubernamentales brindados por inversionistas de Wall Street surgieron como la principal manera de mantener a flote la economía, mientras el Departamento de Defensa cerraba casi todas sus bases militares tras la Guerra Fría. Se desmantelaron y privatizaron sistemáticamente los servicios gubernamentales locales y se recortaron los empleos gubernamentales, de modo que incluso los profesionistas decidieron emigrar. Esas tendencias culminaron en 2016, cuando el Congreso impuso el control directo de los asuntos de la isla por medio de la Junta de Supervisión y Administración Financiera.

Como vimos en el capítulo anterior, la exención de impuestos federales creó un atractivo irresistible para la inversión, y la llegada de cientos de empresas estadounidenses tras la Segunda Guerra Mundial fomentó un milagro económico que convirtió a Puerto Rico en la envidia del mundo en vías de desarrollo. Como resultado de la industrialización, el gobernador Muñoz Marín construyó un puerto de primera clase, un sistema de autopistas y comunicaciones, escuelas públicas para todos y una red avanzada de servicio de salud; una enorme industria turística, y una imponente gama de corporaciones gubernamentales, lo que ayudó a crear un nivel de vida modelo para Latinoamérica durante los años cincuenta y sesenta.

Pero el milagro no tardó en evaporarse. La tasa anual de crecimiento económico cayó de un promedio del 6% durante los años cincuenta a 4% en los setenta, y quedó estancada durante los ochenta.[5] A pesar del estancamiento, la manufactura siguió creciendo proporcionalmente a la actividad económica de la isla. En los años setenta, conforme el salario mínimo federal cubría a los obreros de la isla y los sindicatos se organizaban mejor, muchas empresas estadounidenses empezaron a huir a México o a República Dominicana en busca de mano de obra aún más barata.[6]

Las compañías que se quedaron solían ser corporaciones multinacionales en la manufactura de sustancias químicas, medicamentos, electrónica y equipo científico. Las empresas de esos sectores no tardaron en darse cuenta de que podían convertir la laguna de la exención de impuestos federales de la Sección 936 en una mina de oro clandestina.[7]

El secreto era sencillo. Las compañías con altos costos de investigación, desarrollo y publicidad pero bajos costos de producción, enviaron su manufactura a subsidiarias en Puerto Rico, y luego transfirieron sus patentes y marcas registradas hacia allá también, con lo que protegieron todas las ganancias de sus productos de impuestos federales.[8] Puede que las cápsulas en ese

---

5. Héctor Cordero Guzmán, "Lessons from Operation Bootstrap", en Rosen, *Free Trade and Economic Restructuring in Latin America*, 79; también James Dietz y Emilio Pantojas-García, "Puerto Rico's New Role in the Caribbean: The High-Finance/Maquiladora Strategy", en *Colonial Dilemma: Critical Perspectives on Contemporary Puerto Rico*, eds. Edwin Meléndez y Edgardo Meléndez (Boston: South End Press, 1993), 108.

6. Según un informe presentado por el Territorio Autónomo de Puerto Rico ante el Congreso en 1964, más del 40% de las compañías fundadas con exenciones fiscales locales cerraron sus puertas al expirar esos beneficios. Ver Fernández, *The Disenchanted Island: Puerto Rico and the United States in the Twentieth Century* (Nueva York: Praeger, 1992), 208.

7. Oficina de Contabilidad General de Estados Unidos, *Tax Policy: Puerto Rico and the Section 936 Tax Credit*, junio de 1993, 3.

8. *Ibid.*, 9; también Oficina de Presupuesto del Congreso, "Potential Economic Impacts of Changes in Puerto Rico's Status Under S. 712", abril de

frasco de pastillas por receta de tu farmacia local, por ejemplo, tan solo hayan tenido un costo de producción de unos centavos en Puerto Rico, pero la mayor parte de los $75 que pagaste por él, que representa la suma de la investigación y la publicidad que gastó la empresa en Estados Unidos, más los costos de producción en la isla, están exentos de impuestos por la Sección 936 y su predecesora, la Sección 931. La laguna fue una minita de oro tal que para 1974, más de 110 de las compañías *Fortune* 500 tenían subsidiarias en Puerto Rico.[9]

Una multitud de plantas médicas y farmacéuticas abrieron en las afueras de prácticamente todas las ciudades de la isla, con más de cien mil obreros a principios de los años noventa. Entre 1960 y 1976, el diminuto Puerto Rico se catapultó del sexto al primer lugar en inversión estadounidense directa total en Latinoamérica. Los obreros de la isla registraban uno de los niveles más altos de productividad del mundo; el resultado fue un nivel de ganancias inédito en casa. Para 1976, Puerto Rico generaba el 40% de todas las utilidades en Latinoamérica, más que la suma combinada de todas las subsidiarias estadounidenses en Brasil, México y Venezuela.[10] Las ganancias gratis eran tan grandes que varias multinacionales importantes reportaron que más de una cuarta parte de sus utilidades mundiales provenían de la isla. En 1975, 35 empresas farmacéuticas ubicadas en la isla les pagaban un promedio de $10 mil al año a sus trabajadores, pero recibían $35 mil por cada uno en impuestos federales ahorrados: tres veces y media el costo de su mano de obra. Según un estudio del Departamento del Tesoro, las compañías más grandes recibieron $500 mil en beneficios fiscales aquel año por cada uno de sus empleados puertorriqueños.[11]

1990, 7; también Emilio Pantojas-García, *Development Strategies as Ideology: Puerto Rico's Export-Led Industrialization Experience* (Londres: Lynne Rienner Publishers, 1990), 117–18.

9. Esas 110 empresas tenían trescientas fábricas operando en ese entonces. Ver Pantojas-García, *Development Strategies*, 114.

10. *Ibid.*, 115–16.

11. *Ibid.*, 153. Según Pantojas-García, Abbott Laboratories conformaba el 71% de las ganancias mundiales de Puerto Rico; Digital Equipment, el 57%; Union Carbide, el 25%; Pepsi-Cola, el 21%, y Motorola, el 23%. Para los

La bonanza del crédito fiscal duró años, a pesar de los intentos repetidos del Congreso por detenerla, y a pesar de la mejora en los salarios de los empleados de las farmacéuticas. En 1986, por ejemplo, las compañías de medicamentos pagaron un promedio de $30,300 en salario y prestaciones a sus trabajadores puertorriqueños, pero recibieron $85,600 por empleado en beneficios fiscales federales.[12] Tan solo de sus cuatro mil empleados en Puerto Rico, el gigante farmacéutico Johnson & Johnson ahorró mil millones de dólares en impuestos federales entre 1980 y 1990. SmithKline Beecham ahorró $987 millones; Merck & Co., $749 millones; Bristol-Myers Squibb, $627 millones.[13]

Para 1992, el costo al tesoro federal de los impuestos perdidos alcanzó más de $2 mil millones al año, mientras Puerto Rico se convertía rápidamente en la principal fuente de ganancias en el mundo de las compañías estadounidenses. Para 1986, la rentabilidad de la isla había superado la de gigantes industriales como Alemania, Canadá, Japón y Reino Unido. Aquel año, las compañías estadounidenses ganaron $5,800 millones de sus inversiones en Puerto Rico.[14]

---

beneficios fiscales y la compensación de trabajadores en la industria farmacéutica en 1975, ver Departamento del Tesoro de Estados Unidos, "The Operation and Effect of the Possessions Corporation System of Taxation", Primer Informe Anual, junio de 1978, 40-41.

12. Las 22 subsidiarias farmacéuticas en Puerto Rico promediaban un 77.5% del rendimiento de los ingresos operativos en 1983, comparado con el promedio de 18.7% para las farmacéuticas en tierra firme. Ver Oficina de Contabilidad General de Estados Unidos, *Tax Policy*, 52–53.

13. Kelly Richmond, "Drug Companies Fear Loss of Tax Exemption", *New Jersey Record*, 8 de noviembre de 1993. Para un recuento detallado de los esfuerzos del Congreso por reducir los beneficios fiscales de la Sección 936, ver Senado de Estados Unidos, Comité Conjunto sobre Impuestos, "An overview of special tax laws related to Puerto Rico and an analysis of the tax and economic policy implications of recent legislative options", informe al personal, 23 de junio de 2006, 50-55, https://estadisticas.pr/files/BibliotecaVirtual/estadisticas/biblioteca/USC_OSTRRPR.PDF.

14. Comparen eso con los $5,100 millones en Canadá y los $4,600 millones en Alemania. Mientras que la inversión estadounidense en Canadá era el doble de grande que en Puerto Rico, la tasa de rendimiento sobre la inversión de la isla

Una década después, los ingresos netos de las inversiones directas de no residentes en Puerto Rico (sobre todo corporaciones estadounidenses) alcanzó los $14,300 millones. Era una cifra mucho mayor que los ingresos de todas las empresas estadounidenses en Reino Unido y casi el doble que en cualquier otro país del mundo. También era una cifra extraordinaria tomando en cuenta que Puerto Rico tenía menos de 3.8 millones de habitantes en 1995, mientras que Reino Unido contaba con 58 millones. La razón de esas ganancias exageradas (y poco conocidas) obtenidas en la minúscula isla era sencilla: no solo era un paraíso fiscal, sino que era una de las economías más industrializadas y cautivas del Tercer Mundo. El 85% de sus exportaciones son bienes manufacturados. Y a pesar de los intentos del gobierno local por diversificar sus mercados extranjeros en años recientes, en 2017, el 74.9% de sus exportaciones seguían dirigidas a Estados Unidos.[15]

Tabla 12

Ingresos Netos de la Inversión Estadounidense Directa* en Países Selectos, 1995 (en millones de dólares)[16]

Puerto Rico	$14,339†
Reino Unido	$13,773
Irlanda	$7,440
Alemania	$5,271
Brasil	$4,579

es más del doble que la de Canadá: un fenomenal 23.7%. Ver Pantojas-García, *Development Strategies*, 167; para los ingresos federales perdidos, ver Oficina de Contabilidad General de Estados Unidos, "Pharmaceutical Industry Tax Benefits of Operating in Puerto Rico", mayo de 1992, 14.
15. Junta de Planificación de Puerto Rico, "External Trade Statistics Puerto Rico 2016", febrero de 2017.
16. Junta de Planificación de Puerto Rico, *Informe económico para el gobernador 1995*, marzo de 1996, cap. 5, 11.

Japón	$4,237
Francia	$4,077
Hong Kong	$3,005
México	$916

*Para filiales extranjeras no bancarias poseídas en su mayoría por estadounidenses

†Como Puerto Rico no se considera un país extranjero, las cifras son de inversiones directas de no residentes (la abrumadora mayoría de ellos, corporaciones estadounidenses).

Para inicios de los años noventa, la exención fiscal de la Sección 936 se había convertido en una forma de asistencia social para corporaciones tan obvia que estaba creando furor en el Congreso. El presidente Clinton trató de calmar la controversia reduciendo los beneficios, pero una mayoría republicana en el Congreso, con la ayuda de una cantidad considerable de demócratas, aprobó una legislación en 1996 para irla difuminando por completo a lo largo de diez años. Para cuando la Sección 936 terminó en 2005, muchas compañías estadounidenses ya habían reducido o terminado su producción en Puerto Rico. Los empleos manufactureros en la isla cayeron un 35% entre 2006 y 2016, de 112 mil a solo 73 mil.[17]

Sin embargo, las farmacéuticas siguieron disfrutando de enormes ganancias de sus subsidiarias puertorriqueñas, pues la indus-

---

17. "Democrats Attack Permanent Tax Exemption for Profitable Territorial Subsidiaries Bill", *Puerto Rico Herald*, 18 de octubre de 2002. Ver también Oficina de Contabilidad General de Estados Unidos, *Puerto Rican Fiscal and Economic Trends,* 81 (Washington, D.C.: mayo de 1997) https://www.gao.gov/assets/ggd-97-101.pdf. Para pérdidas de empleo recientes, ver Territorio Autónomo de Puerto Rico, Departamento del Trabajo y Recursos Humanos, *Puerto Rico Economic Analysis Report 2015–2016*, https://www.doleta.gov/performance/results/AnnualReports/docs/2017_State_Plans/Economic_Reports/Puerto%20Rico/PR%20Economic%20Analysis.pdf. ***THIS LINK DOESN'T WORK** Los empleos en la manufactura habían caído de 158 mil en 2000 a 112 mil en 2009. Ver Junta de Planificación de Puerto Rico, "Statistical Appendix of Economic Report to the Governor, May 17, 2010", Tabla 33.

tria farmacéutica y la química, junto con el gobierno de Puerto Rico, lograron diseñar una laguna sustituta que les permitía seguir evadiendo impuestos federales. Su principal vehículo para la nueva laguna legal era la corporación extranjera controlada (CEC). Se trata de una empresa multinacional incorporada en un tercer país (incluyendo Puerto Rico), pero que sigue teniendo una mayoría de accionistas estadounidenses. Tales compañías solo pagan impuestos federales en los ingresos que traen de vuelta a Estados Unidos, y en la economía globalizada actual, las multinacionales pueden redirigir sus fondos a otras subsidiarias extranjeras con facilidad.[18]

Las ganancias que generan las CEC en Puerto Rico no tienen parangón, sobre todo para las farmacéuticas. Aunque solo emplearan una quinta parte de los obreros de la isla, la proporción de los ingresos manufactureros netos de las compañías farmacéuticas pasó de 50% en 2002 a más del 70% en 2009.[19] Un estudio federal concluyó que cada trabajador farmacéutico en Puerto Rico producía $1.5 millones en valor para su empleador en 2002, tres veces más que trabajadores similares en Estados Unidos.[20]

Puerto Rico, en resumen, es el principal paraíso fiscal de ultramar para la industria farmacéutica estadounidense.

Por eso, la isla seguía en el séptimo puesto en la lista de lugares más lucrativos en el mundo para empresas estadounidenses de 2005, aunque se hubiera eliminado la exención fiscal de la Sección 936. Las multinacionales estadounidenses lograron más ganancias en Puerto Rico aquel año que en gigantes en vías de desarrollo del Tercer Mundo como China, Brasil, México o India.[21]

---

18. Oficina de Contabilidad General de Estados Unidos, *Puerto Rican Fiscal and Economic Trends* 15, 6.

19. Oficina de Contabilidad General de Estados Unidos, *Puerto Rican Fiscal and Economic Trends*, 61; Junta de Planificación de Puerto Rico, "Net Manufacturing Domestic Income", Apéndice Estadístico, Tabla 11.

20. Oficina de Contabilidad General de Estados Unidos, *Puerto Rican Fiscal and Economic Trends*, 65.

21. Puerto Rico fue superado por Países Bajos ($77,700 millones), Luxemburgo ($62,400 millones), Reino Unido ($45,700 millones), Bermudas ($42,900 millones), Irlanda ($42 mil millones) y Suiza ($40 mil millones).

Los impuestos sobre la renta que el gobierno federal no logró cobrarles a las corporaciones en Puerto Rico palidecen en comparación con los enormes beneficios fiscales que el gobierno de la isla les da a los extranjeros. Esa cifra ni siquiera era pública sino hasta 2019, cuando el departamento del tesoro de la isla publicó un informe de las concesiones fiscales locales. Según ese documento, los individuos y las corporaciones recibieron más de $20 mil millones en exenciones tributarias en 2017. La mayor porción —unos $16 mil millones— fue para corporaciones, y el 98% de ellas tenía sede fuera de la isla. Esa cifra de $20 mil millones representaba más de la mitad del presupuesto anual de fondos generales del gobierno, y el 20% del PIB.[22]

A pesar de la estrategia doble del gobierno puertorriqueño de fomentar a la vez la emigración en masa y la industrialización libre de impuestos, la tasa de desempleo se mantuvo más alta en la isla que en el continente. Entre 1976 y 2019 nunca bajó de 10%, y normalmente estaba a niveles de la Gran Depresión, arriba del 20%. Solo disminuyó en años recientes gracias a la desbandada de puertorriqueños migrando a Estados Unidos. Otro indicador de la profunda incapacidad de la economía puertorriqueña para producir suficientes empleos es la tasa de participación de la fuerza laboral, es decir, el porcentaje de adultos con empleo o en busca de uno. Se ha mantenido por debajo del 50% durante el último cuarto de siglo, y en 2019 cayó a 41%, una de las tasas más bajas del mundo.[23]

Sin embargo, estaba muy por encima de Japón ($12,100 millones), Francia ($9,500 millones), México ($8,700 millones) y China ($7,800 millones). Ver Raymond J. Mataloni, "U.S. Multinational Companies, Operations in 2006", *Survey of Current Business*, noviembre de 2008. Para Puerto Rico, ver Junta de Planificación de Puerto Rico, "Statistical Appendix of Economic Report...".

22. "Más del 20% del PIB se va en gastos tributarios", *Sin comillas.com*, 23 de septiembre de 2019, https://sincomillas.com/gobierno-publica-informe-de-gastos-tributarios-para-el-2017/; también Abner Dennis "A Tax Haven Called Puerto Rico", LittleSis.org, 19 de febrero de 2020, https://news.littlesis.org/2020/02/19/a-tax-haven-called-puerto-rico/.

23. Para índices comparativos de participación laboral en el mundo, ver Banco Mundial, "Labor force participation rate, total (percentage of population ages

Mientras tanto, una proporción preocupante del ingreso que producen los puertorriqueños nunca toca manos boricuas. En 2008, casi cuatro de cada diez dólares producidos en la isla terminaban en las cuentas de empresas estadounidenses. Se han succionado tantos ingresos manufactureros de la economía de la isla que los salarios de los obreros puertorriqueños ahora solo representan una fracción del valor real que producen. En 1963, por ejemplo, los salarios fabriles representaban el 63% de los ingresos manufactureros totales de la isla. Cayeron a apenas 21% para 1995, y luego a un diminuto 8% para 2012. En otras palabras, por cada diez dólares de ingresos que produjeron los obreros puertorriqueños para sus empleadores aquel año, solo recibieron ochenta centavos de paga. En contraste, los trabajadores manufactureros estadounidenses, incluso después de todos los recortes empresariales y el acoso sindical de los últimos treinta años, retuvieron en promedio el 61% del ingreso de sus empleadores como salarios en 2012, mientras que todos los trabajadores estadounidenses retuvieron en promedio el 56%. La enorme discrepancia entre la parte de la riqueza que produce su trabajo y la que logran quedarse los obreros estadounidenses y los puertorriqueños refleja la esencia material cotidiana del colonialismo.[24]

A pesar de la alta productividad laboral y de niveles históricos de ganancias para las compañías estadounidenses en la isla, el 45% de los puertorriqueños sigue viviendo bajo el umbral de la

15+), modeled ILO estimate", septiembre de 2019, https://data.worldbank.org/indicator/SL.TLF.CACT.ZS. Para la tasa de desempleo histórica, ver Federal Reserve Economic Data, "Unemployment Rate in Puerto Rico, 1976-2019", https://fred.stlouisfed.org/series/LAUST720000000000003A; también Oficina de Contabilidad General de Estados Unidos, *Puerto Rican Fiscal and Economic Trends,* 11.
24. Salim Hurth, "Hired labor's share of income is lowest in Puerto Rico", *The Heritage Foundation.* Issue Brief No. 4502, 29 de diciembre de 2015, http://thf-reports.s3.amazonaws.com/2015/IB4502.pdf.

pobreza. Si bien se trata de una mejora marcada respecto del 60% prevalente a finales de los años noventa, sigue siendo el doble que el nivel de pobreza de Mississippi, el más pobre de los cincuenta estados. Una enorme parte de la población de Puerto Rico, incapaz de encontrar un empleo digno para cubrir sus necesidades básicas, se vio forzada a migrar o a quedarse en la isla y depender de una gama de beneficios federales para sobrevivir. Esas transferencias federales empezaron a subir alrededor de 1975, justo cuando comenzó a ampliarse la brecha entre los ingresos de los trabajadores puertorriqueños y los de las corporaciones.[25]

En resumen, el estatus colonial de Puerto Rico convirtió a la isla, con su combinación de comercio libre de aranceles, salarios bajos y lagunas fiscales, en un oasis corporativo único en el mundo. Al mismo tiempo, el gobierno federal se vio obligado a gastar miles de millones de dólares al año en asistencia y transferencias para aliviar la pobreza generalizada que esas corporaciones perpetuaban.[26]

Pero hay otros ejemplos de cómo el estatus colonial de Puerto Rico ha creado dificultades innecesarias para su gente.

Entre los más obvios se encuentran:

1. *Transporte marítimo*. Desde sus primeros días como posesión estadounidense, el Congreso ha considerado que Puerto Rico entra dentro de las leyes de cabotaje de Estados Unidos, aunque la isla esté a más de mil millas de la costa de Norteamérica y rodeada de varios otros países isleños. La Ley Jones (Ley de la Marina Mercante de 1920) exige que todo el comercio costero entre puertos estadounidenses debe hacerse en barcos fabricados en Estados Unidos que naveguen bajo la bandera estadounidense y

---

25. Jaime Bofill Valdés, "Comportamiento de Diversas Variables Macro-Económicas de Puerto Rico y de la Trayectoria de Crecimiento entre Puerto Rico y Estados Unidos Durante 1950-94", en *Boletín de Economía*, 1, no. 1.

26. En 1989, por ejemplo, las compañías farmacéuticas cedieron apenas un millón de dólares en contribuciones caritativas en Puerto Rico mientras ganaban más de $3 mil millones de sus operaciones ahí. Ver Oficina de Contabilidad General de Estados Unidos, *Tax Policy*, 64.

estén tripulados en su mayoría por ciudadanos estadounidenses, una cláusula diseñada para preservar una flota mercante norteamericana en caso de guerra.[27] La ley se extiende a los estados no contiguos y a los territorios, pero Samoa Estadounidense, las Islas Marianas del Norte y las Islas Vírgenes están exentas. Como resultado, mientras el resto del mundo transporta gran parte de sus mercancías en cargueros baratos panameños y liberianos, los puertorriqueños acaban pagando hasta 25% más por los bienes importados debido al costo de transporte. Asombrosamente, el puñado de compañías privadas que transportan cargamento de la Ley Jones disfrutan de subsidios federales directos y de preferencia para enviar ayuda alimentaria estadounidense y demás cargamento militar al extranjero. En 2017, por ejemplo, cada barco de la Ley Jones recibió un subsidio anual de $5 millones del Departamento de Defensa, por lo que el apoyo gubernamental directo a esas compañías sumó $300 millones.[28] Esa laguna en la ley marítima ha convertido al minúsculo Puerto Rico en el principal sostén de la flota mercante estadounidense, junto con otros dos estados distantes, Alaska y Hawaii. En 2004, los cargamentos de Puerto Rico representaban el 17.5% de todo el valor del cargamento bajo bandera estadounidense, aunque la isla solo representara menos del 1.5% de la población de Estados Unidos. Para 2018, el valor de los envíos navieros entre Estados Unidos y Puerto Rico sumaba $36,900 millones. Sin embargo, los esfuerzos bipartidistas

27. El término "Ley Jones" puede referirse a varias leyes estadounidenses. La Ley Jones de 1916, también conocida como la Ley de Autonomía de Filipinas, planteó un gobierno autónomo transicional para Filipinas. La Ley Jones-Shafroth de 1917 creó un gobierno civil para Puerto Rico y les concedía la ciudadanía estadounidense a los habitantes de la isla. La Ley Jones (Ley de la Marina Mercante de 1920) estableció las leyes de cabotaje del país.
28. Colin Grabow, "New Reports Detail Jones Act's Cost to Puerto Rico", Instituto Cato, 25 de febrero de 2019, https://www.cato.org/blog/new-reports-detail-jones-acts-cost-puerto-rico. Para los subsidios federales, ver Oficina de Contabilidad General de Estados Unidos, "Maritime Security: DOT Needs to Expeditiously Finalize the Required National Maritime Strategy for Sustaining U.S.-Flag Fleet", agosto de 2018, GAO18-478, 12, https://www.gao.gov/assets/700/693802.pdf.

en el Congreso por reformar la Ley Jones, o cuando menos por crear exenciones para Puerto Rico similares a las de las Islas Vírgenes, han fracasado una y otra vez a causa de la presión de las compañías navieras y de la FEO-COI, que está decidida a proteger los pocos miles de empleos sindicalizados en la industria.[29]

2. *Comercio.* Como nación caribeña, las necesidades comerciales de Puerto Rico son bastante distintas de las de Estados Unidos; sin embargo, la isla siempre ha estado sujeta a los mismos tratados comerciales y aranceles que los cincuenta estados. El Congreso ha rechazado varias peticiones del gobierno puertorriqueño de negociar sus propios acuerdos comerciales con otros países, un derecho del que ya gozaba en 1897, cuando seguía siendo posesión española. Tomemos los viajes en avión, por ejemplo. El Aeropuerto Internacional Luis Muñoz Marín, en San Juan, regulado por la Administración Federal de Aviación, solía ser un punto neurálgico para los viajes internacionales en el Caribe. En 2001, 16 aerolíneas de Asia, Europa y Latinoamérica tenían vuelos regulares desde y hacia San Juan, muchos para pasajeros en tránsito hacia islas caribeñas más pequeñas. Pero después de los ataques terroristas del 11 de septiembre, el gobierno federal restringió los vuelos de tránsito. Como resultado, el tráfico internacional a Puerto Rico ha caído 50% y la isla ha perdido $30 millones al año en gastos hoteleros y aeroportuarios de los turistas.[30] Además, los puertorriqueños son los mayores importadores

---

29. Comisión de Política Oceánica de Estados Unidos, *An Ocean Policy for the 21st Century, Final Report*, 2004, 192; también "U.S. Trade with Puerto Rico and U.S. Possessions, 2004", Oficina del Censo de Estados Unidos, https://www.census.gov/library/publications/2005/econ/ft895-04.html. Para envíos de 2018, ver *U.S. trade with Puerto Rico and U.S. possessions, 2018*, https://www2.census.gov/library/publications/2019/economics/ft895-18.pdf. Ver también Declaración del Consejo Ejecutivo de la FEO-COI, "Support of the Jones Act", 21 de octubre de 2017, https://aflcio.org/about/leadership/statements/support-jones-act.

30. "Report by the President's Task Force on Puerto Rico's Status", marzo de 2011, 82-83, https://obamawhitehouse.archives.gov/sites/default/files/uploads/Puerto_Rico_Task_Force_Report.pdf.

per cápita de bienes estadounidenses en el mundo. Un estudio descubrió que el comercio entre los dos países creaba 487 mil empleos en Estados Unidos y 322 mil en la isla. Estados Unidos no solo ganaba una tercera parte más de empleos por la relación, sino que los trabajadores estadounidenses ganaban entre dos y tres veces más ingresos que los puertorriqueños. Mientras tanto, la capacidad de Puerto Rico de ampliar sus exportaciones al resto del mundo está constreñida por las necesidades de las industrias de tierra firme.[31]

3. *Tribunales.* El español es el idioma de los tribunales locales de la isla, pero el inglés es el idioma del Tribunal de Distrito del Distrito de Puerto Rico, con sede en San Juan. Eso excluye a la mayoría de los habitantes de la isla, que no habla inglés, de fungir como jurados federales. También exige que todos los litigantes que emitan objeciones de fallos de tribunales inferiores a los tribunales federales cambien de idioma a medio camino. Además, todas las apelaciones del tribunal de distrito para Puerto Rico se manejan a miles de millas de distancia, en Boston, en vez de en una jurisdicción más cercana, como Atlanta o Washington, lo que sería menos difícil para los litigantes.

4. *Programas federales.* En décadas recientes, el Congreso ha intentado reducir los gastos federales poniendo los límites de una multitud de programas como Medicaid, la asistencia pública y el apoyo federal a la educación a niveles más bajos en Puerto Rico que en los cincuenta estados, mientras excluye por completo a la isla de fondos carreteros federales, Seguridad de Ingreso Suplementario (ssi, por sus siglas en inglés), reparto de ingresos, crédito tributario por ingreso del trabajo y Ley de Cuidado Asequible. En 2020, por ejemplo, la proyección de los beneficios

---

31. Ángel L. Ruiz y Fernando Zalacaín, "The Economic Relation of the United States and the Puerto Rican Economies: An Interregional Input-Output Approach", en *Boletín de Economía* 3, no. 1 (Unidad de Investigaciones Económicas, Universidad de Puerto Rico, septiembre de 1997).

federales de Medicaid fue de un promedio de $2,144 por dere-
chohabiente en la isla, menos de una tercera parte de los beneficios medianos de $6,763 por derechohabiente en los 50 estados.
En cuanto a la seguridad de ingreso suplementario, si Puerto
Rico hubiera sido incluido en el programa en 2011, habría recibido entre $1,500 y $1,800 millones más en pagos federales.[32] Esas
restricciones del Congreso han enviado un mensaje inequívoco a
los habitantes de la isla: aunque sean ciudadanos estadounidenses, son ciudadanos de segunda clase. Solo si se mudan a Estados
Unidos pueden recibir un trato igualitario de parte del gobierno federal.

5. *Ejército.* A lo largo de la segunda mitad del siglo XX, Puerto
Rico fue uno de los principales bastiones militares de Estados
Unidos. En cierto punto, 25 instalaciones del ejército, marina
y fuerza aérea ocupaban hasta un 14% del territorio de la isla.
Pero cuando aumentó la oposición local a la presencia militar
excesiva, y sobre todo una vez que había terminado la Guerra
Fría, el gobierno federal se dispuso a cerrar muchas de las bases. El descontento público alcanzó su clímax en 1999, cuando
estalló un movimiento masivo de desobediencia civil contra décadas de prácticas de tiro de la marina contra la diminuta isla
habitada de Vieques. El gobierno federal cedió a regañadientes
a la presión y aceptó abandonar Vieques en 2003, y el Pentágono cerró la enorme base naval Roosevelt Roads que se encontraba cerca al año siguiente. Hoy en día, solo queda una base militar
activa: Fort Buchanan, cerca de San Juan. Aparte del problema de
las bases está el servicio militar en sí mismo. Los puertorriqueños

---

32. Torruella, *The Supreme Court and Puerto Rico*, 257–59. Para Medicaid,
ver Judith Solomon, "Puerto Rico's Medicaid Program Needs an Ongoing
Commitment of Federal Funds", Centro de Prioridades Presupuestarias y de
Política Pública, 22 de abril de 2019, https://www.cbpp.org/research/health/
puerto-ricos-medicaid-program-needs-an-ongoing-commitment-of-federal-
funds; para los fondos perdidos de SSI, ver Kobre & Kim, "Independent Investigator's Final Investigative Report", Junta de Supervisión y Administración
Financiera para Puerto Rico, 20 de agosto de 2018, 39.

fueron parte del reclutamiento forzoso o voluntario de todas las guerras de Estados Unidos desde los primeros años del siglo XX (ver Tabla 13). Los soldados boricuas se distinguieron una y otra vez en combate, sobre todo en la Guerra de Corea y en la de Vietnam. En Corea sufrieron la segunda tasa de mortalidad más alta (Hawaii tuvo la peor), casi 1 de cada 600 soldados, mientras que en el resto de Estados Unidos, la tasa era de 1 por cada 1,125. Sin embargo, el pueblo de la isla nunca ha tenido un voto en el Congreso que declaró todas esas guerras.[33]

Tabla 13

Servicio militar de puertorriqueños en guerras estadounidenses[34]

	Cantidad de efectivos	Cantidad de muertos
Primera Guerra Mundial	18,000	1
Segunda Guerra Mundial	65,000	23
Corea	61,000	750
Vietnam	48,000	342
Guerra del Golfo	10,000	4
Iraq/Afganistán	25,000	80

33. Luis R. Dávila Colón, "The Blood Tax: The Puerto Rican Contribution to the United States War Effort", *Review of Colegio de Abogados de Puerto Rico* (noviembre de 1979). Also W. W. Harris, *Puerto Rico's Fighting 65th U.S. Infantry, from San Juan to Corwan* (San Rafael: Presidio Press, 1980); también Nicolás Santiago Ortíz, *Korea 1951, La Guerra Olvidada: El Orgullo de Haber Sobrevivido* (Río Piedras: Esmaco Printers, 1991).
34. Shannon Collins, "Puerto Ricans Represented Throughout U.S. Military History", *Department of Defense News,* 14 de octubre de 2016, https://www. defense.gov/News/News-Stories/Article/Article/974518/puerto-ricans-re-presented-throughout-us-military-history/. La cuenta exacta de puertorriqueños que lucharon o murieron en guerras estadounidenses es difícil de calcular, pues no todos los que se enlistaron en los 50 estados se identificaron necesariamente como boricuas. Los registros del Departamento de Defensa hasta junio

¿ALGUNA VEZ HEMOS IMPORTADO?

Un siglo de control económico y político ha dejado una profunda marca psicológica en todos los puertorriqueños y ha afectado la manera en la que los norteamericanos ven la isla y a su gente. Esas nociones se han vuelto bastante negativas desde que los boricuas empezamos a migrar hacia acá en grandes cantidades tras la Segunda Guerra Mundial. Tomemos, por ejemplo, este artículo de 1972 de la revista *New York*:

> Esta gente eran "españoles". Llegaron como hormigas, pintando de café las aceras, y se asentaron, se multiplicaron, secciones enteras de la ciudad cayeron ante sus impermeables negro brillante y su habla chiclosa. Les decíamos "medás", porque siempre estaban gritando "me da, me da". [...] Yo solo sabía que crecían en número en vez de en estatura, que no eran blancos ni negros, sino de un bronceado indiscreto, y que estaban aquí, irrevocablemente; lo mejor que podías hacer para evitar contaminarte era evitar pensar en ellos.[35]

---

de 2019, por ejemplo, enumera 15 muertes de soldados durante la Operation Enduring Freedom que originalmente vivían en Puerto Rico, pero 26 muertes de personas de "etnia" puertorriqueña, lo que sugiere que 11 eran boricuas que vivían en Estados Unidos. Para las varias campañas de la Guerra de Iraq y la de Afganistán, el Departamento de Defensa descubrió un total de 80 muertes de personas que se identificaban como puertorriqueñas, de las cuales 53 provenían de la isla. Ver "American War and Military Operations Casualties: Lists and Statistics", Servicio de Investigación del Congreso, actualizado el 24 de septiembre de 2019, https://fas.org/sgp/crs/natsec/RL32492.pdf. Sin embargo, el grupo antibélico de la isla, Madres Contra la Guerra, declara una cifra mucho más alta: identificaron por nombre a 123 soldados de herencia puertorriqueña provenientes de la isla, de Estados Unidos, de Santa Cruz o de Panamá que murieron entre 2003 y 2014. Por lo tanto, es probable que la cifra real de bajas puertorriqueñas sea más alta que el total oficial. Ver Madres Contra La Guerra, http://madrescontralaguerra.blogspot.com.

35. Richard Goldstein, "The Big Mango", Nueva York, 7 de agosto de 1972, 24, citado en Manuel Maldonado-Denis, *The Emigration Dialectic: Puerto Rico and the USA* (Nueva York: International Publishers, 1980), 76–77.

O el profesor de la Universidad de Oxford Raymond Carr, experto en estudios latinoamericanos, quien escribió en 1984:

> Pocos estadounidenses se toman en serio la existencia de la cultura puertorriqueña. Llegan a una isla donde los meseros anglófonos les ofrecen ron con Coca-Cola y donde ven librerías atiborradas de libros estadounidenses en rústica. La cultura puertorriqueña les parece un pintoresco folclor que se mantiene con vida para el turismo.[36]

O Linda Chavez en *Out of the Barrio*: "Mientras una cantidad significativa de puertorriqueños jóvenes sigan alienados de la fuerza laboral, viviendo de la delincuencia o de la caridad, teniendo hijos por los que no se sientan responsables, los prospectos de los puertorriqueños en Estados Unidos se ensombrecerán".[37]

La teoría de que los boricuas han permitido que se les arraigue una cultura de la pobreza, de que sectores enteros son felices de depender de las dádivas del gobierno, ha resonado de manera asombrosa entre muchos estadounidenses blancos. Sin embargo, la dependencia tiene poco que ver con la cultura específica de las personas y mucho con las fuerzas externas a las que se enfrentan. Es algo que se enseña, alimenta y refuerza. Frantz Fanon, el psiquiatra y teórico de la independencia de Argelia, fue el mejor analista de la manera en la que los sistemas coloniales han creado una psicología de dependencia en sus súbditos:

> El colonialismo no se contenta con apretar al pueblo entre sus redes, con vaciar el cerebro colonizado de toda forma y de todo contenido. Por una especie de perversión de la lógica, se orienta hacia el pasado del pueblo oprimido, lo distorsiona, lo desfigura, lo aniquila. [...] El resultado, conscientemente perseguido por el colonialismo, era meter en la cabeza de los indígenas que la partida

---

36. Raymond Carr, *Puerto Rico: A Colonial Experiment* (Nueva York: Vintage Books, 1984), 294, 297.
37. Chavez, *Out of the Barrio*, 159.

del colono significaría para ellos la vuelta a la barbarie, al encana-
llamiento, a la animalización.[38]

Para ser independiente, para sostenerse por sí mismo, un país,
un grupo, una persona debe primero concebirse como un todo,
como algo separado y distinto a los demás. A diferencia de otros
inmigrantes, incluso de otros latinoamericanos, los puertorriqueños siempre hemos sufrido de una profunda ambivalencia e
inseguridad en un tema tan básico como quiénes somos. Varios
estudios han declarado que sufrimos índices desproporcionadamente altos de desórdenes mentales y de personalidad —tres veces más altos—, y que la esquizofrenia es por mucho la psicosis
más tratada. En un estudio ante la Academia Estadounidense de
Psicoanálisis en 1980, el Dr. Hector R. Bird dijo:

> El estado actual de la sociedad puertorriqueña es de difusión y
> confusión de la identidad. Múltiples indicadores sociales reflejan
> la profundidad y amplitud de la crisis puertorriqueña y sugieren
> una colectividad en estado de desintegración psicosocial. La delin-
> cuencia es rampante; los índices de divorcio, de alcoholismo y de
> abuso de sustancias están entre los más altos del mundo; y hay una
> alta incidencia de psicopatologías y de disfunción emocional. [...]
> No queremos insinuar que los conflictos de identidad son la única
> explicación de todos los males sociales de Puerto Rico. Es evidente
> que una situación tan compleja es multicausal y que una multitud
> de otros factores contribuyen a ella (como la sobrepoblación, el
> estrés del desarraigo continuo por el patrón migratorio de ida y
> vuelta, el rápido cambio social, etc.). Pero muchos de esos factores
> están directa o indirectamente relacionados con el estatus colonial
> y con la ausencia del mentado "equilibrio psicosocial de apoyo mu-
> tuo" a la que contribuyen los conflictos identitarios.[39]

---

38. Frantz Fanon, *Los condenados de la tierra*, traducido por Julieta Campos
(México: FCE, 1965), 128-129.
39. Citado en Torruella, *The Supreme Court and Puerto Rico*, 223.

Generaciones de puertorriqueños solo han aprendido en la escuela sobre Washington, Lincoln y los Roosevelt, sobre Whitman y Hemingway y Poe. Durante los primeros cincuenta años de ocupación estadounidense, las escuelas públicas de la isla intentaron borrar todo recuerdo de una cultura e historia existentes antes de que se plantara la bandera de Estados Unidos. Incluso trataron, sin éxito, de eliminar el vehículo más importante para preservar esa historia y cultura: el idioma. En este país, mientras tanto, pocos niños en escuelas públicas, incluyendo a los puertorriqueños, aprenden nada de Puerto Rico excepto su ubicación geográfica y el hecho de que "pertenece" a Estados Unidos.

Tomando en cuenta ese siglo de opresión cultural, es asombroso que los boricuas de la isla hayan preservado el conocimiento de su patrimonio cultural, como la obra maestra de Alonso Ramírez, *El jíbaro* (1849); las de los poetas José Gautier Benítez (1851-1880) y Lola Rodríguez de Tió (1843-1924); las de los pintores Francisco Oller (1833–1917) y Ramón Frade (1875–1956), y las de los ensayistas e historiadores como Eugenio María de Hostos (1839–1903) y Salvador Brau (1842–1912).[40] Gran parte del crédito de preservar ese patrimonio cultural se lo debemos a instituciones gubernamentales desarrolladas bajo el mandato del Partido Popular hacia la mitad del siglo XX, como el Instituto de Cultura Puertorriqueña, y a la investigación y escritos de decenas de académicos, muchos de ellos independentistas, en la Universidad de Puerto Rico.

A nivel popular, la cultura isleña ha demostrado una resiliencia particular en el ámbito de la música y el baile: las *danzas* clásicas de Julio Arteaga (1867–1923) y Juan Morel Campos (1857–1896); la *plena*, con su hipnótico ritmo en *staccato*; las canciones de inicios del siglo XX de Joselino "Bumbún" Oppenheimer (1884–1929); César Concepción y Rafael Hernández en los años cuarenta; Rafael Cortijo e Ismael Rivera en los cincuenta

---

40. Arturo Morales Carrión, *Puerto Rico: A Political and Cultural History*, 326–30.

y sesenta, y las legiones de músicos de *salsa* y jazz de primera clase de nuestros días.

Mientras los puertorriqueños en la isla tuvieron que batallar por preservar su cultura de la aniquilación, a quienes vivíamos en Estados Unidos se nos negaba incluso el acceso más rudimentario a ella, y por lo tanto crecimos prácticamente sin entender nuestra relación única con este país.

"La ciudadanía, que debía haber mejorado los logros de los puertorriqueños", declaró Chavez, "quizás los haya impedido al darles derechos, como la asistencia social, sin ninguna obligación concomitante".[41] Como prueba, señaló el nivel desproporcionado de dependencia de la asistencia pública entre hispanos de Nueva York (42% de los beneficiarios de la Ayuda para Familias con Niños Dependientes en 1977, cuando los hispanos apenas eran el 12% de la población). Sin duda, la mentalidad de dependencia del gobierno, el pesimismo respecto a la capacidad propia para cambiar el futuro, el auto odio y el auto desprecio están arraigados en demasiados puertorriqueños de esa época. Pero no se originaron por el desmembramiento de la familia ni por el aumento de nacimientos extramaritales, como afirmaban ella y otras personas, incluyendo al sociólogo y futuro senador de Estados Unidos Daniel Patrick Moynihan en su controvertido Informe Moynihan.[42] Más bien, son los síntomas de un mal más profundo: la estructura misma del colonialismo. Además, la rápida industrialización tuvo un impacto debilitante en la estructura familiar puertorriqueña. Las empresas estadounidenses preferían contratar mujeres para sus fábricas en la isla e ignorar a los hombres, quizás creyendo que serían más fáciles de controlar que ellos. En 1980, las mujeres representaban el 36.5% de la fuerza laboral de Puerto Rico, pero el 48.3% de sus obreros fabriles. Desde el final de la Segunda Guerra Mundial hasta 1980, la tasa de participación en la fuerza laboral de los varones adultos

---

41. Chavez, *Out of the Barrio*, 159.
42. Daniel P. Moynihan, "The Negro Family: The Case for National Action", (Washington: Departamento del Trabajo de Estados Unidos, marzo de 1965).

de la isla cayó de 70.6% a 54.4%.[43] Esos hombres a quienes les resultaba difícil conseguir trabajo en casa, descubrieron que el programa estadounidense de jornaleros migrantes estaba listo y ansioso por transportarlos a los campos de Nueva Jersey, Nueva York, Connecticut, Massachusetts, Michigan y Ohio, un proceso que los separaba de sus familias durante varios meses al año y destruía matrimonios.

A las tensiones de la vida como trabajador migrante se añadió el declive de los empleos industriales en este país. La desindustrialización se apropió del Noreste y el Medio Oeste poco después de que los puertorriqueños migraran a esas regiones. En Nueva York, por ejemplo, el 60% de los trabajadores puertorriqueños en 1960 tenían empleos fabriles, por lo que fueron particularmente vulnerables a la inseguridad económica durante las décadas siguientes, cuando esos trabajos empezaron a desaparecer.[44] Conforme cambiaba la naturaleza del empleo en las zonas urbanas, los boricuas también descubrieron que estaban excluidos de los trabajos financieros, profesionales y gubernamentales. Eso no se debía tanto a su voluntad, sino a la barrera del idioma, a la falta de educación y al racismo.

Además, la facilidad con la que los puertorriqueños recorrían el "puente aéreo" que conecta la isla con el continente —una opción de la que carecen otros inmigrantes latinos— les brindó problemas de inestabilidad únicos. A los migrantes pioneros que tuvieron éxito en los negocios les resultó más fácil empacar y regresar a Puerto Rico. Una vez ahí, con sus modestos ahorros y su recién adquirida fluidez en inglés, se unieron a la clase media de la isla como empleados en la pujante industria turística, como gerentes de compañías estadounidenses o simplemente como jubilados cómodos. Sin embargo, su vuelta a casa vació a los barrios

---

43. Palmira Ríos, "Export-Oriented Industrialization and the Demand for Female Labor: Puerto Rican Women in the Manufacturing Sector, 1952–1980", en Meléndez, *Colonial Dilemma*, 89–92.

44. Clara E. Rodríguez, *Puerto Ricans: Born in the U.S.A.* (Boston: Unwin Hyman, 1989), 86.

puertorriqueños del continente de una clase media en desarrollo. Cuando las nuevas oleadas de trabajadores no calificados llegaron de la isla, esos barrios quedaron desproporcionadamente
ocupados por desempleados y pobres, por lo que desde el exterior
parecían incapaces de progresar.

Para finales de los años setenta, los profesionistas boricuas, incapaces de encontrar trabajo en casa, empezaron a migrar hacia
acá también, pero se asentaron lejos de los antiguos barrios puertorriqueños, o en ciudades donde predominaban los mexicanos
o los cubanos. Una cantidad considerable de ingenieros isleños,
por ejemplo, fueron a trabajar para la NASA en Houston o para
la pujante industria de la computación en California (Orlando,
Florida, ahora presume la comunidad boricua de más rápido crecimiento). El resultado de esa migración de ida y vuelta ha sido
una clase media puertorriqueña menos estable y menos conectada con la construcción de instituciones entre las masas de los
pobres que, digamos, lo que sucede en las comunidades inmigrantes de mexicanos y cubanos.

Todos esos factores indican por qué los puertorriqueños, más
que cualquier otro grupo de latinos, sentimos un vínculo tan ín-
timo con nuestra patria, y por qué el resto de la sociedad estadounidense debería considerarnos un solo pueblo. Las experiencias
de los 5.8 millones de boricuas en este país no se pueden separar de las de los 3.2 millones en la isla. A fin de cuentas, los 9 millones enteros somos ciudadanos estadounidenses por ley, y —sin
importar si el resto de la sociedad estadounidense se percata de
ello— todos seguimos viviendo con los efectos de más de cien
años de colonialismo.[45]

---

45. "Hispanics of Puerto Rican Origin in the United States, 2007", cartilla
informativa del Centro de Investigaciones Pew, 13 de julio de 2009, https://
www.pewresearch.org/hispanic/2009/07/13/hispanics-of-puerto-rican-ori-
gin-in-the-united-states-2007/.

LA HISTÓRICA CAMPAÑA
DE VIEQUES DE 1999-2003

El 19 de abril de 1999, David Sanes Rodríguez, un guardia de seguridad de 35 años, estaba patrullando cerca de un punto de observación cerca del campo de tiro naval estadounidense en Vieques, Puerto Rico, cuando un par de jets F-18 en una misión de entrenamiento de rutina no atinaron a su objetivo y tiraron dos bombas de quinientas libras cerca de su puesto. Sanes murió y cuatro personas más resultaron heridas. El trágico accidente despertó un resentimiento público que llevaba décadas creciendo por el trato que les daba la marina a los locales, y disparó un movimiento de protesta de cuatro años contra la presencia de la marina en la isla. Ese movimiento no tardó en convertir a Vieques en un símbolo mundial de resistencia contra el colonialismo, mientras a la vez empeoraba el distanciamiento entre los jefes del Pentágono y la Casa Blanca de Clinton.

Con sus playas prístinas, sus aguas cristalinas y su vegetación exuberante, esa isla de 55 millas cuadradas en la costa este de Puerto Rico es uno de los sitios más pintorescos y menos arruinados del Caribe. Durante la Segunda Guerra Mundial, la marina se apropió de más de dos terceras partes del territorio para un campo de tiro e instalaciones de almacenamiento de armas. Después desarrolló otro campo de tiro para submarinos cerca de la costa. La combinación del campo de prácticas para submarinos, las grandes playas, aptas para ejercicios anfibios, y la enorme Base Naval Roosevelt Roads apenas a seis millas de distancia, no tardaron en convertir a la isla en la joya de la corona de las instalaciones de entrenamiento naval. Vieques era tan popular en el Pentágono que los comandantes estadounidenses se la rentaban a las marinas de nuestros aliados latinoamericanos y europeos para sus prácticas de tiro.

Mientras tanto, la población de Vieques se redujo de 16 mil habitantes a unos 9,400, restringidos por la marina a ocupar un pequeño enclave en el centro de la isla. Al pasar las décadas, esos residentes soportaron casi a diario las atronadoras explosiones de bombas y artillería naval del campo de tiro cercano; el rugido ensordecedor de los jets volando bajo, y el ruido incansable de las armas largas. Esa incesante actividad militar impidió el crecimiento de la industria y el turismo; dejó la pesca como la única fuente de empleo de los locales, y convirtió a la isla en el municipio más pobre y aislado de Puerto Rico.[46]

En la década de 1970, los habitantes de Vieques empezaron a quejarse de problemas de salud importantes que sospechaban que estaban causados por la presencia militar. Al principio, el gobierno de Puerto Rico ignoró sus preocupaciones. Pero, en los años noventa, varios estudios revelaron que los habitantes de Vieques tenían un índice de cáncer 27% más alto que el resto de Puerto Rico, y una incidencia mucho más alta de enfermedades cardíacas. El índice de cáncer era tres veces más alto para los niños de Vieques que para los de la isla principal. Los locales también sufrían tasas más altas de diabetes, enfermedades respiratorias y epilepsia, que el resto de los puertorriqueños.

Sin embargo, fue necesaria la muerte de Sanes para que la gente del exterior le prestara atención a la catástrofe de salud pública. En 2000, la epidemióloga puertorriqueña Carmen Ortiz Roque descubrió niveles altos de plomo, mercurio y cadmio en 44 de los 49 habitantes a los que les hizo pruebas. Mientras tanto, biólogos de la Universidad de Puerto Rico detectaron concentraciones altas de metales pesados en la vegetación de Vieques. Según un estudio revisado por pares, las muestras de la isla tenían "hasta 10 veces más plomo y 3 veces más cadmio que muestras del propio Puerto Rico" y "excedían las normas de seguridad". Otros estudios revelaron la contaminación del aire, los mantos acuíferos, los peces —incluso de las muestras de cabello y orina de los

---

46. Katherine T. McCaffrey, "Social Struggle against the U.S. Navy in Vieques, Puerto Rico: Two Movements in History", en Kal Wagenheim and Olga Jiménez de Wagenheim, *The Puerto Ricans: A Documentary History*, 4º edición (Princeton: Markus Weiner Publishers, 2008), 334–45; también Ronald O'Rourke, "Vieques, Puerto Rico Naval Training Range: Background and Issues for Congress", Servicio de Investigación del Congreso, 17 de diciembre de 2001, https://www.everycrsreport.com/reports/RS20458.html.

habitantes— con metales pesados y otros compuestos tóxicos, uranio incluido.[47]

Los funcionarios del Pentágono luego admitieron que habían experimentado con armas químicas en el campo de prácticas y tirado napalm, Agente Naranja e incluso algunos proyectiles agotados de uranio. También aceptaron que la isla estaba regada de más de 18 mil proyectiles sin explotar.[48]

A pocas semanas del accidente, decenas de activistas puertorriqueños invadieron el área restringida del campo de tiro y exigieron que se fuera la marina. Luego instalaron más de una docena de campamentos de protesta improvisados en las playas, en un enfrentamiento que duró más de trece meses y evitó que continuaran las prácticas de tiro. Mientras los asesores principales de la Casa Blanca de Clinton debatían cómo reaccionar, los funcionarios del Pentágono insistían en que las instalaciones de entrenamiento de Vieques eran únicas, irremplazables y fundamentales para la defensa nacional.[49]

En enero de 2000, Clinton y Rosselló anunciaron un acuerdo para hacer un referéndum en Vieques sobre la presencia de la marina. Clinton ofreció brindar $50 millones en infraestructura y ayuda a la vivienda si los locales aceptaban que siguieran los entrenamientos. Los manifestantes de los campamentos rechazaron el plan y la mayoría de las agrupaciones civiles de Puerto Rico lo criticaron. Menos de un mes después, aproximadamente

---

47. Matthew Hay Brown, "Military Exercises Left Toxic Waste, Residents and Experts Claimed", *Orlando Sentinel*, 18 de enero de 2003; también Elba Díaz y Arturo Massol-Deya, "Trace Element Composition in Forage Samples from a Military Target Range, Three Agricultural Areas, and One Natural Area in Puerto Rico", *Caribbean Journal of Science* 39, no. 2 (2003), 215–20; también Cruz Maria Nazario, John Lindsay-Poland y Déborah Santana, "Health in Vieques: A Crisis and Its Causes", Fellowship of Reconciliation Task Force on Latin America and the Caribbean, junio de 2002, https://groups.google.com/g/soc.culture.puerto-rico/c/Woj1bZYUIYU?pli=1.

48. Mike Melia, "Former Marine Becomes Face of New Vieques Battle", *New York Times*, 11 de octubre de 2009.

49. Mike Allen and Roberto Suro, "Vieques Closing Angers Military, Hill GOP", *Washington Post*, 15 de junio de 2001.

ochenta mil personas llenaron las calles de San Juan para condenar a la marina y el plan Clinton-Rosselló.[50]

Trece meses después de iniciada la crisis, agentes del FBI y alguaciles federales barrieron los campamentos de protesta y arrestaron a más de doscientas personas. Unos días después, la marina
continuó sus prácticas con salvas. Pero las bandas de oponentes
a los bombardeos no dejaban de irrumpir en el campo de tiro
para interrumpir los ejercicios antes de que los atraparan y en-
carcelaran los agentes federales. Cuando la noticia del conflicto
de Vieques se propagó por el mundo, activistas por los derechos
humanos, políticos y celebridades acudieron en bandada a la isla
para demostrar su apoyo. En abril de 2001, el reverendo Al Sharpton; Robert F. Kennedy, Jr.; el actor Edward James Olmos; el
famoso cantante puertorriqueño Danny Rivera, y Jackie Jackson,
esposa del reverendo Jesse Jackson, fueron arrestados en Vieques.
Sucedió lo mismo con dos miembros boricuas del Congreso,
Nydia Velázquez, de Nueva York, y Luis Gutiérrez, de Chicago,
mientras que José Serrano, de Nueva York, fue arrestado durante
una protesta contra la marina frente a la Casa Blanca. En total, los
agentes federales arrestaron a más de 1,400 personas en Vieques
entre mayo de 2000 y septiembre de 2001.[51]

---

50. En mayo de 2009, el autor cubrió las protestas de Vieques durante una
visita al campo de práctica de tiro por parte del reverendo Jesse Jackson y el
cardenal Roberto González, arzobispo de San Juan, quienes apoyaron abiertamente el movimiento de desobediencia civil. El gobernador Rosselló recibió
en persona a la delegación de Jackson en Puerto Rico. Más tarde, durante una
reunión privada con el comandante de la Base Naval Roosevelt Roads, el líder
de derechos civiles le advirtió: "Esta gente no lo quiere aquí; es hora de irse".
Ver también "Puerto Ricans Protest Plan to Resume Navy Training", *Los Angeles Times*, 22 de febrero de 2000.

51. En abril de 2001, el reverendo Al Sharpton; Robert F. Kennedy, Jr.; el actor
Edward James Olmos; el famoso cantante puertorriqueño Danny Rivera, y
Jackie Jackson, esposa del reverendo Jesse Jackson, fueron arrestados en Vie-
ques. Lo mismo sucedió con dos miembros puertorriqueños del Congreso,
Nydia Velázquez, de Nueva York, y Luis Gutiérrez, de Chicago, mientras que
el tercero, José Serrano, de Nueva York, fue arrestado en una protesta contra
la marina frente a la Casa Blanca. Ver O'Rourke, "Vieques, Puerto Rico Naval
Training Range: Background and Issues for Congress".

Cuando tomó posesión una nueva gobernadora, Sila Calderón, del Partido Popular Democrático, en enero de 2001, rechazó de inmediato el pacto Clinton-Rosselló. En marzo, la marina notificó a Calderón de que, como parte de ese acuerdo, pronto retomaría el bombardeo con salvas en Vieques. La gobernadora de inmediato aseguró la aprobación de una nueva Ley de Prohibición de Ruidos, que volvía ilegales esos bombardeos. Luego demandó, sin éxito, a la marina en un tribunal federal para evitar bombardeos futuros y a la vez programó un nuevo referéndum en noviembre, que incluía la opción del cese inmediato de los bombardeos. Para entonces, la administración de Bush se estaba dando cuenta de que la oposición de Puerto Rico a la marina no se podía revertir. El 14 de junio de 2001, Bush sorprendió al ejército y a sus propios líderes republicanos en el Congreso al anunciar que todos los ejercicios navales en Vieques terminarían en dos años. Sin embargo, ni siquiera esa enorme concesión acalló por completo el furor. En el referéndum en Vieques de aquel noviembre, el 68% de los votantes apoyó el cese inmediato de los entrenamientos.[52]

En retrospectiva, el movimiento de Vieques y la retirada forzosa de la marina de la isla en mayo de 2003 representó una victoria de derechos humanos asombrosa, aún más inspiradora tomando en cuenta que se logró con desobediencia civil no violenta. Sin embargo, muchos norteamericanos no podían entender por qué los puertorriqueños, siendo ciudadanos de Estados Unidos, se oponían con tanta vehemencia a la presencia de la marina. De manera similar, los boricuas, sobre todo los habitantes de Vieques, no lograban comprender por qué los políticos de Washington habían permitido que la marina destruyera sus tierras, su salud y su sustento durante tantas décadas. En otras palabras, Vieques era el ejemplo más vívido de una condición colonial que tenía que terminar.

---

52. *Ibid.*

LIBERTAD DE ELECCIÓN
Y EL DEBATE SOBRE EL ESTATUS

Durante más de medio siglo, el Congreso había insistido en que los puertorriqueños querían esa relación, que los habitantes de la isla habían elegido ser una colonia disfrazada —o territorio autónomo— por voluntad propia, y que eso habían votado en los referéndums anteriores sobre el estatus. Esas declaraciones empezaron a desenmascararse en 1989, cuando los tres principales partidos políticos de la isla declararon en conjunto que los puertorriqueños en realidad nunca habían ejercido su derecho de autodeterminación. Aquel año, el Partido Popular Democrático, el Nuevo Progresista y el Partido Independentista Puertorriqueño solicitaron en conjunto un nuevo referéndum al Congreso para decidir el estatus final de la isla.

Como sabrán los estudiosos serios de la historia de Puerto Rico, los dos referéndums anteriores, en 1952 y en 1967, estaban tan sesgados por una de las opciones, que eran una burla a la noción de libre elección. El voto de 1952 solo ofrecía la opción de mantenerse como colonia directa o aceptar el autogobierno limitado que representaba el estatus de territorio autónomo. El Congreso no incluyó en la boleta ni la conversión en estado ni la independencia. De hecho, la represión gubernamental contra el movimiento independentista estaba en su clímax. Incluso los partidarios pacíficos de la separación eran sistemáticamente excluidos de trabajar en el gobierno. La infame "ley mordaza" de 1948, aprobada por la legislatura anterior al territorio autónomo, declaraba que era un crimen proponer en público la oposición violenta a la ocupación estadounidense, y los nacionalistas podían ser arrestados por siquiera ondear la bandera de Puerto Rico. Después de la revuelta independentista fallida de Jayuya en 1950, se invocó esa ley para declarar la ley marcial *de facto* y encarcelar a miles de nacionalistas y a sus simpatizantes. A pesar de esa represión, los candidatos del partido independentista obtuvieron un asombroso 20% del voto en las elecciones de la isla en los años cincuenta, y lograron mantener con vida el asunto del estatus colonial de Puerto Rico en la ONU.[53]

Sin embargo, durante los años sesenta, conforme más y más colonias africanas y asiáticas conseguían su independencia y se unían a la ONU, los nuevos Estados miembros empezaron a exigir respuestas de la delegación estadounidense sobre el estatus de Puerto Rico. En 1964, la presión empujó al presidente Johnson a nombrar una Comisión sobre el Estatus de Estados Unidos y Puerto Rico. Esa comisión recomendó un nuevo plebiscito en el que, por primera vez, la independencia, el estatus de estado y el territorio autónomo se ofrecerían como opciones de "igual dignidad y estatus". El referéndum se hizo el 23 de julio de 1967. El gobernador Muñoz Marín hizo una enérgica campaña por lo que él llamaba "territorio autónomo mejorado", que describía con una mayor autonomía que la que había aprobado el gobierno federal en 1948.

Mientras que las opciones eran una mejora enorme respecto de las ofrecidas en 1952, seguían sufriendo de fallas fundamentales. En primer lugar, el Congreso se negó a comprometerse con la decisión que tomara el pueblo puertorriqueño antes del voto, e insistió en su derecho soberano a decidir el estatus de la isla. En segundo lugar, se rehusó a dejar en claro cómo trataría económicamente el gobierno federal a la isla durante el periodo de transición de cada una de las opciones. A causa de esas fallas, el Partido Independentista Puertorriqueño y una sección del partido por la conversión en estado boicotearon el referéndum, lo que aseguró un margen del 60% para el "territorio autónomo mejorado".

Unos años después se reveló una tercera falla, aún más seria que las anteriores: una conspiración de funcionarios federales para subvertir el voto. Agentes del FBI habían ejecutado una campaña de trucos sucios y acoso contra el Partido Independentista

---

53. Ivonne Acosta, *La Mordaza: Puerto Rico, 1948–1957* (Río Piedras: Editorial Edil., 1989), da el mejor recuento de la ley mordaza y la persecución de los independentistas.

Puertorriqueño para disminuir su apoyo.[54] Sin embargo, incluso para Muñoz Marín y el Partido Popular Democrático, el referéndum fue una victoria vacía, pues el Congreso rechazó los esfuerzos del gobernador por lograr la mayor autonomía que habían aprobado los votantes.

Poco después de que Jimmy Carter asumiera la presidencia en 1977, los expertos en Latinoamérica le aconsejaron en privado que revisara el estatus de Puerto Rico. No solo estaba provocando vergüenzas constantes ante el Comité de Descolonización de la ONU, sino que su pobreza intratable se estaba convirtiendo en una carga para el tesoro federal. Algunos asesores lo incitaron a dirigir la isla hacia algún tipo de soberanía, pero que preservara la influencia y el control estadounidense.[55] Sin embargo, antes de que la nueva comisión presidencial pudiera terminar su labor, Carter perdió las elecciones de 1980 y sus dos sucesores inmediatos, Ronald Reagan y George H. W. Bush, apoyaban que la isla se convirtiera en estado. Sin embargo, la visión de un estado de Reagan y Bush difería bastante de la de los líderes estadistas de la isla. Aquellos dirigentes, como el exgobernador Carlos Romero Barceló, proponían "un estado *criollo*". Para ellos, el español seguiría siendo el idioma de la isla, aunque se anexara a la Unión, y eso era algo que los conservadores en el Congreso se negaban a aceptar.[56] Como resultado, los años ochenta pasaron sin que hubiera acciones federales, porque la Casa Blanca y el Congreso no se podían poner de acuerdo.

---

54. Para un recuento de la campaña de socavación del movimiento independentista por parte del FBI durante el referéndum de 1967, ver Ronald Fernández, *The Disenchanted Island: Puerto Rico and the United States in the Twentieth Century*, 214–19. También Juan Manuel García-Passalacqua, "The 1993 Plebiscite in Puerto Rico: A First Step to Decolonization", *Current History* 93, no. 581 (marzo de 1994): 78.

55. Para una discusión a fondo del debate de la administración de Carter, ver Beatriz de la Torre, "El Plebiscito Nació en la Era de Carter", en *Puerto Rico y los Estados Unidos: El Proceso de Consulta y Negociación de 1989 y 1990*, vol. 2, *1990*, ed. Juan Manuel García-Passalacqua y Carlos Rivera Lugo (Río Piedras: Editorial de la Universidad de Puerto Rico, 1991), 10–21.

56. Edgardo Meléndez, "Colonialism, Citizenship and Contemporary Statehood", en Meléndez, *Colonial Dilemma*, 41–52.

Por lo tanto, su frustración por los vaivenes de la política estadounidense fue lo que empujó a los tres partidos isleños a unirse en 1989 y solicitar un nuevo plebiscito. En respuesta a la petición, los legisladores estadounidenses empezaron a redactar una "Ley de Autodeterminación de Puerto Rico", bajo la dirigencia del senador de Louisiana J. Bennett Johnston. Esa vez, los líderes puertorriqueños exigieron la definición específica de cada estatus, algo que los plebiscitos anteriores habían evitado. Argumentaron que esos detalles son el meollo de cualquier elección de verdad. Insistieron en que la manera en la que el Congreso puntualizara las ramificaciones económicas y culturales de cada alternativa determinaría la decisión de los votantes.

Sin embargo, el comité del Senado que redactó la propuesta de ley rechazó la mayoría de las peticiones clave de todos los bandos. Descartó la insistencia de los estadistas de que el español siguiera siendo la lengua de enseñanza en las escuelas públicas, cualquier periodo transicional para el pago de impuestos federales y cualquier arancel especial para proteger a los cafetaleros puertorriqueños de las importaciones. De manera similar, rechazó prácticamente todas las propuestas de "territorio autónomo mejorado" por ser inconstitucionales y por usurpar la soberanía estadounidense.

Pero lo más importante fue que insistió en que cualquier decisión que tomara Puerto Rico no debía costarle fondos adicionales al gobierno federal. Cuando un estudio de la Oficina de Presupuesto del Congreso reveló que convertir la isla en estado requeriría $18 mil millones adicionales durante nueve años para emparejar Medicaid y los demás beneficios, aumentó la reticencia del Senado para aprobar cualquier propuesta. La Oficina de Presupuesto del Congreso concluyó que la alternativa más rentable era la independencia, porque le ahorraría mil millones de dólares al año al Tesoro.[57] Siguieron dos años de negociaciones feroces y polémicas audiencias públicas, y el Comité de Recursos

_____

57. Oficina de Presupuesto del Congreso, "Potential Economic Impacts", 26–27.

Naturales del Senado no logró aprobar la propuesta de plebiscito. El voto fue de 10 contra 10.

Un segundo intento por aprobar una propuesta de referéndum fracasó en 1991. Para entonces, los republicanos conservadores empezaban a expresar su preocupación de que el estado de Puerto Rico se convirtiera en otro Quebec.[58] Los líderes de ambos partidos no ignoraban que la mayoría de los políticos proestado y pro-territorio autónomo en la isla estaba afiliada al Partido Demócrata. Por lo tanto, era probable que un estado puertorriqueño eligiera dos senadores y seis congresistas demócratas. Incluso podría alimentar las añejas demandas de los Afroamericanos por convertir el Distrito de Columbia en estado. En resumen, todo el asunto amenazaba con ampliar el poder de voto a millones de latinos y afroamericanos y, casi sin duda, con realinear el poder político a nivel federal.

Poco tiempo después de la derrota de la propuesta de plebiscito, las elecciones en la isla llevaron al poder al Partido Nuevo Progresista, totalmente proestado. El nuevo gobernador, Pedro Rosselló, decidió ignorar al Congreso y organizar de inmediato su propio referéndum sobre el estatus, en noviembre de 1993. Aunque el voto no tuviera la autorización del Congreso, esperaba que mantuviera la presión sobre Washington para que diera una solución definitiva, y confiaba en que la conversión en estado por fin lograría la mayoría. Pero el conteo final mostró 48.4% a favor del territorio autónomo, 46.25% a favor de la conversión en estado y 4.4% a favor de la independencia. Participó un asombroso 80% del electorado. Por tercera vez en cincuenta años, el territorio autónomo había ganado un referéndum, y Washington simplemente volvió a ignorar el voto.

Los republicanos tomaron el control del Congreso al año siguiente, y las cruentas batallas por el presupuesto federal relegaron temporalmente el estatus de Puerto Rico a las sombras. La nueva mayoría republicana impulsó una serie de propuestas de ley consideradas antiinmigrantes, y que empujaron a los latinos

---

58. García-Passalacqua, "The 1993 Plebiscite", 103–7.

ciudadanos a participar en masa en las elecciones de 1996 y ayudar a reelegir al presidente Clinton. Todos los sondeos posteriores a esas elecciones confirmaron que los republicanos estaban perdiendo el apoyo de los hispanos, el grupo de votantes de más rápido crecimiento en el país. Los consultores del partido le advirtieron al vocero de la Cámara de Representantes, Newt Gingrich, que podrían perder la escueta mayoría republicana en el Congreso en las elecciones de 1998 a menos de que consiguieran más votos latinos. Así que, contra los deseos del ala más conservadora del partido, Gingrich dio luz verde a una nueva propuesta de plebiscito para votarse en el pleno de la cámara. La administración de Clinton, en una muestra inusual de bipartidismo, apoyó su plan y reunió a todos los demócratas que pudo a favor de dicha propuesta.

En los meses anteriores al voto, los líderes puertorriqueños cabildearon con furia por el contenido de la legislación, mientras que los grupos conservadores que intentaban evitar la conversión en estado cabildearon con igual ahínco para matarla. La versión final, patrocinada por el republicano de Alaska Don Young, fue aprobada el 4 de marzo de 1998 por un estrechísimo margen de 209 contra 208. Sin embargo, el Senado puso la propuesta en la congeladora.

LA PROPUESTA DE LEY YOUNG: LA PRIMERA ADMISIÓN DE QUE EL COLONIALISMO DEBE TERMINAR

Aunque la Propuesta de Ley Young terminó muriendo en el Senado, fue un parteaguas importante en el debate sobre el estatus. Por ejemplo, su preámbulo admitía que Estados Unidos nunca le ha permitido una autodeterminación genuina a Puerto Rico. Por primera vez, el Congreso consideró ofrecerles a los votantes isleños la elección entre el territorio autónomo, la conversión en estado y la "soberanía separada". Afirmaba que el territorio autónomo no era una panacea permanente para Estados Unidos y que el autogobierno ampliado insinuado por el "territorio autónomo mejorado" era inconstitucional. Según la propuesta, si los puertorriqueños preferían el territorio autónomo, debía celebrarse un nuevo referéndum cada diez años hasta que una mayoría eligiera la conversión en estado o la "soberanía separada".

El debate maratónico de doce horas que precedió el voto en la Cámara de Representantes se transmitió por C-Span en Puerto Rico y Estados Unidos, lo que significó que el pueblo estadounidense presenció la primera discusión pública de nuestros dirigentes sobre qué hacer con la colonia más importante del país. Y esta vez, el debate fue dirigido por cuatro miembros de la Cámara de Representantes que habían nacido en Puerto Rico. Los cuatro reflejaban las mismas divisiones profundas y la misma pasión sobre el estatus que existen entre todos los puertorriqueños. El resto del Congreso estaba igual de dividido que sus miembros boricuas. El estrecho voto final reflejó la profunda incertidumbre sobre la relación de este país con la isla. Algunos congresistas incluso preguntaron por qué se estaba debatiendo Puerto Rico en absoluto, como si pudiera evitarse el tema durante otro siglo.

El gobernador estadista Pedro Roselló, sin embargo, se negó a dejar que la inacción del Congreso lo desalentara. Programó un referéndum más sobre el estatus de la isla para finales de 1998, el centésimo aniversario de la ocupación estadounidense, con la esperanza de presionar a Washington. Incluso rechazó las peticiones de aplazar el referéndum cuando el huracán Georges asoló el Caribe aquel septiembre y devastó Puerto Rico y otra docena de islas. Rosselló distanció aún más a los votantes al excluir de la boleta la opción de territorio autónomo, favorecida por el Partido Popular Democrático. El resultado fue una enorme protesta contra todo el proceso: más del 50% eligió "ninguna de las anteriores" y la conversión en estado solo obtuvo 46%. La extraña conclusión solo confundió al Congreso y les permitió a sus miembros posponer el debate sobre la isla.

Durante la mayor parte de la década siguiente, los gobiernos pro-territorio autónomo —primero bajo la gobernadora Sila Calderón y luego bajo su sucesor, Aníbal Acevedo Vilá— ignoraron el problema. Pero cuando el partido estadista tomó el poder en 2008 tanto en la mansión del gobernador como en la legislatura puertorriqueña, sus dirigentes empezaron a presionar a Washington por otro referéndum. Advirtieron que, si el Congreso no autorizaba un nuevo voto, Puerto Rico lo organizaría solo. Mientras tanto, los independentistas seguían rogando que la ONU interviniera y que se creara una asamblea constituyente para lograr la autodeterminación. En abril de 2010, la Cámara de Representantes aprobó la Ley de Democracia de Puerto Rico. La propuesta de ley representaba un alejamiento drástico de la legislación anterior. Autorizaba un referéndum en dos etapas entre todos los puertorriqueños, tanto los que viven en la isla como los que nacieron ahí pero residen en Estados Unidos. En la primera ronda, los votantes decidirían si mantenían el estatus actual o si querían un cambio. Si la mayoría votaba por el cambio, una segunda vuelta ofrecería cuatro opciones: conversión en estado, territorio autónomo, independencia o asociación libre "entre naciones soberanas".

La nueva propuesta, al igual que los esfuerzos de los años noventa, no logró ser aprobada en el Senado. Pero el Congreso no podía rehuir su responsabilidad de forma indefinida. Al llegar el nuevo siglo, el estatus colonial de Puerto Rico se estaba volviendo cada vez más inaceptable. Todos los dirigentes de la isla exigían un cambio. Desafortunadamente, conseguir una mayoría en Puerto Rico o en Estados Unidos no se había logrado hasta entonces. Los sondeos de opinión pública demuestran que los puertorriqueños están contra cualquier opción que les haga renunciar a su ciudadanía estadounidense o a su derecho a hablar español en las escuelas y los tribunales de la isla. Para la mayoría de los estadounidenses anglófonos, esos dos "derechos" son mutuamente excluyentes, una paradoja irresoluble. Pero para los puertorriqueños, no son menos contradictorios que la postura actual del Congreso y la Corte Suprema de que Puerto Rico "pertenece a Estados Unidos, pero no forma parte de ellos". Los boricuas ahora están diciendo que ningún grupo étnico ni territorial puede ser "propiedad" de otra nación para siempre, y si el costo de terminar con esa relación colonial resulta inconveniente para los colonizadores, si quizás los obliga a cambiar su Constitución, pues que así sea.

Pero otro factor estaba impulsando a actuar al Congreso: Estados Unidos ya no necesita a Puerto Rico como colonia. A fin de cuentas, tener una colonia incluye enormes costos de mantenimiento que terminan siendo una carga para el administrador colonial. Como ya señalamos, a las corporaciones estadounidenses ahora les es más fácil explotar trabajadores en República Dominicana o en México que en Puerto Rico, cuyos trabajadores disfrutan de los mismos derechos laborales que el resto de los estadounidenses, por lo que el costo de mantener la posesión de la isla ya no se puede justificar.

BANCARROTA MASIVA Y SIN ARREGLO

Cuando el gobernador García-Padilla anunció en 2015 que la deuda del sector público puertorriqueño ya no era pagable, su gobierno y sus agencias debían más de $72 mil millones a los tenedores de bonos. Además, los fondos de pensiones del gobierno para los empleados públicos estaban vacíos, y se enfrentaban a alrededor de $50 mil millones en obligaciones sin fondos para sus trabajadores presentes y jubilados. Esa deuda general de más de $120 mil millones, junto con años de déficit operativo gubernamental, una economía en contracción y una pérdida asombrosa de población se habían combinado para crear la tormenta perfecta que Puerto Rico no podría soportar.

Algunos observadores empezaron a describir a la isla como la Grecia estadounidense. Advirtieron que su colapso económico y crisis financiera amenazaban la economía de Estados Unidos en su totalidad, de la que es una parte integral, pues desatarían inestabilidad e incertidumbre en el enorme mercado de bonos municipales.[59] Hasta ese momento, el mayor incumplimiento de

---

59. Las empresas amenazadas de manera más directa por el impago eran un puñado de compañías desconocidas, pero extremadamente importantes,

deuda pública en la historia de Estados Unidos había ocurrido en Detroit, que solo debía $18 mil millones en bonos y obligaciones de pensiones. La deuda de Puerto Rico era casi siete veces más grande. Y aunque la mayoría de los expertos en economía descartaran en público la noción de un contagio, los grupos de tenedores de bonos cabildearon con furia en Washington durante más de un año para evitar un rescate o una reducción importante de la deuda de la isla, pues preferían algún mecanismo de reestructuración.[60]

A diferencia de las naciones independientes que se han enfrentado a una crisis de la deuda en tiempos modernos, Puerto Rico no podía conseguir un rescate ni reestructurar su deuda por medio del Fondo Monetario Internacional. Tampoco podía usar el mecanismo de reestructuración federal que usan los estados para los raros casos de incumplimiento municipal, conocido como protección contra la bancarrota del Capítulo 9. Hasta 1984, el Congreso había incluido a todos los territorios y posesiones de Estados Unidos en el Capítulo 9. Pero aquel año se insertó una cláusula en la ley federal que excluía específicamente a Puerto Rico, y a sus autoridades públicas, de usar el Capítulo 9 para reestructurar su deuda. No se dio ninguna razón para la enmienda

---

conocidas como "aseguradoras de bonos", que les brindan seguros a los inversionistas en una enorme cantidad de bonos municipales estadounidenses, y que habrían perdido $26 mil millones si hubiera habido una depreciación importante de la deuda de Puerto Rico. Si cualquiera de esas aseguradoras colapsase a causa de su nivel de exposición, podrían aumentar los préstamos de todos los bonos municipales. Ver Lydia O'Neal "Puerto Rico Crisis: Bond Insurers Fight to Avoid Paying Claims", *International Business Times,* 8 de noviembre de 2017, https://www.ibtimes.com/political-capital/puerto-rico-crisis-bond-insurers-fight-avoid-paying-claims-2611224. También Jayden Sangha, "Current Status of Puerto Rico Debt Restructuring", Municipal Bonds Risk Management, 20 de marzo de 2019, https://www.municipalbonds.com/risk-management/current-status-of-puerto-rico-debt-restructuring/.
60. Casa Blanca, "Puerto Rico Hill Update: Muni Market Impacts", comunicado de prensa, 18 de marzo de 2016. Sin embargo, en 2019, el presidente de un gremio de emisores de bonos advirtió: "El riesgo de contagio es real. Todos pagaremos". Ver "Puerto Rico's Bankruptcy: *The Risk of Contagion is Real*", Association of Financial Industry Insurers, 16 de abril de 2019.

ni se sometió a debate. Con unas simples frases en la enmienda de 1984, en la que Puerto Rico no pudo opinar, el Congreso sentó las bases de la situación única a la que se enfrentaría el gobierno de la isla en 2015: no solo estaba en quiebra, sino que no había ningún recurso legal establecido para que un juez federal decidiera a qué acreedores pagar ni cuánto. Además, la Constitución de Puerto Rico obligaba al gobierno a pagar su deuda de obligaciones generales antes de cualquier otro gasto, una garantía que siempre lo había vuelto extraordinariamente atractivo para los financieros de Wall Street.[61]

Mientras el Congreso debatía cómo manejar la crisis, la Corte Suprema emitió fallos en dos casos cruciales que reafirmaron los límites de la forma de autogobierno de Puerto Rico. El primer veredicto, en *Puerto Rico vs. Sanchez Valle,* llegó el 9 de junio de 2016, tres semanas antes de que se promulgara la ley PROMESA. Ese caso decidía si un criminal acusado, Luis Sanchez Valle, podía ser llevado a juicio bajo cargos de venta de armas por los fiscales locales bajo la ley puertorriqueña y por separado por fiscales federales bajo la ley estadounidense. En otras palabras, si Puerto Rico tenía el poder, al igual que los estados e incluso que los gobiernos tribales bajo la doctrina de "doble soberanía", de procesar individuos por el mismo delito independientemente de los fiscales federales. En un voto de 6 contra 2, la corte decidió que Puerto Rico nunca había tenido su propia soberanía. La opinión mayoritaria de la juez Elena Kagan declaró que el Congreso era "la fuente del poder de los fiscales de Puerto Rico, al igual que es la fuente de poder de los fiscales del Gobierno Federal". En una discrepancia elocuente, el juez Stephen Breyer, junto con la jueza Sonia Sotomayor, insistió en que el gobierno federal, al aprobar la creación del Territorio Autónomo, ya había reconocido que

---

61. Para un recuento detallado de cómo los senadores republicanos Strom Thurmond y Bob Dole lograron su enmienda robada en 1984 para negarle a Puerto Rico la capacidad de conseguir protección de sus acreedores bajo la ley federal, ver la opinión de la mayoría redactada por el juez de apelaciones del primer distrito, Juan Torruella, en *Franklin California Tax-Free Trust vs. Puerto Rico,* 805 F.3d 322 (1º Cir. 2015).

Puerto Rico era "libre del control o de la interferencia del Congreso respecto a la administración y el gobierno internos" y, además, los diplomáticos estadounidenses incluso habían afirmado ante la ONU que la isla se autogobernaba.[62]

Unos pocos días después del fallo de *Sanchez Valle*, la corte asestó otro golpe, esta vez en *Puerto Rico vs. California Franklin Tax-Free Trust*. El asunto en ese caso era la ley de bancarrota que había aprobado la isla en 2014 para remediar su exclusión de las protecciones que el Congreso había ordenado en 1984. Un grupo de administradores de fondos de inversión y de fondos mutuos estadounidenses, que poseían una porción de la deuda de la isla, de inmediato demandaron para derogarla. En un voto de 5 contra 2, la Corte Suprema afirmó los veredictos de los tribunales inferiores de que tal legislación no estaba permitida bajo las leyes federales. Solo los jueces Sotomayor y Ginsburg estuvieron en desacuerdo. Los resultados de *Sanchez Valle* y de *California Franklin Tax-Free Trust* eran pruebas de que el estatus y las leyes de Puerto Rico siempre han estado sujetas a la voluntad del Congreso.[63]

LA JUNTA DE CONTROL TRAE AUSTERIDAD, PERO NO RENDICIÓN DE CUENTAS

El prospecto de un caos financiero causado por el impago de la deuda empujó al Congreso —controlado por los republicanos— y a la administración de Obama a promulgar la ley PROMESA, que creó una junta de control fiscal para reestructurar las finanzas de la isla. La ley autorizaba al presidente a nombrar a los siete miembros con derecho a voto de la junta, cuatro a partir de listas

---

62. *Commonwealth of Puerto Rico vs. Sanchez-Valle et al.,* No. 15-108, 9 de junio de 2016, https://www.supremecourt.gov/opinions/15pdf/15-108_k4mp.pdf.

63. *Commonwealth of Puerto Rico et al. vs. Franklin California Tax-Free Trust et al.,* No. 15-233, 13 de junio de 2016, https://www.supremecourt.gov/opinions/15pdf/15-233_i42j.pdf.

redactadas por los líderes mayoritarios del Senado y la Cámara de Representantes, dos a partir de listas redactadas por los líderes minoritarios de esos organismos y uno por elección propia. Eso garantizaba el control republicano de la junta. Además, solo dos de los nominados tenían que ser residentes o tener negocios sobre todo en Puerto Rico. Eso contrastaba drásticamente con la junta supervisora del Distrito de Columbia que el vocero republicano de la Cámara de Representantes, Newt Gingrich, y la Casa Blanca de Clinton habían creado en 1995.[64] PROMESA, por su parte, ponía la isla bajo el control de no residentes de Puerto Rico, exigía que su gobierno pagara todos los costos asociados con la junta y le daba a ella poderes extraordinarios sobre la legislación y el presupuesto: un regreso descarado al gobierno colonial de principios del siglo XX.

En cuanto empezó a operar en septiembre de 2016, la junta inició un enorme programa de austeridad que incluía el cierre de cientos de escuelas públicas, el recorte de prestaciones de empleados públicos, recortes del 10% en las pensiones del gobierno, reducciones drásticas del gasto en salud y policía, así como la duplicación de la colegiatura de la Universidad de Puerto Rico, mientras que al mismo tiempo ordenaba recortar $550 millones de su presupuesto, y la privatización de la empresa eléctrica estatal (AEE).[65]

---

64. En ese entonces, Clinton solo podía nombrar a todos los miembros de la junta "consultándolo" con el Congreso, y todos debían ser residentes del distrito. Ver Michael Janofsky, "Congress Creates Board to Oversee Washington, D.C.", *New York Times,* 8 de abril de 1995.

65. Van R. Newkirk II, "Puerto Rico Enters a New Age of Austerity", *The Atlantic,* 5 de mayo de 2018, https://www.theatlantic.com/politics/archive/2018/05/puerto-rico-enters-a-new-age-of-austerity/559565/; también Lara Merling y Jake Johnston, "Puerto Rico's New Fiscal Plan: Certain Pain, Uncertain Gain", Center for Economic Policy and Research, 2018 de junio de 4-12, https://cepr.net/images/stories/reports/puerto-rico-fiscal-plan-2018-06.pdf. Para las medidas de austeridad en la educación, ver Rima Brusi e Isar Godreau, "Dismantling Public Education in Puero Rico", en Yarimar Bonilla y Marisol Lebrón, eds., *Aftershocks of Disaster: Puerto Rico Before and After the Storm* (Chicago: Haymarket Books, 2019), 234-249.

No se respondió la pregunta clave de cómo un territorio del tamaño de Puerto Rico había logrado acumular una deuda tan enorme. Los republicanos del Congreso le echaron la culpa a la ineptitud y la corrupción de los funcionarios de la isla. La persona encargada de la crisis en la administración de Obama, el funcionario del Tesoro Antonio Weiss, insistió en que tomaría demasiado tiempo desentrañar las causas reales, y en que había que actuar de inmediato para evitar el caos financiero y reestructurar la deuda. Pocas personas se preguntaron por qué los banqueros de Wall Street le habían concedido préstamos enormes durante años a un gobierno que sabían que no podría pagarles. Ante la indignación del público, la legislatura de la isla creó una comisión para auditar la deuda en 2015. Ese organismo nunca recibió el financiamiento adecuado para trabajar, y en cuanto el líder estadista Ricky Rosselló —hijo del exgobernador Pedro Rosselló— tomó posesión como gobernador en 2017, disolvió la comisión. Sin embargo, uno de sus subcomités logró publicar un informe preliminar que identificaba varias prácticas ilegales en la emisión de bonos puertorriqueños. Esas prácticas incluían por lo menos $30 mil millones tomados prestados solo para pagar los déficits presupuestarios del gobierno, lo que la Constitución de la isla prohibía en específico. El informe advertía que un juez podía invalidar tales deudas por haber sido contraídas de manera ilegal y por lo tanto ser impagables.[66]

Poco después de que se instaurara la junta de PROMESA, ella encargó su propia investigación sobre los orígenes de la crisis financiera. Contrató a un despacho estadounidense, Kobre & Kim, y le concedió el poder de solicitar archivos y testigos. El informe de 600 páginas que entregaron en agosto de 2018 confirmó cierta información sorprendente. Entre sus hallazgos se encontraban:

---

66. Comisión para la Auditoría Integral del Crédito Público de Puerto Rico, "Pre-Audit Survey", 1º de julio de 2016, 1-2, http://big.assets.huffingtonpost.com/Puerto_Rico_Commission_Interim_Report.pdf.

- El 70% de los $46 mil millones en bonos que Puerto Rico y sus agencias emitieron entre 2005 y 2014 fue para pagar deuda anterior, mientras que solo el 30% financió proyectos de capital.

- Entre 2008 y 2014, el gobierno y sus corporaciones públicas perdieron más de mil millones de dólares en "cargos por cancelación" de bancos de Wall Street para compensar apuestas perdidas en complejas "permutas" de tasas de interés que los funcionarios que las aprobaron más tarde reconocieron que ni siquiera habían entendido.

- Más de 10% de los $74 mil millones de la deuda total por bonos de la isla estaba en instrumentos llamados Bonos de Revalorización de Capital. Eran "préstamos de día de pago" para los cuales los prestamistas acordaban no recibir intereses ni principal hasta en 47 años, pero cuando maduraran, se debería entre siete u ocho veces más dinero que el prestado originalmente.[67]

El informe de Kobre & Kim confirmó que partes importantes de la deuda habían violado la ley puertorriqueña; sin embargo, minimizaba la responsabilidad criminal o el fraude de parte de los funcionarios del gobierno y los bancos privados. Además, sus investigadores solo emitieron un puñado de solicitudes para ver archivos, ninguno de ellos a firmas estadounidenses como Goldman Sachs, Morgan Stanley, UBS y JP Morgan Chase, que habían acordado gran parte de la deuda mientras cobraban tarifas lucrativas. Los investigadores tampoco exigieron testimonios jurados; ni siquiera hicieron transcripciones de las entrevistas. Existía el caso, por ejemplo, de un banquero no identificado de Goldman Sachs, quien dirigió el cabildeo en Puerto Rico en 2005 para que

---

67. Junta de Supervisión y Administración Financiera para Puerto Rico (FOMB), *Special Investigation Committee: Independent Investigator's Final Investigative Report* (San Juan: 20 de agosto de 2018), 27, 46–47, 87, https://bibliotecaap.files.wordpress.com/2018/09/fomb-final-investigative-report-kobre-kim-20180820.pdf.

se permitieran las permutas de intereses, las mismas con las que su casa ganó $55 millones en cargos por cancelación. Les dijo varias veces a los investigadores de Kobre & Kim que no podía recordar que él ni ningún otro banquero de Goldman Sachs hubiera cabildeado a favor de la legislación ni acordado ninguna permuta. Ante negaciones tan absurdas, los investigadores decidieron no solicitar sus correos electrónicos ni el resto de su correspondencia, con lo que terminó cualquier intento genuino por descubrir la conducta fraudulenta o corrupta de un banco de Wall Street importante.[68]

Sin embargo, el colapso financiero de Puerto Rico se convirtió en una mina de oro para cierta clase de personas: los profesionales de la bancarrota. Para enero de 2018, más de 50 despachos legales y asesores financieros, la mayoría con sede en Estados Unidos, habían facturado $400 millones en cargos y gastos conectados con la litigación por la deuda de Puerto Rico. Se proyectaba que los costos legales y de asesoría totales superarían los $1,400 millones.[69]

EL HURACÁN MARÍA Y SUS SECUELAS

Cuando rugió el cielo sobre Puerto Rico la mañana del 20 de septiembre de 2017, el huracán María inundó la isla con 37 pulgadas

---

68. *Ibid.*, 26-29; para la memoria defectuosa del banquero de Goldman Sachs, ver 432. La junta de control luego intentó declarar inválidos más de $6 mil millones en bonos emitidos en 2012 y en 2014, ver "Motion of the Financial Oversight and Management Board of Puerto Rico...", 4/2/2019, no. de caso 17-BK-3283 (LTS), 9.
69. "Professional Fees in Puerto Rico Restructuring Pass $400 million", *Bloomberg Law,* 6 de junio de 2019, https://news.bloomberglaw.com/bankruptcy-law/professional-fees-in-puerto-rico-restructuring-pass-400-million; Luis J. Valentín Ortiz, "Puerto Rico's Fiscal Control Board, Parallel Government Full of Lawyers and Consultants", Puerto Rico Center for Investigative Reporting, 1º de agosto de 2018, http://periodismoinvestigativo.com/2018/08/puerto-ricos-fiscal-control-board-parallel-government-full-of-lawyers-and-consultants/.

de lluvia y vientos de más de 150 millas por hora (justo por debajo de una tormenta de Categoría 5). Casi un millón de habitantes ya sufrían de apagones causados por el roce de otra tormenta importante, el huracán Irma, dos semanas antes, pero el golpe directo de María destruyó la red eléctrica de toda la isla, la mitad de su suministro de agua y casi todo el servicio de telefonía móvil. La tormenta provocó más de 40 mil derrumbes, destrozó 160 mil hogares, dejó el 90% de los caminos intransitables, dañó 31 millones de árboles y arrasó con el 80% de la producción agrícola. Los primeros estimados de la destrucción física superaban los $90 mil millones.[70]

Lo más sorprendente fue el fallido y calamitoso esfuerzo de rescate y recuperación de los funcionarios de Washington y el gobierno central de Puerto Rico. El apagón eléctrico se convirtió en el más largo en la historia de Estados Unidos: casi siete meses después de la tormenta 22 mil clientes seguían sin servicio. Además, la administración de Trump le brindó mucha menos asistencia por desastre a Puerto Rico que la que le había brindado a Texas cuando el huracán Harvey o a Florida tras el huracán Irma, y envió mucho menos personal federal de desastres a la isla, aunque los daños y el costo en vidas fueran mucho mayores ahí. "Durante los primeros nueve días posteriores a los huracanes, los supervivientes de Harvey y de Irma ya habían recibido casi $100 millones de la FEMA para individuos y familias, mientras que los supervivientes de María apenas habían recibido poco más de $6 millones en ayuda", señaló un estudio. Las primeras asignaciones del Congreso para Puerto Rico eran sobre todo préstamos muy

---

70. John Bacon, "Why Puerto Rico faces a monumental recovery effort", *USA Today,* 26 de septiembre de 2017; también "Hurricane María Updates: In Puerto Rico, the Storm 'Destroyed Us'. *New York Times,* 21 de septiembre de 2017; también Erin K. Bessette-Kirton, *et al.,* "Landslides Triggered by Hurricane María: Assessment of an Extreme Event in Puerto Rico", *GSA Today,* Vol. 29, Número 6 (junio de 2019), https://www.geosociety.org/gsatoday/science/G383A/article.htm; Frances Robles y Luis Ferré Sadurni, "Puerto Rico's Agriculture and Farmers Decimated by María", *New York Times,* 24 de septiembre de 2017.

restringidos, mientras que las de Texas y Florida eran apoyos con menos restricciones.[71]

El escándalo más publicitado resultó ser la cuenta oficial de muertes. Durante una breve visita a Puerto Rico menos de dos semanas después de María, Trump presumió cuán pocas personas habían muerto e incluso contrastó las bajas con las 1,800 víctimas fatales en Nueva Orleans durante el huracán Katrina. También aplaudió la rápida reacción del gobierno federal. "Pueden sentirse muy orgullosos de toda su gente, de toda nuestra gente trabajando juntos", dijo. "16 [muertes] contra literalmente miles de personas. Pueden sentirse muy orgullosos". Unas semanas después, el gobernador Rosselló corrigió la cuenta a 64. Pero los periodistas independientes y los líderes políticos locales seguían insistiendo en que era mucho mayor. Señalaron que el apagón persistente, los caminos intransitables, un sistema de salud incapacitado y la escasez de agua potable hacía imposible que la gente con problemas crónicos de salud tuviera acceso a medicamentos y equipo médico vital. Como resultado, cientos de personas habían muerto en casa. El Centro de Periodismo Investigativo de Puerto Rico fue el primero en reportar que durante los cuarenta días tras la tormenta habían muerto casi mil personas más en la isla que en años anteriores. Cuando más medios pusieron en duda la cuenta oficial, Rosselló encargó un estudio independiente a la Universidad George Washington. Ese informe final hizo que, casi un año después de la tormenta, se corrigiera la cuenta oficial a 2,975, con lo que se reconoció que María había sido una de las tormentas más letales en la historia de Estados Unidos.[72]

---

71. Umair Irfan, "Puerto Rico's blackout, the largest in American history, explained", *Vox,* 8 de mayo de 2018, https://www.vox.com/2018/2/8/16986408/puerto-rico-blackout-power-hurricane; Willison CE, Singer PM, Creary MS, *et al.,* "Quantifying inequities in US federal response to hurricane disaster in Texas and Florida compared with Puerto Rico", *BMJ Global Health* 2019, 4, http://dx.doi.org/10.1136/bmjgh-2018-001191.
72. Omaya Sosa Pascual, "Nearly 1,000 more people died in Puerto Rico after Hurricane María", Centro de Periodismo Investigativo de Puerto Rico, 7 de diciembre de 2017, http://periodismoinvestigativo.com/2017/12/nearly-1000-more-people-died-in-puerto-rico-after-hurricane-maria/; Sarah Lynch

Mientras tanto, los fondos federales para la reconstrucción de la isla se convirtieron en una fosa séptica de corrupción y derroche que enriqueció a empresas estadounidenses con conexiones políticas. Entre los ejemplos más asombrosos se encuentran:

- Whitefish Energy, una empresa de solo dos empleados de Montana, de alguna manera consiguió un contrato de asignación directa de parte de la Autoridad de Energía Eléctrica de Puerto Rico por $300 millones para ayudar a restaurar la red. A pesar de recibir más de $300 la hora por cada trabajador en las líneas, no contrató suficiente personal y el clamor público empujó al gobernador Rosselló a rescindir su contrato. Resultó que su director ejecutivo era vecino y conocido del secretario del interior de Trump, Ryan Zinke.[73]

- Cobra Acquisitions LLC, una empresa sin experiencia previa en infraestructura eléctrica, ganó un contrato por $200 millones de la AEE para reconstruir las líneas de transmisión de la isla con fondos de la FEMA. Mammoth Energy Services, con sede en Oklahoma, había incorporado Cobra unos pocos meses antes de la tormenta, y su contrato no tardó en inflarse a $1,400 millones. Los fiscales federales en Miami denunciaron por soborno y fraude a su director ejecutivo, Donald Ellison, y a Ahsha Tribble, una de las principales administradoras de la FEMA en Puerto Rico y exfuncionaria de Seguridad Nacional bajo el presidente Obama. Los

Baldwin y David Begnaud, "Hurricane Maria caused an estimated 2,975 deaths in Puerto Rico, new study finds". CBS News, 28 de agosto de 2018, https://www.cbsnews.com/news/hurricane-maria-death-toll-puerto-rico-2975-killed-by-storm-study-finds/.

73. Alexia Fernández Campbell y Umair Irfan, "Puerto Rico's deal with Whitefish was shady as hell, new records show", *Vox,* 15 de noviembre de 2017, https://www.vox.com/policy-and-politics/2017/11/15/16648924/puerto-rico-whitefish-contract-congress-investigation; también Michael Biesecker, "Whitefish Energy get U.S. contracts after Puerto Rico ouster", *AP News,* 9 de octubre de 2018.

cargos de Tribble consistían en haber aceptado sobornos de Ellison para asignarle los contratos a Cobra.[74]

- Una compañía de Atlanta, Georgia, conformada por una sola persona y sin experiencia en alivio de catástrofes consiguió un contrato de la FEMA por $156 millones para brindar comidas de emergencia a Puerto Rico. Un mes después, la compañía, Tribute Contracting LLC, solo había entregado 50 mil de los 30 millones de comidas prometidas, y rescindieron su contrato.[75]

EL PUEBLO RESPONDE:
ROSSELLÓ Y EL VERANO BORICUA

Los cuatro años transcurridos entre mediados de 2015 y 2019 fueron los más tumultuosos de la historia moderna de Puerto Rico: la crisis de la deuda y el colapso financiero, la imposición

---

74. Kate Aronoff, "There's a Shady Puerto Rico Contract You Didn't Hear About", *The Intercept,* 31 de octubre de 2017, https://theintercept.com/2017/10/31/puerto-rico-electric-contract-cobra/; "FEMA Deputy Regional Administrator, Former President Of Cobra Acquisitions, LLC, And Another Former FEMA Employee Indicted For Conspiracy To Commit Bribery, Honest Services Wire Fraud, Disaster Fraud, Among Other Charges", comunicado de prensa del Departamento de Justicia, 10 de septiembre de 2019, https://www.justice.gov/usao-pr/pr/fema-deputy-regional-administrator-former-president-cobra-acquisitions-llc-and-another. Extrañamente, esta empresa bien conectada con Tribble consiguió el contrato, mientras que otra con décadas de vínculos con republicanos conservadores en Florida, Mastec, había obtenido $500 millones de la reconstrucción de Puerto Rico, pero Tribble la eliminó. Mastec lleva años operada por los hijos de Jorge Mas Canosa, el difunto líder de la comunidad anticastrista radical de Miami. Ver la queja de asociación ilícita presentada por Mastec en un tribunal federal en Miami en *Mastec Renewables Puerto Rico, LLC vs. Mammoth Energy Services, Inc. and Cobra Acquisitions, LLC.* 1:20-cv-20263-RNS.

75. Patricia Mazzei and Agustín Amendariz, "FEMA Contract Called for 30 Million Meals for Puerto Ricans: 30,000 Were Delivered", *New York Times,* 6 de febrero de 2018, https://www.nytimes.com/2018/02/06/us/fema-contract-puerto-rico.html.

de la junta de control, los recortes masivos a los servicios gubernamentales, la devastación del huracán María, la desastrosa reacción de la administración de Trump y los repetidos escándalos de corrupción en la administración del gobernador Rosselló se combinaron para generar una calamidad inédita, que empujó a miles de puertorriqueños a huir a Estados Unidos. Nada parecía disuadir la presión neoliberal de más austeridad —ni la multitud de protestas aisladas de estudiantes universitarios y sindicatos, ni los ejemplos extraordinarios de esfuerzos de ayuda mutua tras el huracán— hasta que, en el verano de 2019, un levantamiento popular repentino e histórico de 15 días derrocó al gobernador Ricky Rosselló. Los habitantes de la isla lo llamaron El Verano Boricua.

Las protestas estallaron al filtrarse casi 900 páginas de mensajes de Telegram entre el gobernador y sus asesores más cercanos, cargados de referencias sexistas, homófobas y vulgares a otros líderes políticos, sobre todo mujeres, y en los que incluso se burlaban de las víctimas del huracán María. Las revelaciones del Centro de Periodismo Investigativo de Puerto Rico, que llegaron apenas unos días después de que el FBI arrestara a dos de los exfuncionarios principales de Ricky Rosselló por corrupción, indignaron a la isla y causaron protestas masivas, incluso una huelga general, y en unos días, el gobernador se vio forzado a renunciar.[76]

76. Zeeshan Aleem, "Puerto Rico's week of massive protests, explained", *Vox,* 22 de julio de 2019, https://www.vox.com/2019/7/20/20701898/puerto-rico-protests-ricardo-Rosselló-resign-ricky-renuncia-text-scandal; también Oliver Laughland, "Puerto Rico Governor Ricky Rosselló to quit after weeks of protest", *The Guardian,* 25 de julio de 2019, https://www.theguardian.com/world/2019/jul/25/puerto-rico-governor-ricardo-Rosselló-to-quit-after-weeks-of-protest; también, Luis J. Valentín y Carla Minet, "The 889 Pages of the Telegram Chat Between Rosselló Nevares and his Closest Aides", *Centro de Periodismo Investigativo,* 13 de julio de 2019, https://periodismoinvesti-gativo.com/2019/07/the-889-pages-of-the-telegram-chat-between-rossello-nevares-and-his-closest-aides/.

Dadas las décadas de controversia sobre el estatus de Puerto Rico, ¿por qué no acabar con el colonialismo admitiendo a la isla como el 51° estado, como quieren los estadistas? ¿Acaso los puertorriqueños no han demostrado su lealtad al luchar en todas las guerras importantes de Estados Unidos durante un siglo? José Trías Monge, expresidente de la Corte Suprema de Puerto Rico, insiste en que el Congreso nunca ha querido convertir a la isla en estado. En un libro en el que revisa las leyes del Congreso y los veredictos de la Corte Suprema sobre Puerto Rico, señala que, a diferencia de Hawaii y Alaska, que el Congreso consideró territorios incorporados y programados para su anexión desde el inicio, Puerto Rico se declaró "desincorporado" específicamente para evitar ofrecerle convertirse en estado.

El presidente Taft dejó clara esa política en su mensaje anual al Congreso en 1912, cuando dijo:

> Yo creo que la demanda de ciudadanía es justa y que la constante lealtad de los habitantes de la isla la merece. Pero debemos recordar que esa demanda debe estar, y en la mente de la mayoría de los puertorriqueños está, completamente separada de la conversión en estado. No creo que haya una opinión pública importante en Estados Unidos ni en Puerto Rico que considere que convertir la isla en estado sea el fin último de nuestra relación.[77]

Con cuánta verdad resuenan sus palabras ahora. Con nuestro gobierno tomando medidas drásticas contra el flujo de inmigrantes latinoamericanos, es casi impensable que una mayoría en el Congreso esté dispuesta a admitir un estado de *mestizos* que hablen español como su lengua principal. Hawaii le pidió al Congreso su conversión en estado por primera vez en 1919. Sus habitantes votaron abrumadoramente a favor en un plebiscito desde 1940. Sin embargo, el Congreso rechazó la solicitud durante 19 años

---

77. José Trías Monge, *Puerto Rico: The Trials of the Oldest Colony in the World* (New Haven: Yale University Press, 1998), 64. Para una discusión entera de la política colonial temprana, ver 36–76.

más, porque el territorio aún contenía una población nativa y asiática sustancial.[78] ¿Cuánto más difícil será la conversión para Puerto Rico, si la población de angloamericanos sigue siendo diminuta y ni siquiera la mayoría de los isleños piden ser un estado después de cien años?

Y entonces, ¿qué hay de la independencia? Cualquier noción de una república puertorriqueña que no mantenga la ciudadanía estadounidense para la mayoría de los isleños está condenada a fracasar en un futuro cercano. La razón es simple. Estados Unidos es el país más rico y poderoso del mundo. En un momento en el que millones de personas de otros países están dispuestas a recorrer cualquier distancia, a hacer cualquier sacrificio, a superar cualquier obstáculo con tal de conseguir la ciudadanía estadounidense, o por lo menos la residencia permanente, es poco probable que la mayoría de los boricuas renuncie a ella.

Entonces, ¿puede encontrarse una solución que cumpla con las necesidades contradictorias del pueblo estadounidense y el puertorriqueño? Un pequeño pero muy influyente grupo de líderes isleños lleva años diciendo que la única salida a este embrollo es un nuevo estatus que incorpore aspectos de las tres opciones históricas. Lo llaman "república asociada", un acuerdo elegido en 1986 por el Territorio en Fideicomiso de las Islas del Pacífico de Estados Unidos. En el proceso de descolonización de la ONU, es el equivalente a un "Estado de libre asociación".

La república asociada inicia con la premisa de que Puerto Rico es una nación distinta de Estados Unidos, con derecho a la "soberanía y el autogobierno". Postula que los pueblos de Estados Unidos y de Puerto Rico han decidido mantener una "relación cercana y mutuamente benéfica en una asociación voluntaria".

La inclusión de la opción de "asociación libre" en la Ley de Democracia de Puerto Rico propuesta en 2010 reconocía por fin

---

78. Roger Bell, *Last Among Equals: Hawaiian Statehood and American Politics* (Honolulu: University of Hawaii Press, 1984), 1–5; también Lawrence H. Fuchs, *Hawaii Pono: A Social History* (Nueva York: Harcourt, Brace & World, 1961), 406–14.

que algunos miembros del Congreso estaban dispuestos a considerarla.

Los principales elementos de esa nueva unión serían:

◆ Puerto Rico se encarga de sus propios asuntos internacionales, incluyendo sus propios tratados, aduanas y participación en la ONU y otros organismos internacionales.

◆ Ciudadanía doble, estadounidense y puertorriqueña, para quienes nazcan en la isla.

◆ Un mercado común, moneda común y sistema postal común entre los dos países.

◆ Ninguna barrera migratoria para los ciudadanos de ninguno de los dos países.

◆ "Autoridad y responsabilidad de Estados Unidos para la seguridad y defensa internacionales" de la isla, pero requiriendo el consentimiento de la legislatura puertorriqueña para involucrar a la isla en una guerra.

◆ Uso y renta adecuada negociados para las instalaciones militares estadounidenses.

◆ Incentivos de inversión extranjera para reemplazar la exención fiscal de la Sección 936.

◆ Eliminación del monopolio estadounidense en el transporte marítimo de Puerto Rico.

◆ Ayuda extranjera en bloque en vez de las transferencias federales actuales.

◆ Duración de 25 años del pacto, tras lo cual se renegociaría.[79]

---

79. De "Testimony Before the Co-Coordinators of the Interagency Working Group on Puerto Rico on the Future of Puerto Rico", 22 de junio de 1995, en la Casa Blanca, en *Cambio* xxi, Washington, D.C., 11–25.

La opción de la república asociada ofrece un nuevo punto de acuerdo. En más de un sentido, es la extensión lógica del sueño de Muñoz Marín de un "territorio autónomo mejorado", pero requiere que los líderes estadounidenses reconozcan lo obvio: que Puerto Rico es una nación separada de Estados Unidos. Al mismo tiempo, el nuevo estatus no cortaría los lazos de ciudadanía con este país ni amenazaría el deseo del ejército de mantener una presencia a largo plazo en la isla. Brindaría algunas de las reformas en aduanas y tratados deseadas por los defensores del territorio autónomo y eliminaría el monopolio marítimo. Terminaría con el estatus de segunda clase aborrecido por los estadistas, pero manteniendo el idioma y la cultura de la isla. Al renunciar a la conversión en estado, los puertorriqueños aliviarían los miedos de millones de estadounidenses continentales de que la anexión total de la isla fragmentaría aún más la unidad cultural del país, y disiparían la preocupación de que Puerto Rico se mantenga como un enclave de pobreza que reclame dosis cada vez más grandes de ayuda federal.

Sin embargo, los boricuas no podemos ser los únicos que hagan concesiones. El pueblo estadounidense debería apoyar con entusiasmo la asistencia federal a largo plazo a la isla. Dados los enormes sacrificios que los puertorriqueños hemos hecho en las guerras de este país y la enorme riqueza que las corporaciones estadounidenses han conseguido de nuestra mano de obra, un Puerto Rico libre asociado merece por lo menos tanta asistencia federal como Israel o Egipto, países con relaciones más distantes y menos duraderas que el nuestro. La asociación libre podría abrir el camino para que la colonia más antigua del mundo alcance la igualdad en este mundo de Estados-nación. Para generaciones de puertorriqueños, los beneficios psicológicos del fin de la dependencia colonial serían incalculables. Para los estadounidenses, limpiaría una mancha vieja y fea en los ideales más queridos de este país.

A fin de cuentas, 124 años son suficientes para decidir el destino de la última colonia importante de Estados Unidos.

Epílogo

Los chinos pasaron casi dos mil años perfeccionando su Gran Muralla; los españoles soportaron ocho siglos de ocupación extranjera antes de expulsar por fin a los moros, y la deslumbrante civilización de Teotihuacan floreció durante siete siglos antes de desaparecer repentinamente, por lo que los escasos dos siglos transcurridos desde que los estadounidenses se libraron del colonialismo europeo apenas cuentan como la lactancia en la historia de una nación.

Los nuevos Estados americanos eran experimentos sociales inéditos en los que se amalgamaron las culturas, las razas y las tradiciones políticas de colonos e indígenas. Las sociedades que surgieron de ellos siguen en busca de una identidad sólida, siguen extrayendo y refinando los minerales que se convertirán en su legado civilizatorio. Estados Unidos no es la excepción. Sin importar lo que los líderes de este país digan sobre su inmutable carácter anglosajón, cada año llegan oleadas nuevas de inmigrantes y se lanzan con todo y sus costumbres a la mezcla, con lo que reconfiguran y redefinen cada vez un poco más el núcleo de recuerdos compartidos que constituye la definición de Estados Unidos. Es más probable que este proceso de crecimiento y cambio, de polinización cruzada y amalgamación, se acelere durante el siglo XXI a que se frene.

Durante los primeros doscientos años, Estados Unidos se instituyó como la única superpotencia del mundo y como su país más rico. Ningún imperio ha expandido tanto su influencia ni determinado los actos y pensamiento de tanta gente como lo ha hecho nuestro país. Ese éxito espectacular se debió en gran medida a la particular democracia representativa, al espíritu emprendedor, al respeto por la libertad individual y a la robusta devoción por el trabajo duro que caracterizaban a tantos de los primeros colonos. Sin embargo, como he tratado de mostrar, ese éxito tuvo otra cara cuyos detalles la mayoría de los estadounidenses no conoce, pero que siempre se ejecutó en su nombre. Fue un impulso feroz e implacable de expansión territorial, conquista y subyugación del otro —nativos americanos, africanos esclavizados y latinoamericanos— que nuestros líderes justificaron como nuestro Destino Manifiesto.

Esa expansión transformó a todo el continente en un satélite económico y esfera de influencia de Estados Unidos. A finales del siglo XX, el imperio que creó produjo una cosecha inesperada aquí en casa: la inmigración en masa de los latinoamericanos. Conforme el capital estadounidense penetraba en la región, desplazó a los latinoamericanos de sus tierras, los empobreció y los reclutó en un ejército de mano de obra barata que estaba a la deriva en circuitos migratorios cuidadosamente planeados. Los mejores salarios del continente, y la mayor parte de su riqueza, se quedaron en Estados Unidos, así que los más audaces de esos trabajadores desplazados inevitablemente se dirigieron hacia acá; algunos, atraídos por reclutadores corporativos; otros, empujados por la represión política.

Sin embargo, al buscar una parte de nuestra prosperidad, los latinoamericanos tan solo estaban reviviendo nuestro mito fundacional de inmigrantes. Llegaron millones, desesperados, desarmados, con la cabeza gacha, sin dictar términos a punta de pistola ni declarar su independencia en revueltas filibusteras como los pioneros anglos que se aventuraron en Latinoamérica en épocas anteriores. Sin embargo, la transformación pacífica que han logrado es igual de inexorable. Es la latinización de Estados Unidos desde abajo. Si la tendencia actual se mantiene, los latinos, que conformábamos uno de cada diez estadounidenses en 2000, seremos uno de cada cuatro para 2050.[1]

Cualquier intento por detener esta explosión migratoria fracasará mientras no se haga nada por controlar la expansión rampante del poder corporativo estadounidense al sur del río Grande. Quienes siguen intentando bloquear la inmigración con leyes excluyentes se arriesgan a incitar la misma balcanización étnica y el mismo conflicto civil que temen. Al intentar defender el "Estados Unidos de antes", se arriesgan a dañar el actual de forma permanente.

No tiene por qué ser así. El profundo cambio en la conformación étnica de nuestro país no tiene por qué socavar sus creencias más arraigadas. Al igual que la abolición de la esclavitud marcó un nuevo comienzo y una oportunidad para volver más universal la democracia, una política de aceptar a las masas de latinoamericanos, con quienes la historia de Estados Unidos siempre ha estado tan entrelazada, podría tener el mismo efecto. Los líderes anglos blancos deben empezar por rechazar la intolerancia cultural y la marginación de lxs latinxs. Deben apresurarse a reducir la creciente alienación entre los hispanoestadounidenses y el resto del país. Deben dejar de considerarlos una casta lingüística al interior del imperio, pueblos conquistados, y deben presionar para lograr reformas económicas y sociales que han quedado ignoradas demasiado tiempo.

Solo un cambio radical traerá consigo un progreso cualitativo en la vida económica de los latinos. Ese cambio tiene poco que ver con las panaceas conductistas de los conservadores, con eslóganes pegajosos como "valores familiares", "ética laboral" o "responsabilidad personal", ni con los remedios paliativos de los liberales: programas sociales gubernamentales más grandes

---

1. Oficina del Censo de Estados Unidos, *Statistical Abstract of the United States: 1997* (Washington, D.C.: U.S. Government Printing Office, 1997), Tabla 12.

y mejores, integración en las escuelas, acción afirmativa. Quizá las reformas que sugiero al principio parezcan más de política exterior que de interior. Sin embargo, son fundamentales precisamente porque la presencia latina aquí está directamente conectada con las conquistas de nuestro país en el extranjero. Solo cambiando la naturaleza del imperio estadounidense pueden volverse realidad la igualdad y la asimilación de los latinos. Los siguientes cambios en la política nacional son los que considero fundamentales para el nuevo siglo.

1. *Acabar con el mercado laboral dual predatorio de la mano de obra barata mexicana.* La única manera de reducir la explotación continua de millones de mexicanos, tanto en este país como al otro lado del río Grande, es con la movilidad total de la mano de obra entre los dos países y emparejamiento gradual de sus leyes ambientales y laborales. En 1994, el TLCAN creó un mercado común para las mercancías, pero no para las personas. Su sucesor, el T-MEC, tampoco lo hizo. Un mercado común para las mercancías beneficia básicamente a las pequeñas élites de ambos países, mientras que uno para las personas sería una bendición para la mayoría de los trabajadores de ambos países. Un mercado laboral común —quizás incluso con sindicatos transfronterizos o alianzas como la actual canadiense-estadounidense de la FEO-COI— reduciría la brecha salarial y de normas laborales entre Estados Unidos y México. Conforme los salarios aumenten al sur de la frontera, los mexicanos consumirán más bienes estadounidenses y menos de ellos intentarán emigrar al Norte. Abolir el concepto de "ilegalidad" de los mexicanos, quienes son la fuente abrumadora de mano de obra indocumentada, aumentaría los salarios en las bases de nuestra sociedad. ¿Cómo? A los empleadores estadounidenses les resultaría más difícil explotar a quienes fueran libres de organizar sindicatos y exigir sus derechos en los tribunales y con el gobierno. Esa clase de libertad de movimiento de la fuerza laboral es un derecho básico de todos los miembros de la Unión Europea.

2. *Terminar con el estatus colonial de Puerto Rico.* El Congreso debería programar de inmediato un plebiscito sobre el estatus permanente de Puerto Rico. También acceder de antemano a implementar el estatus que decidan los isleños, ya sea una república asociada, un territorio genuinamente autónomo, un país independiente o el 51º estado. Si los puertorriqueños prefieren la libre asociación o la independencia, el Congreso, en reconocimiento a la enorme riqueza que los isleños le brindaron a este país durante cien años, y como agradecimiento a los miles de boricuas que lucharon en las guerras de Estados Unidos, debería comprometerse a brindar asistencia federal transicional, el derecho a mantener la doble ciudadanía y un mercado de libre comercio. Si los boricuas eligen convertirse en estado, el Congreso no debería retrasarlo y debería convertir al inglés y al español en idiomas cooficiales. El limbo de segunda clase en el que vivimos los puertorriqueños solo puede terminar con una descolonización genuina.

3. *Reconocer los derechos de las minorías lingüísticas y promover el uso generalizado del español.* A diferencia de muchos países del mundo, Estados Unidos aún no reconoce el derecho de las minorías lingüísticas a estar protegidas de la discriminación. Los puertorriqueños, los cubanos y los mexicanos somos minorías étnicas en este país, pero todos los hispanos juntos conformamos una minoría lingüística cuyos orígenes preceden la fundación de Estados Unidos. El español no es una lengua extranjera aquí. Es el idioma principal del continente americano y la segunda lengua de Estados Unidos, y debería reconocerse como tal. En vez de aprobar leyes anacrónicas que declaren al inglés la lengua única, nuestros líderes deberían, como mínimo, promover el bilingüismo. Las escuelas públicas, por ejemplo, deberían fomentar la enseñanza del español como idioma secundario principal, quizás incluso obligatorio en las regiones o estados en los que los hispanos sean una minoría importante. Hacerlo no reduciría de ninguna manera el papel central que tiene el inglés como lengua principal del país. Por el contrario, fomentará la comprensión entre los estadounidenses de todas las razas. Conforme más blancos

y negros aprendan español, conforme prueben la sofisticación cultural y el poder intelectual que se logran al escapar del gueto monolingüe anglófono, empezarán a tender puentes y a sanar a nuestra población.

4. *Reinvertir en las ciudades y escuelas públicas de Estados Unidos.* El grueso de los latinos vivimos, trabajamos y estudiamos en las zonas urbanas del país. Nuestro futuro está atado al de las ciudades. Un programa federal dirigido a reconstruir la infraestructura urbana y a invertir en sus escuelas públicas les brindaría empleo y movilidad social hacia la clase media a muchos latinos que están atrapados en los márgenes de la economía, al igual que la construcción de los suburbios en los años cincuenta ayudó a crear la clase media blanca.

5. *Terminar con el militarismo estadounidense en Latinoamérica.* Desde los días de nuestra diplomacia de cañonero hasta la era de los Jefes; desde las guerras secretas de la CIA hasta la guerra actual contra las drogas, el ejército de Estados Unidos siempre ha tratado de dictar los asuntos de Latinoamérica instalando o apoyando líderes nada populares, defendiendo empresarios yanquis deshonestos o simplemente estimulando la venta de armas estadounidenses a los gobiernos locales y los grupos paramilitares. Nuestro gobierno debe renunciar a este militarismo de una vez por todas. Solo un giro radical como ese empezaría a aliviar el distanciamiento sentido por los inmigrantes salvadoreños, guatemaltecos, colombianos y dominicanos, que siguen resentidos por el papel que tuvo este país en las guerras civiles de sus respectivas patrias.

6. *Terminar con el bloqueo económico a Cuba.* Dadas las florecientes relaciones económicas y políticas que ha cultivado nuestro gobierno con países socialistas como China y Vietnam en años recientes, el terco bloqueo de sesenta años contra Cuba es un ejemplo flagrante de que el Tío Sam sigue considerando que Latinoamérica es su patio trasero y se niega a tolerar el disenso en la región. El resto del mundo condena el embargo de manera

casi universal. Si bien la extraordinaria asistencia gubernamental brindada a los inmigrantes cubanos ayudó a convertirlos en el grupo de latinos de mayor éxito económico, también ha provocado un doble rasero en la política migratoria y el resentimiento del resto de los latinos. Terminar con el bloqueo y normalizar las relaciones mejoraría las condiciones económicas en Cuba y abriría el camino para el fin de ese doble rasero.

Estas curas cayeron en oídos sordos durante las décadas en las que las opiniones conservadoras y neoliberales dominaban la política occidental, pues muchos gobiernos y líderes preferían buscar las causas del crimen y la pobreza en las acciones o la inacción de quienes se encuentran en el fondo de la sociedad. La obscena transferencia de riqueza que ha sucedido durante los últimos cuarenta años desde ese fondo hacia los pocos privilegiados de la cima —y de gran parte del Sur Global hacia las élites financieras de Occidente— se justificaban como la evolución natural del mercado, cuando, en realidad, son el producto de la avaricia insaciable de quienes dominan y dirigen dicho mercado. Apenas en años recientes, ese mercado y esas élites se han enfrentado a una oposición continua.

Por eso, mis soluciones están dirigidas directamente contra ese mercado invisible y omnipotente y contra el imperio que creamos en su nombre. La mano de obra inmigrante siempre ha sido fundamental para la prosperidad del mercado. El mercado la recluta, la explota, abusa de ella, la divide y la envía de vuelta a casa cuando ya no la necesita. Solo si le apretamos la brida al mercado, si desafiamos su avaricia insaciable, si humillamos su poder colosal, los latinos en este país podremos pasar del progreso incremental al cualitativo; solo entonces podremos romper el sistema de castas al que nos han relegado. Solo si domamos el mercado, los pueblos de América, del norte y del sur, podremos superar nuestras divisiones étnicas, raciales y lingüísticas. Solo entonces podremos comprender nuestra humanidad en común y lograr nuestros sueños en común.

América, a fin de cuentas, nunca terminó en el río Grande.

Agradecimientos

Quiero agradecer a mis varios editores en Penguin Putnam: Don Fehr, quien me guio durante los primeros años de la transición entre periódicos y libros, y cuyo análisis meticuloso e insólita noción de organización y estructura, convirtió mis primeros borradores, primitivos y caóticos, en un todo coherente; Jane von Mehren, cuyo apoyo constante y revisiones cuidadosas del manuscrito ayudaron a contextualizar una idea de mi audiencia; a Sarah Baker, cuyas preguntas incisivas expusieron una y otra vez los puntos débiles de mi pensamiento y mi manuscrito, y a Matt Klise, quien guio esta tercera edición hasta verla terminada.

Por haber mejorado el contenido, estoy agradecido con varias personas que leyeron borradores de capítulos a lo largo de los años y me ofrecieron sugerencias: Tom Acosta, Stephen Handelman y Dennis Rivera en Nueva York; Gil Cedillo y David Sandoval en California; James "Hap" Hairston y Albor Ruiz, editores del *New York Daily News*; Greg Tarpinian, de Labor Research Associates; Clara Rodríguez, de la Universidad de Fordham; Héctor Cordero Guzmán, del City University of New York Graduate Center; a dos de los periodistas más brillantes de Puerto Rico,

Juan Manuel García Passalacqua y Jesús Dávila, y a Lilia Fernández, una maravillosa académica de la historia urbana y latina en
Estados Unidos, que también resulta ser mi esposa.

Tengo una deuda especial con mi amiga y agente de varias décadas, Frances Goldin, cuya implacable defensa de sus escritores
solo es superada por su devoción incansable por la justicia social,
y con su sucesora, Ellen Geiger.

Muchas gracias a Amilcar Tirado, de la Biblioteca del Centro
de Estudios Puertorriqueños en Hunter College, Nueva York; a
Yolanda González, de la Biblioteca en Memoria a Arnulfo Oli-
veiras de la Universidad de Texas en Brownsville; a Margo Gutiérrez, de la Colección Latinoamericana Benson de la Universidad
de Texas en Austin, y a Faigi Rosenthal, bibliotecaria en jefe del
New York Daily News, por su ayuda invaluable para localizar
fuentes, y a mis asistentes de investigación durante varias ediciones, Esther (Nequi) González, Jaisal Noor, Karen Yi, Genia
Blaser y Jennifer Natoli.

Una multitud de latinos en este país, en México, en Centroamérica y en el Caribe me recibieron en sus casas y me abrieron
sus corazones durante las últimas décadas. Sin importar que estuviera reportando para un periódico o investigando para este libro, me contaron con gusto historias de familia poco conocidas,
con la esperanza de que el resto de Estados Unidos comprendiera
mejor su trayectoria. Muchos de los líderes mejor conocidos de la
comunidad latina —demasiados para mencionarlos aquí—, tuvieron la generosidad de compartirme su opinión, por lo que me
ayudaron a dar forma a las ideas de este libro.

No obstante, hago un agradecimiento especial a los latinos
menos célebres que facilitaron que conociera a las familias cuyas historias migratorias conforman el núcleo emocional de este
libro. Gente como Domingo González en Brownsville, Texas;
Sandra Garza en El Paso; Estela Vázquez, Alfredo White, Héctor Méndez y William Acosta en Nueva York; Luis Del Rosario
en Miami; Mario González en Chicago; Ignacio Soto y Heraclio Rivera en República Dominicana, y Víctor Alfaro Clark en
México.

Finalmente, doy gracias a mi familia, sobre todo a mi madre, Florinda Guillén, y a mi difunto padre, Juan González, por nunca dejarme olvidar lo lejos que hemos llegado.

Bibliografía

Abramson, Michael. *Palante: Young Lords Party*. Nueva York: McGraw-Hill, 1971.

Acosta, Ivonne. *La Mordaza: Puerto Rico, 1948–1957*. Río Piedras: Editorial Edil, Inc., 1989.

Acosta-Belén, Edna, y Barbara R. Sjostrom. *The Hispanic Experience in the United States*. Nueva York: Praeger, 1988.

Acuña, Rodolfo. *Occupied America: A History of Chicanos*. Nueva York: HarperCollins, 1988.

Adams, John Quincy. *The Writings of John Quincy Adams, vol. 7*. Editado por Worthington C. Ford. Nueva York: Macmillan, 1913–17.

Álvarez, Alberto Martín. *From Revolutionary War to Democratic Revolution: the Farabundo Martí National Liberation Front (FMLN) in El Salvador*. Editado por Véronique Dudouet y Hans J. Giessmann. Berlín: Berghof Transitions Series. Resistance/Liberation Movements and Transition to Politics, 2010.

Alvarez, Jr., Roberto R. *Familia: Migration and Adaptation in Baja and Alta California, 1800–1975*. Berkeley: University of California Press, 1991.

Ambrosius, Christian y David Leblang, "Exporting Murder: US Deportations & the Spread of Violence", Universidad Libre de Berlín, Escuela de Economía y Negocios, documento de discusión, 21 de agosto de 2018.

American Friends Service Committee, Mexico–U.S. Border Program. *Sealing Our Borders: The Human Toll*. Philadelphia, febrero de 1992.

American Immigration Council. "Immigrants in Maryland", Washington, D.C. 2017.

American Rivers. *Endangered Rivers of America: The Nation's Ten Endangered Rivers and Fifteen Most Threatened Rivers for 1993*. Washington, D.C., 20 de abril de 1993.

Americas Watch Report. "Labor Rights in El Salvador", 1988.

Anderson, Carol y Dick Durbin. *One Person, No Vote, How Voter Suppression Is Destroying Our Democracy*. Nueva York: Bloomsbury, 2018.

Aptheker, Herbert. *The Colonial Era*. Nueva York: International Publishers, 1959.

Arana, Ana. "How the Street Gangs Took Central America", *Foreign Affairs* 84, no. 3. (mayo-junio de 2005).

Arrigoitia, Delma S. *José De Diego, El Legislador: Su visión de Puerto Rico en la Historia, 1903–1918*. San Juan: Instituto de Cultura Puertorriqueña, 1991.

Auster, Laurence. "The Forbidden Topic". *National Review*, 27 de abril de 1992.

Azicri, Max. "The Politics of Exile: Trends and Dynamics of Political Change Among Cuban-Americans". *Cuban Studies* 11. Pittsburgh: University of Pittsburgh Press, 1981.

Bailyn, Bernard. *The Peopling of British North America*. Nueva York: Vintage Books, 1988.

Balderrama, Francisco E. y Raymond Rodríguez. *Decade of Betrayal: Mexican Repatriation in the 1930s*. Albuquerque: University of New Mexico Press, 1995.

Banco Interamericano de Desarrollo. *Informe Anual 1986*. Washington, D.C., 1987.

———. *Informe Anual 1994*. Washington, D.C., 1995.

———. *Informe Anual 1996*. Washington, D.C., 1997.

Banco Mundial. "Country Profile: Mexico", 2021.

Bannon, John Francis. *The Spanish Borderlands Frontier 1513–1821*. Albuquerque: University of New Mexico Press, 1974.

Barber, Willard F. y Neale Ronning. *Internal Security and Military Power: Counterinsurgency and Civic Action in Latin America*. Columbus: Ohio State University Press, 1966.

Barbier, Jacques y Allan J. Kuethe, eds. *The North American Role in the Spanish Imperial Economy, 1760–1819*. Manchester: Manchester University Press, 1984.

Barnes, Robert. "Supreme Court Rejects Much of Arizona Immigration Law", *Washington Post*, 25 de junio de 2012.

Barreto, Matt A., Tyler Reny y Bryan Wilcox-Archuleta, "Survey Methodology and the Latina/o Vote: Why a Bilingual, Bicultural, Latino-Centered Approach Matters", *Aztlán* 42–2, 2017.

Barry, Tom y Deb Preusch. *The Central America Fact Book*. Nueva York: Grove Press, 1986.

Belanger, Maurice. "A Chronology of the Treatment of Central American War Refugees in the U.S.". Washington, D.C.: National Immigration Forum, 1997.

Bell, Roger. *Last Among Equals: Hawaiian Statehood and American Politics*. Honolulu: University of Hawaii Press, 1984.

Berman, Ari. *Give Us the Ballot: The Modern Struggle for Voting Rights in America*. Nueva York: Picador, Farrar, Straus and Giroux, 2016.

Bermann, Karl. *Under the Big Stick: Nicaragua and the United States Since 1848*. Boston: South End Press, 1986.

Bethell, Leslie, ed. *Colonial Spanish America*. Nueva York: Cambridge University Press, 1987.

Bessette-Kirton, Erin K. *et al.*, "Landslides Triggered by Hurricane María: Assessment of an Extreme Event in Puerto Rico", *GSA Today* 29, no. 6 (junio de 2019).

Bofill Valdés, Jaime. "Comportamiento de Diversas Variables Macro-Económicas de Puerto Rico y de la Trayectoria de Crecimiento entre Puerto Rico y Estados Unidos Durante 1950-94". *Boletín de Economía*, vol. 1, no. 1, julio–septiembre 1995.

Bolick, Clint. "Mission Unaccomplished: The Misplaced Priorities of the Maricopa County Sheriff's Office", Instituto Goldwater, 2 de diciembre de 2008.

Bolívar, Simón. *Obras completas, t. I-VI*. México: Editorial Cumbre, 1977.

Bolívar, Simón. *Cartas del Libertador, vol. V.* Editadas por Vicente Lecuna. Caracas: Fundación Vicente Lecuna, [1826 - junio de 1827] 1967.

Booth, John A. y Thomas Walker. *Understanding Central America*. Boulder: Westview Press, 1993.

Boswell, Thomas D. y James R. Curtis. *The Cuban American Experience: Culture, Images and Perspectives*. Totowa, N.J.: Rowman & Allanheld Publishers, 1984.

Botari, Mary. "Trade Deficit in Food Safety: Proposed NAFTA Expansions Replicate Limits on U.S. Food Safety Policy That Are Contributing to Unsafe Food Imports", Public Citizen, July 2007.

Brackenridge, Henry Marie. "South America: A Letter on Present State of That Country to James Monroe", Washington: Office of the National Register, 15 de octubre de 1817.

Bradford, William. *Of Plymouth Plantation, 1620–1647.* Editado por Samuel E. Morrison. Nueva York: Random House, 1952.

Brigada, Anna-Catherine. "Nearly 60% of Migrants from Guatemala's Dry Corridor Cited Climate Change and Food Insecurity as Their Reason for Leaving", *Univisión,* 11 de mayo de 2018.

Brimelow, Peter. *Alien Nation: Common Sense About America's Immigration Disaster.* Nueva York: Random House, 1995.

Brooke-Eisen, Lauren. "America's Faulty Perception of Crime Rates", Brennan Center for Justice, 16 de marzo de 2015.

Brown, Charles H. *Agent of Manifest Destiny: The Lives and Times of the Filibusters.* Chapel Hill: University of North Carolina Press, 1980.

Brusi, Rima e Isar Godreau. "Dismantling Public Education in Puerto Rico" en *Aftershocks of Disaster: Puerto Rico Before and After the Storm,* Yarimar Bonilla y Marisol Lebrón, eds. Chicago: Haymarket Books, 2019.

Bunau-Varilla, Phillipe. *The Great Adventure of Panama.* Nueva York: Doubleday, Page & Company, 1920.

Burgen, Stephen. "US Now Has More Spanish Speakers Than Spain – Only Mexico Has More". *Guardian.* 29 de junio de 2015.

Bush, Rod. *The New Black Vote: Politics and Power in Four American Cities.* San Francisco: Synthesis, 1984.

Cabeza de Vaca, Alvar Núñez. *Naufragios.* Madrid: Biblioteca Virtual Miguel de Cervantes, s.f. http://www.cervantesvirtual.com/obra-visor/naufragios--0/html/feddcf8e-82b1-11df-acc7-002185ce6064_3.html#I_19_.

Cafferty, Pastora San Juan. "The Language Question: The Dilemma of Bilingual Education for Hispanics in America", en *Ethnic Relations in America: Immigration, the Cities, Lingualism, Ethnic Politics, Group Rights,* ed. Lance Liebman Englewood Cliffs, N.J.: Prentice Hall, 1982.

Calder, Bruce J. *The Impact of Intervention: The Dominican Republic During the U.S. Occupation of 1916–1924.* Austin: University of Texas Press, 1984.

Calderón, Laura Y., Kimberly Heinle, Octavio Rodríguez Ferreira y David A. Shirk, *Organized Crime and Violence in Mexico: Analysis Through 2018.* Justicia en México, Departamento de Ciencias Políticas y Relaciones Internacionales, Universidad de San Diego. San Diego: UCSD, abril de 2019.

Canales, Judge J. T. "Juan N. Cortina Presents His Motion for a New Trial". *Collected Papers of the Lower Rio Grande Valley Historical Society.* Vol. 1. Harlingen, Texas: 1949–1979.

Capps, Randy, Doris Meissner, Ariel G. Ruiz Soto, Jessica Bolter y Sarah Pierce. "From Control to Crisis: Changing Trends and Policies Reshaping U.S.-Mexico Border Enforcement", Instituto de Política Migratoria, agosto de 2019.

Carr, Albert Z. *The World and William Walker*. Nueva York: Harper & Row, 1963.

Carr, Norma. "The Puerto Ricans in Hawaii: 1900–1958". Universidad de Michigan, tesis de doctorado, 1989.

Carr, Raymond. *Puerto Rico: A Colonial Experiment*. Nueva York: Vintage Books, 1984.

Casa Blanca de Estados Unidos. 53 "Remarks of President Donald J. Trump – As Prepared for Delivery", 20 de enero de 2017.

Castañeda, Carlos. *The Mexican Side of the Texas Revolution*. Washington, D.C.: Documentary Publications, 1971.

———. *Our Heritage in Texas, 1519–1933*. Vol. 6. Nueva York: Arno Press, 1976.

Castañeda, Jorge G. *The Mexican Shock: Its Meaning for the U.S.* New York: The New Press, 1995.

Castro Caycedo, Germán. *El Hueco: La entrada ilegal de colombianos a Estados Unidos por México, Bahamas y Haití*. Bogotá: Planeta Colombiana Editorial S.A., 1989.

Cavazo Garza, Israel. *Diccionario Biográfico de Nuevo León*. Tomo 1. Monterrey: Universidad Autónoma de Nuevo León, 1984.

Center on Extremism of the Anti-Defamation League. "Mainstreaming Hate: The Anti-Immigrant Movement in the U.S.", 29 de noviembre de 2018.

Centro de Estudios Fronterizos y de Promoción de los Derechos Humanos. *La Industria Maquiladora en Reynosa y Matamoros*. Tamaulipas, México, 1992.

Centro de Estudios Puertorriqueños. *Documents of the Puerto Rican Migration*. Research Foundation of the City University of New York, 1977.

———. *Extended Roots: From Hawaii to New York, Migraciones Puertorriqueñas*. Nueva York: CUNY, 1988.

Centro de Investigaciones Pew. "Dissecting the 2008 Electorate: Most Diverse in the U.S. History", 30 de abril de 2009.

———. "Hispanics of Puerto Rican Origin in the United States, 2007", 13 de julio de 2009.

———. "Modern Immigration Wave Brings 59 Million to U.S., Driving Population Growth and Change Through 2065", 28 de septiembre de 2015.

————. "Remittance Flows Worldwide in 2017". 3 de abril de 2019.

Centros para el Control y Prevención de Enfermedades. "Risk for CO-VID-19 Infection, Hospitalization and Death by Race/Ethnicity", 12 de marzo de 2021.

————. "Demographic Characteristics of People Receiving COVID-19 Vaccinations in the United States", 15 de marzo de 2021.

Chávez, John. *The Lost Land: The Chicano Image of the Southwest*. Albuquerque: University of New Mexico Press, 1984.

Chavez, Linda. *Out of the Barrio: Toward a New Politics of Hispanic Assimilation*. Nueva York: Basic Books, 1991.

Chicago Daily Law Bulletin. "John Marshall marks a century since its first Latino graduate", 27 de noviembre de 2012.

Chisti, Muzaffa, Sara Pierce y Jessica Bolter. "The Obama Record on Deportations: Deporter in Chief or Not", Instituto de Política Migratoria, 26 de enero de 2017.

Chomsky, Aviva. *West Indian Workers and the United Fruit Company in Costa Rica, 1870–1940*. Baton Rouge: Louisiana State University Press, 1996.

Clark, David D. "The Mariel Cuban Problem", Departamento de Servicios Correccionales de Nueva York, División de Planeación, Investigación y Evaluación de Programas, abril de 1991.

Clemens, Michael A. "Violence, Development, and Migration Waves: Evidence from Central American Child Migrant Apprehensions", Center for Global Development, documento de trabajo 459, julio de 2017.

Cloward, Richard A. y Frances Fox Piven. *Why Americans Don't Vote*. Nueva York: Pantheon Books, 1988.

Coaston, Jane, "Peter Brimelow and VDare, the White Nationalist Website with Close Ties to the Right, Explained", *Vox*, 24 de septiembre de 2018.

Cockcroft, James D. *Outlaws in the Promised Land: Mexican Immigrant Workers and America's Future*. Nueva York: Grove Press, 1986.

Cohen, Felix. "Americanizing the White Man", *America Scholar* 21, no. 2 (1952).

Colby, Jason M. *The Business of Empire: United Fruit, Race, and U.S. Expansion in Central America*. Ithaca: Cornell University Press, 2013.

Collier, Simon, Thomas E. Skidmore y Harold Blakemore, eds. *The Cambridge Encyclopedia of Latin America*. Nueva York: Cambridge University Press, 1992.

Collins, Shannon. "Puerto Ricans Represented Throughout U.S. Military History", *Department of Defense News,* 14 de octubre de 2016.

Colón, Jesús. *A Puerto Rican in New York and Other Sketches.* Nueva York: Mainstream Publishers, 1961.

Comisión de Política Oceánica de Estados Unidos. *An Ocean Policy for the 21st Century, Final Report.* Washington, D.C.: U.S. Government Printing Office, 2004.

Comisión Económica para América Latina y el Caribe de la Organización de Naciones Unidas, "Financing for development in the era of COVID-19 and beyond: Priorities of Latin America and the Caribbean in relation to the financing for development global policy agenda", CEPAL, 11 de marzo de 2021.

Comisión Económica para América Latina y el Caribe de la Organización de Naciones Unidas 2021, *Foreign Direct Investment in Latin America and the Caribbean.* CEPAL, agosto de 2021.

Comisión Interamericana de Derechos Humanos. Informe: "Preliminary Observations concerning the Human Rights Situation in Honduras". Organización de Estados Americanos, 5 de diciembre de 2014.

Comisionado Nacional de los Derechos Humanos. *Informe Anual Sobre El Estado General de Los Derechos Humanos en Honduras, Año 2013.* Honduras: CONADEH, 2014.

Senado de Estados Unidos, Comité Conjunto sobre Impuestos. "An overview of special tax laws related to Puerto Rico and an analysis of the tax and economic policy implications of recent legislative options", informe para el personal. Washington, D.C.: 23 de junio de 2006.

Commager, Henry Steele. *The Empire of Reason: How Europe Imagined and America Realized the Enlightenment.* Nueva York: Doubleday/ Anchor, 1977.

———. *Documents of American History.* Vol. 1, To 1899. Englewood Cliffs, N.J.: Prentice Hall, 1988.

Conferencia de las Naciones Unidas sobre Comercio y Desarrollo. *TNC's and World Development.* Londres, 1996.

Connolly, Brian J. "Promise Unfulfilled? Zoning, Disparate Impact and Affirmatively Furthering Fair Housing", *Urban Lawyer,* otoño de 2016, American Bar Association.

Conniff, Michael L. *Black Labor on a White Canal: Panama, 1904–1981.* Pittsburgh: University of Pittsburgh Press, 1985.

Corbett, Theodore G. "Migration to a Spanish Imperial Frontier in the Seventeenth and Eighteenth Centuries: St. Augustine", *Hispanic American Historical Review* 54, no. 3 (agosto de 1974).

Cordero Guzmán, Héctor. "Some Contradictions of Dependent Development in Puerto Rico in the Context of Global Economy". Centro de Estudios Puertorriqueños, 19 de septiembre de 1996.

Crawford, James. *Hold Your Tongue: Bilingualism and the Politics of "English Only"*. Reading: Addison-Wesley Publishing Company, 1992.

Crossa, Mateo. "Maquiladora Industry Wages in Central America Are Not Living Wages". Center for Economic and Policy Research, 20 de mayo de 2015.

Crow, John A. *The Epic of Latin America*. Berkeley: University of California Press, 1992.

Cruse, Harold. *Plural but Equal: Blacks and Minorities in America's Plural Society*. Nueva York: William Morrow, 1987.

Cummings, William. "Federal Appeals Court Rules Trump's Sanctuary City Order Unconstitutional". *USA Today,* 1º de agosto de 2018.

Davidson, Ann. J. "A Credit for All Reasons: The Ambivalent Role of Section 936". *University of Miami Inter-American Law Review* 19 (1), 1987.

Davidson, Chandler. *Race and Class in Texas Politics*. Princeton: Princeton University Press, 1990.

Dávila Colón, Luis R. "The Blood Tax: The Puerto Rican Contribution to the United States War Effort". *Review of the Colegio de Abogados de Puerto Rico*, noviembre de 1979.

Davis, Julie Hirshfield y Maggie Haberman. "Trump Pardons Joe Arpaio, Who Became Face of Crackdown on Illegal Immigration", *New York Times*, 25 de agosto de 2017.

De la Garza, Rodolfo, Manuel Orozco y Miguel Baraona. *The Binational Impact of Latino Remittances*. Informe del Tomás Rivera Policy Institute. Claremont, Calif.: marzo de 1997.

De la Garza Treviño, Ciro. *Historia de Tamaulipas: Anales y Efemérides*. México: Princeton University Press, 1956.

De las Casas, Bartolomé. *Brevísima relación de la destrucción de las Indias*. Medellín: Editorial Universidad de Antioquía, 2011.

De León, Arnoldo. *Tejanos and the Numbers Game: A Socio-Historical Interpretation from the Federal Censuses, 1850–1900*. Albuquerque: University of New Mexico Press, 1989.

De Nogales, Rafael. *The Looting of Nicaragua*. Nueva York: Robert M. McBride & Company, 1928.

Deive, Carlos Esteban. *Las Emigraciones Dominicanas a Cuba (1795–1808)*. Santo Domingo: Fundación Cultural Dominicana, 1989.

Del Valle, Manuel. "Developing a Language-Based National Origin Discrimination Modality". *Journal of Hispanic Policy (1989–1990)*. John F. Kennedy School of Government, Harvard University.

Denevan, William M. *The Native Population of the Americas in 1492*. Madison: University of Wisconsin Press, 1992.

DeParle, Jason. "Shift Against Immigration Lifted a Young Firebrand: How a Movement Allowed Miller to Lead a Crusade from the White House", *New York Times*, 18 de agosto de 2019.

Organización de Naciones Unidas, Departamento de Asuntos Económicos y Sociales, "World Population Prospects 2019: Highlights".

Departamento de Estado de Estados Unidos. "Report to Congress on Corruption in El Salvador, Guatemala, and Honduras", 18 de mayo de 2019.

Departamento de Justicia de Estados Unidos. *1996 Statistical Yearbook of the Immigration and Naturalization Service*. Washington, D.C.: U.S. Government Printing Office, 1997.

Departamento de Justicia de Estados Unidos. "Attorney General Announces Zero-Tolerance Policy for Criminal Illegal Entry", 6 de abril de 2018.

Departamento de Seguridad Nacional de Estados Unidos. *Annual Report, Immigration Enforcement Actions: 2017*, marzo de 2019.

———. *Yearbook of Immigration Statistics: 2008*. Washington, D.C.: U.S. Government Printing Office, 2008.

———. *Yearbook of Immigration Statistics: 2017*. Washington, D.C.: U.S. Government Printing Office, 2017.

———. *Yearbook of Immigration Statistics: 2019*. Washington, D.C.: U.S. Government Printing Office, 2019.

Departamento de Salud de Texas. "An Investigation of Neural Tube Defects in Cameron County, Texas", 1º de julio de 1992.

Díaz del Castillo, Bernal. *Historia verdadera de la conquista de la Nueva España. Aparato de variantes*. Madrid: Real Academia Española, s.f. Versión electrónica. https://www.rae.es/sites/default/files/Aparato_de_variantes_Historia_verdadera_de_la_conquista_de_la_Nueva_Espana.pdf.

Díaz-Callejas, Apolinar. *Colombia–Estados Unidos: Entre la autonomía y la subordinación. De la Independencia a Panamá*. Bogotá: Planeta Colombiana Editorial S.A., 1997.

Díaz, Elba y Arturo Massol-Deya, "Trace Element Composition in Forage Samples from a Military Target Range, Three Agricultural Areas, and One Natural Area in Puerto Rico", *Caribbean Journal of Science* 39, no. 2 (2003).

Dietz, James L. *Economic History of Puerto Rico: Institutional Change and Capitalist Development*. Princeton: Princeton University Press, 1986.

Dietz, James L. y Emilio Pantojas-García. "Puerto Rico's New Role in the Caribbean: The High-Finance/Maquiladora Strategy", en *Colonial Dilemma: Critical Perspectives on Contemporary Puerto Rico*, ed. Edwin Meléndez y Edgardo Meléndez. Boston: South End Press, 1993.

Diez Castillo, Luis A. *El Canal de Panamá y Su Gente*. Panamá: L. A. Diez Castillo, 1990.

Domínguez-Villegas, Rodrigo, Nick Gonzalez, *et al.*, "Vote Choice of Latino Voters in the 2020 Presidential Election", Iniciativa de Política y Políticas Públicas Latinas de UCLA, 19 de enero de 2021.

Drake, Paul W., ed. *Money Doctors, Foreign Debts, and Economic Reforms in Latin America from the 1890s to the Present*. Wilmington, Delaware: Scholarly Resources, 1994.

Duany, Jorge. *Los Dominicanos en Puerto Rico: Migración en la Semi-Periferia*. Río Piedras: Ediciones Huracán, 1990.

Dunn, Robert W. *American Foreign Investments*. Nueva York: Viking Press, 1926.

Durham, George. *Taming the Nueces Strip: The Story of McNelly's Rangers*. Austin: University of Texas Press, 1962.

Dwyer, Augusta. *On the Line: Life on the US-Mexican Border*. Londres: Latin American Bureau, 1994.

Eckes, Jr., Alfred E. *Opening America's Market: U.S. Foreign Trade Policy Since 1776*. Chapel Hill: University of North Carolina Press, 1995.

Eisenhower, John S. D. *So Far from God: The U.S. War with Mexico, 1846–1848*. Nueva York: Doubleday, 1989.

Elliot, J. H. *The Old World and the New*. Nueva York: Cambridge University Press, 1970.

Elliot, Larry. "World's 26 Richest People Own as Much as Poorest 50%, says Oxfam", *Guardian*. 20 de enero de 2019.

Elton, Geoffrey. *The English*. Cambridge, Massachusetts: Blackwell Publishers, 1995.

Engstrom, James D. "Industry and Immigration in Dalton, Georgia", en *Latino Workers in the Contemporary South*. Editado por Arthur D. Murphy *et al.* Athens: University of Georgia Press, 2001.

Epstein, Reid J. "NCLR Head: Obama Deporter-in-Chief". *Politico,* 4 de marzo de 2014.

Equipo de Investigaciones Laborales (EIL)/Red de Solidaridad de la Maquila (RSM). *Salarios de Maquilas en Centro América 2018 e Iniciativas Internacionales por un Salario Digno*. Toronto: octubre de 2018.

————. *Los Salarios Mínimos de Maquila y las Canastas Básicas de Alimento en cuatro países de Centroamérica 2019*. San Salvador: octubre de 2019.

Ericson Eblen, Jack. *The First and Second United States Empires: Governors and Territorial Government, 1784–1912*. Pittsburgh: University of Pittsburgh Press, 1968.

Eschbach, Karl, Jacqueline Hagan, Nestor Rodriguez, Ruben Hernandez-Leon y Stanley Bailey. "Death at the Border". *The International Migration Review* 33, no. 2 (verano de 1999).

Escobar, Cristina. "Extraterritorial Political Rights and Dual Citizenship in Latin America". *Latin American Research Review* 42, no. 3. (2007).

Esquenazi-Mayo, Roberto, ed. *El Padre Valera: Pensador, Sacerdote, Patriota*. Washington, D.C.: Georgetown University Press, 1990.

Esquivel, Gerardo. "The Dynamics of Income Inequality in Mexico since NAFTA". *Economía* 12, no.1 (2011).

Esteva-Fabregat, Claudio. *Mestizaje in Ibero-America*. Traducido por John Wheat. Tucson: University of Arizona Press, 1995.

Fagen, Richard R., Richard A. Brody y Thomas J. O'Leary. *Cubans in Exile: Disaffection and Revolution*. Palo Alto: Stanford University Press, 1968.

Falcón, Angelo. "Beyond La Macarena: The New City Latino Vote". *Hispanic Link Weekly Report* 25 (noviembre de 1996).

Fanon, Frantz. *Los condenados de la tierra*. Traducido por Julieta Campos. México: Fondo de Cultura Económica, 1965.

Farley, Robert. "Trump's Bogus Voter Fraud Claims Revisited", FactCheck. org, 25 de enero de 2017.

Faulk, Odie B. *The Last Years of Spanish Texas, 1778–1821*. Londres: Mouton, 1964.

Fernández, Ronald. *The Disenchanted Island: Puerto Rico and the United States in the Twentieth Century*. Nueva York: Praeger, 1992.

————. *Prisoner of Colonialism: The Struggle for Justice in Puerto Rico*. Monroe: Common Courage Press, 1994.

————. *Cruising the Caribbean: U.S. Influence and Intervention in the Twentieth Century*. Monroe: Common Courage Press, 1994.

Fernández Retamar, Roberto. *Caliban and Other Essays*. Traducido por Edward Baker. Minneapolis: University of Minnesota Press, 1989.

Ferreras, Ramón Alberto. *Trujillo y sus Mujeres*. Santo Domingo: Editorial del Nordeste, 1982.

Field Institute. "California Opinion Index, A Summary Analysis of Voting in the 1994 General Election". San Francisco: Field Institute, 1995.

Figueroa, Loida. *Tres Puntos Claves: Lares, Idioma y Soberanía*. San Juan: Editorial Edil, 1972.

Fisher, John. *Commercial Relations Between Spain and Spanish America in the Era of Free Trade, 1778–1796*. Liverpool: Centre for Latin American Studies, University of Liverpool, 1985.

Fitzpatrick, Joseph P. *Puerto Rican Americans: The Meaning of the Migration to the Mainland*. Englewood Cliffs, N.J.: Prentice Hall, 1987.

———. *The Stranger Is Our Own: Reflections on the Journey of Puerto Rican Migrants*. Kansas City: Sheed & Ward, 1996.

Flagg, Anna. "The Myth of the Criminal Immigrant", *New York Times*, 30 de marzo de 2018.

Flores-Yeffal, Nadia Y. y Karen A. Pren. "Predicting Unauthorized Salvadoran Migrants' First Migration to the United States between 1965 and 2007". *Journal on Migration and Human Security* 1, no.14 (2018).

Folkman, David, Jr. *The Nicaragua Route*. Salt Lake City: University of Utah Press, 1972.

Foner, Laura y Eugene D. Genovese, eds. *Slavery in the New World*. Englewood Cliffs, N.J.: Prentice Hall, 1969.

Foner, Philip S. *The Spanish-Cuban-American War and the Birth of American Imperialism*. 2 vols. Nueva York: Monthly Review Press, 1972.

———. *Labor and the American Revolution*. Westport, Conn.: Greenwood Press, 1976.

Frank, Dana. *The Long Honduran Night: Resistance, Terror, and the United States in the Aftermath of the Coup*. Chicago: Haymarket Books, 2018.

Free, Lloyd. "Attitudes of the Cuban People Toward the Castro Regime", Princeton: Instituto de Investigaciones Sociales Internacionales, 1960.

Frost, Elsa Cecilia, *et al. Labor and Laborers Through Mexican History*. Tucson: University of Arizona Press, 1979.

Fuchs, Lawrence H. *Hawaii Pono: A Social History*. Nueva York: Harcourt, Brace & World, 1996.

Funes, Freddy. "Removal of Central American Gang Members: How Immigration Laws Fail to Reflect Global Reality", *University of Miami Law Review*, 1° de octubre de 2008.

Galeano, Eduardo. *Las venas abiertas de América Latina*, México, Siglo XXI, [1971] 2004.

Gallagher, Kevin P. y Margaret Meyers. "China-Latin America Finance Database". Washington: InterAmerican Dialogue, 2019.

Gálvez, Alyshia. *Eating NAFTA: Trade, Food Policies, and the Destruction of Mexico*. Oakland: Univeristy of California Press, 2018.

García, Ignacio M. *United We Win: The Rise and Fall of La Partido La Raza Unida*. Tucson: Masrc, 1989.

García, María Cristina. *Havana USA: Cuban Exiles and Cuban Americans in South Florida, 1959–1994*. Berkeley: University of California Press, 1996.

García-Passalacqua, Juan Manuel. "The 1993 Plebiscite in Puerto Rico: A First Step to Decolonization". *Current History* 93, no. 581 (marzo de 1994).

García-Passalacqua, Juan Manuel y Carlos Rivera Lugo, eds. *Puerto Rico y los Estado Unidos: El Proceso de Consulta y Negociación de 1989 y 1990*. Vol. 2. Río Piedras: Editorial de la Universidad de Puerto Rico, 1991.

Garcilazo, Jeffrey Marcos. *Traqueros: Mexican Railroad Workers in the United States 1870-1930*. Denton, Texas: University of North Texas Press, 2012.

Gilbert, Alan. *The Latin American City*. Londres: Latin American Bureau, 1994.

Gimpel, James G. "Latino Voting in the 2006 Election: Realignment to the GOP Remains Distant", Center for Immigration Studies, marzo de 2007.

Glasser, Ruth. *My Music Is My Flag: Puerto Rican Musicians and Their New York Communities, 1917–1940*. Berkeley: University of California Press, 1995.

Glazer, Nathan y Daniel P. Moynihan. *Beyond the melting pot*. Cambridge, Mass: MIT Press, 1963.

Gleijeses, Piero. *Shattered Hope: The Guatemalan Revolution and the United States, 1944–1954*. Princeton, N.J.: Princeton University Press, 1991.

Globalm, Banyan. *USAID/Guatemala Gender Analysis Final Report 2018*. Agencia de Estados Unidos para el Desarrollo Internacional, 14 de septiembre de 2018.

Goldfinch, Charles W. "Juan N. Cortina, 1824–1892: A Re-Appraisal", Universidad de Chicago, tesis de maestría, 1949.

Goldstein, Richard. "The Big Mango". *New York*, 7 de agosto de 1972.

Gomez, Alan. "The Six Countries 300,000 Must Return to with End of TPS Program", *USA Today*, 15 de octubre de 2018.

Gómez Quiñones, Juan. *Chicano Politics: Reality and Promise, 1940–1990*. Albuquerque: University of New Mexico Press, 1990.

Gonzales, Alfonso. *Reform Without Justice: Latino Migrant Politics and the Homeland Security State*. Nueva York: Oxford University Press, 2014.

Gonzalez-Barrera, Angela y Jens Manuel Krogstad. "What We Know About Illegal Migration from Mexico", Centro de Investigaciones Pew, 28 de junio de 2019.

González, Juan. "The Turbulent Progress of Puerto Ricans in Philadelphia." *Bulletin of the Center for Puerto Rican Studies* 2, no. 2 (invierno de 1987–1988).

Gore, Charles. "The Rise and Fall of the Washington Consensus as a Paradigm for Developing Countries". *World Development* 28, no. 5. (2000).

Gottfried, Robert S. *The Black Death*. Nueva York: The Free Press, 1993.

Gould, L. Hannah, Jennifer Kline, *et al.*, "Outbreaks of Disease Associated with Food Imported into the United States, 1996-2014", *Emerging Infectious Diseases Journal* 23:7 (marzo de 2017).

Grabow, Colin. "New Reports Detail Jones Act's Cost to Puerto Rico". Instituto Cato, 25 de febrero de 2019.

Gramlich, John y Luis Noe-Bustamante. "What's Happening at the U.S.-Mexico Border in Five Charts", Centro de Investigaciones Pew, 1º de noviembre de 2019.

Grant, Charles. *Democracy in the Connecticut Frontier Town of Kent*. Nueva York: Columbia University Press, 1961.

Grant, Ulysses S. *Personal Memoirs of U. S. Grant*, vol. 1. New York: Charles A. Webster & Co., 1885.

Grases, Pedro (comp.). *Pensamiento político de la emancipación venezolana*. Caracas: Biblioteca Ayacucho. 2010.

Grasmuck, Sherri y Patricia R. Pessar. *Between Two Islands: Dominican International Migration*. Berkeley: University of California Press, 1991.

Gregory, Desmond. Brute New World: The Rediscovery of Latin America in the Early Nineteenth Century. Londres: British Academic Press, 1992.

Grimaldi, Víctor. El Diario *Secreto de la Intervención Norteamericana de 1965*. Santo Domingo: Amigo del Hogar, 1989.

Guerra y Sánchez, Ramiro. *La Expansión Territorial de los Estados Unidos: A Expensas de España y de los Países Hispanoamericanos*. La Habana: Editorial del Consejo Nacional de Universidades, 1964.

Gugliotta, Guy y Jeff Leen. *Kings of Cocaine*. Nueva York: Harper Paperbacks, 1990.

Gutiérrez, José Angel. *The Making of a Chicago Militant: Lessons from Cristal*. Madison: University of Wisconsin Press, 1998.

Hagan, Jacqueline Maria. *Deciding to Be Legal: A Maya Community in Houston*. Philadelphia: Temple University Press, 1994.

Halperin-Donghi, Tulio. *The Contemporary History of Latin America*. Durham: Duke University Press, 1993.

Harper, Brian. "Get the Numbers: Immigration Enforcement in the Trump Era", *Americas Society/Council of the Americas*, 14 de agosto de 2018.

Harris, William Warner. *Puerto Rico's Fighting 65th U.S. Infantry: From San Juan to Chorwan*. San Rafael: Presidio Press, 1980.

Harrison, Benjamin. "The United States and the 1909 Nicaragua Revolution", *Caribbean Quarterly* 41, no. 3/4 (septiembre-diciembre de 1995).

Hart, John Mason. *Empire and Revolution: The Americans in Mexico Since the Civil War*. California: University of California Press, 2001.

Hazen, Don. *Facts and Fictions About "Free Trade"*. Nueva York: Institute for Alternative Journalism, 1993.

Healy, David. *Drive to Hegemony: The United States in the Caribbean, 1898-1917*. Madison: University of Wisconsin Press, 1988.

Hegeman, Roxana. "New Voter Get Notices Listing Wrong Dodge City Polling Site", *Associated Press*, 25 de octubre 2018.

Hennessey-Fiske, Molly. "Six Migrant Children Have Died in U.S. Custody. Here's What We Know About Them", *Los Angeles Times*, 24 de mayo de 2019.

Herman, Edward S. y Frank Brodhead. *Demonstration Elections: U.S.-Staged Elections in the Dominican Republic, Vietnam, and El Salvador*. Boston: South End Press, 1984.

Hermann, Hamlet. *Francis Caamaño*. Santo Domingo: Editorial Alfa y Omega, 1983.

Hernández, Ramona, Francisco Rivera-Batiz y Roberto Agodini. "Dominican New Yorkers: A Socioeconomic Profile". *Dominican Research Monographs*. Nueva York: Instituto de Estudios Dominicanos CUNY, 1995.

Hess, Abigail. "29-year-old Alexandria Ocasio-Cortez Makes History as the Youngest Woman Ever Elected to Congress", *CNBC*, 7 de noviembre de 2018.

Hesson, Ted. "15 Companies that Profit from Border Security", *ABC News*, 15 de abril de 2013.

Hesson, Ted y Lorraine Woellert. "DHS and HHS Officials Blindsided by 'Zero Tolerance' Border Policy", *Politico*, 24 de octubre de 2018.

Holmes, Brian. "Wilder's All-Latino Leadership a First for Idaho", *7KTVB. com*, 10 de febrero de 2016.

Horsman, Reginald. *Race and Manifest Destiny: The Origins of American Racial Anglo-Saxonism*. Cambridge, Massachussets: Harvard University Press, 1981.

Hostos Community College. "Hostos Community College Student Profile", 2016.

Human Rights Watch. *Mexico, No Guarantees: Sex Discrimination in Mexico's Maquiladora Sector*. Nueva York, agosto de 1996.

———. *War Without Quarter: Colombia and International Humanitarian Law*. Nueva York, 1998.

Humboldt, Alexander von. *Political Essay on the Kingdom of New Spain*. Norman: University of Oklahoma Press, 1988.

Hunt, Darnell, and Ana-Christina Ramón, *et al*. Hollywood Diversity Report 2018: Five Years of Progress and Missed Opportunities. Los Angeles, Colegio de Ciencias Sociales de UCLA, febrero de 2018.

Hurth, Salim. "Hired labor's share of income is lowest in Puerto Rico", *The Heritage Foundation*. Issue Brief no. 4502, 29 de diciembre de 2015.

Huseman, Jessica. "How the Case for Voter Fraud was Tested – and Utterly Failed", *ProPublica*, 19 de junio de 2018.

Ibe, Peniel. "Trump's Attacks on Legal Immigration System Explained", American Friends Service Committee, 3 de octubre de 2019.

Immerman, Richard H. *The CIA in Guatemala: The Foreign Policy of Intervention*. Austin: University of Texas Press, 1982.

Immigrant Legal Resource Center, "The Rise of Sanctuary: Getting Local Officers Out of the Business of Deportations in the Trump Era", enero de 2018.

Instituto de Investigación en Política Criminal. "World Prison Population List, Eleventh Edition", 2015.

Instituto de Investigación para Cuba y el Caribe / Centro de Estudios Internacionales Avanzados. "The Cuban Immigration 1959–1966 and Its Impact on Miami–Dade County, Florida". Universidad de Miami, 10 de julio de 1967.

Instituto de Política Puertorriqueña. *The Puerto Rican and Latino Vote in the 1984 NYS Democratic Presidential Primary*. Nueva York, 5 de abril de 1984.

———. *Puerto Ricans and the 1988 Presidential Elections: Results from the National Puerto Rican Opinion Survey*. Nueva York, 7 de noviembre de 1988.

———. *The 1989 Mayoral Election and Charter Revision Vote in New York City: The Role of the Puerto Rican/Latino Voter*. Nueva York, noviembre de 1989.

————. *The Dinkins Administration and the Puerto Rican Community: Lessons From the Puerto Rican Experience with African-American Mayors in Chicago and Philadelphia*. Nueva York: febrero de 1990.

Instituto Nacional de Estadística, Geografía e Informática (INEGI). "Indicadores de Establecimientos Con Programa IMMEX, Cifras Durante febrero de 2019". Ciudad de México, 29 de abril de 2019.

————. "Síntesis metodológica de la estadística del programa de la industria Manufacturera, maquiladora y servicios de exportación". Ciudad de México, 2015.

International Crisis Group. "El Salvador's Crisis of Perpetual Violence", Latin America Report no. 64, 19 de diciembre de 2017.

Jefferson, Thomas. *Notes on the State of Virginia*. Boston: H. Sprague, 1802.

Jennings, Francis. *The Invasion of America: Indians, Colonialism and the Cant of Conquest*. Nueva York: W. W. Norton, 1976.

Jennings, James y Monte Rivera. *Puerto Rican Politics in Urban America*. Westport, Conn.: Greenwood Press, 1984.

Johansen, Bruce E. *Forgotten Founders: How the American Indians Helped Shape Democracy*. Boston: Harvard Common Press, 1982.

Johnston, Jake y Stephan Lefebvre. "Honduras Since the Coup: Economic and Social Outcomes", Center for Economic Policy and Research, noviembre de 2013.

Jones, Anson. *Memoranda and Official Correspondence Relating to the Republic of Texas, Its History and Annexation*. Nueva York: Arno Press, 1973.

Josephy, Alvin, Jr. *The Indian Heritage of America*. Boston: Houghton Mifflin, 1991.

Junta de Planificación de Puerto Rico. *Informe económico para el gobernador, 1995*. San Juan, marzo de 1996.

Junta de Supervisión y Administración Financiera para Puerto Rico (FOMB). *Special Investigation Committee: Independent Investigator's Final Investigative Report*. San Juan: 20 de agosto de 2018.

Kahn, Robert S. *Other People's Blood: U.S. Immigration Prisons in the Reagan Decade*. Boulder: Westview Press, 1996.

Kamarck, Elaine y Christine Stenglein. "How Many Undocumented Immigrants Are in the United States and Who Are They?", Institución Brookings, 12 de noviembre de 2019.

Kanellos, Nicolas. *A History of Hispanic Theater in the U.S.: Origins to 1940*. Austin: University of Texas Press, 1990.

Karns, Thomas. *Tropical Enterprise: The Standard Fruit and Steamship Company in Latin America*. Baton Rouge: Louisiana State University Press, 1978.

Kearney, Milo. *More Studies in Brownsville History*. Brownsville: Pan American University, 1989.

Keen, Benjamin. "The Black Legend Revisited," *Hispanic American Historical Review* 49, (4), (1969).

Kehoe, Alice B. *North American Indians: A Comprehensive Account*. Englewood Cliffs, N.J.: Prentice Hall, 1992.

Keller, William F. *The Nation's Advocate: Henry Marie Brackenridge and Young America*. Pittsburgh: University of Pittsburgh, 1956.

Kelley, Pat. *River of Lost Dreams*. Lincoln: University of Nebraska Press, 1986.

Klein, Herbert S. *African Slavery in Latin America and the Caribbean*. Oxford, R.U.: Oxford University Press, 1986.

Kochhar, Rakesh, Richard Fry y Paul Taylor. "Wealth Gaps Rise to Record Highs Between Whites, Blacks and Hispanics". Centro Hispánico Pew, Tendencias Sociales y Demográficas. 26 de julio de 2011.

Krogstad, Jens Manuel y Jynah Radford. "Education levels of U.S. immigrants are on the the rise", Centro de Investigaciones Pew, 14 de septiembre de 2018.

Kulish, Nicholas y Mike McIntire. "An Heiress Intent on Closing America's Doors: How a Nature Lover Helped Fuel the Trump Immigration Agenda", *New York Times*, 15 de agosto de 2019.

LaFeber, Walter. *The Panama Canal: The Crisis in Historical Perspective*. Nueva York: Oxford University Press, 1978.

———. *Inevitable Revolutions: The United States in Central America*. Nueva York: W. W. Norton, 1993.

Lakatos, Csilla y Fanziska Ohnsorge. "Arm's-Length Trade: A Source of Post-Crisis Trade Weakness", documento de trabajo de investigación de políticas públicas, no. 8144. Washington, D.C.: Banco Mundial, 2017.

Lamm, Richard D. y Gary Imhoff. *The Immigration Time Bomb: The Fragmenting of America*. Nueva York: Truman Talley Books, 1985.

Landgrave, Michelangelo y Alex Nowrasteh, "Criminal Immigrants: Their Numbers, Demographics and Countries of Origin", Immigration and Policy Brief, no. 1, Instituto Cato, 15 de marzo de 2017.

Lane, James B. y Edward J. Escobar. *Forging a Community: The Latino Community in Northwest Indiana, 1919-1975,* Bloomington: Indiana University Press, 1987.

Lane, Wheaton J. *Commodore Vanderbilt: An Epic of the Steam Age*. Nueva York: Alfred A. Knopf, 1942.

Langer, Erick y Robert H. Jackson. *The New Latin American Mission in History*. Lincoln: University of Nebraska Press, 1995.

Langley, Lester D. *The United States and the Caribbean in the Twentieth Century*. Athens: University of Georgia Press, 1989.

———. *The Americas in the Age of Revolution, 1750–1850*. New Haven: Yale University Press, 1996.

Larzelere, Alex. *Castro's Ploy—America's Dilemma: The 1980 Cuban Boatlift,* Washington, D.C.: National Defense University Press, 1980.

Latorre Cabal, Hugo. *The Revolution of the Latin American Church*. Traducido por Frances K. Hendricks y Beatrice Berler. Norman: University of Oklahoma Press, 1978.

León-Portilla, Miguel. *Visión de los vencidos*. México: UNAM, 1999.

Lewis, Oscar. La Vida: *A Puerto Rican Family in the Culture of Poverty*, San Juan and New York. Nueva York: Random House, 1966.

Lewis, Sanford J. *Border Trouble: Rivers in Peril: A Report of Water Pollution Due to Industrial Development in Northern Mexico*. Boston: National Toxic Campgain Fund, 1991.

Lidin, Harold J. *History of the Puerto Rican Independence Movement*. Vol. 1, 19th Century. Hato Rey: Master Typesetting of Puerto Rico, 1981.

Liebman, Lance, ed. *Ethnic Relations in America: Immigration, the Cities, Lingualism, Ethnic Politics, Group Rights*. Englewood Cliffs, N.J.: Prentice Hall, 1982.

Lin, Annette. "AMLO's Crumbling Promise to Migrants". North American Congress on Latin America, 24 de julio de 2019.

Lind, Dara. "Immigrants are Coming Over the Border to Kill You' is the Only Speech Trump Knows How to Give", *Vox*, 9 de enero de 2019.

Linthicum, Kate. "Obama Ends Secure Communities Program as Part of Immigration Action", *Los Angeles Times*, 21 de noviembre de 2014.

Lockward, Alfonso. *Documentos para la Historia de las Relaciones Dominico-Americanas*. Vol. 1, 1837–1860. Santo Domingo: Editorial Corripio, 1987.

Lopez, Alfredo. *The Puerto Rican Papers: Notes on the Re-emergence of a Nation*. Nueva York: Bobbs-Merrill, 1973.

Lopez, Mark Hugo y Paul Taylor. "Latino Voters in the 2012 Election", Centro de Investigaciones Pew, Tendencias Hispanas, 7 de noviembre de 2012.

Lozano, Rosina. *An American Language: The History of Spanish in the United States*. Oakland: University of California Press, 2018.

Lungo Uclés, Mario. *El Salvador in the Eighties: Counterinsurgency and Revolution*. Philadelphia: Temple University Press, 1996.

Luque de Sánchez, María Dolores. *La Ocupación Norteamericana y la Ley Foraker: La Opinión Pública Puertorriqueña, 1898–1904*. Río Piedras: Editorial de la Universidad de Puerto Rico, 1986.

Lutz, Ellen L. *Human Rights in Mexico: A Policy of Impunity*. Nueva York: America's Watch, June 1990.

Lynch, John, ed. *Latin American Revolutions, 1808–1826*. Norman: University of Oklahoma Press, 1994.

Mahler, Sarah J. *American Dreaming: Immigrant Life on the Margins*. Princeton: Princeton University Press, 1995.

Main, Alexander. "The Right Has Power in Latin America, but No Plan", *Jacobin*, 3 de agosto de 2019.

Maldonado-Denis, Manuel. *The Emigration Dialectic: Puerto Rico and the USA*. Nueva York: International Publisher, 1980.

Malavet Vega, Pedro. *La vellonera está directa: Felipe Rodríguez (La Voz) y los años '50*. República Dominicana: Editorial Corripio, 1984.

Territorio Autónomo de Puerto Rico, Departamento del Trabajo y Recursos Humanos. *Puerto Rico Economic Analysis Report 2015–2016*. San Juan: 2016.

Maquila Solidarity Network. "Catching Up on the Labour Reform #2: Mexico Budgets for the Transition", diciembre de 2019.

Marans, Daniel. "The Federal Government Failed Homeowners: How Much Blame Does Julián Castro Deserve?", *HuffPost,* 22 de abril 2019.

Marketwatch. "Here Are the Companies Poised to Profit from the Trump wall", 25 de febrero 2019.

Marte, Roberto. *Cuba y La República Dominicana: Transición Económica en el Caribe del Siglo XIX*. Santo Domingo: Editorial CENAPEC, 1988.

Martí. José, "Nuestra América", en *Observatorio Social de América Latina* XI, no. 27, http://bibliotecavirtual.clacso.org.ar/ar/libros/osal/osal27/14Marti.pdf.

Martin, John Bartlow. *Overtaken by Events: The Dominican Crisis from the Fall of Trujillo to the Civil War*. Nueva York: Doubleday, 1966.

Martínez-Alier, Verena. *Marriage, Class and Colour in Nineteenth Century Cuba: A Study of Racial Attitudes and Sexual Values in a Slave Society*. Ann Arbor: University of Michigan Press, 1989.

Mataloni, Raymond J., Jr., "U.S. Multinational Companies: Operations in 1995". *Survey of Current Business*, octubre de 1995.

Matthews, T. J. y Brady E. Hamilton. "Total Fertility Rates by State and Race and Hispanic Origin, United States, 2017". *Informe Nacional de*

Estadísticas Vitales 68 de los Centros para el Control de Enfermedades, no. 1, (10 de enero de 2019.

McCullough, David. *The Path Between the Seas: The Creation of the Panama Canal, 1870–1914.* Nueva York: Simon & Schuster, 1977.

McDonald, Patrick Range. "Who Fixed Los Angeles? Not Former Mayor Antonio Villaraigosa, Say His Fiercest Critics", *Politico,* 5 de marzo de 2014.

McDougal, Topher, David A. Shirk, Robert Muggah y John H. Patterson "The Way of the Gun: Estimating Firearms Trafficking Across the US–Mexico Border", *Journal of Economic Geography* 15, no. 2 (2015).

McEwan, Bonnie G., ed. *The Spanish Missions of Florida.* Gainesville: University Press of Florida, 1993.

McFeely, William S. *Grant: A Biography.* Nueva York: W. W. Norton, 1981.

McWilliams, Carey. *North from Mexico: The Spanish-Speaking People of the United States.* Edición actualizada por Matt S. Meier. Nueva York: Praeger, 1990.

Mead, Rebecca. "All About the Hamiltons", *The New Yorker,* 9 de febrero de 2015.

Meissner, Doris, Donald M. Kerwin, Muzaffar Chishti y Claire Bergeron. "Immigration Enforcement in the United States: The Rise of a Formidable Machinery", Instituto de Política Migratoria, enero de 2013.

Meléndez, Edwin y Edgardo Meléndez, eds. *Colonial Dilemma: Critical Perspectives on Contemporary Puerto Rico.* Boston: South End Press, 1993.

Mendelson, Margot, Shayna Strom y Michael Wishnie, "Collateral Damage: An Examination of ICE's Fugitive Operations Program", Migration Policy Institute, febrero de 2009.

Merk, Frederick. *Slavery and the Annexation of Texas.* Nueva York: Alfred A. Knopf, 1972.

Merling, Lara y Jake Johnston. "Puerto Rico's New Fiscal Plan: Certain Pain, Uncertain Gain", Center for Economic Policy and Research, June 2018.

Merling, Lara, Kevin Cashman, Jake Johnston y Mark Weisbrot. *Life After Debt in Puerto Rico: How Many More Lost Decades?* Washington: Center for Economic and Policy Research, julio de 2017.

Merrill, Tim L. *Honduras: A Country Study.* 3rd edition, Washington, D.C.: Library of Congress, 1995.

Meyer, Gerald. *Vito Marcantonio: Radical Politician, 1902–1954.* Albany: Universidad Estatal de Nueva York, 1989.

Minge, Ward Alan. *Acoma: Pueblo in the Sky*. Albuquerque: University of New Mexico Press, 1991.

Montecillo, Ian. "Yakima Elects First Latina City Council Members", *Oregon Public Broadcasting*, 5 de noviembre de 2015.

Montejano, David. *Anglos and Mexicans in the Making of Texas, 1836–1986*. Austin: University of Texas Press, 1987.

Moody, Kim. *Workers in a Lean World: Unions in the International Economy*. Nueva York: Verso, 1997.

Morales Carrión, Arturo. *Puerto Rico: A Political and Cultural History*. Nueva York: W. W. Norton, 1983.

Morales-Moreno, Isidro. "Mexico's Agricultural Trade Policies: International Commitments and Domestic Pressure", en *Managing the Challenges of World Trade Organization Participation: 45 Case Studies*, eds. Peter Gallagher, Patrick Low y Andrew Stoller (Organización Mundial del Comercio, 2005).

Moreno-Brid, Juan Carlos, Esteban Pérez Caldentey y Pablo Ruiz Nápoles. "The Washington Consensus: A Latin American Perspective Fifteen Years Later". *Journal of Post Keynesian Economics* 27, no. 2 (2004-2005).

Mormino, Gary R. y George E. Pozzetta. *The Immigrant World of Ybor City: Italians and Their Latin Neighbors in Tampa, 1885–1985*. Urbana: University of Illinois Press, 1987.

Morris, Irwin L. "African American Voting on Proposition 187: Rethinking the Prevalence of Interminority Conflict". *Political Research Quarterly 53*, no.1 (2000).

Morris, Lydia. "Women without me: domestic organization and the welfare state as seen in a coastal community of Puerto Rico", *The British Journal of Sociology* 30, no. 3 (1979).

Morrison, Toni. "On the Backs of Blacks". *Time*, 2 de diciembre de 1993.

Motivans, Mark. "Immigration, Citizenship, and the Federal Justice System, 1998-2018", U.S. Departamento de Justicia, Buró de Estadísticas Judiciales, agosto de 2019.

Moya Pons, Frank. *The Dominican Republic: A National History*. Nueva York: Hispaniola Books, 1995.

Moynihan, Daniel P. "The Negro Family: The Case for National Action". Washington: Departamento del Trabajo de Estados Unidos, marzo de 1965.

Munro, Dana. *Intervention and Dollar Diplomacy in the Caribbean, 1900–1921*. Princeton: Princeton University Press, 1964.

Myers, Gustavus. *History of the Great American Fortunes,* vol. 2. Chicago: C. H. Kerr, 1910.

NAFTA. *Broken Promises: The Border Betrayed*. Washington D.C.: Public Citizen Publications, 1996.

Narea, Nicole. "The Trump Administration Just Inked Another Deal Making It Harder to Seek Asylum in the U.S.", *Vox*, 25 de septiembre de 2019.

National Association of Latino Elected Officials. *1994 National Roster of Hispanic Elected Officials*. Los Ángeles, 1995.

———. *1996 Latino Election Handbook*. Los Ángeles, 1996.

———. *2018 National Directory of Latino Elected Officials*. Los Ángeles, 2018.

National Labor Committee Education Fund. *Paying to Lose Our Jobs*. Nueva York, septiembre de 1992.

———. *Free Trade's Hidden Secrets: Why We Are Losing Our Shirts*. Nueva York, November 1993.

National Public Radio. "Federal Judges in 3 States Block Trump's 'Public Charge' Rule for Green Cards", 11 de octubre de 2019.

National World War II Museum. "*Los veteranos* – Latinos in WWII", 2017.

Navarro, Armando. *La Partido La Raza Unida: A Chicano Challenge to the U.S. Two-Party Dictatorship*. Philadelphia: Temple University Press, 2000.

Nazario, Sonia. "Pay or Die", *New York Times*, 28 de julio de 2019.

NBC News. "Why Immigration Reform Died in Congress", 30 de junio de 2014.

Neal, Larry. *The Rise of Financial Capitalism: International Capital Markets in the Age of Reason*. Cambridge: Cambridge University Press, 1990.

Nearing, Scott y Joseph Freeman. *Dollar Diplomacy: A Study in American Imperialism*. Nueva York: B. W. Huebsch, 1925.

Nelson Limerick, Patricia. *The Legacy of Conquest: The Unbroken Past of the American West*. Nueva York: W. W. Norton, 1987.

Nerval, Gaston. *Autopsy of the Monroe Doctrine*. Nueva York: Macmillan, 1934.

Neuman, William. "Dominican Candidates in New York Tout Their Pioneer Status, but History is Complicated", *New York Times,* 27 de junio de 2016.

Newkirk, Vann R. II. "How Shelby County v. Holder Broke America", *Atlantic*, 10 de julio de 2018.

————. "Puerto Rico Enters a New Age of Austerity", *The Atlantic,* 5 de mayo de 2018.

Nguyen, Tiny. "Oops, GOP Docs Reveal Census Questions Were Designed to Help White Republicans", *Vanity Fair*, 30 de mayo de 2019.

Noe-Bustamante, Luis. "Key facts about U.S. Hispanics and their diverse heritage", Centro de Investigaciones Pew, 16 de septiembre de 2019.

Noe-Bustamante, Luis, Lauren Mora y Mark Hugo Lopez. "About One-in-Four U.S. Hispanics Have Heard of Latinx, but Just 3% Use It", Centro de Investigaciones Pew, 11 de agosto de 2020.

North, Anna. "How 4 Congresswomen Came to Be Known as *The Squad*", *Vox*, 17 de julio de 2019.

Novak, Michael. *The Rise of the Unmeltable Ethnics: Politics and Culture in the Seventies*. Nueva York: Macmillan, 1972.

Oficina de Contabilidad General de Estados Unidos. Pharmaceutical Industry Tax Benefits of Operating in Puerto Rico. Washington, D.C.: mayo de 1992.

————. *Puerto Rican Fiscal and Economic Trends*. Washington, D.C.: mayo de 1997.

————. *Tax Policy: Puerto Rico and the Section 936 Tax Credit*. Washington, D.C.: junio de 1993.

Oficina de las Naciones Unidas contra la Droga y el Delito. "Transnational Organized Crime in Central America and the Caribbean: A Threat Assessment", septiembre de 2012.

Oficina del Censo de Estados Unidos. *1790 Census: Whole Number of Persons Within the Districts of the United States*. Washington, D.C.: U.S. Government Printing Office, 1790.

Oficina del Censo de Estados Unidos. *2013-2017 American Community Survey 5-Year Estimates*. Washington, D.C.: U.S. Government Printing Office, 2017.

Oficina del Censo de Estados Unidos. *Annual Estimates of the Resident Population by Sex, Single Year of Age, Race, and Hispanic Origin for the United States*. Washington, D.C.: U.S. Government Printing Office, 2018.

Oficina del Censo de Estados Unidos. *Hispanic Americans Today: Current Population Reports, P23-183*. Washington, D.C.: U.S. Government Printing Office, 1993.

Oficina del Censo de Estados Unidos. *Hispanic or Latino by Type in Puerto Rico: 2010*. Washington, D.C.: U.S. Government Printing Office, 2010.

Oficina del Censo de Estados Unidos. *Hispanic or Latino Origin by Specific Origin Universe: Total Population, 2017.* Washington, D.C.: U.S. Government Printing Office, 2017.

Oficina del Censo de Estados Unidos. *Language Spoken at Home: 2017.* Washington, D.C.: U.S. Government Printing Office, 2017.

Oficina del Censo de Estados Unidos. *Statistical Abstract of the United States: 1997.* Washington, D.C.: U.S. Government Printing Office, 1997.

Oficina del Censo de Estados Unidos. *Selected Population Profile in Puerto Rico: 2017.* Washington, D.C.: U.S. Government Printing Office, 2017.

Oficina del Censo de Estados Unidos. *Trade in Goods with Mexico.* Washington, D.C.: U.S. Government Printing Office, 2010.

Oficina del Censo de Estados Unidos. *U.S. Trade with Puerto Rico and U.S. Possessions, 2004.* Washington, D.C.: U.S. Government Printing Office, 2005.

Oficina del Censo de Estados Unidos. *U.S. Trade with Puerto Rico and U.S. Possessions, 2018.* Washington, D.C.: U.S. Government Printing Office, 2019.

Oficina del Censo de Estados Unidos. *Voting and Registration in the Election of November 2016.* Washington, D.C.: U.S. Government Printing Office, 2016.

Oficina del Censo de Estados Unidos. *Voting and Registration in the Election of November 2018.* Washington, D.C.: U.S. Government Printing Office, 2019.

Oficina del Censo de Estados Unidos. *Voting and Registration in the Election of 2020.* Washington, D.C.: U.S. Government Printing Office, April 2021.

Oficina del Secretario de Prensa. 67 "Remarks by the President on Immigration". Casa Blanca, 15 de junio 2012.

Oficina del Secretario de Comercio de Estados Unidos. "U.S.-Mexico Trade Facts", 23 de julio de 2009.

Organización para la Cooperación y el Desarrollo Económicos (OCDE). *Obesity Update 2017.* OCDE, 2017.

Oficina de Presupuesto del Congreso de Estados Unidos. "Potential Economic Impacts of Changes in Puerto Rico Status Under S. 712". Abril de 1990.

Oficina de Presupuesto del Congreso de Estados Unidos. "The Effects of NAFTA on U.S.-Mexico Trade and GDP". Mayo de 2003.

Oficina de Aduanas y Protección Fronteriza de Estados Unidos. "U.S. Border Patrol Apprehensions by Sector Fiscal Year 2019", 29 de octubre de 2019.

O'Rourke, Ronald. "Vieques, Puerto Rico Naval Training Range: Background and Issues for Congress", Servicio de Investigación del Congreso, 17 de diciembre de 2001.

Orozco, Manuel y Marcela Valdivia. "Educational Challenges in Guatemala and Consequences for Human Capital and Development", *Inter-American Dialogue,* documento de trabajo, 2017.

Orozco, Manuel, Laura Porras y Julia Yansura. "Remittances to Latin America and the Caribbean in 2018". *The Dialogue*. abril de 2019.

Orozco, Manuel y Marcela Valdivia. "Educational Challenges in Guatemala and Consequences for Human Capital and Development", *Inter-American Dialogue*, documento de trabajo, 2017.

Ortega, Bob. "Border Patrol Failed to Count Hundreds of Migrant Deaths on US Soil", *CNN*, 15 de mayo 2018.

Ortega Frier, José. *Memorandum Relativo a la Intervención de Sumner en la República Dominicana*. Santo Domingo: Ediciones de Taller, 1975.

Ortego y Gasca, Philip y Arnoldo De León, eds. *The Tejano Yearbook: 1519–1978: A Selective Chronicle of the Hispanic Presence in Texas*. San Antonio: Caravel Press, 1978.

Ortiz Angleró, David. *Testimony Before the Co-Coordinators of the Interagency Working Group on Puerto Rico on the Future of Puerto Rico*. Washington, D.C.: Cambio XXI, 1995.

Painter, William L. y Audrey Singer, "DHS Border Barrier Funding", Centro de Investigación del Congreso, 29 de enero de 2020.

Pantojas-García, Emilio. *Development Strategies as Ideology: Puerto Rico's Export-Led Industrialization Experience*. London: Lynne Rienner Publishers, 1990.

Parker Hanson, Earl. *Puerto Rico: Land of Wonders*. Nueva York: Alfred A. Knopf, 1960.

Parsons, Chelsea y Eugenio Weigand Vargas. "Beyond Our Borders: How Weak U.S. Guns Laws Contribute to Violent Crime Abroad", Centro por el Progreso de Estados Unidos, 2 de febrero de 2018.

Passel, Jeffrey S. y Rebecca L. Clark. *Immigrants in New York: Their Legal Status, Incomes, and Taxes, Executive Summary*. Washington: Instituto Urbano, abril de 1998.

Passel, Jeffrey S. y D'Vera Cohn. "Mexicans Decline to Less Than Half of U.S. Unauthorized Immigrant Population for the First Time", Centro de Investigaciones Pew, 12 de junio de 2019.

Patrulla Fronteriza de Estados Unidos. *Southwest Border Deaths by Fiscal Year*. Marzo de 2019.

Pedraza Bailey, Silvia. "Cubans and Mexicans in the United States: The Functions of Political and Economic Migration". *Cuban Studies* 11. Pittsburgh: University of Pittsburgh Press, 1981.

———. "Los Marielitos of 1980: Race, Class, Gender and Sexuality", Annual Proceedings of the Association for the Study of the Cuban Economy, 30 de noviembre de 2004.

Peña, Manuel H. *The Texas-Mexican Conjunto: History of a Working-Class Music*. Austin: University of Texas Press, 1985.

Pérez, Louis A. *Cuba Under the Platt Amendment, 1902–1934*. Pittsburgh: University of Pittsburgh Press, 1986.

———. *Cuba and the United States: Ties of Singular Intimacy*. Athens: University of Georgia Press, 1990.

———. *Cuba Between Reform and Revolution*. Nueva York: Oxford University Press, 1995.

Pérez, Richie. "From Assimilation to Annihilation: Puerto Rican Images in U.S. Films". *Center for Puerto Rican Studies Bulletin* 2, no. 8 (primavera de 1990).

Pérez de Villagrá, Gaspar. *Historia de la Nueva México*. México: Museo Nacional de México. [1610] 1900.

Perry, Nancy J. "What's Powering Mexico's Success". *Fortune*, 10 de febrero de 1992.

Petras, James y Morris Morley. *Latin America in the Time of Cholera: Electoral Politics, Market Economics, and Permanent Crisis*. Nueva York: Routledge, 1992.

Piccone, Ted. "The Geopolitics of China's Rise in Latin America". Brookings Institution, *Geoeconomics and Global Issues,* Paper 2 (noviembre de 2016).

Plant, Roger. *Sugar and Modern Slavery: A Tale of Two Countries*. Londres: Zed Books, 1987.

Portes, Alejandro. "The Rise of Ethnicity: Determinants of Ethnic Perceptions Among Cuban Exiles in Miami". *American Sociological Review* 49, no. 3 (junio de 1984).

Portes, Alejandro y Alex Stepick. *City on the Edge: The Transformation of Miami*. Berkeley: University of California Press, 1993.

Portes, Alejandro, Juan M. Clark, y Manuel M. López. "Six Years Later, the Process of Incorporation of Cuban Exiles in the United States: 1973–1979". *Cuban Studies*, julio de 1981–enero de 1982.

Portes, Alejandro y Rubén G. Rumbaut. *Immigrant America: A Portrait,* 4º ed. Berkeley: University of California Press, 2014.

Pratt, Julius W. *Expansionists of 1898: The Acquisition of Hawaii and the Spanish Islands*. Chicago: Quadrangle Paperbacks, 1964.

Price Waterhouse. *Update of Baseline Study of Honduran Export Processing Zones. Informe para la Agencia de Estados Unidos para el Desarrollo Internacional*. Washington, D.C., 1993.

Programa de las Naciones Unidas para el Desarrollo. *Human Development Report 1998*. Nueva York: Oxford University Press, 1998.

Public Citizen. "Redo of USMCA Better Than Original NAFTA After Year-long Effort to Improve Trump's 2018 deal", 10 de diciembre de 2019.

Putney, Bryant. "Protection of American Interests in Mexico", en *Editorial Research Reports 1938*, vol. I, Washington, D.C.: CQ Press, 1938.

Quintanilla, Luis. *A Latin American Speaks*. Nueva York: Macmillan, 1943.

Rama, Carlos M. *La Idea de la Federación Antillana en los Independentistas Puertorriqueños del Siglo XIX*. Río Piedras: Librería Internacional, 1971.

Rapoza, Kenneth. "Hugo Chavez Cancer Conspiracy Theories Resurface After Death", *Forbes,* 6 de marzo de 2013.

Ray, Rebecca, and Keehan Wang, *China-Latin America Economic Bulletin, 2019 Edition.* Boston: Boston University Global Development Policy Center, 2019.

Rayburn, John C. y Virginia Kemp Rayburn. *Century of Conflict, 1821–1913: Incidents in the Lives of Willian Neale and William A. Neale, Early Settlers in South Texas*. Waco: Texian Press, 1966.

Reuters. "Judge Finds Kansas' Kris Kobach in Contempt of Court", 18 de abril de 2018.

Reyes, Belinda I. "Dynamics of Immigration: Return Migration to Western Mexico". Instituto de Política Pública de California, 28 de enero de 1997.

Ribando, Clare M. "Gangs in Central America", Informe para el Congreso del Servicio de Investigación del Congreso, 27 de julio de 2007.

Ríos, Palmira N. "Acercamiento al Conflicto Dominico-Boricua". *Center for Puerto Rican Studies Bulletin* 4, no. 2 (primavera de 1992).

Rivera, Eugene. "The Puerto Rican Colony of Lorain, Ohio". *Center for Puerto Rican Studies Bulletin* 2, no.1 (primavera de 1987).

Rivera, Eugenio. "La Colonia de Lorain, Ohio". En *The Puerto Rican Diaspora: Historical Perspectives,* editado por Carmen Whalen y Victor Vasquez. Philadelphia: Temple University Press, 2005.

Rivero, Ángel. *Crónica de la Guerra Hispano-Americana en Puerto Rico*. Nueva York: Plus Ultra Educational Publishers, 1973.

Rivlin, Gary. *Fire on the Prairie: Chicago's Harold Washington and the Politics of Race*. Nueva York: Henry Holt, 1992.

Roa, Jorge. *Los Estados Unidos y Europa en Hispano América: Interpretación Política y Económica de la Doctrina Monroe, 1823–1933*. La Habana: Carasa, 1933.

Roberts, John Storm. *The Latin Tinge: The Impact of Latin American Music on the United States*. Nueva York: Oxford University Press, 1999.

Roddick, Jackie. *The Dance of Millions: Latin America and the Debt Crisis*. Londres: Latin America Research Bureau, 1988.

Rodríguez, Clara. *Puerto Ricans: Born in the U.S.A*. Boston: Unwin Hyman, 1989.

———. *Latin Looks: Images of Latinas and Latinos in the U.S. Media*. Boulder: Westview Press, 1997.

Rodríguez, Clara y Héctor Cordero-Guzmán. "Placing Race in Context". *Ethnic and Racial Studies* 15, no. 4 (octubre de 1992).

Rodríguez Demorizi, Emilio. *Luperón y Hostos*. Santo Domingo: Editorial Taller, 1975.

Rodriguez, Richard. *Hunger of Memory: The Education of Richard Rodriguez*. Toronto: Bantam Books, 1982.

Rodriguez-Fraticelli, Carlos, ed. *Gilberto Gerena Valentín, My Life As a Community Activist, Labor Organizer and Progressive Politician in New York City*. Nueva York: Center for Puerto Rican Studies, Hunter College, 2013.

Rodrik, Dani. "Goodbye Washington Consensus, Hello Washington Confusion? A Review of the World Bank's Economic Growth in the 1990s: Learning from a Decade of Reform". *Journal of Economic Literature* 44, no. 4 (2006).

Rogin, Michael Paul. *Fathers and Children: Andrew Jackson and the Subjugation of the American Indian*. Nueva York: Alfred A. Knopf, 1975.

Rohrbough, Malcolm. *The Land Office Business: The Settlement and Administration of American Public Lands, 1789–1837*. Nueva York: Oxford University Press, 1968.

Rosen, Fred y Deidre McFadyen, eds. *Free Trade and Economic Restructuring in Latin America*. Nueva York: Monthly Review Press, 1995.

Ross, Zachary y Wendy R. Reiser. "This Is the Worst Voter Suppression We've Seen in the Modern Era", Brennan Center for Justice, 2 de noviembre de 2018.

Rubin, Nancy. *Isabella of Castile: The First Renaissance Queen*. Nueva York: St. Martin's Press, 1991.

Ruiz, Angel L. y Fernando Zalacaín. "The Economic Relation of the United States and the Puerto Rican Economies: An International Input-Output Approach". *Boletín de Economía* 3, no. 1. Unidad de Investigaciones Económicas: Universidad de Puerto Rico, septiembre de 1997.

Said, Edward W. *Cultura e imperialismo.* Traducido por Nora Catelli. Barcelona: Anagrama, 1996.

Salazar, Alonso. *Born to Die in Medellín.* Nueva York: Monthly Review Press, 1990.

Saldívar, Gabriel. *Historia compendiada de Tamaulipas.* México: Academia Nacional de Historia y Geografía, 1945.

Sanchez Korrol, Virginia. *From Colonia to Community: The History of Puerto Ricans in New York City, 1917–1948.* Westport, Conn.: Greenwood Press, 1983.

Santiago Ortíz, Nicolás. *Korea 1951, La Guerra Olvidada: El Orgullo de Haber Sobrevivido.* Río Piedras: Emaco Printers, 1991.

Schaeffer, Katherine. "Racial, ethnic diversity increases yet again in the 117th Congress", Centro de Investigaciones Pew, 28 de enero de 2021.

Scheips, Paul, ed. *The Panama Canal: Readings on Its History.* Wilmington, Del.: Michael Glazier, 1979.

Schlesinger, Arthur M. *The Disuniting of America: Reflections on a Multicultural Society.* Nueva York: W. W. Norton, 1992.

Schlesinger, Stephen y Stephen Kinzer. *Bitter Fruit: The Untold Story of the American Coup in Guatemala.* Nueva York: Doubleday, 1983.

Schulz, Heiner. "Foreign Banks in Mexico: New Conquistadors or Agents of Change?", Wharton Financial Institutions Center, documento de trabajo no. 06-11, 22 de abril de 2006.

Scott, Florence Johnson. *Historical Heritage of Lower Rio Grande.* San Antonio: Naylor, 1937.

———. *Royal Land Grants North of the Rio Grande, 1777–1821.* Rio Grande City, Tex.: La Retana Press, 1969.

Scott, Peter Dale y Jonathan Marshall. *Cocaine Politics: Drugs, Armies, and the CIA in Central America.* Berkeley: University of California Press, 1991.

Scott, Robert E. "Manufacturing Job Loss: Trade, not Productivity, Is the Culprit". Economic Policy Institute, 11 de agosto de 2015.

Scott, Robert E., Carlos Salas, and Bruce Campbell, "Revisiting NAFTA: Still Not Working for North America's Workers", Economic Policy Institute documento de información no. 173, 28 de septiembre de 2006.

Seguín, Juan N. A *Revolution Remembered: The Memoirs and Selected Correspondence of Juan N. Seguín*. Editado por Jesús De la Teja. Austin: State House Press, 1991.

Seijo Bruno, Mini. *La Insurrección Nacionalista en Puerto Rico, 1950*. Río Piedras: Editorial Edil, 1989.

Selser, Gregorio. *Sandino: General of the Free*. Nueva York: Monthly Review Press, 1981.

———. *Cronología de las intervenciones extranjeras en América Latina*. Vol. 2, 1776–1848. México: UNAM, 1994.

Servicio de Investigación del Congreso. "American War and Military Operations Casualties: Lists and Statistics", September 24, 2019.

Servicio de Investigación del Congreso. "The Trump Administration's 'Zero Tolerance' Immigration Enforcement Policy", 26 de febrero de 2019.

Servicio de Investigación del Congreso. "Central American Migration: Root Causes and U.S. Policy", 13 de junio 2019.

Servicios del Departamento de Salud de Texas. "Liver and Intrahepatic Bile Duct Cancer in Texas", Registro de Cáncer de Texas, noviembre de 2018.

Shaiken, Harley. "Mexico's Labor Reform: Opportunities and Challenges for an Improved NAFTA". Testimonio ante el Subcomité de Comercio, Comité de Vías y Medios, Cámara de Representantes de Estados Unidos, 25 de junio de 2019.

Shaxson, Nick. "Over a third of world trade happens inside multinational corporations", Tax Justice Network, 9 de abril de 2019.

Shear, Michael D. "Obama, Daring Congress, Acts to Overhaul Immigration". *New York Times*. 20 de noviembre de 2014.

Shear, Michael D. y Zolan Kanno-Youngs, "Trump Slashes Refugee Cap to 18,000, Curtailing U.S. Role as a Haven", *New York Times*, 26 de septiembre de 2019.

Shelby County v. Holder, a Case Summary, Constitutional Accountability Center.

Sherman, Christopher, Martha Mendoza y Garance Burke. "US Held Record Number of Migrant Children in Custody in 2019", *Associated Press,* 12 de noviembre de 2019.

Shoichet, Catherine E. "Federal Judge Temporarily Blocks Trump Administration from Ending TPS", *CNN*, 4 de octubre de 2018.

Sinha, Anil K. y Shikah Srivastava, "Comparative Study on Recovery and Reconstruction: A Case for an International Platform", International Recovery Platform, 2003.

Slack, Jeremy y Daniel E. Martínez, "The geography of migrant death: violence on the U.S.-Mexico Border", en Katharyne Mitchell *et al.* eds., *Handbook on Critical Geographies of Migration*. Cheltenham, Reino Unido: Edward Elgar Publishing, 2019.

Smith, Adam. *The Wealth of Nations (1776)*, vol. 2. Editado por Edwin Cannan. Londres: University Paperbacks, 1996.

Smith, Carol, ed. *Guatemalan Indians and the State: 1540–1988*. Austin: University of Texas Press, 1992.

Smith, Stacy L., Marc Choueiti y Katherine Pieper", Inclusion or Invisibility? Comprehensive Annenberg Report on Diversity in Entertainment, Media. Los Ángeles: USC Annenberg, 2016.

Stack, John F. y Christopher L. Warren. "Ethnicity and the Politics of Symbolism in Miami's Cuban Community", *Cuban Studies* 20. Pittsburgh: University of Pittsburgh Press, 1990.

Stallings, Barbara. *Banker to the Third World: U.S. Portfolio Investment in Latin America, 1900–1986*. Berkeley: University of California Press, 1987.

Stephens, Gena. "Changing Climate Forces Desperate Guatemalans to Flee", *National Geographic*, 23 de octubre de 2018.

Stillman, Chauncey Devereux. *Charles Stillman, 1810–1875*. Nueva York: C. D. Stillman, 1956.

Stockwell, John. *In Search of Enemies: A CIA Story*. Nueva York: W. W. Norton, 1978.

Suro, Roberto. *Strangers Among Us: How Latino Immigration Is Transforming America*. Nueva York: Alfred A. Knopf, 1998.

Tackett, Michael y Michael Wines, "Trump Disbands Commission on Voter Fraud", *New York Times*, 3 de enero de 2018.

Tansil, Charles C. *The United States and Santo Domingo, 1798–1873: A Chapter on Caribbean Diplomacy*. Baltimore: Johns Hopkins University Press, 1983.

Taylor, Robert W. y Harry E. Vanden, "Defining Terrorism in El Salvador: "La Matanza". *Annals of the American Academy of Political and Social Science, 463* (1982).

Teitelbaum, Michael. "Right Versus Right: Immigration and Refugee Policy in the United States". *Foreign Affairs* 59, no. 1 (otoño de 1980).

Teitelbaum, Michael S. y Myron Weiner, eds. *Threatened Peoples, Threatened Borders: World Migration and U.S. Policy*. Nueva York: W. W. Norton, 1995.

Tienda, Marta. "Welfare and Work in Chicago's Inner City", *The American Economic Review*, Vol. 80 (2).

Time. "Here's Donald Trump's Presidential Announcement Speech", 16 de junio 2015.

The Economist. "The World's Most Dangerous Cities", 31 de marzo de 2017.

The Guardian. "Berta Cáceres: Seven Men Convicted of Murdering Honduran Environmentalist", 29 de noviembre de 2018.

The New York Times. "All Presidents Are Deporters in Chief", 14 de julio de 2019.

The Washington Post. "Trump's Voter-Fraud Commission Itself Is a Fraud", 18 de julio de 2017.

Thomas, Hugh. *Conquest: Montezuma, Cortés, and the Fall of the Old Mexico*. Nueva York: Simon & Schuster, 1993.

Torruella, Juan R. *The Supreme Court and Puerto Rico: The Doctrine of Separate and Equal*. Río Piedras: Editorial de la Universidad de Puerto Rico, 1988.

Trías Monge, José. *Puerto Rico: The Trials of the Oldest Colony in the World*. New Haven: Yale University Press, 1998.

Turner, John Kenneth. *Barbarous Mexico*. Chicago: C. H. Kerr, 1910.

Tzvetan, Todorov. *La conquista de América,* traducido por Flora Botton Burlá. México: Siglo XXI, 1998.

Uclés, Mario Lungo. *El Salvador in the Eighties: Counterinsurgency and Revolution*. Philadelphia: Temple University Press, 1996.

Unión Americana de Libertades Civiles. "The Trump Administration's Proposed 'Mixed-Status' Housing Rule Is Another Form of Family Separation", 10 de julio de 2019.

United States Hispanic Leadership Institute. *Latino Electoral Potential 2000–2025*, informe no. 312. Chicago, 1998.

Universidad Estatal de Nueva York. New York Public University Systems Embark on Multilateral Academic Collaborations with Dominican Republic Education Ministries. 7 de diciembre de 2018.

Urbi, Jaden. "Here's who's making money from immigration enforcement", *CNBC*, 29 de junio de 2018.

Valentín, Luis J. y Carla Minet, "The 889 Pages of the Telegram Chat Between Rosselló Nevares and his Closest Aides", *Centro de Periodismo Investigativo,* 13 de julio de 2019.

Valle Ferrer, Norma. *Luisa Capetillo: Historia de una Mujer Proscrita*. San Juan: Editorial Cultura, 1990.

Van Alstyne, R. W. *The Rising American Empire*. Chicago: Quadrangle Books, 1965.

Vanderpool, Tim. "The Festering Sanitation Crisis at Our Border", National Resources Defense Council, 3 de diciembre de 2018.

Vargas, Zaragosa. *Proletarians of the North: A History of Mexican Industrial Workers in Detroit and the Midwest, 1917–1933*. Berkeley: University of California Press, 1993.

———. *Crucible of Struggle: A History of Mexican Americans from Colonial Times to the Present Era*. Nueva York: Oxford University Press,
2011.

Veillette, Connie y Susan B. Epstein. *State, Foreign Operations and Related Programs: FY 2008 Appropriations*. Servicio de Investigación del
Congreso, 14 de diciembre de 2007.

Villareal, M. Angeles. "usmca and Mexico's New Labor Law." Congres-
sional Research Service, May 22, 2019.

Vega, Bernardo. *Control y Represión en la Dictadora Trujillista*. Santo Domingo: Fundación Cultural Dominicana, 1986.

———. *Trujillo y el Control Financiero Norteamericano*. Santo Domingo:
Fundación Cultural Dominicana, 1990.

Wagenheim, Kal y Olga Jiménez de Wagenheim. *The Puerto Ricans: A Documentary History*. Maplewood, N.J.: Waterfront Press, 1998.

Wallsten, Peter. "President Obama Bristles When He is the Target of Activist Tactics He Once Used", *Washington Post*, 10 de junio de 2012.

Weatherford, Jack. *Indian Givers: How the Indians of the Americas Transformed the World*. Nueva York: Fawcett Columbine, 1988.

Weber, David J. *The Mexican Frontier, 1821–1846: The American Southwest Under Mexico*. Albuquerque: University of New Mexico Press,
1982.

———. *The Spanish Frontier in North America*. New Haven: Yale University Press, 1992.

Weisbrot, Mark, Lara Merling, Vitor Mello, Stephan Lefebvre y Joseph
Sammut. *Did nafta Help Mexico? An Update After 23 Years*. Washington: Center for Economic and Policy Research, marzo de 2017.

Welles, Sumner. *The Time for Decision*. Nueva York: Harper, 1944.

Weyr, Thomas. *Hispanic U.S.A.: Breaking the Melting Pot*. Nueva York:
Harper & Row, 1988.

Whitaker, Arthur Preston. *The Spanish-American Frontier: 1783–1795*.
Lincoln: University of Nebraska Press, 1927.

Whitcomb, Dan. "Once Again, L.A. Pledges to End Police Brutality", *Reuters*, 8 de mayo de 2007.

White, Christopher M. *The History of El Salvador*. Westport: Greenwood
Publishing Group, 2009.

Whitney, Mike. "The Strange Death of Hugo Chávez: an interview with Eva Golinger", *Counterpunch,* 22 de abril de 2016.

Wilkins, Mira. *The Emergence of Multinational Enterprise: American Business Abroad from the Colonial Era to 1914.* Cambridge, Mass.: Harvard University Press, 1970.

Wilkinson, J. B. *Laredo and the Rio Bravo Frontier.* Austin, Tex.: Jenkins Publishing Company, 1975.

Williams, Eric. *From Columbus to Castro: The History of the Caribbean, 1492–1969.* Nueva York: Vintage Books, 1984.

Williams, John Hoyt. *Sam Houston: A Biography of the Father of Texas.* Nueva York: Simon & Schuster, 1993.

Willison CE, Singer PM, Creary MS, *et al.*, "Quantifying inequities in US federal response to hurricane disaster in Texas and Florida compared with Puerto Rico", *BMJ Global Health* 4, no. 1 (2019).

Wilson, Samuel. *Hispaniola: Caribbean Chiefdoms in the Age of Columbus.* Alabama: University of Alabama Press, 1990.

Wines, Michael. "Deceased GOP Strategist's Hard Drives Reveal New Details on the Census Citizenship Question", *New York Times*, 30 de mayo de 2019.

Wissler, Clark. *Indians of the United States: Four Centuries of Their History and Culture.* Nueva York: Doubleday Doran, 1940.

Wittke, Carl. *Refugees of Revolution: The German Forty-Eighters in America.* Philadelphia: University of Pennsylvania Press, 1952.

Wolf, Richard. "The People's Justice: After Decade on Supreme Court, Sonia Sotomayor Is Most Outspoken on Bench and Off", *USA Today*, 12 de agosto de 2019.

Wong, Scott y Shira Toeplitz. "DREAM Act Dies in Senate", *Politico*, 18 de diciembre de 2010.

Wood, Conan T. "Cerralvo as the Mother City of the Lower Rio Bravo Valley". *Selected documents of the Lower Rio Grande Historical Society: 1949–1979,* vol. 1. Harlingen, Tex., 1980.

World Integrated Trade Solutions. "United States Clothing and Textile Imports by Country in U.S.$ Thousand in 2019". (Banco Mundial, 2019).

Yablon, Alex. "Trump is Sending Guns South as Migrants Flee North", *Foreign Policy*, 8 de marzo de 2019.

Young, Julia G. "Making America 1920s Again? Nativism and U.S. Immigration, Past and Present", *Journal on Migration and Human Security* 5, no. 1 (2017).

Zeigler, Karen y Steve Camarota, "67.3 Million in the United States Spoke a Foreign Language at Home in 2018", Center for Immigration Studies, 29 de octubre de 2019.

Zeitlin, Maurice. "Economic Insecurity and Political Attitudes of Cuban Workers". *American Sociological Review* 31 (febrero de 1996).

Zepeda, Eduardo, Timothy A. Wise y Kevin P. Gallagher, "Rethinking Trade Policy for Development: Lessons from Mexico under NAFTA", Carnegie Endowment for International Peace, diciembre de 2009.

Zibechi, Raúl. "Regional Integration after the Collapse of the FTAA". Silver City, N.M.: International Relations Center, 21 de noviembre de 2005.

Zong, Jie y Jeanne Batalova. "Naturalization Trends in the United States", Migration Policy Insitute. 10 de agosto de 2016.

Zorrilla, Luis G. *Historia de las Relaciones entre México y los Estados Unidos de América 1800–1958*. México: Editorial Porrúa, 1995.

Entrevistas

La siguiente lista representa una pequeña porción de los cientos de entrevistas que hice en Estados Unidos, México, Centroamérica y el Caribe para la primera edición de este libro.[1]

William Acosta, oficial de policía de la Ciudad de Nueva York, marzo, mayo, diciembre de 1992; noviembre de 1995.

Victor Alfaro Clark, abogado, Tijuana, México, mayo de 1992.

Beatrice Beaumont, Puerto Cortés, Honduras, marzo de 1990.

Lalyce Beaumont, Puerto Cortés, Honduras, 8 de enero de 1995.

Aquilino Boyd, Ciudad de Panamá, Panamá, diciembre de 1989.

Rev. Greg Boyle, Los Ángeles, abril de 1992.

Othal Brand, alcalde de McAllen, Texas, junio de 1995.

Sila Calderón, alcaldesa de San Juan, Puerto Rico, marzo de 1999.

Rafael Callejas, presidente de Honduras, San Pedro Sula, Honduras, abril de 1990.

---

1. Lamentablemente, las transcripciones de las entrevistas realizadas en español se perdieron en los más de veinte años que han transcurrido desde la primera edición de este libro. Algunas citas textuales de la presente traducción fueron reconstruidas a partir de las notas tomadas por el autor al hacer las entrevistas, en particular las de Luis del Rosario, Beatrice Uribe, Carlos Malagón y Héctor Méndez. El resto fueron retraducidas del inglés. [N. del T.]

Gerónimo Campo Seco, exdirigente, Atanasio Tzul, agosto de 1998.

Eduardo Canales, descendiente de la familia Canales, San Antonio, Texas, 20 de enero de 1992.

Gil Cedillo, líder obrero de Los Ángeles, abril de 1993.

Rafael Chinea, veterano de la Guerra de Corea, Guaynabo, Puerto Rico, 22 de agosto de 1992.

Daniel Dacreas, pionero panameño, Brooklyn, Nueva York, 19 de febrero de 1993.

Erna Dacreas, Brooklyn, Nueva York, 6 de febrero de 1995.

Manuel de Dios Unanue, miembro del Comité de los 75, Nueva York, mayo de 1990.

Luis Del Rosario, refugiado cubano, Miami, Florida, agosto de 1994, mayo de 1996.

Dorca Noemi Díaz, trabajadora de maquiladora hondureña, junio de 1994.

Carlos Julio Gaitan, cónsul de Colombia, noviembre de 1992.

José y Henrietta García, hijo muerto en los disturbios de Los Ángeles, abril de 1992.

Diane Garza, administradora escolar, Brownsville, Texas, 19 de enero de 1992.

Imelda Garza, descendiente de la familia Canales, Kingsville, Texas, 28 de abril de 1992.

Paula Gómez, Centro de Salud Comunitario de Brownsville, Texas, junio de 1993.

Agapito González, Jr., líder obrero, Matamoros, México, junio de 1993.

Antonio González, Southwest Voter Registration and Education Project, San Antonio, Texas, 11 de mayo de 1992.

Domingo González, Coalition for Justice for the Maquiladora Workers, Brownsville, Texas, mayo de 1992, junio de 1995.

Mario González, Centro Kobler, Chicago, Illinois, agosto de 1998.

Sergio González, familia González, Cayey, Puerto Rico, 14 de agosto de 1992.

Eva Guadrón, Potrerillos, Honduras, abril de 1990.

Juan Guerra, fiscal de distrito, Raymondville, Texas, junio de 1995.

Ana Sol Gutiérrez, miembro del consejo de educación del condado de Montgomery, 18 de agosto de 1998.

Juan Gutiérrez, Matamoros, México, junio de 1993.

Jorge Hinojosa, U.S.–Mexico Border Program, American Friends Service Committee, San Diego, California, mayo de 1992.

Carlos Ixuuiac, Guatemalan Support Center of Los Angeles, 20 de agosto de 1998.

Mayra Jiménez, trabajadora de maquila, San Pedro de Macorís, República Dominicana, agosto de 1991.

Benito Juárez, Guatemalan Support Network, Houston, Texas, agosto de 1998.

Rafael Lantigua, pionero dominicano, Nueva York, mayo de 1994.

Guillermo Linares, concejal de la ciudad de Nueva York, abril de 1996.

Rev. Héctor López Sierra, Santurce, Puerto Rico, 28 de agosto de 1992.

Jorge Giovanni López, San Pedro Sula, Honduras, abril de 1990.

Ana María Luciano, familia Luciano, 29 de mayo de 1992.

Carlos Malagón, pionero colombiano, Queens, Nueva York, 27 de enero de 1995.

Monica Manderson, pionera panameña, Brooklyn, Nueva York, 21 de enero de 1995.

Roberto Martínez, U.S.–Mexico Border Program, American Friends Service Committee, San Diego, California, mayo de 1992.

Patricia Maza-Pittsford, cónsul de Honduras, Nueva York, 8 de septiembre de 1997.

Ana Meléndez y Charlie Meléndez, junio de 1993.

Héctor Méndez, pionero colombiano, Queens, Nueva York, 20 de enero de 1995.

Luis Mojica, Federación Provincial de Trabajadores de San Pedro de Macorís, San Pedro, República Dominicana, agosto de 1991.

Claudia Leticia Molina, trabajadora de maquila hondureña, Nueva York, julio de 1995.

Santos Molina, descendiente de la familia Canales, Brownsville, Texas, 9 de mayo de 1992.

Eugenio Morales, Nueva York, junio de 1992.

Pura Morrone, descendiente de la familia González, Bronx, Nueva York, 11 de agosto de 1992.

Cecilia Muñoz, National Council of La Raza, Washington, D.C., julio de 1997.

Edward James Olmos, actor, Los Ángeles, abril de 1993.

Eddie Palmieri, músico, Nueva York, 12 de mayo de 1990.

Mario Paredes, Arquidiócesis Católica de Nueva York, diciembre de 1997.

José Francisco Peña Gómez, República Dominicana, 2 de septiembre de 1992.

Tito Puente, músico, marzo de 1998.

Graciela Ramos, descendiente de la familia González, Nueva York, 8 de agosto de 1992.

Dr. Arnulfo Reyes, víctima de la dictadura de Trujillo, República Dominicana, 5 de septiembre de 1992.

Silvestre Reyes, jefe de la Patrulla Fronteriza, Sector McAllen, junio de 1995.

Palmira Ríos, Nueva York, junio de 1994.

Heraclio "Pancho" Rivera, Santo Domingo, República Dominicana, 4 de septiembre de 1992.

Matias Rodríguez, veterano del 65º Batallón de Infantería, Puerto Rico, 20 de agosto de 1992.

Carlos Romero Barceló, comisionado residente de Puerto Rico, marzo de 1996.

Israel Roque Borrero, disidente político, Cojimar, Cuba, septiembre de 1994.

Albor Ruiz, miembro del Comité de los 75, enero de 1998.

Alfonso Ruiz Fernández, director, fábrica Quimica Flour en la zona de maquiladoras de Matamoros, México, junio de 1991.

Emilio Ruiz, editor de *La Tribuna*, Long Island, Nueva York, 26 de julio de 1998.

Emilio Sagardía, veterano del 65º Batallón de Infantería, Puerto Rico, 20 de agosto de 1992.

Fiacro Salazar, descendiente de la familia Canales, San Antonio, Texas, 20 de enero de 1992.

Angela Sanbrano, CARECEN, Los Ángeles, agosto de 1998.

Gil Sánchez, líder obrero, Los Ángeles, octubre de 1991.

David Sandoval, educador, Los Ángeles, abril de 1992, junio de 1995.

Amparo Sención, miembro de la familia Luciano, República Dominicana, 3 de septiembre de 1992.

Tony Sención, miembro de la familia Luciano, República Dominicana, 2 de septiembre de 1992.

José Serrano, representante de la ciudad de Nueva York en la Cámara de Representantes de Estados Unidos.

Harley Shaiken, profesor de Pedagogía, Universidad de California, Berkeley.

Ignacio Soto, líder obrero, República Dominicana, agosto de 1991.

Carlos Spector, fiscal migratorio, El Paso, Texas, mayo de 1992.

Sandra Spector Garza, descendiente de la familia Canales, El Paso, Texas, 6 de mayo de 1992, junio de 1995.

Julio Sterling, legislador, República Dominicana, 5 de septiembre de 1992.

Esteban Torres, representante de Los Ángeles en la Cámara de Representantes, noviembre de 1996.

Beatrice Uribe, Queens, Nueva York, 4 y 6 de febrero de 1995.

Gloria Uribe, Queens, Nueva York, agosto de 1992.

Virtudes Uribe, República Dominicana, agosto de 1991.

Carlos Vaquerano, Los Ángeles, agosto de 1998.

Estela Vázquez, descendiente de la familia Luciano, Nueva York, 10 y 18 de abril, 7 de agosto, 24 de octubre de 1992.

Mary Velasquez, madre de Willie Velasquez, San Antonio, Texas, 12 de mayo de 1992.

Nydia Velázquez, representante de la ciudad de Nueva York en la Cámara de Representantes.

Vicente White, Nueva York, 10 de febrero de 1993, 29 de diciembre de 1994, 16 de abril de 1994, 15 de enero de 1995.

Judith Yanira, trabajadora de maquila salvadoreña, Nueva York, julio de 1995.

Pedro Zamón Rodríguez, refugiado cubano, Key West, Florida, agosto de 1994.

Índice temático